Rudolf Schlögl

Alter Glaube und moderne Welt

Rudolf Schlögl

Alter Glaube und moderne Welt

Europäisches Christentum im Umbruch 1750–1850

Lizenzausgabe
für die Wissenschaftliche Buchgesellschaft

ISBN 978-3-534-26186-4

Satz: Druckerei C. H. Beck, Nördlingen
Druck und Bindung: CPI – Clausen & Bosse, Leck
Printed in Germany

www.wbg-wissenverbindet.de

Inhalt

Einleitung: Das Christentum als Religion der Gesellschaft

Zwischen 1750 und 1850 vollzog sich in den Gesellschaften Mittel- und Westeuropas ein tiefgreifender Umbruch, der nicht nur die Institutionen der politischen Ordnung betraf, sondern auch die Grundmuster im Prozess der Vergesellschaftung. In Amerika emanzipierten sich die britischen Kolonien und gaben sich eine Verfassung. Davon angestoßen, wurden in Europa in einer Revolution und weiteren zwei Jahrzehnten der Staatenkriege die institutionellen Gerüste des feudalen Ancien Régime in Trümmer geschlagen, damit eine neue »bürgerliche« Gesellschaft mit den ihr entsprechenden politischen und sozialen Einrichtungen an ihre Stelle treten konnte. Das europäische Christentum war in einem doppelten Sinn an diesem Umbruch und der nachfolgenden Suche nach neuen Ordnungsmustern beteiligt. Es unterlag in seinen sozialen Formen selbst einem tiefgreifenden Wandel, der sich aus der Umstellung der gesellschaftlichen Ordnungsprinzipien ergab, und wirkte dabei wiederum zurück auf die Prozesse der Vergesellschaftung und ihre Institutionen. Von dieser Umgestaltung der sozialen Form des europäischen Christentums zwischen 1750 und 1850 handelt das vorliegende Buch.

Nicht die Geschichte der europäischen Christentümer ist Thema[1], sondern die Geschichte des europäischen Christentums als Religion der europäischen Gesellschaft am Beginn der Moderne. Darin liegt eine doppelte Festlegung: Es soll der Begriff der Gesellschaft jenseits eines bloßen Synonyms für staatlich gegliederte Sozialität ernst genommen und Religion als ein soziales Phänomen begriffen werden, das nur im Kontext von Gesellschaft als einer Struktur angemessen zu verstehen ist.

Die Forschung hält eine Vielzahl von Einzeluntersuchungen zu den christlichen Kirchen, zur Frömmigkeitsgeschichte und auch zur Diskussion über Religion bereit, auf die hier zurückgegriffen werden konnte. Für das Konzept und die Ausarbeitung der Fragestellung bot diese Literatur allerdings kaum Hilfestellung.[2]

Die Kirchengeschichte und die Profangeschichte, soweit sie sich mit dem Thema Religion beschäftigt, haben bislang andere Perspektiven eingenommen. Die Kirchengeschichte konzentriert sich im Regelfall auf die institutionell-kirchliche Gestaltung – schon die Frömmigkeitsgeschichte wird meist abgespalten –, so dass Gesellschaft in ihren Darstellungen allenfalls noch als das andere von Religion vorkommt, das man dann thematisiert, wenn soziale Problemlagen in kirchlichen Institutionen bearbeitet werden oder Politik sich mit der Gestaltung des religiösen Lebens befasst. Kirchengeschichte bleibt darüber hinaus stets so weit Theologie, dass sie ihren Blickwinkel konfessionell verengt und die jeweils anderen Konfessionen gar nicht oder allenfalls in pauschalisierender Form vorkommen.[3] Die Profangeschichte tendiert umgekehrt auffälligerweise gerade dann, wenn sie Gesellschaftsgeschichte sein will, dazu, Religion ebenfalls als Teil der »kulturellen Entwicklung« zu thematisieren, sie also als Sondersphäre der sozialen Wirklichkeit, als »Provinz des Lebens« zu marginalisieren und zu isolieren.[4] Weit weniger hilfreich als erhofft für die methodische und konzeptionelle Gestaltung meines Vorhabens erwies sich auch die Religionswissenschaft. Ihre Forschungen sind nach wie vor geprägt durch die Anstrengung, sich einen von anderen gesellschaftlichen Phänomenen unterscheidbaren Gegenstand durch die vergleichende Betrachtung seiner Merkmale oder »Dimensionen« zu sichern. Seit ihren Gründungsvätern Max Miller und Edward B. Taylor entwirft die Religionswissenschaft deswegen Typologien von Religionen und religiösen Phänomenen, die entweder enthistorisiert und auf eine immanente Entwicklungslogik hin untersucht oder auf zivilisationsgeschichtliche Entwicklungsschemata bezogen und damit in ein normativ bestimmtes Raster eingeordnet werden. Religion wird auf diese Weise ebenfalls von den sie umgebenden gesellschaftlichen und historischen Kontexten abgegrenzt, statt sie aus ihnen heraus begreifen zu wollen. Religionswissenschaftler, die es vorziehen, einzelne Religionen in konkreten historischen Konstellationen zu untersuchen, verzichten entsprechend auf einen allgemeinen Begriff von Religion.[5]

Aus Gründen, die weit über das hinausgehen, was in dieser Einleitung zu erörtern ist, habe ich mich daher dafür entschieden, das Konzept auf einer kommunikations- und medientheoretischen Grundlage zu entwickeln, wie sie die Systemtheorie bietet. Mir scheint zur Zeit kein weiterer sozialtheoretischer Begriffsapparat von vergleichbarer Klarheit verfügbar, der sich dem Kernproblem der sozialen Welt stellt, ihre Ordnung über Differenzbildungen des Sinns selbst hervorzubringen und die Stabilität dieser Ordnungsmuster selbst zu garantieren. Die Systemtheorie rechnet mit der zirkulären Emergenz sozialer Phänomene. Sie entbindet damit von der schon bei kurzer Selbstbeobachtung unplausibel werdenden Notwendigkeit, gesellschaftliche Ordnungsmuster in ihrer Stabilität und Reproduktion auf die Motive und Aufmerksamkeitsressourcen von einzelnen Menschen zurückzuführen. Sie berücksichtigt andererseits, dass Individuen, Gruppen und Institutionen aller Art in der sozialen Welt nicht isoliert vorkommen, sondern in ihrer jeweiligen Eigenheit und ihren Handlungsmöglichkeiten bestimmt sind durch Beziehungen zu anderen Menschen, Gruppen und Einrichtungen. Diese relationalen Verhältnisse sind beschreibbar, und sie sind in einer bestimmten historischen Konstellation nicht beliebig. Daraus ergeben sich überzeugende Argumente, an einem substantiellen und theoretisch ausgearbeiteten Gesellschaftsbegriff festzuhalten.

Hinzu kommt, dass die Systemtheorie Wirklichkeit ausdrücklich als Resultat von Beobachtungen fasst. Niemand weiß zu sagen, wie die Welt jenseits unserer Beobachtungen beschaffen ist. Die wissenschaftliche Beobachtung von Welt macht dabei keine Ausnahme. Sie muss sich daher bewusst sein, dass ihr Gegenstand nicht einfach eine gegebene soziale Welt ist; vielmehr beobachtet Wissenschaft, wie diese soziale Wirklichkeit in Beobachtungen und Kommunikationen für die Beteiligten zur strukturierten Realität wird. In genau diesem Sinn will ich mich damit befassen, wie das Christentum als Religion der Gesellschaft hervorgebracht und »in Form gesetzt« wird. Dazu ist ein Begriffsinstrumentarium notwendig, das mit seinen Unterscheidungen auf die Hervorbringung einer sinnhaften, strukturierten sozialen Wirklichkeit zielt. Sinn, Kommunikation, Beobachtung, Medien, System, Umwelt, Semantik, Selbst- und Fremdbeschreibung, Differenzierung und Komplexität sind solche Begriffe. Meine Darstellung wird sich an den mit ihnen verbundenen Konzepten orientieren, ohne sich allerdings in ihrer umfänglichen Erörterung zu verlieren und sich die Freiheit der sprachlichen Variation nehmen zu lassen.[6]

In einem zweiten Schritt braucht eine Wissenschaft, die sich für die Konstitution und Geschichte sozialer Ordnungsmuster interessiert, Begriffe, die eine Vorstellung von den sozialen Gegenstandsbereichen vermitteln, um die es ihr zu tun ist. Sie müssen nicht mit denen identisch sein, mit denen die von Wissenschaftlern beobachteten Menschen ihre soziale Welt ordnen und strukturieren, können es gar nicht, weil – jedenfalls bei historischen Untersuchungen – sich die Welt inzwischen geändert hat, vor allem aber, weil die Beobachtungen erster und zweiter Ordnung mit jeweils unterschiedlichen Zielen verbunden sind. Für Akteure, die in sozialen Figurationen kommunizieren und beobachten und auf diese Weise die Figuration reproduzieren, geht es um den Erfolg von Handlungen und Kommunikationen. Erwartungen müssen erwartbar werden, und die Welt wird daher mit Unterscheidungen beobachtet, die dazu einen Beitrag leisten. Man schreibt deswegen beispielsweise Kausalitäten in den Lauf der Dinge ein und kreiert damit »Akteure«, wie sie Bruno Latour identifiziert. Den Wissenschaftler interessiert dann, auf welche Weise dies geschieht. Er fragt nach der semantischen Logik von Unterscheidungen und den semiotischen Strategien in Beobachtungen erster Ordnung.[7] Deswegen schlägt die Systemtheorie auch eine funktionale Analyse sozialer Konstellationen und Phänomene vor. Das tut sie gerade nicht, um, wie häufig unterstellt, soziale Ereignisse an Interessen zu binden, sondern weil sie damit rechnet, dass die Funktion nicht in Absichten und Interessen aufgeht, im Extremfall gar nicht dort in Erscheinung treten muss. Soziale Figurationen – von Paarbeziehungen angefangen, bis hin zu Gesellschaften – sind auch deswegen stabil, weil sie sich selbst als Ganzes und erst recht aus der Perspektive einzelner Beteiligter undurchsichtig bleiben. Seit dem 19. Jahrhundert ist das Wissen darum in Sozialtheorien unter dem Stichwort »Ideologie« festgehalten.

Die funktionsorientierte Beschreibung und Analyse sozialer Ereignisse und Figurationen hat den weiteren Vorteil, dass sie soziale Phänomene als Lösung von Problemlagen identifiziert und damit die Suche nach äquivalenten Lösungsmöglichkeiten anregt, um diese dann in ihren Folgen vergleichen zu können. Das macht die Varietät sozialer Phänomene verständlich und die unterschiedlichen Entwicklungslogiken, denen sie häufig bei gleichen Ausgangskonstellationen folgen. Im Unterschied zum normativ aufgeladenen Konzept der Ideologie befreit die funktionsbezogene Analyse von der Teleologie.

Religion erscheint zunächst als ein individuelles Phänomen. Das protestantische Christentum gestaltet seit der Reformation die Beziehung des einzelnen Menschen zu seinem Gott. Man kann mit Schleiermacher etwas allgemeiner formulieren und auf die Fähigkeit und die Bereitschaft abheben, dem irdischen Geschehen im Horizont des Unendlichen einen Sinn zu geben. Religiöse Sinnbildung begründet damit ein bestimmtes Welt- und Selbstverhältnis. Ethnologische Forschungen legen nahe, dass es in frühen Phasen sozialer Evolution darum ging, dem Unvertrauten, dem Überraschenden einen Sinn zu geben und es damit in die vertraute Welt zurückzuholen und einzuordnen. Man steht dann am zirkulären Grund sozialer Ordnung. Das Unerwartete setzt nichtenttäuschte Erwartungen voraus, und diese werden nur dann greifbar, wenn es auch enttäuschte gibt.[8] Religion wäre damit am Urgrund der Vergesellschaftung des Menschen verortet.

Man mag sich weiter vorstellen, dass sich dann in der Kommunikation einzelner Menschen oder Gruppen dieses Anfangsparadox in unterschiedlicher Weise entfaltet. Personifizierungen in Gestalt von Geistern, Dämonen und Göttern waren naheliegende Kandidaten. So weit könnten das immer noch Bewusstseinsphänomene, individuelle religiöse Erfahrungen bleiben. Auch Schleiermacher unterstellt deswegen das Bedürfnis, sich über die Erfahrung des Unendlichen auszutauschen, die Gegenwart des Göttlichen, der man gewahr wurde, mitzuteilen, allein um auf diese Weise sich Gewissheit zu verschaffen, dass man sich nicht getäuscht habe und man nicht allein sei mit solchen Wahrnehmungen.[9] Religion wird nicht erst in diesem Moment ein gesellschaftliches Phänomen, denn sie ist es schon im Moment der Sinnbildung. Sie wird aber damit zu einer Sonderform der Kommunikation und kann somit zur Institution ausdifferenziert werden. Virtuosen der religiösen Erfahrung mögen dabei eine wichtige Rolle gespielt haben. Wie immer soziale Evolution sich im Detail weiterhin gestaltet haben mag: Erst wenn und sobald die individuelle religiöse Sinnbildung in dieser Weise kommunikabel geworden ist, kann der Prozess sozialer Ausdifferenzierung anlaufen. Die Reproduktion der Differenz ist dann keinen weiteren Beschränkungen ausgesetzt, weil das Bezugsproblem weder räumlich eingrenzbar noch im Auftreten selten und zeitlich beschränkt gedacht werden muss. Die Differenz wird sich stabilisieren, wenn sich gesellschaftliche Problemlagen ebenfalls über die Entfaltung des Paradoxes von Immanenz und Transzendenz bearbeiten lassen.

Dieses Szenario hat Emile Durkheim in seiner Untersuchung der Religionen der Ureinwohner Amerikas und Australiens entfaltet. Darin identifiziert er als gesellschaftliche Funktion von Religion, über ein Totem Individuen in Verwandtschaftsgruppen einzuordnen, die mit natürlichen Verwandtschaftsbeziehungen nur bedingt etwas zu tun haben.[10] Die Religion dieser Gesellschaften bildet soziale Ordnungsmuster nicht ab, sondern ist an ihrer Hervorbringung beteiligt. Sie trägt dazu bei, dass Sozialität sich zu einer Gesellschaft ausfalten kann, die dann komplexer ist, als sie ohne Religion wäre. Das hat mit dem individuellen religiösen Erleben und dessen Funktionalität nur noch sehr vermittelt etwas zu tun. Es setzt dieses aber voraus, wie es das Erleben umgekehrt selbst formt. Die Reproduktion der Gesellschaft greift in struktureller Koppelung auf autonom laufende Bewusstseinsprozesse zurück.

Auf diese Weise erklärt sich, dass einzelne Individuen auf religiöse Sinnbildung verzichten können, während für Gesellschaften Sinnbildung im Horizont der Unterscheidung von Transzendenz und Immanenz und vor allem die darauf aufbauende Ausdifferenzierung von Handlungsmustern und Institutionen in den historischen Zeiträumen, die Wissenschaftler derzeit überblicken, als unverzichtbar erscheint. Zu vielfältig ist die einmal institutionalisierte Religion am gesellschaftlichen Selbstbezug beteiligt, an der Art und Weise, wie sich Gesellschaften ordnen und wie sie diese Ordnungsleistungen reflektieren. Das bringt Religion in die Nähe von Herrschaft und Macht, sobald Gesellschaft auch durch auf Dauer gestellte Gewaltfähigkeit geordnet wird, so dass beides sich häufig zum ununterscheidbaren Amalgam verbinden kann. Die Sprache der Macht hat von Anfang an einen religiösen Grund.[11] Daher lässt sich die soziale Form von Religion nicht ohne gesellschaftliche Strukturanalyse verstehen und die Semantik von Religion nicht ohne Blick auf die Selbstbeschreibung von Gesellschaft.

Für Religion hat diese gesellschaftliche Funktionsfestlegung weitreichende Folgen, die auch noch im Christentum des 19. Jahrhunderts zu fassen sind. Die Ausdifferenzierung gegenüber den Handlungsräumen der weltlichen Herrschaft wird zu einem Dauerproblem, das im westlichen Christentum weder durch Augustins Unterscheidung von *civitas dei* und *civitas terrena* noch durch Luthers Zweireichelehre zufriedenstellend gelöst wurde. Sie führt aber offenbar auch dazu, dass Religion stets mit Prozessen der Gruppenbildung und der gesellschaftlichen wie individuellen Identitätsbildung befasst blieb. Religion ist – seit sie eine gesellschaftliche Dimension ist und entsprechende Funktionen übernommen hat – zu einem Medium sozialer Inklusion bzw. Exklusion geworden.

Dies kompensiert unter Umständen das dritte Problem, das die Ausdifferenzierung von Religion dauerhaft begleitet. Religiöse Sinnbildung hat zwar zunächst ihren Sitz im Selbst- und Weltbezug des einzelnen Bewusstseins. Schon hier aber geht es nicht ohne Gesellschaft. Sinn setzt Kommunikation und damit Sozialität immer schon voraus. In gleicher Weise wird die Ausdifferenzierung zu einem sozialen Phänomen. Sobald die systemische Ausdifferenzierung von Religion als Handlungsgefüge in institutionellen Formen gerinnt, deren Stabilität auf die Häufigkeit und Regelmäßigkeit religiöser Akte durch ein gläubiges Publikum angewiesen ist, kann man sich auf das spontane Bedürfnis nach religiöser Sinnbildung bei Individuen nur noch bedingt verlassen. Das dürfte schon bei Kulten der Fall gewesen sein, weil die Bedeutung eines Gottes an die Attraktivität von Kultstätten und Tempeln gebunden war.[12] Erst recht wird dieser Punkt aber von Belang, wenn Kulte zur Religion werden oder es zur Kirchenbildung kommt. Dann fällt erst recht auf, dass die erfolgreiche Ausdifferenzierung und Evolution sozialer Institutionen an deren Fähigkeit gebunden ist, systemrelevante Handlungen und systemrelevantes Erleben immer wieder hervorzubringen. Das Christentum hat unter dem Dach des gnadenvermittelten Heils eine ganze Reihe solcher Incentives, die sich auf die Unterscheidung von Immanenz und Transzendenz gründen und somit originär religiöser Natur sind, entwickelt und kultiviert. Die Erbsünde, der Teufel, die Vorsehung und die Unsicherheit des Heils lieferten fortwährend Anlässe, um die Zirkulation der Gnadenmittel zu stimulieren und dem Erleben einen Sinn in Bezug auf die basale Unterscheidung von Immanenz und Transzendenz zu geben. Dass man trotzdem seit der spätantiken Kirchenbildung in unterschiedlichen Formen eine Art Dauermission der Bevölkerung betrieb und die Gottesverehrung hauptsächlich als eine öffentliche begriff, die reguliert und damit vorgeschrieben werden konnte, verweist auf die nicht abnehmende Dringlichkeit des Problems. Religion mangelt es offenbar an einem symbiotischen Mechanismus, der religiöse Sinnbildung mit einer gewissen Zwangsläufigkeit motiviert, wie ihn etwa die Ökonomie aus dem Auseinanderklaffen von Bedürfnissen und der Knappheit der verfügbaren Güter zu deren Befriedigung mobilisieren kann. Zur Sinnbildung im Horizont des Religiösen gibt es stets auch Alternativen, die außerhalb von Religion liegen. Das europäische Mittelalter glaubte, sie als Narreteien neutralisieren zu können.[13]

Man kann sich daher vorstellen, in welche Zwangslagen es die christlichen Kirchen Europas seit der Mitte des 18. Jahrhunderts führte, als solche Generatoren religiöser Sinnbildung wegbrachen, weil sie wie die Erbsünde, die Prädestination und auch die Sorge um die armen Seelen in einer Welt des verantwortlichen Individuums theologisch wie alltagsweltlich rapide an Plausibilität verloren. Gleichzeitig wurden in einer gewaltsamen Säkularisierung die in die ökonomische und staatlich-politische Reproduktion der Gesellschaft hineingetriebenen Stützpfeiler eingerissen, die das Christentum als Religion institutionell ausdifferenziert hatte. Die Formengeschichte der kirchlichen Institutionen wie des religiösen Lebens in der ersten Hälfte des 19. Jahrhunderts, die hier erzählt werden soll, hat genau dies zum Thema: wie die Ausdifferenzierung von Religion unter den neuen Rahmenbedingungen gesellschaftlicher Ordnungsmuster weiterhin reproduziert werden konnte. Es brauchte einen tiefgreifenden institutionellen Umbau wie auch veränderte Anlassstrukturen, um weiterhin religiöse Sinnbildung hervorzubringen.

Diesen neuen Rahmen setzte eine Gesellschaft, die sich in ihren modernen Strukturen von einem Ancien Régime abgrenzte, das in der Revolution untergegangen war. Sie begriff sich als eine »bürgerliche« Gesellschaft rechtsgleicher Individuen, in der die Verteilung von Reichtum durch weitgehend ungebremste Marktmechanismen geregelt, die verstörenden Resultate dieses Prozesses durch eine staatliche Garantie des Eigentums abgesichert und die politische Ordnung von Herrschaft auf partizipativ generierte und kontrollierte politische Macht umgestellt worden war. Seit Max Weber die Moderne durch das Nebeneinander von Wertsphären eigener Rationalität gekennzeichnet hat, ist man daran gewöhnt, diese Gesellschaft als polykontextuell, ohne ein identifizierbares Zentrum, zu kennzeichnen. Das Grundmuster, dem die Bildung sozialer Strukturen jetzt folgt, ist Funktion und nicht mehr Hierarchie.

Vor allem die neuen politischen Strukturen der bürgerlichen Gesellschaft, die anders als die *Societas civilis* des Ancien Régime ihre Ordnung nicht mehr durch eine ihr von außen gegenübertretende (monarchische) Herrschaft sichergestellt sah, sondern sie aus sich selbst hervorbringen musste, führten dazu, dass Massenmedien eine zunehmend wichtige Rolle für Prozesse gesellschaftlicher Integration und für die Reproduktion von Strukturmustern spielten. Diese neue Konfiguration wurde als Trennung von Staat und Gesellschaft beschrieben, weil jetzt auch die zur Politik gewordene Herrschaft ein Ausdifferenzierungsproblem hatte.[14] Als Chiffre für die Einheit der Differenz von Staat und Gesellschaft etablierte sich in der politischen Sprache wie in der Sozialtheorie die Nation. Sie trat an die Stelle der *Societas civilis*. Die semantische Verschiebung machte deutlich, dass die Umbrüche in den Ordnungsmustern der Gesellschaft von neuen Selbstbeschreibungen begleitet wurden, in denen der Wandel in den Prozessen der Vergesellschaftung reflektiert werden konnte. Man braucht gar nicht auf den entstehenden Konservativismus zu verweisen, um zu sehen, dass Gesellschaften und Sozialsysteme offenbar gerade in Phasen beschleunigten Umbruchs sich selbst weitgehend unverständlich bleiben. Das führte dazu, dass das Neue bevorzugt im Spiegel des Gewesenen wahrgenommen wurde.[15] Das war allerdings auch nicht einfach Ideologie, sondern entsprach insofern doch dem Gang der Umgestaltung der gesellschaftlichen Verhältnisse, als sich hier trotz Revolution ein Umbau bei laufendem Räderwerk sozialer Reproduktion vollzog, so dass die Möglichkeitsbedingungen jeder Neuerung und Veränderung durch die gerade noch in Gebrauch und Funktion befindlichen Teile und ihre Anordnung bestimmt wurden.

Diese Umgestaltung der europäischen Gesellschaften ist nicht im engeren Sinn Gegenstand meiner Untersuchungen. Sie interessiert als ein Rahmen und als Voraussetzung für die in ihr mitvollzogene Transformation der Religion der Gesellschaft. Dabei ist auch vorausgesetzt, dass es sich nicht um einseitige Determination oder ein Kausalverhältnis, sondern um Koevolution handelte, in der Wechselwirkungen zu beobachten sind.

Eine Geschichte des europäischen Christentums als Religion der Gesellschaft zu schreiben verlangt den Verzicht auf eine Geschichte von Ereignissen, die in irgendeiner Weise Vollständigkeit beanspruchen könnte. Der von mir gewählte Beobachtungsrahmen macht vielmehr Ereignisse und Konstellationen sichtbar und interessant, in denen das Christentum in seinen sozialen Formen als Religion der Gesellschaft hervortritt. Ähnlich verhält es sich mit der kirchlichen und konfessionellen Binnendifferenzierung des europäischen Christentums. Konfessionelle Unterschiede und Gegensätze sind nicht per se von Interesse, sondern umgekehrt wird der Blick darauf gelenkt, in welchen Konstellationen konfessionelle Unterschiede besonders akzentuiert wurden und welche Effekte sich daraus ergaben. Die Unterschiede zwischen den Konfessionen habe ich genutzt, um in Gegenüberstellungen und punktuellen Vergleichen der Frage nachzugehen, an welchen Stellen die Transformation durch konfessionelle und einzelkirchliche Vorgeschichten an Pfadabhängigkeiten gebunden und wann die Evolution mehr durch die übergreifende Problemkonstellation bestimmt war, so dass sich konfessionsinvariante Konstellationen und Verläufe ergaben.

Diese Vorgehensweise führte immer wieder vor Augen, dass die Gesellschaft als moderne bürgerliche Gesellschaft im Singular wie im Plural gleichermaßen soziale Realität war. Im Singular war sie Realität, weil die Zerstörung der Ordnung des Ancien Régime die Gesellschaften als Gesellschaften der europäischen Tradition überall vor ähnliche Anforderungen der Neugestaltung stellte und weil das Projekt der neuen Ordnung in den entscheidenden Grundzügen sich nicht nach Nationen unterschied. Gleichwohl vollzog sich die Umgestaltung dann im Konkreten in staatlich separierten Gesellschaften, denen wiederum entsprechend ihrer Vorgeschichten unterschiedliche Entwicklungshorizonte offenstanden. Auch hier konnte die Vollständigkeit von Nationalgeschichten des europäischen Christentums nicht angestrebt werden. Das hätte meine Arbeitskraft überstiegen und wäre dann als eine vergleichende Geschichte der Verflechtungen an den sehr disparaten Forschungsständen gescheitert. Ich habe mich daher auf einen mittel- und westeuropäischen Kernraum konzentriert, der durch das deutsche Sprachgebiet im Osten und Norden, die Mittelmeerküste im Süden und die Atlantikküste im Westen umschrieben ist. Weil es mir nicht um eine Christentumsgeschichte, sondern um eine Problemgeschichte von Religion ging, wurde auch hier selektiv verfahren. Nationale Christentumsgeschichten wurden jeweils nur dann berücksichtigt, wenn das Thema es nahelegte. Der Singular des Gesellschaftsbegriffes konnte nur eingeholt werden, indem die Empirie seines Plurals entlang der Vorgaben des Themas und der Forschungslage ausgewählt und aufeinander bezogen wurde.

Die zeitliche Begrenzung meiner Untersuchungen hat Orientierungscharakter. Weder 1750 noch 1850 markieren für mein Thema ereignishaft fassbare Schwellen. Die zweite Hälfte des 18. Jahrhunderts war für diese Untersuchung von Interesse, weil in ihr der institutionelle Zustand des Christentums am Ende des Ancien Régime samt den sich bereits ankündigenden Umbrüchen zu erfassen war. Die erste Hälfte des 19. Jahrhunderts gestattete es, so viel von den Prozessen der Neugestaltung und des Neuarrangements im Verhältnis von Religion und Gesellschaft zu erfassen, dass eine Vorstellung davon zu gewinnen war, auf welchen dann schon sichtbaren Bahnen die Transformation der sozialen Form von Religion in der modernen westeuropäischen Gesellschaft weiterlaufen würde.

Das Buch ist in vier Kapitel gegliedert. Das erste beschreibt die Kirchen des Christentums in ihrer Verflechtung mit der verstaatlichten Herrschaft einer hierarchisierten Gesellschaft und der Reproduktion einer Privilegien- und Adelsgesellschaft. Im Protestantismus wie im Katholizismus waren Religion und weltliche Sozialordnung nicht nur unvollständig gegeneinander ausdifferenziert, sondern sie stabilisierten sich in ihren Reproduktionsmechanismen gegenseitig. Zu deckungsgleichen Interessen- und Motivlagen hat dies nicht geführt. In der symbiotischen Konkurrenz zwischen Kirchen, die selbst als Herrschaftsträger auftraten, und der weltlichen Macht bauten sich seit den 1770er Jahren insbesondere in katholischen Regionen immer mehr Spannungen auf, die dann zu Reformanläufen führten, in denen die weltlichen Herrschaftsträger bereits tief in das Kirchenleben, die Kirchenstrukturen und auch die Frömmigkeit eingriffen. Eine zukunftsträchtige Lösung der strukturellen Gegensätze ergab sich daraus nicht.

Das zweite Kapitel verfolgt, wie das Christentum in seinen institutionellen Formen in den Rechtsraum der nachrevolutionären Bürgergesellschaft eingepasst wurde. Es beginnt mit einem Abschnitt über die Französische Revolution und ihr problematisches Verhältnis zur Religion. Die großen Säkularisationen, in denen den Kirchen alle Herrschaftsrechte und ein Großteil ihrer Besitzrechte genommen wurden, bildeten eine wichtige Voraussetzung, um die Konfessionskirchen in die partizipativen Bürgergesellschaften einzupassen und konfessionelle Pluralität möglich zu machen. In den anschließenden staats- und kirchenrechtlichen Neuregelungen wurde das Bekenntnis immer mehr zur Privatsache. Religion wurde als Medium sozialer Inklusion neutralisiert. Gerade deswegen spielte das Christentum in den umgestalteten politischen Räumen der Nationalgesellschaften eine wichtige Rolle. In den Sozialtheorien aller politischen Couleur wurde Religion als eine der Voraussetzungen für die moderne Vergesellschaftung imaginiert. Im politischen Raum selbst wurde das Christentum als Archiv der Symbole und Rituale wichtig, weil diese dazu taugten, der konstitutionellen Monarchie ein modernes Gesicht zu geben und die Nation als Erfahrungsraum zu gestalten.

Das dritte Kapitel befasst sich mit den Veränderungen der institutionellen Gestaltung und der Frömmigkeit, denen das Christentum in diesen Umbrüchen unterlag. Es zeigte sich, dass Organisation und soziale Bewegung in unterschiedlichsten Ausgestaltungen und Kombinationen –

von der zentralistischen und hierarchisierten Weltkirche mit Ordensmission bis hin zur methodistischen Freikirche, translokalen Vereinsnetzwerken und Bruderschaften unterschiedlichster Zwecksetzung – eine passende Antwort auf die Sozialintegration der bürgerlichen Gesellschaft waren. Sie zogen aber zugleich eine öffentlich sichtbare Dramatisierung von Mitgliedschaft nach sich, die auf die Stile der Frömmigkeit Einfluss nahm. Spätestens an dieser Stelle wird Säkularisierung nicht als Gegenteil von Religion, sondern als konstitutiver Bestandteil der Formengeschichte von Religion in der Moderne greifbar. Frömmigkeit brauchte neue Anlässe und Anschlüsse an Prozesse sozialer Inklusion. Die Familie und die Gestaltung einer für die moderne Gesellschaft tauglichen Individualität wurden zu solchen Feldern. Diese neuen Formen der Frömmigkeit modellierten Übertragungsverhältnisse in der Kommunikation mit der Transzendenz so, dass sie dazu taugten, die medienvermittelte Sozialintegration der Gesellschaft zu reflektieren. Aus solchen Verschiebungen ergab sich auch die Feminisierung des europäischen Christentums. Sie vollzog sich als eine explosive und irritierende Verbindung von neuen Rollen, die Frauen in den Kirchen fanden einerseits, und einem aggressiven misogynen Diskurs über die Frömmigkeit der Frau andererseits.

Im vierten Kapitel wird Religion als Kultur zum Thema. Die Semantik von Religion, die in Selbst- und Fremdbeschreibungen zwischen etwa 1720 und 1850 nachgezeichnet wird, lässt tektonische Verschiebungen im Religionsbegriff, in den Mutmaßungen über ihre Ursprünge, in der Beschreibung ihrer möglichen und gewünschten Formen und schließlich in dem erkennen, was man als Funktion der Religion thematisierte. In dieser Semantik wurden die im Gefolge der europäischen Expansion nach Europa zurückströmenden Wissensbestände mit dem Selbstbild eines christlichen Europa und seines Christentums zusammengebracht und schließlich am Beginn des 19. Jahrhunderts zu einem Kollektivsingular von Religion verdichtet. Das Christentum wurde zur Kultur, weil es im Raum der Universalgeschichte des Menschengeschlechts als Religion neben vielen anderen zu stehen kam. Dabei formte sich auch ein semantisches Konzept von Religion, das auf Offenbarung verzichten konnte und das Religion aus ihrer bisherigen Aufgabe, nämlich die Aufrechterhaltung der gesellschaftlichen Ordnung zu gewährleisten, entließ. Stattdessen wurde Religion mehr und mehr als Voraussetzung und Resultat individueller Welt- und Selbstverhältnisse beschrieben, die sich aus der Fähigkeit des Menschen als eines Kulturwesens zur Symbolisierung und zur Sinnbildung ergaben. In Gott schaute der menschliche Geist sich selbst an. Feuerbach stellte dann die Frage nach der Pathologie von Selbstbildern, die in einen religiösen Sinnhorizont gestellt waren. Die Theologie nach Schleiermacher wich in weiten Teilen von diesen Konzepten nur wenig ab. Einen existierenden Gott als Voraussetzung der Welt zu denken, wie Schelling dies in seiner Philosophie der Offenbarung noch einmal entfaltete, wurde zu einem Unterfangen ohne systemische Resonanz, weil es dem Individuum seine Freiheit nahm. In allen diesen Themenfeldern wurden Religion und das Christentum schon im 18. Jahrhundert zu wichtigen Reflexionsfiguren und Reflexionsmedien, in denen die sich umgestaltende Gesellschaft über die Formen und Voraussetzungen ihrer Vergesellschaftung nachdachte.

In einem Schlussabschnitt werden die hauptsächlichen Erträge noch einmal im Hinblick auf das Konzept der Säkularisierung zusammengefasst. Das Ergebnis lautet: Säkularisierung gibt es.

I

Das Christentum im Ancien Régime

Kein gekröntes Haupt Europas wollte im 18. Jahrhundert auf den Raum der Kirche zur Inszenierung und zur Legitimation seiner Herrschaft verzichten. Kaiser legten Wert darauf, Allerchristlichste Majestäten ebenso. Kaiserin Maria Theresia (1740–80) pflegte die von ihren Vorgängern seit dem 17. Jahrhundert ausgestaltete *pietas austriaca* mit besonderer Intensität. Nach Ausweis des Wiener Hofkalenders nahm sie allein im Jahr 1738 an 58 feierlichen Hochämtern in den Kirchen und Klöstern Wiens und seiner weiteren Umgebung teil, wertete 15 Prozessionen mit ihrer Anwesenheit zu Staatsaktionen auf. Sie unternahm zwei Wallfahrten, ordnete sieben Ausfahrten zur Mariensäule des Hofes an und ließ schließlich noch zwei Bruderschaftsfeste sowie zwei weitere Feste für die Damen des Sternkreuzordens arrangieren. Die Allerchristlichste Majestät Frankreichs stand dem nicht nach. Ludwig XVI. (1774–93) ließ sich am 11. Juni 1775 wie alle Könige der Monarchie vor ihm in Reims feierlich krönen. Bevor er die Salbung mit dem Öl aus der Heiligen Ampulle empfing, die der Abt von Saint Rémy mit prächtigem Gefolge in die Kathedrale getragen hatte, verpflichtete er sich in seinem Krönungseid auf den Schutz der Kirche, die Wahrung ihrer Privilegien und Rechte sowie die Verfolgung der von ihr benannten Ketzer. Zusammen mit den übrigen Bischöfen und Erzbischöfen der Gallikanischen Kirche überreichte ihm der Erzbischof von Reims nach der Salbung mit den anderen Insignien seiner Königswürde auch das Schwert als Zeichen seiner weltlichen Macht, das ihn als Quelle allen Rechts in der Monarchie auswies. Bis in die kleinsten Handreichungen hinein verwies dieses Ritual auf den ausschließlich göttlichen Ursprung der königlichen Herrschaft und band den Monarchen damit an die Kirche und ihre Priesterschaft. Thron und Altar stützten sich wechselseitig und sollten in der geheiligten Person des Königs miteinander verbunden bleiben. Im anschließenden Hochamt reichte man daher dem König das Sakrament in beiderlei Gestalt, wie es bei den Katholiken sonst nur dem Klerus zukam.[16]

Auch Friedrich II., dem die Philosophie der Aufklärung wichtiger geworden war als der Offenbarungsglaube, beharrte nicht nur auf seiner Bischofswürde, wenn er sich mit seinen Konsistorien auseinanderzusetzen hatte, sondern titulierte sich gelegentlich sogar als »vicarius Christi«, dem wegen seiner Macht zu binden und zu lösen besonders in Fragen der Ehegerichtsbarkeit das letzte Wort zustehe. Die derbe Ironie solcher Bemerkungen entsprang dem Bewusstsein, dass die Herrschaft des Staates sich jetzt besser auf das Naturrecht berief und Religion nun ebenfalls in ihrer gesellschaftlichen Gestaltung und ihren Konsequenzen für das soziale Zusammenleben an den naturrechtlichen Normen – das hieß dann auch: an den Bedürfnissen des Staates – zu messen und auszurichten war.

Frankreichs Juristen waren im 18. Jahrhundert ebenfalls längst dabei, den Schleier der mittelalterlichen Ordnung zu zerreißen. Sie erklärten den *sacre* in Reims zum erbaulichen Schauspiel für das Volk, das über die wirklichen Grundlagen der königlichen Macht nichts mehr aussage. Die Krönung führe nur vor Augen, dass der König sich in seinem Regierungshandeln an die Gebote gebunden fühlen solle, schrieb der Kanzler d'Aguesseau über die Krönung Ludwigs XVI. Die Enzyclopädie Diderots hielt fest, der König regiere allein aus der Macht der im salischen Recht gesicherten Geblütsfolge. In der Krönung werde das Volk durch ein eindrucksvolles Spektakel belehrt und der König als Person geheiligt, damit ihm später niemand nach dem Leben trachte. Solche Rationalisierung der sakralen Aura des Königs zeigte Wirkungen auch im königlichen Handeln selbst. Ludwig XV. (1715–74) hatte bereits darauf verzichtet, Skrofulöse zu heilen, und Ludwig XVI. unternahm der Überlieferung nach nur einen einzigen Versuch, auf diese Weise die magisch-religiöse Kraft seines Königsheils unter Beweis zu stellen. Auch Joseph II. interpretierte die Herrscherrolle an dieser Stelle neu. Er grenzte den Kreis der besuchten Kirchen stark ein und strich zwei Drittel der Ausfahrten zum öffentlichen Gottesdienst.[17]

Es ging dabei nicht nur um die Legitimation weltlicher Macht. Hier wurde kenntlich, dass die Religion der vormodernen Gesellschaft in feudalen Herrschaftsverbänden organisiert war und sie deswegen nicht nur in enger Verbindung zur staatlichen Herrschaft, sondern auch in stetiger Konkurrenz zu ihr stand. Der religiöse Raum, den die Kirche als verherrschaftete Institution umschrieb, und der Raum der weltlichen Herrschaft ließen sich für die Menschen seit dem zweiten Drittel des 18. Jahrhunderts kaum mehr aufeinander abbilden. Sie traten auseinander mit der Folge, dass die sich konsolidierende Staatlichkeit keine Skrupel mehr empfand, den Raum der Kirche zu gestalten, bei Bedarf auch zu beschneiden. Umgekehrt hatte Religion sich in ihrer institutionellen und semantischen Erscheinung darauf einzustellen, dass sie inmitten einer Welt ohne Religion zu einer eigenen Lebensordnung und einem eigenständigen Sozialzusammenhang kondensierte, dessen Zwecke und Rationalitäten in der übrigen Gesellschaft nicht mehr mit Selbstverständlichkeit akzeptiert waren.

1.
Symbiotische Konkurrenz. Geistliche und weltliche Herrschaft in der Vormoderne

Diese Umgestaltung verlief zwangsläufig als ein komplizierter und widersprüchlicher Prozess, der alle Ebenen sozialer Wirklichkeit vom direkten Verkehr der Menschen untereinander bis zur organisatorisch-institutionellen Ordnung einbezog. Wo Religion zu institutioneller Gestalt gefunden hatte, war sie stets kenntlich als Hervorbringung einer Gesellschaft, die sich sozial als Hierarchie von Ständen und ökonomisch als Agrargesellschaft mit wachsenden Enklaven der gewerblichen Produktion und des Handels ausbildete. In dieser Gesellschaft ließ Herrschaft sich nur auf Dauer herstellen, indem sie einerseits die Eigentumsrechte über Grund und Boden monopolisierte und andererseits damit direkte Verfügungsrechte über Menschen verband. Aus diesen Elementen hatte sich die Gesellschaft Alteuropas seit dem frühen Mittelalter als hierarchisierte Adelsgesellschaft entwickelt, in der seit Beginn der Neuzeit funktional bestimmte Strukturbildungsmuster immer mehr an Bedeutung gewannen, so dass seit dem letzten Drittel des 18. Jahrhunderts die Abschaffung adeliger Vorrechte überfällig und nur mehr eine Frage der Zeit schien. Soweit Religion noch als grundbesitzende Adelskirche in Erscheinung trat, musste sie davon ebenfalls elementar betroffen sein.

Die eigentliche geschichtliche Dynamik im Verhältnis von geistlicher und profaner Welt in der Vormoderne resultierte freilich nicht aus der Identität, sondern aus der Verbindung von Identität und Gegensatz. Im lateinischen Christentum wirkte das jüdisch-frühchristliche Erbe eines vollkommen transzendenten Gottes fort, der die Welt zwar geschaffen hatte, sie aber nicht mehr bewohnte. Die Religion des lateinischen Christentums konnte sich deswegen in Gegensatz zum Diesseits und seiner jeweiligen Ordnung bringen, und sie bildete als Quelle der Weltverneinung ein Widerlager für die Kritik der Welt und derer, die sie als Herrscher hauptsächlich gestalteten. Indem das Christentum eine Sphäre des Heiligen von der des Profanen (auch in der Welt) schied, wirkte es mit an der »Entzauberung der Welt«. Zweitens wurde für die Geschichte Europas (wie für die Entwicklung des Christentums selbst) bedeutsam, dass dieser eine Gott, der die Welt beobachtete, in der unsterblichen Seele des Menschen eine Referenz bekam, mit der jedem einzelnen Menschen seinerseits eine Teilhabe am Göttlichen oder wenigstens ein Zugang zu ihm zugesprochen war. Der Mensch war in die Transzendenz einbezogen, wie es im Gottmenschentum Jesu Symbol geworden war. In der europäischen Geschichte hat sich dies auf der profanen Seite als Individualismus und als Begründung unverfügbarer Rechte des Menschen entfaltet; für die Religion des Christentums hatte diese Dualität von Gott und göttlicher Seele zur Folge, dass der Mensch für sein Heil verantwortlich wurde und mit der Sünde auch die Frage unabweisbar im Raum stand, warum Gott das Böse zuließ und wie über das Heil der Seele Gewissheit zu erlangen sei. Die Geschichte von Theologie und Frömmigkeit des europäischen Christentums ist von dieser Problematik bis in die Moderne getrieben.

Das weltliche Erscheinungsbild des lateinischen Christentums wurde geprägt in der Gemeinschaft mit dem Imperium Romanum, in die das Christentum seine Distanz zur Welt einbrachte und doch akzeptieren musste, dass die Rolle als Staatsreligion den Gehorsam gegen die weltliche Herrschaft in profanen Angelegenheiten zur Voraussetzung hatte. Dies beförderte die Ausgestaltung des Christentums zu einer Kirche, die einerseits als vom Recht getragene und verherrschaftete Hierarchie den Raum des Imperiums durchdrang und andererseits den Vollzug des Glaubens wie in den frühchristlichen Anfängen weiterhin als Gemeindekirche praktizierte. Über beide Pole war die Kirche des lateinischen Christentums an die soziale Welt angebunden: über die Hierarchie der Bischofskirche an die Herrschenden und über die Gemeinde an die Lebensordnung der Beherrschten.

Als vom Recht geformter, hierarchisch gegliederter Herrschaftsverband, der über die von den Mönchen weitergetragene Schriftlichkeit verfügte, besaß die römische Kirche gegenüber den fragilen, gewaltfundierten Clan- und Gefolgschaftsverbänden des Mittelalters zunächst einen weiten Vorsprung in der Organisation von Herrschaft. Ein klarer Trennstrich zur Clanstruktur der mittelalterlichen Gesellschaft wurde von der Kirche im Zweiten Laterankonzil (1139) gezogen, als sie den Zölibat für alle Inhaber höherer Weihen zur Pflicht machte. Der umfängliche Besitz, den die Kirche als materielle Basis ihrer Herrschaft hatte akkumulieren können, sollte aus den Zirkulationskreisläufen der Verwandtschaftsverbände herausgenommen werden. Mit ihrer Hierarchie gestaltete sie ihre Institution als europaweit zusammenhängendes Netz von Entscheidungsvorgängen, für die es im römisch-rechtlich orientierten Codex Juris Canonici eine verbindliche Grundlage gab. Die von ihr gepflegte Schriftlichkeit machte die Kirche zudem zur Herrin über die Zeit der Gesellschaft, ihr Wissen und ihre Erinnerung.[18]

Innerhalb des kirchlichen Rechts- und Herrschaftsraumes erschienen diese Besitztitel und Ertrag abwerfenden Rechte dann hauptsächlich in viererlei Gestalt: als Klosterbesitz bildeten sie die materielle Grundlage der Vielzahl von Ordensgemeinschaften; in der Form von Benefizien dienten sie als Pfründe und Amtsausstattung geistlicher Funktionsträger vom Vikar in der Pfarrei bis hinauf zu Bischöfen und Papst; als Vermögen frommer Stiftungen (von Laien oder auch von Klerikern selbst veranstaltet) wurden ihre Erträge je nach Willen des oder der Stifter zu den unterschiedlichsten frommen Zwecken verwandt: der Ertrag einer Stiftung konnte einem Pfründner ebenso zugute kommen wie sich davon eine regelmäßige Almosenspende bestreiten oder eine Anzahl von Messen zugunsten der »armen Seelen« lesen ließ; die Kirchenfabriken schließlich – im Regelfall von den Laien verwaltet – sicherten hauptsächlich den Gebäudebestand der Kirche in den Gemeinden.

Über diesem Fundament der Temporalien, die entsprechend der sozialen Ordnung weltliche Herrschaftsrechte immer schon mit einschlossen, hatte die römische Kirche sich als Pyramidenbau des Klerus organisiert, der im Vollzug des Kultes, der Verwaltung der Sakramente und durch die Verkündigung des Gotteswortes in der Predigt als Mittler zwischen Gott und die Laien trat. Der Klerus übte damit auch eine geistliche Herrschaft und Lenkungsbefugnis über die Laien als den minderen Gliedern der Kirche aus – oder beanspruchte sie mindestens. Diese Mittlerrolle realisierte sich als rechtlich geregeltes Zusammenwirken einer klerikalen Hierarchie, die im Papst als Vicarius Dei ein Zentrum mit höchster Hirtengewalt *(postestas jurisdictionis)* und oberster Verwaltungskompetenz besaß, das für sich die umfassende Entscheidungsgewalt *(plenitudo potestas)* in geistlichen und weltlichen Angelegenheiten der Kirche in Anspruch nahm. Unumstritten war diese Vorrangstellung des Papstes allerdings nur hinsichtlich der Jurisdiktions- und Verwaltungsbefugnisse, denn in seiner Weihekompetenz blieb er den Bischöfen gleichgestellt, die als Verwalter der Spiritualia wie der Temporalia in den zu Kirchenprovinzen (Erzbistümern) zusammengefassten Bistümern wirkten. Diese Selbständigkeit bildete die Basis für die von den Bischöfen immer wieder, aber seit dem 15. Jahrhundert mit abnehmendem Erfolg gegenüber dem Papst geltend gemachten konziliaren Mitspracherechte. Den Bischöfen wiederum waren die Pfarrer zum Vollzug der Seelsorge und der Verwaltung der Sakramente zu- und eindeutig untergeordnet, wie das Konzil von Trient (1545–63) in seinen Canones mehrmals betonte. Um ihre Amtspflichten zu bewältigen, waren dem Papst wie den Bischöfen weitere Amtsträger und Behörden beigeordnet – im Falle der römischen Kurie ein fest gegliederter Behördenapparat, in dem Kanzlei *(cancellaria apostolica)*, Finanzverwaltung *(camera apostolica)* sowie Gerichts- und Strafbefugnisse schon früh klar getrennt waren. Den Bischöfen stand seit dem hohen Mittelalter ein sich selbst verwaltendes Kollegium von bepfründeten Domkapitularen gegenüber, das die Rechte der Bischofswahl für sich in Anspruch nahm und die Bischöfe dabei in Wahlkapitulationen auf die Wahrung ihrer eigenen und der kirchlichen Interessen verpflichtete. Archidiakone vertraten die bischöfliche Disziplinargewalt gegenüber dem Pfarrklerus, sprachen Recht und führten Visitationen durch. Schon im Spätmittelalter suchten die Bischöfe ihre Gerichts- und Disziplinarkompetenz sowie andere Verwaltungsaufgaben einem Offizial oder Generalvikar zu übertragen. Im Gegensatz zum Archidiakon, dessen Amtskompetenzen mit seiner im Domkapitel verankerten Pfründe verbunden waren, amteten Offiziale und Generalvikare als Beauftragte des Bischofs und konnten deswegen nach Eignung ausgewählt und auch ihrer Funktion wieder entsetzt werden. Um den Kontakt mit dem Pfarrklerus zu intensivieren, waren die Diözesen in Dekanate eingeteilt, denen jeweils aus den Reihen der Pfarrerschaft bestellte Dekane mit Aufsichtsrechten gegenüber dem Klerus und Berichtspflicht gegenüber dem Bischof vorstanden. Durchbrochen wurde die bischöfliche Aufsichts- und Verwaltungskompetenz über kirchliches Vermögen und Geistlichkeit durch die verschiedenen Orden. Die Klöster der Mönchsorden und die Konvente der Bettelorden unterstanden über ihre Provinzen und Ordensoberen direkt oder indirekt dem Papst und konnten deswegen weitgehende oder wie im Fall der Bettel- und der Ritterorden völlige Exemtion gegenüber den Bischöfen beanspruchen. Für Organisation und Gestaltung der Seelsorge durch die Bischöfe erwuchsen daraus erhebliche Probleme.[19]

Zusammengehalten wurde dieser europaweit ausgreifende Bau der römischen Kirche durch das Sonderrecht des Codex Juris Canonici und dadurch, dass es dem Klerus gelungen war, sich durch Tonsur, Zölibat und Weihen – vier niedere und drei höhere – als klar umrissene Sondergruppe auszuzeichnen, die in der Kirche den Kult für sich reserviert hatte und in der Welt als erster Stand mit gesicherten Vorrechten sowie – idealerweise – auch besonderer Lebensführung ausgewiesen war. Die Rekrutierung verlief bemerkenswert offen: nur illegitim Geborene und Männer mit schweren körperlichen Gebrechen waren von der Aufnahme in den Klerus ausgeschlossen. Verlangt wurde aber der freie Entschluss zum Eintritt, der durch Eid und Gelübde belegte Vorsatz, sich der Hierarchie einzuordnen und den Oberen Gehorsam zu leisten, sowie schließlich Bereitschaft und Fähigkeit zum Erwerb von Bildung. Die Zugangsvoraussetzungen für die Ämter in der Hierarchie waren ebenfalls formal und rational nach geistlicher Qualifikation (Weihen) und Eignung (erworbener Bildung) bestimmt. Selbstverständlich gingen dabei von den Lebens- und Machtverhältnissen der alteuropäischen Agrargesellschaft tiefgreifende Beschränkungen aus, da insbesondere den ländlichen Unterschichten kaum überwindbare Hürden den Zugang zur Bildung verstellten und der Adel die höheren Ämter und Pfründen für sich zu reservieren suchte. Mit einer Vielzahl von Dispensen, die gegen Gebühr in Rom erworben werden konnten, war es vor allem dem Adel möglich, die häufig grobe Differenz zwischen Qualifikation und Norm zu überbrücken. Das seit dem späten Mittelalter sich verbreitende Amt des Weihbischofs verdankte seine Existenz hauptsächlich dem Umstand, dass bei vielen Bischöfen auch durch Dispense die Hürden für den Empfang der höheren Weihen nicht aus dem Weg zu räumen waren. Immerhin aber machte die Kirche als organisationsförmige Institution durch diese Prinzipien verzweigte Karrieren möglich und wurde deswegen zu einem wichtigen Mobilitätskanal in einer Gesellschaft, die sich ansonsten durch die Normierung von Geburtsständen soziale Stabilität zu geben suchte. Die Ächtung der Vergabe von Ämtern an Verwandte (Nepotismus) und das strenge Verbot der Vergabe von Temporalien und Spiritualien gegen Geld (Simonie) sind deswegen wiederum Zeichen der Absicht, sich gegen die sozialen Strukturmuster der Gesellschaft als eigener Sozialraum abzugrenzen, wie sie auch gleichermaßen schon für die Vergeblichkeit des Unterfangens stehen.[20]

Deswegen war es wichtig, dass Kirche für Klerus wie für Laien als Rechtssphäre identifizierbar blieb. Geistliche Herrschaft manifestierte sich in einer auch in den Bereich des Weltlichen eingreifenden Rechtsprechungskompetenz, die in einem klaren Instanzenzug der Gerichte umgesetzt wurde. Gegenüber Laien beanspruchte die Kirche das Eherecht und Bereiche des Vermögensrechts, soweit sie mit Ehe, Wucher und Benefizialangelegenheiten in Zusammenhang zu bringen waren. Selbstverständlich wurden auch alle Vergehen gegen den Glauben (Ketzerei, Apostasie), dann Meineid und Vergehen gegen die Ordnung der Geschlechter (Ehebruch, Bigamie, Schändung) vor geistliche Gerichte gebracht. Der Klerus war den Kirchengerichten in allen seinen Angelegenheiten unterworfen. Zivilprozesse vor Kirchengerichten wurden immer schriftlich geführt. Im Strafprozess unterschied man das Akkusationsverfahren, das eines Klägers bedurfte, vom Inquisitionsverfahren, das *ex offizio* bei hinreichendem Verdacht von den Kirchenbehörden eingeleitet werden konnte. Schriftlichkeit der Prozessführung und Inquisitionsprozess erwiesen sich als bedeutende und folgenreiche Neuerungen in der europäischen Geschichte der Rechts- und Herrschaftsorganisation. Auch wenn die Kirche keine Blutstrafen verhängte, sondern Schwerverbrecher dem *brachium saeculare* übergab, blieben die geistlichen Gerichte Herrschaftsinstrumente, von denen für die sich organisierende weltliche Herrschaft spürbare Beschränkungen ausgingen.[21]

Geistliche und weltliche Herrschaft hatten sich zu einer symbiotischen Konkurrenz verbunden, die sich in den Temporalien materialisierte und aus ihnen ihre ausgreifende Dynamik erhielt. Die Scheidung zwischen Spiritualien und Temporalien auf der materiellen Ebene sowie die zwischen Klerus und Laien im personalen Bereich, mit der die Kirche sich selbst als geistliche Institution in weltlicher Erscheinung Form und Grenzen gab, erwies sich immer als Formelkompromiss, der die zugrundeliegende Paradoxie zwar verdeckte, mit dem jedoch die sich im Verhältnis von Kirche und Welt ergebenden Spannungslagen nicht hinreichend zu bearbeiten waren. Durch ihren weltlichen Besitz kam die Kirche neben der geistlichen zu weltlicher Herrschaft in beträchtlichen Ausmaßen. Dadurch war sie Konkurrenz für die sich bildende Staatlichkeit der Vormoderne. Weltliche Herrschaft war umgekehrt über die Temporalien im Raum der Kirche präsent.

Seit dem Mittelalter verfügte die Kirche mit ihren Zehntrechten über ein nahezu generelles Besteuerungsrecht gegenüber allen Laien. Andere Formen der indirekten Besteuerung kamen gelegentlich hinzu. In ihren Grundherrschaften nahm die Kirche selbstverständlich nicht nur die mit der Herrschaft über Grund und Boden verbundenen ökonomischen Verfügungsrechte wahr, sondern im Regelfall ebenfalls die niederen Gerichtsrechte, wenngleich nicht mit Selbstverständlichkeit, weil die Kirche das weltliche Schwert erklärtermaßen nicht führte und ihre Besitzungen daher von weltlichen Machtträgern bevogtet waren. Durch Kauf, Schenkungen und gelegentlich auch Usurpation verfügten Bischöfe, Klöster und andere geistliche Pfründeninhaber aber meist auch über diese Rechte, zumal sie von den entstehenden weltlichen Herrschaftsgebilden nie vollständig absorbiert werden konnten. Soweit es sich um grundherrschaftliches Eigen handelte, unterschied sich deswegen Kirchenbesitz in nichts von dem des Adels. Die besonderen verfassungsrechtlichen Bedingungen im Lehensverband des Heiligen Römischen Reiches Deutscher Nation hatten es sogar ermöglicht, dass geistlicher Besitz, wenn er in direkter lehensrechtlicher Verbindung zum König stand, selbst die Grundlage für fürstliche Landesherrschaft abgeben konnte. Man trennte dann zwischen der direkten geistlichen Amtsausstattung des kirchlichen Funktionsträgers *(mensa)* und dem zugehörigen Reichslehen, aber als Bischöfe, Äbte und Prälaten der Reichskirche hatten diese Amtsträger der Kirche mit ihren hochstiftischen Fürstbistümern und Reichsabteien direkt Anteil am Staatsbildungsprozess und waren deswegen auch in dieser Hinsicht dem Fürstenadel gleichgestellt.[22]

Die definitive Befreiung des Kirchengutes und der kirchlichen Ämter aus dem Zugriff der weltlichen Herrschaft, wie sie Papst Gregor VII. im Investiturstreit anstrebte, war der römischen Kirche misslungen. Die Temporalien blieben das Einfallstor in die organisatorische Autonomie der Kirche. Alle geistlichen Ämter ruhten auf Pfründen. Daher ließ sich für Laien allgemein und für weltliche Herrschaft im besonderen Einfluss auf die Kirche wesentlich über die Vergabe der ämterfundierenden Benefizien nehmen. Entsprechend ausgeprägt war die Konfliktbereitschaft auf beiden Seiten. Im Falle des aus Sicht der Fürstenherrschaft besonders wichtigen Bischofsamtes hatte dies seit den Kompromissen, die den Investiturstreit beilegten, dazu geführt, dass Domkapitel den Bischof wählten, der zuständige Erzbischof und der Papst ihn in sein geistliches Amt investierten, der König aber die entsprechenden weltlichen Güter verlieh. Wo es sich durchsetzen ließ, suchten die weltlichen Herren Europas seit dem Spätmittelalter die eigenen Nominationsrechte auszuweiten. Obwohl die Kirche sich generell bei Verleihung von Ämtern und der Vergabe von Pfründen die letzte Entscheidung vorbehielt, konnten Laien darüber hinaus dann Einfluss nehmen, wenn ihnen das Patronat über eine Stelle zustand. Sie schlugen einen Kandidaten vor (Präsentation), der dann vom Collator der Stelle – im Regelfall der Bischof – bestätigt (Konfirmation) und in sein Amt eingewiesen (Investitur) wurde. Insbesondere bei Pfarrstellen spielte das Laienpatronat eine wichtige Rolle.[23]

Der Verlauf des Investiturstreits signalisierte, dass auch weltliche Herrschaft zwar noch nicht viel an organisatorischer Struktur, aber an gestaltender Kraft gewonnen hatte. Erst die langsam sich zur Staatlichkeit verdichtende Fürstenherrschaft des Spätmittelalters überzog Europa mit neuen Raummustern, die sich mit den Strukturen, wie sie die Herrschaftsorganisation der Kirche in Sozialordnung und Geographie eingeschrieben hatte, nicht mehr zur Deckung bringen ließen.

Am deutlichsten geriet die neue Geographie der weltlichen Herrschaft mit der älteren kirchlichen Raumordnung der Bischofssprengel in Konflikt. Die Anpassung von Bistumsgrenzen an die Gliederung des weltlichen Herrschaftsraumes durch die Schaffung von Landesbistümern blieb deswegen bis zum Ende des Ancien Régime auf der politischen Agenda Europas. Es musste als besonders inakzeptabel erscheinen, dass über die Bischofshierarchie auch der Papst als Kirchenoberhaupt im eigenen Herrschaftsraum präsent war. Seit dem 14. Jahrhundert setzte die Fürstenherrschaft für gewöhnlich gegenüber Bischöfen und Papst das Placet durch, das die Wirksamkeit und im Regelfall schon die Verkündung von Weisungen aus der kirchlichen Hierarchie im eigenen Herrschaftsraum von expliziter Genehmigung abhängig machte. Klerus und Kirchenbesitz im Inneren der sich festigenden fürstlichen Herrschaftsräume beanspruchten zunächst unter Verweis auf die Scheidung von Klerus und Laien bzw. Spiritualien und Temporalien Exemtion aus dem Fürstenrecht und der sich ebenfalls schnell entfaltenden herrschaftlichen Steuerhoheit. Mit dem *recursus ab abusu* wurde der kirchliche Rechtsraum aufgebrochen, indem man dem Klerus die Möglichkeit einräumte, gegen geistliche Gerichte vor weltliche Instanzen zur Berufung zu ziehen. Die Besteuerung des Klerus und seines Vermögens ließ sich über die Beteiligung des geistlichen Standes an den Ständekollegien meist ebenfalls seit dem 15. Jahrhundert durchsetzen. In den Konkordaten und erteilten Privilegien des 15. und 16. Jahrhunderts schrieb das vom Schisma und in den Reformkonzilien geschwächte Papsttum diese Überlagerung der zunächst kirchlich dominierten Raumstrukturen im Herrschafts-, Rechts- und Besitzgefüge Europas durch den Herrschaftsraum des entstehenden Staates fest.[24]

2.
Christliche Kirchen in Europa

Optionen der Form

Erst die Reformation eröffnete dann völlig neue Optionen für die soziale Gestaltung von Religion und geistlicher Herrschaft in der vormodernen Gesellschaft. Zwei tragende Pfeiler der kirchlichen Organisationskompetenz wurden eingerissen. Die Idee des allgemeinen Priestertums entzog den Klerikern ihren Sonderstatus als geweihte Mittler zwischen Gott und den Menschen und ließ nur noch sogenannte ordinierte Kirchendiener zurück. Indem die reformierenden städtischen und fürstlichen Obrigkeiten den Kirchenbesitz mit Ausnahme der Kirchenfabriken zur Disposition stellten, sofort säkularisierten oder ihn wenigstens in weltliche Verwaltung zogen, hofften sie mit der bisherigen materiellen Basis der Kirchenorganisation gleichzeitig auch die Grundlage der symbiotischen Konkurrenz zu beseitigen. Beides zusammen, die Neudefinition des geistlichen Amtes und die Säkularisation des Kirchengutes, stellte die überkommene Bischofshierarchie in Frage und setzte das Prinzip der Gemeindekirche wieder frei. Da allerdings Kirche als Institution auch künftig nicht völlig ohne Kompetenzhierarchie auskommen konnte, kam es jetzt darauf an, wer diese Befugnisse übernahm. Da die Fürsten hier in der Regel schnell zur Stelle waren, bescherte die Reformation der Fürstenherrschaft einen entscheidenden Vorsprung an Organisationsfähigkeit gegenüber dem Christentum und verschob insgesamt die Gewichte in dieser Konkurrenz nachhaltig zugunsten der weltlichen Seite.

Aus der Symbiose entstanden einseitige Abhängigkeitsverhältnisse – freilich nicht überall und in der gleichen Weise. Für ihre Ausgestaltung fand die Experimentierfreude des reformatorischen Umbruches ein Spektrum an Varianten.

Sehr schnell an den Rand gedrängt und unter Häresieverdacht gestellt wurde die Option einer entkirchlichten Religion, wie sie der intellektuelle Humanismus in der neuplatonisch-gnostischen Interpretation des Christentums diskutierte. Die *Philosophia perennis* ging damit nicht unter, aber die weiteren Jahrhunderte der Vormoderne blieb sie als Hermetik eine Angelegenheit von kleinen Zirkeln Gebildeter mit nur eingeschränktem Organisationspotential – wenngleich von nachhaltiger Bedeutung für Theologie und Frömmigkeit der christlichen Konfessionen und für die Entstehung der modernen Wissenskultur.[25]

Das andere Extrem findet sich in den katholischen Teilen und Staaten Europas. Das römische Christentum konnte hier weitgehend seinen Besitz behalten und war deswegen zunächst nicht gezwungen, seinen sozialen und institutionellen Bau in den Fundamenten umzugestalten. Erst in der Konfessionalisierung musste sich die katholische Kirche als Anstalt und in der Frömmigkeit an die Pluralität der Bekenntnisse anpassen. Die Bischofshierarchie blieb unangetastet. Deswegen setzte sich hier die symbiotische Konkurrenz geistlicher und weltlicher Herrschaft ungebrochen fort. Da der Fürstenstaat jetzt allerdings mit erheblichem Übergewicht agierte, konnte er sich das römische Christentum je nach eigener Kraft und Stärke zur Landes- oder Nationalkirche formen. Die Gallikanische Kirche Frankreichs steht für eine starke Variante, die Kirchenherrschaft katholischer Territorialstaaten des Reiches für eine eher milde und gebremste Version. Diese soziale Gestaltung von Religion blieb nicht auf die altgläubige Welt Europas beschränkt. Auf den Britischen Inseln verband sie sich mit einer calvinistischen Theologie zur *Church of England*. In allen diesen Fällen musste Religion freilich bedeutende Einbußen auf dem Feld weltlicher Herrschaft akzeptieren. Staatliche Qualität konnte Religion vom 16. bis zum 18. Jahrhundert außerhalb des Kirchenstaates nur mehr im Gefüge des Heiligen Römischen Reiches behaupten.[26]

Die Reformation hatte im Täufertum eine radikale Version der Gemeindekirche entbunden, die allerdings schnell marginalisiert und schließlich häretisiert wurde, weil die Verbindung von Gemeindeprinzip und spirituell abgesicherter Heilsgewissheit eine soziale Sprengkraft entfaltete, die insbesondere für die kommunalen Sozialzusammenhänge in Stadt und Land bedrohlich war.[27]

Wo das protestantische Christentum seinen weltlichen Besitz an den Fürstenstaat verloren hatte und man daran festhielt, Religion auch weiterhin als geistliche Herrschaft zu institutionalisieren, ergab es sich beinahe von selbst, Kirchlichkeit in enger Anlehnung an die Einrichtungen der territorialen Staatlichkeit zu entwickeln. Es war deswegen insbesondere für die lutherischen Theologen schwierig, das Verhältnis und die Grenzen zwischen Kirche und Staat zu bestimmen. Auch in dieser Konstellation markierte die Konfession allerdings eine nur wenig ausgeprägte Differenz. Reformierte Landeskirchen unterschieden sich schließlich trotz der presbyterialen Grundidee, die sie in sich trugen, nur geringfügig von den lutherischen.

Als Gemeindekirche, die sich in den Presbyterien selbst regierte und durch Synoden zu überlokalen Verbänden zusammenschloss, formte sich im Konfessionalisierungsprozess der Calvinismus nur dort, wo der Staat einer nicht mehr auf Temporalien gebauten Kirche als subsidiäres Organisationsgerüst nicht verfügbar war. Das war in der katholischen Monarchie Frankreichs der Fall, die den Hugenotten im Edikt von Nantes (1598) zwar Schutz gewährte, wo aber darüber hinaus die Grundlagen für Konkurrenz wie für Symbiose zwischen Calvinismus und weltlicher Herrschaft nicht gegeben waren. Wo Staatlichkeit sich seit dem 16. Jahrhundert als kommunalistisch-föderaler Ständeverbund mit gering ausgeprägtem Zentralismus verwirklichte, ergab sich, wie in den Vereinigten Niederlanden oder der Eidgenossenschaft, eine ähnliche Konstellation, die zusätzlich durch Mehrkonfessionalität gekennzeichnet war. Die calvinistischen Kirchen der eidgenössischen Kantone und die Öffentlichkeitskirche der Niederlande bauten auf dem Prinzip der presbyterialen Gemeindekirche auf und stellten damit das zweite institutionelle Prinzip in den Vordergrund, das im Christentum angelegt war.[28]

Die Kirchen und das christliche Leben Europas im 18. Jahrhundert waren von diesen Strukturmustern, die seit der Reformation im Verhältnis von Christentum und Welt, von geistlicher Herrschaft und Staatlichkeit wirkten, immer noch bestimmt. Insbesondere die Staatswesen aber hatten eine dynamische Entwicklung durchgemacht, die gegen Ende des Aufklärungsjahrhunderts dazu drängen sollte, nach neuen sozialen Formen für Religion zu suchen.

Hierarchie und Besitz

Wo christliche Religion in Europa als Kirche der Bischöfe ausgestaltet war, verfügte sie über beträchtlichen Besitz. Teilhabe an weltlicher Herrschaft, kirchlicher Reichtum und Bischofsorganisation traten zusammen auf.

Ein Extremfall war gewiss ein katholisches Reichsterritorium wie Bayern, in dem der Kirche am Ende des 18. Jahrhunderts rund 52 Prozent der landwirtschaftlich nutzbaren Flächen gehörten – ein geschätztes Drittel davon allein den Klöstern. In anderen katholischen Regionen Westeuropas schwankte der kirchliche Grundbesitz zwischen zehn und etwa 35 Prozent. In Frankreich besaß die Kirche auf den Gesamtraum der Monarchie bezogen etwa ein Zehntel der nutzbaren Flächen, allerdings mit starken regionalen Unterschieden. Das scheint nicht übermäßig, aber den Zeitgenossen fiel der Reichtum der Gallikanischen Kirche so sehr ins Auge, dass sie mutmaßten, die Kirche kontrolliere ein Drittel der Monarchie. Tatsächlich bezog die Gallikanische Kirche am Vorabend der Revolution insgesamt Einkünfte in Höhe der Taille, der ertragsstärksten Steuer des Landes. Zu den Einnahmen aus den landwirtschaftlich genutzten Flächen kamen in erheblichem Umfang immer Gefälle, die in grund- und gerichtsherrlichen Rechten gründeten, und dann vor allem der Zehnt, der im Regelfall etwa ein Drittel des bäuerlichen Wirtschaftsertrages in die Kassen der Kirche spülte. Der Bischof von Quimper rechnete im Jahr 1782 mit rund 4000 Livre aus seinen Gütern, 1000 Livre erbrachten seine Bannrechte, und mehr als diese beiden Posten zusammen betrug mit 8000 Livre der dem Bischof verfügbare Zehnt der Diözese. Auch am Immobilienmarkt der Städte war die Kirche durch ihre Rechte auf Besitzwechselgebühren in zum Teil erheblichem Umfang beteiligt. Dem Bischof von Paris gehörten 500 Straßen, von denen er Abgaben bei Verkauf oder Vererbung bezog. Sie summierten sich auf etwa ein Drittel seiner Gesamteinkünfte. Auf der iberischen Halbinsel lag der Anteil des landwirtschaftlichen Eigentums der Kirche etwas höher als in Frankreich, doch die Einkünfte aus sonstigen Rechten und Herrschaftstiteln für die Kirche Spaniens flossen nicht so üppig. In Kastilien besaß sie rund 15 Prozent des Landes, wobei auch hier regional große Schwankungen zu verzeichnen waren. Galizien im Norden wies nur fünf Prozent Kirchenbesitz auf, die Provinzen Sevilla und Toledo rund 20 Prozent. Kirchlicher Landbesitz wurde meist in Parzellen zerteilt verpachtet, große geistliche Latifundienwirtschaften waren selten. Dazu kamen in beträchtlicher Höhe Einnahmen aus Zehntrechten und aus dem kirchlichen Geldverleih, so dass die Kirche in Kastilien deutlich mehr als ein Fünftel, vermutlich sogar mehr als ein Viertel der gesamten landwirtschaftlichen und gewerblichen Einkommen erwirtschaftete und abschöpfte. Die Kirche Italiens war im Süden reicher als im Norden. Ihre Anteile am Grundbesitz schwankten zwischen zehn und 35 Prozent. Städtischer Besitz kam nur in geringem Unfang hinzu, wohl aber war der Zehnt ebenfalls eine der wichtigsten kirchlichen Einnahmequellen.

Ein rundes Fünftel des Grundbesitzes, so lässt sich schätzen, war in diesen Gebieten Mittel- und Westeuropas in kirchlicher Hand, und etwa ein Viertel der Roheinkommen dürften aufgrund kirchlicher Wirtschaftstätigkeit, vor allem aber infolge ihrer Abschöpfungsrechte und Privilegien als Herrschaftsstand auf dem Kontinent, in die Kassen der Kirchen geflossen sein. Vergleichsweise arm erschien dagegen die Anglikanische Kirche. Sie blieb zwar auch nach der *Glorious Revolution* als feudaler Besitzkomplex bestehen, hatte aber bereits während der Reformation durch die Aufhebung der Klöster etwa 40 Prozent ihrer Besitzungen verloren.

Zwei Eigenheiten kennzeichneten die kirchliche Vermögensverteilung und damit auch die innere Struktur der Kirchen: Hoher und niederer Klerus hatten in extrem ungleicher Weise Anteil an diesen kirchlichen Reichtümern, und auch innerhalb dieser beiden Gruppen gab es nochmals starke Unterschiede. Kanoniker in französischen Adelsstiften hatten zwischen 3000 und 10 000 Livre zur Verfügung, die rund 750 Äbte der Monarchie waren mit Amtsausstattungen versehen, die durchschnittlich ebenfalls etwa 10 000 Livre betrugen. Die größten Einnahmen waren mit den Bischofssitzen verbunden. Die Diozesen Cambrai und Paris lagen mit 200 000 Livre an der Spitze, Rouen und Toulouse wurden auf 90 000 bis 100 000 veranschlagt; rund 35 000 Livre brachten Bistümer wie Besançon oder Vienne ein. Auch wenn hiervon der gesamte Verwaltungsapparat einer Diözese zu finanzieren war, zeigen diese Summen, dass demjenigen, der über die Vergabe der Pfründen für den hohen Klerus gebot, beträchtliche Machtmittel an die Hand gegeben waren.[29]

In der Reichskirche war das spätmittelalterliche Erscheinungsbild geistlicher Herrschaft mit der besonderen Form von geschichteter Staatlichkeit, die sich im Reich seit dem ausgehenden 15. Jahrhundert herausbildete, verschmolzen und dann trotz aller Auseinandersetzungen um geistliche Besitzstände einer schleichenden Versteinerung überlassen worden. Das Kaisertum in seiner Katholizität und die katholische Kirche stützten sich gegenseitig. Deswegen hatte die Kirche in ihren Reichsständen Anteil an dieser Reichs-Staatlichkeit. Wiewohl es sich um eine in den Lehensverband des Reiches eingebundene Souveränität handelte, kam den Erzbischöfen, Bischöfen, Äbten und Prälaten, die in der Reichsmatrikel verzeichnet waren und auf dem Reichstag Sitz und Stimme hatten, die Landeshoheit zu, der mit dem Westfälischen Frieden sogar das äußere Bündnisrecht zugesprochen worden war. Rund 15 Prozent der Fläche des Reiches machten die sogenannten Geistlichen Wahlstaaten aus. In ihrer staatlichen Substanz betrachtet, erschienen sie in der Mitte des 18. Jahrhunderts als eine nach Prestige und Macht sehr uneinheitliche Gruppe. Unter den fünf Erzstiften auf der Fürstenbank des Reiches war mit dreien (Trier, Mainz, Köln) seit der Goldenen Bulle (1356) das Recht der Königswahl verbunden, die Erzbischöfe von Salzburg und Besançon führten neben 20 Bischöfen den Fürstentitel des Reiches. Mit ihnen nahmen zwölf weitere Äbte, deren Reichslehen den Aufstieg von der Prälatur durch Privilegien bewerkstelligt hatten, samt den Generalen der großen Ritterorden auf der Fürstenbank des Reichstages Platz. In der Hierarchie des Reiches noch vor den Grafen und Herren schließlich rangierten die Äbte und Pröpste auf der Prälatenbank.

In etwa entsprach dieser geschichteten Einordnung in die Prestige- und Rechtshierarchie der Reichsheerschildordnung auch das unterschiedliche politische Gewicht der territorialen Staatlichkeit, über das die geistlichen Fürsten geboten. Zwar konnte keiner der geistlichen Staaten mit konsolidierten Territorien, wie Bayern oder auch Sachsen, in ernsthafte Machtkonkurrenz treten, und erst recht waren sie gegenüber den im 18. Jahrhundert immer schneller wuchernden territorialen Herrschaftsagglomerationen der Habsburger und der Hohenzollern weit ins Hintertreffen geraten. Gegenüber den vielen kleinen Herrschaften der niederrheinischen Reichsgrafen beispielsweise aber nahm sich das Territorium des Kurfürstentums Köln samt dem zugehörigen Herzogtum Westfalen sehr kräftig aus. Und dies galt auch, wenn man die geistlichen Kurstaaten wiederum in Vergleich setzte zum Territorium eines Fürstabtes von Kempten oder dem Kloster Weingarten, das trotz beharrlicher Anstrengungen seiner Äbte seit dem 16. Jahrhundert kaum zur Territorialherrschaft konsolidiert worden war.

Für die kirchliche wie die politische Raumstruktur des Reiches wichtiger als solche Abschichtungen, die ja unter den weltlichen Herrschaftsträgern ebenfalls zu finden waren, wurde jedoch der Umstand, dass sich mit diesen Herrschaftsbezirken ein zweiter, geistlicher Organisations- und Rechtskreis verband. Ihre Einbindung in eine kirchliche Hierarchie und in die gefestigten Gefüge der großen europäischen Orden gab diesen geistlichen Herrschaftsverbänden einen ganz besonderen Charakter, der sie von der konsolidierten weltlichen Staatlichkeit abhob und ihnen damit eine Sonderrolle im Reichsgefüge aufdrängte. Sie konnten sich weder in das Reich noch neben seinen Strukturen integrieren. Ihre geistliche Herrschaft blockierte die Integration in das Reich, ihre Weltlichkeit den Zusammenschluss zum nationalen Kirchenverband. Zwar waren die Bistümer auf dem Gebiet des Reiches in insgesamt neun Kirchenprovinzen zusammengefasst, aber als organisatorische Einheit war die Reichskirche trotzdem nicht greifbar. Ihr Zusammenhang ergab sich allein über die politischen Strukturen des Reiches, und dies führte dann mit einer gewissen Notwendigkeit dazu, dass Bischöfe und Erzbischöfe auch in Kirchenfragen als weltliche Herren handelten. Das Scheitern der Febronianischen Reformen in den 1770er Jahren sollte dies mit Deutlichkeit zeigen. Eine Bischofssynode oder ein Nationalkonzil konnte unter diesen Umständen nicht zustande kommen.

Aus dem gleichen Grund taugte die Reichskirchlichkeit den Bischöfen dann umgekehrt weder als Schutzwall gegen den kurialen Absolutismus Roms noch gegen die staatskirchlichen Bestrebungen der Territorialherren. Rom war mit drei Nuntiaturen im Reich präsent (Wien, Köln und Graz), der Nuntius in Luzern war für die Eidgenossenschaft und der in Brüssel für die Niederlande zuständig. Diese *missi cum potestate legati a latere* hatten seit ihrer Installation im letzten Drittel des 16. Jahrhunderts nicht nur als diplomatische Vertreter des Papsttums gewirkt, sondern im

Lauf der Zeit in einem beträchtlichen Umfang jurisdiktionelle und spirituelle Kompetenzen an sich gezogen, mit denen sie in die ordentliche bischöfliche Jurisdiktion eingriffen. Nuntien waren deswegen weit mehr als Mittler zwischen Papst und Bischöfen. Da sie zusätzlich alle exemten kirchlichen Anstalten kommissarisch überwachten, wirkten sie als effiziente Organe des päpstlichen Zentralismus. Das änderte aber insgesamt nichts daran, dass die Staatlichkeit der Reichskirche ihrer kirchlichen Organisationsautonomie entgegenlief.[30]

In Frankreich hatte der monarchisch zentrierte Staatsbildungsvorgang die katholische Kirche zu einer von Rom weitgehend unabhängigen, auf das monarchische Zentrum der weltlichen Herrschaft hin ausgerichteten Bischofskirche geformt. Das Konkordat von Bologna hatte dieses Regime 1516 kodifiziert, indem es die kanonische Bischofswahl opferte und der Allerchristlichsten Majestät das Besetzungsrecht für sämtliche Bischofsstühle und die großen Abteien der Monarchie zusprach. Der König schlug vor *(nominatio)*, und der Papst setzte ein *(institutio)*, wobei ihm allerdings eine Prüfung des Kandidaten auf seine Eignung für das Amt und damit ein Veto vorbehalten blieb (Idoneität). Auch die Position der Bischöfe war gestärkt worden. In neun Monaten des Jahres nahmen sie das Patronatsrecht über alle niederen Kirchenämter in ihren Sprengeln wahr. Als Gegenleistung hatte Franz I. (1515–47) auf Bestimmungen in der Pragmatischen Sanktion von Bourges, die seit 1437 die Beziehungen zwischen König, Bischöfen und Papst regelte, verzichtet. Für Rom war insbesondere wichtig gewesen, dass 1516 nicht mehr von der Superiorität der Konzilien und ihrem regelmäßigen Zusammentreten die Rede war. Beibehalten wurde aber, dass die Bullen des Papstes nur mit königlicher Zustimmung in der Monarchie publiziert werden durften. Auf dieser Grundlage konnte sich eine Gallikanische Kirche formen, in der die Autorität des Papstes selbst in geistlichen Dingen allenfalls noch vermittelt wirksam war, die aber umgekehrt die Machtposition des Königs nachhaltig stärkte, da sie ihm ein Reservoir von über 800 gutdotierten Pfründen an die Hand gab. Er nutzte es, um den Adel an die Monarchie zu binden. Der *feuille des benefices*, in dem diese kirchlichen Stellen aufgelistet waren, nahm sich daher aus wie ein Grundbuch der königlichen

Adelsklientel. Für die Kirche war darin festgehalten, dass sie als Adelskirche zur nationalen Institution aufgestiegen war.[31]

Ludwig XIV. (1643–1715) hatte gegen Ende des 17. Jahrhunderts seine Position noch einmal zu verbessern gesucht, indem er für den König bei der Vakanz eines Bischofsstuhles bis zur Wiederbesetzung nicht allein die weltlichen Einkünfte in Anspruch nahm, sondern zusätzlich auch noch die bischöflichen Patronatsrechte an sich zog. In der nachfolgenden Auseinandersetzung mit Innozenz XI. (1676–89) kam es auf Initiative des Königs zu einer Versammlung von Vertretern des hohen und niederen Klerus, die 1684 eine von Kardinal Bossuet redigierte »Erklärung des Klerus von Frankreich über das Verhältnis der geistlichen zur weltlichen Macht« in vier Punkten abgab. Sie sprach die weltliche Herrschaft von jeder Bindung an die kirchliche frei, band hingegen alle geistliche Hoheit des Papstes an den konziliaren Konsens der Kirche, an das Kirchenrecht und an die in Frankreich geltenden Gewohnheiten und Gesetze. Die Erklärung der Vier Punkte war nicht von Dauer, ihre Rücknahme 1693 ein erster Schritt auf dem Weg zur gemeinsamen Linie von Papst und König gegen den Jansenismus des französischen Klerus, den das römische Oberhaupt in der Bulle Unigenitus 1713 verurteilte. Der ganze Konflikt hatte aber gezeigt, in welchem Ausmaß die Interessen der gallikanischen Hierarchie und der monarchischen Macht sich überschnitten.

Das änderte freilich nichts daran, dass die Gallikanische Kirche in ihrer gesellschaftlichen Position zunehmend unter Druck geriet. Die ständischen Gerichtshöfe der Monarchie, die Parlamente, hielten auch im weiteren Verlauf des 18. Jahrhunderts am Geist der Vier Punkte fest, indem sie eifersüchtig darüber wachten, dass die bischöfliche Jurisdiktion auf geistliche Angelegenheiten beschränkt blieb. Gleichzeitig drangen sie ihrerseits in diese geistliche Gerichtskompetenz vor, indem sie jeden Kleriker, der vor einem Parlament Berufung gegen ein bischöfliches Gericht suchte, in seinem Rechtsanliegen unterstützten. Schon seit der Mitte des Jahrhunderts konnten Zehntverweigerer in den meisten Fällen auf das juristische Wohlwollen der Parlamente setzen.

Mehr aus einer Verteidigungshaltung heraus gewann schon deswegen im Klerus die Anschauung an Einfluss, weltliche und geistliche Macht seien souverän in jeder ihrer Sphären. So formulierte es die Versammlung des französischen Klerus 1765, um in geistlichen Angelegenheiten die völlige Handlungsfreiheit der Bischöfe zu begründen. Aber das war auch auf der intellektuellen Bühne bereits ein Rückzugsgefecht, denn die Juristen der Aufklärung verwiesen auf die Pflicht des Staates, für die Wohlfahrt seiner Bürger zu sorgen, und schmiedeten daraus Argumente gegen derartige kirchliche Kompetenzen und Rechtsansprüche, die in das Alltagsleben der Bürger eingriffen. Den Juristen der Monarchie war dabei seit der Mitte des Jahrhunderts zunehmend die Ehe ein Stein des Anstoßes. Ihre Sakramentalität hinderte die Richter der Parlamente, Ehen zu scheiden, und definierte auf diese Weise einen von den Bischofsgerichten dominierten Rechtsraum, der weit in vermögensrechtliche Belange der Bürger ausgriff. Die Ehe sei wesentlich ein (auflösbarer) Vertrag, hieß es deswegen bereits lange vor der Revolution in den Schriften der weltlichen Rechtsgelehrten.[32]

Im Vertrag von Poissy (1561) war es der Monarchie gelungen, sich den Besitz der Kirche auch fiskalisch zu erschließen. Die Kirche von Frankreich hatte sich darin verpflichtet, königliche Schulden mit einer Steuer auf das geistliche Vermögen zu tilgen. Um die grundsätzliche Steuerfreiheit des Kirchengutes zu betonen, sprach man von einem freiwilligen Beitrag *(don gratuit)* und bestand darauf, die Steuer in eigener Regie zu veranlagen, zu erheben und auch zu verausgaben. Unter Ludwig XIV. häuften sich diese »freiwilligen« Steuerleistungen, und im Gegenzug gestand der König dem Klerus eine regelmäßige, alle zehn Jahre anberaumte Versammlung zu. Als daraus dann eine dauerhafte Steuerbürokratie entstanden war, bildete sich aus dieser Zusammenkunft die *Assemblée du Clergé de France.* Die synodale Verfassung der Gallikanischen Kirche hatte einen ständestaatlichen Kern.

Sein ständestaatlicher Ursprung bestimmte die Struktur der Versammlung des Klerus von Frankreich noch im 18. Jahrhundert. Jedes der 130 Bistümer der Monarchie verfügte über eine eigene Steuerkammer *(chambre ecclesiastique)*, in der eigentlich gewählte Repräsentanten des Diözesanklerus über die steuerliche Belastung der hohen und niederen Geistlichkeit entscheiden sollten, tatsächlich aber Ernennung und Kooptation überwogen, so dass im Normalfall der Bischof, zwei Mitglieder aus dem Kapitel der Kathedralkirche, zwei weitere Kanoniker aus dem Bistum und zwei andere Kleriker die Steuerveranlagung vornahmen. Gegen die Bescheide dieser Steuerkammern gab es keine Berufungsmöglichkeiten vor den Parlamenten, so dass der Diözesanklerus hier einer kleinen Interessengruppe aus den eigenen Reihen ausgeliefert war. Seit den 1760er Jahren baute sich Widerstand gegen diese eklatante Benachteiligung auf, und es kam in einigen Diözesen auch zu Synodalbeschlüssen, die auf eine Demokratisierung der Steuerkammern hinausliefen, eine tiefgreifende Umgestaltung fand aber bis zur Revolution nicht mehr statt.

Noch ärgerlicher für den niederen Klerus waren die Verhältnisse in der Generalversammlung. Jedes der 28 Erzbistümer Frankreichs entsandte dazu zwei Bischöfe und zwei geistliche Vertreter aus dem zweiten Stand. Auch sie wurden gewählt. Aber unter den Bischöfen folgte die Auswahl der Repräsentanten meist einer durch Amtsanciennität gesteuerten Rotation, und bei den anderen Vertretern der Kirchenprovinz entschieden sich die wahlberechtigten Deputierten im Regelfall ebenfalls für einen adeligen Kleriker. Immer häufiger kamen sie aus den Reihen der jungen Generalvikare. Da dieses seit den 1720er Jahren eingerichtete Amt sich sehr schnell zu einem Anwartschaftsposten auf Bischofssitze entwickelte, tagte die *Assemblée* seit 1750 faktisch als eine homogene Versammlung von amtierenden und künftigen Bischöfen, rekrutiert aus dem Adel der Monarchie und deswegen untereinander verbunden durch ein ausgeprägtes Standesbewusstsein und das Netz adeliger Familienbeziehungen. Der niedere Klerus blieb ausgeschlossen. In der gesamten Regierungszeit Ludwigs XV. fand nur ein einziger Pfarrgeistlicher Aufnahme in die *Assemblée Générale*.

Wenn sich diese wahrhafte Vertretung einer Adelskirche in der Mitte jedes Jahrzehnts für wenigstens drei Monate in Paris zu den Beratungen zusammenfand, hatte sie ein umfängliches Programm zu bewältigen. Wie es einer steuerbewilligenden Standesversammlung zukam, formulierte sie den Katalog der Beschwerden der Gallikanischen Kirche, die dem König übergeben wurden. Zunehmend standen dabei Übergriffe der Parlamente auf den Rechtsraum der Kirche im Vordergrund. Darüber hinaus wurden aber auch Fragen der Kirchenorganisation, der Verkündigung und der Seelsorge behandelt. 1775 beriet man über die Ursachen des Niedergangs der Religion in Frankreich und beschloss Verbesserungen in der Ausbildung des Klerus. In allen diesen Angelegenheiten agierte die Generalversammlung wie eine Bischofssynode der Kirche von Frankreich, die der König sich stets weigerte zusammenzurufen. Wenn Entscheidungen anstanden, die das Dogma oder die Verkündigung betrafen, berieten die Bischöfe unter Ausschluss der Öffentlichkeit, und sie gaben ihr Votum dann nicht mehr nach dem Rang ihrer Diözesen ab, sondern nach ihrer Amtsdauer als geistliche Hirten. Ihr hauptsächliches Geschäft aber blieb die Beschlussfassung über die königliche Steuerforderung und die entsprechende Veranlagung des Klerus. Zu keinem Zeitpunkt trat der soziale Ort der Generalversammlung deutlicher hervor als in der Umverteilung der Steuersumme. Die hohe Geistlichkeit der Monarchie zeigte keinerlei Skrupel, sich dabei auf Kosten ihrer ohnehin viel ärmeren Brüder niederen Standes zu schonen. Während Pfarrgeistliche von 300 Livre oft ein Fünftel oder wenigstens ein Sechstel an die Steuerkammern abzuführen hatten, wurden Bischöfe mit Einkommen von bis zu 30 000 Livre häufig nur mit 1000 Livre veranlagt. Kanoniker der Adelsstifte waren in ähnlicher Weise bevorzugt. Bereits im ersten Drittel des Jahrhunderts hatten solche Zahlen für Skandal gesorgt. Erst 1751 aber beschloss die *Assemblée Générale* ein achtstufiges System progressiver Besteuerung, das freilich künftig nur die größte Willkür unterband, an der grundsätzlichen Ungleichheit der Steuerlast aber nichts änderte.

Die Generalversammlung des Klerus von Frankreich gab der Gallikanischen Kirche eine die Monarchie umgreifende institutionelle Dichte und Eigenständigkeit, die sie allen Landeskirchen der europäischen Christenheit voraushatte. Das war freilich nicht nur von Vorteil für die Organisation von Religion. Nirgends sonst trat der soziale Gegensatz zwischen adeliger Bischofshierarchie und Pfarrgeistlichkeit auf »nationaler« Ebene noch mit solcher Deutlichkeit ans Tageslicht. Nirgends sonst auch ließ sich die Kirche in solcher Klarheit als Teil der mit der monarchischen Staatlichkeit verbundenen Adelsgesellschaft erkennen. Im letzten Drittel des 18. Jahrhunderts fand dies einen Reflex an unerwarteter Stelle. Der Klerus verschwand aus dem Diskurs der Ständeordnung. Noch bevor Mirabeau die Nation mit dem dritten Stand in eins setzte, schrieb der Genealoge Mangard 1787, dass es im Staat nur zwei Stände gebe: Adel und Volk, und dass der Adel den Klerus einschließe, weil beide die gleichen Privilegien genössen. Loménie de Brienne, zuletzt Bischof von Toulouse und Bordeaux und Staatsminister unter Ludwig XVI., argumentierte ähnlich: die Nation bestehe aus Adeligen und Nichtadeligen. Weil der Klerus wegen seiner Verdienste und Fähigkeiten zum Adel gehöre, habe er auch Anspruch darauf, an der Regierung der Nation beteiligt zu werden. Das Argument war gedacht, die Position der Bischofshierarchie zu verteidigen. Es führte aber unweigerlich dazu, dass die Kirche mit in den Abgrund gerissen wurde, als die Gesellschaft sich schließlich von der Privilegienordnung des Ancien Régime trennte.[33]

Eine auf Grundbesitz und garantierten (ständischen) Herrschaftsprivilegien gebaute Kirchenorganisation konnte nicht beliebige Formen annehmen. Trotzdem fand sich im Europa des 18. Jahrhunderts eine breite Vielfalt von national- und landeskirchlichen Varianten. Viel hing dabei vom Zustand der Staatlichkeit ab. In Spanien stärkte die Herrschaft der Bourbonenkönige seit Philip V. (1700–46) die nationalkirchlichen Tendenzen. Ein 1753 mit Benedikt XIV. (1740–58) abgeschlossenes Konkordat bestätigte ein königliches Universalpatronat für die in acht Kirchenprovinzen zusammengefassten 52 Bischofssitze des Reiches und die großen Abteien. Neben der Nuntiatur in Madrid und ihren Einflussmöglichkeiten blieben dem Papst nur 53 Pfründen zur Besetzung. Die spanischen Monarchen nutzten ihre starke Position, um einen königstreuen Episkopat heranzubilden, allerdings wurden die Bischofsstühle nicht durchweg mit Adeligen besetzt. Seit dem Beginn des 18. Jahrhunderts kam ein wachsender Anteil der Oberhirten aus den Ordenshäusern Spaniens. Eine nationale Klammer auf ständischer Basis, wie sie der hohe Klerus Frankreichs hatte aufbauen können, fehlte in Spanien. Das hing mit der Art der Besteuerung geistlichen Vermögens zusammen. Die spanische Monarchie hatte sich einen feststehenden Anteil an den kirchlichen Zehnteinkünften sichern können. Für eine ständische Institutionalisierung der spanischen Bischofsgemeinschaft gab es daher keinen Anlass. Hinzu kam die Begrenzung bischöflicher Macht durch meist sehr selbstbewusste Domkapitel und die Exemtionen der starken spanischen

Ordenshäuser, so dass bereits den Gesandten anderer Mächte die fragmentierte Erscheinung der spanischen Kirche im 18. Jahrhundert auffiel, die von wenig machtbewussten Bischöfen regiert werde, wie sie schrieben. Eine beträchtliche Macht in der Gesellschaft wie in der Kirche entfaltete allerdings nach wie vor die spanische Inquisition. Sie war aus einem Instrument zur Bekehrung der Juden zu einem verzweigten, weder von Bischöfen noch König zu dirigierenden Machtapparat ausgewuchert, der alle Verstöße gegen gesellschaftliche und religiöse Normen zum Anlass nehmen konnte, um Menschen in ihrer sozialen und physischen Existenz zu bedrohen. Allerdings sank die Zahl der Anklagen und der Verurteilungen im Verlauf des 18. Jahrhunderts, und seit den 1760er Jahren verstärkte sich in der Monarchie die Bereitschaft, die Autonomie dieses Herrschaftsinstrumentes zu beschneiden.[34]

In der Kirche Italiens hatte die unmittelbare Präsenz päpstlicher Macht zusammen mit der kleinteiligen Gliederung der weltlichen Herrschaftsgeographie den nachtridentinischen Ausbau der Bischofsmacht in vielfältiger Weise behindert. Die kirchliche Hierarchie hatte offenbar in der staatlichen Macht nicht den zur eigenen Entwicklung notwendigen Gegenhalt gefunden, so dass die Organisation von Religion in Italien zwar ebenfalls durch die bekannten Strukturelemente gekennzeichnet war, aber korporative Bindungen und ein sehr variantenreiches Eigenkirchenwesen die Wirkungsmöglichkeiten der Hierarchie vielfach überlagerten und einschränkten. Das ursprüngliche päpstliche Patronat über die Bischofsstühle Italiens war bis auf Ausnahmen zurückgedrängt. Außerhalb des Kirchenstaates besetzte der Papst nur die Bischofsstühle in Venedig und Lucca, wobei er jeweils Rücksicht auf das Indigenat zu nehmen hatte. In allen übrigen Königreichen, Fürstentümern und Stadtstaaten der Halbinsel war die Präsentation der Bischöfe an die weltliche Herrschaft gelangt. Die seit dem Spätmittelalter neu entstandenen Bistümer Oberitaliens befanden sich häufig sogar in direktem Zugriff einzelner Adelsfamilien. Die Bistumssprengel waren in der Regel klein. Allein im Königreich Neapel zählte man am Ende des 18. Jahrhunderts 131 Diözesen, im flächenmäßig nicht sehr großen Kirchenstaat waren 65 Bischofsstühle zu besetzen. Obwohl die Gesellschaftsgeschichte Italiens im 18. Jahrhundert eher durch eine Refeudalisierung als durch eine Verbürgerlichung gekennzeichnet war, blieb der Anteil des Adels unter den Bischöfen eher gering. Etwa ein Drittel der Bischöfe des Königreiches Neapel kam aus adeligen Familien, im Kirchenstaat sank die Adelsquote und erreichte im Verlauf des Jahrhunderts etwa den gleichen Wert. Viele Bischöfe kamen, wie in Spanien, aus den Orden, im Kirchenstaat rekrutierte sich die Mehrzahl aus der Kurie selbst: die Bistümer blieben immer Bestandteil des Versorgungssystems am päpstlichen Hof. In dieses Netz waren die übrigen Diözesen insofern einbezogen, als sie ein Fünftel bis zu einem Drittel der wegen ihres geringen Umfangs zum Teil ohnehin nicht sehr üppigen Einkünfte über unterschiedliche Rechtstitel an Rom abzuliefern hatten. Eine über den Kirchenstaat hinausgreifende institutionelle oder politische Integrationswirkung entfaltete die Kurie aber nicht. Die Kirche Italiens blieb polyzentrisch organisiert.[35]

In der ungewöhnlichen Kombination von feudal fundiertem Landeskirchentum und calvinistischem Bekenntnis hatte sich die Ecclesia Anglicana entwickelt. Die zunächst unentschiedene Reformationspolitik Heinrichs VIII. (1509–47) hatte die Kirche von England zwar mit dem Verlust ihrer Klostergüter bezahlt, aber das gesamte Pfründenwesen und die bischöfliche Hierarchie blieben erhalten. Um beides wurde in Bürgerkrieg und Revolution des 17. Jahrhunderts gestritten, und zusätzlich war die Kirche seitdem einer schwer zu steuernden Konkurrenz durch die Freiwilligkeitskirchen der protestantischen Denominationen ausgesetzt. Auch nach 1688 blieb als Pendant der Monarchie eine von Bischöfen getragene Anglikanische Kirche erhalten. Seit Heinrich VIII. erstreckte sich die königliche Oberhoheit allerdings nur auf die jurisdiktionelle und nicht auf die geistliche Weihegewalt. Deswegen gewann die *Church of England* im Verlauf des 18. Jahrhunderts mehr und mehr das Aussehen eines politischen Organs der Monarchie in Form einer staatlich protegierten protestantischen Großsekte, die durch ihre Pfründen und das überwiegende Laienpatronat auch für die Gentry als Instrument sozialer Herrschaft nutzbar war. Prediger und Gentry arbeiteten meist einträchtig zusammen in der Kontrolle und moralischen Erziehung der Bevölkerung. Die gerichtlichen Befugnisse der Kirche waren hingegen stark beschnitten worden. Sie griffen kaum noch im weltlichen Bereich, da auch die Ehe nicht mehr als Sakrament galt, sondern als bloßer Vertrag. Obwohl das Wahlrecht der Domkapitel intakt blieb, war der königliche Vorschlag bei der Besetzung der Bischofsstellen und vieler Dekanate *(deans)* bindend, so dass der Monarchie, wie in Frankreich, mit insgesamt mehr als 1000 Patronatsstellen ein imponierender Vorrat an Macht- und Versorgungstiteln zugefallen war. Ein eigenes ständisches oder synodales Organ stand der *Church of England* im 18. Jahrhundert nicht mehr zur Verfügung. 1717 war ein Konvokationsverbot ergangen. Die Möglichkeit zur ständisch organisierten steuerlichen Selbstveranlagung entfiel damit. Die Redistribution der Steuersummen wurde seitdem durch den Erzbischof von Canterbury vorgenommen. Die Besteuerung des geistlichen Besitzes galt damit als selbstverständlich und nicht mehr verhandlungsbedürftig. Trotzdem wirkte der anglikanische Klerus an der Formierung und Ausübung politischer Macht im Oberhaus und im Parlament weiterhin mit. Die 26 Bischöfe saßen als treue Parteigänger des Königs unter den 213 Peers im Oberhaus, die gesamte Geistlichkeit war bei den Wahlen zum Unterhaus wahlberechtigt. Trotz dieser starken politischen Position war die religiöse und gesellschaftliche Monopolstellung der *Church of England* aufgebrochen, seit die Freiwilligkeitskirchen des Dissent die Institutionalisierung von Religion aus der individuellen Gewissensentscheidung heraus aufbauten. Die Stellung der *Church of England* musste zusätzlich abgesichert werden. 1661 wurden dem Dissent im *Corporation Act* alle Wege zur Bildung eigenständiger Korporationen abgeschnitten. 1673 schloss der *Test Act* Dissenter von allen öffentlichen Ämtern aus. Öffentliche Reputation und aktive Partizipation am Bürgerleben waren per Gesetz an die Teilnahme am Abendmahl der Anglikanischen Kirche gebunden. Im *Toleration Act* von 1689 wurde dann die Kombination von religiöser Duldung und sozialer Marginalisierung des Dissent festgeschrieben. Nur schrittweise gelang es dem Dissent im Verlauf des 18. Jahrhunderts, aus dieser Nischenposition auszubrechen. Seit 1718 war unter bestimmten Umständen die Übernahme von öffentlichen Ämtern wieder möglich, ab 1727 konnten Dissenter ins Unterhaus einziehen, und 1745 hob das Parlament das Heiratsverbot mit den Mitgliedern der Anglikanischen Kirche auf. Ausgeschlossen von dieser Duldung waren die Katholiken, die weiterhin als politische und religiöse Feinde des Gemeinwesens behandelt wurden.[36]

Gemeindekirche und Staat

Nirgends sonst in Europa war, wie in England, die protestantische Kirchenbildung in so direkter Fortführung der überkommenen sozialen und organisatorischen Strukturmuster versucht worden und auch möglich gewesen. Ob Religion allerdings als territorial bezogene, bürokratisch gegliederte Monopolkonfession in enger Verflechtung mit den Institutionen des Staates oder als presbyteriale Gemeindekirche mit nur korporativer Privilegierung und lockerer Staatsbindung soziale Gestalt wurde, darüber entschied offenkundig nicht vorrangig die Theologie.

Die presbyteriale Gemeindekirche hatte sich dort durchgesetzt, wo die Ausgestaltung der weltlichen Herrschaft nicht dem Modell des zentralistischen Fürstenstaates gefolgt war, sondern sich, wie in der Eidgenossenschaft und der Republik der Vereinigten Niederlande, eine polyzentrische Gemeinschaft von autonomen Ständen zu einem Bund mit entsprechend schwach ausgebildeter zentraler Machtapparatur zusammenfand. Die gesamte Bevölkerung mit Ausschließlichkeit auf ein Bekenntnis zu verpflichten war unter diesen Umständen kaum möglich gewesen. Die Eidgenossen hatten sich die Parität in den Kriegen zwischen katholischen und reformierten Kantonen blutig erkämpfen müssen, in den Niederlanden war die Mehrkonfessionalität im 17. Jahrhundert aus dem schlichten Zwang erwachsen, gegen den spanischen Gegner eine möglichst umfassende Koalition zu schmieden.

Allemal war in den reformierten Bekenntnissen das vorhandene Kirchengut umfassend säkularisiert und der weltlichen Obrigkeit unterstellt worden. Die kommunalistische Grundierung der reformierten Theologie unterstützte dies, drängte die christliche Gemeinde aber schließlich gegenüber den politischen Realgemeinden auch in die zweite Reihe.

In den Niederlanden hatte die revolutionäre Situation des Aufstandes dazu geführt, dass die reformierten Stände in der Mitte der 1570er Jahre das gesamte Kirchengut in die Verfügung der Magistrate zogen. Die Kirchenfabriken und alle anderen Güter, die vormals der Versorgung des Klerus dienten, wurden von den Magistraten der Stände und den Obrigkeiten der Städte direkt verwaltet. Sie übernahmen damit die Aufsicht über die Kirchengebäude und die Verpflichtung, die Prädikanten zu versorgen. Wenig später weitete man dieses Regime auf die gesamte Armen- und Sozialfürsorge aus. Für die korrekte Bewirtschaftung der Vermögens- und Stiftungsmasse wurden in den Städten, Dörfern und Flecken daraufhin Kirchen- und Armenmeister ernannt, die von den Magistraten beaufsichtigt wurden.

Auf ihrer ersten revolutionären Versammlung in Dordrecht 1572 hatten die Stände von der Freiheit der Religion gesprochen, die für die reformierte wie für die römische gleichermaßen gelte. Diese ideale Parität hielt dem konfessionellen Druck des Krieges gegen Spanien nicht stand. Schon wenige Jahre später gerieten die Katholiken in die Defensive. Bis in die 1580er Jahre erließen alle unierten Provinzen nach und nach ein Verbot katholischer Kulthandlungen in der Öffentlichkeit, und man entzog den Katholiken den Kirchenbesitz. 1576 hatten sich die Provinzialstände auf einen dauerhaften Verbleib bei der calvinistischen Konfession verpflichtet und sie in den Status einer *Publieke Kerk* erhoben. Damit war eine bis zur Batavischen Revolution am Ende des 18. Jahrhunderts tragfähige Rechtsform gefunden, in der Gemeindekirche, Toleranz und calvinistische Staatsreligiosität genügend Bewegungsspielraum hatten, um nebeneinander zu bestehen. Die Öffentlichkeitskirche wurde aus dem staatlich verwalteten Kirchengut unterstützt. Darüber hinaus übernahmen die Stände die Verpflichtung, bei Bedarf Kirchensteuern zu erheben. In allen Sozialeinrichtungen ohnehin, den Schulen, Universitäten, im Heer, der Flotte und sogar den Überseekompagnien waren allein der reformierte Kult und die Verbreitung der calvinistischen Lehre zugelassen. Seit den 1620er Jahren galt die Verpflichtung aller öffentlichen Amtsträger auf den Calvinismus, was allerdings erst im 18. Jahrhundert dazu führte, dass ausschließlich Mitglieder der Öffentlichkeitskirche zu Regenten bestimmt wurden. Dies war schon eine Reaktion darauf, dass die Öffentlichkeitskirche weder ein Konfessionsmonopol noch die Parität jeweils im Vollsinn realisierte. Täufer und Lutheraner erhielten in den meisten Städten seit dem 17. Jahrhundert das

Recht auf eigene Kirchengebäude, die sogenannten Versteck-Kirchen. Schon die innere Dynamik der calvinistischen Theologie zwang zu einer flexiblen Politik der Öffentlichkeitskirche. Wo der Protestantismus mit dem Prinzip des allgemeinen Priestertums in der Form Ernst machte, dass nur das vor dem eigenen Gewissen zu verantwortende Verständnis der Offenbarung als Maßstab von Lehre und Rechtgläubigkeit gelten konnte, war die Proliferation von Sekten und Denominationen mit theologischen Mitteln nicht mehr zu bremsen. Die Synode hatte 1619 in Dordrecht an der Prädestinationslehre festgehalten und damit gegen die Remonstranten und deren Theologie von der individuellen Mitwirkung am Heil entschieden. Remonstrantische Prediger wurden relegiert, so dass deren Bruderschaften und Gemeinden sich künftig außerhalb der Öffentlichkeitskirche bildeten. Eine mystisch-spiritualistische Einfärbung erfuhr die remonstrantische Gnadentheologie in der *Nadere Reformatie* der Wiedergeborenen. Deren pietistische Konventikel standen dann im 18. Jahrhundert ebenfalls außerhalb der Öffentlichkeitskirche. Hinzu kamen die Glaubensflüchtlinge des 18. Jahrhunderts, die in den Niederlanden Zuflucht suchten: Protestanten aus Salzburg, Mennoniten aus der Eidgenossenschaft, Juden aus Osteuropa und Hugenotten aus Frankreich. Vor allem aber war ein gutes Drittel der Bevölkerung in den Vereinigten Niederlanden stets katholisch geblieben. Im Süden behauptete der katholische Bevölkerungsanteil die deutliche Mehrheit, aber selbst in den großen Städten Nordhollands bekannte sich 1775 etwa ein Fünftel der Einwohner zur römischen Kirche. Ihr Anteil wuchs bis zum Ende des Jahrhunderts noch.

Das Prinzip der Öffentlichkeitskirche führte nicht zur Parität, aber es verband die religiöse und soziale Duldung anderer Konfessionen mit der korporationsrechtlichen Privilegierung einer calvinistischen Kirche. Den übrigen Konfessionen blieb die öffentliche Unterstützung zwar versagt, Magistrate und Regenten verzichteten jedoch darauf, normierend in deren Gemeinschaften einzugreifen, wie es die Fürstenstaaten Europas in jedem Fall beanspruchten, wenn sie sich zur Duldung mehrerer Konfessionen entschlossen. An dieser Stelle hatten Kirche und Staat in den Niederlanden sich schon getrennt. Komplizierter gestalteten sich die Verhältnisse innerhalb der Öffentlichkeitskirche, weil obrigkeitliche Distanz und Einflussnahme dort zu einem Ausgleich zu bringen waren. Das sah man schon daran, dass in den größeren Städten mit mehreren Kirchen die gemeindebezogene Organisation von der Stadt als politischem Organisationsraum überlagert und dominiert wurde. In Groningen gab es für die drei calvinistischen Kirchen im 18. Jahrhundert nur ein Presbyterium, das sich aus den Prädikanten, den Ältesten und den Diakonen zusammensetzte. In anderen Städten wurden die Ältesten auf Zeit, in Groningen auf Lebenszeit bestimmt. Sie ergänzten sich, wie die Diakone, durch Zuwahl. Seit 1736 erfolgte die interne Abstimmung dabei im Geheimen. Die Gemeinden hatten keinerlei Vorschlags- oder Mitwirkungsrecht. Das Presbyterium bestellte die Prediger, die der Magistrat der Stadt allerdings approbieren musste. Darüber kam es im 18. Jahrhundert zu häufigen Konflikten. Vereidigt wurden die Prediger auf den Magistrat. Prädikanten, Älteste und die eigentlich für Armen- und Sozialpflege zuständigen Diakone wirkten in der Kirchenzucht zusammen. Ein überregionaler Kirchenverband ergab sich aus den sogenannten Klassen, zu denen mehrere Städte oder Gemeinden zusammengefasst waren. Diese Klassen tagten fast ausschließlich als Predigerkonvente und nahmen das *jus in sacra* wahr. Darüber standen Provinzialsynoden. In sie wählte jede Klasse zwei Prädikanten und einen Ältesten.

Es war das erklärte Ziel der reformierten Kirchenbildung gewesen, keinen gemeinsamen *senatus ecclesiasticus* zu bilden, sondern geistliches und weltliches Regiment dauerhaft zu trennen. Trotzdem wurde stets sorgfältig darauf geachtet, dass in das Gremium der Kirchenältesten auch genügend Mitglieder des Magistrats gewählt wurden. Bis ins letzte Drittel des 17. Jahrhunderts hatte es dafür in Groningen sogar eine Quote gegeben. Zu den Provinzialsynoden entsandten die Regenten der Provinzen ihre mitspracheberechtigten *comissarissen politiek*, um die Interessen der weltlichen Obrigkeiten zu wahren.

Zu einer Landessynode vereinigten sich diese Provinzialsynoden nach den Beschlüssen der Dordrechter Synode von 1619, denen die Generalstaaten zugestimmt hatten, nicht mehr. Die Regenten sahen keine Notwendigkeit, eine geistliche Konkurrenz zur ohnehin nur locker gefügten Staatlichkeit des Ständeverbundes zu errichten. Dieser Mangel an einer staatsbezogenen Kirchenorganisation und die Orientierung des Kirchenwesens an der Kooperationsidee beförderten schon sehr früh eine Annäherung der Öffentlichkeitskirchen an den privaten Verein. Im 18. Jahrhundert unterschied die calvinistische Öffentlichkeitskirche sich in dieser Hinsicht kaum noch von den übrigen protestantischen Denominationen. Der Gedanke, auch den Calvinisten die korporative Privilegierung zu entziehen, lag deswegen nahe. Er wurde in den letzten beiden Jahrzehnten des Jahrhunderts bereits diskutiert. Umgesetzt hat ihn dann die Batavische Revolution 1793.[37]

Einen anderen Weg nahm die protestantische Kirchenbildung dort, wo die Reformation von einer autokratischen Fürstenherrschaft verstaatlicht worden war. Das Kirchenwesen entwickelte sich fast zwangsläufig als Anhängsel des landesstaatlichen Behördenapparates einerseits und auf der Gemeindeebene als Teil der Herrschaftsrechte adeliger Patronatsherren. Das Allgemeine Landrecht für die Preußischen Staaten von 1794 kannte deswegen den Begriff »Kirche« gar nicht, sondern sprach von den unterschiedlichen »Kirchenwesen« in den Provinzen. Seit die Hohenzollern 1614 zum reformierten Bekenntnis übergetreten waren, konnten die Landesherren Brandenburg-Preußens das Summepiskopat über ihre lutherischen Untertanen nur noch als Zubehör der Landeshoheit wahrnehmen, aber nicht mehr als deren integrativen Bestandteil beanspruchen. Dies hatte institutionell zur Einrichtung eines Kirchenrates geführt, der bis auf die Eheangelegenheiten alle Befugnisse des vormaligen Oberkonsistoriums an sich zog. Der Kirchenrat wurde schnell wieder aufgelöst, seine Zuständigkeiten aber übernahm der Geheime Rat. Die Kirchenleitung war damit völlig in den Staatsapparat integriert und wurde fortan von der dort laufenden internen Behördenevolution erfasst. Im Geheimen Rat entstand zunächst ein Dezernat für geistliche Sachen. Friedrich II. (1740–86) richtete schließlich ein eigenes Departement für geistliche Angelegenheiten ein, besetzt mit einem lutherischen und einem reformierten Minister. Sie arbeiteten eng mit dem Justizministerium zusammen. Weil die Regionalkonsistorien sich als überlastet erwiesen hatten, betrieb Friedrich seit 1750 erneut den Ausbau der Berliner Behörde zu einem lutherischen Oberkonsistorium, das allerdings keine wirkliche Selbständigkeit erlangte, sondern vom jeweils dirigierenden

Minister des Geistlichen Departements geleitet wurde. Seine Zuständigkeit war ausschließlich auf die Normierung von Predigt und Lehre sowie die Prüfung von Pfarramtskandidaten beschränkt. Die Disziplinargewalt über die Geistlichen hatte man 1748 auf die weltliche Gerichtsbarkeit übertragen, und die Verwaltung des Kirchenvermögens lag, soweit sie nicht von den Ortsgemeinden vorgenommen wurde, ohnehin beim Geistlichen Departement.

Von ökonomischer und jurisdiktioneller Autonomie in den Angelegenheiten *in sacra* konnte deswegen für die Lutheraner keine Rede sein. Auch die Kirchenzucht als ureigenste Angelegenheit reformatorischer Kirchlichkeit war mehrfach durchbrochen: mit der Herauslösung der Geistlichen aus der konsistorialen Gerichtsbarkeit 1748 waren gleichzeitig auch die Beamten des Königs aus der Kirchenzucht ihrer Gemeinden herausgezogen worden. Die vom König berufenen Superintendenten konnten ihre Visitationen nur durchführen, um den übergeordneten Behörden Bericht zu erstatten. Eigenständige Disziplinarmaßnahmen blieben ihnen wie dem Oberkonsistorium verwehrt. Völlig losgelöst von dessen Zuständigkeiten hatte sich seit Friedrich I. (1688–1713) in enger Kooperation mit August Hermann Franckes Halleschem Pietismus eine Militärkirche entwickelt. Sie wurde von einem Kriegskonsistorium mit einem Feldpropst an der Spitze geführt, das den Feldpredigern das Examen abnahm, sie ordinierte und in ihre Stellen einwies. Da ein fünfjähriger Dienst als Feldgeistlicher ein Anrecht auf eine königliche Patronatsstelle begründete und aus den Reihen der Feldgeistlichen häufig auch Superintendenten ernannt wurden, übte der Feldpropst einen bedeutenden Einfluss auf die Zusammensetzung des höheren kirchlichen Personals aus.

Dieser Verstaatlichung der Kirchenleitung entsprach die Verherrschaftlichung des Kirchenwesens an der Basis. In den Regionen der Gutsherrschaft handhabten die Junker ihre Patronatsrechte als Teil ihres sonstigen Herrschaftsinstrumentariums. Ein kirchlich bestimmtes Gemeindeleben konnte sich unter diesen Umständen nicht entfalten. Die Gläubigen nahmen Kirche als Teil der ihnen auch sonst auferlegten Herrschaft wahr. Ähnliche Erfahrungen prägten die seelsorgende Geistlichkeit. Kirche war für sie allenfalls als Bestandteil des staatlichen Verwaltungsapparates präsent. Eigenständige institutionelle Konturen konnten Kirchen unter diesen Umständen kaum gewinnen.[38]

Nicht überall war lutherische Kirchlichkeit so eng an staatliche Institutionen und an soziale Herrschaft gebunden. Leicht fiel es den Theologen und den protestantischen Juristen aber zu keiner Zeit, einen Begriff von Kirche zu formulieren, der die geistliche Idee von *ecclesia* und die profane Wirklichkeit zusammenbrachte. Das lutherische Gemeindeideal hatte der orthodoxen Theologie zwar eine Handhabe geliefert, die Obrigkeit am Maßstab des Evangeliums zu messen, aber auch dieses Konzept war eher auf Identität als auf Differenz der Sphären hin angelegt. Daniel Nettelbladt subsumierte dann 1783 die Entwicklung des protestantischen Staatskirchenrechts unter drei Begriffe, die bis weit ins 19. Jahrhundert hinein für die Selbstbeschreibung der protestantischen Kirchengemeinschaften und ihres Verhältnisses zur staatlichen Obrigkeit von Bedeutung blieben. Zunächst seien im Episkopalismus die bischöflichen Rechte einfach auf den Landesherrn als *summus episcopus* übertragen worden. Im nachfolgenden Territorialismus herrschte der Landesherr über die Religionsgemeinschaften seines Territoriums kraft seiner unumschränkten Landeshoheit. Diese blieb dabei aber auf das äußere Kirchenleben beschränkt und beanspruchte keinen Zugriff mehr auf die Gewissen. Damit war das Bekenntnis des Landesherrn für die Untertanen nicht mehr bindend, und es konnten mehrere Konfessionen in seinem Herrschaftsbereich nebeneinander existieren. Voraussetzung blieb allerdings, dass sie jeweils nur eine sehr eingeschränkte Kirchlichkeit entwickelten und auf den dogmatischen Streit intern wie untereinander verzichteten. In diesem Sinn hatte Samuel Pufendorf die Auflösung der Kirchen als hierarchische Institutionen gefordert, um das Zusammenleben der Konfessionen unter landesfürstlicher Herrschaft zu ermöglichen. Als dritte Epoche schließlich identifizierte Nettelbladt den Kollegialismus. Er fand dessen Kronzeugen im württembergischen Kanzler Christoph Matthäus Pfaff, der zum ersten Mal 1719 die Kirche »nach ihrer ursprünglichen Gestalt« als eine »freie Gesellschaft derer« bestimmt hatte, »welche sich zu einem gemeinschaftlichen Gottesdienste nach der Vorschrift Christi zusammenthun«.[39] Als Überzeugungsgemeinschaft habe diese Kirche die äußere Kirchenhoheit an den Staat übertragen, da sich wegen der Vielzahl der verdorbenen Mitglieder in der Gesellschaft ansonsten kein Raum für ein Leben im Evangelium finde. Ihre inneren Angelegenheiten könne eine solche Religionsgemeinschaft mit eigener Disziplinarhoheit wie andere »Kollegien« in einem Staat selbständig regeln. Damit war die Kirche noch nicht als Verein, aber schon als privilegierte Korporation begriffen, die auch die landesherrlichen Kompetenzen *circa sacra* nur als abgeleitete Befugnisse bemühte.

Nettelbladt hatte mit dieser Konstruktion im letzten Drittel des 18. Jahrhunderts eine Utopie formuliert, deren schemenhafte Konkretisierung für die Zeitgenossen im Reichsgebiet allenfalls in einigen reformierten Kirchen sichtbar werden konnte. In den meisten Fällen hatte hier der landesherrliche Zugriff dazu geführt, dass die presbyterialen und synodalen Elemente des Kirchenwesens entweder ausdünnten oder in die landesherrliche Kirchenaufsicht einbezogen wurden. So unterschieden sich reformiertes und lutherisches Kirchenwesen in Pfalz-Zweibrücken seit 1740 kaum noch. Selbst in der Praxis der Kirchenzucht waren nennenswerte Unterschiede dort nicht mehr festzustellen. In den 1614 zu Brandenburg gekommenen niederrheinischen Herzogtümern Kleve und Berg waren die Grundelemente reformierter Kirchlichkeit wenigstens so weit intakt, dass die presbyterial verfassten Kirchengemeinden über Klassenkonvente, Synoden und Generalsynoden zusammenhingen und nach der Presbyterialordnung von 1713 das Kirchenregiment ausübten. Die staatliche Kirchenhoheit nahmen auf zentraler Ebene das reformierte Kirchendirektorium und regional die reformierten Konsistorien wahr. Im Vergleich zu anderen protestantischen Kirchen des 18. Jahrhunderts konnte man darin einen bemerkenswerten Grad an institutioneller Selbständigkeit von Religion sehen.[40]

Die Institutionalisierung von Religion stand in der zweiten Hälfte des 18. Jahrhunderts zunehmend unter Spannung. In allen ihren Varianten schien sie aus der Zeit gefallen. Wo sie selbst noch zur Staatlichkeit fähig war, hielt sie dem Druck des Verstaatungsprozesses, der sich um sie herum aufbaute, kaum noch stand. Wo sie mit der Herrschafts- und Privilegienordnung des Ancien Régime über ihre Hierarchie und ihren Grundbesitz verflochten blieb, war sie davon betroffen, dass die Adelsgesellschaft und ihre Herrschaft selbst in die Kritik gerieten. Wo Religion als Annex der staatlichen Verwaltung zur Institution wurde, stellte sich die Frage nach ihrer Eigenständigkeit und Identität als Kirche – und die Abhängigkeit wurde umso drückender und unverständlicher, als autokratische Herrschaft sich kaum mehr religiös legitimierte. Wo sie schließlich als Religionsgemeinschaft mit korporativen Vorrechten ausgestattet war, konnte man feststellen, dass sich dies mit einer wirklichen Pluralität der Bekenntnisse doch noch nicht vertrug. Mit dem Wandel der Strukturmuster veränderten sich offenkundig der gesellschaftliche Ort von Religion und die soziale Form, die dem angemessen war.

3.
Hierarchie und Eliten

Die Verbindung von Macht und Besitz, die für Kirchen des 18. Jahrhunderts als Teil der Adelgesellschaft charakteristisch war, schlug sich in den Kirchen nieder als Scheidung der hohen von der niederen Geistlichkeit, mit der die Hierarchie der weltlichen Herrschaftsstände in den religiösen Sozialraum hineinkopiert wurde, aber auch darin, dass das geistliche Amt von den Bischöfen bis hinunter zu den Seelsorgern als Pfründe daherkam.

In den Pfründen waren Amtsbefugnis und Versorgung des Amtsträgers über gegenstandsfremde materielle Herrschafts- und Verfügungsrechte unterschiedlichster Art miteinander verbunden. Die formale Gestaltung entwickelter Organisation trennt beide Gesichtspunkte und kann dadurch den Funktionsbezug von Zuständigkeiten und die Eignung des Amtsträgers gegenüber anderen Aspekten, wie etwa sachfremden Versorgungsansprüchen, in den Vordergrund rücken. Formale Organisation gewinnt auf diese Weise erheblich an Unabhängigkeit und institutioneller Selbständigkeit gegenüber ihrer sozialen Umwelt.[41] Deswegen lässt sich mit Pfründen durchaus »organisieren«, aber die entstehenden Institutionen sind dann sozial »eingebettet«, und diese Einbettung bleibt umso dichter, je weniger die Rekrutierung der Amtsträger in die Kompetenz der Institution selbst fällt, sondern von der Umgebung kontrolliert wird. Das in nahezu allen vormodernen Kirchen Europas herrschende Patronatswesen, mit dem Laien über die Besetzung von bepfründeten geistlichen Stellen bestimmen konnten, unterlief deswegen die Eigenrationalität kirchlicher Organisation in ganz erheblichem Ausmaß. Die hier fortlebende Grundidee der mittelalterlichen Eigenkirche holte die Eigengesetzlichkeiten der sozialen Welt in den geistlichen Raum hinein und verhalf ihnen dort zu strukturierender Wirkung.

Mit Ausnahme der Kardinalswürde und des gewählten Papstes gab es in der römischen Hierarchie keine Funktionsstelle, die nicht patronalisierbar war. In den protestantischen Kirchen hielt sich das Patronatswesen ebenfalls dort, wo Ämter als Pfründen vergeben wurden. Kirche wurde über ihren Besitz zu einer Versorgungsinstitution der Gesellschaft, sie fungierte als Medium sozialer Macht und als Raum der Elitenreproduktion. Wiederum war europaweit eine breite Vielfalt von Formen zu verzeichnen, die allerdings, wie die Gestaltung der Kirchen auch, typologische Verdichtungen aufwies.

Für die Reichskirche hatte der fürstlich-ellwangische Regierungsrat Josef Edler von Sartori 1787 in seiner preisgekrönten Abhandlung über die »Mängel in der Regierungsverfassung der geistlichen Wahlstaaten« dargetan, welche Nachteile den geistlichen Territorien für die erfolgreiche Verbesserung ihrer Staatswesen daraus erwuchsen, dass der klerikale Feudalismus in ihnen den Einfluss des Adels an allen Stellen multiplizierte.[42] Die Bischofsstühle im Reich waren fest in adeliger Hand, seit dem 17. Jahrhundert war es keinem Bürgersohn mehr gelungen, in der geistlichen Hierarchie so weit aufzusteigen. Gut neun von zehn Pfründen in den Domkapiteln waren ebenfalls mit Adeligen besetzt. Auch hier waren die Verhärtungen einer laufenden Refeudalisierung zu spüren: Im 17. Jahrhundert lag das Kanonikat für Söhne des vermögenden Bürgertums immer noch in erreichbarer Nähe. Nicht alle Gruppen der in sich stark geschichteten Adelsgesellschaft drängten sich in gleicher Weise und mit gleichem Erfolg um den Pfründenpool der Reichskirche. Im Verlauf des 18. Jahrhunderts hatten sich bemerkenswerte Verschiebungen ergeben. Fürstensöhne besetzten in den letzten Jahrzehnten des Jahrhunderts gerade noch einen von zehn Bischofsstühlen, zu Beginn des 18. Jahrhunderts stammte noch ein gutes Drittel der Bischöfe aus dem fürstlichen Hochadel. Relativ gleich geblieben war mit ebenfalls einem Drittel der Anteil der Reichsritter, deutlich zugenommen hatte der Anteil der Söhne des mediaten landständischen Adels, wie auch die Reichsgrafen ihre Position deutlich ausgebaut hatten. Ganz ähnliche Tendenzen lassen sich in den Domkapiteln nachvollziehen. Mehr und mehr diente die Reichskirche als Refugium für die nachgeborenen Söhne desjenigen Adels, auf den die Dynamik des territorialen Staatsbildungsprozesses am meisten Druck ausübte, während sich die oberen Schichten der Adelsgesellschaft in ihrer familiären Versorgungspolitik immer weniger auf die Kirche verließen. Das schlug sich auch in der Politik des Kaisers nieder. Unter Karl VII. (1742–45) und Maria Theresia hatte die Einflussnahme auf Wahlentscheidungen der Domkapitel noch beträchtliche diplomatische und finanzielle Energien auf sich gezogen. Joseph II. verzichtete dann demonstrativ auf dieses Instrument imperialer Adelspolitik.

Die Konkurrenz um die Pfründen wurde durch solche Umschichtungen nicht wirklich entlastet. Natürlich suchten einzelne Familien des Adels so viel Kontinuität wie immer möglich in bestimmten Bistümern zu erreichen. Das gelang etwa den Rohan, die von 1704 bis 1803 ohne Unterbrechung die Bischöfe von Straßburg stellten. Das gelang auch den Wittelsbachern in Köln und den anderen niederdeutschen Bistümern, aber nur mit Schwierigkeiten und nur bis zum zweiten Drittel des 18. Jahrhunderts, als 1761 die Kandidatur des wittelsbachischen Kardinals Johann Theodor an der Verweigerung des Wählbarkeitsbreves durch Papst Clemens XIII. (1758–69) scheiterte. Familien des niederen Adels waren ohnehin weniger erfolgreich, Pfründen in dauerhaften dynastischen Zugriff zu bringen, und wenn sie mit entsprechendem Geschick agierten, wie die Schönborn bis zum Beginn des 18. Jahrhunderts, brachten sie den übrigen Adel gegen sich auf.

Es hob die Chancen in der Regel, wenn der Kandidat für ein geistliches Amt mit dem Vorgänger in verwandtschaftlichen Beziehungen stand, aber insgesamt bleibt der Eindruck, dass die Jagd nach hohen geistlichen Pfründen in der Reichskirche für die nachgeborenen Adelssöhne ein nur schwer zu steuerndes Spiel mit vielen Risiken und Unbekannten war. Es zeichnete die Reichskirche aus und begründete gerade ihre besondere Funktionalität für die Reproduktion der Adelsgesellschaft, dass die Pfründenvergabe in einer Kombination von Wahl, Kooptation und Patronage erfolgte. Das öffnete die Besetzungsverfahren gleich an mehreren Stellen der gezielten Einflussnahme, deren Wirkung jedoch nicht kalkuliert werden konnte. Letzten Endes blieben die Besetzungsverfahren daher für alle Beteiligten undurchschaubar. Weit gespannte Verwandtschaftsnetze wurden bei Bischofswahlen mobilisiert, man findet Briefwechsel, in denen akribisch genau verzeichnet ist, welcher Domherr durch welchen Verwandten in seinem Wahlverhalten zu beeinflussen sei. Alle Vorstöße, durch Koadjutorien bei Bischöfen oder *resignatio in favorem* auf Domkapitelstellen die engere Verwandtschaft in eine günstige Ausgangsposition für die Nachfolge zu bringen, erwiesen sich letztlich als mangelhafte Versuche. Familienkanonikate mit direkten Patronatsrechten, wie sie die Galen für sich in Münster, Osnabrück, Minden und Worms installieren konnten, blieben die Ausnahme.[43]

Auch wenn einige Familien, wie die Droste zu Senden im Norden oder die süddeutschen Grafen von Königsegg, in der Pfründenkonkurrenz aufs Ganze gesehen erfolgreicher waren als viele andere, sicherte dieses System der institutionalisierten Unberechenbarkeit im Adel einer Vielzahl von Familien die Möglichkeit, gelegentlich einen ihrer Söhne im Pfründennetz der Reichskirche unterzubringen. Die Pfründen der kirchlichen Hierarchie ermöglichten auf diese Weise einen weitgestreuten Ausgleich zwischen den Risiken der biologischen Reproduktion und den begrenzten Ressourcen für die materielle Versorgung des adeligen Nachwuchses. Es ist nicht gesichert, in welchem Ausmaß Verwandtschaft, Freundschaft und Patronage eliten- oder gruppenbildend wirkten. An dieser Stelle jedenfalls trugen sie wesentlich dazu bei, die ökonomisch und genealogisch prekäre Situation von Familien vor allem des niederen Adels zu stabilisieren, in dem dafür die Pfründen des hohen geistlichen Amtes nutzbar gemacht wurden.

Für die Kirche des Reiches hatte dies umgekehrt zur Folge, dass ein dezidiert geistliches Karrieremuster sich nicht ausbilden konnte und deswegen eine im spezifischen Sinn geistliche Elite auch nicht verfügbar war. Nicht Bildung und Eignung bestimmten die Auswahl für die Funktionsstellen, sondern es waren in den höchsten Kirchenämtern häufig adelige Herren zu finden, die sich vorrangig als Kavaliere und Fürsten begriffen. Der akademisch gänzlich ungebildete Bischof war inzwischen selten geworden. Immerhin hatten zwei Drittel der Fürstbischöfe des 18. Jahrhunderts wenigstens einige Semester Theologie oder auch Rechtswissenschaft studiert. Zu einem akademischen Abschluss und einer Graduierung hatte es aber nur eine Minderheit gebracht. Es ist auch nicht zu sehen, dass Studium und theologische Ausbildung dazu beigetragen hätten, unter den Bischöfen ein Bewusstsein der Zusammengehörigkeit aufzubauen. Zu verstreut waren die Studienorte. Das *Collegium Germanicum* in Rom verlor im Verlauf des 18. Jahrhunderts sogar an Attraktivität. Die Reichskirche verfügte damit weder über ein geistliches noch über ein intellektuelles Gravitationszentrum, das ihrem höheren Personal eine Identität hätte geben können.[44]

Es gab Regionen in der katholischen Kirche, in denen die Rekrutierung der Hierarchie noch direkter mit den Belangen adeliger Familienräson verkoppelt war. In Italien waren seit dem 15. Jahrhundert vor allem in den nördlichen Fürstentümern, in denen sich ein landesherrliches Patronat bei den Bischofsstühlen durchsetzte, immer wieder Eigenbistümer entstanden, auf deren Besetzung einzelne Adelsfamilien oder Gruppen durch Rechte und Prätentionen unterschiedlichster Art Einfluss nehmen konnten. So hatten es die Mirandola verstanden, in ihrem Kleinterritorium eine Eigenkirche zu installieren, die im 16. Jahrhundert zum Bistum aufgestiegen war. Neben solchen rechtlich fassbaren Patronatsverhältnissen gab es äußerst stabile informelle Eigenbistümer. So konnten zwei Gruppen des alteingesessenen neapolitanischen Adels den Bischofssitz der Stadt seit Beginn des 15. Jahrhunderts über fast 400 Jahre mit ihrer Nachkommenschaft besetzen. Italienische Adelsfamilien investierten während der gesamten frühen Neuzeit große Summen, um durch Familienkanonikate, Kaplaneien, Ehrenwohnrechte in Klöstern, Kapellen in Rom und andere sichtbare Zeichen der Frömmigkeit, wenn sie nur mit Versorgungsstellen verbunden waren, die Glorie der Familie zu erhöhen und ihre Memoria im öffentlichen Gedächtnis zu festigen.[45] Im 18. Jahrhundert ließ das Interesse deutlich nach. Zu neuen Stiftungen kam es kaum mehr. Bei den Präbendeninhabern setzte sich sogar ein sehr weltliches Verhältnis zu ihren geistlichen Versorgungsstellen durch. Insgesamt aber trat der Zusammenhalt von Familien und Verwandtschaftsverbänden in der Kirchenorganisation immer noch sehr viel deutlicher zutage als nördlich der Alpen. Die italienische Adelsgesellschaft nutzte das Netz der kirchlichen Pfründen und die Geographie der heiligen Orte als Raum- und Resonanzkörper zur eigenen Strukturierung und fand in diesem Medium überhaupt erst zu einer die Familienverbände überspannenden Einheit. Inwieweit davon umgekehrt auch für die Kirche wirksame Integrationskräfte ausgingen, lässt sich schwer einschätzen. Die fehlende institutionelle Zentrierung der Kirche Italiens wurde dadurch jedenfalls nicht ausgeglichen.

Die ausschließliche Vergabe der hohen geistlichen Pfründen durch den König hatte die Gallikanische Kirche Frankreichs in ein System der Personalrekrutierung eingebunden, mit dem die Monarchie den Adel insgesamt in eine staatsnahe Elite von Militärs und Amtsträgern umformte. In diesem Rahmen konnte sich, gewissermaßen als Form sekundärer Professionalisierung, im adeligen Bischofsklerus eine religiöse Funktionsoligarchie ausbilden.

Auch in Frankreich hatten Bürgerliche im 18. Jahrhundert kaum noch die Möglichkeit, auf eine bischöfliche Kathedra zu gelangen. Nur von vier Prozent der seit Beginn des 16. Jahrhunderts berufenen Bischöfe lässt sich überhaupt mit Bestimmtheit sagen, dass ihnen der Adelstitel fehlte. Nach 1700 weisen die Bischofslisten der Gallikanischen Kirche nur noch einen einzigen Oberhirten bürgerlicher Herkunft aus. In einem weiteren Punkt ist man an die Verhältnisse im Reich erinnert: Der Hochadel und die übrigen Adelsfamilien im Machtzentrum der Monarchie zogen sich wie der gesamte Amtsadel *(robe)* seit der Regierungszeit Ludwigs XIV. immer mehr aus der kirchlichen Hierarchie zurück. Die meisten Bischöfe des 18. Jahrhunderts kamen aus der Provinz, aber nicht aus Familien des verarmten und deklassierten Niederadels, sondern aus Häusern mit relativ umfänglichem Grundbesitz. Häufig hatten sich diese Familien bereits in der Armee einen Namen gemacht, weil die Militärkarriere die einzige Alternative zum Aufstieg in der kirchlichen Hierarchie für ihre nachgeborenen Söhne darstellte. Wer sich auf einen Weg in der Gallikanischen Kirche einließ, hatte dann im Vergleich zu seinen Brüdern finanziell oft gar nicht das schlechteste Los gezogen.

Verwandtschaftliche Verbindungen beförderten auch in Frankreich die Chancen auf eine geistliche Karriere. Insgesamt aber blieb das Familienband von nur nachgeordneter Bedeutung im Vergleich zur Eignung. Die Monarchie trug selbst dazu bei, keine »Familienkirche« entstehen zu lassen. Seit Ludwig XIV. wurden Bischöfe zu ihrem Verdruss grundsätzlich in Diözesen weit abseits ihres Familienstammsitzes zum Oberhirten bestellt. Das entscheidende Hindernis für die Diffusion von Familieninteressen im geistlichen Raum der Kirche ging allerdings vom Qualifikationsmuster selbst aus. In der Kirche der Monarchie gab es nur Bischöfe mit einem vollständigen akademischen Studium. Alle am Vorabend der Revolution amtierenden Oberhirten hatten an einer bedeutenden Universität Frankreichs studiert, dort den Magister erworben und anschließend an einem der Collèges ein zweijähriges Philosophiestudium absolviert. Darauf gefolgt waren drei Jahre des Studiums der Theologie, wiederum an einem Collège oder in einem der bischöflichen Seminare. Zum Abschluss erwarben die Kandidaten ein theologisches Baccalaureat. Ein knappes Fünftel der Bischöfe führte 1789 sogar den Doktortitel. Parallel zum theologischen Studium durchliefen die Anwärter den Cursus der geistlichen Weihen, so dass sie am Ende ihres Studiums auch die Priesterweihe empfingen. Diese obligate Verbindung von wissenschaftlicher Ausbildung und geistlicher Vorbereitung auf das Amt brachte nicht nur eine für die Belange der Kirche präparierte Geistlichkeit hervor, sie trug auch dazu bei, dass unter den Bischöfen Gruppenbewusstsein und Identität entstehen konnten. Meist kannten die Bischöfe, die sich später auf der Generalversammlung des Klerus von Frankreich trafen, einander bereits aus gemeinsamen Studienzeiten. Annähernd zwei Drittel der Bischöfe blickten in der zweiten Hälfte des 18. Jahrhunderts auf einen wenigstens dreijährigen Aufenthalt in Saint-Sulpice zurück. Von den seit 1780 ernannten Bischöfen weiß man, dass sie samt und sonders ihre theologische Ausbildung in Paris erworben hatten.

Zu einer weiteren Instanz, die das kirchliche Karrieremuster aus dem Macht- und Reproduktionskalkül adeliger Familien und selbst der Mechanik monarchischer Herrschaft herausführte, entwickelte sich seit Beginn des 18. Jahrhunderts das Amt des Generalvikars. Generalvikare wurden von den Bischöfen seit den 1720er Jahren immer häufiger bestellt, und es gab von diesen bischöflichen Kommissaren in jeder Diözese schnell mehrere. Am Ende des Ancien Régime amteten in der Diözese Bordeaux zwölf Generalvikare, in Rennes waren es neun, so viel wie auch in Lisieux. Der Bischof ernannte sie. Sie vertraten ihn in wichtigen Aufgaben der Diözesanverwaltung, waren nicht bepfründet und daher auch durch keinerlei Besitz- und Rechtstitel von der bischöflichen Weisungsbefugnis abgeschirmt. Entscheidend aber wurde, dass seit der Mitte des 18. Jahrhunderts nur noch ehemalige Generalvikare zu Oberhirten ernannt wurden. Bischöfe bestimmten auf diese Weise, wer künftig Bischof werden konnte.[46]

In der Verbindung von adeligen Familieninteressen, verpflichtender wissenschaftlicher und geistlicher Ausbildung sowie steigendem Einfluss der hohen Geistlichkeit auf die Rekrutierung der eigenen Gruppe führte das königliche Patronat in der Hierarchie der Gallikanischen Kirche zu einem paradoxen Ergebnis. Es formte eine Bildungs- und Leistungsoligarchie mit klarem Selbstbewusstsein und einer in der Generalversammlung gelebten Gruppenidentität, die zwar in die auf den Monarchen ausgerichtete Adelsgesellschaft noch eingebunden blieb, aber letztlich weitaus stärker als sonst in Europa als eine auf die Kirche bezogene Gruppe – und damit auch gegen König und Staat – agieren konnte.

Die protestantischen Kirchen Europas waren – mit Ausnahme der Anglikanischen Kirche – durch die Abkehr von der Bischofshierarchie und der damit verbundenen Säkularisation von Kirchenbesitz nur mehr bedingt als Raum für die Reproduktion der Adelsgesellschaft geeignet. Die wenigen protestantischen Domkapitularspfründen, die im 18. Jahrhundert an den ehemaligen Bistumssitzen protestantischer Territorien noch zu besetzen waren, boten hierfür keinen ausreichenden materiellen Spielraum. Personelle Verflechtungen zwischen den politischen Eliten und den Kirchen blieben allerdings auch hier bestehen. Dafür sorgte allein schon die enge Anbindung der geistlichen Institutionen an den Anstaltsapparat des Staates. Es waren deswegen eher juristische Karrieren als geistliche, die sich in den Konsistorien oder den Geistlichen Departements entfalteten. In der reformierten Kirchenbildung hingegen fehlte diese institutionelle Verbindung der geistlichen mit der weltlichen Macht in manchen Fällen, so dass die personellen Überschneidungen an Bedeutung gewannen. Für Groningen in der Republik der Niederlande wurde das personelle Netzwerk, das Presbyterium und städtischen Magistrat zusammenhielt, vom 17. bis in die Anfänge des 19. Jahrhunderts nachgezeichnet. Auf der Seite des Magistrates wurde dabei die Entwicklung durch eine immer schärfer zulaufende Oligarchisierung der politischen Elite bestimmt. Den Sitzenden Rat stellte eine höchstens drei Dutzend Männer umfassende Gruppe aus Familien, die mit kurzen Unterbrechungen lebenslang über die politischen Geschicke der Stadt entschied. Etwas durchlässiger war die Rekrutierung in den Kreis der Geschworenen Gemeinde, obwohl auch hier das handwerkliche Gildebürgertum seit der Mitte des 17. Jahrhunderts faktisch ausgeschlossen war. Ungefähr ein Drittel der Ratsherren Groningens gehörte jeweils vorher oder gleichzeitig dem ebenfalls sich durch Zuwahl ergänzenden Presbyterium an. In diesem Gremium gestaltete sich die Verflechtung noch dichter. Die politische Elite der Stadt stellte rund die Hälfte der Presbyteriumsmitglieder. Allerdings blieben die Querverbindungen deutlich geschichtet. Aus der breiteren, aber politisch kaum einflussreichen Geschworenen Gemeinde rekrutierten sich die für die Armenfürsorge zuständigen Diakone, aus den Räten der Stadt das Presbyterium, dem Kirchenleitung und Sündenzucht oblagen. Nur in seltenen Fällen aber ließ sich die Mitgliedschaft in der Kirchenleitung als Sprungbrett nutzen für einen Aufstieg in die Machtelite der Stadt. Vielmehr verhielt es sich umgekehrt. Presbyterium und Diakonie bildeten einen festen Bestandteil des *cursus honorum* einer Politikerkarriere in Groningen. Das entsprach dem Selbstverständnis einer Politikeroligarchie, die von einer Verzahnung des weltlichen und des geistlichen Regiments ausging. Nicht zu übersehen war allerdings, dass diese Verbindung immer brüchiger wurde. Auf beiden Ebenen wurden die Personalverflechtungen im Verlauf des 18. Jahrhunderts zunehmend rarer, wobei die Diakonie am stärksten an Attraktivität für die politisch einflussreiche Oberschicht Groningens verlor. In den ersten Jahrzehnten des 19. Jahrhunderts sollten sich die Elitenmuster der Öffentlichkeitskirche und des Stadtregiments dann definitiv trennen.[47]

Die Rekrutierungsmuster eines aus dem Zölibat entlassenen protestantischen Theologen- und Pfarrerstandes und dessen Einbettung in die bildungsbürgerliche Funktionselite nahmen der sozialen Anbindung und Funktionalisierung protestantischer Kirchlichkeit gewiss viel von der offensichtlichen Direktheit, die ihr in der Kirche Roms eignete. Immer aber war es so, dass wenigstens in den Regionen des leitenden Kirchenamtes die Auswahl der Amtsträger nicht vorrangig der Rationalität einer religiösen Institution folgte, sondern an die Rekrutierungsmuster von Amtsträgern und Herrschaftseliten angekoppelt blieb. Das schränkte die formale Organisationsfähigkeit von Religion spürbar ein. Nur in der Gallikanischen Kirche hatte die Bischofshierarchie trotz ihrer völligen Einbindung in die Adelsgesellschaft der Monarchie im Verlauf des 18. Jahrhunderts einen hohen Grad an institutioneller Autonomie gewonnen. Möglich wurde dies unter anderem durch das wachsende Desinteresse, das sich in den obersten Etagen der weltlichen Herrschaftselite im Verlauf des 18. Jahrhunderts an den geistlichen Pfründen und den leitenden Kirchenämtern breitmachte. Auch das aber war ein europäisches Phänomen, das Republiken und Adelsgesellschaften unterschiedlichster Beschaffenheit gleichermaßen betraf.

4.
Pfarrer

An wenigen anderen Stellen war noch im 18. Jahrhundert so sehr mit Händen zu greifen, wie viel Mittelalter das Christentum Europas mit sich herumschleppte, wie in den Lebensumständen der Pfarrer aller Konfessionen. Den Geistlichen, die den Gläubigen das Evangelium verkündeten und ihnen in der Verwaltung der Sakramente die Mittel des Heils zugänglich machten, war ihr geistliches Amt zwar von Bischöfen oder landesherrlichen Kirchenbehörden übertragen, aber sie lebten zum überwiegenden Teil von den Pfarramtspfründen, über deren Vergabe sehr oft Laien oder andere geistliche Institutionen als Patronatsherren entschieden. Die aus der Reformation und der Konfessionalisierung hervorgegangenen Kirchen hatten sich in den meisten Fällen von diesen Metamorphosen des mittelalterlichen Eigenkirchenwesens nicht konsequent getrennt. Aus der Idee des allgemeinen Priestertums heraus hatte man allein die Merkmale des Amtes verändert. Dabei war die soziale Schwerkraft, die vom Pfründenwesen ausging, deutlich unterschätzt worden. Die zu »Kirchendienern« ordinierten, aus dem Zölibat entlassenen protestantischen Geistlichen versahen ihren Beruf schließlich unter Bedingungen, die sich kaum unterschieden von den Lebensumständen des zum Priester geweihten und der Ehelosigkeit verpflichteten katholischen Pfarrseelsorgers. Es blieb nicht aus: Diese Umstände prägten auch das Amt.

Aus drei Quellen speiste sich die Amtsnutzung der Pfarrer in der Regel: aus den Abgabeansprüchen, Nutzungsrechten und landwirtschaftlichen Erträgen des Pfarrgutes, aus den Zehntpflichten der Bauern und aus den Opfer- und Stolgebühren, die für die Gemeindemitglieder bei den geistlichen und sakramentalen Handlungen ihres Pfarrers fällig wurden. Die feudale Welt hatte hier im Laufe der Jahrhunderte in ihrem Bestreben, das Alte im Neuen stets zu erhalten, eine bunte und häufig für den Pfarrer selbst nur schwer zu überschauende Vielfalt an Rechten, Ansprüchen und Ausnahmen aufeinandergehäuft, die aber doch in ein paar Grundkonstanten zusammenlief. Eine erste war, dass die Geldeinkünfte der seelsorgenden Geistlichkeit sich im Betrag nur schwer steigern ließen und deswegen bis zum Ende des 18. Jahrhunderts an Kaufkraft beträchtlich eingebüßt hatten. Nur weil die Preissteigerung hauptsächlich von der säkularen Konjunktur der Agrarpreise getragen war, wurde dieser Verlust durch den gestiegenen Wert der naturalen Einkünfte mehr als ausgeglichen. Nicht ganz so stark bemerkbar machte sich die hinter dieser Aufwärtsbewegung treibende Kraft, aber die Pfarrregister weisen aus, dass die Geistlichen auch von der Bevölkerungszunahme profitierten, weil jede zusätzliche Hochzeit, jede Geburt und jede Beerdigung weitere Gebühren einbrachte. Drittens glichen die Verhältnisse in einer Pfarrei selten denen in der benachbarten Gemeinde, so dass in jeder der christlichen Kirchen eine breite Kluft zwischen den »Glückspfründen« und den magersten Seelsorgereinkommen zu finden war. Schließlich viertens hatten die Zehntrechte schon immer die Begehrlichkeit von Herren und Kaufleuten auf sich gezogen, weil sie als sicheres Pfand wie als einigermaßen kalkulierbares Spekulationsobjekt geeignet waren, zwischen den Kreisläufen der Macht, des Geldes und der naturalen Güter als konvertibles Tauschmittel zu dienen. Zehntrechte waren deswegen seit Jahrhunderten verpfändet, verkauft oder einfach usurpiert worden. Das hatte die Besitzverhältnisse nachhaltig durcheinandergebracht. Vielfach erhoben den Zehnt deswegen nicht die Pfarrer, sondern Bischöfe, Klöster oder weltliche Herrschaftsträger und Kaufleute. Jedenfalls der Idee nach sollten von den Inhabern dieser Rechte entsprechende naturale oder monetäre Kompensationsleistungen für die Pfarrer erbracht werden. Es lag auf der Hand, dass unter diesen Umständen nur ein kleiner Teil der Zehnterträge die Pfarrer erreichte. Wirklich bedroht war die Seelsorge in den Gemeinden dann, wenn die Pfründenrechte einer Pfarrei zu noch größeren Anteilen oder vollständig in den Händen einer geistlichen oder weltlichen Herrschaft lagen, weil die Versuchung groß war, die Pfarrpfründe für sich wirtschaften zu lassen, indem man die tatsächlich ausgeworfene Besoldung des Gemeindegeistlichen möglichst niedriger als den Ertrag der Pfründe hielt. Zusammen mit den außerhalb der Kirchenleitung angesiedelten Patronatsrechten machte dies die eigentliche Schwäche des Pfarramtes und folglich auch des religiösen Lebens in den Kirchengemeinden aus.

Man muss zu all dem noch den Umstand rechnen, dass wenigstens auf dem Land Priester und Pfarrer durch die naturale Wirtschaftsbasis ihrer Pfründen in die Subsistenzökonomie des Dorfes eingebunden blieben und auf diese Weise zu Konkurrenten der ihnen anbefohlenen Herde in der mühseligen Produktion der Güter des täglichen Bedarfes wurden. Auch wenn die Geistlichen aller Konfessionen immer weniger ein bäuerliches Leben führten, ihre Widemgüter und Grundstücke verpachteten, weil es ihrem Selbstverständnis widersprach, sie zu bewirtschaften, und Bischöfe oder Konsistorien die Bauernarbeit immer häufiger als unschicklich für den Stand eines Geistlichen bezeichneten, so reichten der Zehnt und andere Abgaben, um den Pfarrer weiterhin in einen Kreislauf der Produktion und des sozialen Austausches zu stellen, der weltliche und geistliche Güter umschloss und der es deswegen schwermachte, im dörflichen Alltag das Leben einer dem Irdischen enthobenen geistlichen Autorität zu führen. Daraus folgte im günstigen Fall viel wechselseitiges Verständnis zwischen dem Hirten und seiner Herde, aber die Konstellation bot auch alle Anlässe für Misstrauen, Streit und gewaltsame Ausbrüche des Antiklerikalismus, mit denen die Seelsorge dann belastet war.[48]

Einkommen und Herkunft

Ein Drittel der Pfarrer in der Kirche Frankreichs bezog statt Zehnten nur die *portion congrue* des Zehntherrn. Sie betrug bis 1768 300 Livre, wurde nach zähem Ringen in der *Assemblée nationale* dann auf 500 Livre erhöht und kurz vor der Revolution nochmals um 200 Livre aufgestockt. Das war zum Sterben zu viel und zum standesgemäßen Leben zu wenig. Ein Pfarrer im Bistum Bordeaux listete 1773 die unumgänglichen Posten eines geistlichen Haushaltes auf und kam auf eine Summe von rund 1340 Livre. Enthalten waren darin 600 Livre für Essen und Wein, weitere 200 Livre für Kerzen und Holz, ein kleiner Betrag von 60 Livre für

Bücher. Der Rest entfiel auf den Unterhalt für ein Pferd, das der Pfarrer brauchte, um auch die weiter entfernt wohnenden Mitglieder seiner Gemeinde zu erreichen, sowie auf einen Dienstboten, der den Haushalt führte. Außerdem waren 80 Livre an Almosen für die Bedürftigen veranschlagt. An dieser Bedarfsliste war offenbar nicht viel auszusetzen, denn in Nantes kam es auf eine bischöfliche Umfrage hin zu einer ähnlichen Aufstellung, die sich in der Summe auf 1800 Livre belief. Daran gemessen, mussten die meisten Pfarrer der Diözese sich stark bescheiden. Für ihre große Mehrzahl ergaben Pfründe und Sporteln zusammen nicht mehr als 1200 Livre, die Ärmsten unter ihnen hatten nur rund 700 Livre zur Verfügung. Pfarrer in den Städten waren meist erheblich besser gestellt als die auf dem Land. In großen Pariser Pfarreien, wie Saint-Gervais oder Saint-Leu-Saint-Gilles, erbrachten allein die Stolgebühren ein Mehrfaches dieser Beträge.

Die Pfarrer der Gallikanischen Kirche waren deswegen insgesamt nicht arm. Der Dorfpfarrer gehörte mit einem Einkommen von meist etwas mehr als 1000 Livre zur gutsituierten, schmalen Mittelschicht, und wenn er mehr einnahm, dann zählte er sogar schon zur Bauernaristokratie. Das Problem war der Vergleich. Gemessen am Lebensstil des Adelsklerus und am Reichtum der Klöster gab es aber für die meisten Zeitgenossen keinen Zweifel, dass den Seelsorgern für die Mühen ihres Amtes der gerechte Anteil vorenthalten würde. Man nehme allein den Klöstern und Kanonikern der Monarchie ihre Zehnteinkommen; diese Summe sei ausreichend, um jedem Pfarrgeistlichen ein Mindesteinkommen von 1428 Livre zu verschaffen, wie ein Pamphlet des Jahres 1786 errechnete.[49]

Der Seelsorgeklerus im Reich lebte unter vergleichbaren Bedingungen. Altbayerische Pfarrherren verwalteten gelegentlich Besitzungen im Umfang einer kleineren Adelshofmark, zu den meisten Pfarrhofstiftungen gehörten mehrere ganze und einige kleinere Hofstellen, wie sie auch die bäuerliche Oberschicht häufig bewirtschaftete. Wesentlich bescheidener waren die Pfarrpfründen in Franken und in Schwaben ausgestattet, aber das Bistum Augsburg verwandte den Zehnt, den es im Verlauf der Jahrhunderte hatte an sich bringen können, dazu, die Pfarrdotationen aufzubessern. Im Bistum Münster waren die meisten Pfarrpfründen so dotiert, dass die Pfarrer sich auch ohne Zehnteinkünfte mit der dörflichen Oberschicht der Halb- oder Vollbauern durchaus messen konnten.[50]

Die Pfarrer der protestantischen Kirchengemeinden fanden sich samt ihren Familien in keiner grundsätzlich anderen Situation, wenngleich die Unterhaltssicherung durch die reformatorischen Eingriffe in das Kirchenvermögen einige Varianten aufwies. Meistenteils war das spätmittelalterliche Pfründen- und Versorgungswesen in den Pfarrgemeinden einfach beibehalten worden. Die Anglikanische Kirche folgte diesem Muster ebenso wie die meisten der protestantischen Kirchen des Reiches oder auch die reformierten Kantone der Eidgenossenschaft. In anderen Territorien, wie in der Landgrafschaft Hessen-Kassel, mischten sich Einkünfte aus den Pfarrlehen mit ergänzenden Dotationen aus dem in einem zentralen Kasten zusammengeführten säkularisierten Kirchengut. Ganz selten war alles Kirchengut in zentrale Verwaltung überführt worden, aus dessen monetären und naturalen Erträgen dann Konsistorien oder Presbyterien die Pfarrgehälter bestritten. Zu einer solchen Zentralisierung des Kirchengutes hatten die revolutionären Bedingungen in den Vereinigten Niederlanden geführt, aber auch im Herzogtum Württemberg waren die Pfarrlehen zusammengezogen worden und unterlagen wie das gesamte Kirchengut der Verwaltung durch das Konsistorium. Das führte dann aber, wenn überhaupt, nur in Städten zu einer reinen Geldbesoldung. Landpfarrer wurden hingegen weiterhin neben nur geringen Geldzahlungen großenteils durch Zuteilung von Holz, Getreide, Wein und anderen Gütern des täglichen Bedarfs versorgt.

Für die tatsächliche materielle Lage der protestantischen Predigerfamilien folgte aus diesen Unterschieden wenig. In Braunschweig-Wolfenbüttel war die überkommene Pfründenstruktur beibehalten worden. Vier von fünf (80,7 Prozent) der Pfarren warfen nach einer Aufstellung des Konsistoriums von 1765 zwischen 200 und 500 Gulden ab, über 500 Gulden bekam etwa ein Sechstel der Pfarrstelleninhaber. Wenig anders stellte sich trotz unterschiedlicher Kirchengutsverwaltung die Lage in Hessen-Kassel dar. 300 Gulden markierte auch hier die untere Grenze im letzten Drittel des 18. Jahrhunderts, Spitzenpfarren erbrachten bis zu 1000 Gulden, der Durchschnittswert für das Gesamtterritorium lag bei rund 500 Gulden. Für weite Bereiche der protestantischen

Kirchenlandschaft scheinen diese Werte, trotz aller Unterschiede der Pfarrbesoldung im Detail, verallgemeinerbar. Die Landpfarrer des Kantons Zürich verfügten 1794 aus ihren Pfründen über ein rechnerisches Durchschnittseinkommen von rund 550 Gulden. Gegenden des geistlichen Proletariats gab es gleichwohl. Aus Schlesien wird am Ende des 18. Jahrhunderts berichtet, dass viele der dortigen Prediger im unfreiwilligen Zölibat lebten, weil ihre Pfarrstellen die Ernährung einer Familie nicht zuließen. In Brandenburg-Preußen war die Ausstattung der Pfarrstellen anscheinend generell karg. Erträge von 600 Gulden rangierten bereits in der Spitzengruppe, die Durchschnittserträge lagen näher bei 300 als bei 500 Gulden. Württembergs Pfarrer lebten in einem ähnlich bescheidenen Rahmen.

In Denkschriften des Berliner Konsistoriums war am Ende des 18. Jahrhunderts von der gedrückten materiellen Lage des Predigerstandes im preußischen Staat die Rede, der sich schlechter stelle als viele Handwerker. Bezogen auf das Territorium traf das die tatsächliche Lage, noch mehr aber war diese Feststellung eine Aussage über die nach eigener Einschätzung billige Statusposition. Da die Kirchen in den Sog der staatlichen Verwaltungsentwicklung geraten waren, lag es für die Prediger nahe, sich auch im Lebensstil den Amtswaltern des Staates gleichzustellen. In protestantischen Territorien, wie Hessen-Kassel und Braunschweig-Wolfenbüttel, hatte sich die Einkommenshierarchie der protestantischen Geistlichkeit bis zum Ende des 18. Jahrhunderts tatsächlich den Dotationen weltlicher Amtsträger weitgehend angeglichen. Die Amtsnutzung der Landpfarrer entsprach in etwa dem, was Amtsvögte, Schultheißen oder auch städtische Ratsschreiber für ihre Dienste bekamen, Pfarreien der größeren Städte sicherten den Predigern ein Auskommen, wie es auch die Bürgermeister dieser Gemeinwesen hatten, und Super- oder Generalsuperintendenten waren in der Summe ihrer Bezüge juristisch gebildeten Hofräten gleichgestellt. Dies war die materielle Entsprechung einer Feststellung, die der Zürcher Pfarrer Leonhard Brennwald 1795 getroffen hatte: »Der Pfarrer ist ein Glied des Staatskörpers.«[51]

Das wirkte sich aus auf die gesamte soziale Physiognomie der protestantischen Geistlichkeit. Ihre soziale Reproduktion vollzog sich als Teil des Generationenkreislaufes eines hauptsächlich gebildeten, staatsnahen Bürgertums. Ein gutes Viertel der württembergischen Geistlichen des 18. Jahrhunderts entstammte Familien des höheren und niederen Beamtentums im Territorium sowie den Bürgermeistersfamilien der landsässigen Städte, ein knappes Sechstel kam aus dem handwerklichen Kleinbürgertum und nur acht Prozent aus freien Berufen einschließlich der Kaufmannschaft. In anderen Territorien des Reiches bot sich ein ähnliches Bild. Den größten Anteil der Geistlichen brachte aber immer das Pfarrhaus selbst hervor. Wenigstens vier von zehn Geistlichen, häufig sogar die Hälfte aller protestantischen Pfarrer in Reichsterritorien oder den Kantonen der Eidgenossenschaft waren in Pfarrhäusern aufgewachsen. Diese hohe und wenigstens bis zum letzten Drittel des 18. Jahrhunderts immer noch steigende Selbstrekrutierung der protestantischen Pfarrerschaft spricht für das zunehmende Selbst- und Gruppenbewusstsein, das der Geistlichkeit gerade in ihrer Verflechtung mit der gesamten Schicht der Gebildeten und Beamten eine eigene Identität verlieh. Auch die Pfarrfrauen kamen zu einem Teil wiederum aus Pfarrhäusern. Dem Nachwuchs des Pfarrhauses stand umgekehrt die ganze Welt des Bildungsbürgertums offen. Allenfalls ein Drittel bis zwei Fünftel der Pfarrerskinder folgten ihrerseits einer geistlichen Berufung, die anderen zogen eine juristische Ausbildung oder ein anderes Studium vor. Erst gegen Ende des Jahrhunderts machten sich soziale Blockaden bemerkbar. Eine wachsende Zahl von Pfarrerssöhnen ergriff einen handwerklichen Beruf.[52]

In einem merkwürdigen Kontrast zu diesem Befund stand das Bild der über Generationen hinweg in ihrem Bestand nicht gefährdeten Pfarrerdynastien, das in Autobiographien und anderen Selbstzeugnissen protestantischer Prediger schon gegen Ende des 18. Jahrhunderts ausfabuliert wurde. Pfarrer beschrieben sich damit in den Idealen einer längst nicht mehr stabilen ständischen Ordnung und beschworen auf diese Weise die Identität einer Gruppe, die tatsächlich nur noch als Schnittpunkt von Karrieren in einem sozialen Milieu vorhanden war, das Biographien nach Maßgabe von Fähigkeiten formte und soziale Positionen entsprechend individueller Leistung zuteilte. Mit dem Verweis allein auf die Ordination ließ sich offenbar der Sonderstatus als Gruppe nicht mehr begründen.[53]

Über die Pfarrer der katholischen Kirche ist weitaus weniger bekannt, weil die sieben Weihen den Kleriker aus der profanen Welt nach und nach herauslösten, so dass in den Dienst der Kirche schließlich ein Mensch eintrat, dessen einstige soziale Herkunft für sein Priestertum keine Bedeutung mehr besaß.

Im gesamten 18. Jahrhundert blieb die Rekrutierung der Pfarrer maßgeblich dadurch beeinflusst, dass der Priesterberuf nur Teil eines weiten Spektrums geistlicher Pfründen war, die ihre Inhaber – wenn auch oft mehr schlecht als recht – versorgten, nicht in jedem Fall aber die Priesterweihe voraussetzten. Von den 140 500 Geistlichen in der Gallikanischen Kirche amteten 1789 nur 39 000 auf einer Pfarrstelle, weitere 20 500 versahen ein Vikariat, über die Hälfte aber (57,5 Prozent) beteten und arbeiteten in Klöstern oder Frauenkonventen. Spaniens Geistlichkeit zählte 1797 rund 148 500 Männer und Frauen, etwas mehr als die Hälfte davon (52,2 Prozent) befanden sich in Klöstern und Konventen. Von den rund 71 000 Weltgeistlichen versahen nur 22 000 eine Pfarrei, weitere 60 000 Priester waren mit anderen Pfründen versorgt, und 10 000 hatten überhaupt nur die niederen Weihen erlangt. In manchen Städten Italiens widmete sich von der Vielzahl der dort konzentrierten Kleriker nur einer von zehn der Seelsorge.

Die sozialen Schichten der Bevölkerung hatten in ganz unterschiedlicher Weise Anteil an diesen Versorgungsmöglichkeiten. Wie sich die Quoten und die Interessenlagen im Einzelnen genau entwickelten, liegt aus den genannten Gründen häufig im Dunkeln. Erst gegen Ende des Jahrhunderts sorgten kirchliche Reformpläne und weltliche Säkularisationsabsichten für ein intensiveres Interesse am sozialen Profil der niederen katholischen Geistlichkeit. Quer durch Europa stellte sich dabei zweierlei heraus. Zum einen zeigte sich die Bedeutung der Städte und ihres Bürgertums für die Menge der geistlichen Berufungen. Zum anderen aber wurde man auch gewahr, dass sich hier eine fundamentale Verschiebung anbahnte und immer mehr Pfarrer auf eine bäuerliche Herkunft zurückblickten. In Frankreich lieferte die Revolution erste Übersichten. Sie ergaben, dass bei großen regionalen Unterschieden insgesamt rund 40 Prozent der Pfarrer aus den Städten kamen, dass ein Fünftel bis zu einem Viertel der Seelsorger (wie bei den Protestanten) aus Familien der gebildeten Funktionselite hervorgegangen war und dass die Pfarrer kleinbürgerlich-handwerklicher Herkunft eine Minderheit von weniger als zehn Prozent darstellten. Gleichzeitig gab es Diözesen, wie Coutances, Vannes oder Tréguir, in denen über die Hälfte der Pfarrseelsorger aus Familien der vollbäuerlichen *laboureurs* stammten. Für Stadt und Land galt aber gleichermaßen: Es waren in der Regel die Kinder der reichsten Familien einer Gemeinde, die sich für einen geistlichen Beruf entschieden. In Italien, wo eine breite stadtbürgerliche Schicht fehlte, rekrutierten die Pfarrer sich etwas anders. Dort fühlten sich vor allem Söhne der Handwerkerfamilien zum Priester berufen, im Süden stellte die bäuerliche Oberschicht schon immer einen größeren Anteil der geistlichen Berufungen. Insgesamt verloren auch in den Territorien Italiens die bürgerlichen Schichten seit der Mitte des Jahrhunderts deutlich ihr Interesse an einer geistlichen Pfründe, so dass die Quote von Priestern ländlicher Herkunft nachfolgend ebenfalls zunahm. In den Bistümern des Reiches wiederum vollzog sich die Rekrutierung der niederen Geistlichkeit offenbar ähnlich den Mustern in der Gallikanischen Kirche. Wie in Frankreich und Italien verlor auch hier die katholische Pfarrerschaft immer mehr von ihrem bürgerlichen Hintergrund, allerdings in einem spürbaren Ausmaß erst ab den letzten beiden Jahrzehnten des Jahrhunderts.

Hinter dieser langsamen Entbürgerlichung der Seelsorge stand eine sehr viel tiefergehende Krise der geistlichen Berufung. Zu welchen Anteilen sich dabei Vorbehalte gegen die Pfründe als Versorgungseinrichtung mit einer wachsenden Distanz zum geistlichen Amt überhaupt mischten, ist schwer zu sagen. In der Wahrnehmung des Einzelnen und seiner Familie konnten die im geistlichen Stand gegebenen Vorteile im Heilserwerb die Nachteile, die man in der damit verbundenen Lebensführung empfand, vermutlich nicht mehr aufwiegen. Daher sank auch die Bereitschaft, in das Pfründensystem zu investieren. Bereits seit dem ersten Drittel des Jahrhunderts schrumpften die Weihetitel der Ordinanden, Stiftungen jeglicher Art wurden seltener. Deswegen trat die geistliche Krise schließlich doch als eine Krise des Pfründenwesens in Erscheinung.

Geistliche Berufungen waren in Stadt und Land immer schon in unterschiedliche Richtungen gelaufen. Vermögende Stadtbürger versorgten ihre zum geistlichen Stand berufenen Söhne vorzugsweise mit einem besser dotierten Stiftskanonikat oder mit einer anderen geistlichen Pfründe, auf der keine seelsorgerliche Tätigkeit erwartet wurde. Die Söhne von Landhandwerkern und Bauern hingegen waren, wenn sie nicht ins Kloster gingen, vorwiegend in der Pfarrseelsorge zu finden. In der Summe waren schließlich am Ende des 18. Jahrhunderts die Einbrüche beim Nachwuchs in den Klöstern und Konventen größer als bei den Weltgeistlichen. Allein auf der Iberischen Halbinsel blieb der Andrang auf alle Fraktionen der niederen Geistlichkeit bis zum Ende des Jahrhunderts gleich. In Frankreich, Italien und den meisten Territorien des Reiches dagegen schrumpften die Klöster und Konvente seit der Mitte des Jahrhunderts. Spätestens im letzten Drittel des Jahrhunderts traf sich diese Entwicklung dann mit einem dauerhaften Rückgang der Priesterweihen, der jedenfalls im Erzbistum Köln bis ins dritte Jahrzehnt des 19. Jahrhunderts nicht mehr zum Halten kam. Darin spiegelte sich die auch außerhalb der Stadt sich breitmachende Distanz zum geistlichen Amt zusammen mit einer Krise der kirchlichen Pfründenökonomie, die das Generalvikariat bereits seit der Mitte des Jahrhunderts beschäftigt hatte.

Vor einer solchen Überspannung des Pfründenwesens waren offenkundig auch protestantische Kirchen nicht gefeit. Im Kanton Zürich führte dies seit den 1760er Jahren zu einem Rückgang der Pfarramtskandidaten, deren Wartezeiten auf die erste Pfründe sich verlängert hatten und für die es unsicher geworden war, ob sie je eine ausreichend dotierte Pfarrstelle erhalten würden. In Württemberg steuerte man den Andrang auf das Pfarramt dadurch, dass Handwerker- und Bauernsöhne mehrmals – zuletzt 1780 – per Dekret vom Studium der Theologie und von der Aufnahme ins Tübinger Stift ausgeschlossen wurden. Ein Überschuss an Pfarramtskandidaten wurde damit aber nicht verhindert.[54]

Patronat als Herrschaft

Die Pfründe hatte nicht nur eine Versorgungsseite, mit ihr verband sich auch Herrschaft, die ihrerseits wiederum auf die kirchliche Formbarkeit des geistlichen Amtes einwirkte. Maßgeblich dafür war, wie sich das Präsentationsrecht des Patronatsherren zu den kircheninternen Qualifikationskriterien verhielt und ob aus der Patronatshoheit schließlich weitere Einwirkungsmöglichkeiten auf die Amts- und Lebensführung der Pfarrer folgten. Wirksam wurde dies alles zwar nur, wenn die Patronatsrechte nicht beim katholischen Bischof, bei den protestantischen Konsistorien oder Presbyterien lagen, aber dies war häufig genug der Fall. In der katholischen Kirche hatte das Laienpatronat überall seine Bedeutung behaupten können. In vielen Bistümern Mittel- und Westeuropas lag die Quote der Bischofspfarreien unter zehn Prozent. Relikte des Eigenkirchenwesens, wie die *Chiesa Ricettizia* in Süditalien, entzogen überhaupt einen großen Teil des Klerus der bischöflichen Leitungsgewalt und verbanden auf unverhohlene Weise Interessen der geistlichen Versorgung mit den materiellen Reproduktionsstrategien verzweigter ländlicher Familienverbände.[55]

In den protestantischen Kirchen hatten organisatorische Verfestigung und fortschreitende Verstaatlichung vom reformatorischen Prinzip der gemeindlichen Pfarrerwahl auch dort schließlich nur noch wenig übriggelassen, wo die Pfarrpfründen aufgehoben und in eine kircheneigene oder territoriale Verwaltung des Kirchengutes überführt worden waren. Die Rechte der Stellenbesetzung waren entweder in Presbyterien und Synoden, die sich gegenüber den Gemeinden verselbständigt hatten, abgewandert, lagen schließlich bei obrigkeitlichen Konsistorialbehörden oder aber direkt bei der Obrigkeit. Ein großer Teil der reformierten Kirchen folgte diesem Typus. Das freie individuelle Patronatsrecht hatte sich hingegen dort auf Dauer durchgesetzt, wo Fürstenherrschaft an einen Adelskompromiss gebunden blieb. Patronatsrechte blieben in diesem Fall fester Bestandteil der ökonomischen und außerökonomischen Herrschafts- und Zwangsrechte des Adels. Brandenburg-Preußen lieferte dafür das Paradigma. Nur die wenigen Stellen königlichen Patronats lagen in der Verfügung des Oberkonsistoriums, ansonsten entschieden – häufig sogar in den Städten – die im Regelfall adeligen Patronatsherren über die Besetzung der Pfarrämter. In der Anglikanischen Kirche hatte die Restauration der Bischofshierarchie nach 1688 die Pfarrstellen in den Gemeinden ebenfalls völlig den Interessen der Gentry ausgeliefert.

Dies alles drängte religiöse Gesichtspunkte und kirchliche Interessen bei der Vergabe von Pfarrstellen zurück und verhalf der Weltlichkeit zu häufig übermächtiger Präsenz in der Kirche. Das galt für diejenigen, die nach der Pfründe strebten, wie für die andere Seite, die sie vergab.

Für die Pfarr- und Priesteramtskandidaten führten zur Pfründe und Pfarrstelle nicht allein geistliche Qualifikation oder spirituelle Durchdringung, sondern der Weg dorthin wurde zum Gegenstand ausgeklügelter sozialer Strategien der Protektion und des Klientelismus, bei denen Kandidaten des geistlichen Amtes, ihre Familien und ganze Verwandtschaftsnetze zusammenwirkten, um gegen die Konkurrenz zu obsiegen. Viel Überredungskunst war nötig und noch mehr soziale Macht in Gestalt alter Verpflichtungen und Versprechen auf künftigen Ausgleich in anderem Zusammenhang, um Entscheidungen in die richtigen Bahnen zu lenken und schließlich die Gunst einer Präsentation auf eine wohldotierte Pfründe zu erreichen. Die Zeitgenossen sprachen in diesem Zusammenhang von einer Kunst. Erfolg gesellte sich dabei gern zum Erfolg. Die Karrieren von Söhnen aus politisch einflussreichen Familien verliefen steiler und zügiger als die vieler ihrer Konkurrenten, und besonders hilfreich war für protestantische Prediger ein Netzwerk aus geistlicher und weltlicher Verwandtschaft. Unter katholischen Pfarrgeistlichen unterbrach der Zölibat die direkte Kontinuität des familiären Zusammenhanges. Illegitime Pfarrerssöhne, die bis ins 17. Jahrhundert hinein ihren Erzeugern häufig auf den Pfründen nachfolgten, waren verschwunden, seit man das Konkubinat definitiv geächtet und die sexuelle Enthaltsamkeit der Kleriker weitgehend durchgesetzt hatte. Jedenfalls spielten sie bei der Besetzung der Pfarrstellen im 18. Jahrhundert keine Rolle mehr. Dafür aber lässt sich nachvollziehen, wie Onkel für ihre Neffen sorgten und ihnen den Weg durch das unübersichtliche Gestrüpp der Pfründenvergabe bahnten. Wie bei den Pfründen des Primarklerus, so war auch hier die *resignatio in favorem* ein probater Weg, um die familiäre Kontinuität auf einer Stelle zu sichern. Wer einen Pfarrer zum nahen Verwandten hatte, erlangte leichter eine Pfründe, und er tat sich um vieles leichter bei der Konkurrenz um die bessere Stelle.

Familiärer Klientelismus und Patronage müssen der geistlichen Neigung, mit der das Amt schließlich versehen wurde, nicht immer abträglich gewesen sein. Weit tiefergehende und strukturell wirksame Beschädigungen des geistlichen Amtes ergaben sich, wenn die Entscheidung der Patronatsherren ganz offenkundig von weltlichen Interessen geleitet war. Die kirchlichen Examinations- und Ordinationskompetenzen waren dann kaum noch ein wirksamer Schutz vor inkompetenten und am Amt desinteressierten Pfarrern. Der Berliner Probst Johann Peter Süßmilch zeichnete in seinen Denkschriften an das Geistliche Ministerium das düsterste Bild über den Einfluss des Militärs. »Vor anderthalb Jahren ward ein recht großer Stümper [...] durchgelassen, weil sein Bruder Unteroffizier bei der Garde, daher sich ein vornehmer General mit Nachdruck seiner annahm. Dieser elende Mensch kümmert sich jetzt schon um die besten Pfarren.« Als größtes Gebrechen schien Süßmilch deswegen, dass der oberste Militärseelsorger, Feldprobst Decker, mit seinen Feldpredigern alle einigermaßen wohldotierten Pfründen im Königreich und indirekt auch die Superintendenturen besetzte. Süßmilch sprach resigniert von einer *hierarchia deckeriana* und hielt es offenbar für aussichtslos, gegen sie vorzugehen.[56]

Als Bestandteil adeliger Herrschaftskompetenzen stand dem Einsatz des Patronatsrechtes ebenfalls kaum ein Hindernis im Weg. Der offene Verkauf von Pfründen ließ sich zwar in den protestantischen Kirchen des Reiches im 18. Jahrhundert nicht mehr rechtfertigen, aber er kam immer noch vor. Die Vokationsurkunden, die der Adel die Pfarrer in seinen Gutsherrschaften unterzeichnen ließ, griffen bis in die Gestaltung der geistlichen Amtsführung aus. Generalmajor Ludwig von Pfuel verpflichtete den von ihm in Jahnsfelde im Kreis Lebus installierten Pfarrer auf die Verkündigung der wahren Lehre des Jesus von Nazareth, weil die *Formula concordiae* von 1577 in preußischen Landen angeblich schädlich und »dem freien Geist des Protestantismus schnurstracks widersprechend verworfen sei«.[57]

Wo die Kirche und ihre Pfarrer derart offensichtlich als Teil personaler Herrschaft über die Bauern begriffen wurden, lag es nahe, die Kosten scharf zu kalkulieren. In der Lausitz verbot man den Pfarrern, über die in ihren Vokationsurkunden festgelegten Gehaltsreduktionen öffentlich zu sprechen. Mitunter wurden Pfarreien aus Kostengründen gar nicht erst besetzt. Große Löcher hatte die Verherrschaftung der Pfarrseelsorge durch die Gentry in das Pfarrnetz der Anglikanischen Kirche gerissen. Schlechtdotierte Pfarrstellen blieben vakant, oder ihre Inhaber nutzten sie im Verbund mit anderen Pfründen als bloße Einnahmequelle und ließen sich im besten Fall durch noch schlechter bezahlte Geistliche vertreten. Das war ein das gesamte Jahrhundert hindurch bekannter Missstand. 1812 zählte eine Untersuchung 4813 Pfarrer, die nicht in ihrer Pfarrei residierten und den Kirchendienst versahen. Nur 3694 von ihnen wurden vertreten, so dass rund 1000 Pfarreien ohne geistliche Versorgung blieben. Es war unter diesen Umständen kein Wunder, wenn die Gemeinde- und Gebetshäuser der Methodisten sich füllten.[58]

Die posttridentinische Kirche der Katholiken bot ihrer Pfarrgeistlichkeit etwas mehr Schutz als die wegen ihrer Staatsnähe institutionell häufig kaum greifbaren Kirchen der Protestanten. Völlig selbstverständlich war ein gleichberechtigtes oder gar harmonisches Zusammenwirken von geistlicher und weltlicher Obrigkeit aber auch an dieser Stelle nicht.

Die Reformation hatte sich von der Sakralität des geistlichen Amtes getrennt. Deswegen bezog sich das Amts- und Selbstverständnis protestantischer Pfarrer schließlich auf Fähigkeiten und Bildung und betonte in sozialer Hinsicht die eigene »Bürgerlichkeit«. Der katholische Klerus hingegen konnte sich seiner Heiligung durch die Weihe bewusst bleiben. Trotzdem ebnete die strukturelle Gleichheit der Lebensverhältnisse viele Unterschiede der Rekrutierung und der sozialen Verortung zwischen protestantischen Pfarrern und katholischen Priestern wieder ein. Die Entbürgerlichung in der Herkunft der einen und die Verbürgerlichung in materieller Versorgung und familiärer Verbindung der anderen änderten nichts daran, dass die sozialen Bedingungen, unter denen die Pfarrer bis ans Ende des 18. Jahrhunderts das Evangelium verkündeten und die Sakramente verwalteten, dem geistlichen Begriff ihres Amtes hier wie dort zuwiderliefen. In der katholischen Kirche war die Idee der geistlichen Berufung überhaupt erst im 17. Jahrhundert formuliert worden. Sie festzustellen hatte man ursprünglich als eine Aufgabe des Beichtvaters und des Bischofs, der Kirche und ihrer Hierarchie also, angesehen. Erst in der zweiten Hälfte des 18. Jahrhunderts betonte man die Bedeutung der Stimme Gottes. Nur durch sie könne der Kandidat für sich selbst Sicherheit in dieser Frage erlangen.[59] Gleichwohl konnte das Amt in seinem spirituellen Charakter ohne Verberuflichung augenscheinlich gar nicht hervortreten. Die kirchlichen Ausbildungs- und Qualifikationsnormen, die Disziplin, der man die Geistlichen unterwarf, erscheinen in dieser Perspektive als der Versuch, die Diener der Religion mehr zu verkirchlichen, als es die sozialen Strukturen eigentlich zuließen.

5.
Scheiternde Reformen

Je weiter die institutionelle Verdichtung von Staatlichkeit im Verlauf des 18. Jahrhunderts voranschritt und je mehr monarchische Herrschaft sich aus den Fesseln feudaler Strukturen befreite, desto hinderlicher wurde eine Kirche, die an dieser abgeschichteten Staatlichkeit ihren erheblichen Anteil hatte. In allen katholischen Monarchien Europas führte dies spätestens seit der Mitte des 18. Jahrhunderts zu ruppigen Eingriffen in die kirchliche Organisationshoheit. In Spanien und Portugal stärkten sie das königliche Kirchenregal noch einmal nachhaltig, in den Herrschaftsgebieten der österreichischen Habsburger und in anderen katholischen Territorien des Reiches liefen sie auf die Errichtung von Landeskirchen hinaus. Maria Theresia, Joseph II. und Leopold von der Toskana (1790–92) konnten dabei auf die Unterstützung wenigstens eines Teils der Bischöfe und Erzbischöfe bauen, weil die in der Kurie zentrierte Hierarchie der katholischen Kirche auch aus deren Sicht vielfältige Hürden gegen eine Ausgestaltung des oberhirtlichen Auftrags errichtete, die im Sinn der tridentinischen Canones verantwortbar gewesen wäre. Die kurialen Fakultäten selbst, die verzweigten finanziellen Ansprüche Roms, dann die Nuntiaturen, mit denen Rom in die Befugnisse der Bischöfe hineinregierte, waren dem Episkopat ein Stachel im Fleisch, den man gern mit Hilfe der weltlichen Obrigkeit gezogen oder ihn durch die Stärkung der bischöflichen Befugnisse wenigstens etwas eingekapselt hätte. Wo allerdings, wie im Reich, die Machtposition und auch der institutionelle Bestand katholischer Kirchlichkeit mit der Teilhabe an der abgeschichteten Staatlichkeit direkt verknüpft war, ergaben sich für die geistliche Hierarchie wie für die weltlichen Herrscher aus solchen Reformbestrebungen äußerst unübersichtliche Situationen, in denen dann vieles bewegt, aber im Effekt wenig erreicht wurde. Die Febronianischen

Reformkongresse in Koblenz (1769) und in Ems (1786) sowie die Einrichtung einer weiteren Nuntiatur in München (1785) wurden dafür ein Lehrstück. Die Bischöfe nahmen in dieser Konstellation das Angebot der weltlichen Herrscher zur Zusammenarbeit umso lieber an, als sie erwarten konnten, dass sie bei dieser Gelegenheit auch Zugriff auf die gesamte Welt des monastischen Lebens erhielten. Die meisten Klöster und Abteien konnten sich der geistlichen Aufsicht der Oberhirten weitgehend entziehen, weil sie in die Europa umspannenden Organisations- und Disziplinarhierarchien ihrer Orden eingebunden waren. Viele der Ordensgeneräle saßen in Rom und standen in direktem Zugriff des Papstes, so dass das Tun der Mönche und Ordensfrauen direkt mit dem Wirken der kurialen Macht in Verbindung gebracht wurde. Den Jesuiten wurde diese Konstellation in der Mitte des Jahrhunderts bereits zum Verhängnis. Das zeigte im Übrigen, dass die Reformen neben allen Anstrengungen zur landes- und nationalkirchlichen Stärkung der kirchlichen Organisationsstrukturen auch auf die Glaubensinhalte und die Formen der Gottesverehrung gingen. Die Unentschiedenheit, mit der Bestimmungen des Tridentinums, die unter weitgehendem Verzicht auf die magische Manipulation der Welt eine verinnerlichte, auf Christus und sein Gnadenhandeln zentrierte Frömmigkeit zu verwirklichen suchten, seit dem letzten Drittel des 16. Jahrhunderts umgesetzt worden waren, ließ sich hauptsächlich der Seelsorgepraxis der Jesuiten zurechnen. Nebenbei zielte aber vieles, was jetzt im Namen der Aufklärung gegen die barocken Formen des frommen Lebens in Anschlag gebracht wurde, auf die Autonomie und den Eigensinn der Gläubigen, die darauf bestanden, dass die Religion, die sie lebten, mit dem Alltag, in dem sie lebten, verwoben blieb.

Frankreich

Solange der König die großen Abteien Frankreichs zur Ausstattung seines Adels nutzen konnte, hatte die Gallikanische Kirche unmittelbaren politischen Druck zur Säkularisierung von Ordensbesitz nicht zu befürchten. Das Ungemach baute sich für die Ordenshäuser von anderer Seite her auf. Die Bischöfe nahmen die immer häufiger in Anspruch genommene

Möglichkeit von Klosterinsassen, durch römischen Dispens in einen Orden mit weniger strengen Regeln zu wechseln oder sich wieder laisieren zu lassen *(translatio ad laxiorum)*, mit Recht als Indiz für den maroden Zustand der Ordensdisziplin und als Erinnerung an die immer noch bestehenden Möglichkeiten für die Kurie, in die Kirchenangelegenheiten Frankreichs einzugreifen. Außerdem hatten die Parlamente der Monarchie in mehreren Fällen zu verstehen gegeben, dass sie gewillt waren, den Klagen von Klosterinsassen gegen ihre Ordensoberen stattzugeben. Da die Parlamente bereits in der Auseinandersetzung um den Jansenismus Partei ergriffen hatten, zeichnete sich an dieser Stelle ein wirklicher Dammbruch kirchlicher Autonomie ab. 1765 reagierte die Versammlung des gallikanischen Klerus. Es sollte eine Ordenskommission eingesetzt werden, für die Loménie de Brienne zuerst eine päpstliche Legitimation anstrebte, die aber im Juli 1766 dann doch durch ein königliches Gesetz als ein Gremium installiert wurde, in dem reformwillige Bischöfe, Advokaten der großen Adelsgeschlechter und Theologen gemeinsam über eine Reform der Orden beraten sollten.[60]

Man war sich einig: Ordenshäuser, in denen das geistliche Leben entweder mangels Disziplin oder auch wegen ausbleibender Novizinnen und Novizen ohne Hoffnung auf Besserung beschädigt war, sollten aufgehoben werden. Das wussten auch die Bischöfe Frankreichs, als sie sich kurz darauf mit der Aufforderung der Kommission konfrontiert sahen, über den Zustand der Ordensniederlassungen in ihrem Sprengel zu berichten. Viele verweigerten deswegen eine Auskunft, andere nutzten die Gelegenheit, ihre aufgeklärte Distanz zum Ordensleben zu dokumentieren, ohne noch die Notwendigkeit zu einer genauen Inspektion der einzelnen Häuser und Abteien zu sehen. In der Summe ergab sich aber aus den bei der Kommission eingegangenen Berichten doch ein differenziertes Bild vom Zustand der Orden und von ihrer Stellung im kirchlichen Leben. Fürsprecher unter den Bischöfen fanden all jene Regularkleriker, Mönche und Ordensschwestern, die sich entweder aktiv in der Pfarrseelsorge und der Volksmission engagierten oder aber in der Versorgung von Kranken tätig waren. Für die rein kontemplative Gottesschau monastischer Religionsvirtuosen fehlte den Oberhirten wie auch einem wachsenden Teil der Gläubigen das Verständnis – wohl auch, weil die augustinische Heilsökonomie der Jansenisten das Vertrauen in die Wirkung eines durch die mönchischen Gebete aufgehäuften und kirchlich verwalteten Gnadenschatzes bereits tief untergraben hatte. So wurden den Kartäusern in den Berichten zwar ihre Verdienste in der Betreuung der geistig Verwirrten zugutegehalten, ansonsten aber musste man feststellen, dass die Schulden des Gesamtordens bei den einzelnen Häusern über die Maßen drückten und der Nachwuchs ausblieb. Ähnlich lauteten die Urteile auch bei den verschiedenen Bettelorden. Die meisten von ihnen hatten sich durch ihre Seelsorgetätigkeit großes Ansehen bei Bischöfen, Pfarrern und auch Gläubigen erworben, aber man identifizierte auch hier eine an den geistlichen Angelegenheiten desinteressierte und korrupte Ordensführung, das galt insbesondere für Kapuziner und Augustiner. Keine Freunde unter den Bischöfen hatten die Dominikaner. Der durch seine Studien und die Gelehrsamkeit seiner Mitglieder bekannte Orden wurde als Brutstätte des die Hierarchie kritisierenden Jansenismus bezeichnet, und man hatte kein Verständnis dafür, dass die meist als Studienhäuser betriebenen Niederlassungen sich den Anforderungen der monastischen Disziplin weitgehend entzogen. Auf die mit Cluny und Citeaux verbundenen Ordenshäuser der Benediktinerregel fiel das besondere Misstrauen der Bischöfe, weil die Konkurrenz der Ordenszweige und deren aristokratische Führung eine durchgreifende Reform der Disziplin verhinderten, so dass deren Niederlassungen sehr häufig einen zweifelhaften moralischen Ruf hatten. Dem Generalkapitel der Zisterzienser fehlte es an der notwendigen Kraft, um den Zusammenhalt zwischen den einzelnen Niederlassungen herzustellen.

Der Effekt dieser Kommission blieb trotz dieser massiven Kritikpunkte gleichwohl bescheiden. Mit dem Sturz des Duc de Choiseul verlor ihre Arbeit seit 1770 zunehmend den politischen Rückhalt. Am wirkungsvollsten erwiesen sich zwei königliche Erlasse, von denen der erste 1768 das Eintrittsalter in einen Orden für Männer von 16 auf 21 und für Frauen auf 18 Jahre anhob und ein zweiter 1773 die einzelnen Niederlassungen sehr viel stärker als bisher in die bischöfliche Leitungsgewalt zog. Ordinationen, Beicht- und Predigtfakultäten durften den Regularklerikern nur noch mit bischöflicher Erlaubnis erteilt werden, und der Bischof überwachte künftig auch die Annahme von frommen Stiftungen. Als dann

Entscheidungen gegen einzelne Orden und Häuser absehbar waren, begann das Netzwerk der Klientelbeziehungen und Einflussnahmen seine Wirkung zu tun. Überdies stellte sich heraus, dass man auf die Kooperation der in Rom sitzenden Ordensgeneräle nicht hoffen konnte. Die bei den Kapuzinern, den Dominikanern und den Augustinern angemahnten Reformen der Disziplin und der Organisation blieben daher weitgehend aus. Es dauerte Jahre, bis Entscheidungen, einzelne Niederlassungen aufzuheben, umgesetzt wurden. Immerhin verloren die Augustiner auf diese Weise 51 von 345 Häusern. Bei den Kapuzinern hob man nur 22 der 451 Konvente in der Monarchie auf. Stärker traf es die Benediktiner: 44 Niederlassungen Clunys wurden 1787 geschlossen, 37 Häuser der Alten Benediktiner und 21 von 191 Häusern der Mauriner. Auch die heftigen Vorbehalte gegenüber den Dominikanern zeitigten wenig Konsequenzen. Nur 20 der 179 Brüderhäuser mussten aufgegeben werden. Kritisch stand es um die beiden Pariser Niederlassungen in der Rue Saint-Jacques und der Rue Saint-Honoré. Wenige Jahre später entschied der Konvent in der Rue Saint-Honoré, wegen klammer Finanzen sein Refektorium als Sitzungsraum für 200 Francs an den *Club Breton* zu vermieten, und gab damit den Jakobinern ihren Namen.

Die Jesuiten

Konnte man die Arbeit der gallikanischen Ordenskommission als weitgehend innerkirchlichen Vorgang verstehen, so konzentrierten sich in der Auseinandersetzung um die Jesuiten die Spannungen zwischen den katholischen Dynastien Westeuropas und der römischen Kurie. Durch ihre Missionstatigkeit waren die Mitglieder der *Societas Jesu* zu natürlichen Repräsentanten einer päpstlichen Weltkirche geworden, die quer zum Regalismus der katholischen Kolonialmächte lag. Hinzu kam, dass auch katholische Monarchien nach einer naturrechtlichen Legitimation ihrer Macht suchten und der lange geschätzte Einfluss der Jesuiten an den Höfen in Lissabon, Madrid und Versailles deswegen neuerdings als inopportun und politisch unerwünscht empfunden wurde. Auch das jesuitische Frömmigkeitsmodell schien nicht mehr in die aufgeklärten Zeiten zu passen. Schon Ende der 1750er Jahre kam es in dieser Konstellation in Lissabon zu Auseinandersetzungen um die Rolle der Jesuiten in den südamerikanischen Indianerreduktionen, die dazu führten, dass die *Militia Christi* den Hof verlassen musste. 1759 vertrieb man sie überhaupt aus Portugal und beschlagnahmte das Ordensvermögen. In Spanien und in Frankreich verkomplizierte sich die Lage des Ordens ebenfalls zusehends. 1762 verfügte das Pariser Parlament die Ausweisung der Jesuiten, die Ludwig XV. 1764 dann bestätigte. 1767 erfolgte die Vertreibung aus Spanien, ohne dass die Bischöfe den Orden auch nur im mindesten unterstützt hätten. Maria Theresia, die trotz ihrer eigenen Kirchenreform gegen die Jesuiten bis dahin nichts unternommen hatte, gab jetzt zu erkennen, dass sie sich nicht mehr für sie verwenden würde. Um die Beziehungen zu den katholischen Majestäten nicht noch mehr zu belasten, blieb der Kurie nichts anderes, als dem politischen Druck nachzugeben. 1773 erging von Clemens XIV. das *Breve Dominus ac redemtor noster,* in dem ein langes Register der Verfehlungen und Fehlentwicklungen des Ordens dessen Aufhebung begründete. Die Durchführung und Überwachung des Breves war den Herrschern Europas aufgetragen. Daraus ergab sich eine Überlebenschance für den Orden. Nichtkatholische Monarchen und Fürsten sahen keinen Anlass, auf die Jesuiten an den Universitäten und im gehobenen Schulwesen zu verzichten. Friedrich II. untersagte die Verkündung des Breves, und Katharina die Große sorgte in ihrem Reich ebenfalls dafür, dass der Orden in seinen Strukturen weitgehend intakt blieb, weil er das Rückgrad einer von Rom unabhängigen Kirchenorganisation der Katholiken in Russland werden sollte. Unter den katholischen Herrschern Mittel- und Westeuropas blieb den Jesuiten nach 1773 aber nichts anderes, als in andere Orden einzutreten oder als Weltgeistliche zu wirken.[61]

Habsburg

Selbst der russischen Rettung des Jesuitenordens war daher noch anzusehen, dass die Herrscher Europas über Kirche und Religion hauptsächlich unter dem Gesichtspunkt der Verdichtung und Stabilisierung monarchischer Herrschaft nachdachten. Das kirchliche Institutionengefüge schien immer noch ein brauchbares und notwendiges Medium monarchischer Macht. Im vielgestaltigen Herrschaftsraum der österreichischen Habsburger stellte sich die Kirchenfrage daher vor allem als Problem der Vereinheitlichung von kirchlichen Organisationsstrukturen und ihrer Anpassung an die Verwaltungsintensivierung und Reformabsichten aufgeklärter Staatlichkeit. Als Maria Theresia die ersten Schritte auf diesem Feld unternahm, mochte sie noch die Hoffnung haben, die Kurie für diese Erneuerung zu gewinnen. Schon 1751 hatte sie allerdings in ihrem politischen Testament niedergelegt, dass der Souverän auch am Vermögen der Kirche interessiert sein müsse, und 1759 belegte sie den Klerus mit einer Sondersteuer, um den Krieg mit Preußen zu finanzieren. Vor allem dieser offene Zugriff auf die kirchlichen Vermögensbestände war es, der die Umsetzung und Akzeptanz der theresianischen und dann erst recht der josephinischen Reformen belasten sollte.[62]

Das folgende Jahrzehnt brachte in dieser Sache – wohl auch wegen des Krieges mit Preußen und der schwierigen Bewältigung einer Niederlage – hauptsächlich umständliche Denkschriften des Staatskanzlers Graf Kaunitz-Rietberg hervor. 1770 erging eine erste Verordnung zur Vereinheitlichung der Ordensstudien, und im gleichen Jahr verfügte Maria Theresia die Anhebung des Professalters auf 24 Jahre. Das folgende Jahr schränkte die Königin von Ungarn und Böhmen erstmals die Zahl der Feiertage ein, und 1772 erfolgten Eingriffe in die ökonomische Handlungsfähigkeit der Klöster, die erkennen ließen, dass man die Ordenshäuser jetzt generell als »schwarze Löcher« der Ökonomie betrachtete, die einen unangemessen großen Anteil des gesellschaftlichen Reichtums dem unproduktiven Konsum zuführten, schlimmstenfalls aber weiter dazu verwandten, das Volk in abergläubischer Dummheit zu halten. Um die Untertanen nicht übermäßig von der Arbeit abzuhalten, verbot man jetzt auch Prozessionen, die »über Nacht« dauern sollten.

Joseph II., der seit 1764 als Römischer König an der Regierung beteiligt war, hatte bereits in mehreren Denkschriften dargelegt, dass er der Reform des Kirchenwesens und der Religion einen zentralen Stellenwert in allen Reformen der Staatsverwaltung und der gesellschaftlichen Verhältnisse einräumte. Die 1763 im Hubertusburger Frieden besiegelte epochale Niederlage der katholischen gegen die protestantischen Mächte hatte die Notwendigkeit einer nachholenden und entsprechend tiefgreifenden Gesellschaftsreform noch einmal mit aller Dringlichkeit vor Augen geführt. Daraus erklärt sich die Radikalität, mit der Joseph II. dann seit 1780 die Umgestaltung in Staat und Gesellschaft vorantrieb.

Bis 1783 waren die wesentlichen Maßnahmen getroffen, durch die das katholische Kirchenwesen in den habsburgischen Erblanden in ein neues Verhältnis zur Gesellschaft gesetzt und in eine Form gebracht werden sollte, die es möglich machte, es in das Gesamtgefüge der Reformen einzupassen. Von diesem Fluchtpunkt aus ordnete sich die Serie der kaiserlichen Edikte und Patente drei hauptsächlichen Feldern der Umgestaltung zu.

Ein erstes Ziel war, Religion aus den Prozessen sozialer Integration herauszulösen, mit denen sie bislang nicht nur verflochten war, sondern die sie strukturiert hatte. Dazu erließ Joseph II. 1781 mehrere Toleranzpatente, mit denen die verbotenen oder marginalisierten protestantischen und ostkirchlichen Glaubensgemeinschaften – mit Ausnahme der Unierten Christen – aus der Unterdrückung herausgeführt und einschließlich der Juden in die Lage gesetzt waren, unter staatlicher Rechtsaufsicht eigenständige Gemeinden samt eigener Schulen zu bilden. Der katholischen Religion wurde das Monopol des »öffentlichen Religions-Exercitiums« bestätigt, aber die private Religionsübung war den übrigen Religionsgemeinschaften »allenthalben« gestattet und darüber hinaus auch der Bau von Gotteshäusern, wenngleich ohne Glockentürme und mit einem Eingang auf der von der Straße jeweils abgewandten Seite. Religion verlor ihre dominierende Funktion als Medium sozialer Exklusion und geriet auch als Inklusionsmedium in die Defensive. Das wurde besonders in den verschiedenen Judenpatenten deutlich. Joseph II. stärkte die Autonomie ihrer Gemeinden und ihres Schulwesens, erließ den Juden, stigmatisierende Zeichen an der Kleidung tragen zu müssen, und hob die meisten der bis dahin für sie geltenden Einschränkungen gewerblicher Tätigkeit auf. Religion als Inklusionsmedium war auch betroffen, als 1783 ein Patent verfügte, die Ehe sei ein bürgerlicher Vertrag, der zwar im Beisein eines Pfarrers geschlossen werden solle, aber dennoch eine zuvörderst weltliche Angelegenheit bleibe und deswegen unter Umständen auch wieder durch Scheidung gelöst werden könne. In allen diesen Erlassen kündigte sich an, dass die unbedingte Katholizität des Staatswesens und der Gesellschaft einem Ende entgegenging und sich damit für Religion ein Rechtsraum öffnete, in dem die Existenzbedingungen für alle Bekenntnisse weitgehend gleich gestaltet sein würden.

Zweitens setzten die von Joseph II. verfügten Edikte an den nach Auffassung der Reformer gesellschaftlich negativen Auswirkungen der katholischen Heilsökonomie an. Der kirchlich verwaltete Gnadenschatz und das Prinzip der Werkheiligkeit hatten zusammen dazu geführt, dass sich im Lauf der Jahrhunderte über Stiftungen und Schenkungen an den verschiedensten Stellen der Kirche und des Glaubenslebens in großem Umfang Güter und Vermögen angesammelt hatten. Sie waren im weitesten Sinn dazu bestimmt, Gebete zum Heil christlicher Seelen zu ermöglichen, und blieben deswegen dem produktiven Wirtschaften, wie die Physiokraten es definierten, entzogen. In der gleichen Perspektive wurde die Zeit des Gebetes jetzt bei Laien wie bei Religionsvirtuosen als verlorene Arbeitszeit wahrgenommen. Wenn die Mehrung der irdischen Güter der Bewirtschaftung der Heilsmittel dergestalt entgegengesetzt wurde, ergab sich das Verbot mehrtägiger Wallfahrten und Kritik an den vielen Feiertagen der katholischen Heiligenverehrung von selbst. Es lag dann auch nahe, gegen die Orden vorzugehen, soweit sich die Mönche und Schwestern neben ihrem Gebetsauftrag nicht karitativ oder in der Unterweisung der Jugend betätigten. Die Bruderschaften und Laienkongregationen, in denen sich die vielfältigen Bedürfnisse der Gläubigen nach Hilfeleistung und Solidarität mit der dauerhaften gegenseitigen Gebetsfürsorge verbunden hatten, konnten nicht besser wegkommen, weil auch hier Vermögen zu frommen Zwecken gehortet war, das für irdische Belange nur noch bedingt zur Verfügung stand. Im Januar 1782 erging das Generalpatent zur Aufhebung der Klöster, wobei hauptsächlich die Bettelorden und die »beschaulichen« Klostergemeinschaften betroffen waren. 1783 erließ die Hofburg, dass die Bruderschaften ebenfalls aufgehoben und ihre Mitglieder, soweit sie dies wünschten, in einer »einzigen Liebesversammlung« zusammengefasst werden sollten. Man muss diesen radikalen Eingriffen in die katholische Gebets- und Versorgungsökonomie, denen bis 1787 dann rund 600 Ordenshäuser zum Opfer fielen, immerhin zugutehalten, dass der Fiskus sich an ihnen nicht unmittelbar bereicherte. Die Erträge aus den Klosteraufhebungen flossen in einen Religionsfonds, der hauptsächlich dazu bestimmt war, die Versorgung der Pfarrgeistlichen zu stützen und die ebenfalls angeordnete »Pfarrregulierung« voranzutreiben. Um die seelsorgerliche Versorgung der Gläubigen zu verbessern, setzte man Mindestgrößen für Pfarreien fest und gründete im Bedarfsfall neue. Rund 400 Pfarrsprengel entstanden auf diese Weise in den darauffolgenden Jahren, viele davon in den schnell wachsenden Städten der Erblande. Das Vermögen der Bruderschaften wurde für die gemeindliche Armenversorgung bestimmt und zur Errichtung von Normalschulen.

Drittens griff der josephinische Staat dort in das Gefüge der römischen Kirche ein, wo ihre Hierarchie und das geistlich-weltliche Gemenge ihrer Herrschaftsrechte der Verdichtung und der Autonomie von Staatlichkeit entgegenlief. Bereits 1781 unternahm Joseph II. erste Schritte zu einer Diözesanregulierung, die darauf zielte, dass die außerösterreichischen Oberhirten ihre Befugnisse in den Erblanden verlieren und an habsburgische Bischöfe abtreten sollten. Als Hebel in dieser für Rom schwierigen Angelegenheit benutzte Joseph II. die italienischen Herrschaftsgebiete der Habsburger, indem er dem Papst die Befugnis bestritt, in der Lombardei Pfründen zu besetzen. Nach mehrjährigen Verhandlungen, in deren Verlauf Pius VI. (1775–99) nach Wien gereist war und Joseph II. umgekehrt nach Rom, kam es 1784 zu einer »freundschaftlichen Vereinbarung«, die dem Staat das Recht zur Benefizienverleihung zusprach, die staatlich ernannten Bischöfe aber in Rom um Bestätigung nachsuchen mussten. Dies bot die Grundlage, um in Linz und St. Pölten zwei neue Bistümer zu errichten und die Erblande auf diese Weise aus der Zuständigkeit des Bistums Passau und des Salzburger Erzbischofs Colloredo herauszulösen. Die bei dieser Gelegenheit in den Erblanden beschlagnahmten Besitzungen des Passauer Bischofs wurden später wieder zurückgegeben. Die geistlichen Fürsten des Reiches nahmen diese Maßnahme gleichwohl mit Recht als ein Warnsignal für die drohenden Gefahren der Zukunft. Die neuen Bischöfe amteten faktisch als Hoheitsträger des Landes, wie Joseph II. es sich auch vom niederen Klerus in den Pfarreien vorstellte. Deswegen gehörte die hauptsächlich vom Braunauer Benediktinerabt Stefan Franz Rautenstrauch gestaltete Erneuerung der Priesterausbildung durch ein 1783 errichtetes Generalseminar ebenfalls zum

Versuch Josephs II., die kirchlichen Strukturen so zu verändern, dass sie die staatlichen Eingriffs- und Gestaltungsmöglichkeiten in der Gesellschaft stützten. Angesichts der institutionellen Schwäche staatlicher Macht musste das staatskirchliche Programm darauf gerichtet sein, die Kirche für die Staatsanstalt nutzbar zu machen.

Natürlich standen wesentliche Teile des Klerus solchen Eingriffen in die Kirche mit Vorbehalt gegenüber. Die Unterstützung, die Maria Theresia und Joseph II. für ihre Reformen unter den Bischöfen und auch im Pfarrklerus fanden, war gleichwohl beachtlich und eine wesentliche Voraussetzung dafür, dass die Umgestaltung bis zur Mitte der 1780er Jahre überhaupt von Erfolg getragen war. Bischöfe, wie Karl Graf von Heberstein oder Joseph Philip Graf Spaur und in Grenzen sogar der Wiener Erzbischof Kardinal Christoph Anton Migazzi, stellten sich auf die Seite Josephs II., weil sie eine Stärkung der bischöflichen Kompetenzen gegenüber der Kurie, den Nuntien und nach innen vor allem gegenüber den Orden befürworteten. In einem Hirtenbrief legte Heberstein den Pfarrgeistlichen in seinem Laibacher Sprengel 1782 dar, dass die Landesfürsten schon immer das Aufsichtsrecht über die äußeren Angelegenheiten der Religion wahrgenommen hätten, weil diese ja mit der politischen Verfassung in »genauester Verbindung« stünden. Deswegen rechtfertigten sich nicht nur die Toleranzpatente, sondern auch die angeordneten Klosteraufhebungen. Das Klosterwesen sei ohnehin eine bloß menschliche Erfindung und deswegen die Aufhebung einzelner Ordenshäuser kein Unglück für die Religion – zumal wenn sie einer besseren Ausbildung des Klerus zugutekomme.

In der Argumentation solcher Verlautbarungen wurde deutlich, dass die innerkirchliche Reformbereitschaft in den Erblanden sich aus jansenistischen Grundüberzeugungen speiste, die insbesondere von dem Wiener Domkanoniker Johann Baptist de Terme, dem publizistisch überaus aktiven und als Zensor einflussreichen Max Anton Wittola und dem radikalen Wiener Seminarleiter Melchior Blarer verbreitet wurden. Sein theologisches Rückgrat fand der österreichische Spätjansenismus[63] nicht unbedingt in den fünf in der Bulle *Unigenitus* verurteilten Sätzen, sondern in einer augustinisch fundierten Gnaden- und Heilslehre, die sich gegen den Probabilismus und die damit verbundene Kasuistik der

Jesuiten richtete. Die österreichischen Jansenisten befürworteten eine rigoristische Buß- und Kommunionspraxis in der Seelsorge und überhaupt eine Stärkung des Seelsorgeamtes sowohl gegenüber der Ordenskonkurrenz wie auch gegenüber allen Formen einer autonomen Laienfrömmigkeit, in der das Religiöse für die Sinne inszeniert und der Zugang zu den Heilsmitteln durch die in Gebeten und frommen Werken vermittelte Fürsprache Mariens und der Heiligen sichergestellt wurde. Die daraus abgeleiteten Vorbehalte gegen alle Formen der Barockfrömmigkeit, die das mechanische Beten des Rosenkranzes ebenso betrafen wie Wallfahrten und Passionsspiele, bildeten eine Brücke zu bloß aufgeklärten Kirchenreformern. Der antikuriale, episkopalistische Affekt der Jansenisten ermöglichte die Zusammenarbeit mit der Reformpolitik des Staates. Trotzdem lagen, wie sich immer mehr herausstellte, schließlich doch Welten zwischen den innerkirchlichen Reformabsichten – jansenistisch oder »nur« aufgeklärt – und der staatlichen Reformpraxis. Der kameralistisch-physiokratische Dogmatismus der Denkschriftenschreiber und Reformer in der Hofburg führte auch auf dem Feld der Kirchenreformen dazu, dass man die Umgestaltung der Laienfrömmigkeit und der öffentlichen Gottesverehrung unter explizit fiskalischen Gesichtspunkten betrieb. Wer allerdings den Gebrauch von Särgen untersagte und die Bestattung der Toten in Massengräbern mit Hilfe von Leichensäcken anordnete, wer die Zahl der Kerzen auf den Altären reglementierte und dies jeweils als Aufwands- und Kostenproblem darstellte, der brauchte sich nicht zu wundern, wenn das Verständnis für derlei Maßnahmen ausblieb. Die Gläubigen empörten sich, weil es ihrer eingewurzelten Bereitschaft zuwiderlief, sich das Heil etwas kosten zu lassen; die Reformer im Klerus mussten sich missbraucht fühlen, weil ihre Distanz zur Barockfrömmigkeit sich mit diesem frugalen Ökonomismus in keinster Weise vertrug. Deswegen schmolz seit der Mitte der 1780er Jahre die innerkirchliche Unterstützung für Joseph II. dahin. Erzbischof Migazzi formierte schließlich den offenen Widerstand der Hierarchie und des Klerus gegen diese Instrumentalisierung des Kirchenwesens. Die Eingriffe in das Glaubensleben wurden daher noch im Jahr 1780 von Joseph selbst wieder größtenteils rückgängig gemacht, Klosteraufhebungen und Diözesanregulierung blieben allerdings bestehen.

Josephs jüngerer Bruder Leopold, Großherzog der Toskana und sein späterer Nachfolger auf dem Kaiserthron, betrieb in Oberitalien eine in manchen Punkten noch radikalere Reformpolitik. Auch hier war die Kirchenpolitik Teil eines gesellschaftspolitischen Umgestaltungsprogramms, das die feudale Herrschaft durch eine verfasste, in einer Nationalvertretung fundierte politische Ordnung ersetzen sollte. Entsprechend war beabsichtigt, eine Nationalsynode als Vertretung der künftigen toskanischen Nationalkirche einzurichten. Leopold stützte sich auf eine kleine, aber publizistisch überaus aktive jansenistische Theologenelite an den Universitäten Siena und Pisa sowie auf einen reformbereiten Episkopat, in dem allerdings die Auffassungen zwischen dem gemäßigten Ludovico Antonio Muratori und dem radikalen Scipione de Ricci durchaus weit auseinanderliefen. Ricci war 1780 zum Bischof von Prato und Pistoja ernannt worden und leitete dort umgehend Reformen ein, die Leopolds Maßnahmen zum Teil schon vorwegnahmen.

Im Unterschied zum Vorgehen Josephs strebte Leopold eine aus der öffentlichen Diskussion legitimierte Reform an. 1784 ging den 18 Bischöfen des Großherzogtums ein 54 Punkte umfassendes Reformprogramm zu, und 1786 wurde als eine Art Generalprobe für die geplante Nationalsynode in Pistoja eine Kirchenversammlung einberufen, auf der mit offenkundigen Bezügen auf das Tridentinum in mehreren Sessionen unter Leitung des jansenistischen Moraltheologen Pietro Tamburinus aus Pavia ein umfassendes dogmatisches und ekklesiologisches Reformprogamm diskutiert und verabschiedet werden sollte. Bereits die Zeitgenossen sprachen von einer »Konzilskomödie«, weil Ricci den niederen Klerus seiner beiden Bischofssprengel dazu verpflichtet hatte, das Konzilsvolk zu spielen und alle sich entsprechend als Prälaten zu kleiden hatten. Um in den einzelnen Sessionen den gewünschten Ausgang der Diskussion sicherzustellen, hatte man sich auf eine namentliche, durch Unterschrift dokumentierte Abstimmung festgelegt.

Entsprechend sagten die mit großer Einmütigkeit gefassten Beschlüsse über die Akzeptanz des Reformprogramms nur wenig aus. In der im Jahr darauf einberufenen Bischofsversammlung scheiterten die Vorschläge Riccis und Leopolds durchgehend. Zu einem Ende kamen die Reformen aber auch hier, weil die Gläubigen im letzten Drittel der 80er Jahre offen rebellierten. Ricci kam nur knapp mit dem Leben davon, als sich 1787 herumsprach, dass er beabsichtige, eine Reliquie des Gürtels der Madonna aus dem Dom in Prato beseitigen zu lassen. Aufgebrachte Bauern stürmten den Bischofspalast, schändeten das Wappen Riccis und verbrannten die dort bevorrateten jansenistischen Gebets- und Andachtsbücher. 1790 wurde Ricci dann gewaltsam aus seinem Bistum vertrieben, weil der Rückhalt durch Leopold bereits fehlte.[64]

Für die Kirchenreformen in den habsburgischen Herrschaftsgebieten war charakteristisch gewesen, dass sie als Teil einer grundstürzenden Gesellschaftsreform geplant und dekretiert wurden, mit der die Axt an die feudalen Grundpfeiler der politischen und sozialen Ordnung gelegt werden sollte. Schon deswegen fanden diese Vorgänge in den übrigen katholischen Territorien des Reiches in dieser Grundsätzlichkeit keine Parallele. Das schloss allerdings nicht aus, dass die Bischöfe in ihren Sprengeln im aufgeklärt-jansenistischen Sinn zum Teil sehr nachhaltig in das religiöse Leben eingriffen, die Ausbildung des Klerus zu ordnen und die Disziplin der Klöster zu steigern suchten. Die besitzrechtlichen Fundamente kirchlicher Staatlichkeit blieben allerdings selbst dort zunächst unangetastet, wo man, wie in Bayern, offen die Errichtung eines Landesbistums betrieb. Die Kurie hatte dazu sogar die Hand gereicht, weil sich Gelegenheit bot, auf diese Weise 1785 eine weitere Nuntiatur in München zu etablieren, die als Bremse der nationalkirchlichen Bestrebungen des reichskirchlichen Episkopats wirken sollte. Es zeigte sich aber auch hier schließlich, dass die von Nikolaus von Hontheim 1763 in seinem »Febronius« formulierte und auf den Reformkongressen in Koblenz und Ems diskutierte Verbindung von antikurialer Programmatik und innerkirchlichen Reformabsichten politisch nicht tragfähig war. Die Bischöfe sahen sich in einer Nationalkirche von den Erzbischöfen noch mehr als bisher gedrückt, die Erzbischöfe sorgten sich wegen der voraussehbaren Opposition der Bischöfe, und beide zusammen fürchteten den Appetit der weltlichen Fürsten auf die geistlichen Güter, weil allen bewusst war, dass die Sperrigkeit der Kirche im Reichszusammenhang am leichtesten durch eine Säkularisation zu brechen war, die der katholischen Kirche ihre Staatlichkeit nahm.[65]

Das vorletzte Jahrzehnt des 18. Jahrhunderts hatte europaweit vor Augen geführt, dass die Kirche als Herrschaftsinstitution für die Entwicklung von Staatlichkeit als äußerst hinderlich empfunden wurde. Ihre Reform ließ sich jedoch gerade unter diesen Umständen nicht als ein Sonderprojekt inszenieren. Als Teil der Adelsgesellschaft war sie nur mit dieser zusammen umzubauen.

II

Das Christentum in der Bürgergesellschaft

Noch bevor die Französische Revolution ihre ganze Radikalität überhaupt entfaltet hatte, war für aufmerksame Beobachter zu erkennen, dass sie Kirche und Religion in der Gesellschaft, die gerade im Entstehen war, einen neuen Platz zuweisen würde. Edmund Burke, der hellsichtige, wortgewaltige Kritiker der Revolution, nahm dies in seiner Polemik zum Anlass, um ausführlich über die Bedeutung zu reflektieren, die einem von den Eliten nicht nur respektierten, sondern auch gelebten Christentum für die politische und soziale Ordnung zukomme. Burke meinte ein kirchlich gebundenes Christentum und betonte deswegen nachdrücklich die Notwendigkeit, die Kirche in ihren wohlbegründeten Eigentumsrechten zu schützen. Er hielt die Bedenkenlosigkeit, mit der die französische Nationalversammlung den Kirchenbesitz der Krise der Staatsfinanzen geopfert und den Klerus seiner Rechte beraubt hatte, für skandalös und zog daraus den Schluss, dass man im Vereinigten Königreich schon wegen dieses bestürzenden Vorbildes die Eigentumsrechte der Anglikanischen Kirche künftig umso genauer beachten müsse. Die Geistlichkeit der *Church of England* habe nicht zu befürchten, dass man sie ihrer Einkünfte aus kirchlichem Eigentum entsetze und zu Soldempfängern des Staates degradiere.[66]

Burke sollte recht behalten, insofern der *Church of England* eine umfassende Enteignung auch in der ersten Hälfte des 19. Jahrhunderts nicht bevorstand. Getäuscht hat sich der energische Traditionalist insofern, als auch die parlamentarische Monarchie des Königreiches nicht umhinkam, das Verhältnis von Staat und Kirche bis zur Mitte des 19. Jahrhunderts auf einen neuen Fuß zu stellen und das Parlament sich dabei zu recht weitgehenden Eingriffen in die kirchlichen Besitztitel und deren Nutzung veranlasst sah. Überdies hatte Burke in seiner Streitschrift die

Erwähnung der Tatsache, dass die Nationalversammlung in der Erklärung der Menschen- und Bürgerrechte nach hitziger Diskussion religiöse Überzeugungen gerade in die Freiheit des Gewissens gestellt (Art. X) und entsprechend die staatsbürgerlichen Rechte unabhängig vom Bekenntnisstand des Einzelnen definiert hatte (Art. VI), sorgfältig vermieden.

Aus der Perspektive einer Nation, die bereits gelernt hatte, puritanischen Dissent und Methodisten nicht nur im Raum der Kirche zu dulden, sondern sie auch auf der politischen Bühne zu akzeptieren, und in der die soziale und politische Integration der Katholiken nicht mehr vorwiegend als konfessionelle Frage, sondern als Problem der nationalen Einheit diskutiert werden sollte, mochte dies nicht weiter bemerkenswert sein. Bezogen auf die kontinentalen Verhältnisse kam in der Religionsgeschichte der Französischen Revolution allerdings zum Ausdruck, dass die institutionellen Formen des Christentums den Erfordernissen einer Gesellschaft rechtsgleicher, souveräner Bürger erst noch angepasst werden mussten. Die Revolution hatte den langen Zerfall einer rechtlich gestützten Privilegienhierarchie ratifiziert. Mit der Erklärung der Menschen- und Bürgerrechte und den revolutionären Verfassungen war – nach dem Vorbild der Amerikaner – dem Entstehen einer Gesellschaft freier Bürger Rechnung getragen, die sich nach den Prinzipien arbeitsteiliger Funktionalität gliederte, dabei den Regulierungskräften des Marktes vertraute, und die deswegen außer Talent und Strebsamkeit keine Beschränkungen im Zugang zur Vielfalt sozialer Tätigkeiten und Positionen mehr anerkennen konnte. In den Grundrechten der *Virginia Bill of Rights* und der Französischen Revolution waren die normativen Konsequenzen aus Sozialanalysen gezogen, wie sie schon die Physiokraten und danach vor allem Adam Smith ausgearbeitet hatten. Die Romantiker thematisierten die Folgen dieser Sozialordnung später in der Klage über die Zerrissenheit des Lebens und die Individualisierung der organisch gegliederten Gesellschaft. Gerade angesichts der konfessionellen Gemengelage des christlichen Europa lag auf der Hand, dass das Bekenntnis als Medium sozialer Inklusion sich zwar einigermaßen mit der mechanischen Solidarität hierarchisch und korporativ gegliederter Sozialordnungen vertrug, die organische Solidarität einer liberalen Bürgergesellschaft aber empfindlich stören musste. Religionsfreiheit ließ sich deswegen weiterhin schwerlich bloß als Duldung anderer Konfessionen in gegeneinander abgeschotteten Sozialräumen verstehen, wie es im 17. und 18. Jahrhundert unter dem Stichwort »Toleranz« gehandhabt worden war.

Neu war auch die Trennung von politischer Macht und ökonomischen Machtmitteln, die sich aus dem Prinzip der Volkssouveränität ergab. Die Herrschaftsverhältnisse und die monarchische Souveränität des alteuropäischen Staates begannen in einen durch Verfassungen umschriebenen politischen Handlungsraum zu diffundieren, der durch eine mediale politische Öffentlichkeit, durch politische Parteiungen, Wahlen und einen gewaltenteilig formierten Machtapparat gekennzeichnet war.[67] Auch wenn bis weit ins 19. Jahrhundert die reine Parlamentsherrschaft die europäische Ausnahme blieb und die meisten der nachfolgend aufgeschriebenen Konstitutionen viel von dieser Staatsmacht beim Monarchen und seiner Prärogative zusammenballten, waren Kirchen, die aus ihrem ökonomischen Besitz Herrschaftsrechte ableiten konnten, in der politischen Ordnung souveräner Staatsbürger zum Fremdkörper geworden. Das traf insbesondere die katholische Kirche und hier wiederum besonders ausgeprägt die Kirche des Reiches. Sie hatte sich bis zum Zusammenbruch am meisten Staatlichkeit bewahren können, während das Herrschaftspotential des Kirchenbesitzes in der Gallikanischen Kirche und in der mediterranen Welt durch Konkordate in eine monarchisch gezähmte Adelsherrschaft integriert worden war. In irgendeiner Weise stand deswegen die Herrschaftssäkularisation, die in der Französischen Revolution vorexerziert worden war, am Beginn des 19. Jahrhunderts überall im katholischen Mittel- und Westeuropa auf der Tagesordnung. Napoleon handelte hier nur als der große Beschleuniger der Geschichte. Er ließ in seinen Staaten durchführen, was ohnehin über kurz oder lang sich ereignet hätte. Mehr noch als für die Herrschaftssäkularisation galt dies für die immer gleich miterledigte Vermögenssäkularisation der Klöster und anderer geistlichen Stiftungen. Die Erträge daraus stillten den fiskalischen Appetit des Staates, aber die allgemeine Unterstützung, die diese Maßnahmen überall erfuhren, ergab sich aus der Ansicht, dass damit eine Form der Frömmigkeit und der weltfernen Lebensführung beseitigt werde, die sich seit geraumer Zeit überlebt zu haben schien.

Die europäischen Kirchen welcher christlichen Konfession auch immer mussten sich seit dem letzten Drittel des 18. Jahrhunderts damit arrangieren, dass Religion im Ensemble gesellschaftlicher Integrationsmedien einen neuen Platz zugewiesen bekam und dass die europäischen Gesellschaften dabei waren, die Beziehungen zwischen Religion und Macht neu zu definieren. Das verlangte und ermöglichte eine Neugestaltung der Frömmigkeit und des religiösen Lebens. Zunächst aber mussten die Kirchenwesen Stabilität gewinnen, ohne im gewohnten Maß auf säkulare Macht zurückgreifen zu können. Die staatsnah gewachsenen Kirchen der Protestanten waren dadurch ebenfalls vor eine komplizierte Aufgabe gestellt. Es war dabei nur bedingt hilfreich, dass Sozialtheoretiker aller politischer Schattierungen jetzt anfingen, Religion ins Zentrum ihrer Gesellschaftstheorien zu stellen. Für keine der Konfessionen wurde diese Aufgabe dadurch einfacher, dass staatliche Macht auf die Aura des Sakralen auch künftig nicht verzichten wollte. Der Gestaltwandel des Politischen und die Formen öffentlicher Gottesverehrung waren auf diese Weise weiterhin untrennbar miteinander verbunden.

1. Die Religion der Revolution

Das Verhältnis von Religion und Revolution spielte in der historiographischen Verortung des epochalen Umbruchs der Französischen Revolution von Anfang an eine zentrale Rolle. Schon in der Restauration wurde die Auseinandersetzung der Revolution mit dem christlich-katholischen Erbe des Ancien Régime als eine der Haupttriebkräfte der revolutionären Dynamik identifiziert. »Die Revolution ist die Fortsetzung des Christentums und steht im Widerspruch zu ihm. Sie ist zugleich seine Erbin und seine Gegnerin«, schrieb Jules Michelet 1846 in seiner Geschichte der Französischen Revolution.[68] In dieser Formulierung war die eine Frage schon mit einer zweiten zusammengebracht: ob der Revolution selbst religiöse Qualität zukomme, ob sie also selbst Religion sei. Damit war die Deutung der Revolution fest mit den jeweiligen zeitgenössischen politischen Konflikten um das Verhältnis von Staat und Kirche, von Gesellschaft und Christentum verbunden. Welchen Raum konnte das politische Erbe der Revolution dem Christentum jeweils zugestehen? Indem Michelet den autonomen religiösen Charakter der Revolution betonte, nahm er gegen eine Interpretation Stellung, die sie als Kronzeugin für einen christlich begründeten Sozialismus in Anspruch nehmen wollte. Dieser saint-simonistischen Idee war keine große Akzeptanz beschieden, aber die Frage nach der religiösen Qualität der Revolution blieb für ihre weitere Deutungsgeschichte zentral. Auch für Alexis de Tocqueville, der am politischen Charakter der Französischen Revolution festhielt, bestand das historisch Epochale darin, dass sie »in der Art religiöser Revolutionen« verlief, obwohl sie sich, wie er betonte, mit dem Christentum nicht in erster Linie als »Lehre«, sondern als »politischer Institution« auseinandersetzte.[69] Die beiden ersten großen universitär installierten Historiographen der Revolution, Alphonse Aulard und Albert Mathiez – Republikaner der eine, Sozialist der andere –, verdichteten diese Hypothese an der Jahrhundertwende in zwei Untersuchungen zum Ursprung des revolutionären Kultes und zum Kult des Höchsten Wesens.[70] Damit wurde das Problem der revolutionären Religion verwissenschaftlicht und in den Horizont der vergleichenden Religionswissenschaft gerückt, die gerade entstand. Im weiteren Verlauf führte dies zu einer religionssoziologischen Erschließung der Revolution auf der einen Seite und zu mikrologischen Untersuchungen des revolutionären Deutungs- und Handlungszusammenhanges auf der anderen. Auch die Ausgangsfrage nahm eine andere Form an. Sie wurde ausgeweitet auf die mögliche religiöse Dimension politischer Ordnung und politischen Geschehens in der Moderne des 19. und 20. Jahrhunderts. Inwiefern die Französische Revolution für eine solche Übertragung des Sakralen in den politischen Raum die Voraussetzungen geschaffen und das Modell entwickelt hat, ist aber nach wie vor offen. Deswegen gehört der Begriff der »Säkularisierung« auch ins Hauptwörterbuch politisch-sozialer Sprache der Moderne, und er ist aus dem Themenheft der historischen und sozialen Wissenschaften nicht wegzudenken.

Die *Constitution Civile*

Bereits als die Notablenversammlung sich 1787 um einen Weg aus der Reformkrise der französischen Monarchie bemühte, wurde ersichtlich, dass die Besitzstände der Gallikanischen Kirche eine wichtige Rolle in der unabwendbaren Sanierung der Staatsfinanzen würden spielen müssen. Calonne stürzte über die Weigerung der beiden privilegierten Stände, sich an der Ablösung der Schulden der Monarchie durch ein Sonderopfer zu beteiligen. Die undankbare Aufgabe, den hohen Klerus der Monarchie doch noch zum Kompromiss zu bewegen, blieb seinem Nachfolger, Bischof Loménie de Brienne, überlassen. Doch auch ihm gelang es nicht, die 1788 anberaumte Allgemeine Kirchenversammlung dazu zu bringen, die Blockadehaltung des Klerus aufzugeben. Dass sich die Bischöfe und Äbte Frankreichs verweigerten, war in gewisser Weise verständlich. Seit Monaten wurde öffentlich über den notwendigen Verkauf von Kirchengut zur Sanierung der Staatsfinanzen diskutiert, auf denen ein Schuldenberg von 140 Millionen Livre lastete. Eine Inventur ihrer Besitztitel hatte die Kirche vorsorglich bereits durchgeführt. Das erwartete Sonderopfer hielt sich durchaus in Grenzen. Die von der Kirche geforderten acht Millionen Livre machten keine fünf Prozent ihrer jährlich aus Zehnten und Grundbesitz erlösten Erträge aus. Unter diesen Umständen erwies sich die Reaktion der Bischöfe und Äbte als kleinlich und als kurzsichtig ohnehin. Mit der unabwendbaren Erklärung des Teilstaatsbankrottes im August 1788 verlor die Monarchie die Kontrolle über den politischen Prozess, und Loménie de Brienne ließ jetzt die Öffentlichkeit darüber beraten, wie man die umgehend einberufenen Generalstände gestalten solle.

Schon zu diesem Zeitpunkt musste dem hohen Klerus der Gallikanischen Kirche dämmern, dass er eine Fehlentscheidung getroffen hatte. In einer Flut von Broschüren und Pamphleten meldete sich der finanziell benachteiligte und in den kirchlichen Entscheidungsgängen marginalisierte Pfarrklerus im Vorfeld der Wahlen zu Wort, um auf seine Lage aufmerksam zu machen. Weil die Seelsorger bei der Bevölkerung in ungebrochenem Ansehen standen, führte dies dazu, dass schließlich 208 von den knapp 300 Sitzen, die in den Generalständen auf den Klerus entfielen, von den Pfarrern der Monarchie eingenommen wurden.

Auch dieser Seelsorgeklerus agierte in der Folgezeit durchaus standesbewusst. Er verstand sich keinesfalls als Teil des dritten Standes und wartete auf seine Gelegenheit, die politischen Gewichte innerhalb der Gallikanischen Kirche neu zu verteilen. Nur ein kleiner Teil der Geistlichen stellte sich deswegen auf die Seite der Nichtprivilegierten, als im Juni über die Umwandlung der Generalstände in eine Nationalversammlung abgestimmt wurde.

Die Befürchtungen, von denen sich die Mehrheit des Klerus in seiner Ablehnung hatte leiten lassen, erwiesen sich als richtig. Mit der Selbstauflösung der Generalstände waren die politischen Schutzmauern um die Privilegienordnung des Ancien Régime endgültig eingerissen. Auf dem Land führten die Gerüchte über einen bevorstehenden Gegenschlag der privilegierten Herrenstände zu Eruptionen der Gewalt gegen weltliche und geistliche Grundherren. Um angesichts der *Grande Peur* das Schlimmste zu verhindern, hob die Nationalversammlung in der Nacht vom 4. zum 5. August die adeligen Privilegien mit Zustimmung des Klerus auf, wobei es – mit Rücksicht auf den Adel – nur für Zehntansprüche keine Entschädigung gab. Die übrigen Feudalrechte wurden zu Eigentum erklärt und mussten abgelöst werden. Damit war die alte Herrschaftsordnung aus den Angeln gehoben, die Finanzkrise der Monarchie aber noch keineswegs beseitigt. Den Befreiungsschlag unternahm die Nationalversammlung am 2. November 1789, als sie mit einer überwältigenden Mehrheit beschloss, die Kirchengüter zu verstaatlichen und sie zugunsten des Fiskus versteigern zu lassen. Talleyrand, der Herzog von Périgord und Bischof von Autun, hatte den Antrag eingebracht. Als am 13. Februar des darauffolgenden Jahres die Gelübde der nicht im Erziehungswesen oder in der Krankenpflege tätigen Orden für nichtig erklärt und deren Klöster aufgehoben wurden, vervollständigte die Nationalversammlung die vermögens- und herrschaftsrechtliche Umgestaltung der Kirche. Das fiel leicht, weil sie in diesem Schritt der aufgeklärten Kritik am Ordensklerus folgte und sich darauf berufen konnte, letztlich innerkirchliche Reformbemühungen umzusetzen, die bis dahin zu keinem Erfolg geführt hatten.[71]

Diese Sicht täuschte allerdings über die tatsächliche Lage hinweg. Für die revolutionäre Nationalversammlung ging es längst nicht mehr darum, die Gallikanische Kirche zu reformieren, sondern sie grundlegend umzugestalten, so dass sie sich in ein konstitutionelles Staatswesen fügen würde. Als schlimmes Vorzeichen musste deswegen gesehen werden, dass in der Diskussion um die Klöster ein Antrag des Kartäusers Dom Gerle in der Nationalversammlung scheiterte, den Katholizismus zur Religion der Nation zu erklären.

Unmittelbar nach der Aufhebung der feudalen Privilegien war im August 1789 von der Nationalversammlung ein Komitee für kirchliche Angelegenheiten eingesetzt worden, das beauftragt war, ein Konzept für die Reform der kirchlichen Institutionen zu erarbeiten. Die im Frühjahr des Jahres 1790 unterbreiteten Vorschläge stießen wenigstens beim Pfarrklerus auf Zustimmung, da die für Seelsorger vorgesehenen Deputate aus der Staatskasse für die meisten eine Verbesserung ihrer materiellen Situation bedeuteten, auch wenn alle Gebühren für die Verwaltung der Heilsmittel künftig entfallen sollten. Die Bischöfe konnten hoffen, ihr Schäflein ebenfalls noch einmal ins Trockene zu bringen, da ihre Beziehungen zur Welt der Macht so schlecht nicht waren. Weil Politik aber jetzt nicht mehr unter Standesgenossen, sondern von den gewählten Mitgliedern einer Nationalversammlung gemacht wurde, hatten die Regeln des Machtspiels sich umfassend verändert. Das wurde bei den übrigen Vorschlägen des Komitees deutlich. Bischöfe wie Pfarrer sollten künftig durch weltliche Wahlgremien bestimmt werden, und den Bischöfen war ein Priesterrat zur Seite gegeben, der ihre Amtsführung in der Diözese kontrollierte. Die Revolution setzte eindeutig auf eine staatlich kontrollierte Seelsorgerkirche, deren Hierarchie allenfalls noch Koordinationsaufgaben wahrnehmen konnte, aber zu den kanonisch definierten Leitungs- und Disziplinarfunktionen in Verkündigung und Lehramt kaum mehr in der Lage war.

Die über drei Monate sich hinziehende Diskussion in der Nationalversammlung änderte an diesen Vorgaben nichts mehr. Am 12. Juli 1790 wurde die *Constitution Civile du Clergé* zum Gesetz. In vier Abschnitten wurde eine neue, der konstitutionell verfassten Nation eingeordnete katholische Kirche umschrieben. Teil I regelte die Diözesan- und Pfarrgliederung neu, reduzierte die Zahl der Bistümer um ein gutes Drittel auf 83 und hob alle Eingriffsrechte nichtfranzösischer Kirchenoberer – also faktisch auch des römischen Kirchenoberhauptes – auf. Teil II verfügte, dass Pfarrer und Bischöfe künftig von örtlichen Gremien, deren Mitglieder die Nationalversammlung ernannte, gewählt und von den zuständigen staatlichen Stellen eingesetzt werden sollten. Die Domkapitel waren beseitigt, das Bischofsamt, wie vorgesehen, an einen Priesterrat gebunden. Der Geist dieser Konstruktion verlangte unzweifelhaft, dass diese ausschließlich politisch legitimierte Geistlichkeit ihre Bindung durch einen Eid auf die Nation, das Gesetz und den König dokumentierte. Die Abschnitte III und IV regelten die Besoldung der Bischöfe und Pfarrer und schrieben den Amtsträgern eine wiederum staatlich kontrollierte Residenzpflicht vor.[72]

Die Ursachen für die Konflikte, die jetzt nach und nach eskalierten, lagen auf ganz verschiedenen Ebenen und bezogen deswegen auch weit voneinander entfernt liegende Bereiche der von der Revolution aufgewühlten Gesellschaft mit ein.

Drei Aspekte sind zu unterscheiden. Innerhalb der Kirche stand erstens das Gefüge der Hierarchie in Frage, und zwar sowohl hinsichtlich des Verhältnisses zwischen Pfarrern und Bischöfen wie auch zwischen Bischöfen und Papst. Die Bischöfe verlangten ein Plazet Roms zur Zivilkonstitution, mindestens aber die Billigung durch ein Nationalkonzil.

In dieser Forderung kam zweitens der grundsätzliche Hiatus zwischen der traditionellen Ekklesiologie der römischen Kirche und einer durch den gesetzgebenden Willen einer gewählten verfassungsgebenden Versammlung legitimierten Nationalkirche zum Ausdruck. Als Institution der Vormoderne gründete die römische Kirche nicht nur in ihrem institutionellen Bestand, sondern vor allem in ihrer geistlichen Legitimation auf der zeitübergreifenden, seit Christi Kreuzestod lückenlosen Kette der römischen Bischöfe und der von ihnen vorgenommenen Einsetzung aller Amtsbrüder. Eine mediale Vermittlung der Heilskompetenz über das individuelle Glaubenserlebnis und den Bezug auf Texte, wie sie der Protestantismus in seiner Reformationstheologie entwickelt hatte, kam im katholischen Kirchenverständnis nicht in Frage. Deswegen verlangten die Bischöfe Frankreichs, die sich in ihrer gallikanischen Enklave stets wohl gefühlt hatten, jetzt nach dem Papst, mindestens aber nach einer Beglaubigung des neuen Kirchenmodells in den Beschlüssen einer nationalen Bischofsversammlung. Andernfalls würde die Kirche zu einem bloßen Anhängsel staatlicher Macht, dem alle Attribute seiner göttlichen Einsetzung verlorengingen. Damit war ein Grunddilemma markiert, das die katholische Kirche in allen konstitutionell verfassten bürgerlichen Gesellschaften des europäischen 19. Jahrhunderts nicht auflösen sollte und das den Ultramontanismus des katholischen Klerus dann gewissermaßen mit Notwendigkeit hervortrieb.

In der Beschlusslage einer revolutionär sich verstehenden verfassungsgebenden Versammlung kam drittens ein Staats- und Gesellschaftsverständnis zum Ausdruck, das aus der Vision einer rein säkular begründeten menschlichen Ordnung lebte, in der Kirche nur noch als verwaltungs- und sozialtechnologisch eingepasste Institution einen Platz hatte und Religion als Moral verkündet und gelebt wurde. Für die Formulierung und Erfüllung säkularisierter Heilsversprechen fühlte die revolutionäre Gesellschaft sich selbst zuständig. Entsprechend suchte sie jetzt nach einer Formensprache, in der das Absolute ihres Anspruchs in die Aura des Sakralen gehoben werden konnte. Es war die Frage zu beantworten, wie die selbstgeschaffene Religion einer revolutionären Nation aussehen musste.

Dechristianisierung

Weiterer Gärstoff für den revolutionären Prozess entwickelte sich aus dieser Konstellation vor allem außerhalb der Nationalversammlung. In Paris wie in den Städten und Dörfern der Provinz trafen die frommen Erwartungen des Kirchenvolkes, die Desorientierung des Pfarrklerus und der aggressive Umgestaltungswille revolutionärer Protagonisten, die als abgesandte Kommissare der Nationalversammlung und als Abteilungen der revolutionären Nationalgarden daherkamen oder aus den örtlichen Revolutionskomitees heraus agierten, aufeinander. Bereits im Verlauf des Sommers 1790 spitzte sich die Lage insbesondere in den Regionen Frankreichs zu, in denen die Katholiken sich einer selbstbewusster auftretenden protestantischen Bevölkerung gegenübersahen oder sich an der im September von der Nationalversammlung verfügten bürgerlichen Gleichberechtigung der Juden stießen. Lokale Revolutionskomitees drangen ihrerseits darauf, die Zivilkonstitution umgehend durchzusetzen. Noch immer schwieg der Papst, obwohl seine Haltung in der Sache längst feststand. Im September 1790 veröffentlichten die Bischöfe der Monarchie eine Erklärung zur Zivilkonstitution, die jeder als Widerlegung des Gesetzestextes lesen musste. Die im September zusammengetretene Legislative musste jetzt reagieren und erließ am 26. November gegen die Stimmen der meisten ihrer geistlichen Mitglieder ein Dekret, das dem Klerus bei Drohung der Amtsentsetzung ein Ultimatum von zwei Monaten setzte, um den verlangten Eid zu leisten.

An einer offenen Auseinandersetzung führte jetzt kein Weg mehr vorbei. Etwa die Hälfte des französischen Klerus verweigerte den Eid – zum Teil gegen massiven Druck der Bevölkerung. Besonders rabiat ging es oft in den städtischen Zentren der revolutionären Bewegung, wie in Paris oder Marseille, zu, aber auch in vielen Dorfgemeinden verlangte man von den Geistlichen, sich der neuen Ordnung zu fügen. Die Forschung hat diese Vorgänge genau untersucht und festgestellt, dass die regionale Verteilung der Eidverweigerung eine Kartierung Frankreichs ergibt, an der die Scheidung katholischer und laizistischer Landstriche bis ins zweite Drittel des 20. Jahrhunderts hinein abgelesen werden kann. Hoch war die Resistenz der Pfarrer und Vikare gegen die Zivilkonstitution etwa im Westen, wo die Geistlichen traditionell gut gestellt waren. Auch wiesen viele Städte einen hohen Anteil an Eidverweigerern auf, weil die Geistlichen dem persönlichen Druck dort mitunter leichter entgehen konnten. Hohe Quoten der Eidverweigerung gab es auch im Süden, wo die Katholiken sich starken protestantischen Bevölkerungsanteilen gegenübersahen, so dass die Katholizität zu einer Frage der Identität wurde. Das Frankreich der Revolution erstreckte sich hingegen vom Pariser Becken nach Norden und Süden, zog sich dann in einem Gürtel nach Südostfrankreich bis ans Mittelmeer. Die Departements im Südwesten wiesen ebenfalls einen hohen Anteil von Geistlichen auf, die den Eid auf die Verfassung ablegten.[73]

Inzwischen hatte der zögernde Pius VI. sich zu einer Stellungnahme durchgerungen und am 13. März 1791 die Zivilkonstitution verurteilt. 22 000 Geistliche widerriefen daraufhin ihren Eid. Die Lage wurde damit noch komplizierter und auswegloser. Die aus dem Amt geschiedenen Pfarrer konnten häufig nicht ersetzt werden, so dass die sakramentale Versorgung oft nicht mehr gesichert war. In anderen Gemeinden nutzten erklärte Parteigänger der Revolution die Gelegenheit, um sich zu etablieren und das geistliche Amt in einer Form auszuüben, die sie den revolutionären Verhältnissen für angemessen hielten. Es kam zu provokant-feierlich vollzogenen Priesterehen; manche Pfarrer engagierten sich in den örtlichen Revolutionskomitees. Wo die Geistlichen auf der Verweigerung des Eides beharrten, kam es zu Beginn des Jahres 1792 zu Übergriffen. Im Mai 1792 erhöhte die Nationalversammlung den Druck erneut, indem sie die Eidverweigerer mit Gefängnis und Deportation bedrohte, eine Maßnahme, die allerdings erst der aus der konstitutionellen Verfassungsblockade hervorgegangene Konvent im August 1792 wirklich umsetzte. Zu Tausenden flohen die Geistlichen jetzt ins Ausland, etwa 2000 von ihnen wurden deportiert. Im September 1792 übertrug man die Führung der Zivilregister von den Geistlichen auf weltliche Instanzen und erklärte die Ehe zu einem Vertrag, der auf Verlangen der Eheleute auch wieder geschieden werden konnte. Die Geistlichen hatten erneut eine wichtige gesellschaftliche Ordnungsfunktion verloren.

Aus einem sperrigen Hindernis der revolutionären Neugestaltung war jetzt ein Klerus geworden, der pauschal verdächtig war, in Frankreich und aus der Emigration heraus die Konterrevolution zu betreiben, wie umgekehrt der Revolution unterstellt werden musste, sie wolle nach der Zerstörung der Kirche auch noch das Christentum vernichten. Am 19. Vendémiaire des Jahres II revolutionärer Zeitrechnung (10. Oktober 1793) gab der in die westlichen Departements entsandte Revolutionskommissar Joseph Fouché mit einer Verfügung gegen den öffentlichen Vollzug des christlichen Kultus das Signal für die sogenannte Dechristianisierungskampagne. Sie war nicht bloß institutionell gemeint. Sie zielte darauf, die Tradition der christlichen Memoria zu zertrümmern, die bis dahin die Lebenden mit den Toten verbunden hatte, damit Platz sei für ein nationales Gedächtnis. Vom Kern des ländlichen Frankreich ausgehend, erfasste eine gegen Klerus, Kirche und Kultus gerichtete Welle der Gewalt innerhalb eines halben Jahres das gesamte Land. Kirchen wurden geschlossen oder profanen Zwecken zugeführt, das Kirchengerät an die weltlichen Behörden ausgeliefert, Friedhöfe verwüstet, Heiligenstatuen und Bilder mutwillig zerstört. Besonders im Süden kam es zu karnevalesken Ketzergerichten oder sonstiger für die Gläubigen obszönen Verhöhnung der kirchlichen Rituale. Die Gewalt zerstörte, aber sie war gleichzeitig ein Bekenntnis zur Revolution. Man eröffnete Tempel der Vernunft; die örtlichen Revolutionsgesellschaften dachten sich neue Feste aus mit Liturgien, in denen die Ideen einer revolutionären Bürgergesellschaft dargestellt und gefeiert wurden. Um ihre revolutionäre Ergebenheit zu demonstrieren, beschlossen viele Gemeinden, sich einen neuen Namen zu geben, sofern der alte auf einen Heiligen Bezug nahm oder sonst eine christlich grundierte Etymologie aufwies. Wieder zeigte sich, dass eine Kartographie der revolutionären Ortsnamen weitgehend deckungsgleich mit der Dichte der konstitutionellen Priesterschaft war. Auch deswegen liegt es nicht nahe, von einem durchweg spontanen Geschehen auszugehen. Man weiß um die Bedeutung der vom Konvent ausgesandten Revolutionskommissare, die vielerorts solche Aktionen anstießen. In anderen Gegenden ging die Initiative von den revolutionären Garden aus, und man kann über die Ausbreitung von Dechristianisierungswellen ihren Weg durch die Monarchie verfolgen. Trotzdem war die revolutionäre Dechristianisierung kein von Paris aus ins Werk gesetztes Geschehen. Sie verlief stets dort mit besonderer Intensität, wo die seit dem ersten Drittel des 18. Jahrhunderts laufenden Auflösungsprozesse einer christlich fundierten Lebenspraxis und -orientierung bereits weit fortgeschritten waren, und sie trafen dort auf beharrlichen Widerstand, wo das kirchliche Christentum in der Bevölkerung noch fest verwurzelt war. Fast überall aber zeigten die Frauen, dass sie von den »roten« Priestern der Revolution nichts hielten, und häufig traten sie sogar den Übergriffen auf Geistliche und Kirchengut entschlossen entgegen. Diese unterschiedliche Bindung der Geschlechter an die Kirche sollte eines der Kennzeichen katholischer Frömmigkeit des 19. Jahrhunderts werden.[74]

Der Kult der Revolution

Die schrittweise Entfremdung von Revolution und Kirche bis zur offenen Gegnerschaft stellte auch die Revolutionäre vor Probleme. Wie man die Marginalisierung des verkirchlichten Christentums durchsetzen sollte, schien dabei zunehmend die geringere Aufgabe, weil der Diskurs der Aufklärung bei den Intellektuellen vorgearbeitet und – wie der Klerikereid und die Dechristianisierungskampagnen zeigten – die Distanz in der Bevölkerung gegenüber einer habituellen katholischen Frömmigkeit landstrichweise und insbesondere bei den Gruppen des gewerblichen und freiberuflichen Bürgertums seit der Mitte des 18. Jahrhunderts bereits weit fortgeschritten war. Hier wurde die Revolution von langfristigen Entwicklungen getragen. Erfinderisch musste sie hingegen werden, sobald die Konflikte mit der Kirche und die Distanz zum Christentum es schwierig machten, auf die kirchlich gebundenen Symbol- und Ritualarchive zur Ausgestaltung des politischen Raumes zurückzugreifen.

Die Revolution begann hier noch tief im Ancien Régime. Wie es europaweit üblich war, Ständeversammlungen mit einer kirchlichen Feier zu eröffnen, so hatte man die Arbeit der Generalstände in Versailles begonnen mit einer Prozession der Deputierten zur Kirche des heiligen Ludwig. Auch die Nationalversammlung ließ sich von dieser religiösen Rahmung ihrer politischen Entscheidungsarbeit anfangs nicht abbringen. Ihre Sitzungen beschloss sie stets mit einem feierlichen Tedeum – auch die Nacht des 4. August 1789 ging so zu Ende, nachdem die Feudallasten und der Kirchenzehnt abgeschafft worden waren. Die Geistlichen gehörten anfangs überhaupt zu den treuesten Parteigängern der Umgestaltung. Ordensleute sprachen den Segen über die Trikolore, Gemeindepfarrer gaben der Zeremonie einen geistlichen Rahmen, wenn beschlossen war, einen Freiheitsbaum zu pflanzen.

Schon im Verlauf des Jahres 1790 wurde allerdings greifbar, dass die Revolution als Prozess, der die Massen mit einbezog, aus den traditionellen Formen der rituellen und festlichen Vergemeinschaftung einen wesentlichen Teil seiner Dynamik erhielt und daraus auch soziale Form gewann. In städtischen Festen war stets präsent gewesen, dass politische Gemeinschaften sich in der Vormoderne immer wieder aufs Neue als »Fress- und Saufgemeinschaften« zusammenfinden mussten, um als Kommune Bestand zu haben.[75] In jeder Kirchweih gewann eine Gemeinde aus der gefeierten Erinnerung heraus die performativ vergegenwärtigte Gemeinschaftlichkeit. Die Kultur der Handwerker und Gesellen war von diesen Elementen geprägt, selbst der Hof nutzte die Inszenierung des Festes, um sich ein Bild von sich selbst zu machen. Das entsprach den Integrationsbedingungen einer Gesellschaft, in der ein wachsender Anteil der Kommunikation zwar über die Medien der Schrift und der Drucktechnik ablief, Gesellschaft aber immer noch als eine Sache begriffen und erfahren wurde, die sich unter Anwesenden abspielte. Die gesamte Sozialtheorie der Aufklärung – allen voran Rousseau – argumentierte in diesem Sinne.

Deswegen fand auch die Revolution schnell Anlässe, bei denen sie Anschauung und Bewusstsein von sich selbst gewinnen konnte. Feiern, auf denen schon 1789 Freiheitsbäume gepflanzt wurden, gehörten dazu. Am 14. Juli 1790 feierten die Nationalgarden aus der Provinz in Paris ein Verbrüderungsfest, an dem sich der König mit Familie, die Deputierten der Nationalversammlung samt Amtsträgern beteiligten. Es wurde zu einem Vorbild für eine Fülle von Föderationsfesten in allen Teilen des

Landes. Gleichzeitig ließ der erfolgreiche Unternehmer Palloy, der beim Sturm auf die Bastille sein Herz für die Revolution entdeckt hatte und sich seitdem Palloy-Patriot nannte, neben den Trümmern der Bastille eine hölzerne Tanzbühne aufschlagen, die zum Zentrum für ein dreitägiges Volksfest zur Erinnerung an die Niederlage der Tyrannei wurde. Diese bacchantische Ausgelassenheit der revolutionären Feste vertrug sich mit der Mitwirkung der Kirche, brauchte aber die Überhöhung durch das religiöse Ritual keineswegs, um ihre soziale Wirkung zu entfalten.[76]

Ein weiterer Strang des revolutionären Rituals entfaltete sich im Frühjahr 1791, als beschlossen war, Mirabeau und kurz darauf Voltaire als Helden der Nation ins Pantheon zu überführen. Schon die Tatsache, dass man einen säkularen Tempel der Erinnerung einrichtete und nicht etwa Notre-Dame dafür ausgewählt hatte, verweist auf die Kluft, die sich zwischenzeitlich zwischen Kirche und Nation aufgetan hatte. Sie wurde unterstrichen durch den Beschluss der Nationalversammlung, die neu erbaute Kirche Sainte-Geneviève künftig als nationale Gedenkstätte zu nutzen. Der Erste, den man dort zu Grabe trug, war Mirabeau. Überführung und Grablege vollzogen sich durchaus noch in der Art einer höfischen Totenfeier, mit ständisch gegliederter Trauerprozession und kirchlich gestalteter Beisetzungsmesse. Sogar Totenmessen wurden für den Verstorbenen in einigen Pfarrkirchen der Stadt noch gelesen. Die endgültige Überführung in das Pantheon im Dezember gestaltete sich dann bereits als sehr nüchterne säkulare Feierlichkeit. Zwischenzeitlich hatte man Voltaire ins Pantheon aufgenommen und dort damit einen Ort der säkularen Heiligenverehrung begründet, an dem sich, wie geschrieben wurde, die Reliquien der philosophischen Apostel der Menschheit nach und nach zusammenfinden sollten. Die Überführung des Aufklärers vollzog sich ohne jede Beteiligung der Kirche und vermied bewusst jeden Bezug auf kirchliche Symbole oder Rituale. Um die republikanische Überwindung des Ancien Régime darzustellen, hatte man den Trauerzug in einem antikisierenden Stil gestaltet. Der Bruch der Zeiten war es, in dem die Revolution ihre Identität finden wollte. Die Überführung wurde zu einer hauptstädtischen Feier, die einen Großteil der Bevölkerung einbezog. Wer nicht teilnehmen konnte, dem wurde das Gemeinschaftserlebnis in Journalen aufbereitet. Von Rufen wie: Nun habe man ein

Vaterland, wurde berichtet und festgestellt, dieses Bürgerfest könne sich mit allem messen, was die großen Völker der Antike je zuwege gebracht hätten. Dies allen Franzosen zu berichten und zu vergegenwärtigen sei Aufgabe der Presse.[77]

Ihren Höhepunkt fand die bewusste Abkehr von einer christlich imprägnierten Festkultur und einer kirchlich orientierten Zeitrechnung. Ende 1792 erging der Auftrag des Konvents an den Bürger Guilbert Romme, einen revolutionären Kalender, den *Decadie*, auszuarbeiten. In seinem knapp ein Jahr später dem Konvent vorgelegten Bericht schlug Romme eine auf dem Dezimalsystem basierende Kalenderordnung vor. Das Jahr sollte künftig am 22. September, dem Tag der Herbstnachtgleiche, beginnen, damit die bürgerliche und politische Gleichheit, auf der die Republik gebaut sei, zum gebührenden Ausdruck komme. Die dezimale Gliederung der Zeit und die am Jahreslauf der Natur orientierten Monatsnamen verbanden zwei der wichtigsten Prinzipien der aufgeklärten Werthierarchie. Der Kalender wurde auf diese Weise zu einem Symbol für das Neue der revolutionären Ordnung, für ihre Rationalität und dafür, dass sie unhintergehbar, weil in der Natur des Menschen gegründet war. Ein erklärtermaßen nichtchristliches *fondament sacré* der politischen Ordnung sollte damit geschaffen werden.

Gegen den Sonntag konnte der Decadie sich im Alltag nur mühsam durchsetzen, aber man weiß inzwischen, dass die Menschen in den Jahren 1793 und 1794 sich mehr auf den Revolutionskalender einließen und dies auch später weitere Lebensbereiche erfasste, als lange angenommen war. Davon, dass er der politischen Ordnung tatsächlich ein heiliges Fundament gegeben hätte, waren aber auch die Revolutionäre nicht überzeugt. Die Revolution hatte einen eigenständigen Diskurs öffentlicher politisch-sozialer Sprache etabliert, in der republikanischen Überwindung des Ancien Régime verfügte sie über einen Mythos, der sich zur Inszenierung der eigenen Geschichte ausgestalten ließ, aber es fehlte der Macht der Revolutionäre eine Aura des Sakralen, wie sie die Monarchie bei aller naturrechtlichen Begründung der Königsmacht immer noch vorweisen konnte.[78]

Zeitgleich mit dem Dekret Fouchés, das die gewaltsame Dechristianisierung einläutete, unternahm man in Paris mit dem Fest der Freiheit und der Vernunft einen ersten Anlauf, dieses Defizit zu beheben. Die minutiöse Planung überließ nichts dem Zufall. Das Schiff der Kathedrale war mit Tüchern verhängt, um die christliche Bild- und Symbolwelt zu verhüllen. In der Mitte hatte man einen Heiligen Berg aufgeschüttet, auf dem ein Tempel der Philosophie errichtet war, umgeben von Büsten, die die Größen der Aufklärung vorstellten. Davor flackerte die Fackel der Vernunft. Zur Zeremonie wurden Schauspielerinnen der Oper abgeordnet, die in weißen Gewändern den Tempelberg bestiegen und den Philosophen dort ihre Verehrung erwiesen. Es wurden Hymnen an die Freiheit gesungen und Ansprachen gehalten. Anschließend formierte die »Festgemeinde« eine Prozession und zog mit einer leibhaftigen Göttin der Vernunft vor den Konvent, der daraufhin den Beschluss fasste, die Kathedrale der Pariser zum Tempel der Vernunft zu weihen.[79]

Obwohl die Vorstellung allein durch die Beteiligung von Schauspielerinnen eher einer Operette als einem Ritual glich, erlangte der Kult der Vernunft unter den Verwerfungen der Dechristianisierung in den folgenden Monaten auch in der Provinz eine gewisse Popularität. Ein heiliges Fundament der Konventsdiktatur ließ sich damit aber nicht aufmauern. Die verfügbare Semiotik des Sakralen blieb, aller Dechristianisierung zum Trotz, christlich imprägniert. Als Jean-Paul Marat im Juli 1793 ermordet wurde, entnahm man sein Herz und bahrte es im Jakobinerclub in einem Achatgefäß auf, das angeblich dem königlichen Schatz entstammte. Der nationale Märtyrerkult leistete einer solchen Entfremdung christlicher Symbolik auch sonst Vorschub, ohne sich allerdings zu einer Liturgie der neuen Ordnung zu verdichten.

Einen letzten Anlauf dazu unternahm Robespierre im Mai 1794. Er hielt die antichristliche Stoßrichtung des Kultes der Vernunft politisch für schädlich und bezweifelte überhaupt, dass soziale Ordnung sich auf bloßer Rationalität gründen ließ. Der Kult der Vernunft bleibe eine Angelegenheit der Aristokraten, erklärte er dem Konvent im November 1793, und er liefere die Nation dem Atheismus aus: »Wenn es keinen Gott gäbe, müsste man ihn erfinden.«[80] Im Mai 1794 legte Robespierre dem Konvent dann einen Plan für einen Kult des Höchsten Wesens vor. In der Begründung verwies er erneut auf die Gefahren, die einer atheistischen Gesellschaft drohten, und beschwor die Politik, sich der Aufgabe anzunehmen, eine Ordnung zu schaffen, die den Menschen nicht weiterhin korrumpiere, sondern ihn dauerhaft zur Tugend bringe. Das war im Geiste Rousseaus gegen die »Sekte« der Encyclopädisten gerichtet und aktuell gegen die Bestrebungen seiner politischen Gegner. Die Idee des Höchsten Wesens sei ein dauerhafter Appell an das menschliche Gerechtigkeitsempfinden. Dadurch stärke sie eine republikanische Gesellschaft. Die Revolution brauche einen nationalen Kult, der öffentlich erziehend wirke und dessen Feste es den Menschen möglich machten, das Göttliche zu verherrlichen. Fünfzehn Artikel umrissen die künftige Liturgie der Nation. Der Kult des Höchsten Wesens sollte den Aberglauben und die Tyrannei ächten, Mörder mit Strafe bedrohen, die Unglücklichen trösten und die Unterdrückten verteidigen. Eine neue, vom Komitee für Unterricht und Erziehung im Einzelnen noch auszugestaltende Festordnung, die neben verpflichtenden Revolutionsfesten auch noch eine lange Liste von Tugendfesten und einen Jahreszyklus an Festen der Natur umfasste, war geplant, um diese Ziele zu erreichen.

Mit Gestaltung und Ausrichtung des ersten Fests des Höchsten Wesens am 8. Juni 1794 wurde der Maler Jacques-Louis David beauftragt. Er inszenierte in Paris in den Tuilerien und auf dem Marsfeld ein Gesamtkunstwerk aus belehrendem Revolutions-, Volks- und Naturfest, bei dem der erhebendste Moment wohl war, als Robespierre mit einer Fackel eigenhändig eine übergroße Statue des Atheismus in Brand setzte und auf dem Platz dann eine etwas angerußte Figur der Weisheit zurückblieb. David hatte eine minutiös geplante Regie des kollektiven Enthusiasmus und der Begeisterung arrangiert, die allerdings für Beteiligte wie für Beobachter durchsichtig blieb. Auf dem Marsfeld kam gefährliche Unruhe auf, als jemand ausrief, Robespierre wolle sich selbst zum Gott machen lassen.[81]

Der Kult des Höchsten Wesens, der dann durch die Direktiven des Erziehungskomitees und die Planungen Davids im gesamten Land verbreitet wurde, hatte das Theaterhafte des Vernunftkultes hinter sich gelassen und war zu einem komplexen ästhetischen Ritual ausgestaltet worden, das die Beteiligten nicht nur belehrte, sondern sie einbezog und ihnen die erhebende Erfahrung einer dem Alltag entrückten Situation vermitteln konnte. Mit den angeordneten Tugend- und Naturfesten wurde ein ganzes Netz revolutionärer Liturgik über den bürgerlichen Alltag gespannt. Ob die revolutionäre Ordnung dadurch in eine sakrale Aura gehoben wurde, mag bezweifelt werden. Der Kult des Höchsten Wesens brach mit dem Sturz Robespierres am 9. Thermidor des Jahres II zusammen. Der anschließende Versuch des Direktoriums, eine freimaurerisch inspirierte Theophilanthropie zu installieren, war nicht von Erfolg gekrönt. Im Februar 1795 beschloss der Konvent, zur Freiheit der Religionsausübung zurückzukehren, aber die Trennung von Staat und Kirche künftig beizubehalten.

Die Revolution war darin gescheitert, sich eine neue, vom christlichen Ritual nicht mehr inspirierte Sakralität zu geben, die als Religion der Nation taugte. Dem Kult des Höchsten Wesens fehlte die Absolutheit und das Opfer für die Revolution, das auf der Guillotine Tag für Tag öffentlich dargebracht wurde. Kult und Terror verwiesen aufeinander, und zusammen tauchten sie die Revolution in die Unbedingtheit des Heiligen, die inszenierte und ästhetisierte Kulte nicht evozieren konnten.

Für eine pluralistische, bürgerliche Nationalgesellschaft, wie sie aus der Revolution hervorging, war diese mordende Sakralität einer totalen Ordnung aber ersichtlich nicht brauchbar. Sie benötigte, was die Revolution ebenfalls erfolgreich kreiert und in mehreren Anläufen ausprobiert hatte: eine Formensprache und eine Technik für die Darstellung und Vermittlung sozialer Integration in einer bereits medial zusammengehaltenen, nicht mehr hierarchisch geordneten Gesellschaft. Die Mischung aus Volksfest, oratorischer Didaktik, medialer Interpretation und Vervielfältigung des Ereignisses, wie man sie in den Revolutionsfesten und den revolutionären Kulten beobachten konnte, war in der Lage, die »Nationalisierung der Massen« (Mosse) im 19. Jahrhundert nachhaltig zu befördern. Die Revolution hatte eine medial vermittelte Öffentlichkeit hervorgebracht, deren soziale Kraft alle Liturgie unter den Bedingungen der bürgerlichen Gesellschaft überstieg. Sie schien so erfolgreich, dass die Liturgen der großen Konfessionen sich ihrerseits fragten, was denn für die öffentliche Gottesverehrung von der Großen Revolution zu lernen sei. Das Problem war also nicht, dass die Revolution die Symbolarchive des Christentums plünderte, sondern dass mit der Umgestaltung der kirchlichen Institutionen auch die eigene Ritualität dem Wandel der Gesellschaft angepasst werden musste. Das war das eigentliche Menetekel der Revolution für das europäische Christentum.

2. Die großen Säkularisationen

Seit General Bonaparte die Revolution gegen ihre europäischen Widersacher von Sieg zu Sieg trug und vom Mittelmeer bis zum Atlantik der Grande Nation ergebene Schwesterrepubliken und Satellitenstaaten errichtete, vollzog sich für das katholische Europa, was seit den Beschlüssen der Nationalversammlung befürchtet worden war: Der Export der Revolution führte überall zu einem umfassenden Angriff auf die materielle Herrschaftsbasis der katholischen Kirche. Im Fall des Kirchenstaates und der Verhaftung Pius VI. im Jahr 1799 blitzte die Vision einer national zerteilten Bischofskirche ohne hierarchisches Zentrum auf, die ähnlich wie in den protestantischen Kirchen ihre organisatorische Stabilität in enger Symbiose mit der säkularen Macht des Staates hätte suchen müssen. Deswegen schlossen die jetzt in den katholischen Staatswesen folgenden Maßnahmen auch nur noch oberflächlich an die Reformen des 18. Jahrhunderts an. Damals hatten aufgeklärte Herrscher und Bischöfe Teile des Kirchenvermögens angegriffen, weil sie für Formen der Kirchenorganisation und der Frömmigkeit standen, die man weder einem wohlverstandenen Christentum noch der aufgeklärten Staatlichkeit für dienlich hielt. Diese Sorge um einen Verbündeten hatte die in der Revolution zu sich selbst gekommene Staatsmacht der Moderne im ersten Anlauf hinter sich gelassen. Es ging jetzt darum, einen Konkurrenten aus dem Feld zu schlagen. Die symbiotische Konkurrenz der Vormoderne wurde einseitig für beendet erklärt. Die bis zur Mitte des 19. Jahrhunderts durchgeführte Säkularisation von Kirchengut hatte deswegen überwiegend den Charakter einer offenen Verstaatlichung von kirchlichem Eigentum und zielte meist nur nebenbei darauf, den Besitz von Klöstern, Bruderschaften und anderen frommen Stiftungen für Zwecke der besseren seelsorgerlichen Versorgung im weitesten Sinne zu mobilisieren.

Trotzdem war der Verlauf dieser Eingriffe in den kirchlichen Vermögensbestand auch weiterhin von divergierenden Zielvorstellungen getragen. Eine wichtige Zäsur ergab sich allein aus der restaurativen Legitimation staatlicher Macht, die sich spätestens nach dem Zusammenbruch der napoleonischen Herrschaft in Europa durchsetzte, die aber von Napoleon in seinem Kaisertum bereits vorexerziert worden war. Das kirchlich gebundene Christentum wurde wieder als Stütze des Thrones und als Schutzwall gegen die Bedrohungen entdeckt, die von geschriebenen Verfassungen und dem Prinzip der Volkssouveränität für die monarchische Herrschaft ausgingen. Das führte zum Teil noch während der napoleonischen Herrschaft dazu, dass in den nach 1800 eingerichteten Satellitenstaaten mit Restitutionen erneut rückgängig gemacht wurde, was an fiskalisierender Enteignung unter Protektoraten oder von revolutionären Republiken von 1797 bis 1799 an Herrschaftssäkularisationen angeordnet worden war. Damit zeichnete sich bereits ab, wie eng die Gestaltung der kirchlichen Vermögensverhältnisse auch künftig mit der Auseinandersetzung um die politische Verfassung verknüpft sein würde. Herrschaftssäkularisation als verfassungspolitische Maßnahme und Restitution folgten überall dort in sich wiederholenden Zyklen aufeinander, wo die Verfassungsfrage in Bewegung blieb – sei es wegen der noch zu lösenden nationalen Frage, wie in Italien, sei es wegen der umstrittenen Balance zwischen restaurativem monarchischen Absolutismus und liberalem Parlamentarismus wie in Spanien. Auf dem Gebiet des Reiches blieben Restitutionen nach der revolutionären Herrschaftssäkularisation der Reichskirche weitgehend aus, weil damit die nachnapoleonische Staatenordnung in ihrem Bestand gefährdet gewesen wäre und niemand mehr die politische Ordnung des Reiches zurückwünschte.

Säkularisation ließ sich aber auch aus einer gesellschaftspolitischen Argumentation heraus rechtfertigen, insofern der Besitz der Toten Hand und die damit immer noch verbundenen feudalen Rechte in eine liberale Eigentümergesellschaft mit freien Kapital- und Immobilienmärkten ebenso wenig passten wie die Fideikommisse des Adels und die grundherrlichen Lasten der bäuerlichen Familienwirtschaften. Auch im protestantischen Staatswesen konnten deswegen die kirchlichen Zehnteinkünfte zum Anlass für Eingriffe in kirchliche Besitzrechte werden, wie die Anglikanische Kirche in den 1830er Jahren erfahren musste.

Drittens ließ sich bei den meisten der Säkularisationsmaßnahmen auch nach 1800 die josephinische Rechtfertigung mobilisieren, dass es sich im Grunde um kirchenreformerische Maßnahmen handele. Insbesondere in katholischen Staaten wurde die Säkularisation des Klosterbesitzes auch nach 1800 häufig mit dem Hinweis auf die notwendigen Verbesserungen in der seelsorgerlichen Versorgung und der schulischen Bildung der Bevölkerung begründet. In der Anglikanischen Kirche, die als grundbesitzfundierter Pfründenapparat in das 19. Jahrhundert ging, wurde die Diskussion mit den gleichen Argumenten geführt.

Italien und Spanien

Die wichtigste Restitution in Italien war nach den revolutionären und napoleonischen Säkularisationen der 1815 auf Beschluss des Wiener Kongresses wiedererrichtete Kirchenstaat. Er entwickelte sich nach moderaten Anfängen unter Pius VII. (1800–23) und Leo XII. (1823–29) unter Papst Gregor XVI. (1831–46) zu einer reaktionären Theokratie, in der selbstverständlich die vormaligen Eigentums- und Feudalrechte der Kirche wiederhergestellt wurden. In den übrigen sieben Fürstentümern und Königreichen, die nach der napoleonischen Flurbereinigung im politisch kleinteilig gegliederten Italien übriggeblieben waren, wussten die Fürsten und Könige zwar den Nutzen der religiösen Herrschaftslegitimation zu schätzen, säkulares Staatsverständnis und josephinische Traditionen verhinderten aber, dass man zu vorrevolutionären Verhältnissen zurückkehren konnte. Die seit 1815 von den meisten Einzelstaaten nach und nach mit der Kurie abgeschlossenen Konkordate beinhalteten im Regelfall die Anerkennung der in den zurückliegenden Jahren vollzogenen Säkularisationen einschließlich der unter Napoleon kassierten Kirchenzehnten. Im Norden, in der habsburgischen Einflusssphäre, gab es davon keine Ausnahme. Mitunter einigte man sich, wie im Großherzogtum Toskana, auf kompensatorische Zugeständnisse und verzichtete auf weitere Gesetze gegen den Vermögenserwerb der Toten Hand oder gab das Kirchengut, wie im Königreich Neapel, zurück, soweit es noch nicht verkauft worden war. Der auf diese Weise bei der Kirche verbleibende Besitz wurde allerdings in jeder Hinsicht der Geltung des säkularen Rechts unterworfen. Am weitesten ging der Wille zur Restitution im Königreich Piemont-Sardinien, wo 1828 auf der Grundlage des napoleonischen Konkordates eine Übereinkunft über die Rückgabe der unter französischer Herrschaft eingezogenen Kirchengüter getroffen wurde. Selbst hier mussten sich die Klöster ab 1825 einer strengen, allerdings von der Kurie durchgeführten Visitation unterziehen.[82]

In Spanien nahmen die staatlichen Übergriffe auf den Besitz der Kirche schon vor der französischen Herrschaft ihren Anfang. Um den angeschlagenen Staatshaushalt zu sanieren, wurde 1798 in großem Stil Kirchengut veräußert, wobei die Krone sich verpflichtete, den Kapitalwert jährlich mit drei Prozent zu entschädigen. Das war verbunden mit Reformen des Klosterwesens. Mehr als 2000 Ordensniederlassungen wurden um die Jahrhundertwende einer Visitation unterzogen. 1803 unterbreiteten die Bischöfe Spaniens dem Papst Vorschläge, die Orden stärker in die Disziplinargewalt der Bischöfe einzubinden. Die Bettelorden waren danach dem Zugriff ihrer in Rom sitzenden Generaloberen faktisch entzogen. Das alles verband bereits Elemente einer episkopalistischen, nationalkirchlich orientierten Kirchenreform mit der Säkularisationsbereitschaft des Staates, der das Kirchengut als Notgroschen zur Behebung fiskalischer Probleme ansah. Trotzdem bedeuteten die unter Joseph Bonaparte, dem Bruder Napoleons, 1809 gefassten Beschlüsse zur Enteignung aller Bruderschaften und Aufhebung aller Orden in Spanien nochmals eine neue Stufe in der Säkularisierungspolitik. Davon kam nichts zur Verwirklichung. Die Besatzer wurden mit tatkräftiger Unterstützung der Kirche vertrieben. Besonders der Mönchsklerus hatte sich im Guerillakrieg hervorgetan. Eine fatale Folge hatte dieser frontale Angriff auf die Kirche dann aber insofern, als er die innerkirchliche Reformbereitschaft umgehend erstickte. Die Bischöfe erhofften deswegen zunächst vom Deputiertenparlament der *Cortes*, dass die Kirche von staatlicher Bevormundung befreit werde, ihre ökonomischen und sozialen Privilegien aber ungeschmälert behalte. Als Ferdinand VII. 1814 aus dem Exil zurückkehrte, war diese Illusion bereits zerstoben. Die spanische Nation war zwar auf den römischen Katholizismus verpflichtet, aber die *Cortes* hatten die herrschaftlichen Rechte des Adels wie der Kirche kassiert und die Aufhebung von kontemplativen Ordenshäusern angeordnet. Man setzte deswegen jetzt darauf, dass der König die Kirche in ihre alten Rechte wieder einsetzen und sein Versprechen halten werde, die vorrevolutionäre Ordnung überhaupt zu restaurieren. Ferdinand VII. entsprach diesen Erwartungen insofern, als er die Säkularisationen mit einer großzügigen Restitution der Kirchengüter rückgängig machte, die Jesuiten wieder ins Land holte und die Inquisition als ein Instrument der politischen Zensur und Reglementierung erneut einrichtete. Von einer Befreiung der Kirche konnte aber auch jetzt nicht die Rede sein. Der König nutzte ohne Skrupel sein Universalpatronat, um einen gefügigen Episkopat zu installieren, und tat alles, um eine engere Bindung der spanischen Kirche an Rom zu verhindern. Damit und mit seiner Restitutionspolitik hatte Ferdinand die Kirchenfrage zu einem zentralen Punkt in der nachfolgenden Auseinandersetzung um die politische Ordnung Spaniens gemacht. Die Abfolge aus liberaler Parlamentsherrschaft (1820–23), königlicher Autokratie Ferdinands (1823–33), dem Herrschaftsvakuum einer dynastischen Krise (1833–39), dem Militärregime eines Generals (1839–43) und der gemäßigten konstitutionellen Monarchie Isabellas II. war dadurch gekennzeichnet, dass in Zeiten, in denen die Monarchie die Macht verloren hatte, die Eingriffe in das Kirchenvermögen vorangetrieben wurden, während die Monarchen dann wieder bemüht waren, die Folgen der Säkularisationsmaßnahmen einzudämmen – allerdings bis zur Mitte des Jahrhunderts mit deutlich nachlassender Energie. Ferdinand hatte die mehr als 800 Klosterniederlassungen, die 1820 bis 1822 aufgehoben worden waren, noch ohne Entschädigung an die Käufer restituiert. Die entscheidenden Schläge gegen die Kirche als Großgrundbesitzerin wurden in den Jahren 1836 und 1837 geführt. 1836 hob man mit wenigen Ausnahmen alle Klöster und die Niederlassungen aller sonstigen religiösen Männergemeinschaften Spaniens auf und überstellte die Besitzungen dem Verkauf. 1837 wurde das restliche Kirchengut in den Fonds der Nationalgüter integriert, somit nicht nur der Staatsaufsicht unterworfen, sondern faktisch verstaatlicht, wie sich vier Jahre später erwies, als erneut mehr als 10000 Grundstücke aus kirchlichem Besitz auf den Markt gebracht wurden. Ohne einen Zusammenbruch der gesamten Eigentumsordnung wären diese Säkularisationen nicht mehr rückgängig zu machen gewesen. Isabella II. beschränkte sich deswegen darauf, die Desamortisation des Kirchengutes zu beenden, so dass mit dem Konkordat von 1851 eine Kirche zur Staatskirche erklärt wurde, die nur mehr über einen Bruchteil ihrer einstigen ökonomischen Macht verfügte.[83]

Die Reichskirche

Die Säkularisation der Reichskirche durch die Bestimmungen des Reichsdeputationshauptschlusses von 1803 hatte eine bis 1648 zurückreichende Vorgeschichte, zu der gehörte, dass Rom sich weigerte, den Religionsausgleich im Reich anzuerkennen, gleichzeitig aber in der zweiten Hälfte des 18. Jahrhunderts die Partei des territorialen Staatskirchentums gegen den Episkopalismus der Reichskirche ergriff. Andererseits hatten die weltlichen Reichsstände in blühenden Planspielen schon mehrfach zu erkennen gegeben, wie leicht es ihnen fallen sollte, politische und religiöse Konflikte zwischen ihnen durch Zugriff auf die Vermögensmasse der Reichskirche zum Ausgleich zu bringen. Hochstifte wie Magdeburg waren der Kompromissstruktur des Westfälischen Friedens bereits zum Opfer gefallen. Zudem legten die katholischen Territorien ihrem fiskalischen Appetit, der sich auf den Kirchenbesitz und hier insbesondere den der Orden richtete, immer weniger Zügel an. Sie konnten sich durch eine aufgeklärte Publizistik bestärkt fühlen, die dem Ordensklerus und den Frauenklöstern aus ökonomischen, sozialen und auch aus religiösen Gründen das Existenzrecht absprach. Als dann schließlich im Fürstenbund (1785) sich die Interessen der Reichsstände offen gegen die Staatlichkeit des Reiches richteten, war eigentlich auch das Schicksal der Reichskirche bereits besiegelt. Es war deswegen nicht länger überraschend, wie leicht sich Habsburg und Preußen im Frieden von Lunéville 1801 schließlich mit Frankreich darauf verständigten, zur Entschädigung für die linksrheinisch an die Macht der Revolution abgetretenen Reichsgebiete auf die Besitztümer der Reichskirche zurückzugreifen.

Die Dämme waren gebrochen. Niemand wollte angesichts des zu verteilenden Reichtums jetzt zu kurz kommen. Selbst Fürstbischöfe, die von den Abtretungen betroffen waren, forderten für sich lautstark und ohne geistliche Rücksichten die Überstellung anderer Hochstifte. Der Malteserorden legte ebenfalls Wert darauf, Entschädigungen aus geistlichen Besitzungen zu erhalten. Als der Reichsdeputationshauptschluss die Einzelheiten der anstehenden Umverteilung festschrieb, verstand es sich bei dieser Lage fast von selbst, dass in Paragraph 35 »alle Güter fundierten Stifter, Abteyen und Klöster [...] der freyen und vollen Disposition der respectiven Landesherrn« überstellt wurden, und zwar sowohl für Zwecke der Verbesserung der Seelsorge und des Schulwesens wie auch »zur Erleichterung ihrer Finanzen«. Als Verpflichtung blieb nur, für die Ausstattung der Domkirchen und für die Pensionen der »aufgehobenen Geistlichkeit« zu sorgen. Das josephinische Reformprogramm war jetzt in seiner fiskalischen Variante zusammen mit der Herrschaftssäkularisierung der geistlichen Reichsstände zum Reichsgesetz geworden.[84]

Die Verteilung der Beute begann noch bevor der Reichsschluss formell gefasst worden war. Nennenswerten öffentlichen Widerstand gab es nicht, auch nicht unter den Katholiken. Säkularisiert wurden dann zwei geistliche Kurfürstentümer, ein Fürsterzbistum, 19 Fürstbistümer und rund 40 Reichsabteien. In den weltlichen Territorien setzten sich Kommissionen in Bewegung, um den Besitz der Klöster und Abteien zu verzeichnen und über die weitere Verwendung der Ländereien, Gebäude, des Inventars, der Bibliotheken, Kunstgegenstände und des geistlichen Geräts zu befinden. Rund 160 landsässige Männer- und Frauenkonvente traf dieses Schicksal neben den gut zwanzig schwäbischen Reichsklöstern im Gebiet des heutigen Baden-Württemberg. Das Königreich Bayern säkularisierte sämtliche landsässigen Klöster, die Bettelorden hatte man nach mehrjährigen Vorbereitungen schon 1802 aufgehoben. Der fiskalische Gewinn dieser Maßnahmen war für sich genommen beträchtlich. Er wird für das Königreich Bayern auf über 20 Millionen Gulden geschätzt. Allein die Staatswaldungen erweiterten sich um eine Fläche von 97 000 Hektar. Solchen Summen standen die Pensionspflichten für die durchweg standesgemäß versorgten Klosterinsassen, die Dotationen für Domkapitel und Bistümer und die Verbindlichkeiten der aufgehobenen Institute selbst gegenüber, so dass der Nettoertrag für den Fiskus letztlich bedeutend bescheidener ausfiel. Eine 1825 für Bayern erstellte Endabrechung weist daher auch nur einen Betrag von 3,7 Millionen Gulden aus. Entsprechende Bilanzen lassen sich auch für andere Staaten errechnen. Den eigentlichen Nutzen zogen die Nachfolgestaaten des Reiches aus der Herrschaftssäkularisation. Es war gelungen, die symbiotische Herrschaftskonkurrenz zwischen Kirche und Staat aufzukündigen. Die katholische Kirche hatte ihre staatlichen Herrschaftsbefugnisse eingebüßt.[85]

England

Darauf lief es in den Jahren seit 1830 für die Kirche von England nicht hinaus, aber sie wurde für die politische Öffentlichkeit als Teil des Establishments in dem Maße sicht- und angreifbar, in dem sie sich dafür einsetzte, die Folgen der Industrialisierung politisch zu ignorieren. Die Bischöfe der *Church of England* hatten wesentlich dazu beigetragen, dass eine moderate Reform der Wahlgesetze, mit der den Arbeitern der Industriestädte eine bessere Vertretung im Parlament verschafft werden sollte, 1831 erst in dritter Lesung von Parlament und Oberhaus verabschiedet werden konnte. Die Folge war eine Flut von Pamphleten gegen die politische Klasse, in denen auch die Bischöfe und ihre Kirche scharf attackiert wurden. Listen wurden veröffentlicht, in denen man die enormen Summen anprangerte, über die Bischöfe auf ihren Pfründen verfügten. Viele dieser Zahlen entsprangen der Phantasie, aber das tat wenig zur Sache, weil die Einkommen der Bischöfe ohnehin nur stellvertretend für die Verwerfungen standen, die in der Besitzstruktur der Anglikanischen Kirche samt deren negativen Folgen für das geistliche Leben entdeckt werden konnten.[86]

Das Problem war mehrschichtig. Es betraf einmal den kirchlichen Grundbesitz als Faktor in der britischen Agrarökonomie, dann die negativen Auswirkungen der Pfründenstruktur für die geistliche Versorgung der Gläubigen und schließlich – wiederum vermittelt über die Frage der Kirchenfinanzierung – das Verhältnis von Kirche und Dissent.

Hinsichtlich des ersten Punktes wurde der Anglikanischen Kirche eine Entwicklung zum Verhängnis, von der in den Kirchenwesen des Kontinents nicht einmal mehr geträumt werden konnte: Sie hatte seit der

Mitte des 18. Jahrhunderts an Grundbesitz wesentlich zugelegt. Ursache dafür waren die Zehntansprüche der Kirche, die vom Parlament unter die verbrieften Eigentumsrechte gezählt wurden, so dass die meisten der im Parlament verabschiedeten *Enclosure Acts* mit einer Vereinbarung über die Zehntablösung verbunden waren. Im Regelfall tauschte man Zehntrechte gegen Land, so dass der Landbesitz der geistlichen Pfründeninhaber sich insgesamt seit der Mitte des 18. Jahrhunderts mehr als verdoppelt hatte. Gleichzeitig wurden die verbleibenden Zehntrechte in der politischen Ökonomie und der tagespolitischen Auseinandersetzung umso intensiver als störende Hindernisse für die weitere Intensivierung der Agrarwirtschaft diskutiert, je stärker die Agrarkonjunktur zu Beginn des 19. Jahrhunderts anzog. Adam Smith hatte sich schon dazu geäußert. Ein Agrarökonom wie Arthur Young war ihm in der Kritik der Zehntabgaben gefolgt. Die kirchlichen Zehntrechte drückten auf den Kapitalertrag in der Landwirtschaft. Als nach 1814 die Agrarpreise einbrachen, drehte sich die Argumentation: Die Landarbeiter machten den Zehnt für ihre niedrigen Löhne oder überhaupt für ihre Beschäftigungslosigkeit verantwortlich. Seit den 1820er Jahren galt daher dieser Teil des Kirchenvermögens als Anachronismus, der die wirtschaftliche Entwicklung behindere und zu sozialen Ungerechtigkeiten führe.[87]

Innerhalb der Kirche hatte sich der Reichtum nicht als Segen, sondern als Fluch erwiesen. Die Einkommen der englischen Pfarrgeistlichen waren seit dem 18. Jahrhundert erheblich gestiegen, zum Teil auf das Vierfache, regelmäßig aber auf das Doppelte. Das ermöglichte es den Pfarrgeistlichen, das Leben von Gentlemen zu führen. Sie beteiligten sich am politischen Leben, waren gern gesehen auf den geselligen Veranstaltungen der Gentry und hatten die Muße, sich ausgiebig und erfolgreich wissenschaftlichen Fragen zu widmen oder der Schriftstellerei. Lawrence Sterne oder Robert Malthus waren berühmt für ihre literarischen und publizistischen Werke, nicht für ihre seelsorgerlichen Anstrengungen. Die geistliche Karriere war dadurch für Angehörige der Mittelschicht zu einem erstrebenswerten Lebensziel geworden. Das Fundament dieses gesellschaftlichen Aufstiegs der Geistlichkeit bestand allerdings nicht in den konjunkturbedingten Einkommenszuwächsen, sondern im Pfründensystem. Die Patronatsrechte befanden sich in den 1820er Jahren knapp zur Hälfte in Laienhand, Krone und Bischöfe zusammen konnten ein rundes Fünftel der Pfarrstellen besetzen, und die Pfarrgeistlichen selbst hatten ein Viertel der Patronatsrechte unter ihrer Kontrolle. Pfarrpfründen hatten einen Preis, und es gab einen Markt für sie. Das stärkte andererseits natürlich das Streben, den Ertrag solcher Investitionen zu steigern, und führte dazu, dass die Möglichkeit der Pfründenkumulation nach Kräften genutzt wurde. Deswegen hatte sich durch die materielle Besserstellung der Pfarrgeistlichen auch nichts an der Residenzdichte in den Pfarreien geändert. Waren die Pfarrstellen lange Zeit unbesetzt geblieben, weil sie schlecht dotiert waren, so jetzt, weil man Pfründen sammelte, um eine geschätzte gesellschaftliche Einkommens- und Statusposition zu wahren. Der Anteil der unbesetzten oder nur durch einen Vertreter versehenen Pfarrstellen hatte sich deswegen in den ersten Jahrzehnten des 19. Jahrhunderts sogar noch erhöht. Allen Mitgliedern des Parlaments und des House of Lords waren die katastrophalen Folgen dieses Sachverhaltes für die Verankerung der Anglikanischen Kirche in der Bevölkerung bewusst. Darüber hinaus verhinderte dieses kapitalisierte Pfründensystem aber auch, dass die Vermögensmasse der Kirche effizient genutzt wurde. Es war nicht möglich, in den zunehmend industrialisierten Regionen mit ihrer schnell wachsenden Bevölkerung neue Pfarrstellen zu gründen, so dass die seelsorgerliche Versorgung dort zusätzlich litt und man Dissent und Methodisten kaum etwas entgegenzusetzen hatte.[88]

Nicht nur deswegen aber setzte der Dissent die Staatskirche unter Druck, sondern auch, weil die kommunalen Umlagen als zweite Säule der Kirchenfinanzierung in den Gemeinden jährlich zu beschließen waren und die Dissenter der *Church Rate* seit der Jahrhundertwende immer häufiger ihre Zustimmung verweigerten oder aber sich der Zahlung trotz rechtlicher Sanktionen spektakulär widersetzten. Als durch die Demokratisierung der Städteverfassung im Jahr 1835 der Einfluss des Dissent in den kommunalen Gemeinderäten zum Teil beträchtlich zunahm, erwuchs aus diesem Konflikt eine ernste Gefahr für die Anglikanische Kirche. Man hatte bereits ausgiebig beobachten können, wie stark dadurch der Erhalt der Bausubstanz und der Neubau von Kirchen beeinträchtigt wurde.

All dies kumulierte am Beginn der 1830er Jahre. Unter dem Eindruck revolutionärer Erschütterungen auf dem Kontinent verstärkte sich die Auffassung, man brauche eine stabile Staatskirche als verlässliche Stütze der politischen und sozialen Ordnung. Der Reformdruck auf die Kirche wuchs. Regierung und Parlament unterstellten zunächst, dass die Anglikanische Kirche zur Lösung der Probleme selbst in der Lage sei. 1832 setzte das Parlament eine ausschließlich aus Männern der Kirche zusammengesetzte Reformkommission ein, deren Arbeit allerdings kein substantielles Ergebnis hervorbrachte, sondern nur dazu führte, dass sich die öffentliche Diskussion um die Trennung von Kirche und Staat, die kirchenschädigenden Folgen des Pfründenwesens und die Kritik am Vermögen der Bischofskirchen weiter verschärften. Das Problem verschliss eine Regierung und trug wesentlich zur vorzeitigen Parlamentsauflösung von 1834 bei. Erst Premier Melbourne gelang es, unterstützt durch eine neu eingesetzte Kirchenkommission *(Church Commission)*, von 1836 bis 1840 drei grundlegende Gesetze zur Kirchenreform erfolgreich durch das *House of Lords* und das Parlament zu bringen. Der *Church Act* von 1836 richtete sich vor allem gegen die Bischöfe, gegen ihre ökonomische Macht und die Reste ihrer feudalen Herrschaftsbefugnisse. Es wurde ihnen verboten, neben ihrer Amtsausstattung weitere Pfründen zu halten. Außerdem setzte man ein Minimum der Amtsausstattung von 4000 £ fest und verband dies mit einer moderaten Angleichung der bis dahin sehr weit auseinanderliegenden Amtsgehälter. Zwei Diözesen wurden aufgehoben und mit Ripon und Manchester zwei neue Bistümer in den Kernzonen der Industrialisierung geschaffen. Die Bischöfe von Durham, York und Ely verloren ihre weltlichen Gerichtsrechte. Schließlich schrieb das Gesetz fest, dass die Kirchenkommission vorerst weiterbestehen sollte, und installierte damit ein eigenständiges, neues Organ der Kirchenleitung, das zwischen Parlament und Hierarchie angesiedelt war. Ergänzt wurde der *Church Act* durch den *Dean and Chapter Act* von 1840, der eine große Zahl von Präbenden ohne Residenzpflicht und andere Sinekuren kassierte, die Kumulation von mehr als vier Kanonikaten verbot und die Zahl der Kanoniker bei den Kathedralkirchen auf jeweils 24 beschränkte. Das Pfründenwesen der niederen Geistlichkeit war im *Pluralities Act* von 1836 auf eine neue Basis gestellt worden. Mehr als zwei Pfründen durften nicht mehr akkumuliert werden, für das Einkommen aus ihnen war eine Obergrenze von 1000 £ festgesetzt, und in keiner der in Personalunion verbundenen Pfarreien durften mehr als 3000 Seelen zu betreuen sein. Außerdem hatte der Bischof Mehrfachbepfründungen jeweils zu genehmigen, wie das Gesetz generell eine Verschärfung der Residenzpflicht vorsah und die Oberhirten bei Bedarf verlangen konnten, dass zwei Gottesdienste am Sonntag gehalten wurden. Um den Geistlichen möglichst wenig Gelegenheit zur Ablenkung von ihren seelsorgerlichen Aufgaben zu geben, war ihnen jeder Handel mit gewerblichen Gütern künftig verboten. Gestützt wurde dieses Gesetz durch den bereits 1835 im Zusammenhang mit der Kommunalreform verfügten Zwangsverkauf von kommunalen Patronatsrechten zugunsten der Kirche. Das brachte Einnahmen, aber damit sollte auch der Einfluss des Dissent auf die Stellenbesetzung gebremst werden. Der Hauptstreitpunkt mit dem Dissent, die *Church Rate*, konnte allerdings erst 1868 abgeschafft werden. Richteten sich diese Maßnahmen auf die innerkirchlichen Folgen des Pfründenwesens und der kirchlichen Vermögensstruktur, so verschwand mit dem *Tithe Act* von 1836 der wirtschaftlich am stärksten störende Rest kirchlicher Feudalrechte: Die kirchlichen Zehntrechte wurden auf der Grundlage von Marktpreisen für Naturalien kapitalisiert und mussten abgelöst werden. Neu für die Landwirtschaft erschlossene Grundstücke unterlagen künftig nicht mehr der Zehntpflicht, so dass die Kirchenfinanzierung für die weitere Modernisierung der Agrarwirtschaft kein Hindernis mehr darstellte.[89]

Es brauchte Jahre, bis diese Gesetze jeweils durch- und umgesetzt waren. Das schützte die Kirchenkommission davor, aufgelöst zu werden. Die Zähigkeit, mit der ihre Arbeit vonstatten ging, bestärkte die politische Elite des Königreiches in der Überzeugung, dass die geistliche Hierarchie letztlich nicht in der Lage sei, mit dem Vermögen und dem Besitz der Kirche in geistlich und gesellschaftlich verantwortlicher Weise umzugehen. 1850 nahm eine Kommission zur Verwaltung des Kirchengutes ihre Arbeit auf. Sie war dem Parlament zugeordnet und konnte von den Bischöfen kaum mehr kontrolliert werden. Das bedeutete keine Nationalisierung des Kirchengutes, insofern hätte Edmund Burke sich bestätigt fühlen können, aber eine Form der staatlichen Beaufsichtigung, die zusammen mit den zwischen 1836 und 1840 erlassenen Gesetzen den ökonomischen Kern einer geistlichen Institution neutralisieren und so umwandeln sollte, dass er die Anpassung der Kirche an die ökonomischen und sozialen Grundstrukturen einer bürgerlichen Gesellschaft nicht länger behinderte.

3.
Von der privilegierten Korporation zum Verein

Toleranz

Die Spaltung der europäischen Christenheit durch Reformation und Konfessionalisierung hatte es schon gegen Ende des 16. Jahrhunderts notwendig gemacht, nach politischen und rechtlichen Formen für ein gewaltfreies Verhältnis der Konfessionen in den sich formierenden Staatswesen Europas zu suchen. Die Lösung, die der Augsburger Religionsfrieden bot, indem er das *ius reformandi* mit dem *beneficium emigrandi* kombinierte und auf diese Weise die Gewissensfreiheit nur bei den Herrschaftsträgern anerkannte, hatte sich als zu kostspielig erwiesen: Vertreibungen waren die Folge gewesen, wiederholte Konfessionswechsel ganzer Untertanenschaften, die das Bekenntnisprinzip offen in Frage stellten, und schließlich Fürsten- und Bürgerkriege um die Konfession. In der Ausfaltung der Souveränitätslehre hatte dies mit Bezug auf das Naturrecht im 17. Jahrhundert dazu geführt, dass der Kultus als öffentliche und damit von Staats wegen anzuordnende Angelegenheit definiert wurde, der Leviathan aber die individuelle Gewissensfreiheit insoweit anzuerkennen hatte, als sie sich nur in privaten Überzeugungen äußerte und das eventuell abweichende Bekenntnis ausschließlich im verborgenen Gottesdienst häuslicher Gemeinschaften gelebt wurde. Die Religions- und Toleranzedikte des 18. Jahrhunderts bezogen sich immer noch auf diese Grundlage. Sie ermöglichte sogar die Unterscheidung von Kirchen als privilegierten, öffentlichen Korporationen und Religionsgemeinschaften, denen nur der Status privater Korporationen zukam, sofern man bereit war, der Verwirklichung der individuellen Gewissensfreiheit nicht nur den Raum des Hauses, sondern auch ein halböffentliches Gemeindeleben zuzugestehen.[90] Die Toleranzpatente der 1780er Jahre, ob in Frankreich (1787), im Herrschaftsraum der Habsburger (1781) oder auch das Woellner'sche Religionsedikt (1788), gaben diesem Muster eine

Rechtsform. Woellner hatte mit seinem Religionsedikt vorgeführt, dass das Toleranzprinzip als Abschichtung der Gottesverehrung hinsichtlich ihrer Öffentlichkeit sich auch eignete, um die institutionellen Folgen theologischer Kontroversen im Protestantismus zu entschärfen, und sogar, um eine lutherische Orthodoxie in Frömmigkeitspraxis und Theologie gegen die Aufklärung und ihren Relativismus zu stützen.

Im Verhältnis der Konfessionen untereinander hatte Toleranz immer bedeutet: andere Bekenntnisse wurden geduldet, weil das eine zur Staatskonfession aufgewertet war. Das Allgemeine Landrecht für die Preußischen Staaten unterschied 1794 entsprechend zwischen staatlich approbierten »Kirchengesellschaften«, denen die Rechte privilegierter Korporationen zukommen und deren Gottesdiener eine beamtengleiche Stellung haben, sowie »geduldeten« Kirchengesellschaften, die als »erlaubte Privatgesellschaften« eingestuft wurden. Die andere Konsequenz war gewesen, einen Raum der entstaatlichten Privatheit zu definieren, der zunächst im Wesentlichen Tummelplatz religiöser Überzeugungen war.[91]

Schon im 18. Jahrhundert gab es überaus skeptische Stimmen gegen dieses Verständnis von Toleranz. Die Anschauung lehrte, dass mit diesem rechtlichen Formelkompromiss Konflikte im alltäglichen Zusammenleben der Konfessionen nicht zu vermeiden waren. Im Gegenteil, die gewalttätigen Auseinandersetzungen nahmen zu, wenn Katholiken sich plötzlich selbstbewusst auftretenden Protestanten gegenübersahen oder Protestanten sich von Katholiken in die Enge getrieben fühlten. Unruhen in gemischtkonfessionellen Kantonen und den Gemeinen Herrschaften der Eidgenossenschaft hatten dies im 18. Jahrhundert ebenso gezeigt wie die Verwerfungen, die in den habsburgischen Ländern nach 1781 in den Gemeinden auftraten, in denen ein beträchtlicher Teil der Gemeindemitglieder sich plötzlich offen zum Protestantismus bekannte.[92] In solchen Konflikten eskalierten selbstverständlich stets soziale Spannungslagen, der christentumsgeschichtliche Kern religiöser Gewalt aber blieb ein Glaubenskonzept, das Judentum, Christentum und Islam immer gemeinsam war: Sie folgten der »Mosaischen Unterscheidung« und leiteten die eigene Glaubensidentität aus dem Verdikt über die Götter der anderen ab.[93] In der Verbindung von Glaube, Schrift und Gnade hatte der Protestantismus diese Unterscheidung bereits mit der Verwirklichung der Offenbarung im individuellen Glaubensvollzug verbunden und ihr damit das Absolute genommen. Die Notwendigkeiten der öffentlichen Ordnung, auf die Protestanten sich daher stets bezogen, um den richtigen vom falschen Glauben zu unterscheiden, begründeten allerdings immer noch Zwang genug. Auf einer ausschließlich theologischen Fundierung religiöser Intoleranz bestanden hingegen auch am Ende des 18. Jahrhunderts noch die katholischen Theologen, weil außerhalb der römischen Kirche kein Heil sei.[94]

Beide Phänomene geißelte der Diskurs der Aufklärung als der Verbreitung der Vernunft und dem gesellschaftlichen Frieden abträglichen Fanatismus. Mit dem Vorwurf des Fanatismus wurde generell in Zweifel gesetzt, ob eine Religion, die nicht als Privatüberzeugung eines vernunftbegründeten Deismus daherkam, sondern kirchlich gebunden auftrat und sich auf die Absolutheit einer Offenbarung bezog, überhaupt noch gesellschaftstauglich sei. Rousseau deutete dabei auf den römischen Katholizismus, nannte ihn eine »Priesterreligion« und schlussfolgerte, dass heute, »da es eine Staatsreligion nicht mehr geben könne«, jeder aus der Gesellschaft ausgeschlossen werden müsse, der »zu sagen wagt, ›Es gibt kein Heil außerhalb der Kirche‹«. In dieser Stellungnahme und seinen »Briefen vom Berg«, in denen er sich mit dem Regiment des Genfer Konsistoriums auseinandersetzte, hatte Rousseau auf den Punkt gebracht, dass insbesondere Republiken es nicht verkraften konnten, wenn die Konfession zur Beeinträchtigung der Bürgerrechte führen sollte.[95]

Mit der Berufung auf das Prinzip der Volkssouveränität verwandelte sich die Pluralität der Konfessionen von einer Gefährdung des sozialen Friedens zu einem Problem der politischen Ordnung. Bis dahin gaben Monarchen den Staaten und ihren Untertanenverbänden eine konfessionelle Identität, die unter Umständen gar nicht die ihre sein musste und die, wie oben zu sehen war, durchaus mit der Duldung anderer Bekenntnisse einhergehen konnte. Wenn das Volk als Souverän anerkannt war, kam es darauf an, ob es auch einen konfessionell geteilten Souverän geben konnte und wie das Verhältnis der Konfessionen gestaltet sein musste, damit die konfessionelle Frage keine politische Sprengkraft entfaltete. Kompliziert wurde die Lage dadurch, dass sich nach 1800 in den meisten Fällen konstitutionelle Ordnungen etablierten; ob vereinbart, erlassen oder als bloße Konvention, tat wenig zur Sache. Sie bezogen sich auf Staatsbürgergesellschaften, in denen die konfessionellen Mischverhältnisse schon in den ersten Jahrzehnten des 19. Jahrhunderts zunehmend unübersichtlich wurden, einerseits infolge der napoleonischen Staatsumwälzungen und andererseits aufgrund der Wanderungsbewegungen, die sich aus der gewerblich-industriellen Dynamisierung ergaben. Beides zusammen führte dazu, dass man die Toleranz als Duldung nicht einfach verabschieden konnte, weil das monarchische Prinzip auf Legitimation durch eine bevorzugte Religion setzte, sie aber andererseits als bloße Duldung angesichts der konfessionellen Pluralität der Bevölkerung neue soziale und politische Spannungslagen schuf. Bis zur Mitte des 19. Jahrhunderts fand man sehr unterschiedliche Lösungen für dieses Dilemma, die aber darin konvergierten, dass Volkssouveränität und konfessionelle Pluralität miteinander nur zu verbinden waren, wenn man darauf verzichtete, eine Staatsreligion auszuzeichnen, und die Bekenntnisse samt und sonders nur noch als bürgerliche Vereine behandelte.

Schwierige Pluralität der Bekenntnisse

Napoleon war der Erste, der diese Widersprüche für seine autokratische Militärherrschaft zu lösen suchte. Das 1801 mit der Kurie vereinbarte Konkordat hielt die Katholizität der Mehrheit der Franzosen fest sowie die ihrer ersten Konsulen und bekräftigte die Freiheit des öffentlichen Religionsexerzitiums, band es aber an den Rahmen der Gesetze. Mit dem Verweis auf die Mehrheitsposition der Katholiken in Frankreich war bereits angedeutet, was in den Organischen Artikeln nachfolgend dann von Staats wegen für die Religionsverhältnisse dekretiert wurde: die Freiheit des öffentlichen Kultes bezog sich ohne Abschichtung auf alle drei christlichen Konfessionen. Der Preis der staatlichen Anerkennung für die Bekenntnisse war beträchtlich. Alles, was am Kult von öffentlichem Belang schien – von den Feiertagen bis zur Kleidung der Gottesdiener und der inneren Organisation der Kirchen einschließlich der protestantischen Bekenntnisschriften –, war der staatlichen Überwachung und Reglementierung ausgesetzt. Das Staatskirchentum der Vormoderne hatte einerseits die Selbständigkeit der Kirchen zwar anerkannt, war aber immer von einer personellen und institutionellen Verflechtung der religiösen Sphäre mit der Welt der Macht ausgegangen. Jetzt war Religion in eine vom Staat verschiedene Sphäre gesellschaftlicher Organisationsformen übergegangen, in der die Konfessionen zu »Kulten« nivelliert und vor dem Gesetz gleichgestellt waren. Die Normen waren bestimmt von den Bedürfnislagen der bürgerlichen Gesellschaft.

Man hatte den Staat auf diese Weise säkularisiert und es damit gleichzeitig möglich gemacht, Religion und Kirchenorganisation in einer noch nicht gekannten Weise aus gesellschaftlicher wie aus staatlicher Perspektive zu funktionalisieren. Die Kirche wurde dem »abstracten Staate als eine seiner Unterabstractionen einverleibt«, sollte Joseph Görres später schreiben.[96] Deswegen nahm der laisierte Staat die »Diener des Kults« auch alle in seinen Sold. Weil der Thron des heiligen Ludwig ohne die Religion des heiligen Ludwig eine absurde Vorstellung sei, wie Chateaubriand bemerkte, erklärte die Konstitution von 1814 den Katholizismus wieder zur Staatsreligion, änderte aber trotz der Restauration der Monarchie nichts am Schutz der Bekenntnisfreiheit und an der staatsbürgerlichen Folgenlosigkeit der Bekenntniswahl. Auch im katholischen Staat durfte eine christliche Religion keinen Einfluss mehr auf den Zugang zu Funktionen und Rechten in Gesellschaft und Politik haben. Die Julimonarchie kehrte zurück zum laizistischen System Napoleons, auf das sich dann auch Louis Napoleon im Zweiten Kaiserreich berief, was ihn nicht hinderte, den Katholizismus jetzt als Kraft politischer Mobilisierung zu vereinnahmen, um sich damit plebiszitäre Mehrheiten zu sichern. Die Funktionalisierung von Religion hatte sich auch im Feld der politischen Kultur als ausbaufähig erwiesen.[97]

In Italien und Spanien verlief die Entwicklung langsamer – nicht nur, weil man die Revolution als gewaltsamen Überfall und als Strafgericht Gottes erfahren hatte, sondern auch, weil die sich einstellenden politischen Verhältnisse es nahelegten, die mit großer Mehrheit katholische Bevölkerung zu Untertanen von katholischen Staatswesen zu machen, damit die Kirche weiterhin als Stütze des Thrones nützlich sei. Von den sieben König- und Herzogtümern, die in Italien aus den napoleonischen Staaten neben dem Kirchenstaat hervorgingen, verzichtete keines darauf, in den seit den 1820er Jahren mit der Kurie ausgehandelten Konkordaten den Katholizismus als Staatsreligion festzuschreiben. Obwohl im Norden die josephinischen Traditionen besonders lebendig waren, wich man auch hier nicht davon ab. Erst als mit der europäischen Erschütterung von 1848 der Prozess der nationalen Einigung in Bewegung kam, wurde den Protestanten im Königreich Piemont-Sardinien die rechtliche und politische Gleichstellung gewährt. In Spanien hielten die Monarchen bis zu Isabell II. in der Mitte des Jahrhunderts am katholischen Staatskirchentum fest, während die liberalen Interimsverfassungen in den 1820er und 1830er Jahren Staat und Kirche voneinander trennten. Die 1837 angesteuerte Zivilkonstitution des Klerus ließ sich allerdings auch unter liberaler Ägide nicht durchsetzen.[98]

Erheblich größerer Druck, die rechtliche und politische Homogenität der Staatsbürgerverbände durch die Parität der Konfessionen zu garantieren, ging in den von der Reformation erfassten mittleren und nördlichen Teilen Europas vom Nebeneinander der Konfessionen aus. Welche Lösung gefunden wurde, hing von der Überlebenskraft staatskirchlicher Verhältnisse ab. Selbst in der republikanischen Schweiz verbanden die meisten der Kantone die Freiheit des Gewissens mit einem rigiden, entweder katholischen oder protestantischen Staatskirchentum. Die Parität, die in den Gebieten der ehemaligen Gemeinen Herrschaften verwirklicht werden musste, wurde gewissermaßen als Teilung der Staatswesen umgesetzt. In Graubünden waren die kantonalen Amtsstellen zu zwei Dritteln den Reformierten vorbehalten, ein Drittel besetzten die Katholiken. Appenzell teilte sich in zwei regional geschiedene Teile, und in Glarus versammelten sich bis 1836 Reformierte und Katholiken in zwei geschiedenen Landgemeinden.[99]

Am spektakulärsten entzündeten sich die konfessionellen Gemengelagen in den 1815 als Monarchie etablierten Niederlanden, weil man den protestantischen ehemaligen Generalstaaten die katholischen und bevölkerungsstärkeren, vormals österreichischen Niederlande einverleibt hatte. Die Voraussetzungen für eine verfassungsrechtliche Einhegung der

Konfessionsverhältnisse waren so schlecht nicht. Man hätte sich an die Batavische Republik erinnern können, die den Katholiken 1796 die Gleichberechtigung gegeben hatte. Die niederländische Grundverfassung von 1815 gewährte immerhin ebenfalls Glaubens- und Gewissensfreiheit, ordnete deren Ausübung allerdings den Erfordernissen der öffentlichen Ruhe und Ordnung unter. Das reichte nicht aus, um den staatskirchenrechtlichen Traditionalismus, den Wilhelm I. (1815–40) zu seiner Politik machte, und die staatskirchlichen Utopien unter den belgischen Katholiken zum Ausgleich zu bringen. Wilhelm I. beanspruchte für sich das Recht, in Belange der katholischen Kirche einzugreifen, wie er dies auch gegenüber der lutherischen Staatskirche und den von ihm marginalisierten Mennoniten und Remonstranten handhabte. Die katholischen Bischöfe verweigerten ihrerseits die Anerkennung der Grundordnung, weil sie die kanonischen Rechte der Kirche verletzt sahen. Ein 1827 abgeschlossenes Konkordat hatte Besserung bringen sollen. Es überwies die Bischofswahl wieder an die Domkapitel, aber Wilhelm I. versuchte auch danach noch Einfluss auf die Besetzung belgischer Bischofsstühle zu nehmen. Die Kontrolle der Priesterseminare und der bischöflichen Kollegien blieb ebenfalls bestehen. Außerdem musste der angehende Klerus weiterhin das vom Staat in Löwen eingerichtete Philosophische Kolleg besuchen. Dass aus dieser konfessionellen Konfliktlage eine politische werden konnte, ergab sich aus den Bestrebungen, die Macht des Königs gegenüber den Generalständen einzuschränken. Das machte ein Bündnis zwischen den Katholiken im Süden und den Liberalen im Norden des Landes möglich, aus dem nach den Erhebungen der Julirevolution das unabhängige Belgien hervorging. Seine konstitutionelle Verfassung gewährte 1831 die Gewissensfreiheit, allerdings nicht mehr nur für die christlichen Konfessionen, sondern auch für die Juden, ab 1835 ebenfalls für Angehörige der Anglikanischen Kirche. Sie realisierte die Trennung von Staat und Kirche nicht mehr in Verbindung mit staatskirchenrechtlicher Bevormundung, sondern gab den Bekenntnissen die volle institutionelle Autonomie, einschließlich der freien Gestaltung der Beziehungen innerhalb der einzelnen Kirchenwesen. Die Geistlichen der anerkannten Bekenntnisse wurden vom Staat angestellt und besoldet. Die extra betonte Vereinigungsfreiheit half zunächst den katholischen Orden, ließ aber erkennen, dass man die Freiheit der Gewissensentscheidung generell zur Grundlage für die Gestaltung der konfessionellen Landschaft machen wollte. Welche Herausforderung diese von Katholiken selbst betriebene und realisierte Trennung von Staat und Kirche darstellte, zeigte sich in den Reaktionen. Papst Gregor XVI. gab seinen Widerstand dagegen nur auf, nachdem der belgische Episkopat erklärt hatte, in der Praxis genieße die katholische Kirche weiterhin die Stellung einer Staatskirche. Joseph Görres bezeichnete die »Lehre der gänzlichen Sonderung von Kirche und Staat« 1837 in seinem Pamphlet zum Kirchenkampf als eine »ganz und gar verwerfliche Irrlehre«, die Staat und Kirche gemeinsam ins Verderben führe.[100]

Auf den Britischen Inseln verlief die Entwicklung weniger dramatisch, wenngleich die Gemengelage der Bekenntnisse und Konfessionen in England weitaus komplizierter war. Da die Denominationen seit 1689 ihren Freiraum hatten, der sich durch schrittweise Lockerung von *Test-* und *Corporation Act* bis zur Mitte des 18. Jahrhunderts noch beträchtlich erweiterte, und die Methodisten immer noch als Teil der Anglikanischen Kirche gelten konnten, schien es am Beginn des 19. Jahrhunderts zunächst so, als bestünde das Problem der Religionsfreiheit nur hinsichtlich der Katholiken. Hier allerdings trat der Zusammenhang von Parlamentssouveränität, der kapitalistischen Mobilisierung der Gesellschaft und der notwendigen Gleichberechtigung der Konfessionen mit besonderem Nachdruck auf die Tagesordnung. Mit dem *Union Act* von 1801 wurde Irland der Zuständigkeit des Londoner Parlaments unterstellt, während es bis dahin als Krondomäne behandelt worden war. Es erwies sich sehr schnell als unhaltbarer Zustand, die parlamentarische Integration eines Teils des Commonwealth zu betreiben, wenn gleichzeitig dessen Bevölkerung politische Rechte aus konfessionellen Gründen vorenthalten wurden. Die starken Wanderungsströme katholischer Iren in die englischen Zentren des gewerblich-industriellen Wachstums trugen diese Spannung zu nahe an die Hauptschauplätze des politischen Lebens, als dass man sie hätte lange ignorieren können. Hinzu kam, dass die Revolutionsfurcht 1789 dazu geführt hatte, den *Test-* und *Toleration Act* wieder zu aktivieren. Das begrenzte die Spielräume auch gegenüber dem Methodismus, der immer rücksichtsloser aus dem rechtlichen Schutzraum der Anglikanischen Kirche drängte und die Veranstaltung eigener Abendmahlsfeiern in seinen Gemeindehäusern betrieb. Der Erfolg der evangelikalen Bewegungen in Dissent und Methodismus, die es verstanden, Parlament und Oberhaus mit einer Kampagne gegen die Sklaverei seit den 1790er Jahren unter erheblichen Druck zu setzen, ließ es schließlich geraten erscheinen, ein politisches Ventil zu öffnen, indem man die Benachteiligung des Dissent, der Methodisten und der Katholiken nach und nach zurücknahm. Ein erster Schritt wurde 1813 mit dem *New Toleration Act* getan. Das seit dem 17. Jahrhundert geltende Verbot, religiöse Korporationen zu gründen, wurde damit aufgehoben. Die im Dissent häufig anzutreffenden Unitarier waren nicht länger von der Vererbung ihres Besitzes ausgeschlossen. Damit war eine sehr weitgehende soziale Benachteiligung der Dissenter beseitigt, die insbesondere viele Angehörige der Mittel- und Oberschicht betroffen hatte. Den Predigern der Methodisten gestand der *New Toleration Act* alle Rechte zu, die auch für die Geistlichen der Anglikanischen Kirche galten. Endgültig getilgt wurden *Test-* und *Corporation Act* im Jahr 1828.

Nur ein Jahr später erfolgte die Emanzipation der Katholiken. In Irland befand sich die katholische Mehrheit auch nach der politischen Vereinigung im Status einer staatsrechtlich und sozial marginalisierten Minderheit. Die kleinen katholischen Gemeinden in England hatten sich im Schutz von Herrensitzen entwickelt, deren Inhaber katholisch geblieben waren. Eine institutionelle Integration gab es darüber hinaus kaum, während sich in Irland auch unter dem englischen Protektorat eine sehr selbstbewusste Bischofskirche erhalten hatte, die 1813 sogar verhinderte, dass eine Initiative zur Verständigung zwischen britischer Regierung und Papst Pius VII. erfolgte. Man hatte mit Recht befürchtet, damit dem Zugriff Londons und Roms gleichzeitig ausgesetzt zu sein. Einige schwere Hindernisse sozialer Benachteiligung für die irischen Katholiken waren seit dem letzten Drittel des 18. Jahrhunderts bereits beseitigt worden. 1778 hatte man den Katholiken erlaubt, Eigentum an Grund und Boden zu erwerben, seit 1783 durften sie in Irland auch öffentliche Ämter ausüben, und 1817 wurde gestattet, Katholiken in der britischen Armee zu Offizieren zu ernennen. Das reichte nicht aus, um die immer selbstbewusstere politische Artikulation irischer Interessen und irischer Identität auf Dauer zu verhindern. Geschickt nutzten charismatische Führerpersönlichkeiten wie Daniel O'Connell die konfessionelle Benachteiligung als Triebkraft politischer Mobilisierung. Er machte die bis dahin bürgerlichen Oberschichten vorbehaltene *Catholic Association* zu einer politischen Massenbewegung der Iren. Nachdem einige Bischöfe ihre Sympathie bekundet hatten, öffnete sich auch der Seelsorgeklerus. Pfarrer stellten ihre Kirchen für Wahlversammlungen zur Verfügung. Obwohl er als Katholik kein passives Wahlrecht besaß, wählten die Iren O'Connell 1828 ins Unterhaus. Wie kurze Zeit später in den Niederlanden, hatte das Bündnis zwischen einer politischen Emanzipationsbewegung und der katholischen Kirche in eine Situation geführt, die man entschärfen zu können glaubte, indem man dem konfessionellen Status seine politische und soziale Sprengkraft nahm. Die weitsichtigeren unter den Tories im Londoner Unterhaus setzten sich gegen das Königshaus und die anglikanischen Bischöfe durch. 1829 wurden scharfe Einschränkungen der politischen Betätigungsrechte über Irland verhängt, gleichzeitig den Katholiken im Commenwealth aber die soziale und politische Gleichberechtigung zugestanden. Sie konnten jetzt ins Parlament gewählt werden, wenn sie unter Eid versicherten, in dieser Position nichts gegen die protestantische Religion zu unternehmen und den König vor Verschwörungen zu schützen. Ein überaus harter Zensus sorgte freilich dafür, dass nur wenige irische Katholiken den Weg ins Unterhaus fanden. Außer der Position des Lord Chancellor und des Lord Keeper sowie der britischen Militärspitze in Irland standen ihnen alle staatlichen Ämter jetzt offen. Die Orden – auch die Jesuiten – konnten, wenngleich unter strenger Aufsicht, ihre Gebets- und Missionsarbeit aufnehmen. Und die britische Regierung hatte darauf verzichtet, ein Vetorecht bei den Bischofswahlen anzuwenden, wie es 1813 im Gespräch gewesen war.

Obwohl die Anglikanische Kirche Staatskirche blieb, hatte man sich schrittweise der politischen und rechtlichen Gleichstellung der Konfessionen – einschließlich der Denominationen – angenähert. Die Katholiken konnten ein vom Staat kaum gegängeltes Kirchenwesen aufbauen und 1850 auch den ersten Bischof für England installieren. Für den Dissent und die Methodisten war der Weg geöffnet, sich als Freikirchen zu etablieren, was nach der Jahrhundertmitte geschah. Diese politische und rechtliche Neutralisierung der Konfession untergrub auf Dauer auch die privilegierte Position der Staatskirche. Bis 1840 war eine tiefgreifende Änderung des königlichen Amtseides vor dem Parlament zu beobachten. Sie lief darauf hinaus, dass die Verpflichtung auf den unbedingten Schutz der Anglikanischen Kirche erheblich relativiert wurde. Der König werde gegebenenfalls auf die Minister einwirken, nichts zu verfügen, was die kirchlichen Würdenträger in ihrer Amtsführung behindere, hieß es schließlich nur noch. Auch das Parlament machte deutlich, dass man religiöse Fragen von politischen und Recht von Religion geschieden wissen wollte. Als in den 1840er Jahren die Diskussion um eine Reform der Liturgie innerhalb der Hierarchie zu keiner Lösung gebracht werden konnte, weil man weder über Entscheidungsprozeduren noch über legitimierte Entscheidungsinstanzen verfügte, ging das Parlament auf Distanz und verweigerte ein Engagement in dieser Frage. Andererseits ließen die Abgeordneten keine Gelegenheit verstreichen, die Anglikanische Kirche in ihren staatsrechtlichen Funktionen zu beschneiden und sie damit den übrigen Konfessionen gleichzustellen. Das Armengesetz von 1836 enthielt einen Passus, der die Zivilstandsregister, die bislang von den anglikanischen Pfarrern geführt worden waren, an Gemeindebehörden übergab. Seit 1836 brauchten Dissenter und Methodisten keinen anglikanischen Geistlichen mehr aufzusuchen, um eine gültige Ehe zu schließen. Damit war die Bedeutung konfessioneller Differenzierung im Speziellen nivelliert, generell aber die rechtliche Kompetenz religiöser Vereinigungen in diesem elementaren Akt sozialer Ordnungsbildung auf Dauer in Frage gestellt.[101]

Im Raum des untergegangenen Heiligen Römischen Reiches Deutscher Nation hatte die napoleonische Gesetzgebung auf staatskirchenrechtlichem Gebiet so viel bewirkt, dass in der Bundesakte von 1815 die Gewissensfreiheit festgehalten war. Darüber hinaus wurde erklärt, das Bekenntnis dürfe keinen Einfluss auf den Genuss der politischen und bürgerlichen Rechte haben. Die Beratungen im Vorfeld waren von dem Bemühen geprägt gewesen, ähnlich wie im Allgemeinen Landrecht eine

Grenze zwischen den staatlich approbierten »Religionsparteien« und den »privaten« Gemeinschaften zu ziehen. Damit zeichnete sich in den Staaten des Deutschen Bundes eine rechtliche Dreiteilung der konfessionellen Landschaft ab, die dann das Staatskirchenrecht der Bundesmitglieder bis zur Mitte des Jahrhunderts im Wesentlichen bestimmte: Man unterschied staatlich anerkannte Kirchengesellschaften mit dem Recht des öffentlichen Religionsexerzitiums und der vollen Gleichberechtigung in rechtlicher und staatsbürgerlicher Hinsicht von privaten, d. h. nur geduldeten Bekenntnissen, die auf eine nichtöffentliche Ausübung ihres Glaubens festgelegt blieben und meist auch in ihren politischen oder staatsbürgerlichen Rechten eingeschränkt waren. Unter den staatlich anerkannten Bekenntnissen konnte eines faktisch oder per Gesetz als Staatskirche herausgehoben werden, ohne dass dies allerdings die bürgerlichen Rechte der übrigen Konfessionen gemindert hätte.

Die Ausgestaltung dieses schon weitgehend homogenisierten Rechtsraumes in den Bundesstaaten ging sehr unterschiedliche Wege, je nach Grad der konfessionellen Mischung und auch in Abhängigkeit von der jeweiligen Verfassungsentwicklung. In Bayern griff man zur napoleonischen Lösung und vereinbarte 1817 ein Konkordat, das zusicherte, die katholische Kirche in ihren überkommenen kanonischen Rechten und Privilegien zu belassen. Ein nachgeschobenes Religionsedikt nahm dann allerdings entschieden Rücksicht auf die umfänglichen protestantischen Landesteile im neuen Königreich und sprach im Hinblick auf die drei christlichen Konfessionen von öffentlichen Religionsgesellschaften, denen religiöse Gemeinschaften gegenübergestellt waren, die nur als »Vereine« nach bürgerlichem Recht galten. Damit gab es für die Kirchen- und Religionspolitik zwei staatskirchenrechtliche Bezugspunkte, was in den späten 1830er und in den 1840er Jahren für das Ministerium Abel die Möglichkeit schuf, eine offene Klerikalisierung des politischen Lebens zu betreiben. Höhepunkt wurde der Kniebeugeerlass von 1839, der die Protestanten in der Königlich Bayerischen Armee zum Besuch des katholischen Gottesdienstes verpflichtete und ihnen den Kniefall vor dem Allerheiligsten auferlegte.[102]

Seine traditionelle Katholizität und das katholische Bekenntnis seiner Könige machten Bayern in gewisser Weise zum staatskirchenrechtlichen

Sonderfall im Deutschen Bund. Faktisch stellten sich allerdings auch dort kaum andere Verhältnisse ein, wo der Protestantismus der Herrscherhäuser den Abschluss von Konkordaten verhinderte und die Religionsverhältnisse nach innen in Gesetzen oder Verfassungen und nach außen in mit der Kurie ausgehandelten, aber von dieser dann einseitig erklärten Zirkumskriptionsbullen geregelt wurden. Man kam auf diese Weise zu Absprachen, ohne mit der Kurie Verträge schließen zu müssen. Dazu zählten die südwestdeutschen Staaten Württemberg und Baden, aber auch Hessen und Sachsen. Überall war die Gewissensfreiheit zugesichert, und die drei christlichen Konfessionen wurden zu privilegierten Korporationen erklärt, deren Mitglieder die nämlichen staatsbürgerlichen Rechte genossen. Mit dieser Parität der Konfessionen hatte man in die konstitutionellen Verfassungen ein Prinzip eingebaut, mit dem bereits im Westfälischen Frieden auf Reichsebene versucht worden war, den Konflikt der Konfessionen beizulegen. Es setzte das Staatskirchentum der Reichsstände voraus und damit auch die als Duldung verstandene Toleranz. Das war in jeder Hinsicht vormodern, und das Staatskirchenrecht der Bundesstaaten erwies sich deswegen auch sehr schnell als ungeeignet, um die Dynamik des neuen Nebeneinanders der Konfessionen in der Bevölkerung und die Entwicklungskräfte in der konfessionellen Kirchenbildung gleichzeitig zu kanalisieren.

Besonders virulent wurde das in Preußen. Mangels einer Verfassung galt dort in Religionsangelegenheiten nach 1815 weiterhin das Allgemeine Landrecht. Weil die Verfassungsversprechen nicht eingelöst worden waren und der König deswegen kein parlamentarisch repräsentiertes Staatsvolk regierte, sondern immer noch über Untertanen herrschte, konnte man hoffen, dass die negative Bestimmung der staatsbürgerlichen Gleichheit der Konfessionen im Allgemeinen Landrecht auch weiterhin tauglich sein würde. Dort stand zu lesen, dass die staatsbürgerliche Benachteiligung von Mitgliedern einer bestimmten Konfession aus dem Gesetz fließen müsste. Diese Formulierung zitierte die Privilegienordnung einer ständischen Gesellschaft und legte sich entsprechend quer, je mehr die politisch und verwaltungsmäßig von oben betriebene Modernisierung und Mobilisierung der preußischen Gesellschaft Prinzipien bürgerlicher Rechtsgleichheit durchsetzte. Ein politisches Problem erwuchs daraus, weil die Kirchenstrukturen der Konfessionen sich in den Umbrüchen nach 1800 ebenfalls veränderten und dies über die strenge Staatsaufsicht auf diese Ebene durchschlug. Die säkularisierte katholische Kirche wandelte sich von einer Adelskirche zur Bischofskirche, die zunächst episkopal orientiert, dann aber in ultramontaner Anlehnung an Rom ihre neue institutionelle Form auch als Freiheit von staatlicher Beaufsichtigung umgesetzt wissen wollte. In den protestantischen Kirchen befand man sich auf der Suche nach dem Modell einer Kirchenverfassung, die dem Christentum ein stützendes Gehäuse geben konnte, ohne direkt als Teil des Staates daherzukommen. Im Verhältnis des preußischen Staates zur katholischen Kirche eskalierten diese strukturellen Problemlagen im Mischehenstreit und in den Kölner Wirren, im Verhältnis zu den protestantischen Konfessionen in der Auseinandersetzung um Union, Agende und Kirchenverfassung.

Die Brisanz des Mischehenproblems ergab sich nur an der Oberfläche aus der Spannung zwischen sakramentaler Eheauffassung der katholischen Kirche und der Ansicht, dass die Ehe ein bloß kirchlich bestätigter Vertrag sei, an der sich die Rechtsauffassungen in einem protestantischen Staatswesen orientierten. Der Konflikt baute sich auf, weil die Garantie der Gewissensfreiheit unter den Bedingungen nachständischer Rechtsverhältnisse dazu führte, dass die Kirchen sich als Mitgliederorganisationen verstanden, zu denen man nicht mehr gehörte, weil Tradition oder Herrschaftsverhältnisse es so wollten. Konfessionszugehörigkeit wurde zur Entscheidung bürgerlicher Subjekte, die von den Kirchen in erster Linie noch über Erziehung zu beeinflussen war, aber ansonsten keinem direkten Zugriff mehr unterlag. Im bayerischen Religionsedikt von 1818 war das uneingeschränkte Recht auf freien Wechsel der Konfession bereits festgehalten. Daraus erwuchs das enorme Mobilisierungspotential dieses Streites um die Mischehenregelung in den westlichen Landesteilen Preußens, das diese Auseinandersetzung dann zu einem Grundsatzkonflikt um das Verhältnis von Staat und Kirche ausweitete. Deswegen kam es schließlich dazu, dass Rom und die rheinischen Bischöfe katholischen Bräuten den Segen ihrer Kirche verweigerten, wenn die Kinder, wie es Preußen seit 1825 verlangte, nach der Religion eines protestantischen Vaters erzogen werden sollten. Alle Versuche, den Konflikt in diplomatischen Kontakten und Absprachen zwischen Regierung, Bischöfen und Rom politisch zu neutralisieren, scheiterten, als der Staat sich dem Kölner Erzbischof Droste-Vischering offen in den Weg stellte. Droste-Vischering war 1835 gegen den aufgeklärt-rationalistischen Kirchenlehrer Hermes an der Universität Bonn vorgegangen, gegen dessen Lehren er ein päpstliches Breve erwirkt hatte. Aus Berliner Sicht lag ein Verstoß gegen den staatlichen Zustimmungsvorbehalt vor, dem die Veröffentlichung einer päpstlichen Verlautbarung unterlag. Die mit Rom getroffene Konvention von 1841, die den Konflikt nach scharfen Auseinandersetzungen und der Vertreibung des Bischofs endlich beilegte, überstellte die Entscheidung über die Mitwirkung der katholischen Pfarrer bei Mischehen allein den Bischöfen und beschleunigte dadurch die Einführung der Zivilehe. Darüber hinaus hatte die katholische Kirche ein wichtiges Stück Kirchenfreiheit insofern errungen, als der Verkehr mit Rom keiner Staatsaufsicht mehr unterlag und der Staat seine Mitsprache bei Bischofswahlen einschränkte.[103]

Zwischen protestantischen Christen und Staat verkomplizierte sich das Verhältnis, als Friedrich Wilhelm III. (1797–1840) die Union zwischen Lutheranern und Reformierten mit der Agende über freiwillige Verwaltungszusammenschlüsse hinaus zu einer dogmatisch-rituellen Einheit ausweiten wollte. Die mit der Agende von 1829 aufgeworfene Frage, ob Kerzen und Kruzifixe auf den Altären stehen sollten oder nicht, ob Pfarrer im Talar oder nur im Frack auftreten sollten, ob das Kreuz beim Abendmahl zu schlagen und niederzuknien sei, wurde in dem Augenblick zum Sprengsatz, als 1834 eine Kabinettsordre die Annahme der Agende von 1822 für alle protestantischen Gemeinden verpflichtend machte. Selbst in der rheinisch-westfälischen Kirchenprovinz, in der die Kirchenordnung von 1834 eine Verwaltungseinheit der lutherischen und der reformierten Kirche auf Grundlage einer presbyterial-synodalen Kirchenordnung geschaffen hatte, die auf Provinzebene durch einen vom König ernannten Generalsuperintendenten mit dem episkopalen Element ergänzt worden war, hielt die Provinzialsynode 1855 die unterschiedlichen Bekenntnisstände noch einmal ausdrücklich fest. Auch in anderen protestantischen Staaten des Bundes, in denen sich ohne staatliches Betreiben lutherische und reformierte Kirchen zusammengeschlossen hatten, blieb es im Regelfall bei der Verwaltungsunion. Entsprechend heftig war der Widerstand in Preußen auf den Vorstoß von 1834. In Schlesien kam es zur offenen Widersetzlichkeit gegen die verordnete Abendmahlsgemeinschaft, auf die Berlin mit Exekutionsmaßnahmen gegen widerspenstige Pastoren antwortete.

Schon Friedrich Wilhelm III. hatte die Union und die Kirchenverfassungsfrage als politisches Projekt betrieben. Die Kirche sollte dem protestantischen preußischen Staatsvolk einen subsidiären Raum der Integration geben, die ihm auf politischem Feld weiterhin bewusst verweigert wurde. Deswegen wurden die Altlutheraner in Schlesien und die Vereinigungen der Lichtfreunde, in denen sich liberale Protestanten gegen die theologische Herrschaft der Orthodoxie zusammenschlossen, auch zum Politikum, das Friedrich Wilhelm IV. (1840–61) noch ernster nehmen musste als sein Vorgänger, weil sich der Druck, eine parlamentarische Gesamtvertretung einzurichten, in den 1840er Jahren erhöhte. Der innerprotestantische Dissens hatte das Staatskirchenrecht des 18. Jahrhunderts, das man schon 1841 in der Konvention mit Rom durchbrochen hatte, endgültig aufgeweicht. 1847 erließ Friedrich Wilhelm IV. nach intensiven Beratungen ein Religionspatent, in dem nicht nur die drei großen christlichen Bekenntnisse staatliche Anerkennung erhielten, sondern auch alle Religionsgemeinschaften, die mit diesen »in wesentlicher Übereinstimmung« standen. Sie erhielten die den anerkannten Kirchen zustehende Kompetenz, Ehen mit bürgerlich-rechtlicher Wirkung zu schließen. Damit war den Altlutheranern die Möglichkeit gegeben, außerhalb der Union eine eigene Kirche zu bilden. Andere Bekenntnisse blieben auf den Stand privater Vereinigungen beschränkt, aber für sie und für alle anderen Dissidenten führte das Religionspatent die Zivilehe ein. Neben der kirchlich eingesegneten Ehe gab es jetzt in ganz Preußen die nur vor Standesbeamten geschlossene Verbindung der Brautleute.[104]

Dahinter führte angesichts der Konfessionsverhältnisse in den Staaten des Deutschen Bundes kein Weg mehr zurück. In der Paulskirchenverfassung von 1848 fanden sich deswegen Formulierungen zum Verhältnis von Staat und Kirche, die über das individuelle Recht der Bekenntnisfreiheit, das die Bundesakte festhielt, weit hinausgingen. Religionsgesellschaften wurden nicht mehr in ihrer Rechtsqualität abgeschichtet. Keine unter ihnen genoss gegenüber den anderen irgendwelche Vorrechte. »Es besteht fernerhin keine Staatskirche«, hieß es. Religionsgesellschaften konnten sich infolgedessen bilden, ohne um staatliche Anerkennung ersuchen zu müssen. Damit war die bis dahin für die Gestaltung des Rechtsverhältnisses zwischen Religion und Gesellschaft maßgebliche Unterscheidung von privilegierten Korporationen und bloßen Sekten eingeebnet. Die Toleranz als Duldung war in dieser Formulierung zu einem Ende gekommen, weil sie in die politische und soziale Ordnung einer bürgerlichen Gesellschaft nicht mehr passte. Sie brauchte religiösen Pluralismus – wenigstens der christlichen Bekenntnisse. Die bürgerliche Gesellschaft hatte Religion in einen homogenisierten Rechtsraum gestellt, in dem alle religiösen Vergemeinschaftungen den Status von Vereinen hatten. Das individuelle religiöse Engagement rückte jetzt ohne weitere Auszeichnung neben andere Motiv- und Interessenlagen, die sich ja ebenfalls in einem reichen Assoziationswesen artikulierten. Für die Kirchen- und Religionsgemeinschaften musste dies umgekehrt heißen, dass sie wichtige Teile ihrer sozialen Inklusionsbefugnisse verloren. Eine gültige Ehe war nur noch vom »Civilact« abhängig. Die kirchliche Trauung konnte erst danach stattfinden.

Die Paulskirchenverfassung blieb zunächst Utopie. Sie hatte auf vielen Feldern über das hinausgegriffen, was in den meisten Staaten des Bundes von den an der Macht gebliebenen Eliten für klug gehalten worden war. Die oktroyierte preußische Verfassung von 1850 unterschied wieder zwischen anerkannten Religionsgesellschaften und geistlichen Gesellschaften ohne Korporationsrechte, aber der Staat zog sich weiter aus diesem Rechtsraum zurück. Das Staatspatronat war aufgehoben, und den Katholiken wurde der freie Verkehr mit Rom zugesichert. Als Gesetzesvorhaben angekündigt war über das Patent von 1847 hinaus die allgemeine Einführung der Zivilehe. Es dauerte noch bis zum Kulturkampf, bis sie umgesetzt wurde. Zusammen mit dem Religionspatent hatte diese Verfassung aber dennoch die politischen und sozialen Folgen konfessioneller Differenzen weitgehend neutralisiert. Sie unterstrich wie andere Verfassungen dieser Jahre auch, dass die Religion der bürgerlichen Gesellschaft sich nicht mehr als Staatskirche organisieren konnte. Ihr Organisationsmodell war die Freikirche als Mitgliedergemeinschaft, die von der freien Entscheidung der Gewissen getragen war. Dem entsprach andererseits der laisierte Staat, der sich aus den inneren Angelegenheiten der Religionsgemeinschaften heraushielt, aber gleichzeitig darauf achtete, dass aus dem Bekenntnis nicht nur keine Unterschiede der politischen und sozialen Rechte erwuchsen, sondern Religion ihr Potential verlor, in soziale Zusammenhänge zu integrieren oder aus ihnen auszuschließen – es sei denn, es handle sich um religiöse. Damit war das vormoderne Verhältnis von Gesellschaft, Religion und Staat jedenfalls der Idee nach verabschiedet. Wenngleich es um die Mitte des 19. Jahrhunderts noch nicht überall realisiert war, so hatte sich die konfessionelle Vielfalt Europas als entscheidende Triebkraft erwiesen, um dem freikirchlichen Religionsmodell der säkularisierten bürgerlich-liberalen Gesellschaft der Moderne zum Durchbruch zu verhelfen.

4.
Die Erfindung der politischen Religion

Es sei ihm nicht bange um die Zukunft, ließ Schleiermacher 1799 in seinen »Reden über die Religion« die Gebildeten unter deren Verächtern wissen: Kein Zeitalter habe die Religion besser aufgenommen als das jetzige. Friedrich von Hardenberg (Novalis) sah das ähnlich. Im gleichen Jahr bot er einen Text für das *Athenaeum* an, in dem er die nahe »Auferstehung« eines neuen Christentums prophezeite, das dem in Anarchie gefallenen Europa zu neuer Gestalt verhelfen werde. Goethe wollte diese Einsichten nicht drucken. Sie erreichten das Publikum erst 1826, als Religion tatsächlich wieder zu einer gestaltenden Kraft der gesellschaftlichen Ordnung geworden war, weil die politische Restauration sich auf die Bedeutung der Kirchen als Stützen monarchischer Legitimität besonnen hatte und man Religion als Bindemittel der noch fragilen Nationalgesellschaften schätzte. Am Ende des 18. Jahrhunderts hingegen waren solche Diagnosen keineswegs selbstverständlich. Die Revolution habe, stellte Chateaubriand noch 1826 fest, das christliche Gedächtnis Europas vernichtet.[105]

Was kam, hatte einen Januskopf. Die restaurative Ordnung des 19. Jahrhunderts schaute nach vorne, indem sie ihren politischen Stil an die Erfordernisse einer liberalen Bürgergesellschaft anpasste. Sie beharrte aber gleichzeitig auf einer Legitimität, die die Ereignisse von 1789 ungeschehen machen wollte. Das »monarchische Prinzip« zitierte eine vergangene Welt, ohne sie ernsthaft noch zu wollen, um das schlimmere Übel der Volkssouveränität zu bannen, wie Friedrich Julius Stahl in einer Abhandlung wissen ließ, die diesem Regime dann seinen Namen gab. Entsprechend inszenierten sich die Monarchen als »Bürgerkönige«, die zuerst leutselig patriarchalisch regierten und schließlich das traditionale Fundament ihrer Legitimität zur bloßen Staffage eines cäsaristischen Populismus machten.[106]

Man kann diese Orientierung an einer versunkenen Welt in der historischen Beobachtung nicht einfach nur auf die zweifellos vorhandene Kontinuität der Eliten und der Interessen zurückführen. Die Gleichzeitigkeit des Ungleichzeitigen, das Nebeneinander von tiefgreifender gesellschaftlicher Modernisierung und traditionalen sozialen Formen und Argumentationsmustern war Kennzeichen einer Transformationsgesellschaft, die ihre Gestalt und ihre Modernität erst noch auf den Begriff bringen musste. Vorerst betrachtete sie sich im Spiegel der Vormoderne. Man sah kein bloßes Zerrbild darin, aber was man wahrnahm, hielt die Versuchung aufrecht, die pluralistische, arbeitsteilig vernetzte und marktgesteuerte Ordnung der Gesellschaft vor der Folie alteuropäischer Ordnungsmuster zu kritisieren und den eigenen politischen und sozialen Institutionen eine Form zu geben, die noch von den Zielvorstellungen und Prinzipien der alteuropäischen *Societas civilis* geprägt war.

Die Gesellschaft Alteuropas hatte sich nicht als medienvermittelten Strukturzusammenhang verstanden, sondern als hierarchisierte Vergemeinschaftung von Individuen und Gruppen, in der Recht und Herrschaft aus einer göttlichen Weltordnung abgeleitet und den Menschen unverfügbar waren. Bereits der Souveränitätsanspruch des neuzeitlichen Staates hatte diese politische Zivilgesellschaft unter Spannung gesetzt und eine abwehrende, »konservative« Theorie des Politischen inspiriert. Auch sonst war etwa an der wachsenden Bedeutung, die man Werten und Überzeugungen als Grundlage gesellschaftlichen Zusammenlebens seit Beginn des 18. Jahrhunderts beimaß, ablesbar, welche Folgen es hatte, wenn man eine komplexer werdende Gesellschaft als eine Gemeinschaft von Anwesenden beschrieb.[107]

Mit der Ruptur von 1789 eskalierten diese Probleme und ließen sich gleichzeitig nicht mehr nur als Fragen der Theorietechnik behandeln. Die Revolution hob sie auf die Bühne der Gesellschaftspolitik. Nach wie vor wurde Vergesellschaftung aber hauptsächlich als Vergemeinschaftung erfahren und gedacht, so dass man die Nation – wie die verstaatlichte Gesellschaft jetzt hieß – ebenfalls als emphatische Assoziation von Bürgern konstruierte. In der Politik war man wie noch nie auf die Liturgie des inszenierten Massenereignisses angewiesen, um eine Öffentlichkeit zu gestalten, in der Schrift und Druck im Verständnis der Zeitgenossen dazu dienten, die »totale Anwesenheit«[108] auch über zeitliche und räumliche Distanzen herzustellen.

Schnell wurde greifbar, dass diese Konstellation der Religion zu neuer Bedeutung verhalf. Wer sich zum Ziel setzte, am Entwurf einer *Societas civilis* als konservativ-gegenrevolutionärer Utopie festzuhalten, dem lieferte das christliche Naturrecht die wichtigsten Argumente. Die (christliche) Glaubensgemeinschaft schien überhaupt ein brauchbares Vorbild, um die desintegrativen und entfremdenden Kräfte moderner Vergesellschaftung, wie sie seit der Romantik unablässig beklagt wurden, zu heilen und zu überwinden. Für die politischen Regime der Restauration ergab sich daraus die naheliegende Folgerung, Religion in den Dienst der Legitimation zu stellen und die Konfessionskirchen zur Disziplinierung der Untertanen heranzuziehen. Die konstitutionell eingebundene Monarchie wusste sich im »christlichen Staat« am besten aufgehoben. Nationen wurden auf diese Weise als heilige Gemeinschaften entworfen, die wenigstens einer politischen Religion bedurften, um gegenüber einem Reich der Bedürfnisse zu bestehen.

Das hatte seinen Preis. Abgesehen vom weiterhin drückenden Staatskirchentum mussten Kirchen und Theologen sich jetzt damit auseinandersetzen, dass Religion zu einer politischen Option geworden war. Über Theologie und Kirchenverfassung ließ sich nicht mehr ohne Rücksicht auf politische Parteinahmen streiten.

Gesellschaft und Moral

Während für den entstehenden Liberalismus das Thema Religion nur in der Abwehr klerikalen Einflusses eine Rolle spielte[109], rückte das Religiöse als konstitutives Element menschlicher Vergesellschaftung überall dort ins Zentrum der Aufmerksamkeit, wo man soziale Integration nicht aus formalen Prinzipien der Rechtsgleichheit und der politischen Partizipation ableitete, sondern sie vorrangig als Problem gesellschaftlicher Werte verstanden wurde. Die alteuropäische Theoriebildung hatte – wie man am Beispiel des Thomas Hobbes studieren konnte – gesellschaftliche Integration über weite Strecken als Funktion staatlicher Souveränität gedeutet und sie folglich als Gewaltzusammenhang beschrieben. Entsprechend war der Ort von Religion dann negativ bestimmt. Eine gesellschaftliche Funktion übernahm sie als Staatskult, der die Gewalt des Leviathan mit der Aura des Heiligen schützte, ansonsten blieb sie private Überzeugung, die für die Gesellschaft nur insofern bedeutsam war, als der Jenseitsglaube und die Furcht vor dem Jüngsten Gericht dabei halfen, den Normen und Gesetzen des Staates Geltung zu verschaffen.

Die Idee der Volkssouveränität und der Teilung der Gewalten hatten diesen Strang der politischen Selbstbeschreibung der europäischen Gesellschaften abgeschnitten. Wer nach 1789 über die Ermöglichung von Gesellschaft, über die Bedingungen der Stabilität sozialer Ordnung, die Fundierung politischer Macht und die Voraussetzungen nationaler Identität nachdachte, dem bot sich Religion wenigstens als eine Sonderform von Moral an, mit deren Hilfe sicherzustellen war, dass gesellschaftliche Ordnung und politische Herrschaft auch auf Zustimmung gebaut werden konnten. Am Stellenwert, den Religion und Moral für den Bau der Gesellschaft zugemessen bekamen, war daher abzulesen, wie weit Macht aus der Gesellschaft heraus legitimiert wurde und auf der Zustimmung einer Mehrheit beruhte.[110] Auch wer umgekehrt daran festhielt, dass Ordnung auf Dauer nur Bestand hatte und die Autorität staatlicher Macht nur gesichert blieb, wenn man sie mit dem Verweis auf ihre vorgesellschaftliche Gottgegebenheit jedem offenen Legitimationszweifel entzog, für den lag es nahe, Gesellschaft, Staat und Religion in einer organischen Einheit zusammenzudenken. Noch nicht am Anfang des 19. Jahrhunderts, aber je länger die industrielle Moderne ihre Fratze der sozialen Pauperisierung und Zerklüftung zeigte, desto eindringlicher stellte sich schließlich das Problem sozialer Solidarität, zumal soziale Deklassierung sich zur politischen Gefahr entwickelt hatte.

An diesen drei Problemfeldern kristallisierte sich seit Ende des 18. Jahrhunderts ein europäisch geführter Diskurs heraus, der den katholischen Konservativismus eines Joseph de Maistre, Louis de Bonald, François R. de Chateaubriand und eines Donoso Cortés mit Karl Ludwig von Haller, den englischen Tories von Edmund Burke bis William Gladstone und dem »christlichen Sozialismus« bei Lamennais und Saint-Simon ebenso verband wie die deutschen Romantiker Friedrich Schlegel, Novalis und Franz von Baader mit den konservativen Konfessionspolitikern

Joseph Görres, Friedrich Julius Stahl, Friedrich Gentz und Friedrich Wilhelm IV. Die argumentativen Tiefenstrukturen lagen nahe beieinander, auch wenn die konfessionellen Differenzen Anlass zur Polemik gaben und Grenzen der wechselseitigen Wahrnehmung zogen. Allein die vielfach belegte europaweite Rezeption der seit den 1820er Jahren entstehenden konfessionspolitischen Publikationsorgane sorgte dafür, dass man die Argumente der anderen kennen konnte. Das trug maßgeblich zur Ausbildung eines intellektuellen und politisch aktiven Netzes bei, in dem sich die religiösen mit den politischen Optionen so sehr vermischten, dass sie häufig auch konfessionelle Differenzen zu überspielen in der Lage waren. Friedrich Wilhelm IV. hatte in dem unzweifelhaft katholisch optierenden Karl Maria von Radowitz einen intim vertrauten Berater und dieser wiederum in den protestantischen Gerlachs enge politische Freunde gefunden.[111] Wichtiger für argumentative Differenzen und Gegnerschaften schienen unterschiedliche politische Kulturen und Entwicklungsstände. Sie traten umso deutlicher in den Vordergrund, je konkreter von Religion und Kirchen die Rede war.

Gesellschaft und Familie

Um die »Chimäre« der »künstlich-bürgerlichen« Gesellschaft zu vertreiben und eine tragfähige Theorie des »natürlich-geselligen Zustandes« zu entwerfen, wie Haller schon im Titel seiner »Restauration der Staatswissenschaften« ankündigte, musste es für die konservativen Kritiker der nachrevolutionären Verhältnisse stets darauf ankommen, Gesellschaft, Staat und Religion als eine schon immer gegebene organische Einheit zu denken, die weder in ihrer Existenz noch in ihrem Zusammenwirken auf einen menschlichen Akt zurückgeführt werden konnte, sondern ihren Ausgangspunkt bereits in der Schöpfungsordnung Gottes hatte. Nur so war der Vorstellung eines »Gesellschaftsvertrages« zu entkommen, der Menschen, ihre Interessenlagen und die soziale Ordnung der Gesellschaft auseinanderriss, so dass man sie gegeneinander ausspielen konnte.

Dieses Argumentationserfordernis gab den Entwürfen von de Bonald und de Maistre bis hin zu Adam Müller und zu Haller eine gemeinsame

Rhetorik des opaken Anfangs mit, wonach der Mensch nicht als Individuum in die Gesellschaft trat, sondern als Mitglied einer Familie. Die restaurative *Societas civilis* bestand überhaupt nicht aus Individuen, sondern setzte sich in jedem Fall aus Familien zusammen. In der Familie und nur durch sie wurde der Mensch gesellschaftsfähig, weil er dort einerseits in das »natürliche« Autoritätsverhältnis des Generationengefüges eingebettet war und weil darüber hinaus in der Familie auch die (natürliche) Religion als Wissen um die Existenz Gottes und als Kult ihren Ursprung hatte. Im Totenkult identifizierte Chateaubriand den Ursprung aller Vergemeinschaftung. Erst das in der Familie vermittelte Wissen um Gott machte den Menschen zum Menschen, wie de Bonald betonte, und er fügte hinzu, dass alle gesellschaftliche Ordnung sich auf die Vorschrift: »Ehre Vater und Mutter!« zurückführen lasse. Aus der natürlichen Autorität der Eltern sei zu lernen, dass es sich zieme, der Macht Ehrfurcht entgegenzubringen. Aus der Familie gingen Macht und Religion hervor. Auf ihr baute damit die gesellschaftliche Ordnung auf, die durch sie notwendig geworden war. Sie war Ursache und Ordnungsprinzip gleichzeitig. Weil Familien sich untereinander im Kriegszustand befinden konnten, brauchte es den Staat. Sofern die Familien sich unter gemeinsamer Abstammung zusammenfanden, waren sie eine Nation. Wenn sie sich gemeinsamen Gesetzen unterwarfen, wurden sie zum Staat. Auch der »Staat Gottes« des Donoso Cortés gründete in dieser Weise auf der natürlichen Autorität der Vaterschaft und den daraus hervorgehenden Familienverbänden. Diese gliederten sich in Verwandtschaftsgruppen und Provinzen. Weil man um die Mitte des 19. Jahrhunderts von der arbeitsteiligen Organisation der Gesellschaft kaum mehr absehen konnte, stellte Cortés dem lokalen Gliederungsprinzip Berufsstände zur Seite, in denen sich jeweils Familien gleicher gesellschaftlicher Aufgaben zusammenfanden. Alle diese »natürlichen« Gruppen formten dann den »katholischen« Staat, der im Thron des Monarchen das Symbol seiner Einheit und seiner hierarchischen Ordnung hatte.[112]

Auch Gladstone kannte nur zwei natürliche und universale Formen der menschlichen Vergemeinschaftung, denen gleichzeitig die Eigenschaft einer moralischen Einheit und damit religiöse Qualität zukomme: die Familie und den Staat. Angesichts der Ordnung des *body politics* im

Commonwealth und insbesondere im Hinblick auf die bereits weit fortgeschrittene Prägung der englischen Sozialordnung durch Markt- und Kapitalbeziehungen lag es für die englischen Konservativen allerdings nicht unbedingt nahe, das Individuum ausschließlich über die Familie zu vergesellschaften. Was einen Commonwealth von einer Sklavenplantage unterscheide, sei nicht die närrische Fiktion eines Gesellschaftsvertrages, schrieb Coleridge 1825 in seiner Abhandlung *On the constitution of the Church and State,* sondern die unbedingte Vorstellung von personaler Integrität und individueller Willensfreiheit. Diese Auszeichnung der Individualität führte dann allerdings auch hier umstandslos in den Entwurf einer von *personal interests* getragenen Gesellschaft von Besitzindividualisten, die sich in drei Ständesäulen gliederte. In der einen fand sich der *landed interest* der Grundbesitzer zusammen, in der anderen der *moneyed interest* der Handwerker und Kaufleute. Die dritte umfasste neben den Theologen und den Geistlichen alle Wissenschaftler der Gesellschaft, um ihr ein kulturelles Fundament zu geben und sie zu einer moralisch integrierten Gemeinschaft zu erheben.[113]

Gegen Atomisierungen

Gemeinsam war allen diesen Entwürfen einer organischen Vergesellschaftung aus der Familie heraus, dass sie gegen Vorstellung und Realität einer über medial vermittelte Politik- und Verwaltungsstrukturen und das Wirken des Marktes integrierten Gesellschaft gerichtet waren, weil nur im direkten Umgang der Menschen miteinander sich jene Übereinstimmung der Gefühle und Überzeugungen herstellen und dauerhaft sichern ließ, aus der sich der Zusammenhalt ergab. Angesichts der rationalistischen Zerstückelung in Wahlbezirke und Departements, mit der die Revolution Frankreich überzogen habe, bezeichnete Edmund Burke die Revolutionsfeste als »nichtsbedeutende Taschenspielerkünste«. Die »bürgerlichen Neigungen« müssten sich vielmehr in der Familie entfalten. Wahrer Patriotismus erwachse nicht aus der Zugehörigkeit zum »Viereck Nr. 71 oder irgend einem anderen Felde des großen Schachbrettes«, sondern könne sich nur bilden, wenn er aus der Familie heraus zu den »Mitbürgern in unserer Provinz« übergehe. Dort seien »die Ruheplätze und

Herbergen auf unserer Reise zum allgemeinen Bürgergeist« zu finden. Die Flüchtigkeit des Bürgergeistes wird hier rhetorisch gebannt, indem Burke ihn an die Topologie einer Wanderschaft bindet, die nicht anders zu denken ist als eine Abfolge von direkten Treffen. Dieser Commonwealth gewann Realität in der Kommunikation direkter Begegnung, und nur wenn das auch so blieb, war vorstellbar, dass eine gemeinsame Idee ihn dauerhaft zusammenhielt.[114]

Diese Verknüpfung von interaktiver Sozialität und wertgestützter Vergesellschaftung war fundamental für die Rekonstruktion der *Societas civilis*. Sie war so wichtig, dass Haller sie zum Grundprinzip aller drei Staatsformen machte, die er unterschied. Für das vom Monarchen regierte, ständisch gegliederte Staatswesen verstand sich das von selbst. Auch in der Kommune vollzog sich die politische Vergesellschaftung der Idee nach in der je aktualisierten Anwesenheit der Bürger. Die »geistliche Gemeinschaft« schließlich, die, wenn sie selbständig werde, ebenfalls ein Staat sei, gründe sich »aus dem Verhältnis eines Lehrers oder geistlichen Oberhauptes zu seinen Jüngern und Gläubigern«. Es kam Haller hier darauf an, den göttlichen Ursprung auch der charismatischen Autorität eines geistlichen Führers zu betonen. Dessen Überlegenheit beruhe auf der »unmittelbar« von Gott gegebenen »höheren Weisheit«. Die soziale Form der geistlichen Gemeinschaft blieb aber das ganz in der Anwesenheit aufgehende Verhältnis zwischen einem Lehrer und seinen Jüngern. Donoso Cortés hat dies dann genau so nachgeschrieben.[115]

Aus dieser Rhetorik der Anwesenheit und der Präsenz folgte zwangsläufig, dass auf jeder Ebene gesellschaftlicher Integration – von der Familie bis zum ständisch eingeteilten Staat hinauf – stets der »ganze« Mensch in seiner unzerteilten sozialen Existenz präsent sein musste.

Edmund Burke verwandte viel Scharfsinn auf die detaillierte Kritik des von der Revolution installierten Wahlsystems, das weder die sozialen Verhältnisse der Wähler noch der Gewählten wirklich berücksichtige, sie aus ihren natürlichen Gefügen und Gruppen herauslöse und so dazu führe, dass schließlich beide »in gar keiner Verbindung miteinander stehen«, wohingegen die Wahlen in den englischen Countys diese unmittelbare Verbindung zwischen Wählern und Gewählten auf das Beste gewährleisten.[116] Diese Argumentation war gegen die Zumutungen funktionaler Differenzierung gerichtet, durch die Herrschaft zur Politik wurde, weil sich soziale Macht von politischer trennte, was sich darin zeigte, dass die organische Einheit des vergesellschafteten Menschen in ein disparates Bündel von Rollen zerfiel. Das zerstörte nicht nur die Einheit der Person, sondern die Sozialität überhaupt. Deswegen betonte Adam Müller, dass es darauf ankomme, einen ständischen Staat einzurichten, der auf dem »lebendigen Bürger« aufbaue, wie er aus der Familie hervorgehe. Die Vorstellung des Staates folge »aus der vollständigen Ansicht des lebendigen Menschen oder der Theorie der Familie«, da er nichts anderes sei als »der erweiterte Mensch«.

Die Gegenwart konnte vor dieser Folie nur als »desozialisiert« kritisiert werden. Man habe die »alte Organisation der Gesellschaft« gelöst, stellte Radowitz fest, und sie damit der »Atomisierung« mechanischer Zentrifugalkräfte ausgesetzt, so dass die »zahllosen kleinen Individualisierungen, in welchen Kapital und Arbeit in lebensvoller Gemeinschaft standen«, verschwunden seien. Bonald bannte diesen Befund in eine rousseauistische Theorie des Kulturverfalles, die – wie Novalis das auch getan hatte – die Utopie der »ächt christlichen Gesellschaft« in ein ideales Mittelalter zurückverlegte. Immer öfter hatten die Großgrundbesitzer sich versammelt, Dörfer waren entstanden, schließlich Städte und mit ihnen der Luxus und die frivolen Künste – alles, was sich ergab, wenn Menschen sich in großer Zahl und ungeordnet zusammenfanden –, endlich auch die Philosophie. Aus der Agrarnation der Franzosen war auf diese Weise eine Nation der Stadtbürger mit blühenden Künsten geworden, *mais la famille, L'Etat, la religion, la societé, enfin y perdit.* Die moderne Staatsnation war folglich keine wirkliche Gesellschaft mehr. Adam Müller sah das »erweiterte Heiligtum der christlichen Religion«, als welches sich die Verfassung des Staates im Mittelalter ihm darstellte, verfallen, weil die Völker sich vom Geld und der Philosophie des heidnischen Altertums hätten verführen lassen. »[D]arin liegt das ganze Geheimnis von dem Untergange alles Privat- und politischen Lebens und des europäischen Staatenbundes«.[117]

Diese gefühlte und erlebte Übereinstimmung in der religiös durchwirkten Geselligkeit vertrug sich nicht mit der Schrift. Sie störte den Verkehr der Menschen untereinander und taugte nicht zur Ordnung der

Gesellschaft. Joseph de Maistre legte umfänglich dar, dass außer Moses noch jeder Staatengründer, der als schreibender Gesetzgeber auftrat, gescheitert sei. Moses sei deswegen eine Ausnahme, weil seine Gesetzestafeln göttlichen Ursprunges waren und somit das allgemeine Prinzip, dass jede Ordnung aus Gott hervorgehe, unmittelbar zum Vorschein kam. Nationen könnten deswegen nicht mit Tinte und Papier, sondern nur durch die Tradition und die göttlich inspirierte Tat gegründet werden. Was man niederschreiben könne, sei allenfalls der Mythos einer Gründung, nicht aber die Ordnung, der ein Staat folgt. Solche Argumente zielten auf den unbedingten Vorrang der Tradition vor der menschlichen Setzung, aber mit ihnen war auch gesagt, dass sich die »Körperströme« einer Anwesenheitsgesellschaft nicht durch schriftliche Programmierung steuern oder ersetzen ließen. Schrift schien allenfalls als Aufbewahrungsmedium akzeptabel, nicht aber, wenn mit ihrem Gebrauch die soziale Formung von Kommunikation einherging. In den »ächt christlichen Zeiten«, die Novalis phantasierte, knüpfte »kindliches Zutrauen« die Menschen an die Verkündigungen der Mächtigen. Die Kirchen waren »geheimnisvoll« und mit »ermunternden Bildern geschmückt, mit süßen Düften erfüllt, und von heiliger erhebender Musik belebt«. Die Verehrung der Reliquien brachte den Menschen den »Frieden der Seele und die Gesundheit des Leibes«. Novalis deutete Vergesellschaftung mit diesen Formulierungen als synästhetische Erfahrung, die auf die Unmittelbarkeit des sinnlichen Eindruckes notwendig angewiesen war. Deswegen bedeutete es bereits einen folgenschweren Bruch, als die Reformation den Glauben auf die Bibel stützte. »Dem religiösen Sinn war diese Wahl höchst verderblich, da nichts seine Irritabilität so vernichtet, wie der Buchstabe.«

Novalis knüpfte an diesen Befund seine weitere Verfallsgeschichte der europäischen Nationen, die sie in die augenblickliche Krise trieb. Eine wieder geglaubte, weil sinnlich beglaubigte Religion schien den Zeitdiagnostikern als die Lösung. Friedrich Gentz hielt 1819 fest, dass »nur mit einer gelungenen Wiederherstellung der moralischen, das heißt, der religiösen Grundlage der Gesellschaft« wieder Ruhe, Zufriedenheit und allgemeiner Wohlstand zu gewährleisten sei, weil alle Maßregeln der Regierung vergeblich seien, solange nicht die »freiwillige Unterwerfung der Gemüther unter ein höheres unverletztliches Gebot erwirkt werden kann«. Die Theoretiker hatten diese Einsicht in den inneren Zusammenhang einer segmentär und hierarchisch gegliederten Anwesenheitsgesellschaft allgemeiner formuliert: *La religion est la raison de toute société, puisque hors d'elle on ne peut trouver la raison d'aucune pouvoir, ni d'aucune devoirs. La religion est donc la constitution fondamentale de tout état sociale.* Damit war nicht die Bedingung umschrieben, sondern die Bedingung der Möglichkeit, Formen der Vergesellschaftung, die man als modern wahrnahm, in den Sozialvorstellungen Alteuropas zu denken. Dass Religion damit politisch wurde, lag auch in der Natur der Dinge.[118]

Politische Religionen

Die Art und Weise, wie in diesen Texten über Religion geschrieben wurde, hatte wenig Deskriptives. Es wurden konfessionelle Identitäten umrissen, politische Programme formuliert und soziale Utopien entworfen, und nur aus dieser Perspektive gewannen die unternommenen Zustandsbeschreibungen von Religion und Gesellschaft ihren Sinn. Die Imagination von Religion war deswegen geprägt von den Problemen, die durch Religion in der Gestaltung der vorgestellten *Societas civilis* gelöst werden sollten, und noch deutlicher durch die Bedeutung, die man Religion für die Grundlegung des gesellschaftlichen Zusammenlebens und die Beständigkeit sozialer Ordnung zumaß. Je akzentuierter Gesellschaft als in Gott begründete *Societas civilis* gedacht wurde, desto weiter griffen die religiösen Begründungszusammenhänge aus, so dass das Soziale eine Funktion des Religiösen blieb, während in jenen Entwürfen, in denen Gesellschaft als wie auch immer begründeter profaner Zusammenhang gedacht war, Religion in der Imagination des Sozialen in eine zweckhafte Rolle geriet. Das Spektrum dessen, was Religion zu leisten imstande sein sollte, reichte entsprechend von der Zivilisierung des Menschen und der Ermöglichung sozialer Ordnung über die Legitimation von Macht und die in der jenseitigen Gerechtigkeit begründete Achtung des Gesetzes bis zur Stiftung von Solidarität zwischen ansonsten bereits arbeitsteilig vereinzelten Individuen.

Die Religion macht den Menschen zum Menschen, insofern er sich durch sie als Geschöpf Gottes erkennen kann, hatte de Bonald formuliert. Im Entwurf einer bürgerlichen Gesellschaft, die auf Gott gründete, ließ sich dieser Kernsatz anthropologisch wie auch geschichtsphilosophisch deuten. Die Argumente einer katholischen Anthropologie fasste Donoso Cortés in der Mitte des 19. Jahrhunderts zusammen. Das Christentum bringe den Menschen hervor, indem es die menschlichen Vermögen in eine gesellschaftsfähige Ordnung setze. Es unterwerfe den Leib dem Willen, diesen dem Verstand, den Verstand der Vernunft, diese wiederum dem Glauben und alles schließlich der Liebe. Chateaubriand schilderte vor diesem Hintergrund eine Zivilisationsgeschichte des Abendlandes, in der das Christentum als geoffenbarter Glaube, als katholische Kirche und als Wissenszusammenhang diejenigen Kräfte freisetzte, die aus der Barbarei der heidnischen Antike herausführten und die nachfolgenden Errungenschaften in den Künsten, den Wissenschaften und den gesellschaftlichen Einrichtungen möglich machten. Eine ungeheuere Menge Material wurde vor dem Leser ausgebreitet, um die Bedeutung des Christentums für die Entfaltung der Poesie, der schönen Künste und der Wissenschaften darzulegen und schließlich noch die gestaltende Kraft des christlichen Kultes in seiner kirchlichen Ausformung vorzuführen. Auch die politische Ordnung der europäischen Gesellschaften erwies sich als Ausfluss des Christentums. Im Klerus hatte man einen tatkräftigen und umsichtigen Moderator der politischen Macht und der Staaten. Selbst das Repräsentationsprinzip der konstitutionellen Verfassungen ließ sich auf das Vorbild der Orden zurückführen. Bei Chateaubriand war diese christliche Geschichtsteleologie gegen die Revolution gerichtet, sie konnte aber auch liberal grundiert werden. Für den Italiener Antonio Rosmini, dessen Bücher 1849 von der Kurie auf den Index gesetzt wurden, lag die zivilisatorische Leistung des Christentums darin, dass es die Gleichheit der Menschen vor Gott auch sozial wirksam machte und damit der modernen Gesellschaft ein solides und das einzig legitime Fundament gegeben hatte. Die christliche Gleichheit hatte der antiken Sklaverei ein Ende bereitet. Darauf hatte schon Chateaubriand hingewiesen. Erst das Christentum ermöglichte Vergemeinschaftungen, die über den Sippenverband hinausreichten, weil es den Einzelnen aus diesen Verbänden herauslöse und ihm dadurch die Möglichkeit der Assoziation von »gleichwertigen Personen« erschlossen habe. Darauf beruhte die »Sakralität« auch der modernen Gesellschaft.[119]

Trotz dieser fundamentalen Sakralität hatte die Gesellschaft des 19. Jahrhunderts die ordnende Kraft eines wirkenden Christentums mehr als nötig. Man schaue in die großen Städte der Gegenwart mit ihren Faubourgs, schloss Chateaubriand seine geschichtsphilosophische Vision, und man werde erkennen, dass die Ordnung dort ohne Religion, die den Menschen die Pflichten und Sittenordnung für alle Bereiche des Lebens predige, nicht aufrechterhalten werden könne. Man zerstöre den Kult des Evangeliums, und es herrsche in allen Städten bald nur noch ein Regime der Gefängnisse und der Scharfrichter. Was im Hinblick auf die Gesetze und Normen richtig schien, galt für die staatliche Macht ohnehin. Haller empfahl den Fürsten, ihre Religiosität sichtbar zur Schau zu tragen, weil sie auf diese Weise das unerschütterliche Vertrauen ihrer Untertanen erwerben könnten. Der Grund dafür liege im Wissen um die bändigende Kraft des Christentums. Es zähme die absolute Fürstenmacht mehr als jede Konstitution. Umgekehrt erhalte es auf diese Weise den Gehorsam der Untergebenen, weil es ihnen die göttliche Herkunft der weltlichen Autorität vor Augen führe. »Sie sichert die Treu, auch da, wo man sie nicht erzwingen könnte.« Sie lasse die Macht als eine »Wohltat des Himmels« erkennen und ermögliche den Untertanen auf diese Weise die freiwillige Unterordnung unter die Autorität des Fürsten. Chateaubriand hatte den gleichen Gedankengang historisch begründet, als er auf die barbarische Staatlichkeit der Römer hinwies, die erst durch das Christentum zivilisiert worden war.[120]

Der Gedanke an eine berechnende Indienstnahme von Religion durch die Fürsten lag bei Argumentationen, wie Haller sie in seinem Restaurationswerk bot, nicht sehr fern. Dem ultramontanen Konservativismus war gerade dies im Grunde zuwider. Joseph Görres fand nichts als Verachtung für die »Buhlereien jener politischen Cleriker mit der Staatsgewalt«. Das könne nur die Oberfläche einer ansonsten von der schrankenlosen Subjektivität der Vernunft in die Anomie geführten Gesellschaft berühren. Deswegen war ihm auch die restaurative Ordnung allenfalls ein Notbehelf. Man suche jetzt den Reflex der alten Einheit. »Da ist es dann die Monarchie, wie sie sich recht und schlecht eben findet, und als

Ausdruck fragmentarisch trümmerhafter Nationalität wenigstens einen Schein der Einheit in sich trägt.« Oder man orientiert sich an der Persönlichkeit des Monarchen, die »zum Gegenstand einer ebenso persönlichen, gemüthlichen Anhänglichkeit werden kann«, um »in der Mitte des Wankens und Schwankens aller Principien eine feste Unterlage zu gewinnen«. Das Wirken des Christentums ging in diesem Argumentationshorizont nicht auf in der sozialen Disziplinierung der Untertanenschaft. Die wahre (ultramontane) Kirche arbeitete daran, die in der Religion begründete *Societas civilis* wieder aufzurichten, damit soziale Disziplin sich in der Harmonie einer organischen Gesellschaftsordnung auflöste. Lamennais hatte dies bis zu seiner liberalen Wende in gleicher Weise formuliert.[121]

An einer anderen Stelle kam das Christentum in diesen Sozialimaginationen zu stehen, wenn nicht mehr Gesellschaft von der Religion her, sondern Religion von der Gesellschaft her gedacht wurde. William Gladstone identifizierte das Kernproblem der Vergesellschaftung in der Selbstliebe der Individuen. Deren auch negative Wirkungen potenzierten sich in Gesellschaft. Zusätzlich verminderten sich in Gesellschaft die Möglichkeiten der wechselseitigen Kontrolle, und infolge der wachsenden Unübersichtlichkeit gebe es eine Tendenz, die Verantwortung für das eigene Tun von sich wegzuschieben. Damit war bereits viel über die strukturelle und mediale Differenzierung moderner Gesellschaften und die daraus folgende Komplexität gesagt. Burke hatte noch damit argumentiert, dass Religion umso wichtiger für die öffentliche Ordnung werde, je freier und demokratischer sie sei. Nur dadurch könne verhindert werden, dass das Volk seinen niederen Neigungen in politischen Angelegenheiten nachgebe. Gerade deswegen schien es Gladstone aber notwendig, auf Moral und Religion zurückzukommen. *The remedy has been recognized by the common, the almost universal sense of mankind, as being found in collective religion.* Die Gesellschaft, die infolge dieser Strukturbedingungen nur als moralischer Zusammenhang Bestand habe, müsse die Macht der Moral mit dem heiligenden Prinzip der Religion verbinden, wie auch die Moralität des Einzelnen durch die individuelle Frömmigkeit geweiht werde. Sehr viel zurückhaltender argumentierte Gladstone, wenn er auf die als Nation ihrer selbst bewusst gewordene Gesellschaft zu sprechen kam, die im Staat zur autonomen politischen Gestaltung ihrer Angelegenheiten gefunden hatte. Der Staat ist keine Quelle der Moralität, kann aber andererseits auch kein bloß ökonomischer Verbund bleiben. Er braucht ein moralisches Fundament, wenn er nicht zum unerträglichen Fluch für die Menschen werden soll. Der Gesetzgeber bedarf der ethischen Unterweisung, erst in der Verantwortung vor Gott finden die Staatsmänner zum Handeln für die Nation, und auch die Untertanen lassen sich besser regieren, wenn man nicht nur mit martialischen Strafen vorgeht, sondern Vergehen und Sünde mit der ewigen Verdammnis bedroht sind. In der Summe vertrage sich Religion also durchaus mit der Rationalität des Staates, schloss Gladstone vorsichtig und verwies dann darauf, dass Religion im Grunde aber doch ihren eigentlichen Ort in der Sozialität der Nation habe. Religion und Staat gehörten zusammen, weil es Aufgabe des Staates sei, das soziale Leben der Menschen zu befördern. Diese Sozialität sei in den Problemen, Zielen und Motiven ein zutiefst moralischer Zusammenhang, der aber nur zu tatsächlicher Moral finde, wenn er sich der Religion aufschließe. Deswegen könne auch die Nation nur ein Bewusstsein ihrer selbst entfalten, wenn es einen öffentlichen Kult gebe. Die individuelle Frömmigkeit der Mitglieder reiche dazu nicht hin.[122]

Noch deutlicher stellte Coleridge heraus, dass der Staat eine lediglich funktionale Beziehung zu Religion hatte und diese ihrem Wesen nach in der Sozialintegration der Nation verankert war. Das Christentum habe der Priesterherrschaft der Israeliten zu Recht ein Ende gemacht. Das Recht ist nicht der Religion unterworfen. Die nationale Kirche ist aber als dritter Stand dafür verantwortlich, dass die zivilisatorische Basis der Nation dauerhaft gesichert werde. Coleridge fasste darunter alles Wissen, insbesondere die physikalischen und ethischen Wissenschaften *(moral science)*, das Gedächtnis der Gesellschaft, in dem die Errungenschaften der Zivilisation aufbewahrt werden, um die Gegenwart mit der Vergangenheit zu verbinden, und schließlich eine öffentliche Erziehung, die alle so weit in ihren Rechten unterweist, dass sie auch ihre Pflichten verstehen. Dieser umfassende Auftrag konnte keine Aufgabe nur der Geistlichkeit sein. Zur Nationalkirche, wie sie hier in einer kulturgeschichtlichen Phantasmagorie entworfen wurde, gehörten daher alle Gelehrten, wenngleich den

Theologen eine Führungsrolle zufiel, weil sie die umfassendste Wissenschaft betrieben. Die Wissenschaft vom Göttlichen umfasste das Verständnis fremder Sprachen, und sie widmete sich der Bewahrung und Weitergabe des Vergangenen, so dass die bedeutsamen Geschichtsepochen, die Umwälzungen der Nationen und Völker überliefert und die Geschichtsbücher fortgeführt wurden. Zu ihrem Gegenstandsbereich gehörten die ethischen Wissenschaften und die Anwendung der Ethik auf die vielfältigen Sozialbeziehungen der Menschen untereinander. Schließlich legte sie als Lehre von den Ideen das philosophische Fundament aller Wissenschaften. Das Wohlwollen der überirdischen Mächte zu sichern und sich um alle Belange zu kümmern, die das Grab überstiegen, d. h. das Jenseits betrafen, war hingegen Aufgabe der Priester. Nicht Heiligkeit begründete deswegen die Führungsrolle der Theologen und Priester in der Bewahrung und Fortentwicklung der nationalen Zivilisation, sondern der Umstand, dass die Theologie die Wurzel allen Wissens war, das den Menschen zivilisierte. Daher verblasste die Bedeutung der Geistlichen auch immer mehr, je näher Coleridge seine kulturgeschichtlichen Imaginationen an die eigene Gegenwart heranführte. Von den Geistlichen der Anglikanischen Kirche hieß es dann, es sei ihre Aufgabe, den Untertanen die Hoffnung zu vermitteln, dass es möglich sei, die eigene Lage und die ihrer Kinder zu verbessern, und zweitens allen Einwohnern des Landes das notwendige Wissen und diejenigen Fertigkeiten mitzugeben, die sie zu Mitgliedern eines Gemeinwesen qualifizierten und sie damit zu freien Untertanen eines zivilisierten Königreiches machten.[123]

Man erkennt an diesen Überlegungen, wie sehr die Geistlichen der Anglikanischen Kirche sich als Teil einer für den Ideen- und Wissenshaushalt der Nation zuständigen Schicht von Intellektuellen fühlten. Damit blieb Religion gleichzeitig Bestandteil einer öffentlichen Sphäre, in der sich der innere Zusammenhalt und die Identität der Nation ausformten. Coleridge stellte aber heraus, dass sie dazu nur noch insofern beitrug, als sie sich an der Produktion von nicht spezifisch religiösen Wissensformen beteiligte und sich damit der Konkurrenz in der Pluralität der Wissenschaften und der intellektuellen Diskurse aussetzte. Der Bezug auf das Transzendente war hingegen zur Privatangelegenheit geworden und nicht mehr von öffentlichem Belang. Gladstone wollte so weit nicht gehen. Er hielt immerhin an der moralischen Dimension der Vergesellschaftung fest und nannte sie Religion, weil ihm die Form einer nationalen Kirche, in der sie aufgehoben sein sollte, notwendig schien.[124] In beiden Fällen aber wurde deutlich, dass die Integration der nationalen Gesellschaft bereits sehr weitgehend über die Beteiligungs- und Verfahrensregeln des politischen Systems sichergestellt wurde und Werte dahinter zurücktraten. Religion war daran nur noch in Form einer in der Verfassungsordnung verankerten Nationalkirche beteiligt, nicht mehr aber als Medium emphatischer nationaler Vergemeinschaftung.

Das blieb, infolge der anderen politischen Verhältnisse auf dem Kontinent, auch in protestantischer Hinsicht noch lange anders. Zwar schickte sich die Philosophie an, die Religion endgültig zu beerben, so dass Fichte in seinen »Reden an die deutsche Nation« erläuterte, ein wohleingerichtetes Staatswesen bedürfe keiner öffentlichen Religion, und die Religion des Einzelnen sei ohnehin Folge und nicht Voraussetzung der durch öffentliche Erziehung hervorgebrachten allgemeinen Sittlichkeit. Aber wenn es darauf ankomme, für ein neues Zeitalter zu wirken, könne dies nicht ohne Religion geschehen. Vom Christentum sprach Fichte dabei allerdings nicht. Eine ähnliche Zurückhaltung zeigte Adam Müller. Seine Elemente der Staatskunst zeichneten eine in allen Zügen ständisch-organische Lebensordnung. Das Christentum war hauptsächlich dazu ausersehen, die zwischenstaatlichen Beziehungen in Europa auf einen neuen Fuß zu stellen. Auch Hegel bezeichnete es im zweihundertsiebzigsten Paragraphen seiner Rechtsphilosophie als eine »Verwirrung«, wenn neuerdings stets behauptet werde, die Grundlage des Staates sei Religion. Er traf allerdings im weiteren Verlauf seiner Argumentation doch auf eine Schnittstelle zwischen Religion und Staat. Er hatte festgestellt, dass Religion, weil sie den Menschen in der Form des Gefühls und des Glaubens zum Absoluten in Beziehung setze, die allgemeinen Gesetze des Staates relativiere und zur »Zertrümmerung der sittlichen Verhältnisse« in der Subjektivität führe, wenigstens aber eine innerlich bleibende, zur Polemik fähige Distanz zu den Gesetzen hervorrufe. Dann ging er von der individuellen Frömmigkeit zur in der Gemeinde institutionalisierten Religion über. Sie greife dort in den Bereich des Staates ein, wo sie sich in ihrer Lehre zu »sittlichen Grundsätzen der Staatsgesetze« äußere. Wenn Religion nun daraus die Konsequenz ziehe, sich selbst das Geistige vorzubehalten und dem Staat »als einer Veranstaltung der Not« das bloß Weltliche zu überlassen, so sei das dem Begriff des Staates nicht angemessen, weil dieser eben in der allgemeinen Sittlichkeit zu sich selbst komme. Deswegen müsse Religion im Feld der Überschneidungen sich dem Staat unterordnen. Er sei hier der »Wissende«, bei ihr finde sich nur Subjektivität.[125]

Friedrich Julius Stahl hätte sich zwar die grundsätzliche Trennung von Kirche und Staat zu eigen gemacht, nicht aber die von Hegel betonte Hierarchisierung. Stahl wollte den »christlichen Staat«, weil nur ein im öffentlichen Kult sichtbares Christentum das »monarchische Prinzip« in der Verfassung auf Dauer stabilisierte und überdies die Gewähr bot, dass die revolutionäre Zerrüttung der ständischen *Societas civilis* aufgehalten wurde. Religion wurde zum Schutz vor politischer und sozialer Veränderung. Die Nationalkultur musste christlich bleiben, weil sonst anstatt des konstitutionellen Staates der demokratische drohe und weil der Staat stets unter sittlichen Bestimmungsgründen stehe. Stahl verwies an dieser Stelle auf die im Krieg notwendige Opferbereitschaft für das Vaterland und auf die Ehrfurcht vor der Obrigkeit.

Die Grundlagen eines »christlichen Staates« legte der »Protestantismus als politisches Prinzip«. Die historische Leistung der Reformation lag für Stahl zum einen darin, dass sie die Fürstensouveränität aus der Einordnung in die kirchliche Macht herausgelöst und das selbständige göttliche Recht der Fürsten begründet hatte. Auch die weltliche Macht wurde auf diese Weise unmittelbar zu Gott, wandelte sich aber gleichzeitig vom patrimonialen Besitz zum Amt und öffentlichen Beruf. Auf der anderen Seite entsprach der Vorstellung des allgemeinen Priestertums und der Freiheit des Evangeliums ein »allgemeines Staatsbürgertum« und eine »größere politische Freiheit der Völker«, die aber der Freiheit des Unglaubens und des Rationalismus gerade entgegengesetzt war. Auch Stahl wies an dieser Stelle zurück, was die ultramontane Geschichtskonstruktion in der Reformation identifizierte. Die im Protestantismus begründete politische Freiheit sei eben keine revolutionäre Freiheit. Im Gegenteil: Sie erfüllte sich im »freien Gehorsam des Volkes« gegenüber einer starken

Obrigkeit, weil das Volk in deren Herrschaft das höhere Gesetz erkannte. Deswegen konnte das allgemeine Staatsbürgertum auch nicht mit der revolutionären Égalité gleichgesetzt werden, sondern setzte umgekehrt gerade die Berücksichtigung der »natürlichen« gesellschaftlichen Unterschiede voraus. Während die »Revolution alle Unterschiede der Gesellschaft und alle Bande und Gruppen des Berufs vernichtet in ein wüstes Element ungegliederten Bürgertums« verwandle, stütze der Protestantismus die ständische Gliederung und stifte gleichzeitig jene »geistige, höhere Gemeinschaft«, die Königtum und Nation »organisch« miteinander in Beziehung setzen sollte. Verwirklicht sah Stahl dies im »Preußischen Staatswesen«, in dem König und Volk in der »Reciprocität des Bewußtseins« miteinander verbunden seien, »gemeinsam einer Pflicht und einem höheren Beruf zu dienen«.[126]

Die symbolische Codierung, die man für diese gefühlte Übereinstimmung zwischen Monarchen und ihrem Volk gefunden hatte, war einem anderen Diskurs entlehnt. Man sprach von »Liebe«, die beide Seiten miteinander verband, und verwandelte damit ein notwendig institutionell und medial vermitteltes Verhältnis in eine vertrauensvolle, persönliche Beziehung, die auf Präsenz und Anwesenheit baute. Im öffentlichen Reden und Schreiben über die Monarchen wurde die »Liebe« seit dem ausgehenden 18. Jahrhundert zum Gemeinplatz, und man wusste, dass nur Religion den Grund dafür legen konnte. »Religion« und »Liebe« kondensierten im politischen Diskurs zu komplexen Codes und Chiffren für die Formung sozialer und politischer Beziehungen. Die Überblendung dieser beiden Symbole erwies sich als ungeheuer produktiv in diesen Jahrzehnten, und sie trug einen guten Teil dazu bei, dass die Grenzen zwischen gesellschaftspolitischem Phantasma und poetischer Imagination häufig verschwammen. Mit »Glaube[n] und Liebe« baute Novalis seinen Staat. Franz von Baader war überzeugt, dass gerade durch die Französische Revolution die Notwendigkeit entstanden sei, Glauben und Liebe in der Politik in eine innigere Verbindung zu bringen. Weil »das Band der Liebe oder Vereinigung, welches mehrere Gemüther als Glieder ein und desselben Gemeinwesens frei, von innen heraus [...] untereinander verbindet«, nur als »Wirksamkeit eines und des selben all diesen Gemüthern zugleich innewohnenden und wirklich höheren und zentralen Wesens begriffen werden« kann, sei es folglich absurd, das »Problem der bürgerlichen Gesellschaft« ohne den »Geist der Religion« lösen zu wollen. Die Liebe zu Gott ist das Grundprinzip »eines wahrhaft freien Gemeinlebens«. Diese »Aufnahme des Heiligen in das Unheilige« führe zu einer Annäherung an die »wahre Theokratie«. An anderer Stelle bezog Baader dies auch auf die politische Ordnung. Zwischen König und Volk müsse ein »positiver organischer Verbund oder Bund« gestiftet werden, so dass sie in »Liebe und Lust« einander dienen. Das gelinge, wenn beiden Seiten bewusst ist, dass sie nur in Gottes Gnade bestehen, »dem sie beide dienend sich wechsel seitig in freier Dienstpflicht zu einer Nation verbunden und konstituiert finden«.[127]

Das Phantasma des »heiligen Bundes« ließ die konfessionellen wie die politischen Differenzen in den Tiefenschichten der Argumentation kollabieren. Wo die Gesellschaftsverhältnisse als personale Beziehungen gedacht wurden, richtete sich das Interesse auf Religion als einer Voraussetzung aller Sozialität. Deswegen wanderte diese Phantasie auch in den Frühsozialismus ein. Obwohl die Programmatik dort grundsätzlich auf Gesellschaft als einen strukturellen Zusammenhang zielte, blieben die Impulse, sie als Vergemeinschaftung zu denken, sehr lebendig. Das zeigte sich schon in den utopischen Entwürfen und auch in den Versuchen, die Gesellschaft der Zukunft in kleinen Freundschaftszirkeln experimentell vorwegzunehmen. In der Chiffre »Religion« hat Saint-Simon diese Ambivalenz der sozialen Ideen eingefangen. Er stritt für eine neue Gesellschaft der Produktiven und der Nützlichen, die ihre Wirtschafts- und Sozialordnung auf ein wissenschaftliches Fundament stellte, aber auf Moral nicht verzichten sollte, weil durch sie die Beziehungen zwischen Individuum und Gesellschaft geregelt wurden. Sämtliche Organisation und alle Institutionen bauten deswegen auf Moral auf, die allerdings nicht mehr durch den Verweis auf eine jenseitige Gerechtigkeit wirken konnte, sondern an Interessen anknüpfen musste. Im *Nouveau Christianisme* nahm diese Moral dann inhaltlich Gestalt an. Es sollte alle bestehenden und nicht mehr in die Zeit passenden christlichen Kirchen und Bekenntnisse beerben. Im Zentrum seiner Lehre stand das Gebot, sich untereinander wie Brüder zu verhalten. Angesichts der gegenwärtigen Sozialverhältnisse müsse sich dieses Dogma in dem einen, großen

Ziel manifestieren, *de l'amelioration la plus rapide possible du sort de la classe la plus pauvre.* Saint-Simon war sich sicher, dass ein derart erneuertes Christentum die religiöse Indifferenz beenden und Arme und Reiche in einer erneuerten Gesellschaft zusammenführen werde.[128]

Kirche als politische Form

In den Kirchen Europas musste dieses publizistische Interesse, das Religion und Christentum auf sich zogen, gemischte Reaktionen hervorrufen. Nicht Dogmatiker oder Kirchenhistoriker äußerten sich hier, sondern es waren fast durchweg Literaten, Publizisten, Politiker, Staatsrechtler und Philosophen, die über Christentum und Religion in Europa schrieben. Wenn sich Geistliche und Theologen in diese Debatte einmischten, wie Coleridge oder Lamennais, begriffen sie sich entweder selbst mehr als Intellektuelle denn als Pfarrer, oder sie standen bereits am Rand der Kirche und legten schließlich ihr Priesterkleid wieder ab. Es wurde also hier nicht von den Kirchen, sondern über sie gesprochen, und das führte dazu, dass Religion und Christentum zum Rohstoff für Projektionen und Visionen wurde, die auf das Bild, das Religion sich von sich selbst machte, nur bedingt Rücksicht nahmen. Das bedeutete auch, dass die konfessionelle Grenzziehung, die einen Teil dieser Texte motivierte, von der Politik her gedacht war. Religion wurde Medium politischer Unterscheidungen. Man kann dem und noch mehr den institutionellen Entwürfen entnehmen, in welchem Ausmaß Religion in den Diskursen der Selbstbeobachtungen seit dem Ende des 18. Jahrhunderts disponibel und verfügbar geworden war. Das europäische Christentum verwandelte sich in diesem Zugriff zu einem Phänomen der Kultur und wurde – wie alles Kulturelle – dabei auch relativierbar.

Dabei schien es durchaus um die Stabilisierung der kirchlichen Strukturen zu gehen. Der savoyardische Edelmann Joseph de Maistre hatte als Erster auf den Punkt gebracht, dass die katholische Kirche, nachdem sie europaweit vom souveränen Staat um ihre Herrschaftsrechte gebracht worden war, als Institution und als politische Kraft nur überleben konnte, wenn sie sich neu erfand und sich eine Bestimmung gab, die sie der nachrevolutionären Staatlichkeit wenigstens der Form nach wieder gleichstellte. Nur auf diese Weise konnte die Kirche einen unstrittigen und angemessenen Platz in der vom Wiener Kongress geschaffenen Ordnung der Legitimität beziehen. Es war das Genie de Maistres und sein auch zutiefst charismatisches, aber alteuropäisches Verständnis monarchischer Herrschaft, das ihn dazu führte, dies nicht mehr über Derivate politischer Macht zu versuchen, sondern den Souveränitätsbegriff formal zu fassen und ihn inhaltlich aus der Sphäre der Politik in die Sphäre der Religion zu transformieren. Über die Unfehlbarkeit des Papstes könne in theologischer Hinsicht nichts Neues mehr gesagt werden, befand de Maistre in *Du Pape*. Die Leistung dieses Dogmas liege im Institutionellen. Denn die Unfehlbarkeit in geistlichen Angelegenheiten und die Souveränität in weltlichen Dingen *sont deux mots parfaitement synonymes. L'un et l'autre expriment cette haute puissance qui les domine toutes, dont toutes les autres dérivent; qui gouverne et n'est pas gouvernée, qui juge et n'est pas jugée.* Und er betonte, damit sei für die Kirche keine Besonderheit beansprucht, sondern sie teile nur alle Bestimmungen und Rechte, wie sie der Souveränität allgemein zukommen. Denn: jede Regierung ist absolut. Sie hört auf zu existieren in dem Augenblick, in dem man ihr unter Verweis auf einen Irrtum oder eines Unrechts widerstehen kann. Daraus ergab sich dann zwangsläufig alles Weitere: die Zurückweisung einer konziliar verfassten Kirche, die Kritik an den nationalkirchlichen Bestimmungen der Konkordate und bezogen auf die weltliche Souveränität die Feststellung, dass sie ihren Begriff verfehle, wenn sie sich vom Willen des Volkes abhängig mache, statt sich aus dem Wollen Gottes herzuleiten.[129] Haller bekannte sich zu dieser Argumentation, Cortés übernahm sie ebenfalls. Damit war das Kirchenbild des konservativen Ultramontanismus für das gesamte 19. Jahrhundert umrissen, das sich dann für die römische Kirche als kongenial erwies, weil es nach außen eine Gegenposition zum konstitutionellen Staatskirchentum und nach innen die Umgestaltung der Adelskirche zu einer hierarchisierten Papstkirche stützte. Dass die bestimmte juristische Gestalt der ultramontanen Kirche gleichzeitig zu einer ekklesiologischen Fundamentalkategorie wurde, gab dem Katholizismus zusätzlichen Halt in einer Zeit, in der die Formen des Glaubens und der Frömmigkeit in einer tiefgreifenden Umgestaltung begriffen waren. Sehr viel später als Friedrich

Julius Stahl für den Protestantismus hat Carl Schmitt dies auf die Formel vom »Katholizismus als politischer Form« gebracht.[130]

Friedrich Julius Stahl, der erweckte Lutheraner, den Friedrich Wilhelm IV. 1840 als Professor für Staats- und Kirchenrecht nach Berlin berufen hatte, stand in seinen Schriften wie in seiner politischen Rolle für die auch sonst in der ersten Jahrhunderthälfte in Berlin allgegenwärtige Verbindung von Religion und Politik. Stahl wirkte an der Gründung der Kreuzzeitung mit, dem Organ der preußisch-konservativen Partei, nach der Revolution agierte er als Mitglied der Ersten Kammer für eine Revision der Verfassung, kämpfte als Mitglied des Evangelischen Oberkirchenrates für die Vorherrschaft der lutherischen Orthodoxie. 1845 hatte er seine »staatsrechtliche Abhandlung« zum »monarchischen Prinzip« veröffentlicht, in der er diesem als Hauptaufgabe zuschrieb, das »politische System des Westens« und insbesondere die »Aggregation entständeter, bloß numerischer Volksrepräsentation fernzuhalten«. Die religiöse Dimension dieser ultrakonservativen Position formulierte Stahl dann 1853, als er über den »Protestantismus als politisches Prinzip« schrieb.

Ein Ausgangspunkt war, was er die »Einkindschaft« Gottes nannte. Aus ihr leiteten sich die selbständigen Rechte der Fürsten ab und die »höhere politische Freiheit« der Völker. Beides habe die Reformation zur Klarheit herausgearbeitet. In ihrer Zwei-Reiche-Lehre habe sie auch der weltlichen Macht die Unmittelbarkeit zu Gott zuerkannt und sie dadurch der geistigen ebenbürtig gemacht. Sie sei damit als von Gott eingesetzt anerkannt, schrieb Stahl und suchte damit das Paradox zu entzerren, auf das oben hingewiesen wurde. In gleicher Weise habe die Reformation die politische Freiheit der Völker neu begründet – nicht als eine revolutionäre Freiheit, sondern als »freien Gehorsam« eines Volkes gegenüber einer Obrigkeit, deren Herrschaft sie als das höhere Gesetz erkennen kann, weil sie aus der Tradition regiert. Aus dem allgemeinen Priestertum des Protestantismus folge daher ein allgemeines Staatsbürgertum, allerdings ohne Mittelbarkeit der Untertanen. Auf diese Weise habe die Reformation die organischen Bande der vorausgehenden patriarchalischen Verhältnisse in eine geistige, höhere Gemeinschaft umgeformt. In einer Welt, in der es der Revolution gelungen war, diese Errungenschaften zu zerstören, sei es Preußens Aufgabe, sie zu erhalten. Der Grund des preußischen Staatswesens sei die »Reziprozität des Bewußtseins zwischen König und Volk, gemeinsam einer Pflicht und einem höheren Beruf zu dienen«. Deswegen müsse Preußen seinen Charakter als »evangelischer Staat« erhalten.[131]

Es war ein nachträglicher Text, der hier zu lesen war. Die Zeit war über ihn mit der Revolution von 1848 und der, wenn auch oktroyierten, Verfassung schon hinweggeschritten. Indem aber alle Probleme und Spannungen in der Gestaltung der politischen Ordnung – die paradoxe Legitimationsgrundlage monarchischer Gewalt, die fehlende Imagination und Repräsentation der Nation und die Rätsel der Grundlagen sozialer Integration – durch das fadenscheinige Gewand einer negativen politischen Utopie hindurchschimmerten, fasste der Text noch einmal zusammen, in welcher Weise die Lösung der Struktur- und Begründungsprobleme monarchischer Herrschaft und moderner Vergesellschaftung im semantischen Feld der Religion zu denken war.

Friedrich Wilhelm IV. äußerte sich ebenfalls ausführlich dazu. Er verfolgte die Idee eines christlichen, monarchischen Ständestaates, für den er sich eine bischöflich verfasste Gemeindekirche als Medium sozialer Integration dachte. Die beiden Aufsätze, in denen er 1845 dieses Kirchenmodell entwarf, holten weit aus, benutzten die Idee der apostolischen Sukzession, die Organisation der ersten christlichen Gemeinden und verwandten einige Mühe darauf, dies mit dem Vorhaben auszusöhnen, dass die Bischofswürden vom König verliehen werden sollten. Friedrich Wilhelm IV. sah für diese Übergabe des Bischofsamtes an die Kirche eine eigene Zeremonie vor. Auch auf die soziale Ordnung der Gemeinde ging Friedrich Wilhelm ein. Er dachte sie sich nicht als Gemeinde der getauften und konfirmierten Gläubigen, sondern als Gemeinde von Haushaltsvorständen, wobei es wichtig war, dafür Sorge zu tragen, wie er schrieb, dass der Pöbel ausgeschlossen blieb.

Schon dieser eigenwillige Plan einer ständisch-hierarchischen Ordnung zeigte, dass Friedrich Wilhelm IV. sich eine unabhängige und autonom verfasste Volkskirche nicht vorstellen konnte. Sie widerstrebte seinem politischen Ordnungssinn, wie umgekehrt alle landständisch-konstitutionelle Ordnung wohl seinen religiösen Überzeugungen zuwider war. Ähnlich wie seine gegen den gouvernementalen Absolutismus seines Vaters gerichtete Verfassungspolitik der Provinzialstände, die in ihrem direkten Verkehr mit dem König nicht durch eine schriftliche Konstitution an ihrer Treue und Liebe gehindert werden sollten, auf die organologische Semantik der Romantiker zurückging, so phantasierte Friedrich Wilhelm IV. hier eine apostolische Kirche mit einer provinzialen Gliederung, allerdings mit einer vom König präsidierten Generalsynode, bei der es ihm aber besonders darauf ankam, dass in ihr die »wiedererweckten Kirchen der Apostel« als ein »unausdenk- und unausdankbares« Geschenk Gottes vertreten seien. Dieses *Corpus mysticum* war ebenfalls ein organischer Leib, in dem sich Bischof, Diakon und die aus den Familienvorständen zusammengesetzte Gemeinde in ihrer Selbständigkeit zusammenfügten und »sich allein in ihrem Wirken auf den ganzen Körper bemerklich machten«. Friedrich Wilhelm verglich daher diese Ämter oder Tätigkeiten, »mit denen des Herzens und zwar die Tätigkeit der Aeltesten-Ordnung oder des vom Herrn gestifteten Ministerii den Venen, die das Leben von außen in das Herz strömen; die Tätigkeit des Diakonats, der Arbeit der Blutzersetzung im Herzen; die Tätigkeit aber der Gemeinde, der der Arterien, durch die das Leben aus dem Herzen in den ganzen Körper strömt«. Aus diesem Ineinandergreifen der drei Ordnungen empfing in der apostolischen Urordnung »der Leib einer Kirche sein Leben, und vereint durch das göttliche Leben, das sie durchströmte«. Der König war sich sicher, dass eine solche Kirche »gewiß gut auf den Staat und das Volk wirken« wird. Entsprechend hatte er bereits am Anfang des ersten Aufsatzes die auf Wahlen gegründete Synodalverfassung der »Presbyterialen«, wie er sie nannte, als »Pöbel-Herrschaft« bezeichnet, mit der »in der Kirche dasselbe Stück« aufgeführt werden solle, »was man im Staate aufzuführen begehrt«.[132]

Der englische Konservativismus hatte ein überaus vergleichbares Anliegen und verfolgte – wenn auch mit einem anderen Ergebnis – ähnliche Argumentationsstrategien. Es ging auch hier um die politische Form des Christentums. Coleridge gestand zwar zu, dass die *Christian Church* eine sichtbare, universale Gemeinschaft der Heiligen sei, gleichzeitig existiere sie als solche aber in jeder Nation und in jedem Königreich als eine besondere öffentliche Gemeinschaft. Sie werde dadurch zu einer *real and ostensible power*, und als solche sei sie Teil der konstitutionellen Verfassungsordnung. Coleridge unterschied daher auch zwischen Religion, die alle auf das Übernatürliche gerichteten Kulte und Zeremonien umfasste, und der nationalen Kirche, die über ihren Besitz und die Geistlichkeit konstituiert wurde. Während Religion Objekt parlamentarischer Entscheidungen war, hatte die nationale Kirche selbst gestaltenden Anteil an den beiden Häusern des Parlaments und wurde von diesen in ihrem Besitz geschützt. Daraus ergab sich umgekehrt, dass sie ihre Aufgaben nationaler Zivilisierung nur erfüllen konnte, solange sie in die ständische Ordnung der Nation integriert war. Coleridge beschrieb dies von den Ausschlusskriterien her. Geistliche der nationalen Kirche durften keiner fremden Macht untergeben sein, und sie mussten sich verheiraten können, um am sozialen Leben der Nation teilhaben zu können. Eine Emanzipation der Katholiken bedrohte folglich den Bestand der nationalen Kirche, aber nicht wegen dogmatischer Differenzen, sondern weil ihre Kirche sich in ihrer juristischen und sozialen Gestalt der Verfassungsordnung nicht fügte.[133]

In Deutschland hatten die lutherischen Staatskirchen dazu geführt, dass die Probleme andere waren und in einer anderen Stoßrichtung diskutiert wurden. Weil man feststellen musste, dass die lutherischen Kirchen und zum Teil deswegen auch die Unionen über keine selbständige, vom Staat unabhängige Verfassung verfügten, vollzog sich die Diskussion um die Gestalt der Kirche als eine Diskussion über ihre notwendige Trennung vom Staat. Erst die organisatorisch autonome Kirche schien für Friedrich Wilhelm IV. in der Lage, den christlichen Staat zu formen.[134]

Er sprach allerdings an dieser Stelle immer noch als geistliches Oberhaupt der Union. Man wollte zwar zwischen Staat und Kirche trennen, aber nicht zwischen Kirche und Religion. In der literarischen und politischen Publizistik – und übrigens auch bei Schleiermacher – hatte der Religionsbegriff den Kirchenbegriff bereits weitgehend aufgesogen. Das war die Voraussetzung dafür, die sozialen Imaginationen nicht nur auf die Gesellschaft, sondern auch auf Religion selbst zu richten. Keiner der Literaten und Publizisten von Novalis bis hin zu Saint-Simon war noch überzeugt, dass die vorhandenen Christentümer und Kirchen dazu taugten, Nationen zusammenzuschmieden. Novalis sah die katholische Kirche im Grabe und legte dem Protestantismus nahe, einer »neuen, dauerhafteren Kirche Platz [zu] machen«. Fichte mahnte an, das künftige Christentum müsse mit der antiken Philosophie versöhnt werden, damit es zur nationalen Erziehung tauge. Saint-Simon wies für die bestehenden drei christlichen Großkonfessionen im Detail nach, dass sie den Aufgaben der Zeit nicht gewachsen seien. Sein neues Christentum sollte an den Stand der Wissenschaft anschließen und als Kult im Stile einer akademischen Gelehrtengesellschaft organisiert werden.[135]

Die europäischen Gesellschaften des beginnenden 19. Jahrhunderts hatten sich der Religion und des Christentums bemächtigt, um sich über ihre soziale und politische Ordnung zu verständigen. Diese Einverleibung ging auch dort vonstatten, wo man darauf zielte, die alte Ordnung zu restaurieren. Die eine Folge war, dass Religion selbst politisch werden und sich auch auf die neuen Formen des Politischen einlassen musste, die andere aber war, dass kaum mehr als eine Statistenrolle auf diesem Feld für die Kirchen übrigblieb und der diskursiven eine Enteignung der rituellen Formen folgte. Rousseau hatte dies in seinen Skizzen einer Zivilreligion bereits vorausgesehen. In seinen Überlegungen zu einer Verfassung für die Korsen empfahl er, das Volk mit prunkvollen nationalen Festen zu beschäftigen, um es vom Aberglauben abzubringen. Gleichzeitig solle man die Zeit für kirchliche Feste stark beschneiden. Das könne geschehen, ohne die Geistlichkeit zu verärgern, wenn man sie an den Nationalfesten beteilige. Man müsse nur darauf achten, ihren Anteil so zu bemessen, dass »die Aufmerksamkeit keineswegs daran haften bleibt«. Die Inszenierung der Politik im 19. Jahrhundert sah dann wenig anders aus.[136]

5. Diffusion und Enteignung

Der politische Raum der Partizipation

Die Französische Revolution hatte die politische Verfassung der europäischen Gesellschaften neu buchstabiert, aber sie hatte damit nur einen Anfang gemacht, der auf weitere Explikation wartete. Er mündete deswegen in den folgenden Jahren nicht nur in eine Neuordnung der Staatenwelt, sondern in eine Vielzahl von Experimenten, in denen versucht wurde, der Idee einer auf Partizipation gründenden politischen Macht in den Staaten praktikable institutionelle Gestalt zu verleihen. Der Weg zur repräsentativen Parlamentsdemokratie mit allgemeinem Wahlrecht war beschwerlich, weil ihm die Interessen der Eliten des Ancien Régime wie auch der neuen Bourgeoisie entgegenstanden. Er war aber auch voller Hindernisse, weil mit dem Prinzip der Volkssouveränität Politik nicht mehr an Stände und Untertanen adressiert werden konnte, sondern Völker angesprochen wurden, die zu Nationen geworden waren. Das verlangte eine Neugestaltung des politischen Raumes. Während die monarchische Herrschaft des Ancien Régime in zeitlich wie räumlich konzentrierter, selektiver Elitenkommunikation ihren Souveränitätsanspruch realisieren und die von ihr beanspruchte Steuerungsfunktion erfüllen konnte, verlangte das Partizipationsmodell nach einem politischen Raum, der sich ohne allzu große zeitliche und räumliche Diskontinuitäten auf das gesamte Territorium erstreckte und weder Gruppen noch Individuen ignorierte. Seit dem Ende des 18. Jahrhunderts homogenisierte sich der politische Raum auf diese Weise, wie sich vorher mit der Mathematisierung der Naturwissenschaften der diskontinuierliche Raum der Orte zu einem gleichförmigen physikalischen Raum gewandelt hatte. Man hat diese Transformation als die Entstehung einer räsonierenden, kritischen Öffentlichkeit im Medium der Massenpublizistik beschrieben. In ihr formierten sich schließlich Parteien als organisatorische Verdichtung der inhaltlichen und personellen Optionen, mit denen um die Gestaltung von politischer und sozialer Ordnung gerungen wurde, so dass dann jeder aus Wahlen hervorgegangenen Regierung und ihrer Parlamentsmehrheit eine opponierende Alternative gegenüberstand.[137]

Noch war es aber längst nicht so weit. Am weitesten hatte sich die politische Lagerbildung schon im Londoner Parlament verfestigt. Dort fand man 1832 zum allgemeinen Männerwahlrecht und band im Verlauf des nächsten Jahrzehnts die Regierung des Monarchen an die Akzeptanz des Parlaments, so dass das Machtzentrum der konstitutionellen Ordnung eindeutig zum parlamentarischen Pol gerückt war. Die Zensur der Presse war bereits am Ende des 18. Jahrhunderts weitgehend aufgegeben und in eine gesetzlich umschriebene private Haftbarkeit verwandelt worden, aber bis zur Mitte des Jahrhunderts verzichtete keine Regierung auf die Lenkung der Presse. Man suchte Zeitungen in finanzielle Abhängigkeit zu bringen und manipulierte den Fluss politischer Informationen. Die Regierungen taten dies freilich in dem Bewusstsein, eine längst verlorene Schlacht zu schlagen, da Zeitungsverleger wie Journalisten durch den finanziellen Erfolg, den ihnen die steigenden Auflagen und die wachsenden Einnahmen aus dem Anzeigengeschäft bescherten, gegen finanzielle Korruptionsversuche immunisiert wurden und sie auch durch hohe Strafsummen nicht mehr einzuschüchtern waren.

Auf dem Kontinent war es um die mediale und organisatorische Durchdringung und Stabilisierung nationaler politischer Räume noch weitaus schlechter bestellt. In den französischen Kammern der ersten Jahrhunderthälfte bestimmten hauptsächlich regionale Loyalitäten das Agieren der Abgeordneten, so dass sich trotz Lagerbildung keine Parteien formierten. Die französische Presse war seit den Tagen Napoleons einer ungekannt harten Zensur unterworfen. Sie lockerte sich zwar in der Restauration etwas, aber man versuchte die publizistische Öffentlichkeit weiterhin durch regierungsnahe Zeitungen wie den *Mercure de France* zu bestimmen und ließ auch von der Zensur und den anderen Mitteln der Lenkung nicht ab. In den Nachfolgestaaten des Heiligen Römischen Reiches Deutscher Nation entfaltete sich zwar eine reiche Landschaft der Journale und Zeitungen, aber mit Ausnahme der Jahre 1813 und 1814 und erst recht nach den Karlsbader Beschlüssen 1817 wurde bis 1848 eine strenge Zensur exekutiert. Die in den vereinbarten oder erlassenen Verfassungen vorgesehenen Kammern blieben ständisch geprägt, so dass sie stark regional fraktionierte Gesellschaften abbildeten, die zudem durch die Zensuswahlrechte verursacht noch in eine in sich hierarchisierte Bürgerschaft und eine politisch exkludierte Untertanenschaft zerfielen. Die politischen Eliten des siegreichen Preußen schreckten auch vor dieser sozial und regional fragmentierten Form der Repräsentation noch zurück und verweigerten sich einer konstitutionellen Verfassung.[138]

Man muss sich die Art und Weise, wie mit den Herausforderungen einer partizipativen politischen Ordnung umgegangen wurde, in dieser Ausführlichkeit vor Augen führen, um zu verstehen, wie Religion in dieser Neugestaltung des politischen Raumes in der ersten Hälfte des 19. Jahrhunderts vorübergehend in eine Konstellation einrückte, in der sie zu einem zentralen Medium politischer Kommunikation mutierte und sich dieser Diffusion des Religiösen entsprechend einer Enteignung ihres Repertoires an Symbolen und performativen Praktiken ausgesetzt sah.

Um die Spannungen dieser Transformation des politischen Raumes abzumildern, verständigte sich Europa zu Beginn des 19. Jahrhunderts sehr schnell auf das »monarchische Prinzip« als einer Grundlage für die Legitimität politischer Macht. Monarchen, deren Souveränität durch Konstitutionen über dynastische und transzendente Legitimität hinaus auch an das Prinzip des Rechts gebunden war, sollten eine Kontinuität der politischen Ordnung sicherstellen, in der gleichzeitig Raum geschaffen war für die Souveränität von Völkern, die auf diese Weise zu Nationen wurden. Den Monarchen der ersten Hälfte des 19. Jahrhunderts war dadurch das Regieren nicht leichter gemacht. Von aller sozialen Dynamik, die zu gestalten war, einmal abgesehen, war ihnen in dieser Konstellation auferlegt, eine Legitimität ihrer Macht zu behaupten, die durch die kriegerischen Umwälzungen, die Europa zwischen 1790 und 1815 erlebt hatte, an vielen Stellen sichtbar beschädigt war. Die Unvordenklichkeit dynastischer Kontinuitäten war abgerissen, was neben der Tatsache, dass er seine Herrschaft einer militärischen Niederlage der Nation verdankte, insbesondere in Frankreich Ludwig XVIII. (1814–24) vor erhebliche Probleme bei der Inszenierung des Königtums stellte. Die Herrschaft Georgs III. (1760–1820) von England wurde zwar durch den Sieg bei Waterloo erheblich aufgewertet, aber sie hatte sich immer noch damit auseinanderzusetzen, dass das Haus Hannover erst vor einem knappen halben Jahrhundert auf den englischen Thron gelangt war. In den Nachfolgestaaten des Heiligen Römischen Reiches hatte die Herrschaft Napoleons ebenfalls nur in Ausnahmefällen dazu beigetragen, die Monarchie zu stabilisieren. Nur Preußens Friedrich Wilhelm III. konnte sich aus dem Bewusstsein des erfolgreichen Widerstands gegen Napoleon dem Prinzip der Konstitution verweigern. Er setzte sich seine Krone selbst aufs Haupt, wie Friedrich von Hardenberg in seiner romantischen Phantasie einer Monarchie geschrieben hatte. Der Titel »Glaube und Liebe«, unter dem der Text 1798 gedruckt wurde, war aber bereits eine Chiffre aus der hardenbergschen Tropen- und Rätselsprache, in der angedeutet war, dass die Monarchie sich dadurch nicht minder gravierende Probleme der Legitimation und der politischen Ordnung eingehandelt hatte. In anderen Monarchien, wie etwa in Bayern oder auch in Württemberg, kam zum Makel militärischer Niederlagen, die man als Verbündete Napoleons erlitten hatte, der Umstand, dass trotz lang zurückreichender Prätentionen der jeweiligen Herrscherhäuser auf die Königswürde, diese erst durch Napoleon installiert worden war. Auf sie fiel mithin der lange, dunkle Schatten der Revolution.

Es lag nahe, diese Mängel durch ein Bündnis von »Thron und Altar« zu heilen, aber die Inszenierung dieses Bündnisses im politischen Raum erwies sich als ein schwieriges und von Widersprüchen gekennzeichnetes Unterfangen, weil die Rückkehr zu einem glanzvoll dargestellten Gottesgnadentum sich mit dem konstitutionellen Rahmen stieß, in dem es hätte realisiert werden müssen, und mit der Tatsache, dass die Begründungen für das monarchische Prinzip mehr und mehr auf die faktische Regierungsleistung der einzelnen Herrscher setzten. Auch das Staatskirchentum bot keine einfache Lösung, weil es im Kern schon die Trennung von staatlicher und kirchlicher Sphäre voranstellte. Die wie immer gestaltete Heiligung monarchischer Herrschaft wurde deswegen zu einer Gratwanderung zwischen miteinander schwer zu vereinbarenden Symbolwelten.[139]

Das änderte nichts an der Attraktivität der performativen und diskursiven Symbolwelten der christlichen Konfessionen im politischen Raum. Sie gewannen auch an dem Pol der politischen Ordnung an Bedeutung, der mit der Revolution der Monarchie gegenübergetreten war. Die Vorstellungen von Nation waren in der Vormoderne aus dem Versuch heraus entstanden, lokale und regionale Identitäten zu markieren. Sobald der Begriff auf den regionenübergreifenden Gesamtbereich staatlicher Herrschaft übertragen wurde, um auf diese Weise ein soziales Korrelat zum politischen Begriff der Volkssouveränität zu identifizieren, stellte sich die Frage, wie diese Vorstellung zur Anschauung gebracht werden konnte. Nur indem sie sich als für die Sinne wahrnehmbar in Szene setzte und indem sie diskursiv imaginiert wurde, gewann sie eine soziale Realität, die sie mit dem Gewicht einer strukturmächtigen politischen Institution ausstattete. Der jenseits der individuellen Erfahrung liegenden und in diesem Sinne transzendenten Menge der Menschen mussten unter den medialen Bedingungen des beginnenden 19. Jahrhunderts sinnfällig fassbare diesseitige Orte der Repräsentation und des Erlebens gegeben werden, damit sie sich als politisch handlungsfähige Einheit verstehen konnte. Kammern oder Parlamente wie auch die Figur des Monarchen konnten diese Funktion nicht völlig ausfüllen. Die Parlamente nicht, weil die Zensuswahlrechte die Nation in Bürger und Untertanen aufteilten und sie nur dem geringeren Teil eine Stimme gaben. Die Monarchen nicht, weil sie nicht mehr an der Spitze einer ständischen Hierarchie standen, sondern unter den Bedingungen der Kontinuität selbst von dieser Nation zu einem Gutteil getragen waren.

Mit dem Begriff der Nation war darüber hinaus eine neue Form sozialer und politischer Vergemeinschaftung imaginiert. Die »bürgerliche Gesellschaft« Alteuropas war als eine hierarchisierte Sozialform gedacht gewesen, in der politische Herrschaft in erster Linie mit der Wahrung des inneren und äußeren Friedens, der Gewährleistung der individuellen und gruppenbezogenen Rechte und der Sicherung des Eigentums beauftragt war. So hatte die Sozialtheorie des 17. Jahrhunderts dies in klassischer Weise ausformuliert. Im 18. Jahrhundert war der Gedanke der allgemeinen Wohlfahrt noch hinzugefügt worden, ohne an diesem Modell im Grundsatz etwas zu ändern. Dagegen hatte sich die Idee der Nation in revolutionäre Distanz gesetzt. Sie meinte eine politisch verfasste Gesellschaft, die über die bloße Rechts- und Eigentumswahrung hinaus als eine stets erneut zu schaffende Gesinnungsgemeinschaft auftrat, die ihre Souveränität und damit den auf sich selbst bezogenen politischen Gestaltungswillen inhaltlich definierte. Die Nation entstand, indem sie sich selbst hervorbrachte. Sie war ein performatives Phänomen: »Freiheit, Gleichheit, Brüderlichkeit« umschrieben wie auch die »Erklärung der Menschen- und Bürgerrechte« ein politisches Programm der Emergenz und Selbstvervollkommnung der Nation. Es verpflichtete diese Nation, weil sie sich keiner Herrschaft mehr gegenüber wusste, sondern sich selbst beherrschte, auf eine Konvergenz der Gesinnungen, die im Extremfall auch durch Erziehungsprogramme sichergestellt werden musste. Seitdem politisch verfasste Völker daher als Nationen auftraten, befanden sie sich auf der Suche nach einer inhaltlich bestimmten Identität, die sie als Überzeugungsgemeinschaften auszeichnete und zusätzlich als Erinnerungsgemeinschaft eine Dimension erhielt, die der *Societas civilis* gänzlich gefehlt hatte.[140]

Die *Societas civilis* bot in ihren Imaginations- und Symbolvorräten mithin wenig Elemente, die bei der diskursiven und performativen Inszenierung der Nation hätten hilfreich sein können. Die kommunalen Traditionsbestände Europas, die Rousseau als mögliches Reservoir entdeckt und aktiviert hatte, unterstrichen die Gesinnungsgemeinschaft noch stärker, weil sie nicht mit medialer und institutioneller Vermittlung der Vergesellschaftungsprozesse rechneten, sondern der *Contract social* als artikulierter Konsens unter Anwesenden imaginiert war.

Auf jedem einzelnen dieser drei Problemfelder, die sich aus der diskursiven und institutionellen Transformation der politischen Ordnung seit dem ausgehenden 18. Jahrhundert in Europa ergaben, ließen sich Schnittstellen finden, die es nahelegten, die christlichen Traditionsbestände für die »In-Form-Setzung« des Politischen zu nutzen.[141] Für die Legitimation der Monarchen bot sich als Anschlussstelle das alteuropäische Konzept des Gottesgnadentums. Für die performative Konstitution eines homogenen politischen Raumes stand die Praxis der christlichen Kirchen bereit, durch den Festkalender eine raumgreifend stabile, sinnlich wie kognitiv präsente »Erfahrungsgemeinschaft« ins Werk zu setzen.

Der Imagination von Nationen diente die Tatsache, dass das Christentum sich in seinen verschiedenen kirchlichen Formen stets als Glaubens- oder Überzeugungsgemeinschaft formiert hatte, in denen zudem soziale Unterschiede allenfalls im Hinblick auf die mit bestimmten Sozialpositionen verbundenen individuellen Heilschancen bedacht, aber durch die universelle Last der Erbsünde nivelliert sowie durch das Gebot der Brüderlichkeit in ihrer Exklusionskraft neutralisiert wurden. Die im Messopfer vollzogene buchstäbliche Wiederholung des Leidens und Sterbens Christi konstituierte das katholische Christentum als eine Traditionsgemeinschaft, und auch die protestantischen Kirchen und Denominationen gewannen ihre Identität als Erinnerungsgemeinschaften aus der wiederholten Reaktualisierung des Wortes und der fortgesetzten historiographischen Bewältigung der eigenen Geschichtlichkeit. Die Nation entstand daher nicht als ein religiöses Phänomen mit Eigenschaften der Heiligkeit, aber man kann beobachten, wie religiöse Traditionsbestände genutzt wurden, um ihr eine soziale und imaginative Realität zu geben.[142] Konkurrenten hatte die Religion dabei allerdings von Anfang an: Monarchien und Dynastien, das Volksheer und damit das Militär.

Die Monarchie

Wo die souveräne Macht in ihrer Reinform auf die Bühne trat, hatte sie am Beginn des 19. Jahrhunderts bereits auf die Einkleidung durch Gottesdienste und christliche Symbolik verzichtet. Die Begegnungen europäischer Herrscher vollzogen sich nach einem ausgefeilten Zeremoniell, bei dem es auf die dargestellte Gleichheit der monarchischen Souveränität ankam, aber deren christliches Fundament keine sichtbare Rolle mehr spielte. Das mochte viele Gründe haben. Unter anderem vermied man es auf diese Weise, die konfessionellen Differenzen dramatisieren zu müssen. Die Zurückhaltung an dieser Stelle ist gewiss auch ein Symptom für die dialektische Spannung, in die das monarchische Amt zwischenzeitlich zum christlichen Teil seiner Fundierung geraten war. Gerade wegen des revolutionären Bruchs konnten europäische Monarchen nicht darauf verzichten, das Gottesgnadentum ihrer dynastischen Vorfahren zu revitalisieren. Aber sie hatten dabei auch zu berücksichtigen, dass sie in einer politischen Konstellation agierten, die sich grundlegend von der des 17. und 18. Jahrhunderts unterschied.

Der Ort, an dem dies an erster Stelle sichtbar wurde, war die Krönung. Napoleon hatte die Maßstäbe gesetzt. Die Nation sei eine fluide Wolke von Staubkörnern, hatte er bemerkt, der Stabilität nur zu geben sei, wenn einige Granitblöcke in die Erde versenkt würden. Einer dieser Blöcke, den er sich neben einer streng kontrollierten, zentralisierten Verwaltung und den Plebisziten dachte, war die katholische Kirche Frankreichs. Aber er hatte ihr im Konkordat die Rückgabe der Nationalgüter verweigert und ihr in den Organischen Artikeln eine strikte Unterordnung unter den Staat verordnet. Der damit verbundene Katechismus, in dem pastorale und öffentliche Gottesverehrung auf einen aufgeklärten Rationalismus verpflichtet wurden, schrieb gleichzeitig vor, den Gläubigen unter den Pflichten des Christen insbesondere die Liebe, den Respekt, den Gehorsam und die Treue gegenüber ihrem Kaiser Napoleon einzuschärfen. Weil Gott die Imperien dieser Welt nach seinem Willen geschaffen und in der Geschichte verteilt habe, sei auch Napoleon als Souverän von ihm eingesetzt. Ihn zu ehren und ihm zu dienen sei deswegen gleich Gott zu ehren und ihm zu dienen.[143]

Der Zynismus, der aus diesen Zeilen sprach, bestimmte auch die sorgfältig geplanten Krönungsfeierlichkeiten am 2. Dezember 1804. Der Papst war mit der vagen Aussicht, dass das Konkordat und die Organischen Artikel noch einmal Gegenstand von Verhandlungen sein könnten, nach Paris gelockt worden. Nach dem Einzug und dem Empfang durch den französischen Episkopat musste Pius VII. mehr als zwei Stunden in der empfindlichen Kälte der Kirche ausharren, weil man seinen Thron nicht mit einer Heizvorrichtung versehen hatte. Erst dann zog Napoleon mit Gemahlin Josephine, seiner Familie und dem Gefolge in die Kirche ein, um sie wie die ganze nachfolgende Zeremonie zu okkupieren und den gesamten anwesenden Klerus samt des Kirchenoberhauptes zur Staffage zu machen. Schon der Gottesdienst, in den die Krönung eingebettet war, zwang die anwesende Geistlichkeit, auf jeweils kaiserlichen Wink hin die Knie zu beugen, das Kreuz zu schlagen und zu segnen, obwohl Napoleon und Josephine wiederum durch Verweigerung der Kommunion demonstrativ kundtaten, dass die Messe ohne sie gefeiert wurde. Im Krönungszeremoniell selbst durfte der Papst die Herrschaftsinsignien, mit deren Gestaltung Napoleon sich in die Tradition Karls des Großen gestellt hatte, weihen und sie dem Kaiser in der Stellvertretung Gottes, wie der Spruch des Papstes zum Ausdruck brachte, überreichen. Er salbte den Kaiser mit dem Heiligen Öl, flehte den Segen des Himmels auf das kaiserliche Paar herab und intonierte das Te Deum, mit dem auch im Ancien Régime die katholische Kirche die göttliche Legitimation monarchischer Herrschaft inszeniert hatte. Die Krone setzte Napoleon sich selbst aufs Haupt, und ebenso krönte er seine Frau. Nach der Messe und der Krönung konnte der Papst sich nur durch Rückzug in die Sakristei der Zumutung entziehen, bei der Zeremonie des Zivileides zu assistieren, in der Napoleon mit der Hand auf dem Evangelium das Konkordat bestätigte, die Freiheit der Religionsausübung und die Unantastbarkeit der Nationalgüter beschwor. Es war kein Wunder, wenn de Maistre den Papst in einem Anfall enttäuschter Wut danach als einen Apostaten im Hans-Wurst-Gewand beschimpfte und Chateaubriand ihm vorhielt, er habe einer Usurpation in dieser Zeremonie den Segen erteilt. Die symbolische Rache der Kirche fiel später vergleichsweise milde aus. Aus dem Hermelin, den Napoleon bei der Krönung getragen hatte, ließ man 1815 Sitzkissen für die Kanoniker von Notre-Dame fertigen.[144]

Kein Herrscher nach ihm dürfte im Europa des 19. Jahrhunderts die Plünderung und Verfremdung des traditionellen kirchlichen Symbolarchivs weiter getrieben haben als Bonaparte an dieser Stelle. Schwierig blieb es aber auch in der Restauration, die Heiligkeit des monarchischen Amtes und den göttlichen Willen der Übertragung auf die jeweilige Person in Szene zu setzen. Ludwig XVIII. wollte eine offensive Resakralisierung des Königtums. Die von ihm 1814 erlassene *Charte Constitutionelle* sprach von einem König von Gottes Gnaden. Aber der König musste schnell zur Kenntnis nehmen, dass die Nation eine revolutionäre Vergangenheit hatte, aus der die Monarchie nicht einfach herausspringen konnte. Es waren dann Zufälle, die verhinderten, dass die mehrmals angesetzte Krönungszeremonie nicht zustande kam. Das erste Mal zerstörte Napoleon durch seine Rückkehr die Planung, dann wurde das für 1823 bereits im Detail festgelegte Zeremoniell 1820 durch die Ermordung des Duc de Berry verhindert, und schließlich ließ es die stark angegriffene Gesundheit des Königs nicht mehr zu, sich den Strapazen einer solchen großen Feierlichkeit auszusetzen. Das waren Widrigkeiten, aber in ihnen verdichtete sich, dass das monarchische Amt in einer politisch in Anhänger der Monarchie und solche der Revolution gespaltenen Nation allenfalls ein in der Verfassung schriftlich fixiertes Gottesgnadentum vertrug, aber nicht die tatsächliche Sakralisierung von Amt und Person in einem Ritual. Ludwig XVIII. zeigte mit seiner Politik des *oubli* auch Gespür für diese Konstellation, und er ersparte damit vielleicht auch sich und der Kirche, den performativen Widerspruch in Szene zu setzen, der beim Schwur auf die Verfassung entstanden wäre, wie ihn die Charte vorschrieb. Er hätte die Bruchlinie der politischen Ordnung direkt zum Vorschein gebracht.[145]

Karl X. (1824–30) verlangte sich solche Rücksichtnahme nicht ab. Schon bei der ersten Thronrede 1824 verkündete er seine Absicht, sich wieder wie alle französischen Könige seit Chlodwig in Reims krönen und salben zu lassen. Sein Königtum sollte ganz aus der Tradition der Institutionen heraus überzeugen. Es war ein Schauspiel der Religion und der Legitimität beabsichtigt, bei dem die theatralische Überhöhung der Majestät und der Ernst des liturgischen Ritus zum Ausgleich gebracht werden sollten. Gleichwohl fiel schon den Zeitgenossen auf, dass sich die antikisierenden Elemente in den Bildprogrammen der ephemeren Architektur, mit der man die Kathedrale ausgestattet hatte, mit den neogotischen Elementen darin nicht vertrugen und schon gar nicht mit der Erhabenheit und Klarheit des gotischen Bauwerks, das man auf diese Weise zum Verschwinden brachte. Victor Hugo, der zu diesem Zeitpunkt noch von der Monarchie überzeugt war, beklagte sich als Beobachter der Krönungszeremonie darüber, und im Nachhinein, als sich seine politischen Überzeugungen geändert hatten, schrieb er von einem Theater, das man in der Kirche inszeniert habe, in einer Kulisse aus Pappe.[146]

Es waren in diesem Fall die Spannungen zwischen den sakramentalen Akten tatsächlicher Heiligung, die in den Krönungsritualen vollzogen wurden, und den säkularen Grundlagen der Legitimität samt den Imperativen einer postrevolutionären Staatskirchenpolitik, aus denen heraus Glaubwürdigkeit und Überzeugungskraft dieser Rituale fadenscheinig wurden. Im europäischen Protestantismus verwarf man zwar die heiligende Kraft der Benediktionen und verstand sie als bloße Anrufung des Himmels, aber die »Verstaatlichung« der Kirchen, mit den Monarchen selbst an der Spitze, an der sich auch nach 1800 zunächst nichts änderte, ließ das weltliche und das geistliche Fundament monarchischer Herrschaft in ein besonders intrikates, paradoxes Verhältnis treten. Es war ein Zirkel der symbolischen Bezüge, der sich hier aufspannte und schloss, weil die geistliche Institution, die mit ihrem Personal den Segen erteilen sollte, sich von der weltlichen Macht und dem dort in Personalunion angesiedelten Bischofsamt die Legitimation auslieh, die sie brauchte, um umgekehrt das Herrscheramt in einen Bezug zur Transzendenz zu setzen. Es ist daher bezeichnend, dass dieser Bezug durch die imaginierte Sukzession des Bischofsamtes hergestellt werden sollte, weil die Binde- und Lösekraft eines Klerus nicht verfügbar war. Friedrich Wilhelm I. von Preußen (1730–40) hatte die beiden Geistlichen, die ihn salben sollten – einen Lutheraner und einen Reformierten –, selbst zu Bischöfen erhoben. Er setzte sich die Krone selbst aufs Haupt und ließ sich erst dann von den Bischöfen salben, um durch diese Umkehrung der Reihenfolge gegenüber dem traditionellen Krönungsritus noch einmal die Abwertung der geistlichen Handlung zu betonen, womit allerdings nur die Bodenlosigkeit des geistlich-weltlichen Begründungszusammenhangs ein weiteres Mal unterstrichen wurde.[147]

Es hing gewiss mit diesem Paradox monarchischer Legitimität in der protestantischen Welt zusammen, dass der fromme Friedrich Wilhelm IV. dann das protestantische Kirchenwesen Preußens als eine Bischofskirche reorganisieren wollte. Die näherliegende Folgerung war aber, dass man auf geistliche Krönungsrituale unter solchen problematischen symbolischen Konstellationen tunlichst verzichtete. So geschah es in der englischen Monarchie seit ihrer Wiederaufrichtung in der Glorious Revolution, obwohl die *Church of England* eine Hierarchie aufzuweisen hatte. Auch in Preußen wurden keine Könige mehr gekrönt. Selbst die Jubiläumsfeiern anlässlich der Krönung von 1701 fielen jeweils sehr bescheiden aus. Friedrich Wilhelm IV. setzte anstelle der Krönung 1840 eine Huldigung, womit er den staatsrechtlichen Umständen insofern entsprach, als in einer Monarchie ohne Parlament und Verfassung die

Untertanen nur auf diese Weise in ein »Treueverhältnis« zum Monarchen zu bringen waren.

Unter derart problematischen Rahmenbedingungen traten anstelle von Krönungszeremonien »Regierungsjubiläen«. In Bayern, wo die Königswürde auf Napoleons Erhebungsakt und dann auf der vom König selbst erlassenen Verfassung von 1818 aufruhte, so dass sich die Legitimation in vergleichbarer Weise zirkulär darstellte, feierte Max I. sein fünfundzwanzigstes Regierungsjubiläum 1824 in einem aufwendigen Fest. Friedrich Wilhelm III. beging ein solches Fest 1822, und während der Herrschaft Georgs III. von England fanden solche Jubiläumsfeierlichkeiten 1795 und nochmals 1825 statt. Diese Jubiläumsfeste wurden auf dem Kontinent in der Regel von den Monarchien und ihren Verwaltungen organisiert und unterlagen einer entsprechend strikten Choreographie, während in England und Wales vielfältige private Initiativen in den Städten und Flecken dafür sorgten, dass das Land termingerecht mit einem Netz von Feierlichkeiten überzogen wurde. Trotz solcher Unterschiede dominieren die Gemeinsamkeiten: Es wurden Glocken geläutet und Gottesdienste gefeiert, in denen über die Monarchen gepredigt und für sie und ihre Familien gebetet wurde. Danach verließ das Festgeschehen meist den Rahmen der Kirchen, wurde bürgerlich in Form von Banketten, Wohltätigkeitsveranstaltungen, inszenierten Aktivitäten für das gemeine Wohl und Volksfesten.

Diese Verschiebung von den performativen Akten eines christlich imprägnierten und kirchlich gestalteten Krönungszeremoniells zu den Jubiläumsfeiern, die das Land überzogen, deutet darauf hin, dass es für die Monarchie des 19. Jahrhunderts wichtiger wurde, in ihrem »Reich« jeweils einen politischen Raum der Präsenz aufzuspannen, als die Institution zu heiligen und die Person zu weihen.[148]

Es war vermutlich gerade diese fragil werdende Heiligkeit der Institution, die es den Monarchen umso nachdrücklicher auferlegte, sich öffentlich als fromme Christen zu zeigen. Das war nicht immer ganz einfach, zum Teil wegen mutmaßlicher »religiöser Unmusikalität« (Max Weber), zum Teil aber auch, weil die frommen Überzeugungen in eine Spiritualität führten, die sich mit volksfrommen Praktiken schlecht vertrug, und schließlich hatten die Monarchen dabei darauf Rücksicht zu nehmen, dass ihre Monarchien meist mehrere der christlichen Konfessionen und Denominationen umfassten. Es ging deswegen nie nur um die persönliche Frömmigkeit der europäischen Könige, sondern um den Stellenwert, den sie Religion und Kirche in der ersten Hälfte des 19. Jahrhunderts als Grundlage und Bezugspunkt ihrer Politik einräumten. Bestimmend wirkten sich daher auch an dieser Stelle wiederum die Legitimationsprobleme monarchischer Herrschaft aus.

In Frankreich hatte es in dieser Hinsicht einen Bruch gegeben zwischen Napoleon und den beiden nachfolgenden Monarchen der Restauration, wie er schärfer nicht hätte sein können. Napoleon setzte sich als erfolgreicher Feldherr in Szene und in den 100 Tagen seiner Rückkehr als charismatischer Eroberer der eigenen Nation, der seine revolutionäre Herkunft nie vergessen hatte. Entsprechend geriet der Bezug auf die Katholizität Frankreichs zur Farce wie in der Krönung oder blieb ein Randphänomen im politischen Alltag. Immerhin hielt auch Napoleon es für nötig, ein an seine Gemächer in den Tuilerien angrenzendes Bad zu einer Kapelle umzubauen, in der er sonntags der Messe beiwohnte. Die Restauration der nachfolgenden zwei Bourbonenkönige bezog sich auf beides: auf die Monarchie als Institution und auf die Wiederverchristlichung einer Nation, die aus der Revolution und ihrem Bruch mit dem Christentum hervorgegangen war. Entsprechend verschmolzen hier der fromme Habitus des Monarchen und eine auf der katholischen Kirche und ihrem Klerus aufbauende Gesellschaftspolitik zu einer Einheit. Ludwig XVIII. nahm sich dabei noch stark zurück. Er setzte auf das Vergessen der Revolution und mied eine offene Bezugnahme auf das symbolische und politische Erbe Napoleons, das in der Charte von 1814 in seinen wesentlichen gesellschaftspolitischen Teilen in die Monarchie hinübergeführt worden war. Ludwig machte, wie schon die Geschichte seiner vergeblichen Krönung zeigte, den Katholizismus und die Kirche nur sehr zögernd und zurückhaltend zu einer politischen Option und beließ es stattdessen bei einer demonstrativen persönlichen Frömmigkeit.

Ein bedeutender Teil der rund 20 königlichen Feste, die jährlich in Paris begangen wurden, waren religiöse Feste und zeigten den König als tief gläubigen katholischen Christen; im Jahr 1821 waren es mehr als die

Hälfte. Eine einfache Zeremonie blieb die Totenmesse für die verstorbenen Mitglieder der Familie, die an Silvester in den Tuilerien gefeiert wurde, mit größerem öffentlichen Aufwand wurde die jährliche Heilig-Geist-Messe begangen, mit der die Parlamentssession eröffnet wurde. Der König, seine Familie und die ersten Amtsträger des Staates zogen in Notre-Dame ein, um dort den Segen des Heiligen Geistes zu erbitten. Ein wichtiges Ereignis, bei dem der König seinen Anspruch, die Nation als gläubige Gemeinschaft zu repräsentieren, sichtbar werden ließ, war die jährliche Prozession zu Ehren Mariens. Sie wurde aus Anlass eines Gelübdes Ludwigs XIII. abgehalten, der 1638 bei der Geburt eines Thronfolgers das ganze Land unter den Schutz der Gottesmutter gestellt und die jährliche Prozession für alle Zeiten angeordnet hatte. Die Prozession nahm in Notre-Dame ihren Ausgangspunkt und schloss dort auch wieder mit einem Te Deum. Der Fronleichnamsprozession, die die gesamte Stadt erfasste, wohnte Ludwig XVIII. jeweils in der königlichen Pfarrei Saint Germain d'Auxerrois bei.[149]

Karl X. behielt dies alles bei und baute das religiöse Festprogramm noch weiter aus. Erst unter ihm rückten Katholizismus und katholische Kirche definitiv ins Zentrum der restaurativen Gesellschaftspolitik. Man hat über ihn geschrieben, er habe das Leben eines Klerikers geführt und Entsprechendes auch von seinen Untertanen erwartet. Er holte die Revolution aus dem Vergessen und machte sie zum kollektiven Sündenfall der Nation, von dem nur die vom Klerus und seiner Kirche veranstalteten Bußrituale reinigen konnten. Noch zu Lebzeiten seines bereits von Krankheit sehr geschwächten Vorgängers betrieb er 1824 erfolgreich die Einrichtung eines Ministeriums für Kirchenangelegenheiten und Erziehung, das von einem Priester mit Bischofswürde geleitet wurde. Dies war der erste Schritt, um mit Ausnahme der Universitäten das gesamte Erziehungswesen dem Klerus zu überstellen. Die Zeitgenossen sprachen von einer Machtergreifung der *Parti Prêtre* und der *Chevaliers du Foi*. Die *Parti Prêtre* stellte eine stark jesuitisch geprägte Bruderschaft des Klerus dar. Sie hatte sich bereits seit 1803 in größeren Städten mit dem Ziel der Volksmission formiert und verfolgte nun unter Karl X. das Ziel, die Kirche wieder zur bestimmenden Kraft in Politik, Wirtschaft und Gesellschaft zu machen. Ihr direkter politischer Einfluss blieb auch unter Karl X.

begrenzt. Er verließ sich auf einen aristokratischen Geheimbund von frommen Ultras. Die *Chevaliers du Foi* hatten sich bereits 1810 zusammengefunden. Sie organisierten sich nach dem Vorbild der Freimaurerei als ein *ordre religieux, politique et chevaleresque* und verstanden sich als ein *mouvement clandestin, aristocratique et devot.* Aufnahmeritus, Eid, Kennworte, rituelle Gebete, das absolute Gebot der Geheimhaltung der Mitgliedschaft und eine zentralisierte Gesamtorganisation machten den Orden zu einem mächtigen politischen Gebilde, das mit La Rochefoucault und Mathieu de Momorency als Großmeister über politisch und publizistisch einflussreiche Mitglieder verfügte. Ob Chateaubriand dazugehörte, ist ungewiss. Bereits seit den ausgehenden zwanziger Jahren beeinflussten sie die Zusammensetzung des königlichen Rates, unter Karl X. stellten sie dann selbst Minister.[150]

Diese unmittelbare Politisierung des Religiösen und kirchlicher Institutionen erwies sich in der ersten Hälfte des 19. Jahrhunderts als ein alle Konfessionen erfassendes Phänomen in Europa. Sie ereignete sich auch in protestantischen Monarchien, wie im Preußen Friedrich Wilhelms III. und seines Sohnes Wilhelms IV. Dort begründete eine tiefe persönliche Religiosität der Monarchen deren antirevolutionären politischen Konservatismus und stellte gleichzeitig für die Integration einer nationalen Gesellschaft ein Problem dar. Zwar ging es hier nicht wie in Frankreich um die Austreibung einer revolutionären Tradition, aber da die Monarchie eine konstitutionelle Ordnung erfolgreich verhindert hatte, fehlte dieser Nation jeglicher institutionelle politische Repräsentationsraum, so dass es nahelag, ersatzweise die Kirche in diese Funktionsstelle zu rücken.

Friedrich Wilhelm III. hatte zwar Johann Christoph Woellner, den Chef des Geistlichen Departements und Schöpfer des Religionsedikts sowie eines die gesamte Geistlichkeit und Philosophie des Landes auf die lutherische Orthodoxie verpflichtenden Zensursystems bei Regierungsantritt 1797 sofort entlassen, aber das ergab sich mutmaßlich aus der Idee Woellners, die Stärkung der Orthodoxie und der Kirchenstrukturen mit Toleranz gegenüber Katholiken und Juden zu verbinden. Von der nachdrücklichen Verpflichtung der Geistlichkeit des Landes auf orthodoxe Positionen ließ Friedrich Wilhelm III. später keinen Moment ab. 1802 erging eine von ihm initiierte Kabinettsorder, die den Taufzwang für Christenkinder verfügte. 1820 wurde ein »Allgemeiner Plan« ins Werk gesetzt, der sich gegen die liberalisierenden Tendenzen in Behörden, Schulen, Universitäten und Konsistorien richtete und sie von allen »Irrlehren, Verführern und Verführten« reinigen sollte. Mit dem Plan einer einheitlichen Agende für die reformierten und die lutherischen Kirchengemeinden des Landes beschäftigte sich der König bereits seit 1798. Sein Anliegen war eine sinnlichere Liturgie, da die menschliche Seele, »nur im Anschauen« sich zum »Übersinnlichen erheben« kann, wie Rulemann Friedrich Eylert, Hof- und Garnisonsprediger in Potsdam und wichtigster Berater des Königs in der Frage der Agende schrieb. Religion müsse »zu Gefühlen belebt« werden, in denen mit dem Licht des Verstandes sich auch die Wärme des Herzens verbinde. Friedrich Wilhelm versenkte sich tief in diese Fragen, studierte die Bibel, setzte sich mit dem reformatorischen Abendmahlstreit auseinander, schrieb Gebete und verfasste Texte, in denen die Gestaltung der Altäre und der Kirchenräume im Detail vorgegeben wurde. Die künftige Liturgie der Gottesdienste sollte weniger von der Predigt als vom gemeinsamen Männergesang getragen sein. Von vierstimmigen Chören mit bis zu 30 Sängern schwärmte der König in seinen Entwürfen. Mit der Agende verband der König allerdings auch die Hoffnung, ein grundsätzliches Problem der preußischen Kirchenverfassung zu beheben. Nach Teil 2, Titel 11, Art. 46 des Allgemeinen Landrechts bestand die Kirche des Landes aus »Kirchengesellschaften«, d. h. aus Gemeinden, die hinsichtlich der Anordnung und Feier ihres Gottesdienstes autonom waren. Preußen verfügte demnach in Gestalt des Geistlichen Departements, der Superintendenten und Konsistorien nur über einen kirchlichen Staatsapparat, nicht aber über eine verfasste Landeskirche. In dieser Zersplitterung der Kirche sah Friedrich Wilhelm III. »die Verkehrtheit einer Zeit, die das Heil in Unordnung sucht und das Starksein durch Einheit verschmäht«. Die Agende, für die der König eigens eine anonym ausgegebene Broschüre erstellte, wurde zum Fiasko, weil sie den Widerstand lutherischer Gemeinden herausforderte, und zwar besonders denjenigen in reformierten weltlichen Landesteilen. Es werde dahin kommen, dass man wieder Brandopfer auf den Altären verrichte, schrieb ein Pfarrer aus der Grafschaft Mark.[151]

Friedrich Wilhelm IV. stand seinem Vater an monarchischem Konservativismus in nichts nach. Er schöpfte seine Überzeugungen ebenfalls aus einer tiefen Religiosität, die durch seine engsten Vertrauten Leopold von Gerlach, vor allem aber den konservativen Radowitz, erweckt und herrnhutisch geprägt war und ihn schon als Kronprinzen in eine sich selbst erforschende, skrupulöse und büßende Frömmigkeit geführt hatte. Er lebte, wie er selbst schrieb, aus dem Gebet, verfasste eine Vielzahl theologischer Reflexionen und Abhandlungen und präsentierte sich als christlichen Herrscher durch ausgiebiges Mäzenatentum im Kirchenbau – der Auftritt auf dem Kölner Dombaufest 1842 war nur das spektakulärste dieser Ereignisse.

Inspiriert und schließlich auch unterstützt wurde Friedrich Wilhelm IV. in seinem Vollzug der Politik als Gottesdienst von einem Kreis von Männern, die ihn seit seiner Jugend begleitet und geprägt hatten. Sie hatten sich nicht als antinapoleonischer Geheimbund formiert, sondern als eine »christlich-deutsche Tischgesellschaft«, die einen locker-geselligen Umgang miteinander pflegte. Adam Müller hatte sie 1811 zusammen mit Achim von Armin ins Leben gerufen. Ihr gehörten Kleist, Fichte, Brentano und Clausewitz ebenso an wie der von 1840 bis 1848 als Kultusminister mit der Kirchenverfassungsfrage betraute Johann Albrecht Friedrich Eichhorn und der spätere Gesetzgebungsminister Karl Friedrich von Savigny. An den monatlichen Treffen der Tischgesellschaft, auf denen über politische, philosophische und literarische Themen debattiert wurde oder man Gedichte und literarische Prosa vortrug, nahmen auch Leopold von Gerlach und der Baron de la Motte Fouqué teil. Fouqué machte mit seinen Romanen über eine phantastisch-romantisierte Welt des mittelalterlichen Rittertums tiefen Eindruck beim König. Leopold von Gerlach, der engste Berater Friedrich Wilhelms, trug auch organisatorisch zu dieser religiösen Imprägnierung des politischen Raumes bei. Nach der Revolution avancierte er zum Haupt der sogenannten Kamarilla, wiederum keinem »Ritterorden«, aber einer kleinen, mächtigen Gruppierung, von der er schon 1838 an seinen Bruder schrieb und die dann die Politik am Berliner Hof maßgeblich beeinflusste. Ernst Ludwig von Gerlach, der Bruder, ebenfalls Mitglied der Tischgesellschaft, betrieb die mediale Imprägnierung des politischen Raumes mit anderen Instrumenten. Zusammen mit Wilhelm Hengstenberg gründete er 1828 die Evangelische Kirchenzeitung und initiierte in der Revolution die Formierung einer konservativen Partei mit ihrem Organ, der Kreuzzeitung.[152]

Wenn sich Karl X. als inbrünstiger, demütiger und büßender Gläubiger seiner Kirche und Friedrich Wilhelm IV. als inspirierter Theologe darstellten, um damit ihrer Politik ein Gewicht und einen transzendenten Grund zu geben, so füllten sie Rollen aus, die in der jeweiligen Ekklesiologie für sie bereitstanden. Das kann in ähnlicher Weise von Georg III. von England gesagt werden, bei dem allerdings die politischen Spannungslagen weniger hervortraten, so dass Politik und Religion nicht in gleicher Weise überblendet wurden. Der dritte der Hannoveraner Könige auf dem Londoner Thron lebte als überzeugter Anglikaner und nahm sein Amt als Oberhaupt seiner Kirche und als Verteidiger des Glaubens, wie es ihm sein Eid auferlegte, überaus ernst. Er hatte die königlichen Kapellen in Windsor restaurieren lassen und besuchte dort täglich eine Früh- und eine Abendandacht. Den Sonntagsgottesdienst feierte der König in St. James. In den Zeitungen war darüber regelmäßig zu lesen. Seinen Söhnen empfahl er, zweimal täglich zur Erbauung und zur Selbstprüfung die Bibel zu studieren. Aus all dem spricht ein gefestigter Glaube, der als eine belastbare Selbstverständlichkeit gelebt wurde und auch seine Politik in der Kirche bestimmte. Als Bischof Watson 1776 eine Apologie des Christentums veröffentlichte, veranlasste dies Georg zu der Bemerkung, er habe bislang nicht gewusst, dass das Christentum eine solche Verteidigung nötig habe. Dabei war er durchaus bereit, die Orthodoxie der *Church of England* zu schützen. Die Trinitätslehre und die Neununddreißig Artikel hielt er für ein ehernes Fundament der Anglikanischen Kirche, den Sozianismus, der die Lehre von der Bestrafung der Sünden in Frage stellte, für eine Bedrohung der gesellschaftlichen Ordnung. Auf eine Stärkung der Orthodoxie lief auch die Art und Weise hinaus, wie er seine Patronatsrechte in den Pfarreien handhabte und die Bischofsstühle besetzte. Hier wurde seine Frömmigkeit öffentlich und insofern auch direkt politisch, als dies auch die Zusammensetzung des House of Lords betraf. Öffentlich wahrnehmbar war zudem, dass die dem König anstehende Wohltätigkeit von Georg III. in besonderer Weise religiös gedeutet wurde. Er unterstützte Missions- und Bibelgesellschaften und engagierte sich, als im neuen Jahrhundert die seelsorgerliche Unterversorgung seiner Untertanen greifbar wurde, im Kirchenbau. Einen Heiligen- oder Festkalender, der das ganze Land regelmäßig im Gebet für den König zusammengeführt hätte, gab es freilich nicht.

Die Kirche und die kirchliche Verwaltung blieben ein selbstverständlicher Gegenstand monarchischer Politik für Georg III., die er in ihrer institutionellen Bedeutung so ernst nahm, dass er sich 1790 der aus dem Parlament heraus betriebenen Aufhebung des *Test Act* und 1800 nach dem Anschluss Irlands einer Initiative zur Emanzipation der Katholiken entgegenstellte, weil er um die Verfassungsordnung des Commonwealth fürchtete. Das hinderte ihn wiederum nicht, an anderen Stellen Toleranz gegen Katholiken und Dissent zu zeigen, indem er beispielsweise Quäker in Ämter hob. Georg III. machte Religion durchaus zum Gegenstand der Politik und agierte dabei als christlicher Monarch und überzeugter Anglikaner, aber er tat kaum etwas dazu, um den Code der Macht in einer religiösen Symbolwelt neu zu erfinden oder Politik als Gottesdienst zu betreiben.[153]

Amt und Person der europäischen Monarchen der ersten Hälfte des 19. Jahrhunderts waren Schnittstellen, an denen der politische Raum mit dem religiösen interferierte, Formen und Semantiken von dort aufnahm und in die Operationsformen der Macht überführte. Die dritte Dimension monarchischer Herrschaft, die Dynastie, wurde zu einer weiteren solchen Schnittstelle, weil auch hier die christlichen Traditionsbestände halfen, ein eigentlich dem postrevolutionären Muster von Politik fremd gewordenes Element für den Haushalt der politischen Formen und Diskurse in den zu Nationen gewordenen Gesellschaften tauglich zu machen. Als sperrig erwies sich die Dynastie aus zwei Gründen. Dynastien waren erfunden worden, um die Zirkulation von Macht und Machtressourcen mit der biologischen Reproduktion einer Adelsgesellschaft in übersichtlicher Weise zu verbinden und auf diese Weise die Herrschaftsansprüche einzelner Familienverbände inmitten konkurrierender anderer deutlich zu machen. In Zeiten, in denen die königliche Macht sich aus Verfassungen ableiten ließ, musste deswegen die Betonung der Dynastie als Problem erscheinen, weil damit zu deutlich der

Anspruch markiert war, notfalls auch ohne Verfassung und Kammern zu herrschen. Zum Zweiten evozierte die Dynastie eine hierarchisch gegliederte Adelsgesellschaft in einer Zeit, in der Adelige sich mit ihrer Abschichtung zu Standesherren und mit der Begründung neuer Leistungseliten auseinanderzusetzen hatten und in der ihre einstigen Privilegien allenfalls noch als entschädigungsfähige Eigentumsrechte überlebten. Einen Platz in diesen neuen Gesellschaften der rechtsgleichen Individuen und der leistungsbestimmten Eliten erhielten Dynastien, indem sie sich zu Familien umgestalteten. Sie und ihre einzelnen Mitglieder traten auf diese Weise in einen neuen Typus der öffentlich vollzogenen Privatheit der Nation gegenüber. Dies war die Voraussetzung, um sich in ein funktionales Verhältnis zur Nation zu setzen. Sie nützten der Nation, sie opferten sich für sie, bis hin zum Märtyrertum.

Das Christentum hatte sich als Gemeindereligion formiert, gerade nicht als Kult von Familienverbänden. Gleichwohl begleitete es den Menschen sakramental, betend und fürbittend über die Stationen des Lebens, die ihn als Kind von Eltern, als Ehefrau und Mutter, Ehemann und Vater, schließlich als der von einer Familie betrauerte Mensch kenntlich machten, dessen Seele der Erinnerung und betenden Fürsorge der Hinterbliebenen anvertraut war. Ein Blick in die monarchischen Festkalender der ersten Jahrzehnte des 19. Jahrhunderts belehrt darüber, dass offenkundig nicht jede dieser Stationen in gleicher Weise geeignet war, die Dynastien als Familien auftreten zu lassen. Es war üblich, die Schwangerschaften der Königinnen mit öffentlichen Gebeten zu begleiten und um eine glückliche Geburt zu bitten, aber dies verblieb offenbar im dynastischen Konnotationsraum, weil erst die Konstruktion von Dynastien die Zufälligkeiten biologischer Reproduktion herausgehoben hatte. Auch Hochzeiten, seien es die von Monarchen selbst oder die von potentiellen Anwärtern auf den Thron, entfalteten sich immer noch als prachtvolle höfische Feste der dynastischen Glorie. Die Hochzeit des Duc de Berry mit Marie-Caroline von Sizilien, die im Juni 1816 über zehn Tage hinweg in Paris gefeiert und aufgeführt wurde, war ein solches Fest, das bis in die Emblematik hinein auf die Beziehung zwischen Monarchie und Dynastie ausgerichtet war.[154]

Das stellte sich dann völlig anders dar, als der Duc vier Jahre darauf, am Abend des 13. Februar 1820, vor dem Pariser Opernhaus, dem Anschlag eines einfachen Arbeiters zum Opfer fiel und noch in der Nacht an seinen Stichwunden starb. Obwohl der Attentäter Louvell in den Verhören sich dazu bekannte, er habe die königliche Familie auslöschen wollen, erlebte die Öffentlichkeit anschließend nicht das Drama der Dynastie, sondern das der trauernden königlichen Familie, der durch das Attentat ein Mitglied entrissen und damit zum Opfer der Nation gemacht worden war. Solche mehr oder weniger spektakulären Todes- und Trauerfälle waren es hauptsächlich, in denen die Dynastien als Familien zum Vorschein kamen und ihre Mitglieder als Opfer, die dann in der providentiellen Semantik der jeweiligen Bekenntnisse geheiligt werden konnten.[155]

Der Kindbetttod der englischen Prinzessin Charlotte 1817, mit dem die einzige legitime Enkelin des regierenden Königs verstarb, lässt die Grundzüge dieses Syndroms erkennen. Die Presse machte das Ereignis landesweit publik und etablierte innerhalb weniger Tage die Imagination einer Nation als Trauergemeinschaft, die sich in diesem emotionalen Aufruhr zusammenfand mit einer ebenfalls tief getroffenen und tief verletzten königlichen Familie. Im ganzen Land wurden über alle konfessionellen Grenzen hinweg Trauergottesdienste angesetzt, sogar in den Kirchen Schottlands wurden erstmals aus einem solchen Anlass Andachten gehalten. In den Artikeln, Reden und Predigten schwang die dynastische Frage immer mit, schon weil Georg III. 1801 ein Regierungsjubiläum gefeiert und man 1814 das Centenar der Hannoveraner auf dem Thron begangen hatte. Aber es blieb ein Ereignis wesentlich familiärer Dimension, wozu auch beitrug, dass die Mitglieder des englischen Königshauses während des gesamten 18. Jahrhunderts in sogenannten Privatbegräbnissen, d. h. ohne öffentlichen Pomp, bestattet wurden. Im Fall der Prinzessin Charlotte kam ein weiteres Element hinzu: die Geistlichen, aber nicht nur sie, thematisierten ihren Tod als Strafe für die Sünden der Nation; Charlotte war einen christlichen Opfertod gestorben.[156]

Für den tödlich verwundeten Duc de Berry, auf dem und dessen Ehe in weitaus größerem Ausmaß die dynastischen Hoffnungen der Bourbonen ruhten, lag ein Sterben für die Monarchie nahe. Das Attentat war politisch motiviert und offenkundig als Angriff auf die restaurative Ordnung inszeniert. Der Duc starb jedoch in jener Nacht den Tod eines gläubigen Ehemannes im Kreis seiner weiteren Familie sowie hoher Würdenträger des Staates und der Kirche. Er empfing das Bußsakrament, verzieh seinem Mörder und verabschiedete sich von seiner innig geliebten und, wie er noch kundtat, schwangeren Ehefrau, bevor Gott ihn zu sich rief. Jedenfalls wurde dies in den offiziellen und offiziösen Berichten von seinem Sterben in großer Ausführlichkeit und mit vielen Details so dargestellt. Schnell zirkulierten auch Stiche dieses Todes, in denen das emotionale Drama der Familie in dieser Nacht gezeigt wurde, aber das Sterben des Herzogs auch bereits als Apotheose zu sehen war. Der Wille zur Konstruktion war dabei in jenen Darstellungen und Berichten zu greifen, in denen ein Personal auftrat, das nachweislich nicht zugegen war. Mit diesen Konstruktionen eines christlichen Todes verbanden sich zwei weitere Imaginationen. Zum einen erstand vor den Augen der Öffentlichkeit über die Druckerpresse ein christlicher Prinz, der sein Leben der Wohltätigkeit gewidmet hatte, sich durch militärische Tapferkeit und einen festen Charakter auszeichnete und im Übrigen das Leben eines vorbildlichen Ehemannes geführt hatte. Alle Welt wusste, dass es sich anders verhalten hatte. Der Herzog hatte zu Lebzeiten als ein leicht vulgärer Charakter gegolten, der das Leben und auch die Frauen liebte. Chateaubriand, der sich in diese publizistische Kampagne einschaltete, konnte diesen Widerspruch nicht ignorieren und verglich den Herzog deswegen in seiner Schwäche für das schöne Geschlecht mit dem großen Heinrich IV., um zu betonen, dass dessen Abenteuer an der Tiefe seines Glaubens nicht gerührt hätten. Er sei als Märtyrer gestorben und als solcher direkt in den Himmel aufgenommen worden.[157] Die Hirtenbriefe der Bischöfe, die in den in der gesamten Monarchie abgehaltenen Trauergottesdiensten und Trauerfeiern verlesen wurden, hatten dieses Motiv vorgegeben: die Bourbonen als Dynastie der Märtyrer Frankreichs, von übermenschlicher Größe, und der Mord als Strafe Gottes für die mangelnde Frömmigkeit der Untertanen. Als tiefere Ursache des Unglücks identifizierten sie die revolutionären Ideen und den Zeitgeist, womit auf der Hand lag, dass jeder, der sich ihnen anschloss, Mitschuld an diesem Tod auf sich lud.

Es war allerdings unverkennbar, dass die beiden »Verklärungen« des

Herzogs – die als gläubiges Mitglied einer christlichen Familie und die als Märtyrer – in einer unaufhebbaren Spannung zueinander standen. Als Vater und Familienmitglied wurde der Herzog zu einer publizistischen Projektionsfläche, auf der die gesamte Nation sich als eine Gemeinschaft der Trauernden zusammenfand und diese Gefühle füreinander und für die Monarchie auch erleben konnte. Eine Flut von Berichten, Pamphleten, Gedichten, Liedern ließ diese Nation kognitive und anlässlich der Feierlichkeiten möglicherweise auch erlebte Realität werden. Als Märtyrer hingegen appellierte der Duc de Berry nur an den monarchistischen Teil der Nation und schloss die Liberalen und Republikaner aus. Dieser Graben vertiefte sich in den darauffolgenden Monaten noch. Als die hinterlassene Witwe mit einem Sohn niederkam, wurde dieser zur Verkörperung politischer und dynastischer Hoffnungen. Das kleine Kind galt als ein sichtbares Zeichen göttlicher Vorsehung, die gewillt war, das Wunder der Restauration zu vollenden. Der Bischof von Grenoble formulierte dies in einem Hirtenbrief und ordnete an, dass in der Diözese das Te Deum zelebriert werde. Ein nationaler Festtag, der für den 1. Mai angesetzt war, bot im ganzen Königreich Anlass für eine Reihe von spontanen Feiern. Schon das kurz darauf angeordnete Nationalfest zur Taufe des kleinen Herzogs ließ allerdings jede öffentliche Begeisterung vermissen.[158]

Der erste Fall und damit möglicherweise das Modell für diese Apotheose eines Märtyrertodes für das Vaterland ereignete sich allerdings im protestantischen Preußen. Königin Luise wurde schon unmittelbar nach ihrer Hochzeit mit Friedrich Wilhelm III. Kristallisationskern für das Bedürfnis einer jungen, romantischen Generation von Intellektuellen, eine neue religiöse Sprache für das Politische zu finden und damit auch die gesellschaftliche Ordnung neu zu denken. Novalis verfasste aus diesem Anlass »Glauben und Liebe« und ließ es 1798 in den Preußischen Jahrbüchern drucken. Der Text entfaltete in einer Sprache der semantischen Gegensätze aus der Idealisierung des in Liebe vereinigten Paares von König und Königin das Idealbild eines Verhältnisses von Staat und Gesellschaft. Die Familie wurde als Keimzelle und als Ordnungsmodell gedacht. Die Vergesellschaftung sollte dem Prinzip der Liebe und nicht dem Eigennutz folgen. Der Text phantasierte eine Königin, die durch ihr Bild und ihre Ermahnungen bei jeder Trauung des Landes zugegen sei, und sah durch »diese unaufhörliche Mischung der Götterwelt in das ächte Leben« »ächte Religiosität« und »ächten Patriotismus« wachsen.[159]

Friedrich Wilhelm war von so viel Phantasie zunächst überfordert und ließ gelehrte Exegeten des Textes antreten und die Zensur eingreifen. Der Kern einer patriotischen Identifikationsfigur, die weniger durch ihre höfischen als durch ihre bürgerlichen Tugenden überzeugte, war dadurch allerdings geprägt. In der Not der napoleonischen Bedrängnis ließ sich dies reaktivieren. Von der im Nachhinein dann als heroische Tat der nationalen Rettung stilisierten Unterredung Luises mit Napoleon, die im Juli 1807 in Tilsit stattfand, wurde zunächst kaum Notiz genommen. Nur eine einzige Zeitungsmeldung wusste überhaupt davon. Es folgten die Flucht des Königs und des Hofes und deren Rückkehr 1809. Erst jetzt stilisierte eine hofnahe Künstlerszene, die großenteils mit der Christlichen Tischgesellschaft identisch war, die Königin zur Kunst- und Kultfigur. Bei einer Aufführung im Nationaltheater nach der Rückkehr des Königspaares wurde die Bühne mit zwei Marmorbüsten geschmückt, die den König und die Königin gemeinsam auf einem Altar vorstellten. Im März 1810 schrieb Heinrich von Kleist anlässlich des Geburtstages der Königin ein Gedicht, in dem Luise bereits mit einer goldenen Krone gekrönt zur Königin der Erde gemacht wurde. Nach ihrem Tod im Juli 1810 wurde dann eine offizielle Darstellung der Begräbnisfeierlichkeiten und der »bei diesem Anlass erschienenen Gedichte und Gedächtnispredigten« gedruckt und kam in den Postämtern der Monarchie zum Verkauf. Diese Darstellung imaginierte Preußen als eine in Trauer über den Tod der Königin geeinte Gemeinschaft. Bei der kurz darauf im Opernhaus aufgeführten Kantate wurde eine Büste der »vollendeten« Königin enthüllt, die als eine Heilige oder Himmelskönigin in einem Sternenkranz dargestellt war. Ihre Verklärung und unmittelbare Aufnahme in den Himmel wurde in einer weiteren Aufführung verbildlicht. Als die zu Gott gegangene »hohe Frau« sprach auch Brentano sie in seiner Kantate an. Diese Motive wurden nachfolgend in vielfältiger Weise wiederholt und kombiniert: in Gedichten, Feierstunden, Grabmalentwürfen, Statuen, Brustbildern und Medaillen. Luise wurde zu einer in den Himmel aufgenommenen Quelle des Lichts. Die Grenzen des guten protestantischen Geschmacks hätten damit eigentlich erreicht sein müssen. Zacharias

Werner nannte die Königin in seiner Kantate Luisa, um die Alliteration zu Maria noch deutlicher zu machen. Das Gedicht des deutschen Freiheitssängers Theodor Körner, das bei der Enthüllung von Rauchs Luisen-Büste zum Vortrag kam, erwies allerdings, dass Religion kein konfessionelles, sondern ein kulturelles Phänomen darstellte, wenn sie auf der Bühne der Politik auftrat. Körner identifizierte ebenfalls ein Volk von Sündern, und ihm zufolge hatte Luise das notwendige Sühneopfer für das Vaterland gebracht. Um die Dynastie mit der Nation zu versöhnen, kreierte sogar der Protestantismus Heilige, Märtyrer und Himmelsköniginnen.[160]

Die Nation

Die Nation als der andere Pol in diesem Bezugsfeld war nicht per se und natürlicherweise ein religiöses Phänomen, auch wenn die Forschung vielfach so argumentiert. Die Französische Revolution hatte sie als sakrale Gemeinschaft gedacht und zur Darstellung gebracht, aber sie hatte sie ebenso als verfassten politischen Körper realisiert, der in seinen Institutionen, seiner Verfassung und im politischen Vollzug lebt, wie auch als Verteidigungsgemeinschaft, die sich in ihrer Armee und der *levée en masse* findet, und sie hatte sich die Antike und deren Republikanismus als semantische Vorratskammer erschlossen, um daraus die eigenen Imaginationen des Politischen und des Nationalen zu speisen. Welchen Anteil Religion in ihrer performativen Praxis und als diskursives Gefüge an der Figuration der Nation jeweils hatte, ist deswegen nicht generalisierend und mit dem Verweis auf die transzendente Qualität der Nation zu beantworten, sondern man tut gut daran, wiederum die möglichen Schnittstellen zu bestimmen und dann im Einzelfall zu fragen, ob an dieser Stelle sich Interferenzen aufbauten und welcher Art sie waren.

Nationen als die politisch verfasste Gesellschaft der Moderne wurden soziale Wirklichkeit in dreifacher Weise: sie entstanden aus den Institutionen ihrer politischen Ordnung und der darin vollzogenen politischen Kommunikation; sie mussten zweitens als ein – wie auch immer medial vermittelter – Erfahrungsraum installiert werden, der Grenzziehungen und die moralische Einheit kognitiv und sinnlich nachvollziehbar machte; drittens schließlich konstituierten Nationen sich wie viele andere Vergemeinschaftungen auch als Erinnerungsgemeinschaften, um auf diese Weise ihrer Identität Konturen zu geben und sie von anderen abzusetzen. Religion trat auf diesem Feld nicht in erster Linie institutionell, sondern über weite Strecken strukturell amorph auf. Sie wurde für die Konstitution der Nation verfügbar in ihren performativen Ritualen des Weihens, Segnens und vor allem den kirchlich bestimmten Formen der Gottesverehrung, angefangen von Gottesdiensten über Predigten und Gebete bis hin zu Prozessionen sowie schließlich als ein semantischer Raum der Symbole und Mythen. So gut wie nie aber behauptete sich dabei die kirchliche Institution, sondern ihre Praktiken dienten als Archiv.

Unter den kommunikativen und rituellen Formen, in denen Religion der Nation zur erfahrbaren Präsenz verhalf, gehörte die unmittelbare performative Herstellung der Nation gewiss zu den eindrücklichsten Vorgängen, in denen deswegen auch der religiöse Kern des Nationalen immer wieder identifiziert wird. 1790 war in Paris auf dem Marsfeld ein *autel de la patrie* aufgebaut worden, um mit ihm im Zentrum den Jahrestag des Sturms auf die Bastille und die entstehende konstitutionelle Verfassung zu feiern. Deswegen war auch die Anwesenheit des Königs vorgesehen. Man hatte ein riesiges Amphitheater für mindestens 400 000 Menschen erbaut, in dessen Zentrum ein erhöhter Altar errichtet war. Die Gesamtinstallation zitierte mit Säulen und Emblematik die Antike, die Inschriften verwiesen auf die politische Konstitution der Nation und ihrer entsprechenden Verfassung, der Altar selbst aber war mit einem Kreuz versehen, so dass schon dadurch kein Zweifel am katholisch-sakralen Charakter des Rituals aufkommen konnte. Talleyrand, der Bischof von Autun, las vor diesem Altar des Vaterlandes dann zusammen mit 200 Priestern die Messe. Lafayette sprach anschließend den Föderierten den Eid auf die Bibel vor, der von mehreren tausend Stimmen wiederholt wurde. Der König leistete ebenfalls den Eid. Das performativ verwirklichte Bild dieser Nation war unverkennbar die aus der kollektiven Kommunion hervorgegangene und im gemeinsamen Schwur begründete Brüdergemeinde, und insofern war sie tatsächlich in diesem Augenblick bekennende Gemeinschaft und »Kirche«.

Nicht nur, weil die Revolution sich von der Kirche trennte, sondern auch, weil dieses Phantasma sich bald mit der weiteren politischen und sozialen Entwicklung stieß, wurde dieses Symbolgefüge schnell wieder destruiert. 1791 wurde eine Petitionsversammlung, die sich vor diesem Altar des Vaterlandes zusammengefunden hatte, mit Gewalt und Blutvergießen aufgelöst. Die Brüdergemeinde begann die Häretiker und inneren Feinde zu suchen und zu verfolgen. Die Semantik des Altars drehte sich. Sie wurde entkirchlicht und auch entchristianisiert: Als man 1792 verfügte, Vaterlandsaltäre in allen Gemeinden zu errichten, stand auf ihnen die Erklärung der Menschenrechte zu lesen und die Inschrift: Der Bürger wird für das Vaterland geboren und lebt und stirbt dafür. Die Nation war bereits zum Abstraktum geworden, das ihren Bürgern gegenübertrat und jetzt Blutopfer von ihnen forderte.[161]

Der Altar des Vaterlandes erwies sich als gefragter Exportartikel in Europa, wenngleich als sperriger. Preußen zeigte großes Interesse, besonders in der Bedrängnis unter Napoleon. Der Entwurf eines Denkmals für Friedrich II., den Schadow 1792 angefertigt hatte, verband einen antiken Altar mit einem Herrscherstandbild. Antikisierend war auch der Luisen-Altar aufgeführt, den Schadow 1809 im Tiergarten realisierte. Ein Gemälde von Johannes Gottlieb Puhlmann phantasierte 1807 einen germanischen Altar des Vaterlandes und eine germanische Kulthandlung. Puhlmann setzte damit ein Zeichen des Widerstandes gegen die napoleonische Besatzung. In eine protestantisch geprägte Symbolwelt ließ sich offenbar zwar der Altar importieren, aber er musste durch antike Semantiken und die germanische Mythologie mit neuer Bedeutung gefüllt werden. Eine württembergische Konstitutionsmedaille aus dem Jahr 1819 zeigte ebenfalls einen von Fascien gerahmten antiken Altar, über dem sich der König und Vertreter der Ständeversammlung die Hand reichten, wie es dem antiken Symbol des Ehegelöbnisses entsprach. Auch wenn Theologen möglicherweise etwas anderes behauptet hätten, so erwies sich an dieser Stelle, dass im Protestantismus keinesfalls der Altar als Leitsymbol fungierte, sondern die Kanzel. Ein Jahr nach der Völkerschlacht bei Leipzig wurde in Berlin der Sieg über Napoleon mit einem auf dem Exerzierplatz aufgerichteten Altar gefeiert. Es war ein »Gottesdienst« der Militärs mit deren eigener Liturgie des Marsches, Exerzierens und des Kanonendonners. Darein gemischt war protestantischer Predigtgottesdienst: Konsistorialrat und Feldprobst Offetsmeier hielt eine Ansprache, anschließend beugten die Anwesenden mit entblößtem Haupt die Knie zum Gebet, bevor sie begleitet vom Donner der Geschütze gemeinsam »Herr Gott, Dich loben wir« sangen. In diesem Ritual entstand eine wehrhafte Nation, in der die Religion – wie dies in der württembergischen Medaille auch zu lesen war – die Ehrfurcht vor Gott, vor allem aber die Treue gegenüber dem Monarchen begründete. Der Feldprobst hatte dies in seiner Ansprache nachdrücklich eingeschärft.[162]

Religion konnte offenkundig im politischen Raum keinen Anspruch darauf erheben, in ihren symbolischen Eigenwerten ernst genommen zu werden. Sie musste sich Umcodierungen, Entstellungen und synkretistische Vermischungen mit anderen Symbolwelten gefallen lassen. Auf diese Weise gelang es dem 19. Jahrhundert, neue Typen des politischen Festes zu entwickeln, in denen die Liturgie von Gottesdiensten zum Teil zitiert, aber mit anderen Symbolelementen aufgefüllt wurde, oder in denen der Gottesdienst und das Glockengeläut nur noch eines, aber keineswegs mehr das zentrale Element des Festverlaufes darstellten.

Als einer dieser protestantischen Predigtgottesdienste war das Wartburgfest 1817 arrangiert worden. Anlass war die dritte Centenarfeier der Reformation. Die Jenaer Burschenschaften hatten für den 17. Oktober nach Eisenach eingeladen. Am Tag darauf, dem Gedenktag für die Völkerschlacht bei Leipzig, zogen die Studenten auf die Wartburg und hielten eine gottesdienstlich gestaltete Feier. Einer der Studenten, Teilnehmer an den Schlachten gegen Napoleon und für seine Tapferkeit mit einem Eisernen Kreuz dekoriert, hielt eine Ansprache. Am Nachmittag wurde ein regulärer Gottesdienst zusammen mit dem Landsturm gefeiert, an dem man der Völkerschlacht gedachte. Abends versammelte man sich um Freudenfeuer und verbrannte Attrappen von Büchern »undeutscher« Autoren, unter anderem auch die des später ermordeten August von Kotzebue. Am nachfolgenden Tag verbrüderten sich die anwesenden Burschenschaften aus allen Teilen Deutschlands und begingen zur Bekräftigung dieses Bundes einen Abendmahlsgottesdienst. Dies lieferte den Obrigkeiten nach dem Anschlag auf Kotzebue den Vorwand, von einem politischen Geheimbund zu sprechen.[163]

Von Geheimbündelei konnte zwar keine Rede sein, aber den Studenten war es gelungen, politische und religiöse Symbol- und Konnotationsräume so weit zu überblenden, dass die Reformation als eine patriotische Tat erschien, wie es in der Ansprache am 17. Oktober auf der Wartburg formuliert worden war, und gleichzeitig ihren Patriotismus als eine religiöse Überzeugung auszuweisen, indem man die Verbrüderung mit einem Abendmahl besiegelte. Unter den deutschen Nationalfesten blieb diese Amalgamierung der Formen und Sinnbezüge freilich die Ausnahme. Sie entwickelten sich zu bürgerlichen Honoratiorenfesten, wie beispielsweise das Hambacher Fest 1832. Sie begannen zwar mit Glockengeläut, und man besuchte in ihrem Verlauf einen Gottesdienst, aber die gesamte Performanz konzentrierte sich auf Bankette, Festzüge, Reden und Freudenfeuer. Auch monarchische Feste verliefen kaum anders. Die Bürger der englischen Städte und Flecken legten besonderen Wert auf wohltätige und gemeinnützige Aktionen, feierten im Übrigen aber das Jubiläum ihres regierenden Hauses in einer Weise, die sich von den Nationalfesten oder den arrangierten Feierlichkeiten für Monarchen der Territorien des deutschen Bundes oder auch denen der französischen Restauration nicht wesentlich unterschied.[164]

Die katholische Welt Europas hatte dabei allerdings den Vorteil, dass sie das strukturierte Kirchenjahr und den Heiligenkalender nutzen konnte, um nationale Festkalender zu etablieren, die dafür sorgten, dass mehrmals im Jahr Gottesdienste und Prozessionen zu einer Bühne für die Monarchen wurden. Nicht einmal Napoleon verschmähte dieses Medium. Er ließ 1804 nach seiner Kaiserkrönung einen Heiligen Napoleon kreieren, dessen Geburtstag an Mariae Himmelfahrt (15. August) im ganzen Imperium zu feiern vorgeschrieben war. Als Napoleon allerdings 1809 inkognito eigens nach Wien reiste, um im Zentrum katholischer Frömmigkeit die Begeisterung des Volkes für seinen Kaiser mitzuerleben, musste er feststellen, dass außerhalb der obrigkeitlich angeordneten Maßnahmen die Bevölkerung keinen Enthusiasmus zeigte. Das traf auch später bei den entsprechenden Feierlichkeiten für Ludwig XVIII. und Karl X. zu.[165] Unabhängig aber davon, ob die Monarchen als Person die Repräsentation der Nation glaubhaft noch beanspruchen konnten, spannte sich durch solche offiziell anberaumten religiösen Ereignisse jeweils ein die gesamte Nation umfassendes Raum- und Zeitgefüge auf, das die Transzendenz dieser Einheit in der konkreten Veranstaltung für die Teilnehmer sinnlich erfahrbar und kognitiv realisierbar machte. Dies war aus Sicht der monarchischen Zentralen für die Amtsträger dieser Staatswesen vielleicht sogar noch wichtiger als für die Gesamtheit der durch sie regierten Bevölkerung. In Bayern wurde deswegen die Teilnahme der Beamtenschaft an solchen Gottesdiensten für die Majestäten in Galauniform angeordnet. Häufig wirkte an dieser Stelle die ikonische Vergegenwärtigung des Abwesenden, die in der katholischen Heiligenverehrung theologisch zwar seit dem Tridentinum geächtet, aber der praktizierten Frömmigkeit nie auszutreiben gewesen war. In Augsburg hatte man 1824 zum Regierungsjubiläum einen Ehrentempel errichtet, dessen Schrein ein verhülltes Bild des Monarchen enthielt und vor dem »Opferflammen« aufgestellt waren, die dann während einer Fackelprozession von den Honoratioren der Stadt entzündet wurden. Die Zeremonie zitierte durch den Ort und die Form ihrer Veranstaltung eine Reliquienfeier für die heilige Afra, die 1805 stattgefunden hatte. Diese reliquiare Ikonologie der Majestät war auch in protestantischen Denkwelten bis weit ins 19. Jahrhundert hinein möglich und erlangte sogar staatsrechtliche Bedeutung. Dass den bei der Krönung Friedrich Wilhelms II. von Preußen von den Majestäten getragenen Umhängen heilende Wirkung zugesprochen wurde, als sie anschließend zerteilt und in Königsberg unters Volk gebracht wurden, wäre vielleicht als Kuriosum abzubuchen. Allerdings ließ die preußische Majestät sich bis zu Friedrich Wilhelm IV. bei den jeweils angesetzten Huldigungsfeiern durch »Bilder« vertreten. Als man 1815 in Magdeburg bei dieser Gelegenheit feststellte, dass das notwendige Bildnis Seiner Majestät samt Wappen, Krone, Thron und Thronhimmel nicht verfügbar war, wurde der Akt ausgesetzt, bis man die notwendigen Zeremonialgeräte für die Liturgie der Huldigung hatte beschaffen können.[166]

Als Erinnerungsgemeinschaften konnten die sich formenden Nationen Europas an die Totenfürsorge der christlichen Kirchen anknüpfen. Solange die Monarchen für ihre Untertanenvölker standen und das Amt in ihrer Person, genauer in ihrem Körper präsent war, verlief das Begräbnis des Königs als *translatio*, die als Akt staatsrechtlicher Qualität den neuen

König mit der Amtsgewalt des verstorbenen und *in effigie* präsent gehaltenen Königs ausstattete. Wo man die autonome Legitimation des Königtums gegen eine Verfassung behaupten wollte, wurde das monarchische Begräbnis auch noch in der ersten Hälfte des 19. Jahrhunderts so gestaltet. Aber bereits als Ludwig XVIII. nach fünftägiger Aufbahrung in den Tuilerien und der Überführung in einem prächtigen Leichenzug nach Saint-Denis, wo er einen weiteren Monat aufgebahrt blieb, endlich in feierlicher Zeremonie beerdigt wurde und die höchsten Amtsträger der Monarchie riefen: »Der König ist tot, es lebe der König«, empfanden die Zeitgenossen dies als veraltetes Spektakel.[167]

Es war inzwischen nicht mehr das monarchische Begräbnisritual, in dem Nationen ihrer Identität ansichtig wurden, sondern das Staatsbegräbnis. Auch hier war das christliche Beerdigungsritual präsent, aber weil sich die Nationen seit der Französischen Revolution auch als Verteidigungs- und Opfergemeinschaften erfahren hatten, konnten sie jetzt auch den christlichen Märtyrerkult für sich vereinnahmen.

Die Französische Revolution hatte den Anfang gemacht und gleich vorgeführt, dass dies mitnichten in eine fundamentale Sakralisierung der Nation führen musste, sondern es im Gegenteil zu einer umfassenden Entfremdung religiöser Formen kam. 1791 hatte man die Kirche Sainte-Geneviève säkularisiert, um in ihrem Bau einen Tempel der nationalen Bildung und Erziehung einzurichten. Der Erste, den man einer Aufnahme in diese Ruhmeshalle für würdig befand, war Mirabeau, die prägende Figur der Nationalversammlung in dieser ersten Phase der Revolution. Es war sein Wunsch gewesen, nach katholischem Ritus beerdigt zu werden, und so erhielt er ein kirchliches Begräbnis im Pantheon. Voltaire, der einige Monate später dorthin überführt werden sollte, als das Verhältnis zur Kirche schon auf einen Bruch zusteuerte, wurde in einem von David gestalteten neoklassischen Ritual ohne Mitwirkung von Geistlichen beigesetzt, obwohl der radikale Denker ausdrücklich verlangt hatte, in geweihter Erde bestattet zu werden. Als Rousseau 1794 in die Ruhmeshalle überführt wurde, war an eine kirchliche Gestaltung überhaupt nicht mehr zu denken.

Die revolutionäre Nation entzifferte ihre Identität inzwischen nicht mehr nur in der Glorie großer Vorbilder. Sie hatte sich als Opfergemeinschaft entdeckt und feierte ihre Märtyrer. Entsprechend änderte sich die Inszenierung. Marat und Lepelletier wurden nackt aufgebahrt. Man stellte ihre Wunden zur Schau und das Blut, das geflossen war. Diese Körper schrien nach Rache und bedrohten diejenigen, die vom Pfad der revolutionären Tugend abwichen. Der Verrat ist eine Gefahr für den Verräter, schrieb Brissot schon 1791. Die Märtyrer rückten die Wahrheitsfrage ins Zentrum nationaler Identitätsbildung. Sie integrierten, indem sie ausgrenzten, und sie verlangten auch von den anderen Mitgliedern der Gemeinschaft, dass sie bereit waren, Opfer zu bringen, um die Wahrheit zu verteidigen. Jetzt wurden auch zwei Soldaten, die im Kampf gegen die Feinde der Revolution, der eine in Marseille, der andere in der Vendée, gefallen waren, in einer wiederum von David inszenierten Feier ins Pantheon aufgenommen.[168]

Das Konzept der Nation drängte nach säkularen Formen des Erinnerns. Die tiefen Verwerfungen, die trotz dieser Anverwandlung des Märtyrerkultes durch die Revolution weiterhin zwischen dem Konzept der Nation und den christlichen Formen der Bestattung und des Totengedächtnisses bestanden, zeigten sich in der wechselvollen weiteren Geschichte des Pantheons. Napoleon ließ das Pantheon 1806 resakralisieren, verfügte aber, dass die Kirche Sainte-Geneviève weiterhin als Grablege für die verdienten Männer der Nation genutzt werde. Ein Dekret von 1806 regelte die Form des Staatsbegräbnisses: die Rolle des Militärs und des Klerus, die Reihenfolge in der Prozession und die bürgerlichen Ehrenbezeigungen. Es blieb das gesamte Jahrhundert in Kraft. Napoleon nutzte dieses Instrument mit großer Intensität. Über 40 Staatsbegräbnisse wurden in der kurzen Zeit zwischen 1806 und 1814 angeordnet. Für die verdienten Opfer seiner vielen Feldzüge sah er den Invalidendom als Begräbnisort vor. Ludwig XVIII. gab das Pantheon dann der Kirche zurück, Königsgrablege wurde wieder Saint-Denis, wo jetzt auch der Duc de Berry oder der Prince de Condé, dem als Führer der königlichen Exilarmee ein Staatsbegräbnis zuteil wurde, beigesetzt wurden. Unter Louis Philippe säkularisierte man Sainte-Geneviève erneut und gestaltete es wieder zu einem Tempel der großen Männer der Nation. Für die Helden und Opfer der Julirevolution wurde allerdings ein eigenes Monument auf der Place de la Bastille mit einer Freiheitsstatue errichtet. Es barg zunächst die sterblichen Überreste von 504 Opfern der Revolution. 1840 wurden sie in einem kolossalen Begräbniszug aus der ungeweihten Erde nach Saint Germain d' Auxerrois transferiert.[169]

Während man in Frankreich die Marginalisierung des kirchlichen Bestattungsrituals im nationalen Totenkult und die Enteignung christlicher Formen beobachten konnte, verlief die Entwicklung im Vereinigten Königreich anders. Die britische Nation entwickelte einen sehr viel geringeren Bedarf an nationalem Totenkult, als dies in Frankreich der Fall gewesen war. Schon das »Privatbegräbnis« der Könige steht dafür. Von ihm wurde Mitte des 19. Jahrhunderts nicht abgewichen, auch wenn das öffentliche Interesse an den Beisetzungen zunahm und seit dem Tod Georgs III. die Dichte der Trauerveranstaltungen im Land bei diesen Anlässen jeweils anstieg. Eine *translatio* der königlichen Macht war diesem Verfassungsgefüge, das den König aus dem Parlament heraus legitimierte, fremd. Als Wilhelm IV. 1837 verstarb, verschickte man die Krone ohne weitere Umstände zur neuen Königin nach Schottland. Einen »Großen Tod« betrauerte die britische Nation nur in Ausnahmefällen. Lord Nelson erhielt ein solches Staatsbegräbnis, der jüngere Pitt ebenso und der Duke of York 1827, der eine Stütze der Krone im Parlament gewesen war. Allen diesen öffentlichen Begräbnissen war gemeinsam, dass Aufbahrung, Überführung und die anderen öffentlichen Ehrenbezeigungen von Marine und Armee dominiert waren. Die Geistlichen führten den Trauergottesdienst durch sowie die Beerdigungszeremonie und waren für die Predigt zuständig. Sie hatten aber auch auf den kirchlichen Teil dieser Begräbnisse nur wenig Einfluss. Soweit es sich um Royals handelte, händigte der Dean der Kapelle in Windsor seinen Schlüssel an den Zeremonienmeister des Hofes aus. Ihm blieb allein die Gestaltung der Liturgie, die aber im *Book of Common Prayer* weitgehend festgelegt war. Erst unter Viktoria änderte sich dies. Die Kirche begann im öffentlichen Raum eine zunehmend wichtige Rolle zu spielen. Als Wellington 1852 in St. Paul's Cathedral beigesetzt wurde, konnte Dean Millman die gesamte kirchliche Zeremonie eigenständig ausrichten, und der Bischof von London lobte anschließend die würdige Feier, bei der insbesondere die Prozession des Klerus beeindruckend gewesen sei.[170] Zu einem im Kern religiösen Ereignis scheint allerdings die Performanz der Nation als Erinnerungsgemeinschaft auch in diesem Fall nicht geworden zu sein. Die Kirche und die Geistlichen nahmen teil, mehr aber nicht.

Die britische Nation hatte in der ersten Hälfte des 19. Jahrhunderts in ihrer politischen Ordnung und in ihrer semantischen Identität keinen religiösen Kern mehr. Theologische Argumente wurden in Parlamentsdebatten allenfalls noch dann in Anschlag gebracht, wenn es um Fragen der öffentlichen Ordnung im strengen Sinn ging. Die Geistlichen verhielten sich in ihren Predigten neutral zur politischen Ordnung, erklärten sie in ihrer konkreten Gestaltung für Menschenwerk, so dass auch sie selbst, wenn sie sich mit der Frage von Monarchie oder Volkssouveränität auseinandersetzten, politisch und nicht mehr biblisch argumentierten. Andere Töne wurden ausnahmsweise, aber auch dann nicht sehr durchdringend, angeschlagen. Als man sich erfolgreich gegen Napoleon verteidigt hatte, lag es nahe, auf die göttliche Vorsehung und das auserwählte Volk zu verweisen. Es mag dies auch die Überzeugung Georgs III. gewesen sein, aber es wurde in der Folge nicht bestimmend für den nationalen Diskurs. Die Predigten, die bei den großen öffentlichen Beerdigungen gehalten wurden, betonten zwar, dass die Nation der göttlichen Vorsehung unterstehe und dies gerade in der Plötzlichkeit des Todes erfahrbar werde. Deswegen sei der Tod auch keine Strafe Gottes, sondern eine Mahnung für die Überlebenden. Aus einer solchen Argumentation heraus konnte grundsätzlicher Zweifel angemeldet werden, dass Gott die Sünden einer Nation überhaupt bestrafe. So wurde dies erst am Ende des Jahrhunderts formuliert, aber auch vorher schon fehlte jede Grundlage, um die Nation überzeugend als eine Opfer- oder auch Bußgemeinschaft im religiösen Sinn zu imaginieren. Wichtiger war es, die öffentlichen Trauerveranstaltungen zum Anlass zu nehmen, um die Zirkulation der Gefühle zu betonen und die Nation als eine Gemeinschaft der Mitfühlenden zu phantasieren.[171]

Zwei sehr prominente Fälle im Europa der ersten Hälfte des 19. Jahrhunderts entwickelten ein sehr viel höher konzentriertes Amalgam von Religion und nationaler Identität: das katholische Frankreich und das protestantische Preußen.

In Frankreich war die Nation in der radikalen Phase der Revolution zu einer Opfergemeinschaft geworden, die sich über eine Wahrheitsfrage religiöser Qualität identifizierte. Darauf musste sich jede nachfolgende Konstruktion der Grande Nation beziehen und sich damit auseinandersetzen. Unter Napoleon konnte dies vermieden werden, weil er der Nation mit seinem Expansionskaisertum eine militärische Identität gab und die Grande Armée ins Zentrum ihrer performativen Vergegenwärtigung stellte. Mit der Restauration kehrten aber auch die Geister der revolutionären Vergangenheit mit Macht zurück, obwohl Ludwig XVIII. sie mit seiner Politik des *oubli* zu bannen versuchte. Sie machten sich breit, weil das restaurative Königtum eine dynastische Kontinuität behauptete und sich deswegen zum Umgang der Revolution mit den Vorfahren verhalten musste. Ludwig XVIII. vermied es auch hier, an den Königsmord direkt zu erinnern, aber es wurden Trauer- und Totenmessen für Ludwig XVI. und Marie Antoinette arrangiert. Die sterblichen Überreste der Königin waren angeblich 1815 in einem Massengrab entdeckt worden und wurden als Reliquie nach Saint-Denis überführt. Eine Kapelle auf dem Friedhof von St. Madeleine wurde geplant für das hingerichtete Königspaar, die allerdings erst unter Karl X. realisiert wurde. Schon in den Predigten, die in diesem Kontext zwischen 1814 und 1816 entstanden, wurde das ganze französische Volk für dieses Verbrechen verantwortlich gemacht und die Rückholung des Königs als notwendige Sühne für den Königsmord bezeichnet.[172] Damit war der Tenor für die Predigten der Volksmissionen vorgegeben, die zwar nicht mit staatlicher Unterstützung, aber mit königlicher Duldung im ganzen Land abgehalten wurden.

Da Nationen sich als Gesinnungsgemeinschaften formierten, lag es von Anfang an nahe, ihren Raum als Ziel der christlichen Missionierung zu denken. Das war in England zu beobachten, wo seit dem 18. Jahrhundert Missionsgesellschaften entstanden, die dann auch zu Diskussionsforen wurden, in denen es, wie in der Auseinandersetzung um die Abschaffung der Sklaverei, immer auch um die politische, rechtliche und religiöse Identität der Nation ging.[173]

Im Gebiet des Reiches verhinderte das Staatskirchentum der katholischen Monarchien bis zur Jahrhundertmitte, dass Missionen durchgeführt wurden. Sehr viel früher setzte die Mission in Frankreich ein. Sie wurde zum Medium einer antirevolutionären Neudefinition der Nation. Bereits die unter Napoleons Herrschaft gegründeten Kongregationen hatten sich eine »Rechristianisierung« Frankreichs zum Ziel gesetzt. 1816 wurde dann mit königlicher Approbation eine Missionsgesellschaft errichtet, um Priester für die Volksmission auszubilden. Sie führten bis 1830 in mehr als 1000 Pfarreien und Orten solche Missionen durch.[174]

Im Verständnis der Bischöfe und der missionierenden Geistlichen handelte es sich dabei in erster Linie um katechetische Ereignisse, mit dem Ziel einer Rechristianisierung der Bevölkerung durch aufrüttelnde Predigt, Andachten, Beichte, Buße und Prozessionen. Für die meisten Missionare lag aber auf der Hand, dass für den Verfall der Religion die Revolution und der sie tragende Geist verantwortlich sei, und einige unter ihnen waren darüber hinaus der Überzeugung, dass es gelte, die neue politische Ordnung zu stützen, um sicherzustellen, dass der Katholizismus wieder zu einer öffentlich bestimmenden Kraft werde. Deswegen wurden jetzt viele Predigten gehalten, in denen die Ermordung des Königs und jede Beteiligung an der Revolution in drastischen Bildern als abscheuliche individuelle wie kollektive Sünden gebrandmarkt wurden, die nun ohne Aufschub gebeichtet und bereut werden mussten und für die Buße zu tun sei. In vielen Orten wurden die Aktivisten der Revolution auf diese Weise öffentlich stigmatisiert, zum Teil regelrecht zu Konversionen gezwungen. Aus der Nation der Opfer und Märtyrer wurde jetzt durch die Predigten eine Nation der Sünder, die für die begangenen Verbrechen Sühne tun sollte und zur Umkehr aufgerufen war. Im Gegensatz zu Ludwig XVIII. unterstützte Karl X. diese Radikalisierung der Mission und ihre Argumente öffentlich. 1826 beteiligte er sich selbst aus Anlass des Heiligen Jahres an einer öffentlichen Bußprozession. Das Jahr 1826 wurde auf diese Weise zu einem Kulminationspunkt, denn ab jetzt nahm der örtliche Widerstand bei Behörden und Bevölkerung gegen die Missionare und ihre Aktivitäten enorm zu. Wie die Nation der Märtyrer ihre Feinde hatte, so war auch die Nation der Sünder eine gespaltene Nation.[175]

Zu einer Spaltung dieser Dimension fehlte im protestantischen Preußen der Gegenpol. Im Gegensatz zu süddeutschen Staaten, in denen eine religiöse Unterfütterung des Widerstandes gegen Napoleon unterblieb, weil sie für gefährlich gehalten worden war und staatskirchlichen Grundüberzeugungen widersprach, wurde in Preußen die Verteidigung gegen den übermächtigen Feind von vornherein als ein religiöses Unternehmen inszeniert. Die religiösen Überzeugungen des Monarchen spielten dabei ebenso eine Rolle, wie die seiner Minister und romantischen Protagonisten, die sich um den König versammelten. Von Bedeutung mag auch die Erinnerung an den Siebenjährigen Krieg gewesen sein, den Friedrich II. mit viel propagandistischem Aufwand zu einem Religionskrieg gegen das protestantische Preußen zu stilisieren versucht hatte, um sich selbst ins Recht zu setzen.[176] Die Argumente sollten allerdings nachfolgend eine ganz neue Qualität gewinnen. Entscheidend war in jedem Fall auch, dass seit den Tagen des Soldatenkönigs die Verbindungen zwischen Pietismus und Armee über die Militärseelsorge eng waren. Friedrich Wilhelm III. hatte 1809 die monatlichen Kirchenparaden für die Regimenter wiederbelebt. Die Infanterie marschierte dabei vor den Kirchen auf, stellte die Gewehre zusammen, wohnte einem Gottesdienst bei und nahm anschließend die Gewehre wieder auf, damit der Offizier unmittelbar vor der Kirche die Parade abnehmen konnte. 1811 wurde ein neues Militärkirchenregiment erlassen, das die Grundlage schuf für die maßgebliche Rolle der Feldprediger bei der Mobilisierung von Armee und Bevölkerung für den allgemeinen Volkskrieg ab 1813. Als der Krieg erklärt war, erließ das Departement für Kultus einen Aufruf an die evangelische Geistlichkeit des Landes, damit sie ihren Beitrag zum Gelingen der großen Sache leiste und den ihr anvertrauten Seelen vermittle, dass kein Opfer in diesem Krieg zu groß sei, »Leib, Leben, Gut und Habe, Sohn und Bruder« unaufgefordert hinzugeben seien, damit das »Höhere gewonnen werde«. Wenn überall im Vaterland »solch heiliges Feuer brennt«, würde Gott gewiss seinen Segen geben.

Was dann folgte, war ein beispielloser Einsatz von Kirche und Geistlichkeit, um die Kriegsbegeisterung zu schüren. Soldaten wurden mit Segen aus ihren Gemeinden ins Feld geschickt, Siege mit Gottesdiensten gefeiert, Fahnen geweiht, und es wurde unermüdlich gepredigt. Wie viele der später gedruckten Predigten zeigen, verschmolzen deren Kernaussagen bruchlos mit der religiös imprägnierten Agitation eines Ernst Moritz Arndt, Perthes oder Jahn. Arndt hatte seine Überzeugung, dass jeder »Antrieb zum Erhabenen« notwendig religiösen Ursprungs sei, in einem Katechismus für Soldaten umgesetzt. Der gesamte Diskurs entwarf ein

Vaterland als Opfergemeinschaft und das Volk als eine wehrhafte Familie. Die Soldaten starben für sie den Opfer- und Märtyrertod, ihr Zug in die Schlacht war ein Braut- und Hochzeitszug zum Altar des Vaterlandes. Sie führten einen gerechtfertigten, einen heiligen Krieg gegen einen ungläubigen Feind, und ihre Siege brachten die Gewissheit, dass das Volk die göttliche Prüfung bestand und in seinem Freiheitsstreben von der Vorsehung geschützt wurde.[177] Der Protestantismus hatte offenbar seine apokalyptischen Ursprünge nie vergessen.

Es gab Stimmen gegen eine solche Indienstnahme protestantischer Kirchlichkeit, aber die protestantische Geistlichkeit phantasierte in diesem Text zusammen mit jungen Berliner Intellektuellen eine Nation zum auserwählten Volk. Das blieb eine vorübergehende Erscheinung, die Dosis reichte jedoch aus, um die borussische Identität noch lang mit diesen religiös codierten Phantasmen zu imprägnieren.

Religion und Politik

Religion stellte nicht nur performative Formen der Gestaltung des politischen Rahmens und Semantiken zur Verfügung, in denen Völker als politische Einheiten und Erinnerungsgemeinschaften Identität gewinnen konnten. Religion füllte den politischen Raum in den europäischen Gesellschaften der ersten Hälfte des 19. Jahrhunderts auch, weil sie in einem umfassenden Sinn Gegenstand und Thema der Politik war. Das begann mit der Transformation der römischen Kirche von einem Herrschaftsstand in eine Institution, die sich in eine bürgerliche Gesellschaft einfügte. Es setzte sich im protestantischen Fall mit dem Bemühen fort, die Kirchen als eigenständige Institutionen zu etablieren. Damit verbunden waren die Auseinandersetzungen um eine staatsrechtliche Bevorrechtung einer der Konfessionen, die letztlich der Komplexität gesellschaftlicher Ordnung nicht mehr angemessen war, so dass Toleranz und Parität, die letztlich nur mehrfaches Staatskirchentum bedeuteten, in rechtliche und politische Pluralität überführt werden mussten. Diese Auseinandersetzungen kulminierten in unterschiedlichen, aber naheliegenden und deswegen gar nicht disparaten Themen. Es ging um die Rolle der Kirchen im Erziehungswesen, damit meist auch um die Wiederzulassung der Orden; um die Mischehen und ihre Bedeutung für die konfessionellen Mitgliedschaftsrollen und schließlich um das Verhältnis der Konfessionen untereinander in den jetzt regelmäßig mehrkonfessionellen Staatsgebilden.[178] Diese Themen füllten einen ganz beträchtlichen Teil des politischen Raumes in der ersten Hälfte des 19. Jahrhunderts und gaben dem politischen Prozess der Gesellschaft eine Präsenz, die sich mit Interessen und Engagement verbinden ließ, so dass die Politik der Monarchen, Kammern und die Verfügungen der entsprechenden Verwaltungsapparate tiefer in die Gesellschaft eindrangen und dort Mobilisierungseffekte auslösten, als sie es sonst wahrscheinlich vermocht hätten.

Es war entscheidend für die Gesamtentwicklung der politischen Ordnung in der ersten Hälfte des 19. Jahrhunderts, dass Religion dabei selbst meist zu einer Chiffre für eine der Optionen in der Gestaltung des politischen Systems wurde. Im Vereinigten Königreich hatte die politische Lagerbildung im Parlament bereits ein anderes Stadium erreicht, aber wer auf dem Kontinent aus welchen Motiven auch immer heraus für die Stärkung des monarchischen Pols im konstitutionellen Gefüge optierte, der konnte dies im Frankreich der Restauration so gut als Position der Kirche definieren wie im protestantischen Preußen. Als eine eigenständige und originär politische Option, die sich zur parteifähigen Programmatik verdichten ließ, war dies wohl erst dann wahrnehmbar, wenn eine solche Identifikationsmöglichkeit schließlich entfiel, weil etwa wie in Frankreich nach 1830 die Monarchie mit einer Revolution und dem Bürgertum paktierte. Jetzt konnte Montalembert seinen Aufruf schreiben, in dem er die Katholiken Frankreichs darauf hinwies, dass sie über Wählerstimmen verfügten und dass sich die Zusammensetzung der Kammer beeinflussen ließ, indem man nur solchen Kandidaten die Stimme gab, die versprachen, die katholische Sache zu unterstützen. In Preußen dauerte es länger – zwanzig Jahre zu lang, wie Ernst Ludwig von Gerlach im Rückblick bemerkte –, bis diejenigen, die den Protestantismus als »politisches Prinzip« dachten, dies in der Formierung einer politischen Partei des Konservativismus umsetzten.[179]

Religion trug auf diese Weise zur Gliederung des politischen Diskurs- und Entscheidungsraumes bei, die sich als eine wichtige Voraussetzung für die interne institutionelle und organisatorische Ausdifferenzierung von Politik in einer partizipativen konstitutionellen Ordnung erwies. Noch bevor Liberalismus oder auch soziale Interessen der Arbeiterschaft zu einer solchen organisatorischen Verdichtung fanden, gaben religiöse und konfessionelle Interessen die diskursiven und performativen Kristallisationskerne für Parteibildungen ab.

Eine der Ursachen für die enorme politische Reichweite und ihre gestaltende Kraft, die Religion im politischen Raum entfaltete, war medialer Natur. Die meisten politischen Ereignisse, die im weitesten Sinne in Form von Gottesdiensten präsentiert waren, eigneten sich in besonderer Weise, um sie medial zu vervielfältigen und sie auf diese Weise von einem Ereignis der sinnlichen Erfahrung der Beteiligten zu einem Geschehen einer »öffentlichen« gesellschaftsweiten Realität werden zu lassen. Sofern sie nicht zentral geplant waren, übernahm es häufig die Presse selbst, Jubelfeste anzuregen, und sie sorgte dann mit ihrer Berichterstattung für eine überregionale Koordination des Geschehens und ebenso für eine stimmige »Realität« der Vorgänge.[180] Wie wichtig die mediale Vervielfältigung solcher Ereignisse exemplarischer Interaktion war, wusste man seit dem Ancien Régime. Sie war wichtig, um Kenntnis von höfischen Festen, Herrschereinzügen, Krönungen und anderen Geschehnissen, in denen die Macht sich inszenierte, zu geben und diese Kenntnis zu verbreiten. Noch wichtiger aber war sie, weil sie stets auch Gelegenheit zur Konstruktion von Ereignissen in ihrem zeremoniellen Ablauf und in ihrem beabsichtigten Bedeutungsgehalt war. In der Berichterstattung bildete sie eine eigene mediale Realität aus, die gegenüber der tatsächlichen Performanz hohe Unabhängigkeit und Selbständigkeit besaß. Auch die neue Form der Politik nutzte dies. Die Revolution hatte ihren David, damit er ein Bild von ihr entwarf, Napoleon ließ eine offizielle Beschreibung seiner Krönung und wiederum ein von David angefertigtes Bildnis von diesem Ereignis erstellen, die beide in mehreren Punkten den tatsächlichen Verlauf jeweils nicht wiedergaben.[181] Es kommt hier nicht auf den Aspekt der Fälschung an, sondern auf die mediale Konstruktion einer gesellschaftsweiten Wirklichkeit, die durch solche »Darstellungen« und »Berichte« erfolgte. Jede Krönung, jede Herrscherreise, jedes Regierungsjubiläum, jede Huldigung hatte wenigstens eine dieser offiziellen Beschreibungen zur Folge, neben allen anderen Berichten darüber in den publizistischen Massenmedien. Aus erlebbaren Ereignissen wurden Medienereignisse. Auch im Vereinigten Königreich, wo solche Feiern meist nicht zentral verordnet waren, sondern durch publizistisch multiplizierte Privatinitiativen ins Werk gesetzt wurden, wurden die Berichte dann zusammengefasst, so dass auch hier ein solches Ereignis eindeutige Konturen und Bedeutung auch für diejenigen erhielt, die nicht dabei gewesen waren.[182]

Es ist charakteristisch für diese Berichte, dass sie großen Wert auf die bei den Beteiligten hervorgerufenen Stimmungen und Emotionen legten. Vergesellschaftung wurde hier als gefühlte, emphatische Vergemeinschaftung beschrieben und publizistisch in dieser Weise multipliziert. Auch und gerade als politisch verfasste Gesinnungsgemeinschaften, das heißt als Nationen, konstituierten und imaginierten die Gesellschaften des beginnenden 19. Jahrhunderts sich als Gefühlsgemeinschaften. Soweit es dabei im Besonderen um das Verhältnis zwischen Monarchen und Untertanen ging, spielte Religion nicht nur eine Rolle, weil sie Anlässe lieferte und gestaltete, sondern weil sie wichtige Elemente für die Semantik dieser emotionalen Konfiguration lieferte: Die Liebe, mit der die Monarchen sich ihren Untertanen zuwandten, und die Liebe, die sich in der Begeisterung der Bevölkerung, ihrer Trauer, ihrem Mitgefühl und ihrer Anteilnahme an den Schicksalen des Herrschers und seiner Familie entsprechend Ausdruck verschaffte, wurden imaginiert im Rahmen eines Familienmodells, das empfindsam ausgestaltet war, aber in Katechismen und Predigten seine ersten patriarchalischen Konturen erhalten hatte.[183]

Diese semantische Produktivität war einer der entscheidenden Vorteile, den die Religion zu diesem Zeitpunkt noch gegenüber ihrem schärfsten Konkurrenten in der performativen und medialen Gestaltung einer partizipativen politischen Ordnung aufzuweisen hatte. Die *levée en masse* wurde zum Symbol einer Nation, die sich gegen die Monarchen Europas verteidigen musste, aber das Phantasma einer Opfergemeinschaft malten Texte aus, die mit dem Wesen religiöser Handlungen und Vergemeinschaftung argumentierten. Die Armeen einer wie auch immer dann im Einzelnen ausgestalteten allgemeinen Wehrpflicht, mit denen die europäischen Kriege im zu Ende gehenden 18. und im beginnenden 19. Jahrhundert geführt wurden, gaben der männlichen Bevölkerung jeweils auch einen Erfahrungsraum, in dem nationale Zu- und Zusammengehörigkeit möglicherweise intensiver als im Medium eines politisch-religiösen Festkalenders erfahren werden konnte. Das Militär wurde deswegen zunehmend wichtig in der Inszenierung des Politischen, auch wenn den Armeen, wie im Vereinigten Königreich, noch fast bis zur Jahrhundertmitte der Ruf von Unterdrückungsinstrumenten anhing, in denen die rohesten Elemente der Gesellschaft sich zusammenfanden. Nur ein eisernes Strafregime, nicht aufklärende oder religiöse Erziehung, sei in der Lage, aus diesen Gesellen brauchbare Soldaten und einigermaßen erträgliche Mitglieder der Gesellschaft zu machen, lautete die Grundüberzeugung Lord Wellingtons, die bis in die 40er Jahre hinein die »innere Führung« der britischen Armee und entsprechend deren öffentliches Ansehen bestimmte.[184]

Zwei Entwicklungen standen offen und wurden in unterschiedlichen Mischungsverhältnissen realisiert: die Präsenz des Militärs in originären gottesdienstlichen Veranstaltungen und somit auch im Raum der Kirchen. Die zweite Entwicklung war eine langsame Verdrängung der Religion durch das Militär. Sie war aber erst möglich, wenn Politik eigene Sinnhorizonte zu entwerfen in der Lage war, denn Armeen und Militärparaden mochten beeindrucken und Erfahrungen von Vergemeinschaftung abrufen, aber sie mussten als semantische Vorratskammern, mit denen sich Vergesellschaftung imaginieren ließ, erst noch richtig befüllt werden.

Das führt am Ende vor die Frage, welche Folgen dieser Gottesdienst der Politik für Religion zeitigte. Unter der Perspektive der Systembildung lassen sich positive wie negative Impulse unterscheiden, ohne dass man sie generalisierend gegeneinander aufrechnen könnte.

Die Integration von Religion zu einem funktional bestimmten Sozialsystem wurde gewiss gefördert durch die starke performative und semantische Präsenz von Religion im öffentlichen Raum. Religion war zentrales Thema, und Macht gab sich vielfach öffentlich ein religiöses

Gesicht. Man versteht, warum Schleiermacher an der Jahrhundertwende schrieb, es sei ihm nicht bang um Religion. Sie gewann auf diese Weise, das ist der zweite positive Effekt, eine enge Ankoppelung an mediale und strukturelle Differenzierungsprozesse in den Gesellschaften Westeuropas. Religion wurde auf diese Weise nicht nur als hierarchisierte Kirche und als sektenförmige, gemeindekirchliche Denomination, sondern auch als soziale Bewegung möglich.

Dies alles lieferte Religion aber auch einer Beobachtung zweiter Ordnung aus und damit dem Verdacht, nicht zu sein, was sie zu sein beanspruchte, sondern Trug und Ideologie. Diese diabolische Beobachtung, die schon mit der Rückkehr der außereuropäischen Erfahrung nach Europa verbunden war, traf Religion vielleicht besonders, weil sie bislang doch auf die Perspektivierung der Welt durch den einen absoluten Standpunkt gesetzt hatte. Jedenfalls wurde das 19. Jahrhundert dadurch zum Jahrhundert der Religionskritik. Die Nähe zur Politik hatte weiterhin zur Folge, dass das 19. Jahrhundert über weite Strecken durch eine sekundäre Konfessionalisierung gekennzeichnet war, die Religion zwar im politischen Raum präsent hielt und vielleicht interne Mobilisierungseffekte zeitigte, aber Probleme schuf, die viel Energie verschlangen. Sie lässt sich an dieser Stelle als eine Kompensationsbewegung fassen, die in einer kommunikativen und medialen Destabilisierung von Religion ihre Ursache hatte. Denn die beschriebene Konstellation beförderte einen Synkretismus religiöser Formen, der den religiösen Code der Kommunikation in seiner konfessionellen Programmierung unscharf machte und generell den Verlust semantischer, symbolischer und performativer Autonomie gegenüber anderen Sozialsystemen bedeutete. Das hieß auch: Religion konnte gemacht werden. Die Romantiker realisierten als Erste, was möglich geworden war. Aber die Stabilisierung sozialer Systeme ist darauf angewiesen, dass ihr Code nicht beliebig kopiert werden kann. Inflation ist nicht nur für wirtschaftliche Systeme ein Problem.

III

Das Christentum in der Vergesellschaftung der Moderne

In der Überblendung der beiden Begriffe Nation und Gesellschaft, die in den sozialtheoretischen Diskursen des 19. Jahrhunderts zu beobachten ist, kam zum Ausdruck, dass die Orte, in denen Vergesellschaftung stattfand, gegenüber dem Ancien Régime andere geworden waren und ebenso die Modi und Medien, in denen diese Vergesellschaftung reproduziert wurde. Etwas vereinfachend lässt sich diese Veränderung in dreierlei Hinsicht charakterisieren. Für die Reproduktion der Gesellschaft gewann massenmedial getragene Kommunikation gegenüber Anwesenheitskommunikation zunehmend an Bedeutung. Die Raumstruktur der Gesellschaft wurde eine andere, weil sich Vergesellschaftung immer weniger lokal, sondern immer mehr überregional und in politischen wie ökonomischen Handlungszusammenhängen bereits im weltweiten Maßstab vollzog. Die Modi der Integrationsprozesse schließlich verschoben sich von verherrschafteten und korporativ geordneten sozialen Einheiten zu solchen, die sich organisationsförmig gestalteten und von der Freiwilligkeit der Teilnahme gekennzeichnet waren.

Wir werden sehen, dass sich damit für die soziale Gestalt des europäischen Christentums in seinen unterschiedlichen konfessionellen Ausprägungen sehr verschiedengestaltige Möglichkeiten auftaten. Aber es sind ein paar Konstellationen auszumachen, die übergreifender Natur sind. So wurde mit der lokalen Ebenenverschiebung von Vergesellschaftungsprozessen die Pfarrgemeinde zu einem Problem. Das europäische Christentum hatte in den Pfarreien und Pfarrgemeinden nicht nur einen institutionellen Kern, der die Formen ihrer Verkirchlichung prägte, sondern die Pfarrgemeinde bestimmte auch die Gestalt der öffentlichen Gottesverehrung. In der lokalen Kommunikation lagen zudem die hauptsächlichen Schnittstellen zwischen individueller Religiosität und anderen Lebenswelten, die in individueller sozialer Identität miteinander zu verbinden waren. Hier fand Religion also nicht nur ihren gewissermaßen natürlichen Sitz im Leben, sondern sie war hier auch an die Basisprozesse sozialer Inklusion angeschlossen, die jedes Individuum betrafen.[185] Wenn Vergesellschaftung sich überlokal reproduzierte, wenn beginnende Industrialisierung und explosives Bevölkerungswachstum zu Migration und Verstädterung führten, wenn soziale Inklusion von geburtsständischer Differenz und korporativer Verpflichtung auf Gleichheit und Freiwilligkeit umgestellt wurde, dann ließ sich Kirche nicht mehr einfach als Gemeindekirche mit einer wie auch immer legitimierten Amtshierarchie darüber gestalten. Indem Religion neue Formen sozialer Integration adaptierte, wie zum Beispiel den Verein, das medienvermittelte personelle Netzwerk oder die soziale Bewegung und die Organisation, passte sie ihre institutionelle Gestalt den neuen Vergesellschaftungsprozessen an. Im Falle der sozialen Bewegung[186] ist sogar anzunehmen, dass der europäische Methodismus eine Pionierfunktion in der innovativen Umgestaltung des Dissentermodells zu einer flexiblen sozialen Integrationsform übernahm, die dann zu einem wesentlichen Gestaltungselement der europäischen Gesellschaften des 19. und 20. Jahrhunderts werden konnte. Dem europäischen Christentum ermöglichte die Verbindung von Organisation und sozialer Bewegung die Evolution zur Weltreligion. Mit solchen Verschiebungen veränderten auch überkommene Elemente des religiösen Lebens ihre Form und vor allem ihre Funktion in der institutionellen Reproduktion von Religion. Prozessionen und auch Wallfahrten hatten einst den heiligen Raum auf lokaler Ebene und in regionalen Zusammenhängen gestaltet. Jetzt wurden sie zu Medienereignissen mit gesellschaftlicher Reichweite und Relevanz. Für die protestantische Konfession gewann die Frage der Kirchenbildung oberhalb der Gemeinde durch Konsistorien oder Synoden eine im Ancien Régime nicht gekannte Dringlichkeit.

Diese tektonischen Verschiebungen hatten dann auch eine individuelle Seite, weil die Bedingungen und Medien sozialer Inklusion und damit die Formen der Individualitätsbildung andere wurden. Der wichtigste Gesichtspunkt dabei war die neue Bedeutung von Freiwilligkeit, die in der

Mitgliedschaft als Inklusionsform zum Ausdruck kam. Die institutionelle Reproduktion von verkirchlichter Religion über Gemeinden hatte die Vorstellung vom Hineingeborenwerden in eine konfessionelle Gemeinschaft weit vor die Bekehrung als den normalen Modus der Inklusion gerückt. Das entsprach dem Denken und der Praxis einer geburtsständischen Ordnung. Wenn Mission – äußere und innere – seit dem zweiten Drittel des 18. Jahrhunderts zu einer der Hauptaktivitäten der christlichen Konfessionen Europas wurde, dann war dies im Fall der äußeren eine Reaktion auf Prozesse der Globalisierung, im Falle der inneren aber eine Folge des Umstandes, dass Organisationen, Vereine, soziale Bewegungen und personale Netzwerke Inklusion als soziales Engagement auf der Grundlage von individueller Entscheidung beobachteten, wie es zu einer polyzentrischen Gesellschaft gleicher Bürger gehörte. Diese Dramatisierung der Mitgliedschaft setzte sich fort in der Gestaltung des Verhältnisses von protestantischen Kirchen und Dissent. Sie stand hinter den eskalierenden Auseinandersetzungen um die Mischehe und sie befeuerte den Streit um den kirchlichen Einfluss vor allem auf das sich entwickelnde elementare Schulwesen.

Damit traten individuelle soziale Identität und Religion in ein neues Verhältnis. Frömmigkeit, Teilnahme an öffentlicher Gottesverehrung wie auch Bekehrung wurden, wenn sie als Entscheidung beobachtet werden konnten, zu überaus brauchbaren Elementen für die Gestaltung moderner Individualität, die sich ja gerade durch die Verbindung von Kopie des Allgemeinen und idiosynkratischer Besonderung auszeichnete.

Auf vier Feldern werden die hier umrissenen Umgestaltungen und Verschiebungen nachfolgend genauer untersucht. Es geht zunächst um die Formen der Kirchenbildung und die Bedeutung von Organisation und Professionalisierung in der ersten Hälfte des 19. Jahrhunderts. Ein zweiter Abschnitt befasst sich mit den flexiblen Formen der religiösen Systembildung von personalen Netzwerken bis hin zu Organisationen und sozialer Bewegung. Das dritte Unterkapitel thematisiert Frömmigkeit als die soziale In-Form-Setzung der Transzendenz. Der vierte Abschnitt greift das Thema der Individualisierung aus der Perspektive der Frauen auf und fragt danach, welche Möglichkeiten sich für sie in einer sich wandelnden

Welt der Religion der Männer auftaten – und wie Männer damit umgingen.

Hier wie in den anderen Abschnitten ist die Beobachtungsperspektive auf den Umbau sozialer Formen der Ordnungsbildung gerichtet. Sie macht die Auseinandersetzung um Umfang und Reichweite eines *religious revival,* auch einer sogenannten zweiten Konfessionalisierung und eines quantifizierenden Säkularisierungsbegriffes obsolet, weil sie überhaupt erst verstehen will, warum und wie die Häufigkeit religiöser Kommunikation zu einer Kernfrage für die Reproduktion von Religion als einem sozialen System wurde.

1.
Organisation und die Folgen

Mit der organisationsförmigen Institutionalisierung sozialer Einheiten ist zum einen verbunden, dass die interne Kommunikation die Form von Entscheidungen annimmt und zum zweiten, dass die »Reichweite« eines sozialen Handlungszusammenhangs und vor allem auch die Mitwirkung an seinen Entscheidungen auf formalisierter Mitgliedschaft beruht. Auch die Mitgliedschaft wird im Regelfall bereits zum Gegenstand einer Entscheidung gemacht. Hier interessiert zunächst der erste Gesichtspunkt. Entscheidungsproduktion vollzieht sich – abgesehen von dezisionistischen Anordnungen oder palaverartigen Konsensritualen – in verfahrensmäßig geordneter Kommunikation. Sie setzt in formalen Organisationen Informationsverarbeitung in bürokratisch verfassten Verwaltungsstäben mit definierten Amtsbefugnissen und Zuständigkeiten voraus. Organisationen bestimmen ihr Verhältnis zur Umwelt funktional über einen Zweck, so dass mit der inneren Bürokratisierung eine Professionalisierung der Leistungsrollen verbunden ist.[187]

Die Gnadenanstalt

Die katholische Kirche Europas mit ihrem kurialen Zentrum, den nationalen Bischofskirchen und dem Klerus hatte bereits im Ancien Régime viele Elemente einer auch im Vergleich zur Staatlichkeit sehr effektiven Organisation realisiert. In ihr gab es gestufte Entscheidungsbefugnisse, geordnete Entscheidungsgänge, Kommunikation wurde über Amtshierarchien strukturiert, und wichtige Positionen in der Hierarchie wurden in Wahlprozeduren besetzt, wobei freilich – und dies war der organisatorischen Effizienz sehr abträglich – häufig andere Kriterien als die der funktionalen Eignung im Vordergrund standen. Die Stellen des

Seelsorgeklerus wurden sogar überwiegend von nicht kirchlichen Herrschaftsträgern vergeben. Überdies war das europäische Netz der Hierarchie nicht gleichmäßig dicht. Die synodal verfassten Nationalkirchen Spaniens und Frankreichs hatten keine rechte Verbindung zur kurialen Zentrale. Im übrigen Europa hatten politische Verhältnisse, staatskirchliche Restriktionen und der Umstand, dass die Kirche selbst als Herrschaftsträger auftrat, zu einem Netz von Bistümern geführt, das durch Metropolitansitze gegliedert war. Die Verbindungen zur Kurie liefen über Nuntiaturen. Ansonsten war der Einfluss Roms auf die Konfirmation von domkapitularisch gewählten Bischöfen, die Ernennung von Domherren in Einzelfällen sowie die Vergabe von Gnadenmitteln gegen Gebühren beschränkt. Das tridentinische Modell einer Kirche mit kurialzentrierter Hierarchie und professionalisiertem, von Bischöfen beaufsichtigtem Klerus, war allenfalls in Ansätzen schon verwirklicht.[188]

Mit der Niederlage Napoleons hatten sich wichtige Rahmenbedingungen verändert. Nachdem die nationalkirchliche Ordnung Frankreichs im Konkordat von 1801 aufgehoben war, stand der Kurie in Westeuropa eine vollständig in einzelne Bistümer fragmentierte Kirche gegenüber. Gleichzeitig war aber der Kirchenstaat schon 1798 gerettet und 1814 auf dem Wiener Kongress gänzlich wiederhergestellt worden, so dass die »Staatlichkeit« der katholischen Kirche nach der Aufhebung ihrer sonstigen Herrschaftsrechte in den verschiedenen Säkularisationen sich in Rom beim Papsttum konzentrierte. Da die Staaten somit in der Regelung ihres Verhältnisses zur katholischen Kirche auf die Kurie als Verhandlungspartner verwiesen waren, ergab sich daraus eine völkerrechtliche Aufwertung des Papsttums, die sich auch in seiner innerkirchlichen Position schließlich niederschlug.

Die drei Päpste Pius VII., Leo XII. und Pius VIII., die in den ersten zwei Jahrzehnten des 19. Jahrhunderts auf dem Stuhl Petri amteten, nutzten diese Konstellation und betrieben nach Kräften die Konsolidierung und restaurative Ausgestaltung ihres Staatswesens sowie die Stärkung der kurialen Kompetenzen gegenüber der episkopalen Weltkirche. Die verfügbaren Instrumente waren nicht sehr zahlreich, aber wirksam, weil auf der bischöflichen Seite die Gegengewichte fehlten. Am Anfang stand eine Restrukturierung der kurialen Behörden, die unter anderem das weltweite Missionswesen insgesamt der Kongregation *Propaganda Fidei* unterstellte. Nicht so sehr der Klerus war das Instrument, mit dem man in die Welt wirkte, sondern die Orden und später dann die Kongregationen, weil sie selbst bereits organisationsförmig und hierarchisch integriert und deswegen für den Heiligen Stuhl überhaupt zu dirigieren waren. Die Reinstallation des Jesuitenordens 1814 setzte dafür das Zeichen. Das Nuntiaturwesen wurde zu einem Überwachungs- und Kontrollinstrument ausgebaut, indem von den Nuntien regelmäßig Berichte über das Verhalten der Bischöfe angefordert wurden. Gregor XVI. ging dann nach 1830 dazu über, einzelne Bischöfe zu *Ad-liminum*-Audienzen einzubestellen, bei denen es den Berichten nach zum Teil recht stürmisch zugegangen sein soll. Wie groß die Distanz des Heiligen Stuhles zur episkopalen Selbständigkeit war, zeigte sich, als man in den Missionsgebieten keine Bischöfe, sondern Apostolische Vikare oder Präfekten installierte, die Rom direkt unterstellt waren.[189]

Dahinter stand eine auf den Heiligen Stuhl hin zentrierte Ekklesiologie, die die Kirche in ihren Strukturen und Ämtern als eine im Wortsinn heilige Anstalt begriff, die ihre Personifizierung als Stiftung Christi im Papst fand. Entsprechend wurde Rom als Zentrum der Lehrautorität und als hauptsächliche Quelle der kirchlichen Gnadenmittel begriffen. Als Leo XII. 1825 als Heiliges Jahr ausrief, wurde die katholische Weltkirche von einer Welle der konzertierten Gottesverehrung durchflutet, die in Gestalt einer Vielzahl von Ablässen, Absolutionen und Privilegien für Kirchen, Altäre und Bruderschaften für das Seelenheil der Gläubigen umgemünzt wurde und so unmissverständlich deutlich machte, dass der Ursprung dieses Stroms der Heilsgüter in Rom lag. Das war der spektakuläre Beginn einer Politik der Privilegien und Gnadenmittel, mit der sich die römische Kirche als von Christus eingesetzte, alleinige Mittlerin zwischen den sündigen Seelen und Gott zur Sichtbarkeit brachte. Auch die *intercessores* erhielten ein neues Gewicht. Heiligsprechungen wurden in Gang gesetzt, vor allem aber förderten die Päpste jetzt die Verehrung der Mutter Gottes als wichtigste Fürsprecherin der bedrängten Seelen der Gläubigen, der ihr Sohn an der Seite des Vaters kaum etwas abschlagen konnte. Die dogmatische Seite dieser Kirchenauffassung fand ihren Ausdruck zunächst in einer dichter werdenden Abfolge von päpstlichen Lehrschreiben – Breviere und Enzykliken –, in denen zum einen, wie in der Enzyklika *Ubi primum* von 1824, der Zustand der Welt nach dem Sündenfall der Revolution gegeißelt und zum anderen die höchste päpstliche Lehrautorität bekräftigt wurde. Weitere solcher Enzykliken folgten. 1834 nahm Gregor XVI. in *Mirari vos* gegen Liberalismus, Gewissens- und Pressefreiheit Stellung. 1854 wurde das Dogma der Unbefleckten Empfängnis verkündet, in dem päpstlicher Lehranspruch, eine Ekklesiologie der in Rom zentrierten Gnadenvermittlung und die Erwartung eines unbedingten Glaubens an die Autorität einer im Papst personifizierten heiligen Anstalt zusammengefügt waren.[190]

Das war ein entscheidender Schritt hin zur Verkündigung des Dogmas von der päpstlichen Unfehlbarkeit im Jahre 1870. Sie hatte ihre theoretische Begründung schon am Beginn des Jahrhunderts nicht nur in den Schriften de Bonalds und de Maistres gefunden, sondern auch in denen kurialer Theologen, wie Mauro Capellaris, der den Papst schon 1799 als Monarchen bezeichnet hatte. Die Geschichte ihrer Durchsetzung war dann auch eine Geschichte der über die römische Indexkongregation betriebenen Auseinandersetzung mit Theologen an den katholischen Fakultäten Europas, die sich einer ultramontanen Ekklesiologie verweigerten.[191] Diese Auseinandersetzung zwischen päpstlicher Lehrautorität und universitärer Wissenschaft eskalierte in Deutschland erst nach der Jahrhundertmitte, aber sie war schon zu greifen, als 1834 in der Enzyklika *Singulari nos* die vom demokratisch-liberalen Gedanken infizierte Theologie des Lamennais verurteilt worden war, und ein Jahr später die Schriften des Bonner Theologen Georg Hermes wegen seiner rationalistischen Grundhaltung zur Irrlehre erklärt wurden. Die Theologie der Unfehlbarkeit war die passende Selbstbeschreibung einer geistlichen Anstalt, die sich als hierarchisierte, weltumspannende Organisation formiert hatte, und sie definierte das Programm einer institutionellen Reproduktion und des Anspruches auf autonome Regelungskompetenz in den eigenen Angelegenheiten. Strukturell war sie als funktionales Äquivalent zur institutionell stabilisierenden Kraft der früheren Herrschaftsrechte zu betrachten und brachte damit den Umbau zu anderen Formen der institutionellen Integration zum Abschluss.

In den europäischen Staaten von Italien bis nach Irland rekonstruierte sich die katholische Kirche als Institution in einer Serie von Konkordaten, die in der Hauptsache zwischen 1801 und 1830 ausgehandelt wurden. Nur in den beiden ehemals habsburgischen Staaten Spanien und der österreichischen Monarchie wurden solche Verträge erst 1851 und 1855 abgeschlossen. Wo die Verhandlungen scheiterten, wie in den Niederlanden 1840, oder gar nicht erst aufgenommen wurden, wie auf den Britischen Inseln, war die Hierarchie weiterhin durch Apostolische Vikare vertreten.[192] Schon in ihrer Form verwiesen die Konkordate auf die staatsrechtliche Verlegenheit, in die man mit dem Ende der Kirche als Herrschaftsträger geraten war. Die Vereinbarungen wurden als kirchliche Gesetze – Zirkumskriptionsbullen – veröffentlicht und dann durch ein staatliches Gesetz in Rechtswirksamkeit gebracht. Damit war der staatliche Anspruch auf ausschließliche Regelung der politischen und staatsrechtlichen Verhältnisse in der Gesellschaft gewahrt und gleichzeitig der Kirche ein Raum für ihr Streben nach institutioneller Autonomie gegeben. Das musste ein Formelkompromiss bleiben, der oft schon bei Abschluss der Konkordate aufbrach. Die Organischen Artikel von 1802 formulierten in Frankreich eine dezidiert staatskirchliche Interpretation des im Jahr zuvor ausgehandelten Konkordats, und in gleicher Weise verhielten sich Konkordat und Gesetz von 1817/18 in Bayern zueinander.

Gegenstand der Konkordate war dann zunächst die Festlegung einer diözesanen Struktur mit metropolitanen Zentren sowie die Dotation der Bistümer, Domkapitel und Pfarreien als Ausgleich für die Säkularisierungen. Außerdem wurde die Vergabe von Bischofssitzen geregelt und die bischöflichen Kompetenzen gegenüber dem Klerus, was immer auch bedeutete, sie in ihrem Verhältnis zu den staatlichen Behörden zu bestimmen. Die Frage des Religionsunterrichts und des Schulwesens überhaupt, die Rolle des Klerus darin, sowie der Umgang mit Mischehen waren ebenfalls meist Gegenstand dieser Absprachen.

Es entstand auf diese Weise keine vollkommen homogene Episkopalkirche, weil die staatskirchlichen Ansprüche in unterschiedlicher Weise umgesetzt wurden, so dass beispielsweise im Königreich Neapel und in Frankreich die Bischöfe vom Monarchen ernannt wurden, während im Gebiet des ehemaligen Heiligen Römischen Reiches die Domkapitel ihr Wahlrecht zurückerhielten, allerdings verbunden mit unterschiedlichen »Informationsverfahren«, die eine entscheidende Mitwirkung der staatlichen Obrigkeiten sicherstellten. Die kanonische Investitur war stets Rom vorbehalten, das auf diese Weise ebenfalls eine Vetoposition behaupten konnte. Untereinander verbunden waren die Bistümer nur über Erzdiözesen, obwohl etwa in den Frankfurter Verhandlungen mit den südwestdeutschen Staaten 1817/18 die Einrichtung von Provinzial- und Regionalsynoden eine wichtige Rolle gespielt hatte.[193] Weder die Staaten zeigten nachfolgend noch Interesse an einer demokratisch-synodalen Verfasstheit der Kirche und folglich an nationalen Kirchen, und die Kurie erst recht nicht. Sie hatte nach dem Konkordat in Frankreich 50 konstitutionelle Bischöfe zum Rücktritt gezwungen und betrieb deren Ersetzung durch ultramontan gesinnte, um dem gallikanischen Virus den Garaus zu machen. Als die französischen Bischöfe sich um die Mitte des Jahrhunderts gegen den römischen Zentralismus zur Wehr setzten, reagierte Rom mit der Enzyklika *Multiples inter* und wies die Aufbegehrenden zurecht. Einzig in Belgien nutzten die Bischöfe den Spielraum der Verfassung von 1831, um sich jährlich unter Führung des Erzbischofs von Mecheln zu einem Provinzialkonzil zu versammeln.

Den Bischöfen wuchsen unter diesen Rahmenbedingungen gleichwohl geistliche und institutionelle Lenkungsbefugnisse zu, die sie in die Lage versetzten, die Verwaltung und die Gottesverehrung in ihren Bistümern zu bürokratisieren und den ausführenden Pfarrklerus zu professionellen und disziplinierten »Gehilfen« zu machen, wie es das Tridentinum gefordert hatte. Sie konnten dabei wenigstens in Deutschland im Regelfall auf wohlwollende Unterstützung durch die staatlichen Kirchenbehörden bauen, die in Seelsorge und Religionsunterricht einen Schutzschirm der öffentlichen Ordnung und der monarchischen Macht vor dem Gift des Liberalismus sahen.

Das Bischofsamt selbst wurde längst nicht so nachhaltig entaristokratisiert, wie es dem Ende der Adelskirche entsprochen hätte. Obwohl das preußische Konkordat von 1821 aristokratische Herkunft weder für Bischöfe noch für Domkapitulare vorsah, gelangten auch weiterhin viele

Männer aus dem Adel in diese Ämter. In Frankreich kamen bis 1830 neunzig der neuen Bischöfe aus der Aristokratie. Die alten und die neuen Amtsträger nutzten die Spielräume, die sich ihnen boten. Die in den meisten Fällen nicht sehr umfänglichen Diözesanbehörden mit Generalvikariat und einem Offizialat für Ehesachen konnten meist ohne direkte Eingriffe der zuständigen weltlichen Behörden besetzt werden. Die Geschäftsgänge wurden formalisiert, die Domkapitel in die Verwaltung unter bischöfliche Führung eingebunden. Sie bildeten keinen zweiten Pol der Macht mehr wie in früheren Zeiten. Die Archidiakonate, die im Ancien Régime ebenfalls autonome Gerichts- und Herrschaftsrechte wahrnahmen, wurden aufgelöst, so dass der Bischof zusammen mit seiner kollegialisch geführten Diözesanverwaltung die Lenkung des Bistums und seines Klerus zentralisiert hatte.[194]

Die anstelle der Archidiakonate jedenfalls in deutschen Diözesen eingerichteten Dekanate hatten einen gänzlich anderen Charakter als die vormaligen geistlichen Gerichtsbezirke. Die Dekane wurden häufig von den Bischöfen ernannt, obwohl der Seelsorgeklerus noch bis zur Jahrhundertmitte danach drängte, diese Ämter aus den eigenen Reihen durch Wahl zu besetzen. Die Landdekane bereisten die Pfarreien zur Visitation zusätzlich zu denen der Bischöfe und veranstalteten Dekanatskonferenzen, die allerdings nichts mit Selbstverwaltung zu tun hatten, sondern der pastoralen und theologischen Fortbildung der Seelsorger dienten. Es wurden ihnen Aufgaben gestellt, zu denen die Pfarrer jeweils schriftliche Ausarbeitungen vorzubereiten hatten.[195]

Wichtiger Gegenstand der Konkordate war immer die Einrichtung von Priesterseminaren gewesen, in denen die Absolventen der katholischen Fakultäten an den Universitäten dann nicht nur praktisch auf ihre seelsorgerlichen Aufgaben vorbereitet, sondern auch in einen geistlichen Habitus und einer klerikalen Lebensführung eingeübt wurden. Initiativen für Seminare hatte es schon im 18. Jahrhundert gegeben, aber erst ab den 1830er Jahren kann man davon ausgehen, dass der katholische Seelsorgeklerus in den Konkordatsgebieten stets eine Seminarausbildung hinter sich hatte. Ohne bestandenen Konkurs – an dem wegen der Aufgaben im Schulwesen meist die weltliche Kirchenaufsicht beteiligt war –

konnten Kandidaten jetzt nicht mehr auf Pfründen präsentiert werden. In Frankreich wurde das Curaexamen erst um die Mitte des Jahrhunderts obligatorisch.

Von einem Mangel an geistlichem Nachwuchs kann man auf dem Kontinent bis 1850 nicht sprechen. In den Staaten des ehemaligen Reiches gab es ab 1830 Anzeichen für eine Überfüllung. Auch in Italien blieben Priesterweihe und Pfründen attraktiv, wenngleich die Bischöfe bemerkten, dass mit diesem Interesse nicht unbedingt die Bereitschaft zum seelsorgerlichen Engagement verbunden war. Langsam verschob sich das Sozialprofil der katholischen Geistlichkeit. Es kam bis in die 1830er Jahre zu großen Teilen immer noch aus den Mittelschichten der mittleren und größeren Städte. Dafür sorgten die Bildungshürden, die vor das universitäre Studium der Theologie gesetzt waren. Seit dem Vormärz verlagerte sich die Rekrutierung dann in die kleineren Städte und in die ländlichen Regionen. Dazu trugen auch die Knabenkonvikte bei, die in manchen Bistümern eingerichtet wurden. Sie ebneten die Ungleichheit der Bildungschancen ein und verlängerten gleichzeitig die »klerikale« Prägezeit noch einmal beträchtlich.

Es gab Diözesen und Regionen im katholischen Europa, in denen der Pfarrklerus seiner Disziplinierung und professionellen Formierung anhaltenden Widerstand entgegensetzte. In Frankreich kam es um die Mitte des Jahrhunderts im Gefolge der Revolution noch einmal zu massiven Unmutsäußerungen, die den Papst veranlassten, den Bischöfen mit einer Enzyklika zur Seite zu stehen. Der belgische Klerus fügte sich leichter in die ordinariale Lenkung und Kontrolle ein. Auch in deutschen Bistümern ist zu beobachten, dass die Professionalisierung der Ausbildung, die Bürokratisierung der Bistumsorganisation und die Intensivierung der Überwachung und Lenkung die Voraussetzungen dafür schufen, dass der Seelsorgeklerus sich mit dem römischen Angebot einer zentralisierten Gnadenanstalt langsam anfreunden konnte. Die neue Betonung der spirituellen Anstaltsgnade wertete auch den Geistlichen in seiner Gemeinde auf und machte die Verwaltung der Sakramentalien und der sonstigen Gnadenmittel zu einer Grundlage seiner Identität, seiner sozialen Position und auch seiner Macht. Die episkopale Disziplinierung und die römische Ausrichtung waren für diese Generation nicht länger

Gegensätze, sondern fügten sich in ein ultramontanes Selbstverständnis und Weltbild.

Protestantische Staatskirchen

Der europäische Protestantismus trat mit einem sehr viel weniger durch Organisation und Hierarchie geprägten institutionellen Gefüge in das 19. Jahrhundert. Seine diskursive und theologische Integration erfolgte über die Verkündigung und das Hören des Wortes auf lokaler Ebene und über die Zirkulation von geschriebenen und gedruckten Texten auf regionaler und überlokaler Ebene. Die soziale Integration vollzog sich in den Gemeinden. Über Patronatsrechte und die ökonomische Fundierung der Pfarreien war die Kirchengemeinde mit der sozialen, politischen und ökonomischen Reproduktion der vormodernen Gesellschaft verflochten und über die Selbstverwaltungskompetenzen mit der sozialen Ordnung der Gemeindeglieder. Diese Gemeindezentrierung des Protestantismus erhielt im 19. Jahrhundert eine besondere Bedeutung, weil die überlokale institutionelle Integration sich in enger Symbiose mit der frühmodernen Staatlichkeit, ihren Machtapparaten und ihrer bürokratischen Verwaltung entwickelt hatte. Autonome synodale Strukturen hatten sich nur im reformierten Protestantismus wie in den Niederlanden, in Schottland oder einigen deutschen Territorien durchsetzen können. Auch die englische Bischofskirche versammelte sich seit dem 17. Jahrhundert nicht mehr auf Synoden, sondern fand sich als Teil der politischen Ordnung als Versammlung der Bischöfe im Oberhaus zusammen. Man konnte deswegen durchaus mit Berechtigung die Frage stellen, inwiefern der Protestantismus zu einer Kirchenbildung fähig war, die man als angemessene institutionelle Umsetzung der Autonomie des Religiösen verstehen konnte.[196]

Das Staatskirchentum der ersten Hälfte des 19. Jahrhunderts hat die Dringlichkeit dieser Frage für die protestantische Theologenschaft zeitweise etwas verdunkelt, aber wer wie Schleiermacher im Geist der preußischen Reformen von einer vom Staat befreiten Gesellschaft sprach, der musste den verstaatlichten Verbund von Pfarrgemeinden, den das Allgemeine Landrecht 1794 noch einmal rechtlich fixiert hatte, nach dem

Zusammenbruch Preußens durch eine Institution ersetzt wissen wollen, die den Gemeinden presbyteriale Selbstverwaltung zugestand und auf eine selbstverwaltete Kirche auf Grundlage synodaler Repräsentation der Gemeinden und der Theologenschaft zielte. Schleiermacher war Realist genug, um dies in seinen Vorschlägen mit konsistorialen Elementen zu verbinden, die den Einfluss und die Mitsprache des Staates auch weiterhin sichergestellt hätten.

Diese Vorschläge wurden, wie auch das Versprechen einer repräsentativen politischen Ordnung, nicht umgesetzt. Die Kirchenordnung von 1816 sah staatliche Kirchenbehörden mit dem verstaatlichten Bischof in Gestalt des Superintendenten vor und garnierte beides mit presbyterialen und synodalen Elementen, die freilich ebenfalls hierarchisch interpretiert waren. Schon auf den vom Superintendenten geleiteten Kreissynoden sollten sich nur die Pfarrer versammeln und die Gemeindemitglieder nicht mehr vertreten sein. Die Teilnehmer an den Provinzialsynoden wurden vom Superintendenten ausgewählt. Die reaktionäre Wende der Staaten des Deutschen Bundes, die in den Karlsbader Beschlüssen noch im gleichen Jahr vollzogen wurde, ließ dann nicht einmal Spielraum, um dieses Konzept umzusetzen. Die Einrichtung von Presbyterien wurde rückgängig gemacht, weder Kreis- noch Provinzialsynoden wurden einberufen, an eine Generalsynode war nicht mehr zu denken. 1829 wurde dann der Staatsbischof wieder in vollem Ornat installiert, als Friedrich Wilhelm III. Generalsuperintendenten einsetzte, die in einigen Fällen den Bischofstitel auch wirklich führten. Der Monarch machte sich auf diese Weise selbst sichtbar zum obersten Bischof. Die Evangelische Kirche blieb eine Institution, die kaum über eigenständige Organisationskompetenz verfügte, sondern diese als Leihgabe vom Staat zur Verfügung gestellt bekam.

Die oberste Kirchenleitung war in der Geistlichen Abteilung des Kultusministeriums verankert, in den ebenfalls von dort eingesetzten Konsistorien amteten mehr Juristen als Theologen, und auf unterster Ebene hatte wegen der Persistenz der Patronatsrechte der Gutsherr mehr zu sagen als die mit keinerlei Entscheidungskompetenz ausgestattete Gemeinde. Als Friedrich Wilhelm III. und sein Nachfolger dann das Unionsprojekt als Vereinheitlichung der Liturgie betrieben, wurde offensichtlich, dass der preußische Protestantismus an dieser Stelle dabei war, seine theologische Autonomie an die Politik zu verlieren. Die westfälische Kirchenordnung von 1815 erschien vielen als Alternative, weil dort neben die Hierarchie der staatlichen Instanzen eine Hierarchie der Presbyterien und der synodalen Entscheidungsgremien gesetzt war und den Synoden das Recht zufiel, Gesetze in geistlichen Angelegenheiten zu erlassen, während die staatlichen Stellen kein Initiativrecht in diesem Bereich mehr hatten. Ein durchschlagender Impuls für den Gesamtstaat ging davon aber nicht aus. Die erneuerten Anläufe, die staatliche Kirchenherrschaft zu beenden, die seit 1841 von Kultusminister Eichhorn und von Friedrich Wilhelm IV. mit der Einberufung von Kreis-, Provinzial- und schließlich einer Generalsynode unternommen wurden, scheiterten, weil die Furcht der Eliten vor einer sich selbst organisierenden Gesellschaft zu groß war.

Zwar wurde die Trennung von Kirche und Staat 1850 Verfassungsrecht, aber das königliche Kirchenregiment blieb erhalten, und die staatlichen Hoheitsrechte wurden weiterhin vom Kultusminister gegenüber der Landeskirche wahrgenommen. Es war deswegen kaum mehr als Kosmetik, wenn die im Kultusministerium zuständige Abteilung zum Evangelischen Oberkirchenrat aufgewertet wurde. Sie blieb dem König direkt unterstellt. Provinzialsynoden konnten erst 1869 zusammentreten.[197]

Vor dem Hintergrund der Westfälischen Kirchenordnung mag die Entwicklung im Preußischen Gesamtstaat als Sonderfall erscheinen. Auch im Großherzogtum Baden waren seit der Verfassung von 1818 beauftragte Entscheidungsgremien neben den staatlich-bürokratischen Instanzen zugesetzt worden. Die Pfarrerwahl war bei den Gemeinden verblieben. Die Verwaltungs- und Bekenntnisunion von 1821 zwischen den reformierten und den lutherischen Gemeinden des Landes war Resultat synodaler Beschlüsse und nicht königliche Anordnung. Auch in den Kirchenordnungen anderer deutscher Territorien war der Organisationsautonomie protestantischer Kirchlichkeit mehr Raum gegeben worden.[198] Insgesamt aber blieb der deutsche Protestantismus mit mehr oder weniger großer Bewegungsfreiheit unter staatskirchlicher Kuratel.

Die Geschichte der beiden nationalen Kirchen Schottlands und Englands in der ersten Hälfte des 19. Jahrhunderts zeigt freilich, dass die Autonomie kirchlicher Organisation auch noch an anderen Stellen blockiert werden konnte. Sowohl die *Church of England* wie auch die *Church of Scotland* waren als Gemeindekirchen organisiert. Den Kirchengemeinden kamen Eigentumsrechte zu, auf ihnen lagen Verpflichtungen in der Armenfürsorge, die sie mit dem politischen und sozialen Leben der Countys und der Städte verbanden und die dafür sorgten, dass den Geistlichen meist nicht nur eine herausgehobene soziale Stellung zukam, sondern sie auch in den lokalen Magistraten eine wichtige Rolle spielten. Darüber baute sich in Schottland eine presbyterial-synodale Kirche auf, im anderen Falle eine Bischofsordnung, die zwar ebenfalls metropolitan zentriert war, aber über keine Möglichkeiten der Selbststeuerung verfügte. Die Gemeindezentrierung dieser beiden Kirchenwesen hatte im einen wie im anderen Fall dazu geführt, dass die Frage der institutionellen Erneuerung vorrangig als eine Frage der Umverteilung kirchlichen Eigentums daherkam. Sie war notwendig, um schlecht ausgestattete Pfarrpfründen zu heben, neue Kirchen zu bauen und neue Pfarreien in den Gebieten rapiden, durch Migration bedingten Bevölkerungswachstums einzurichten. Die *Church of England* war dazu aus eigener Kraft nicht in der Lage, sondern musste diese Aufgabe ab 1834 einer Parlamentskommission überlassen, die dann bis 1840 entsprechende Gesetze auf den Weg brachte. Die *Church of Scotland* hatte hingegen durch ihre General Assembly schon 1843 eigenständig entsprechende Beschlüsse zur Neuorganisation des Pfarreiwesens, der Umverteilung von Besitztiteln und zur Residenzpflicht der Geistlichen gefasst. Allerdings verlor die Kirche von Schottland diese institutionelle Autonomie und Einheitlichkeit wenige Jahre später genau über diese Frage, als die *General Assembly* sich 1834 über das Problem des Vorrangs zwischen dem Pfarrerwahlrecht der Gemeinde und der Wahrung von Patronatsrechten in eine *Established Church* und eine *Free Church* spaltete.[199]

Die protestantische Geistlichkeit zeichnete sich in den Kirchenwesen des Kontinents wie auch auf den Britischen Inseln durch ein Selbstbewusstsein aus, das in der Qualität ihrer wissenschaftlichen Ausbildung begründet lag, in einem auf vielen Pfründen akzeptablen Lebensstandard und bis in die Mitte der 1830er Jahre auch durch eine Herkunft aus den mittleren und oberen Schichten der Gesellschaft, soweit man nicht ohnehin bereits in einem Pfarrhaushalt geboren worden war. Bis zur Mitte des Jahrhunderts lag die Selbstrekrutierung der Pfarrer in deutschen Staaten bei rund einem Drittel, damit aber schon unter den Quoten des 18. Jahrhunderts. Trotzdem blieb der Pfarrerstand ein Kanal des sozialen Aufstiegs, der immer wichtiger wurde. Die Schwachstelle in der Professionalisierung protestantischer Religionsvirtuosen lag in der Ausbildung zum Seelsorger nach einem in den meistern Fällen staatlich kontrollierten Examen. In kleineren Staaten wie in Württemberg machte die Verbindung von theologischem Stift und Predigerseminar, in dem man auf die Seelsorge vorbereitet wurde, eine sehr frühe kirchliche Einbindung und eine lange habituelle Prägung möglich. Das war aber die Ausnahme. In Preußen wurde ein Predigerseminar erst 1850 in Wittenberg installiert, die vorausgehenden Versuche, Lehrvikariate einzurichten, scheiterten am Geldmangel. Die Folge war, dass viele Pfarrer ihre ersten Stellen nach langjähriger Tätigkeit außerhalb des kirchlichen Bereiches antraten und keinerlei praktische Vorbereitung dafür erfahren hatten. Auch in der *Church of England* intensivierten die Bischöfe ihre Bemühungen zur Einrichtung von Seminaren erst seit dem dritten Jahrzehnt des Jahrhunderts, wobei diese Einrichtungen die wissenschaftliche Ausbildung für diejenigen Anwärter der Theologie übernehmen sollten, die sich ein Studium in Oxford oder Cambridge nicht leisten konnten. Das schwerwiegendste Problem der *Church of England* mit ihrer Geistlichkeit war allerdings die Präsenz in den Pfarreien. Die Möglichkeit, Pfründen zu kumulieren, hatte dazu geführt, dass rund die Hälfte der 11 000 Pfarreien keinen residenten Seelsorger hatte oder diese sich durch schlecht bezahlte und desinteressierte Kuratoren vertreten ließen. Auch die Visitationspflicht der Bischöfe, die vom Parlament 1820 festgelegt worden war, änderte daran kaum etwas, wohl auch, weil die Ordinarien bis in die 1840er Jahre ihr nur mit mäßigem Eifer nachkamen. Erst die Umverteilung der Pfründendotierungen im Rahmen der Kirchenreform und die gesetzliche Bestätigung der Residenzpflicht sowie das Verbot der Pfründenakkumulation sorgten dann dafür, dass um die Mitte des Jahrhunderts die Geistlichen der *Church of England* ihren Seelsorgepflichten in den Pfarreien bis auf wenige Ausnahmen auch gerecht wurden. Auf dem Kontinent ist von solchen Einbrüchen der geistlichen Disziplin wenig bekannt. Dafür dürfte hauptsächlich die staatliche Kirchenaufsicht gesorgt haben. Konsistorien wirkten an der Examinierung der Kandidaten mit, veranstalteten zusammen mit den Superintendenten regelmäßige Visitationen, und im Übrigen schrieben Gesetze den Geistlichen nicht nur ihre Tracht, sondern auch einen dem Amt entsprechenden würdigen Habitus und Lebensführung vor. Bis 1850 wurden die Pfarrer in Preußen auf den König vereidigt und in den Gesetzen als Staatsbeamte angesprochen. Bei Verfehlungen konnte man nicht mit der Nachsicht kirchlicher Behörden rechnen, weil geistliche Sondergerichtsbarkeiten und Exemtionen nach und nach aufgehoben worden waren.[200]

Autonomie und Mitgliedschaft als Problem

In beiden großen Konfessionen erfolgte die Kirchenbildung in der ersten Hälfte des 19. Jahrhunderts, indem die organisatorischen Elemente gestärkt wurden. Die Unterschiede waren nicht zu übersehen. Die katholische Kirche baute ihre aristokratisch begründete Amtshierarchie aus, die auf oberster Ebene im Weltmaßstab zentralisiert war. Ämter wurden zwar auf mittlerer und oberster Ebene zum Teil in Wahlprozeduren vergeben und damit Funktionalität und Professionalisierung vorangetrieben, aber der Aspekt der Bindung an die Wähler immer weiter zurückgedrängt, wie bei den Domkapiteln deutlich zu sehen war. Entscheidungsmacht in geistlichen wie in weltlichen Verwaltungsangelegenheiten war damit in der göttlichen Stiftung begründet, die in der apostolischen Sukzession und den Wahlen zum Ausdruck kamen. Elemente deliberativer Entscheidungsfindung hatten in diesem Kirchenbau keinen Platz. Dies hat die Entwicklung synodaler Elemente bis zur Mitte des Jahrhunderts stark gebremst und eine Kirche der Bistümer und der Bischöfe hervorgebracht. Damit intensivierte sich aber gleichzeitig die bürokratische Formierung und die Professionalisierung der Seelsorger, die in ihren Pfarrsprengeln von aufgeklärten Sittenlehrern wieder zu geweihten Verwaltern des Gnadenschatzes einer heiligen Institution wurden. Der Ultramontanismus[201] stellte eine nur natürliche Habitualisierung dieser Rahmenbedingungen dar. Es gelang auf diese Weise, die katholische Kirche unter dem Dach des Staatskirchentums als weitgehend autonome Organisation auszubauen und zu festigen.

Die protestantische Kirchenbildung tat sich mit dieser Konstellation in der ersten Hälfte des 19. Jahrhunderts schwerer und leichter zugleich. Leichter, weil das Staatskirchentum ihr eine autokratisch, aber innerweltlich begründete Amtshierarchie lieh, die es überhaupt möglich machte, die primäre Integration protestantischer Kirchlichkeit in der lokalen Gemeinde überregional bis hinauf zur nationalstaatlichen Ebene zusammenzuführen. Die Wahl hatte durch dieses Lokalitätsprinzip eine grundsätzlich wichtige und positive Funktion, und sie konnte deswegen, wenn man sie zur Vergabe von Amts- und Entscheidungsbefugnissen einsetzte, auch nicht einfach auf Steigerung von Professionalität in einer funktional orientierten Struktur zurückgeschnitten werden. Das Element einer inhaltlich konditionierten und häufig auch zeitlich befristeten Beauftragung lief immer mit. Dazu trug auch bei, dass in den reformierten Strängen protestantischer Kirchlichkeit presbyteriale und synodale Elemente deliberativen Entscheidens in geistlichen wie in Verwaltungsangelegenheiten lebendig blieben und im übrigen Protestantismus wenigstens auf nationaler Ebene angestrebt wurden. Deswegen hatten die hochkirchlichen Pläne des Oxford Movement[202] und der evangelikalen Gruppe um Friedrich Wilhelm IV. auch einen autokratischen, reaktionären Zug. Man wolle die Kirche dem Pöbel ausliefern, kommentierte Hengstenberg die in der Revolution von 1848 diskutierten und zum Teil kurzfristig realisierten Kirchenmodelle. So blieb die Kirchlichkeit des westeuropäischen Protestantismus in der ersten Hälfte des 19. Jahrhunderts in einer dem Katholizismus vergleichbaren Weise von einem Nebeneinander von Zentralität und Dezentralität gekennzeichnet. Nur die Ebenen waren verschoben. Die lokale Dezentralität der Gemeinden wurde durch eine staatlich begründete Zentralität zusammengeführt, die in den Bischöfen und den Superintendenten personifiziert und durch einen rein staatlichen Instanzenzug in Ländern mit entsprechender bürokratischer Verwaltungstradition noch gestärkt war. Eine kirchlich getragene Zentralität jenseits des Staates konnte sich hier nicht ausbilden. Die transnationale Integration nahm, wie wir noch sehen werden, andere

Formen an. Weder die Elemente deliberativer Entscheidungsfindung noch die Akzentuierung der Beauftragung in Wahlprozeduren haben die Professionalisierung der seelsorgerlichen und verwaltungsbestimmten Organisationsrollen beeinträchtigt. Aber diese Elemente der Selbstorganisation konnten sich, von Ausnahmen abgesehen, zu einer eigenständigen Kirchlichkeit nicht verdichten. Der die Kirche mitorganisierende Staat verhinderte dies nach Kräften und machte damit Kirchenbildung zu einer nicht nur schweren, sondern eigentlich unlösbaren Aufgabe.

Institutionen, die über Herrschaftsrechte verfügen und autokratisch integriert sind, sind auf Gehorsam, jedenfalls auf sichtbare Akzeptanz von Machtgefällen angewiesen. Organisationen ohne Herrschaftsrechte können hingegen allenfalls intern mit Weisungen operieren. Extern müssen sie sich auf Akzeptanz und Vollzug von Publikumsrollen verlassen. Dieses Publikum handelt dann freiwillig und muss darin durch den funktionalen Bezug einer Organisation auf ihre Umwelt motiviert werden. Neben systeminternen und auch externen Differenzierungsprozessen und der Veränderung von Differenzierungsmustern – deren Folgen Gegenstand des nächsten Abschnittes sind – war dies eine der wichtigsten Ursachen für die neue Bedeutung von Mitgliedschaft. Diese Bedeutung von Mitgliedschaft war dem Christentum seit seinen Anfängen eingeschrieben und wurde in der Taufe sakramental überhöht. Daran hatte auch die Reformation nicht gerüttelt, aber sie hatte mit ihrem Kampf gegen die Erwachsenentaufe klargemacht, dass sie nicht auf Entscheidung setzte, sondern auf den Automatismus des Hineingeborenwerdens. Das entsprach der geburtsständischen Hierarchisierung der Gesellschaft und ließ sich mit einer verherrschafteten Institutionalisierung von Kirchlichkeit gut vereinbaren, wie die obrigkeitlich verfügten Konfessionswechsel ganzer Territorien immer wieder zeigten. Das ließ sich im 19. Jahrhundert nicht mehr durchhalten. Im Religionssystem gab es die Alternativen der Konfessionen, der Denominationen und auch der Synkretismen, vor allem aber war unabweisbar geworden, dass ein Leben ohne Religion nicht mehr zur sozialen Exklusion führte und auch nicht mehr führen durfte. Die Begründung von Mitgliedschaft über Geburt und Kindertaufe musste unter diesen Umständen als zu fragil erscheinen, vor allem weil organisationsförmige Kirchlichkeit die Teilnahme an der öffentlichen Gottesverehrung als Entscheidung registrierte, so dass es zunehmend auch auf die Steuerung von Verhaltensweisen ankam.

Wie wirkmächtig diese Spannungen seit dem Ende des 18. Jahrhunderts wurden, zeigte sich zum einen in der Auseinandersetzung um die Ehe zwischen Kirche und Staat, aber auch zwischen den Konfessionen und schließlich in der Schulfrage.

Seit der Französischen Revolution ging das Gespenst der Zivilehe übermächtig groß in Europa um und erschreckte die Kirchen, weil es sie aus der konfessionsbezogenen Gestaltung der ehelichen Lebensgemeinschaft zu verdrängen drohte und damit auch den Einfluss auf Taufe und christliche Erziehung der Kinder schwächen musste. Wie ernst man diese Herausforderung nahm, zeigt die Energie, mit der man gegen sie vorging. Dass die Ehe dann im weiteren Verlauf bis zur Mitte des 19. Jahrhunderts nur noch in einigen Fällen zum Konfliktpunkt wurde, hing vor allem damit zusammen, dass das Gespenst nach der Niederlage Napoleons wieder deutlich schrumpfte, die Trauung in die Kompetenz der Kirchen zurückgegeben, die Ehegerichtsbarkeit häufig dort belassen und auch die Führung der Zivilstandsregister im Regelfalle wieder in die Hände der Pfarrer gelegt war. Einige Erschütterungen gab es trotzdem. In ihnen wurde deutlich, worauf es ankam. Der Mischehenstreit in Preußen entzündete sich, weil katholische Bischöfe im Rheinland seit den 1830er Jahren ihre Seelsorger anwiesen, an der Trauung von gemischtkonfessionellen Brautleuten nur noch mitzuwirken, wenn die Bereitschaft der katholischen Erziehung der Kinder auch vom nichtkatholischen Partner erklärt wurde. Das setzte insbesondere katholische Bräute unter Druck. Wenn der Streit bis zur Verhaftung des Kölner Erzbischofs 1837 eskalierte, dann auch deswegen, weil sich das Thema zusätzlich eignete, um das Verhältnis zwischen Kirche und Staat zu klären. In Gang gekommen war die Angelegenheit aber, weil katholische Oberhirten mit der seit der Frühen Neuzeit eingeübten Praxis der Duldung und der Kooperation in den gemischtkonfessionellen Gebieten des Rheinlandes vorsätzlich brachen.

Nicht völlig vergleichbar war die Situation in England und Wales zur gleichen Zeit. Zwar waren auch dort die Mischehen durch die starke

Zuwanderung der irischen Katholiken zu einem wahrnehmbaren Problem geworden. Das verstärkte aber nur den originären Konflikt zwischen der *Church of England* und dem Dissent um die Eheschließung. Dissenter empfanden es als diskriminierend, dass sie trotz der Rücknahme der staatsbürgerlichen Benachteiligungen in den Jahren 1828 und 1829 sich weiterhin vor anglikanischen Geistlichen trauen lassen mussten und sie auch in deren Kirchenbüchern geführt wurden. Auch hier war es dann nur eine weitere Etappe in der Trennung von Staat und Kirche, als das Parlament 1836 kommunale Zivilstandsregister einführte und zwei Jahre später im *Marriage Act* die Verpflichtung für Dissenter aufhob, sich von anglikanischen Geistlichen trauen zu lassen.[203]

Solche Entscheidungen verschärften freilich das Problem der Mitgliedschaften nur noch, und sie waren geeignet, den Zugriff auf die Elementarschule als eine wichtige Streitfrage weiter zu profilieren. Die Verstaatlichung der Schulbildung und der Ausbildung der Lehrerschaft sowie die explizite Verpflichtung des Elementarschulunterrichts auf konfessionelle Neutralität in den Vereinigten Niederlanden zu Beginn des Jahrhunderts hatte immerhin dazu geführt, dass für die Katholiken des südlichen Landesteils 1830 die Forderung nach Konfessionsschulen zu einer der starken Triebkräfte für die gewaltsame Abspaltung wurde. Mit dieser Verstaatlichung des Schulwesens standen die Vereinigten Niederlande freilich weitgehend allein in Europa. Das staatliche Engagement in der Grundschulerziehung hatte im letzten Drittel des 18. Jahrhunderts gerade erst eingesetzt, indem die Schulpflicht festgeschrieben, aber ansonsten meist die lokalen Gemeinden für die Einrichtung und Finanzierung der Schulen verantwortlich gemacht wurden. An eine formalisierte Ausbildung der Lehrer dachte noch niemand. Erst zu Beginn des 19. Jahrhunderts begriff der Staat die Schulaufsicht als geeignetes Mittel, um in die Gesellschaft hineinzuwirken. Da eingeübte und habitualisierte Religiosität als eine Grundlage der Vergesellschaftung und der politischen Ordnung verstanden wurde, lief die Professionalisierung des elementaren Schulwesens unter staatlicher Aufsicht parallel zum Einfluss und Wirken der Konfessionskirchen in diesem Bereich. In Frankreich entstand auf diese Weise ein fast ausschließlich von Schulkongregationen getragenes

Elementarschulwesen, in dem der Unterricht von »Schwestern« erteilt wurde. Auch in den italienischen Staaten blieb das Elementarschulwesen fest in der Hand der alten und neuen katholischen Schulorden und Erziehungskongregationen. Die Schulaufsicht nahm der Staat wahr. Überall führte dies dazu, dass der Religionsunterricht breiten Raum einnahm und auch der Besuch der Messe, die Beichte und andere Akte des Glaubensvollzugs und der Frömmigkeit fest in den Schulalltag integriert waren. Schulbesuch war erklärtermaßen Gottesdienst. In England und Wales stellte sich die Lage insofern anders dar, als König und Parlament sich bis zu Beginn des 19. Jahrhunderts nahezu völlig aus der Frage der elementaren Schulbildung heraushielten. Die Kinder der Mittel- und Oberschichten wurden von Privatlehrern oder in Internaten unterrichtet, für die Beschulung der Unterschichten sah man die Gemeinden und die in ihnen herrschenden Grundherren als zuständig an. Das hatte aber zur Folge, dass hier die Konkurrenz zwischen Anglikanischer Staatskirche und Dissent bereits seit Ende des 17. Jahrhunderts für die Entwicklung des Elementarschulwesens bestimmend wurde. Die evangelikale *Society for the Propogation of Christian Knowledge*, die sich als evangelikale Antwort auf die Erfolge des Dissent im Bürgerkrieg und in der Revolution 1692 gebildet hatte, engagierte sich von Anfang an für die Einrichtung von Elementarschulen und mobilisierte dafür private Mittel. Die Dissentergemeinden suchten naturgemäß eigene Schulen aufzubauen. Am Beginn des 19. Jahrhunderts wurde dann immerhin eine Kommission des *Privy Council* mit der Beaufsichtigung des Schulwesens betraut. Es wurde außerdem verfügt, dass alle Gemeindeschulen sich regelmäßiger bischöflicher Inspektionen zu unterziehen hatten. Deren Ergebnis war Voraussetzung für den weiteren Fluss staatlicher Unterstützungsgelder, die jetzt ebenfalls flossen. Die Schulen der Dissentergemeinden blieben freilich von diesen Zuwendungen ausgeschlossen. 1811 hatte die *Church of England* mit der Gründung einer *National School Society* auf die methodistische *British and Foreign School Society* reagiert. Die methodistische Society sollte den außerordentlichen Erfolg dieser sozialen Bewegung im elementaren Bildungswesen noch weiter ausbauen. Das Übergewicht anglikanischer Elementarschulen war bedroht. Deswegen war es für die Staatskirche wichtig, dass sie sich weiterhin den Löwenanteil der finanziellen Zuwendungen des Parlaments über die *National School Society* für ihre Schulen sichern konnte. 1847 reagierten die Denominationen auf diese Benachteiligung mit einer gemeinsamen Schulkonferenz, in der sie Gleichberechtigung forderten. Man war damit wenig erfolgreich. 1863 wurde der Dissent vom Parlament noch einmal aus dem staatlichen Unterstützungsprogramm ausgeschlossen.

Noch profitierten die Kirchen Europas davon, dass die Eliten praktizierte Religiosität für eine Grundlage der Gesellschaft und der politischen Ordnung hielten. Die Revolution bestärkte sie in dieser Ansicht. So sprachen die Stiehlschen Regulative von 1854, mit denen in Preußen das Elementarschulwesen neu geordnet werden sollte, von den Lehrern als Dienern des Staates und der Kirche. Aber der liberale Pädagoge Diesterweg hatte bereits ein Gegenprogramm formuliert. Man könne auf den Religionsunterricht in der Elementarschule verzichten, weil die Religionswahrheit in jedem Unterrichtsfach zu vermitteln sei. Damit hätte man auch die Grundschulpädagogik auf individuelle Wahlfreiheit in Religionsangelegenheiten eingestellt.[204]

2.
Religion als soziale Bewegung

Religion war im 19. Jahrhundert trotz der staatskirchlichen Privilegierungen längst nicht mehr nur eine Angelegenheit der christlichen Kirchen. Wer seinen frommen Gefühlen Ausdruck geben wollte, wer nach einer Verbindung zur Transzendenz strebte, und sogar wer Gnade vor seinem Gott suchte, dem standen dafür bereits eine Vielzahl von Praktiken und Institutionen offen. Die Forschung hat diese Vielfalt von Sekten, *Societies*, Bruderschaften, Orden, Kongregationen oder auch Vereinen unterschiedlich rubriziert. Bei näherem Hinsehen fällt auf, dass diese Bezeichnungen samt und sonders bereits kontaminiert sind. Es sind zeitgenössische Unterscheidungen des Religionssystems selbst, mit denen es einerseits seine Grenzen zu einer nichtreligiösen Umwelt zu bestimmen suchte und andererseits die inneren Grenzen zwischen Kirchen, Konfessionen und eben anderen Phänomenen markierte. Gerade den erstaunlichen Verrenkungen der konfessionellen Kirchengeschichtsschreibung und ihren jeweiligen Blindstellen ist anzusehen, wie vermint das Gelände an dieser Stelle ist. Um zu verstehen, was hier geschehen ist, empfiehlt es sich, der eigenen Beobachtung – in Erinnerung an das, was über Organisation, Mitgliedschaft und Freiwilligkeit bereits gesagt wurde – eine gegenüber den zeitgenössischen Selbstbeschreibungen unabhängige Unterscheidung zugrunde zu legen: die zwischen Organisation und sozialer Bewegung.[205]

Während Organisation soziale Systembildung stabilisiert und sie im Hinblick auf innere Problemlösungen und die Fähigkeit optimiert, auf Umweltanforderungen angemessen zu reagieren, leisten soziale Bewegungen etwas anderes. Sie kopieren die Systemgrenzen in das System hinein und können auf diese Weise eine systemimmanente Gegenposition aufbauen.

Wer diese Perspektive einnimmt, weiß es besser als das System, und er weiß außerdem, dass er recht hat. Weil das System einem dann oft als Organisation gegenübertritt und als solche in ihren Defekten sichtbar wird, haben soziale Bewegungen stets ein ambivalentes Verhältnis zu dieser Sozialform. Soziale Bewegungen können meist selbst auf das System nicht völlig verzichten, nutzen es zur eigenen institutionellen Stabilisierung, aber wenn sie darin aufgehen, führt dies in ernsthafte Bestandsprobleme. Das hängt nicht nur damit zusammen, dass dann die Differenz zu einer organisationsförmigen Umwelt nur noch schwer zu vermitteln ist, sondern auch mit den unterschiedlichen Operationsmodi beider Sozialformen. Organisationen entwerfen sich als »Entscheidungsbetriebe« für Entschiedene.[206] Soziale Bewegungen dramatisieren Mitgliedschaft als Einsatz für gemeinsame Ziele und sind entsprechend auf die Inszenierung von Motiven angewiesen. Soziale Bewegungen leben vom demonstrierten und akkumulierten Engagement. Soziale Bewegungen dramatisieren daher nicht nur Mitgliedschaft, sondern auch Freiwilligkeit. Das macht sie umgekehrt aber in einem sonst nicht gekannten Sinn brauchbar für die Stabilisierung von Individualität als Besonderheit, in der das Allgemeine stets kenntlich ist. Gruppen können sich dies ebenso zunutze machen wie Personen. Entsprechend braucht die soziale Bewegung das Massenereignis. Sie instrumentalisiert auf diese Weise Kommunikation unter Anwesenden, weil es auf sie, die Anwesenden, tatsächlich nur in zweiter Linie ankommt. Jede Zusammenkunft weist über sich hinaus. Sie wird zum performativen Akt. Was immer dort für die Anwesenden geschieht und zwischen ihnen kommuniziert wird, es wird als Zurschaustellung von Motivlagen inszeniert und der Bereitschaft, für sie einzustehen. Dies setzt komplexere mediale Verhältnisse voraus. Vergesellschaftung unter Anwesenden ist dafür längst nicht mehr ausreichend. Was geschieht, muss zum Medienereignis werden. Überlokale soziale Bewegungen sind Medienphänomene.

Man kann den Vorsprung institutioneller Verdichtungen und Ausdifferenzierung, den Religion in Gestalt der römischen Kirche in der europäischen Vormoderne bereits erreicht hatte, daran ermessen, dass nirgends sonst diese Kopie des Systems im System möglich (oder auch notwendig) wurde. Bis zu Beginn der Neuzeit war es gelungen, solche »Bewegungen« entweder als häretisch auszugrenzen und sie mit Gewalt unschädlich zu machen oder sie als Reform des Ordenswesen und der Kirche gleichsam aufzusaugen. Erst das Anliegen Martin Luthers ließ sich nicht mehr auf diese Weise neutralisieren. Ein wichtiger Grund dafür war, dass Religion sich hier mit den Distanzmedien Schrift und Druck verband. Weil sich dieser Anlauf zur Kritik ganz gegen die ursprüngliche Absicht schließlich in zusätzlichen Kirchenbildungen verfestigte, lieferte die innere Differenzierung von Religion nun allerdings noch mehr Ansatzpunkte, um sich unterscheiden zu wollen und dagegen zu sein. Die nachtridentinische katholische Kirche hatte mit ihrer zentralisierten Lehrautorität und mit ihrer Fundierung als Herrschaftsinstitution ziemlich feste Dämme dagegen aufgebaut. Deswegen konzentrierte sich dieses Phänomen auf die protestantischen Kirchen und die fortgesetzte Interpretation des Wortes. Im Pietismus eines Johannes Arndt und Jakob Spener und am englischen Dissent wurde die Logik dieser Sozialform in einem Frühstadium greifbar. Die »Stillen im Lande« strebten nach einer verinnerlichten Frömmigkeit, die ihnen die orthodoxe Geistlichkeit nicht bieten wollte. Sie scharten sich in kleinen Gruppen um einzelne Geistliche und verblieben mit ihren *ecclesiolae* innerhalb der protestantischen Kirchen und auch der Gemeinden, die dies wiederum ertragen konnten, weil es bei der Vereinzelung der »Kirchlein in der Kirche« blieb. Beim englischen Dissent war das schon schwieriger. Puritaner, Quäker und Baptisten erhoben neben theologischen Problemen, wie der Trinität, mit der Prädestination, der Erwachsenentaufe, der unabhängigen, presbyterial verfassten Gemeinde, gleichzeitig Heilsökonomie, Kirchenmodell und die Frage der freiwilligen Mitgliedschaft zu Streitfragen. Dies führte zu autonomen Gemeindebildungen um charismatische Geistliche und eigens erbaute Gebetshäuser. Was die Ordination der Geistlichen anbelangte – und auch in Teilen die Sakramentsverwaltung – wanderte man freilich nicht aus der Kirche aus. Attraktiv waren diese Gemeinden für Christen aus den Mittel- und Oberschichten insbesondere dann, wenn sie von Erschütterungen sozialer Positionen in einer traditionalen Sozialordnung betroffen waren und beispielsweise aus Handwerkern Manufakturarbeiter oder aus Bauern protoindustrielle

Landhandwerker wurden. Zur Stabilität des Dissent trug wesentlich die Ausgrenzung und Benachteiligung im öffentlichen Leben durch die staatliche Gesetzgebung bei, die Gemeinden blieben ansonsten vereinzelt und die überlokale Integration war nur schwach ausgeprägt, so dass die etwa 250 000 Dissenter im 18. Jahrhundert weder sozial noch religiös eine besondere Dynamik entfalteten. Auch bei den Herrnhutern des Grafen Zinzendorf ist zu sehen, dass Schutzräume notwendig waren, um solche Experimente der institutionellen Gestaltung auf Dauer zu stellen.[207]

Methodisten und Deutschkatholiken

Eine Konstellation, in der eine innovative Interpretation dieser Sozialform im religiösen Raum anschlussfähig wurde und in ganz neuer Weise Breitenwirksamkeit entfalten konnte, entstand erst im ersten Drittel des 18. Jahrhunderts in der Gesellschaft der Britischen Inseln. Die punktuelle Kapitalisierung der gewerblichen Wirtschaft und der Agrarproduktion überhaupt hatte Migrationsströme hervorgebracht und traditionelle Reproduktionsmuster aufgelöst, so dass in der Mitte und im Osten Englands die Zahl der von der Anglikanischen Kirche zu versorgenden Seelen ortsweise beträchtlich angewachsen war. Die Starrheit der Pfarrgliederung und die häufig abwesenden Geistlichen verhinderten eine angemessene Reaktion der *Church of England*. Viele Gläubige in den Regionen der Protoindustrie und des Bergbaus fühlten sich in ihren Heilsbedürfnissen zu Recht vernachlässigt, und sie waren auch aus den ohnehin zu kleinen Kirchen ausgesperrt, da die Kirchenstühle dort an die etablierte »gute« Gesellschaft vergeben waren.

Diese Situation traf mit John Wesley auf einen Mann, der, 1703 geboren, aus einer geistlichen Dissenterfamilie kam und demzufolge die soziale Logik von teilautonomen religiösen Gemeindebildungen kennen musste. Er ließ sich in Oxford zum Theologen ausbilden und kam dann auf einer Reise nach Amerika und bei einem Aufenthalt in Herrnhut in Kontakt mit der Mährischen Brüdergemeinde. Weder dies noch seine theologische Bildung hatten aber seine durch skrupulöse Selbstbeobachtung zerfleischte Seele wirklich beruhigen können. Von tiefen Glaubenszweifeln geplagt, begann er im Jahr 1738 zu predigen, um sich selber Halt im Glauben zu geben. 1739 predigte er zum ersten Mal auf einem freien Feld. Schon nach kurzer Zeit bescherte ihm dies ein Erweckungserlebnis. Wesley wurde ein manischer Prediger, der mit seinem Charisma in der Lage war, seine Zuhörerschaft tief zu bewegen und zu begeistern. Er hat dies in seinem Predigtjournal immer wieder festgehalten. Man hat geschätzt, dass er bis zu seinem Tod im Jahr 1791 etwa 40 000 Predigten gehalten haben muss und dabei, weil er wie die Missionare der Böhmischen Brüder auf Wanderschaft blieb, etwa eine Viertelmillion Meilen zurücklegte.[208]

Wesley vertrat und verkündete kein ausgefeiltes theologisches Programm, das im Gegensatz zum *Prayers Book* und den Neununddreißig Artikeln der Anglikanischen Kirche gestanden hätte, weil er nicht vorhatte, eine eigene Kirche zu begründen, sondern die bestehende verbessern wollte. Er war darauf aus, die Gläubigen aufzurütteln, damit sie sich fortan bemühten, »dem künftigen Zorn Gottes« zu entrinnen. Wo er auftrat, suchte er diejenigen, die sich von seiner Verkündigung des Gotteswortes angesprochen fühlten und nach Umkehr strebten, nach dem Vorbild der Herrnhuter zu sogenannten »Banden« zusammenzufassen. In ihnen taten sich Gläubige unter strenger Aufsicht eines Bandenführers zu gemeinsamem Gebet und Gesang zusammen und unterstützten sich gegenseitig in der systematischen Heiligung und Ordnung ihres Alltagslebens. Die Treffen begannen mit wechselseitigen Bekenntnissen, in denen über Anfechtungen, Glaubenszweifel, Sünden und weniger schwere Verfehlungen gegen ein auf das Heil hin geordnetes Leben berichtet wurde. Der Methodismus wurde eine Bewegung des bewussten, aus der Gruppe heraus gestalteten religiösen und alltäglichen Lebens. Die Massenzusammenkünfte bei den Auftritten der Wanderprediger sorgten dafür, dass die Bewegung öffentlich blieb. Wer Zugang haben wollte zu den Gruppen, musste lediglich sein aufrichtiges Streben erklären und ein *classticket* erwerben, das auch die Teilnahme an den viermal im Jahr ausgerichteten Liebesfesten ermöglichte, auf denen eine gestaltete Geselligkeit gepflegt wurde, die sich bewusst von der rauen, häufig durch Alkohol und gewalttätige Schaukämpfe geprägten Kultur der Kirchweihen und anderer Volksfeste in den Gemeinden unterschied. Sehr schnell entwarf Wesley für seine Zirkel auch ein würdevolles Beerdigungsritual. Der Methodismus verband in einmaliger Weise religiöses Tun mit Geselligkeit, und er führte fromme und peinigende Introspektion mit einem von der Gemeinschaft geprägten religiösen Leben in öffentlicher Sichtbarkeit zusammen. Er setzte auf Anziehungskraft für eine Vielzahl von Gläubigen statt auf Exklusivität, baute demzufolge weder hohe theologische noch soziale Hürden auf, inszenierte die Mitgliedschaft aber gleichwohl so, dass sie als Kristallisationspunkt einer personalen oder gruppenbezogenen Individualität taugte.

Wesley verfügte über außerordentliches institutionelles Gespür und Talent. Die Banden wurden zu Klassen zusammengefasst, diese wiederum in überlokalen Zirkeln integriert. Wesley installierte schnell weitere Wanderprediger, die nicht unbedingt von der Anglikanischen Kirche ordiniert sein, sondern nur das Charisma einer Erweckung mitbringen mussten, ernannte aus den Reihen der Gläubigen *stuarts* und *trustees* für administrative und finanzielle Belange, gab den stets auf Wanderschaft sich befindlichen Geistlichen Gehilfen zur Seite, damit sie die amtstragenden Laien führten. Seit 1748 versammelte er alle Prediger jährlich zu einer Konferenz, auf der theologische und organisatorische Angelegenheiten beraten und in Protokollen festgehalten wurden, die man druckte und veröffentlichte.

Die Bewegung Wesleys und seiner Wanderprediger kam deswegen schon im zweiten Drittel des 18. Jahrhunderts nahe an die Kirchenbildung, zumal die Zusammenkünfte schnell nicht mehr einfach in verfügbaren Räumen gehalten werden konnten, sondern man eigene Gebetshäuser bauen musste, für deren einheitliche Gestaltung Wesley ebenfalls Vorschriften erließ. Weil er sich aber weiterhin weigerte, eigene methodistische Geistliche zu ordinieren und die Mitglieder der methodistischen Zirkel für das Abendmahl, die Taufe und die Trauung deswegen nach wie vor auf die Pfarrer der *Church of England* angewiesen waren, blieben die Methodisten bis ins erste Jahrzehnt des 19. Jahrhunderts eine nichtverkirchlichte religiöse Bewegung, die in ihren institutionellen Formen freilich weitaus besser auf die soziale Dynamik der enttraditionalisierten Gesellschaft Englands eingestellt war als die Staatskirche. Man hat geschätzt, dass am Beginn des Jahrhunderts in den methodistischen Gebetshäusern zeitweise mehr Menschen zusammenkamen, als Gläubige in den anglikanischen Gemeinden aktiv waren. Der Schritt zur Kirchenbildung erfolgte nach längeren Auseinandersetzungen 1811, als man begann, eigene Geistliche zu ordinieren. Das war prekär und gefährlich für eine Bewegung. Schon im Vorfeld erfolgte die Abtrennung der *Primitive Methodists* (1808), die zum Prinzip der Predigt unter freiem Himmel zurückkehrten und ihre Klientel jetzt in Arbeiterschaft und ländlichen Unterschichten fanden, während der etablierte Methodismus zum Bekenntnis städtischer Mittelschichten wurde. Wirklich aufhalten konnte diese Sezession, der noch andere folgten, den Erfolg der Methodisten nicht. Auf etwa 90 000 wurde die Zahl der wesleyanischen Kommunikanten um die Jahrhundertwende geschätzt. Ein halbes Jahrhundert später waren es rund eine halbe Million, die für geschätzte zwei Millionen Mitglieder standen. 11 000 Gebetshäuser hatte man inzwischen erbaut. Der alte Dissent, der ebenfalls gewachsen war, war längst überholt worden. Die Baptisten zählten im Zensus von 1851 gerade 366 000 Mitglieder in 2200 Kongregationen.[209]

Mit dem Eintritt in eine methodistische Gemeinde übernahm man Verantwortung in erster Linie für sich selbst und seine Lebensführung. Dadurch wurden die methodistischen Gemeinden in der ersten Hälfte des 19. Jahrhunderts zu einem wichtigen Ort, an dem die entstehende Industriearbeiterschaft ihre »Selbstveredelung« betreiben konnte. Die Industrieregionen Mittelenglands waren gebietsweise fest in methodistischer Hand. Methodisten unterstützeten sich gegenseitig in der Habitualisierung einer Lebensform, in der man mit seiner Zeit haushielt, pünktlich war und den Lohn nicht mehr in Wirtshäusern und auf Kirmessen versoff, beim Wrestling oder in Hahnenkämpfen verwettete und ihn zu Huren trug. Die Mäßigkeits- und Abstinenzbewegung und der Methodismus waren kaum zu trennen. Dabei hatte die Abkehr von Alkohol und die Hinwendung zum Tee wie auch die Sorge um die Zeit viel mit den disziplinierenden Rahmenbedingungen der zunehmend maschinenbestimmten Arbeitswelt zu tun, aber in den methodistischen Gemeinden verwandelten sich diese äußeren Zwänge in eigenverantwortete Selbstdisziplin und damit in kleine und große Siege über sich selbst und die eigenen schlechten Angewohnheiten. Das gab den Mitgliedern Selbstachtung und den Gruppen ein Selbstbewusstsein, in dem eine Kultur der Arbeiterschaft Wurzeln schlagen konnte, die sich von einer weniger zivilisierten Umwelt nach und nach bewusst absetzte.[210]

Wesley hatte es verstanden, sein Charisma und das der anderen Wanderprediger in eine stark hierarchisierte Institution umzusetzen, die offenkundig auch dann, als sie zur Kirche geworden war, erfolgreich blieb und ihre Verfasstheit als Organisation weit hinter Freiwilligkeit und Engagement zurückstellen konnte. Das hing zum einen sicher damit zusammen, dass die materielle Basis dieser Bekenntnisgemeinschaft nicht in Grundbesitz und anderen Besitztiteln oder Privilegien bestand, sondern aus den über Classtickets und Spenden akkumulierten, flexibel einsetzbaren Geldmitteln. Zum anderen hielt man am Prinzip der von Gemeinde zu Gemeinde ziehenden Prediger auch dann noch im Grundsatz fest, als man eigene Pfarrer ordinierte und in einigen Zirkeln auch residente Geistliche installiert worden waren. Das alles verlangte von den Gläubigen ein hohes Maß nicht nur des religiösen, sondern auch des institutionellen Einsatzes, der in ihnen offenkundig nicht das Gefühl aufkommen ließ, von einer hierarchisierten Organisation kontrolliert und gegängelt zu werden, sondern ihnen vermittelte, den institutionellen Zusammenhang selbst zu gestalten. Diese Erfahrung der sozialen Bewegung schottete lange gegen die Wahrnehmung der autokratischen Lenkung ab. Je mehr die Elemente der organisierten Verkirchlichung in den Vordergrund traten, desto wichtiger wurde umgekehrt die institutionell gesicherte Mitsprache der Laien. Neben das Engagement trat die Entscheidung. Als Wesley 1784 die Konferenz der Prediger zur Versammlung des *Legal Hundred* umgestaltete, besetzte er sie ausschließlich mit Geistlichen, die er bestimmte. Die Beteiligung von Laien an der kirchlichen Organisation war nicht vorgesehen. Sie wurde aber jetzt auf allen Ebenen nachdrücklich gefordert. 1791 stimmte die Konferenz zu, dass an der Ernennung von lokalen Amtsträgern, der Aufnahme von Mitgliedern und ihrer Disziplinierung bis hin zum Ausschluss auch Laien beteiligt würden. Das Ausmaß der Laienbeteiligung blieb weiterhin ein Konfliktpunkt, der zu Ausschlüssen und Sezessionen führte.[211]

Der Methodismus hatte der christlichen Religion erfolgreich eine neue institutionelle und soziale Form gegeben, die zwar auch auf Organisation nicht verzichten konnte, sie aber nutzte, um die Entscheidung für Mitgliedschaft in selbstverantwortetes Engagement für sich selbst und die Gemeinschaft zu verwandeln. Der Methodismus brachte auf diese Weise nicht nur einen Habitus hervor, sondern er produzierte auch die zugehörigen Motive, die öffentlich greifbar wurden, weil man sie im Vollzug methodistischer Frömmigkeitspraxis darstellte. Wie ernst die Konkurrenzlage für das verkirchlichte Christentum war, zeigte sich, als das Londoner Parlament 1811 im *New Toleration Act* die Hürden für den Bau von methodistischen Gotteshäusern senkte und die Bedingungen für den Auftritt der Prediger in den anglikanischen Gemeinden erleichterte, um die Gräben zur etablierten Kirche nicht weiter zu vertiefen. Dafür war es aber bereits zu spät.

Auf dem Kontinent fehlen vergleichbare Phänomene im Protestantismus und erst recht im katholischen Bereich nahezu völlig. Eine Ausnahme stellen der Deutschkatholizismus und die Lichtfreunde dar, und verwandt ist auch die Häufung von erweckten Gemeinden in den gewerblich verdichteten und sich langsam industrialisierenden Regionen des deutschen Protestantismus. Es fehlte der Schutzraum, den die Anglikanische Kirche dem Methodismus geboten hatte. Das Staatskirchentum überwachte und kontrollierte effektiver als auf den britischen Inseln. Außerdem verlief die soziale und ökonomische Transformation hier weniger stürmisch, so dass auch der soziale Wurzelgrund, auf dem sich der Methodismus seit dem letzten Drittel des 18. Jahrhunderts in der britischen Gesellschaft entfalten konnte, lange nicht gegeben war.

Erst als sich die kapitalistisch-industrielle Transformation seit den 1820er Jahren in Gebieten protoindustrieller Hausindustrie intensivierte, gelang es erweckten und pietistisch inspirierten evangelischen Geistlichen, häufig mit Unterstützung herrnhutischer Prediger, auch in deutschen Staaten immer öfter, Konventikel um sich zu scharen, die sich im Erlebnis der religiösen Wiedergeburt vereint fühlten und sich zu Gebet, Gesang und Predigt trafen. In Ostwestfalen beispielsweise beobachteten Polizei und Kirche solche Treffen und Zirkel seit 1811. Die staatliche Seite sorgte sich wegen möglicher politischer Umtriebe; die Konsistorien und Superintendenten befürchteten den Zerfall der Gemeinden, weil die Mitglieder dieser Konventikel sich aus dem häufig sehr rationalistischen und nüchternen Religionsbetrieb der installierten Pfarrerschaft zurückzogen. In den 1830er und den 1840er Jahren wurden dann auch Massenpredigten und Missionsfeste veranstaltet, so dass das »bacchantische Bekehrungsgeschäft«[212], wie es von distanzierten Zeitgenossen bezeichnet wurde, auch öffentliche Aufmerksamkeit auf sich zog.

Ein dem Methodismus vergleichbarer Erfolg war der pietistischen Erweckung aber nicht beschieden, wenngleich auch hier mit Händen zu greifen war, dass sich religiöse Erlebnisbereitschaft und soziale Vergemeinschaftung zu einem Amalgam verbanden, das Menschen in marginalisierten und unsicheren sozialen Positionen als Individuen wie als Gruppen Selbstwert und Identität gab. Die Gemeinden blieben vereinzelt, weder regional noch überregional kam es zu formalisierten Verbindungen. Auch nach 1850 organisierte man sich nur in lokalen Vereinen. Für die proletarisierten gewerblichen Schichten wurden jetzt die Arbeiterbewegung und der Frühsozialismus als Alternativen sichtbar, die in ihren Argumentationsweisen und ihrer Soziabilität religiöse Elemente aufgriffen, aber die erlebte Deprivation in Triebkräfte des sozialen und politischen Protests umformten. Es fehlte jedoch auch an charismatischen Propheten wie John Wesley, der eine institutionelle Vision verfolgte und sie zur Entfaltung brachte. Der katholische Pfarrer Johannes Ronge aus Sachsen hatte diese Zusammenhänge verstanden. Er ließ nach dem von der Kirche inszenierten Großereignis der Trierer-Rock-Wallfahrt 1844 ein Protestschreiben gegen dieses »Götzenfest« in hoher Auflage drucken und begann anschließend zu reisen und zu predigen, um eine nationale Religionsgemeinschaft zu formen, die sich als »Deutschkatholiken« von der römischen Hierarchie lossagte und ein praktisches, soziales Christentum auf der Basis einer rationalistisch orientierten Theologie verwirklichen sollte. Ronges Auftritte brachten große Menschenmengen zusammen. Erfolg hatte er vor allem in den Städten und in Gebieten starker konfessioneller Durchmischung. In den Gemeinden, die sich als »Vereine« organisierten, fanden sich Katholiken und Protestanten aus dem handwerklich, kleinbürgerlichen Milieu zusammen, wobei die unbefriedigend gelöste Mischehenfrage für viele Deutschkatholiken besonders wichtig war, wie auch die konfessionelle Diasporasituation, der man in den neuen Gemeinden zu entkommen suchte. Bis 1847 waren mehr als 200 deutschkatholische Gemeinden entstanden mit etwa 70 000 Mitgliedern, die meisten davon in Sachsen und in Schlesien. Im Jahr vor der Revolution hatte die Bewegung ihren Höhepunkt aber schon überschritten. Daran änderte auch nichts, dass die protestantischen Lichtfreunde, die ebenfalls mit einer rationalistischen Theologie seit 1845 in ihren Konventikeln eine Verbindung von Religion und bürgerlichem Leben anstrebten, sich annäherten und beide Gruppierungen seit 1850 in einer Zeitschrift zusammen eine neue »Volksreligion« propagierten, die explizit auf einer innerweltlichen Rationalität gegründet sein sollte. Der förmliche Zusammenschluss zum Bund Freier Religiöser Gemeinden erfolgte dann 1859.[213]

Missionsvereine und Bibelgesellschaften

Diese Formen der überlokalen und organisierten religiösen Bewegung, mit der aus allen Konfessionen und fast allen Schichten heraus versucht wurde, dem Christentum wieder einen Sitz in einer sich verändernden Gesellschaft zu geben, so dass Religion, Gemeinschaftsbildung und moderne Individualität erneut zusammenfinden konnten, stellten das verkirchlichte Christentum in eine neue Welt. Seine Protagonisten mussten realisieren, dass Religion von einer Gesellschaft umgeben war, die sich in Europa säkularisierte und auf nichtreligiöse Rationalitäten einstellte und die außerhalb Europas von anderen Religionen dominiert wurde. Es musste auch wahrnehmen, dass im Christentum sich institutionelle Alternativen zur kirchlichen Gottesverehrung entfalteten, und darauf reagieren, dass für Individuen Religiosität und gelebte Frömmigkeit sich nicht mehr aus einem gefügten sozialen Zusammenhang heraus mit Selbstverständlichkeit ergaben, sondern aus Motivationskonstellationen hervorgingen, die als Entscheidungen gestaltet waren und gesellschaftlich auch so beobachtet wurden.

Eine wichtige Antwort darauf war Mission: nach innen gerichtet auf die säkularisierte Welt und die jeweils anderen Konfessionen und religiösen Alternativen, nach außen auf die Heiden.[214] Auch die Mission wurde zu einem Feld, auf dem – meist unter Führung von Geistlichen – sich freiwilliges Laienengagement in kirchennahen, aber wenigstens formal selbständigen Sozietäten und Vereinen organisierte. Das reichte auch in die katholische Welt hinein, obwohl dort mit den Orden, den Kongregationen und den Bruderschaften bereits Einrichtungen verfügbar waren, die einen missionarischen Auftrag hatten und die das fromme Engagement von katholischen Christen auffangen konnten. Auf diesem ganzen Feld nahm Religion eine nichtdogmatische, nichtkultische, sehr weltliche Form an. Man konnte Geld sammeln oder welches spenden, Bibeln und Broschüren vertreiben oder die Finanzen eines Missionsvereins verwalten und damit seinem Glauben außerhalb von Gebet und Gottesdienst einen sich selbst und andere überzeugenden Ausdruck geben.

In England führten die Erfolge des Dissent und die institutionelle Schwäche der Anglikanischen Kirche in den amerikanischen Kolonien dazu, dass schon am Beginn des 18. Jahrhunderts zwei solcher Gesellschaften entstanden. 1701 wurde die *Society for the Propagation of the Gospel in the Foreign Parts of the World* gegründet, und 1708 entstand die *Scottish Society for the Propagation of the Christian Knowledge*. Weder auf dem Kontinent noch auf den Britischen Inseln fanden diese Initiativen vorerst Nachahmer. Erst 1780 gründete der reformierte Pfarrer Johannes Urlsperger in Basel eine »Christentumsgesellschaft«, um zusammen mit anderen erweckten Christen ein Bollwerk gegen die rationalistische Zerstörung des protestantischen Glaubens zu zimmern. 1815 wurde sie in die Basler Missionsgesellschaft umgewandelt, die auch in deutschen Staaten eine Vielzahl von Zweig- und Untervereinen unterhielt. Mit der Basler Gründung von 1780 wurde deutlich, dass künftig die Konkurrenz der Denominationen und Konfessionen zu einer Haupttriebfeder für die Gründung von Missionsvereinen und Missionsgesellschaften werden würde. 1782, als Wesley begann, den Methodismus in seiner zentralistischen Organisation noch einmal zu stärken, entstand die *Baptist Missionary Society*, 1783 die methodistische *Society for the Establishment of Mission amongst the Heathen*. Mit der *Society for the Abolishion of Slavery* besetzten die Quäker 1787 ein explosives, mit der kolonialen Expansion verbundenes Themenfeld. Die anglikanische Hierarchie und ihre Geistlichkeit reagierten erst spät. 1799 wurde die *Christian Mission Society* gegründet, nachdem der kongregationistische Dissent schon 1797 die *London Missionary Society* ins Leben gerufen hatte.

Da der Kontinent seit dem Siebenjährigen Krieg, der Niederlage Napoleons und der ersten Dekolonisationswelle auf dem amerikanischen Kontinent in der kolonialen Expansion weit ins Hintertreffen geraten war, dauerte es hier entsprechend länger, bis Missionsgesellschaften entstanden. 1822 gründeten Lyoner Kaufleute das *Œuvre de la Propagation du Foi,* im gleichen Jahr entstand in Paris mit der *Société des Missions* das protestantische Gegenstück. In Deutschland wurde eine Berliner Initiative 1824 umgesetzt, und 1828 entstand die Rheinische Missionsgesellschaft mit vier Untervereinen. Die katholischen Missionsorden und zum Teil auch die ihnen zuarbeitenden Kongregationen suchten ebenfalls Finanzmittel und Unterstützung durch das Gebet für ihre Tätigkeit zu mobilisieren. Die von ihnen seit dem Beginn des 19. Jahrhunderts ins Leben gerufenen Missionswerke waren häufig als Bruderschaften verfasst. Später wurde das Modell des Lyoner *Œuvre* vielfach übernommen. Aber auch lokale Initiativen einzelner Pfarrer gab es mit ganz speziellen Zielsetzungen, etwa dem Bau einer Kapelle in einem bestimmten Missionsgebiet. Europaweit entstanden auf diese Weise seit 1818 nahezu 250 katholische Missionsvereine, allerdings bis 1840 noch nicht in einer breiten Strömung.[215]

Nach innen richtete sich der Missionseifer in Europa erst seit Beginn des 19. Jahrhunderts. 1803 fand sich in London die *British and Foreign Bible Society* (BFBS) zusammen. Sie agierte auf dem ganzen Kontinent und unterstützte auch katholische Initiativen, wie die des Pfarrers Leander van Eß bei Druck und Verbreitung von billigen Bibeln. Auch die 1840 entstandene preußische Hauptbibelgesellschaft kooperierte mit der BFBS, bis es in den 1820er Jahren über die Frage der Apokryphen in den deutschen Bibeldrucken zu einer empfindlichen Störung in den Beziehungen kam, die schließlich zum Abbruch der Kontakte führte.[216]

Alle diese Gesellschaften bauten verzweigte überregionale Netzwerke von Tochtergesellschaften und lokalen Vereinen in den Pfarrgemeinden auf, um dort Spenden zu sammeln für ihren hauptsächlichen Zweck, die Verteilung von Bibeln oder die Entsendung von Missionaren in die von Europäern zu zivilisierenden Regionen der Welt. Die Missionsgesellschaften gaben sich dafür ganz unterschiedliche Verfassungen. Die Londoner Gesellschaft war nach dem Modell des freien Vereins verfasst und mit einer Satzung, einem von den Vertretern der Lokalvereine gewählten Vorstand, der über die Verwendung der Beiträge Rechenschaft ablegen musste, ausgestattet. Die Basler Gesellschaft war vergleichbar einem Wirtschaftsunternehmen eingerichtet, getragen und geführt von einem Konsortium aus sieben Basler Geschäftsleuten sowie einem Geschäftsführer. Der Führungskreis ergänzte sich durch Kooptation. Man hielt Jahreskonferenzen ab, zu denen man Vertreter der Unterstützungsvereine einlud. Eine Satzung gab man sich erst 1821, aber von einer Mitsprache der Mitglieder war nicht die Rede. Die Rheinische Missionsgesellschaft wiederum hatte überhaupt keine Personen als Mitglieder. Sie arbeitete als eine Verbindung von vier Vereinen, die Deputierte zur Führung der Geschäfte entsandten. Die Mitgliedsvereine waren ebenfalls sehr verschieden gestaltet. So hatte sich der Elberfelder Zweigverein darauf festgelegt, nicht mehr als zwölf Mitglieder aufzunehmen. Das katholische *Œuvre de la Propagation* nutzte die Diözesan- und Pfarrgliederung. In Frankreich war ein zwischen Paris und Lyon geteilter Verwaltungsrat dafür zuständig, die aus den Bistümern Europas einfließenden, sehr umfänglichen Gelder an die Missionsorden und ihre einzelnen Unternehmungen auf Antrag zu verteilen. In den Bistümern ernannten die Bischöfe eigene Verwaltungsräte, die die Spenden und Beiträge aus den Sammelkohorten zusammenführten und nach Paris weiterleiteten. Die Vorstände aus den Dekanaten rief der Bischof einmal jährlich zu einer Versammlung zusammen.

Für die Mitglieder der Missionsvereine scheint diese zum Teil sehr hierarchische Interpretation des »freien Vereins« der Möglichkeit eines »bezeugten Christentums«, wie es über die Basler Gesellschaft hieß[217], keinen Abbruch getan zu haben. Meist waren die Mitgliedschaften spezifiziert nach der Höhe der Beiträge, die regelmäßig für Zwecke der Mission gespendet wurden. Insbesondere das von Lyon und Paris aus geführte Netzwerk der katholischen Missionsvereine hatte diese Differenzierung perfektioniert und schuf auf diese Weise gut sichtbare Markierungen der Opferbereitschaft und damit der Glaubensintensität. Man unterschied ordentliche Mitglieder, die regelmäßig die festgesetzten Beiträge abführten, von besonderen und ewigen Mitgliedern, die größere Beträge gestiftet hatten. Eine eigene Gruppe bildeten die Kleriker. Zusammengefasst waren die Mitglieder in Zehnergruppen, die von einem »Sammler« geleitet wurden. Zehn solcher Basisgruppen bildeten eine Hundertschaft, die ein Pfarrer führte. Auf Dekanatsebene ordnete man auch diese Gruppen noch einmal nach dem Zehnerschema, mit deren Führung der Bischof jeweils einen eigenen Pfarrer oder den Dekan des Bezirks beauftragte.

Zusammengehalten wurden diese überlokalen und häufig transnationalen Initiativen und Netzwerke des freiwilligen christlichen Engagements unter anderem durch Annalen oder andere, regelmäßig erscheinende Organe, in denen nicht nur der finanzielle Erfolg dokumentiert und die Verwendung der Spendengelder dargelegt wurde, sondern oft auch Berichte aus den verschiedenen lokalen und regionalen Gliederungen sowie den Missionsgebieten selbst gedruckt wurden. In ihnen wurde das Bewusstsein vermittelt, an einer gottgewollten *mission civilisatrice* mitzuwirken, um die weltweite Bekehrung zur überlegenen Religion des Christentums zu befördern und auf diese Weise das kulturelle Gefälle zwischen den Kolonien und Europa nach und nach auszugleichen.[218] Man konnte sich dabei gleichzeitig in einer Gemeinschaft europäischer Christen wissen, die von dem gleichen Glaubenseifer angetrieben wurden.

Während Protestanten dies als Zeichen ihrer Erweckung und als Verwirklichung philanthropischer Überzeugungen verstehen konnten, stand der katholischen Gnadenanstalt eine noch viel mächtigere mediale Maschinerie zur Verfügung, die den einzelnen Gläubigen an eine von den Missionswerken getragene weltweite Zirkulation der Gnadenmittel anband und damit die einzelne Seele mit einem breiten, nicht abreißenden Strom der Heilsmittel versorgte. Alle katholischen Vereine waren mit Ablässen unterschiedlichen Umfangs begabt, die durch Spenden und bestimmte damit verbundene Gebete zu gewinnen waren. Zum Teil wurden solche Privilegien für einzelne Altäre ausgesprochen; Pfarrer konnten selbst Ablässe gewähren oder verteilten geweihte Devotionalien. Überdies wusste man sich auch im Genuss der Gebete derjenigen, die in den fernen Weltgegenden zum Christentum bekehrt wurden. Mehr als 2000 Messen wurden in dem von den Franziskanern betreuten Ingolstädter Messbund für die Mission um die Mitte des 19. Jahrhunderts täglich gelesen. Der Strom des Geldes rief damit eine entgegengesetzt fließende Zirkulation der im Gebet begründeten Gnadenmittel hervor und hielt sie in Bewegung, die den einzelnen Gläubigen zum Teil einer weltweiten Heilsgemeinschaft machten und dabei nicht nur die Lebenden, sondern auch die Verstorbenen und deren Arme Seelen umschlossen.[219]

Die Initiativen für diese Netzwerke und Bewegungen des gezeigten Christentums gingen seit dem 18. Jahrhundert in der Mehrzahl der Fälle und in allen Konfessionen von Geistlichen aus. John Wesley steht dafür ebenso wie der Lyoner Bischof und sein Generalvikar, die die Idee der Pauline Mari Jaricot aufgriffen und daraus das *Œuvre de la Propagation* schufen. Auch in den protestantischen Missionsgesellschaften hatten die Geistlichen in den Lokalvereinen meist das Sagen. Von ihnen hing es ab, ob in einer Pfarrei sich eine Spendengemeinschaft bildete. Trotzdem bekamen Laien in diesen »Werken« und »Societäten« vielfältige Gelegenheit, ihr Organisationstalent zu erproben und damit auch eine bestimmte soziale Position in ihrem lokalen Alltag zu markieren und eine individuelle Rolle zu definieren.

Begeisterte Netzwerke

Diese Funktion von Religion begünstigte wohl auch die Bildung personaler Netzwerke, in denen sich Geistliche zusammen mit Laien aus der gebildeten Oberschicht für die Sache des Glaubens und für die Rolle der christlichen Kirche in Staat und Gesellschaft seit Beginn des 19. Jahrhunderts engagierten. Meist verbanden sich hier deswegen christliches Engagement und politische Optionen in ganz unmittelbarer Weise. Die *Chevaliers du Foi*, die in Frankreich die politische Umsetzung der Restauration betrieben, hatten die Form des Geheimbundes und Ritterordens gewählt. Meist waren diese personalen Netzwerke aber sehr viel informeller und agierten weniger verschwörerisch. Man traf sich regelmäßig, tauschte sich aus, vertraute einander, weil man sich aus Studienzeiten kannte und gemeinsame Ziele und Interessen verfolgte. So war die sogenannte *Clapham Sect* in London seit den 1790ern aus »bekehrten« Männern und Frauen aus der Londoner Oberschicht auf Initiative des

Bankiers Henry Thornton entstanden, der von John Wilberforce durch seine methodistischen Predigten erweckt und bekehrt worden war. Er versammelte um sich etwa 20 Männer, die zum Teil als Members of Parliament über direkten politischen Einfluss verfügten und dann unter Premier Pitt wirkungsvoll für die Abschaffung der Sklaverei agitierten. Auch das *Oxford Movement*, das sich seit den 1830ern als Netzwerk von Kirchenreformeren etablierte, hatte sein Fundament in einer kleinen Gemeinschaft von Professoren der Theologie und ihren Studenten in Oxford. Der Einfluss dieser Netzwerke zog Misstrauen auf sich, auch wenn sie nicht als Geheimbund agitierten. Der *Clapham Sect* wurde Verschwörung ebenso vorgeworfen wie der Gruppe der glaubensüberzeugten Männer, die Friedrich Wilhelm IV. und sein Vater mit den Brüdern Gerlach und Friedrich Julius Stahl im Zentrum um sich geschart hatten und die als Kamarilla bezeichnet wurden, um ihre Möglichkeit der unmittelbaren und damit unkontrollierten Beeinflussung des Monarchen zum Ausdruck zu bringen. In ähnlicher Weise formierte sich im Rheinland seit den ausgehenden 1820er Jahren ein Kreis von ultramontanen Konvertiten, Klerikern und Literaten wie Clemens Brentano, der schließlich Einfluss auf die Trierer Bischofswahlen zu nehmen suchte. In München taten sich seit 1828 Professoren, hauptsächlich der Philosophie und der (katholischen) Theologie, zusammen, um mit der schon früher mit Franz von Baader gegründeten Zeitschrift EOS gegen Liberalismus und rationalistische Theologie anzugehen. Die Zeitschrift Der Katholik wurde von einem vergleichbaren personalen Netzwerk um Josef von Görres getragen; ähnliche Personenverbindungen kann man in Italien in den 1840er Jahren beobachten. Trotz des vorübergehend nicht zu unterschätzenden Einflusses solcher Gruppen handelte es sich bei diesen Netzwerken, in denen die Politisierung der Religion betrieben wurde, um ein zeittypisches und damit auch begrenztes Phänomen. Sie verschwanden nach 1850, als die soziale Bewegung auch im politischen System institutionalisiert wurde. Es formierten sich Parteien, die aus der Verbindung von Religion und Politik ihre Mobilisierungsenergie zogen.[220]

Die institutionelle Verdichtung eines außerkirchlichen Christentums durch die organisatorische und charismatische Integration veränderte das europäische Christentum seit dem letzten Drittel des 18. Jahrhunderts tiefgreifend. Die zum Teil überkonfessionelle, transnationale Vernetzung von sozialen Bewegungen, Vereinen, Societies, Kongregationen, Orden, Bruderschaften ließ ein europäisches Christentum in den Organisationsformen und in der printmedialen Vermittlung als wie auch immer fragmentierte Einheit erfahrbar werden. Weil damit insbesondere auf dem Feld der Mission ein globaler Anspruch und globales Handeln verbunden war, wurde dieses Christentum gleichzeitig zu einer Weltreligion, die im globalen Maßstab mit anderen Weltreligionen konkurrierte.

Zum Zweiten hatten sich mit diesen neuen Sozialformen auch neue Möglichkeiten des religiösen und frommen Lebens eröffnet, jenseits der verkirchlichten und liturgischen Frömmigkeit. Es kam zu einer Parzellierung des frommen Tuns, das ein säkulares Alltagshandeln resakralisierte, es mindestens als Ausdruck frommer Überzeugungen oder von Erweckung und Bekehrung tauglich machte.[221] Alle diese Aktivitäten, vom Eintritt in den Verein über die Übernahme von Ämtern in ihm bis hin zum Besuch von Erweckungspredigten, standen im Zeichen der Freiwilligkeit und wurden deswegen als Entscheidung registriert. Das war eine Voraussetzung nicht nur dafür, dass Religion sich organisieren konnte, sondern auch dafür, dass Religion und soziale *persona* sich in einer neuen Konstellation zusammenfanden. Religiöses Bekenntnis taugte damit als Individualitätsmarker und zur Definition von Rollenprofilen. Religiöse Erfahrungen in der individuellen Erweckung wie in emotionalen Gemeinschaftserlebnissen wurden an dieser Stelle nicht vorrangig zur inneren Differenzierung des Religionssystems genutzt, sondern zur Profilierung von Individualität. Das Ergebnis war ein Christentum der performativ gestalteten religiösen Erlebnisse und der medial vermittelten Ereignisse.

3.
Frömmigkeit

Religion ist dem Menschen in Gesellschaft ein Sinnbezirk eigenen Rechts und eigener Rationalität. Ihr Proprium ist die Gestaltung des Verhältnisses zwischen der erfahrbaren Welt und derjenigen, die jenseits der Sinne und des sicheren Wissens liegt. Diese Transzendenz ist jedenfalls im Christentum in zweifacher Weise ausbuchstabiert worden. Man meint mit dem Verweis auf Gott die jenseits von sozialer und natürlicher Welt liegenden Areale und mit dem Hinweis auf die Seele die im Menschen selbst liegende Zone des nur eingeschränkt Zugänglichen. In der Frömmigkeit werden beide Unverfügbarkeiten oder Transzendenzen so aufeinander bezogen, dass einerseits das Diesseits-Jenseits-Verhältnis eine sinnlich fassbare und damit auch eine sinnhafte Form gewinnt. Gleichzeitig reproduziert sich in Frömmigkeit Religion in ihrer sozialen Form. Religion in ihrer sozialen Form geht in Frömmigkeit nicht auf; sie ist stets darüber hinaus Dogma, Priestertum und Organisation. In Frömmigkeit aber gewinnt sie ihren Bezug zum Leben und zum Alltag derjenigen, die ihr anhängen. In Frömmigkeit überschneidet sich religiöse Systembildung mit der Reproduktion nichtreligiöser Handlungs- und Sinnzusammenhänge. Frömmigkeit ist eine Transformations- und Vermittlungszone sozialer Kräfte.[222] Sie wird demnach in ihren sozialen Formen durch ein dreifaches Bezugsproblem bestimmt. Frömmigkeit ist verbunden mit der Reproduktion sozialer Ordnung und Strukturbildung; sie ist ein Medium sozialer Identitätsbildung und Inklusion; und sie ist schließlich drittens ein sozialer und ein diskursiver Ort, an dem über das Verhältnis von Innen und Außen, von Seele/Psyche und sozialer Welt verhandelt wird.

In dieser dreifachen Perspektivierung wird die Geschichte der Frömmigkeit in der ersten Hälfte des 19. Jahrhunderts in diesem Kapitel nachgezeichnet. Dechristianisierung und sogenanntes *religious revival* werden auf diese Weise als zusammengehörige Bestandteile eines einzigen Prozesses kenntlich: der Umgestaltung von Frömmigkeit und öffentlicher Gottesverehrung, so dass sie passfähig wurden für die Vergesellschaftung der Moderne und ihre Diskurse.[223]

Ein Schlüsselbegriff für die Gestaltung von Frömmigkeit in ihrem Verhältnis zum Selbstbild des Menschen war der Glaube. Er war als Konzept im Verlauf des Spätmittelalters und der Frühen Neuzeit von einem bloßen Treueverhältnis zu einem voraussetzungsvollen, gnadengeschuldeten Akt geworden, der sich als innerer, privater Vorgang vollzog, gleichwohl aber mit Vertrauen in eine übergeordnete Macht und mit kognitivem Erkennen etwas zu tun hatte. Dies war eine wichtige Voraussetzung dafür, dass Frömmigkeit im Verlauf der Frühen Neuzeit eine neue Gestalt annehmen konnte. In der Dramatisierung des inneren Erlebens wurde sie zu einem der wichtigsten Medien der Konfiguration moderner Individualität, die in der pietistischen Innenschau, den Erweckungserlebnissen und den verschriftlichten, autobiographischen Selbstbeobachtungen anderer Provenienz betrieben wurde. Der Begriff der Seele, die dann zur modernen Psyche werden konnte, entstand freilich seit dem 17. Jahrhundert außerhalb von Religion. Das 18. Jahrhundert nahm in der Erfahrungsseelenkunde deswegen eine weitreichende Korrektur insofern vor, als es die Individualität begründende Beobachtung des inneren Erlebens und Weltzuganges von der Gottesschau unterschieden wissen wollte. Man könne sich nur selbst begegnen in der Innenschau, wenn man den eigenen Lebensweg nicht als Weg zu Gott, sondern zu sich selbst begreife. Selbstbeobachtung, biographische Konsistenz und Authentizität waren damit zu einem Syndrom der Individualitätskonstruktion versammelt, das so auch im 19. Jahrhundert noch verfügbar war und das trotz der diskursiven und institutionellen »Säkularisierungen«, die sich ereignet hatten, seine Verbindung mit dem Feld des Religiösen in sich trug.[224]

Das wurde wichtig im 19. Jahrhundert, weil die neuen, funktional bestimmten Institutionalisierungen von Religion die sozial zurechenbare Konstruktion von Entscheidungen und Motiven verlangten. Moderne

Individualität fand in dieser Konstellation umgekehrt ein Milieu vor, das sich wie kaum ein weiteres eignete, Allgemeinheit und Besonderes in der Kombination von Kopie und Selektion zusammenzuführen. Deswegen blieb Religion ein soziales Feld, in dem das psychische System an der Bildung und Reproduktion sozialer Ordnungsmuster unmittelbar beteiligt blieb und das umgekehrt für psychische Systeme attraktive Möglichkeiten bot, sich als Individuum und als soziale *persona* auszuarbeiten und in der Pose der Authentizität zu präsentieren. Wer seine Frömmigkeit lebte, der konnte zeigen, wer er war oder sein wollte.[225]

Dies war die eine Seite der Dynamik, die die Geschichte der Frömmigkeit im 19. Jahrhundert bestimmte. Die andere ergab sich aus den medialen Veränderungen.[226] Wie die soziale Wirklichkeit von Religion sich dadurch wandelte, wurde schon gezeigt. Die damit verbundenen Beobachtungen und Erfahrungen veränderten die Weltwahrnehmung ganz grundsätzlich und damit auch die Diskurse über das Verhältnis zwischen wahrnehmbarer Welt und Transzendenz. Es wurde vorstellbar, dass die menschliche Seele nach dem irdischen Tod sich auf Wanderschaft begebe und ihren Platz auf anderen Planeten des Universums nehme, ohne allerdings die Verbindungen zur diesseitigen Welt gänzlich abzubrechen. Frömmigkeit und öffentliche Gottesverehrung entwickelten sich als ein kommunikativer Raum der intensiven Reflexion über soziale Übertragungs- und Vermittlungsverhältnisse, die wiederum sich in den sozialen Formen der Frömmigkeit und der öffentlichen Gottesverehrung an vielen Stellen niederschlug. Frömmigkeit als Praxis war direkt verbunden mit dem Diskurs über die medialen Grundlagen der Vergesellschaftung.

Entkirchlichung

Das 19. Jahrhundert wurde ein Jahrhundert der Entkirchlichung. Die von den Kirchen selbst für unabdingbar erachteten Frömmigkeitsübungen – Besuche des Sonntagsgottesdienstes, Abendmahlsteilnahme, Osterkommunion samt Beichte – wurden weniger. Das geschah in unterschiedlicher Geschwindigkeit und auch in regional sehr weit aufgefächerten Differenzierungen. Es gab Regionen und Orte in Europa, in denen schon in der ersten Hälfte des 19. Jahrhunderts nur noch ein Drittel der Erwachsenen die erwarteten Mindestanforderungen an Kirchenbesuchen und Sakramentenempfang erfüllten, in anderen Gegenden und Regionen wurde diese Obligatorik von wenigstens neun von zehn Gläubigen noch mit Selbstverständlichkeit wahrgenommen. Die Forschung hat dazu in den letzten Jahren viele Daten bereitgestellt und aufgearbeitet.[227] Einige allgemeine Entwicklungen und Trends sind zu erkennen.

Die Entkirchlichung war ein Vorgang, der Protestanten und Katholiken gleichermaßen betraf, auch in der Intensität des Geschehens waren die Unterschiede gering. Nur noch höchstens vier von zehn erwachsenen Gläubigen der *Church of England* und aller anderer Denominationen nahmen nach dem Zensus von 1851 am Sonntagsgottesdienst teil. Dieser Wert markierte bereits einen Höhepunkt im Verlauf des Jahrhunderts. Bis in die 1840er Jahre deuten verstreute Nachrichten auf niedrigere Quoten, und ab den 1860er Jahren blieben von den 1851 registrierten Kirchgängern noch einmal ein Fünftel bis ein Drittel fern, obwohl Kirchenbau und intensivere Seelsorge im viktorianischen England die Voraussetzungen gegenüber dem ersten Drittel des Jahrhunderts erheblich verbessert hatten. Für Frankreich kann man festhalten, dass dort, wo zu Beginn des Jahrhunderts noch neun von zehn der Gläubigen, die dreizehn Jahre und älter waren, ihrer österlichen Beicht- und Kommunionpflicht nachkamen, dieser Anteil zur Mitte des Jahrhunderts schon merklich zurückgegangen war und um 1900 noch meist bei zwei Drittel oder darunter lag. Dort, wo die Quoten schon in der ersten Hälfte des Jahrhunderts zwischen zehn und zwanzig Prozent lagen, verlief der Abwärtstrend meist nicht mehr so rapide, in einigen Fällen waren sogar Zuwächse zu verzeichnen. Die deutschen protestantischen Landeskirchen trugen zum ersten Mal 1862 entsprechende Zahlen zusammen. Die Unterschiede waren beträchtlich: in Hessen-Nassau lag die Abendmahlsfrequenz noch bei 83 Prozent, in Berlin beteiligte sich nur noch jeder sechste Gläubige an den angesetzten Abendmahlsfeiern. Man kann ein breites Mittelfeld von Landeskirchen ausmachen, in denen noch zwei Drittel der Gläubigen, mindestens aber vier von zehn, zum Abendmahl gingen. Unmittelbar nach der Wende zum 20. Jahrhundert lagen diese Quoten dann bei einem Drittel bis zur Hälfte der Gläubigen. Sogar in Berlin war die Abendmahlsfrequenz noch einmal gesunken. Sie lag 1913 bei 14 Prozent.

Diese Daten gewinnen umso mehr Gewicht, als das institutionell verfasste Christentum in beiden Großkonfessionen diese durch Mindestteilnahme am öffentlichen Kultus markierte Mitgliedschaft selbst aufmerksam beobachtete. Man suchte in mehrfacher Weise gegenzusteuern, indem einerseits die strukturellen Rahmenbedingungen der Seelsorge durch Kirchenbau, Bestellung zusätzlicher und besser ausgebildeter Geistlicher und Neugestaltung des Pfarreisystems verbessert wurden. Das ist seit dem zweiten Drittel des Jahrhunderts beobachtbar. Seit der Mitte des Jahrhunderts stellte die Seelsorge auch das Anforderungsprofil um. Die französischen Bischöfe rückten von ihren rigoristischen Positionen ab und begannen eine häufigere und regelmäßige Teilnahme am Abendmahl zu empfehlen. Das war auch die Position der Orden, die in den deutschen Pfarreien seit dem Ende der 1840er Jahre Volksmissionen durchführten. In der *Church of England* riefen die Geistlichen mit evangelikalen Überzeugungen, die um die Mitte des Jahrhunderts mindestens ein Drittel der Seelsorger stellten, die Gläubigen dazu auf, das Abendmahl deutlich häufiger als dreimal zu empfangen, wie es das *Prayers Book* seit Jahrhunderten vorschrieb.

Auch in der sozialen Charakteristik der Entkirchlichung glichen sich die Konfessionen von Wien über Paris bis nach Glasgow und Edinburgh. Die Entkirchlichung wurde von der Urbanisierung der europäischen Gesellschaften des 19. Jahrhunderts vorangetrieben. Sie verlief in den Städten schneller und nachhaltiger als in agrarischen, ländlichen Regionen. Als zweite wichtige Triebkraft erwies sich die Industrialisierung. Vor allem in England war das schon in der ersten Hälfte des Jahrhunderts überdeutlich zu sehen. Zwei bis höchstens zehn Prozent der Christen in der frühindustrialisierten Gegend um Coventry nahmen in den 1830er und 1840er Jahren noch am Sonntagsgottesdienst teil. Der Zensus von 1851 ließ keinen Zweifel daran, dass es die Unterschichten und die Arbeiterschaft waren, die der Kirche insgesamt den Rücken gekehrt hatten, auch wenn ein Teil von ihnen sich in den Gemeindehäusern der Methodisten und des übrigen Dissent zusammenfanden. Schließlich, drittens, erwiesen sich Religiosität und Frömmigkeit als wichtige Bestandteile der Rollenmuster von Männern und Frauen, so dass Entkirchlichung zu einem Symptom für die Neudefinition des Geschlechterverhältnisses wurde, die sich seit dem 18. Jahrhundert vollzog. Schon im letzten Drittel des 18. Jahrhunderts zeigten die Männer des katholischen Frankreich und auch im deutschsprachigen Raum eine schnell wachsende Distanz zu Seelmessstiftungen und religiösen Formeln in Testamenten, während Frauen weiterhin an diesen Gebräuchen und Formen festhielten. Die Feminisierung der Religion und der religiösen Institutionen, die sich daran im 19. Jahrhundert anschloss, ergab sich deswegen zunächst einfach aus dem schnelleren und nachhaltigeren Rückzug der Männer, während Frauen nicht nur an den traditionellen Formen der Kirchlichkeit und der öffentlichen Gottesverehrung festhielten, sondern sich auch auf neue Angebote einließen.

Das alles wurde beobachtet. Ein bemerkenswerter Teil unserer Gesellschaft habe eine tiefgehende Abneigung dagegen entwickelt, das Abendmahl aus den Händen eines unmoralischen Klerus zu empfangen, schrieb der Pfarrer der Anglikanischen Kirche, Thomas Coke, um die Wende des 19. Jahrhunderts an den Bischof von London. Coke hatte sich dem Methodismus zugewandt und war in der Mission in Amerika und auf dem indischen Subkontinent engagiert gewesen. Sein Urteil hatte deswegen eine polemische Spitze gegen die etablierte Kirche. Das Wort Unmoral verstünden diejenigen, die dem Abendmahl fernblieben, in einem sehr weiten Sinn, *as including all those who frequent cardtables, balls, horse-racing, theatres and other places of fashionable amusement*. Er habe selbst erfahren müssen, wie vergeblich es sei, darauf hinzuweisen, dass die Kraft einer Ordination nicht von der Frömmigkeit oder auch nur der Moralität eines Kirchendieners abhänge. Solche Argumente hätten keine Überzeugungskraft mehr.[228] Stellungnahmen wie diese flossen seit den 1780er Jahren zu einem die christlichen Konfessionen übergreifenden Diskurs zusammen, in dem über den Verfall der öffentlichen Gottesverehrung räsoniert wurde, über die Frage, warum es mit der Religion überhaupt so schlecht bestellt sei und wie denn dem religiösen Sinn und der Frömmigkeit der Menschen wieder aufgeholfen werden könne. Es waren durchweg Geistliche und Vertreter der Hierarchie, die sich daran beteiligten und ihre Einsichten in Traktaten und in Journalen an die Öffentlichkeit brachten.[229] Man kann an diesen Texten die unterschiedlichsten

Akzentsetzungen, die sich aus der jeweiligen kirchenpolitischen, konfessionellen und denominationellen Konstellation ergaben, sehr wohl ausmachen. In Frankreich wurde die Revolution zum Sündenfall, in England beklagte man die wachsende Distanz des Staates zu seiner Kirche, in Deutschland waren das Wöllner'sche Religionsedikt für die Protestanten und die Katastrophe der Säkularisation für die Katholiken besondere Bezugspunkte der Argumentation. Gemeinsam war aber diesen Texten, dass sie Religion und religiöse Institutionen in einer sich von ihnen entfernenden und ihnen feindlich gegenübertretenden Welt beobachteten. Diese neue Konstellation führe zwangsläufig zu einer Veränderung der Institution von Religion und auch der Frömmigkeit, wurde daraus geschlossen. In diesem Säkularisierungsdiskurs wurde aus der Sicht von Religion auf den Punkt gebracht, dass sich das Verhältnis der Welt zu ihr offenkundig änderte. Religion gewann eine Binnenperspektive, indem sie sich die Imitation einer Außenperspektive zu eigen machte. Das konnte vom Standpunkt einer Denomination aus geschehen, wie Thomas Coke es formuliert hatte, oder man brachte gleich Religion und ihr Gegenteil miteinander in Zusammenhang. Friedrich Schleiermacher wählte zur Kennzeichnung dieser eigentlich diabolischen Beobachtungsoperation die Formulierung »Reden über Religion an die Gebildeten unter ihren Verächtern«.[230] Der Perspektivenwechsel, der sich mit der Säkularisierungsthese verband, war vielen dieser Texte schon in der Sprache anzumerken. Man konnte über Religion in dieser Beobachtungsperspektive nur reden, wenn man ihren eigenen sprachlichen Code und ihre Identitätskonstruktionen durchbrach. Deswegen schrieb man nicht von Kirchen, aus denen die Gläubigen fernblieben, sondern ventilierte die Bedeutung des »Cultus« und der »Tempel« für Religion. Durchgängig wurde dann auch das Christentum in seinen vorreformatorischen und den modernen Erscheinungsformen in einer allgemeinen Geschichte des Religiösen und der Religionen verortet, die wiederum auf einen universal angelegten zivilisationsgeschichtlichen Horizont bezogen war.

Dechristianisierung und Entkirchlichung als Säkularisierung zu denken war mithin Resultat einer Beobachtungsordnung, die möglich wurde, wenn Religion und andere Sozialzusammenhänge sich hinreichend gegeneinander ausdifferenziert hatten. Dann konnte man auch die Funktionsimperative, mit denen die Differenz von beiden Seiten jeweils markiert und stabil gehalten wurde, als verschieden und inkompatibel wahrnehmen. Joseph Görres mahnte in seinem Athanasius 1837, die ansonsten so kirchenfrommen Rheinländer könnten »über dem industriellen Hantieren und dem politischen Gewerbe des Höheren allzu sehr« vergessen. Es war ihm, »als wenn jene äußeren, an sich höchst achtbaren Kräfte und Strebungen mit allzu großer Wucht die inneren noch weit achtbareren gänzlich überwachsen sollten«.[231] Die systemisch und institutionell ausdifferenzierte Religion konnte auch in der individuellen Lebensgestaltung zur Provinz werden.

In diesen Diskurs der »Unkirchlichkeit unserer Zeit« war von Anfang an ein statistisches und ein sozialwissenschaftliches Interesse eingelagert. Auch wenn man sich überzeugt gab, Religiosität sei etwas Inneres, war man sich doch sicher, auch von äußeren Handlungen darauf zurückschließen zu können. Und daher sei dann die Religiosität allgemein im Sinken begriffen, wenn die Teilnahme eines Volkes »an religiösen Handlungen merklich abnimmt«.[232] Wenn man Kirche als »kirchlichen Verein« umschrieb, wie es nicht nur im Protestantismus mittlerweile üblich war, wurde praktizierte Mitgliedschaft zu einem Kriterium ihrer Vitalität und Stärke. Deswegen begann man zu zählen: Abendmahlsteilnahmen, Gottesdienstbesuche. Bis zur Mitte des Jahrhunderts etablierte sich in den deutschen protestantischen Landeskirchen und in der Anglikanischen Kirche eine statistische Selbstbeobachtungspraxis, die dann im Vereinigten Königreich in den Kirchenzensus von 1851 mündete und in den deutschen Landeskirchen in die seit 1851 ebenfalls in Abständen durchgeführten Erhebungen zur öffentlichen Gottesverehrung.[233]

In den katholischen Kirchenwesen scheint eine andere Ekklesiologie, die auf die Kraft ihrer Stiftung gegebene Heiligkeit der Institution setzte, davor bewahrt zu haben, Mitgliedschaft in dieser Weise zu beobachten. Hier akzentuierte man religiöse Begeisterungsfähigkeit und Mobilisierungserfolge bei außergewöhnlichen Ereignissen. Wallfahrten wie der Trierer Rock oder die Aachener Heiligtumsfahrt und dann die Volksmissionen waren durchaus Anlass, die Teilnehmer zu zählen, wenigstens sie zu schätzen und Zahlen über absolvierte Beichten, gespendete Hostien oder gewonnene Ablässe mit Stolz und Selbstbewusstsein in der Öffentlichkeit zu präsentieren.[234] Eine Statistik des religiösen Alltags entstand aber erst gegen Ende des Jahrhunderts.

Eine sozialwissenschaftliche Dimension gewann die Selbstbeobachtung von Religion im Entkirchlichungsdiskurs, weil sie sich an dieser Stelle auf das Konzept der Klassen einließ, mit dem die europäischen Gesellschaften des 19. Jahrhunderts sich ein Bild von ihrer Sozialordnung machten, das traditionale hierarchische Modelle in moralische, politische und ökonomische Unterschiede übersetzte, um die moderne Gesellschaft weiterhin als Vergemeinschaftung von Menschen beschreiben zu können. Im Diskurs der Entkirchlichung schlug sich dies in der Überzeugung nieder, dass den Unterschichten allgemein, insbesondere aber der Arbeiterschaft der religiöse Sinn fehle und dass die Stadt des 19. Jahrhunderts zum Ort des Unglaubens geworden sei. Die Stadt wurde zur babylonischen Hure, in der wie in London, Paris oder auch Berlin die totale Abwesenheit Gottes und die fortgesetzte Missachtung seines Willens festgestellt werden müsse.[235]

In diesen weitschweifig ausphantasierten Imaginationen, mit denen Geistliche aller Konfessionen den Prozess der Urbanisierung und der Industrialisierung begleiteten, artikulierte sich, dass Kirchlichkeit und Gottesverehrung sich von der Reproduktion sozialer Ordnungsmuster in der Gesellschaft abgelöst hatten. Entkirchlichung war offenkundig Resultat einer strukturellen Dissoziation, die dazu geführt hatte, dass Kirchenbesuch und kirchlich veranstaltete Frömmigkeit als Medien der Reproduktion individueller Rollenmuster und Statuspositionen wie auch ganzer Lebensordnungen an vielen Stellen nicht mehr taugten. Sie hatten ihren sozialen Gehalt verloren. Die Anzeichen dafür ließen sich schon im 18. Jahrhundert greifen. Die protestantische Kirchenzucht verfiel, weil die Sozialordnung der Dörfer sich in der Ordnung der Pfarrgemeinde nicht mehr abbilden ließ, und sie verfiel dort am schnellsten, wie man für verschiedene Orte der Eidgenossenschaft nachweisen konnte, wo sich sozialer Wandel am intensivsten vollzogen hatte.[236] Methodismus und Dissent waren für neue Schichten in den Städten und in den sich industrialisierenden ländlichen Regionen attraktiv, die in den christlichen Ständelehren nicht vorgesehen waren und im frommen Alltag der Pfarrgemeinden ihren Platz nicht hatten finden können. In katholischen Städten und Dörfern vollzog sich Vergleichbares. Auf Distanz zu traditionellen Formen der Jenseitsvorsorge gingen am frühesten und am deutlichsten die gebildeten und die vermögenden bürgerlichen Schichten, während der Adel noch im 19. Jahrhundert an diesen traditionalen Formen festhielt.[237] Die in der Pfarrei als Grundform kirchlicher Organisation verwirklichte Verklammerung von verherrschafteter, hierarchischer Sozialordnung und Frömmigkeitspraxis, wie sie im Patronat, in den Ältesten- und Pfarrgemeinderäten, auch den Bruderschaften, den Prozessions- und Begräbnisordnungen und nicht zuletzt in der Vergabe von Kirchenstühlen zum Ausdruck kam, wurde durch den seit Mitte des 18. Jahrhunderts sich vollziehenden Wandel in den Formen sozialer Ordnungs- und Gruppenbildung zu einem Hindernis für die Kirchlichkeit der protestantischen wie der katholischen Gläubigen. Die schiere Zerdehnung und das Größenwachstum von Pfarrgemeinden, die sich durch Bevölkerungswachstum und Zuwanderung vor allem in den Städten mit dem Beginn des 19. Jahrhunderts zunehmend einstellte, spielte dabei eine wichtige Rolle. Aber hellsichtige Zeitgenossen spürten, dass dies nur ein Oberflächenphänomen war und es im Kern an die soziale Figuration der kirchlichen Basisinstitution ging. John Masen Neale, ein anglikanischer Kleriker, der dem *Oxford Movement* nahestand, wurde bekannt dafür, dass er in den Gemeinden, in denen er seit 1841 wirkte, bei Amtsantritt mit der Axt in die Kirche stürmte und die abgesperrten Kirchenstühle in Anwesenheit ihrer Besitzer zertrümmerte, um auf diese Weise Platz für die nichtbegüterten Mitglieder seiner Gemeinde zu schaffen.[238]

Familienfrömmigkeit

Die Nation im 19. Jahrhundert war Chiffre dafür geworden, dass sich Prozesse sozialer Ordnungsbildung nicht mehr auf lokaler Ebene vollzogen und entsprechend die Inklusion von Individuen nicht mehr von lokalen Gemeinden und lokalen Gemeinschaftsbildungen getragen war. Die Topographie der Gesellschaft gestaltete sich in grundlegender Weise neu. Der gesamte sozialwissenschaftliche und auch der politische Begriffsapparat, mit dem die europäischen Gesellschaften des 19. Jahrhunderts sich selbst beschrieben und sich selbst gestalteten, stellte sich auf diese neue Translokalität sozialer Strukturbildung ein. Die Rede von der »Klassengesellschaft« war deswegen nicht nur Reminiszenz an die ständische Ordnung, sondern reflektierte Gruppenbildungen im nationalen und dann im weiteren Verlauf des Jahrhunderts auch im nationenübergreifenden Maßstab als die neuen »Orte« der Inklusion von Individuen in die Gesellschaft. Im Fokus von Religion und Frömmigkeit werden einige der Folgen dieser Umstellung greifbar. Frömmigkeit und öffentliche Gottesverehrung blieben oder wurden dort zu attraktiven Medien sozialer Inklusion, wo sie daran beteiligt waren, solche translokalen Gruppenzugehörigkeiten zu profilieren. Den einen Pol markierte die Nation selbst.[239] Als den anderen kann man die Authentizität von Lebensentwürfen betrachten, in deren Individualität die wichtigste Voraussetzung für soziale Inklusion in die Varietät funktionaler Ordnungsbildung lag. Mindestens ebenso wichtig aber waren Figurationen, die sich funktional auf den gesamtgesellschaftlichen Struktur- und Sozialzusammenhang bezogen. Das war häufig mit Systembildungen verbunden, wie im Falle der Arbeiterschaft oder auch im Bildungswesen. Unklar war dies im Fall der Familie, die seit Beginn des Jahrhunderts als das Kernelement der Vergesellschaftung stilisiert wurde, weil sich hier Natur und Vergesellschaftung schnitten, weil sie als Sozialisationsinstanz für unabdingbar erachtet wurde und weil man in ihr den Raum für gefühlsfundierte Sozialbeziehungen zwischen authentischen Individuen entdeckte, die man als Grundlage von Gesellschaft überhaupt dachte. Familie war der strukturelle und auch der imaginäre Ort, an dem sich Individualisierung und Vergesellschaftung berührten.[240] Wo immer Religion und frommes Tun sich mit der sozialen und imaginären Ausgestaltung von Individualität verbinden ließ, gewann sie Attraktivität in der modernen Gesellschaft des 19. Jahrhunderts.

Die Familie wurde aus diesem Grunde im 19. Jahrhundert zu einem der wichtigsten Räume, in denen sich die Umgestaltung von religiösem Vollzug und damit die Neugestaltung von Religion ereignete. Sie hatte auch bereits im Ancien Régime als sozialer Ort gegolten, an dem der Hausvater kraft seiner Herrschaftsrechte für die Einhaltung der religiösen Pflichten durch die Ehefrau, die Kinder und das Gesinde zu achten hatte. Jetzt wurden die Lebensriten Taufe, Konfirmation, Hochzeit und Beerdigung immer mehr zu Familienfesten ausgestaltet, in denen sich in Zeiten wachsender sozialer Mobilität persönliche Identitätsbildung an die Memoria und an das Ritual von Familienfesten anlagerte. Familien bekamen über die »häuslichen Gedenktage« gelungener Familienfeste eine Geschichte, in der ihre Mitglieder einen identifizierbaren Ort markieren konnten und gleichzeitig ihre eigene Biographie einen Anker bekam. Kasualien hatten fortan eine bis dahin nicht gekannte Konjunktur.[241]

Am greifbarsten ist dies im Falle der Beerdigung. In den protestantischen Gemeinden Deutschlands lag der Anteil der kirchlichen Einsegnungen am Ende des zweiten Jahrhundertdrittels (1862) noch unter 40 Prozent. Er dürfte zu Beginn des 18. Jahrhunderts noch weitaus niedriger gewesen sein, denn bereits seit den 1830er Jahren betrieben kirchliche und weltliche Obrigkeit die Normierung dieses Passagerituals. Die Kirchen erarbeiteten neue Begräbnisliturgien, die auf eine größere Feierlichkeit zielten und deswegen gegen die traditionalen Praktiken der Aussegnung im Haus und der Trauerprozession gerichtet waren. Dies traf sich mit der zunehmenden obrigkeitlichen Regulierung und Kommunalisierung des Beerdigungswesens, die sich sichtbar in der Verlegung der Begräbnisplätze weg von den Kirchen an den Rand von Siedlungen und Städten niederschlug. Aus Kirchhöfen wurden Friedhöfe. Gleichzeitig entstand eine bürgerliche Begräbniskultur und eine empfindsame Grabästhetik, die Friedhöfe zu Orten familienbezogener Erinnerung, individueller Sinngebung des Lebens machte, aber auch zu Orten, an denen die soziale Position und die Biographie der Verstorbenen in der Gestaltung des Grabes und den Inschriften auf den Grabsteinen immer größeren Raum einnahmen. Als am Ende des Jahrhunderts in den protestantischen Regionen Deutschlands höchstens eine von zehn Beerdigungen noch ohne kirchliches Ritual verlief, war dies dann nicht mehr Resultat obrigkeitlicher Eingriffe, sondern ebenso Ergebnis der Familiarisierung und Verbürgerlichung einer *rite de passage*, die sich in Gestalt ihrer Verkirchlichung abspielte. Allerdings machte die Feuerbestattung der Freidenker, die sich seit den 1880ern verbreitete, darauf aufmerksam, dass man gegen einen allgemeinen Brauch eine radikale Alternative als Individualitätsmarker setzen konnte.[242] Weniger ausgeprägt war offenbar das Bedürfnis nach

Individualisierung von Taufe und Trauung. Sie waren bereits zu Beginn des Jahrhunderts völlig verkirchlicht und blieben es in neun von zehn Fällen trotz der Möglichkeit der Zivilehe auch im weiteren Verlauf.

Die Verkirchlichung von Lebensritualen blieb eine spannungsreiche Angelegenheit. Das mussten Protestanten an der Konfirmation erfahren. In den deutschen Landeskirchen musste sie sich seit den 1830er Jahren als allgemeine Übung erst nach und nach durchsetzen. Die Akzeptanz dieser Bekräftigung des Taufbundes an der Schwelle zum Erwachsenenalter blieb dann auch nach der Jahrhundertmitte erhalten. In welchem Ausmaß sie eine religiöse Übung war, ist allerdings fraglich. Aus Selbstzeugnissen wissen wir, dass der Konfirmandenunterricht oft ein Anlass zu ersten Glaubenszweifeln war, weil Vernunft und Verstand der jungen Menschen den vermittelten Glaubensinhalten nicht folgen wollten. Um die allgemeine Praxis der Konfirmation musste in der Anglikanischen Kirche nicht gerungen werden, aber dort blieb die Kirchenzeremonie der bloße Anlass, damit die Jugendlichen beiderlei Geschlechts anschließend Pubs und Inns aufsuchten und sich dort als »unchristliche und barbarische Brut« aufführten, wie empörte Geistliche schrieben. Das besserte sich bis zur Jahrhundertmitte, weil man dagegen vorging, aber es blieb offensichtlich, dass das Ritual für die Jugendlichen nach wie vor kein vorwiegend spirituelles Ereignis war, sondern ein Fest und eine Gelegenheit, mit dem anderen Geschlecht in Kontakt zu kommen. Zudem bedeutete Konfirmation dann meist nicht den Eintritt ins Gemeindeleben. Insbesondere in Unterschichten hielt man sich nach diesem Eintritt ins Erwachsenenleben meist für Jahre von Gottesdienst und Abendmahl erst einmal fern.[243]

In Frankreich hatte die Revolution die Säkularisierung der verkirchlichten Lebensrituale betrieben, so dass etwa in der Diözese Versailles 1834 eines von zwanzig Ehepaaren ohne kirchlichen Segen zusammenlebte. Die Kampagne dagegen hatte zunächst Erfolg, und auch der Anteil an nicht getauften Kindern, den es zu Beginn des Jahrhunderts noch gegeben hatte, verschwand nach und nach, so dass um 1850 Taufe, Hochzeit und Beerdigung wieder durchgehend verkirchlichte Rituale waren. Das Begräbnisritual unterlag dabei der gleichen Verobrigkeitlichung und ästhetischen Familiarisierung, wie man sie in Deutschland hatte wahrnehmen können. Sie war hier durch eine starke Kommerzialisierung getragen, die das Begräbnis aus der Pfarrgemeinde herauslöste und es zu einer individuellen und familienbezogenen Angelegenheit machte.[244] In der Dritten Republik wurde Individualisierung dann auch hier wieder als Entscheidung gegen die Kirche interpretiert: Im Paris der 1870er Jahre kam ein Fünftel der Verstorbenen ohne priesterlichen Segen unter die Erde, zeitweise mehr als jede zehnte Ehe wurde nur vor weltlichen Behörden geschlossen, und nur neun von zehn Neugeborenen wurden getauft.

Die Individualisierung von Passageriten musste also nicht mehr unbedingt ihren Vollzug als christliches Frömmigkeitsritual bedeuten, und die Familiarisierung von Sakramenten und lebensgliedernden Kasualien führte die Menschen nur bedingt in die Kirche zurück, weil der Sozialzusammenhang Familie wichtiger geworden war als die gläubige Gemeinde. In den Pfarreien der *Church of England* führte dies zu Konflikten. Taufe und Hochzeit waren dort bis ins letzte Drittel des Jahrhunderts in ihrem religiösen Vollzug nicht strittig und auch nicht in Gefahr, auch wenn Bischöfe klagten, die Taufe sei zu einer Zeremonie mit Zügen des Aberglaubens verkommen wie sonst kein anderes der kirchlichen Rituale. Aber die Gläubigen aus den Mittel- und Oberschichten begingen sie hartnäckig in familiärem Rahmen außerhalb der Gemeinde und ihrer gottesdienstlichen Feiern auch dann noch, als die Geistlichen seit den 1830er Jahren mit Nachdruck dagegen vorzugehen suchten. Als sie sich bei den Taufen nach der Jahrhundertmitte nach und nach durchsetzten und man das Sakrament im gottesdienstlichen Rahmen spendete, waren dann häufig nur noch die Angehörigen der Täuflinge zugegen.[245]

Medienfrömmigkeit

Neue Formen der Gottesverehrung und der Frömmigkeit, die im Verlauf des 19. Jahrhunderts sich zunächst zögernd, dann seit Beginn des zweiten Jahrhundertdrittels beschleunigt und gehäuft entwickelten, entstanden aus dem Zusammenwirken von Organisation und sozialer Bewegung als den bestimmenden institutionellen Formprinzipien einerseits und der Nutzung der industriell betriebenen Druckerpresse andererseits. Religion wurde seit den 1830er Jahren sehr schnell und durchgreifend ein Medienphänomen. Es wurde in den Massenmedien nicht nur über Religion geschrieben, sondern die Institutionen selbst und Frömmigkeit als die Art und Weise, sich an ihnen zu beteiligen, gewannen eine mediale Realität. Mediale Konstruktion und institutionelle Form stabilisierten und verstärkten sich gegenseitig. Die soziale Realität von Religion war immer mehr eine Realität der Massenmedien.

In der von Johann Baptist von Pfeilschifter 1829 in Aschaffenburg gegründeten Katholischen Kirchenzeitung wurde der Anspruch formuliert, mit Zeitschriften wie dieser einen die Katholiken in ganz Deutschland umfassenden Kommunikationsraum zu eröffnen, damit sie »kirchlich ein Volk von Brüdern« würden, eine »Einheit, die politische Teilung und Zerrissenheit übersteigt«. Im Mainzer Katholiken, dem Journal der Ultramontanen, der sich selbst auf einem »öffentlichen Kampfplatz« agieren sah, wurde 1843 ein Rückblick über das gut zwanzigjährige Erscheinen der Zeitschrift und die erfreuliche Entwicklung des katholischen Pressewesens insbesondere seit dem Kölner Ereignis publiziert. Der Verfasser leitete aus seinem Überblick steigende Anforderungen an eine »katholische Journalistik« ab.[246] Tatsächlich hatte sich die Geschichte der katholischen Presse als sehr dynamisch erwiesen. Bis 1825 waren überwiegend noch theologische Zeitschriften erschienen mit einem stark pastoralen Einschlag, der den Adressatenkreis auf Geistliche konzentrierte und die regionale Verbreitung meist auf einzelne Bistümer beschränkte. In der ersten Hälfte des dritten Jahrzehnts aber kam es dann zu 18 Neugründungen, in der zweiten Hälfte wurden noch einmal 19 Zeitschriften auf den Lesermarkt gebracht. Viele dieser Initiativen hielten sich nicht lange. Von den 92 zwischen 1815 und 1847 gegründeten Zeitschriften existierten um die Mitte des Jahrhunderts nur noch etwa die Hälfte. Diese Zeitschriften verstanden sich überwiegend als kirchenpolitische Organe, optierten selten liberal, sondern konfessionell, richteten sich an Geistliche und an Laien und wollten das Lesepublikum im gesamten katholischen Raum ansprechen. Organisatorisch getragen waren viele dieser Blätter von kleinen Gruppen und Netzwerken, wie dem Mainzer Kreis um Reis und Näff und den um Joseph Görres, die ihre Zeitschrift Der

Katholik ins Feld schicken, oder der EOS-Kreis in München, der die Historisch-politischen Blätter auf den Weg brachte. Die Mehrzahl der Artikel in diesen Zeitschriften war von Geistlichen verfasst, aber jeder fünfte bereits von Laien. Die Auflagenhöhe lag schon Mitte der 1830er Jahre bei durchschnittlich 1460 Exemplaren, so dass die zu diesem Zeitpunkt erscheinenden 22 Zeitschriften bereits mindestens 200 000 Leser erreichten.[247]

Es mag an seiner Staatsnähe und an seiner landeskirchlichen wie auch theologischen Fragmentierung gelegen haben, die im deutschen Protestantismus bis zur Jahrhundertmitte kaum kirchenpolitische Zeitschriften entstehen ließen. Selbst die von Ernst Ludwig Hengstenberg 1827 ins Leben gerufene Evangelische Kirchenzeitung zeichnete sich durch eine offiziöse Staatsorientierung und mit ihrer Verteidigung der Orthodoxie durch eine dezidierte innerprotestantische theologische Parteinahme aus. Solche Richtungskämpfe bestimmten die Landschaft der theologischen Journale im Protestantismus bis über die Jahrhundertmitte hinaus. Ernst Wichern, der seit 1844 die Fliegenden Blätter als Mitteilungsblatt des Rauhen Hauses zur »inneren Mission« herausgab, bestimmte die Publizistik als Plattform für die erstrebte Einheit der protestantischen Kirche.[248]

Dabei hatte der Protestantismus durchaus ein Bewusstsein dafür, dass er seine Form des Glaubens und der Frömmigkeit wesentlich auf die Druckerpresse gegründet hatte. Man feierte das Gutenbergjubiläum 1840 mit großem Einsatz. Entsprechend brachte der europäische Protestantismus neben theologischen Journalen hauptsächlich eine Flut von Andachtsbüchern und Traktaten hervor, die dann von den erweckten Missions-, Bibel- und Traktatgesellschaften unter das gläubige Volk gebracht wurde. In diesen Freiwilligkeitsorganisationen wurde dann auch der Zusammenhang von überlokaler Institutionalisierung und Publizistik fassbar. Keine dieser Gesellschaften kam ohne Mitteilungsblatt oder andere Formen der gedruckten Korrespondenz aus. Auch als Lichtfreunde und Deutschkatholiken sich 1850 organisatorisch zusammenschlossen, gründeten sie ein Mitteilungsblatt. Selbst die Methodisten, die mit ihren Gemeindehäusern, den Festen und Predigten auf freiem Feld auf eine Frömmigkeit der Anwesenheitskommunikation setzten und die Translokalität über ihre Wanderprediger bewerkstelligten, errichteten ein eigenes Druckimperium, das Predigttexte, Lieder und Erbauungsliteratur produzierte und in Umlauf brachte.[249]

Das alles führte zu einer seit dem Ende des 18. Jahrhunderts merklich ansteigenden Produktion und Zirkulation gedruckter frommer Texte, wobei sich protestantische und katholische Regionen in europäischer Perspektive nicht grundlegend an diesem Punkt unterschieden. Das legt jedenfalls ein Vergleich zwischen dem katholischen Frankreich, dem gemischt konfessionellen Deutschland und dem anglikanischen Königreich nahe. Französische Verlagshäuser brachten in den Jahren nach 1815 zwischen 300 und 400 religiöse Titel auf den Buchmarkt der Kolporteure und Buchverkäufer. In den Zeiten der Restauration und der spektakulären Ermordung des Duc de Berry waren es dann vorübergehend 1000 bis 1200, um die Mitte des Jahrhunderts auch schon nicht mehr als 600 bis 800 Titel. Erst in den 1860er Jahren stiegen die Zahlen dann wieder deutlich. Der Anteil der religiösen Titel an der Gesamtproduktion der französischen Verlage schwankte damit von 1815 bis 1848 zwischen acht und 14 Prozent. Von einer überproportionalen Prosperität der religiösen Druckerzeugnisse ist deswegen kaum zu sprechen. Das gilt auch für Deutschland. Dort waren um 1800 auf den beiden Buchmessen in Frankfurt und Leipzig rund 250 religiöse Titel im Angebot, um 1830 dann etwa 1200, mit gleichbleibender Tendenz bis 1850. Anschließend nahmen die Zahlen nur noch geringfügig zu. Das bedeutet, dass auch hier in der ersten Jahrhunderthälfte bei allen Schwankungen aufs Ganze gesehen nur knapp jedes zehnte Buch ein religiöses Buch war. Der Anteil der »schönen Literatur« lag in jedem Fall dreimal so hoch. Die britische Buchproduktion weicht davon nicht ab. Ihr Wachstum wurde seit dem ersten Drittel des Jahrhunderts getragen von einer noch schneller sich durchsetzenden Alphabetisierung der Bevölkerung, von sinkenden Produktionskosten und von expandierenden Absatzmärkten in den Kolonien. Zwischen 1840 und 1900 stieg die Zahl der jährlich gedruckten Bücher von rund 8,7 Millionen auf ca. 19,8 Millionen um den Faktor 2,5. Obwohl es seit dem 18. Jahrhundert in der Tradition der moralischen Wochenschriften einen starken Anteil der »Verhaltensliteratur« gab und die Bibelgesellschaften die Verbreitung von religiösen Texten intensiv beförderten, blieb der Anteil der religiösen Buchproduktion tendenziell sogar unter dem des Kontinents: Er stieg zwischen 1836 und 1896 nie auf über zehn Prozent und lag in den meisten Jahren eher zwischen drei und fünf Prozent. Auch die überdurchschnittlich hohen Auflagenzahlen von religiösen Titeln hoben den Gesamtanteil der religiösen Texte an den verfügbaren Lesestoffen nicht über zehn Prozent. Literarische Texte erreichten dagegen auch hier nach Titelzahl und Auflage Anteile zwischen 30 und 50 Prozent einer Jahresproduktion.[250]

Diese Aufteilung des Lesergeschmacks bestätigten auch die Buchlisten der Kolpoteure und Berichte aus Leihbibliotheken. Der Ritterroman war weitaus beliebter als das Erbauungsbuch oder das Traktat. Das wussten auch die Geistlichen, vermutlich weil viele – auch Katholiken – sich als Autoren an der Produktion erbaulicher wie unterhaltender Texte beteiligten. Man entfaltete andererseits erheblichen institutionellen Eifer, um die Verbreitung religiöser Lesestoffe zu befördern. Von den Traktat- und Missionsgesellschaften war schon die Rede. Es wurden Pfarrbibliotheken eingerichtet und konfessionelle Verlage gegründet, die eigene Reihen mit erschwinglicher Andachtsliteratur herausgaben. Das war eine Abwehrschlacht gegen die verderblichen Wirkungen der schöngeistigen wie der trivialen Lesestoffe, indem man die Einrichtung eines umfriedeten Archipels der religiösen Lesestoffe betrieb. Bischöfe, Pfarrer und Pastoren wurden nicht müde, die Sittenlosigkeit der Romane zu geißeln und die Gläubigen darauf hinzuweisen, dass Heiligenviten einem Ritterroman an Spannung in nichts nachstünden. Das war vergeblich. Auf Dauer strukturierte das Interesse der wachsenden Zahl an Lesekundigen den Markt der Texte nicht in diese Richtung. Religion war auch auf diesem Feld spätestens dann zu einer Provinz des Lebens geworden, als protestantische Traktatgesellschaften in größerem Umfang nichtreligiöse Titel in ihr Programm aufnahmen.[251]

Das sollte nicht dazu verleiten, die Bedeutung von Traktaten, Journalen, Gebets- und Erbauungsbüchern für die institutionelle Form von Religion im 19. Jahrhundert und ihren Einfluss auf die Gestaltung und Entwicklung der Frömmigkeit zu unterschätzen. Die sogenannte religiöse Erneuerung seit Beginn des zweiten Jahrhundertdrittels ist in wesentlichen

Teilen ein Organisationsphänomen, vor allem aber war sie in Umfang und Gestalt ein Medienphänomen und ein Medienereignis. Was die institutionelle Gestaltung der überlokalen und transregionalen religiösen Freiwilligkeitsorganisationen anbelangt, so sollte der Zusammenhang schon deutlich geworden sein. Auch Sodalitäten und Bruderschaften, die bis in die 1830er Jahre hinein einen unmittelbar lokalen Bezug und Verortung hatten und vorher nur über das institutionelle Netz der jeweiligen Orden in größere Strukturen eingebunden waren, wurden, je mehr Rom und die Bischöfe ihre Standardisierung, Kontrolle und Ausrichtung auf spezielle Formen der Frömmigkeit, wie etwa die Marienverehrung und den Herz-Jesu-Kult, betrieben, über regelmäßig erscheinende »Blätter« miteinander in Verbindung gesetzt.[252]

Auch die Konjunktur der meist charismatisch mobilisierten, emotionalisierten und expressiven Frömmigkeit, in der sich seit den 1820er Jahren in allen christlichen Konfessionen und Denominationen soziale Spontaneität, religiöse Ergriffenheit und institutionelles Engagement mischten, wuchs auf dem fruchtbaren Boden der Journale, Zeitungen und anderer Druckwerke. Wunderheiler, wie der in den westpreußischen Provinzen wirkende Schäfer Heinrich Mohr, verdanken ihren Zulauf, der die Behörden in große Unruhe und Ratlosigkeit versetzte, nur am Anfang dem lokalen Gerücht. Der über Monate hinweg anhaltende Ansturm setzte ein, als von den ersten Heilungen in der Zeitung berichtet wurde. Die spektakuläre Wallfahrt zum Trierer Rock des Jahres 1844 und die Aachener Heiltumsfahrt, die ebenfalls große Pilgermassen anzog, waren nicht nur wohlorganisierte Massenereignisse mit einer durchdachten religiösen und logistischen Choreographie. Als religiöse Ereignisse wurden sie selbst für die anwesenden Pilger erst greifbar, weil über die Heilungen in den Zeitungen berichtet wurde sowie in kirchlich autorisierten Sonderpublikationen, die dann oft die Zeitungsnachrichten wieder zusammenfassten. Diesen Berichten und Darstellungen ließ sich dann nicht nur der Ablauf des Geschehens entnehmen, sondern es wurden das Erleben und die Gefühle der Teilnehmer samt den Motivlagen im Detail beschrieben, so dass seit den 1830er Jahren in großer Zahl Drehbücher für das Verhalten und das innere Erleben religiöser Massenveranstaltungen verfügbar waren.[253] Die Veranstaltungen der Methodisten dürften nicht nur den Pietisten und Erweckten Europas ein über die Printmedien verfügbares Vorbild gewesen sein. In der katholischen Kirche stellte diese mediale Modellbildung religiösen Erlebens wohl eine wichtige Voraussetzung dafür bereit, dass es im Verein mit dem Staat gelang, das bis dahin lokal und regional orientierte Prozessions- und Wallfahrtswesen seit 1840 in Frankreich wie in Deutschland zunehmend auf große Wallfahrtsorte wie eben Aachen, Trier und dann auch Lourdes zu konzentrieren. Im mediterranen Katholizismus mit weitaus geringerer staatlicher Durchdringung der Gesellschaften und nachhinkender Literarisierung blieb die lokale Fragmentierung des religiösen Lebens in weitaus größerem Umfang bis ins 20. Jahrhundert erhalten.[254]

Texte und ihre massenhafte Rezeption waren darüber hinaus in der Lage, Ereignissen eine religiöse Dimension zu verleihen, die ansonsten durchaus zweifelhaft sein konnte. Die Ermordung des Duc de Berry und seine anschließende Stilisierung zum Märtyrer und frommen Ehegatten waren solche Medienereignisse, und schon die erste Nationalisierung des Protestantismus in den Befreiungskriegen kann ohne die gedruckt verbreiteten Texte der Intellektuellen und die gedruckten Predigten der Pastoren nicht gedacht werden.[255]

Druckerzeugnisse vermittelten Modelle der christlichen Lebensführung, an die sich Bruderschaftsmitglieder und Kongregationistinnen halten konnten. Sie vermittelten aber vor allem auch neue Frömmigkeitsstile, Modelle des individuellen frommen Erlebens bis hin zur ekstatischen Frömmigkeit der Visionärinnen und der charismatischen Propheten. Es gab Hellseher und Propheten in Frankreich wie in England, die auf öffentliche Auftritte so gut wie vollkommen verzichteten und ihre Anhängerschaft über Drucke und Korrespondenzen an sich banden.[256] Die Erfolge des Marienkultes seit den 1830er Jahren und dann seit der Mitte des Jahrhunderts die Verehrung des Herzen Jesu, in denen sich jeweils Frömmigkeitsstile mit explizierten und detailliert ausgearbeiteten sozialen Rollenangeboten miteinander verbanden, wäre in der medialen Situation des 18. Jahrhunderts undenkbar gewesen. Der wachsende Strom an gedruckten Bildern vom religiösen Geschehen, der seit dem 18. Jahrhundert den Gläubigen auch ohne Lesefähigkeit verfügbar war, sorgte dafür, dass die Himmelskönigin den Hirtenkindern in La Salette in einer Gestalt und Figuration erschien, die man erwarten konnte.[257] Die Welle der stigmatisierten Visionärinnen wurde angestoßen durch den 1831 erschienenen Bericht Clemens Brentanos über Anna Katharina Emmerich, in dem deren Visionen und Stigmata im Detail geschildert wurden. Joseph Görres sorgte dann mit seiner Christlichen Mystik, deren erster Band 1836 erschien, bewusst für eine Popularisierung der mystischen und ekstatischen Frömmigkeitsmodelle. In kurzem Abstand darauf wurde 1839 der Bericht über Leiden und Visionen der Südtirolerin Maria von Mörl veröffentlicht, derer sich Görres ebenfalls bereits ausführlich angenommen hatte. Maria von Mörl wurde erkennbar zum Vorbild für die Frauen im bayerischen Oberland und in Westfalen, die in den 1840ern ihre Visionen und Stigmata erlebten.[258]

Mit der Transzendenz kommunizieren

Der mediale Wandel des 19. Jahrhunderts, der in der beschriebenen Weise Einfluss auf die soziale Gestalt von Frömmigkeit und Gottesverehrung nahm, stellte Religion in ihrem Vollzug unter besondere Anforderungen und musste dort reflektiert und bearbeitet werden. Im Verkehr mit dem Transzendenten stellte sich die Frage der Wahrnehmung ohnehin mit besonderer Dringlichkeit. Das lutherische *sola fide* und die katholische Bußlehre hatten darüber hinaus die Authentizitäts- und Motivfrage der Hinwendung zu Gott zum Kernproblem der Kommunikation mit der Transzendenz stilisiert. Wie denn fromme Gesinnung sich äußere, wie sie gegebenenfalls zu erwecken war, welche Rolle die formalisierte und ritualisierte Gottesverehrung dabei spiele, wie andererseits Gott und seine Heiligen sich dem Menschen gegenüber äußerten, wie darüber hinaus das Jenseits noch »bevölkert« war und ob man Verbindungen dorthin aufnehmen könne – das alles waren medientheoretische Fragen, deren Beantwortung die Konzepte des Gebetes ebenso beeinflusste wie die Vorstellungen vom richtigen Gottesdienst oder die Haltung zu Visionen, Erscheinungen und Stigmatisierungen. Offenkundig ist, dass die christliche Religion in Europa hier weder institutionell noch diskursiv ein in sich geschlossenes Feld bildete, sondern in einem größeren Zusammenhang stand, dessen einen Pol die magische und offenkundig immer noch nur in Teilen verchristlichte Religiosität des Volkes darstellte und der auf der anderen Seite durch die »Verwissenschaftlichung« des Glaubens im Mesmerismus bestimmt war. Drei Themenfelder waren es, auf denen mit der medialen Gestalt religiöser Kommunikation experimentiert wurde: das Gebet, der Gottesdienst und der direkte Austausch zwischen jenseitiger und diesseitiger Welt.

Der Diskurs über das Gebet wurde konfessionsspezifisch an nicht ganz den gleichen Stellen geführt.[259] Gebets- und Andachtsbücher waren es hier wie dort, im Protestantismus spielten dann aber auch noch Schriften über die Verbesserung des Gottesdienstes eine gewisse Rolle. Eine etwas größere Zahl solcher Schriften aus der zweiten Hälfte des 18. und der ersten Hälfte des 19. Jahrhunderts nebeneinandergelegt lässt allerdings auf fundamentale Unterschiede zwischen den Konfessionen nicht schließen. Die Zeiten des »magischen« Gebets gehörten im 18. Jahrhundert bereits der Vergangenheit an. Der Gläubige konnte sich mit seinem Gebet die Transzendenz nicht mehr gefügig machen. Abraham a Santa Clara hatte im 17. Jahrhundert vom Gebet noch als einer Fessel gesprochen, mit der man die strafenden Hände Gottes binden könne. Der dergestalt seines wichtigsten Hilfsmittels beraubte Gläubige musste jetzt die Kontingenz des Lebens mit einer zweifachen Strategie bewältigen. Einmal hielten die Gebetbücher ihn in einem wortreichen Theodizee-Diskurs dazu an, die Schicksalsschläge und Unvorhersehbarkeiten des Lebens als hilfreiche Stützen und Hinweise auf den individuellen Heilsweg zu betrachten und ihnen durch die Konstruktion von Kausalitäten religiösen Sinn zuzuschreiben. Dazu gehörte dann zweitens, dass man Gott Vertrauen entgegenbrachte wie ein Kind seinem Vater. Dieses Bild einer vertrauensgestützten Vater-Kind-Beziehung blieb auch in den Gebets- und Andachtsbüchern des 19. Jahrhunderts dominant und wurde neben dem Theodizee-Diskurs zur Chiffre dafür, dass die Verantwortung für das Gelingen der Kommunikation beim Gläubigen lag und dieser auch die Aufgabe zu tragen hatte, den religiösen Sinn des eigenen Lebens herzustellen und zu stabilisieren.

Die Heiligung des eigenen Lebens durch fortgesetzte Interpretationsarbeit und dauerhafte Hinwendung zu Gott wurde allerdings zu Beginn des 19. Jahrhunderts bereits in seiner Schwierigkeit gesehen. Die menschliche Aufmerksamkeit sei begrenzt, hieß es, und die Vielfalt der Aufgaben in einem Christenleben verhindere es, dieses Leben in seiner Gänze Gott zu widmen. Damit war allerdings auch in pietistischen oder evangelikalen Kreisen nicht der fundamentalistische Anspruch verbunden, die Sphären der Alltagswelt nach religiösen Imperativen zu gestalten. Man erkannte auch in der methodistischen *salvation industry* die Eigenrationalität der jeweiligen Handlungsfigurationen an und beschränkte sich darauf, ihren Vollzug mit einer gottgefälligen Gesinnung zu begleiten.[260] Es ging statt um Umgestaltung der Welt um Selbstvervollkommnung und die Entwicklung einer Haltung zur Welt.

Beten und fromm sein wurden auf diese Weise in ihren Voraussetzungen diskutiert, so dass in die Gebetbücher mit Beginn des 19. Jahrhunderts ein selbstreferentieller Bezug kam. Auch um das gelungene Gebet müsse man beten, hieß es. Das Gebet wurde jetzt nicht mehr als Bitte, sondern zunehmend als Form der Selbsterkenntnis konzipiert. Man sprach mit Gott, um sich dabei selbst zu erkennen. Sich Gott in Aufrichtigkeit zuwenden zu können, verbotene Wünsche aus dem Herzen zu verbannen, blieb dem Menschen nach wie vor unverfügbar. Hier trafen die reflexive Identitätsbildung moderner Individualität, die sozialen Folgen funktionaler Differenzierung und das Grundproblem aller gläubigen Hinwendung zu Gott unmittelbar aufeinander. Bedeutung und Gebrauch des Gebets- und Andachtsbuches selbst werden erst ab diesem Punkt der Entwicklung zu einem allerdings schnell wichtiger werdenden Thema. Selbstverständlich war, dass die Gebets- und Andachtsbücher der individuellen Gottesbeziehung eine Grundlage boten. Sie schlugen die Texte und Formeln vor, gaben Anleitungen für die richtige Hinwendung zu Gott und zur Selbstbeobachtung. Aber immer häufiger wurde betont, dass man beten und lesen nicht einfach in eins setzen könne. Das richtige Gebet als bewusste und authentische Ansprache Gottes komme in der lesenden Wiedergabe gedruckter Texte nicht zustande. Wenn man sich eines Gebetbuches bediene, sei es das Mindeste, sich die Gebetstexte verstehend anzueignen und auf dieser Grundlage dann sein eigenes Gebet zu formulieren. Auch frommes Lesen unterlag also jenem »Verlust der Sinnlichkeit«, der das literarische Lesen durch zunehmende Habitualisierung kennzeichnete. Man riet, wie es die Romantik auch an anderen Stellen tat, zu erlernter Natürlichkeit. Man solle die aufrichtige und emphatische Hinwendung zu Gott in methodisch überlegter Weise lernen, damit man auf diesem Weg wieder eine vorliterarische Natürlichkeit erreiche, der man die Wiederholung und ihre Mechanik nicht mehr anmerken könne.

Gebetbücher bekamen auf diese Weise eine paradoxe Struktur, die allerdings angesichts des medialen Wandels durchaus funktional wurde. Sie waren zunächst performative Texte, weil sie hervorbrachten, was sie thematisierten. Indem man die Texte las, ereignete sich, was sie beschrieben. Dann aber wiesen diese Texte mit zunehmender Intensität darauf hin, dass sie Druckwerk waren und die authentische Begegnung mit Gott wie auch mit sich selbst nur jenseits der Texte und des Lesens zu haben war. Das wiederum unterlief die performative Unterstellung der Gebetstexte. Gebetbücher fingen auf diese Weise die Gewissheitsproblematik auf, die jede Kommunikation mit Gott begleitete. Sie bearbeiteten das Problem, wie man einen authentischen Gottesbezug und die unmittelbare Gotteserfahrung in Zeiten der massenhaften textlichen Verfügbarkeit des religiösen Sinns noch vorstellbar machen konnte. Indem sie sich selbst als Texte in diesem Zusammenhang thematisierten, stellten sie die christliche Religion in ihrem Vollzug auf eine Welt der massenhaften Publizistik ein.

Der Gottesdienst war das zweite Diskurs- und Gestaltungsfeld, auf dem die mediale Figuration von Religion verhandelt wurde. Ausgangspunkt war hier das Problem, Mitgliedschaft sichtbar zu machen. Es hatte den gesamten Säkularisierungsdiskurs der Selbstbeobachtung in Bewegung gesetzt. Religion könne zwar nicht auf den Vollzug der öffentlichen Gottesverehrung reduziert werden, aber deren Vernachlässigung habe doch unübersehbar etwas mit dem Schwinden religiöser Gefühle zu tun, konnte man lesen. Eine größere Menge von Texten unterschiedlicher konfessioneller Provenienz aus den vier Jahrzehnten nach 1790 überzeugt auch hier davon, dass es zwar an einigen dogmatisch entscheidenden Stellen die zu erwartenden Unterschiede gab, dass aber ansonsten die Geistlichen – denn solche waren es meist, die schrieben – über Frömmigkeit im Christentum nicht sehr verschiedener Meinung waren.[261]

Wer die Kirche als (Religions-)Verein verstand, für den war der erste und vornehmste Zweck von Gottesdiensten, dass dieser Verein auf diese Weise sichtbar und sozial als Realität greifbar wurde. Daraus konnte man dann umgekehrt die Forderung ableiten, dass in der Gestaltung der öffentlichen Gottesverehrung die übrige Sozialordnung der Gesellschaft sichtbar werden sollte, weil die gehobenen Stände den unteren ein Vorbild zu sein hatten. Eine zweite wichtige Funktion, die dem Gottesdienst zugeschrieben wurde, war die Belehrung über die Grundtatsachen des Glaubens. Dies betonten hauptsächlich die Protestanten. Aber auch Katholiken legten Wert darauf, Zeremonien verständlich zu machen und sie in ihrem dogmatischen und heilsökonomischen Gehalt zu vermitteln, und so setzte man sich bis in die 1830er Jahre hinein intensiv mit dem Gebrauch der Volkssprache im Gottesdienst auseinander. Protestanten gingen gelegentlich noch weiter, sie verstanden Erbauung als allgemeines Bildungsprogramm und rieten dazu, sich in Gottesdiensten gegenseitig aus Journalen vorzulesen. Hier wirkte noch die Moralisierung der Religion durch die Aufklärung, die den Gottesdienst als eine Quelle allgemeiner Sittlichkeit und individueller Moral verstanden hatte und die Rituale als Hilfsmittel zu ihrer Hervorbringung. Der Gottesdienst wurde allgemein als eine Einrichtung betrachtet, die der individuellen Religiosität vorausging. Die Liturgie sollte durch ihre zweckmäßige Einrichtung das religiöse Gefühl in den Gläubigen erwecken. Gelegentlich verband sich diese Grundüberzeugung mit einer sozial spezifizierten Anthropologie. Insbesondere die Unterschichten bedurften dazu des Reizes der Sinne, weil ihre eingeschränkte Verstandesbildung den vernünftigen Zugang zu den religiösen Wahrheiten nicht zulasse. Als Erzbischof Hommer von Trier sich in seinen autobiographischen Aufzeichnungen mit den barocken Formen der Volksreligiosität auseinandersetzte und insbesondere mit Wallfahrten, notierte er verständnisvoll, dass die unteren Schichten wegen ihres arbeitsamen Lebens der Auffassung seien, nur die mit spürbarer körperlicher Anstrengung verbundene Tätigkeit habe einen gewissen Wert. Deswegen brächten sie ihre besondere Verehrung und Hinwendung zu Gott und den Heiligen auch durch intensive Beteiligung und Beanspruchung ihres Körpers zum Ausdruck.

Das war die ethnographische Haltung, die den Terminus »Volksfrömmigkeit« überhaupt erst hervorbrachte. Sie war im Regelfall kaum mit dem Verständnis verbunden, das der katholische Oberhirte gezeigt hatte. Theologen und Seelsorger, die in der ersten Hälfte des Jahrhunderts über die gottesdienstlichen Formen nachdachten, betonten deren notwendige Einfachheit. Sie sollten nach den ästhetischen Kriterien einer klassizistischen Schönheit gestaltet sein, auf alles Übertriebene, Lärmende und auch auf zu viel Anschaulichkeit verzichten. Dabei wurde im Hinblick auf Attraktivität der Gottesdienste und ihre moralische und fromme Wirkung insbesondere von protestantischen Autoren das notwendig Sinnliche der Liturgie durchaus anerkannt und betont. Man argumentierte für den Einsatz von Glocken und Orgeln, riet zur Verstärkung des Gemeindegesanges und befürwortete gelegentlich auch, der lutherischen Feier der Einsetzungsworte vor dem Abendmahl durch den Einsatz von Rauchwerk eine neue Mystik zu geben. Um die Gottesverehrung im Alltag wieder fester zu verankern, wurde eine neue Heiligung der Orte und der Zeiten propagiert. Bei den Katholiken führte diese Akzentuierung der sinnlichen Komponenten der Liturgie, die hier wie dort auf dem meist unausgesprochenen Gegensatz von Verstandestätigkeit und sinnenbegründeter Emotionalität beruhte, immer mehr dazu, von der Forderung nach Einführung der Volkssprache wieder abzurücken. Gerade die Unverständlichkeit des Lateinischen gebe der Liturgie, den Sakramenten und den Benediktionen das Geheimnisvolle, auf dem sich bei den Gläubigen der Glaube an die Kraft der fremden Worte begründe. Hinter solchen Argumentationen stand ein häufig offen erklärter Wille zur Psychologisierung der gottesdienstlichen Veranstaltungen. Man müsse Zeremonien wie Gebete darauf berechnen, welche Gefühle sie hervorbrächten, wurde geschrieben. Das trug zu einer Auffassung bei, die den Gottesdienst nicht als Veranstaltung der Gläubigen verstand, sondern als theatralische Aufführung, an der sie als Zuschauer beteiligt waren.

Angesichts der Intensität, mit der diese Diskussionen in Journalen, Traktaten, umfänglichen Abhandlungen und auch auf den von Bischöfen oder Konsistorien anberaumten Versammlungen der Seelsorger geführt wurden, ist die faktische Beharrungskraft der eingeübten gottesdienstlichen Formen erstaunlich. In der Landeskirche Bayerns führte eine seit dem Religionsedikt 1821 laufende Auseinandersetzung um eine »Veredelung« des Gottesdienstes und seine größere Feierlichkeit 1844 zu einer Agende, die nur wenig Änderungen gegenüber dem Bisherigen erbrachte, obwohl ein Gutachten von 1832 die stärkere Einbindung der Gemeinde dringend nahegelegt hatte, weil der Gottesdienst eine »gegenseitige Handlung« sei. Die hauptsächliche Folge dieser Reformen war eine zentrale Normierung der Liturgien und Gebete, damit eine Vereinheitlichung lokaler Gebräuche, so dass die Liturgie und auch die Gebete erst recht als Veranstaltungen einer kirchlichen Organisation und nicht der zur Gemeinde versammelten Gläubigen erfahren wurden.

In der Anglikanischen Kirche schien solchen auf das Sinnliche und Symbolische zielenden Reformabsichten zunächst mehr Durchschlagskraft beschieden. Das von den Tractarianern mit Argumenten versorgte *High-Church-Movement* zeigte sich insbesondere mit Blick auf die katholische Frömmigkeit überwältigt von *a vision of Christianity as a ministry of symbols as its channels of grace* sowie von der unangreifbaren Begründung einer Kirchenstruktur in einem historischen Faktum und dessen lückenloser Tradition, wie Gladstone 1832 bei einem Besuch in Neapel formulierte. Das führte zu historischen Untersuchungen, um liturgische Formen des frühen Christentums und des Mittelalters oder auch der Ostkirche zu reaktivieren. Das Studium der Kirchen- und Liturgiegeschichte wurde selbst zum theologischen Akt. So waren auf vielen Altären um 1850 erneut Kerzenleuchter zu sehen, und es standen Kruzifixe darauf. Die Geistlichen zelebrierten häufig wieder in prunkvollen Kirchengewändern, wobei die Historisierung hier auch ihre kaum zu steuernde Eigendynamik offenbarte. Man orientierte sich bei der symbolischen Gestaltung der Liturgie und der Paramente eben nicht nur an den greifbaren christlichen Traditionen, sondern häufig auch an dem, was man über das vorchristliche Keltentum in Erfahrung bringen konnte. Der gesamte Ritualismus blieb dabei nicht unumstritten und erfasste längst nicht die gesamte öffentliche und organisierte Frömmigkeit der Anglikanischen Kirche. Die Gegner in den Reihen der Hierarchie und der Politik fürchteten nicht nur eine zu große Nähe zu Rom. Gladstone vermutete, dass die Ritualistik ein Phänomen allgemeiner materialistischer Disposition des Viktorianischen Zeitalters sei: *the preference of the rich for the ornate churches and clergyment may represent not the spiritual growth but the materialising tendencies of the age*. Kulturkritik war zu einem Schwert geworden, das auf beiden Seiten geschliffen war. 1872 verbot der *Privy Council* dann das Chorgewand im anglikanischen Gottesdienst, die Hostie, die ostwärts gewandte Messfeier und den Kelch in beiderlei Gestalt.[262]

Dies war eine Normierung und Vereinheitlichung der Frömmigkeit, die sich gegen die Autonomie lokaler Gemeinden richtete und insofern sich wenig von dem unterschied, was sich in den katholischen Kirchenwesen ereignete. Die Umgestaltung der Gottesdienste verlief mehr als träge, ein Gottesdienst der Gemeinde wurde in den Liturgiereformen im gesamten Jahrhundert nicht realisiert. Die Diskussion über die Verbesserung der öffentlichen Gottesverehrung erwies sich als ein »Normalisierungsdiskurs«, der die amtskirchlich betriebene Vereinheitlichung der Frömmigkeitspraxis im überlokalen Horizont begleitete. Das betraf insbesondere diejenigen Formen der Frömmigkeit, in denen die Initiative der Laien und die Gestaltungshoheit der lokalen Gemeinden traditionell besonders ausgeprägt gewesen waren. Für das Wallfahrtswesen ist dies oben schon hervorgehoben worden. Die Fronleichnamsprozession, die am Beginn des 19. Jahrhunderts noch sehr stark durch die jeweils von den Gegebenheiten der einzelnen Pfarrgemeinde bestimmten szenischen Präsentationen der Heilsgeschichte durch »lebende Bilder« und umgetragene Figurenarrangements gekennzeichnet war, hatte sich bis zur Mitte des Jahrhunderts in einen Umzug verwandelt, bei dem die Kräfte der gesellschaftlichen Ordnung sich mit dem Allerheiligsten präsentierten: Die lokalen Eliten, das Militär und dann eine Bevölkerung, die nicht mehr als das Personal einer religiösen Inszenierung daran teilnahm, sondern gegliedert nach der Soziologie einer verchristlichten bürgerlichen Ständeordnung, wonach sich Gesellschaft aus Männern und Frauen, Alters- und Berufsgruppen zusammensetzte. Das Allgemeine und Überregionale siegte auch in den Bruderschaften und Sodalitäten über das Lokale. Beides waren bis ans Ende des 18. Jahrhunderts Einrichtungen gewesen, in denen sich das Laienengagement in Gestalt der Organisation besonderer

Frömmigkeitsübungen, sei es einzelner Wallfahrten oder auch der Verehrung einzelner Heiliger oder des Herzens Jesu, institutionalisiert hatte und damit meist auch dichte lokale und regionale Reziprozitätsnetzwerke des Totengedächtnisses verbanden. Die erste Hälfte des 19. Jahrhunderts war in den katholischen Bistümern Deutschlands von Versuchen gekennzeichnet, verschiedene Einheitsbruderschaften zu installieren, die dann ebenfalls nicht mehr eine lokale Bevölkerung repräsentierten, sondern eine »Allgemeinheit« sozialer Ordnung: Gymnasiasten, Jungfrauen, junge Männer, verheiratete Männer oder diejenigen, die sich von den Globalkulten der Marien- oder der Herz-Jesu-Verehrung angesprochen fühlten. Frömmigkeit wurde auf diese Weise nicht nur begrifflich zu einem Kollektivsingular, sondern auch in seiner wahrnehmbaren sozialen Erscheinung.[263]

Der Kollektivsingular bekam nach und nach auch inhaltlich neue Konturen.[264] Von Religiosität wurde immer häufiger als einem »Gefühl« gesprochen, das sich insbesondere bei Protestanten nur mehr selten auf einen personal gedachten Gott bezog, sondern auf das Unendliche oder das Erhabene. Seiner ansichtig werden konnte man bei Betrachtungen der Naturschönheit und insbesondere durch Vergegenwärtigung des Universums in seiner Unbegrenztheit. Als »Gefühl und Geschmack fürs Unendliche« hatte Schleiermacher Religion bezeichnet und damit schon früh eine paradigmatische Formulierung für eine Frömmigkeit gefunden, die Gebildeten die Möglichkeit bot, ihrer religiösen Gestimmtheit eine Form zu geben, die sich mit einem ansonsten zunehmend von (natur-)wissenschaftlicher Forschung beeinflussten Weltbild vertrug. Für einen Gott, der Wunder tat und in die Welt mit seiner Vorsehung eingriff, war in diesem Diskurs nur noch ein kleiner, versteckter Winkel übriggeblieben. Das wurde für Katholiken ebenfalls spürbar, wenn mit Nachdruck der Gottesdienst als »Adoration« eines personal anwesenden Gottes verteidigt wurde. Olympe Philipe Gerbert veröffentlichte dazu 1829 eine Abhandlung, die ein patriarchalisches Modell ausbuchstabierte, wonach das Geschöpf seinem Schöpfer zu Dank verpflichtet sei. Ausdrücklich wandte er sich gegen die Vorstellung eines mechanischen Universums, das nur von einer abstrakten göttlichen Kraft bewegt werde, weil dann die Möglichkeit der direkten Kommunikation mit einem anwesenden

Gegenüber nicht mehr denkbar sei, aus der dem Menschen die Gnadennahrung für seine Seele zuwachse. Das zentrale Ereignis des Gottesdienstes und das entscheidende Sakrament des Glaubens sei deswegen die Eucharistie.

Das war ein bedeutender theologischer Unterschied zur protestantischen Position, der aber für das Konzept von Frömmigkeit an einer entscheidenden Stelle folgenlos blieb. Begeisterung sei nicht der Normalzustand des menschlichen Geistes, äußerte George Henry Newman gegenüber F. W. Faber, dem Gründer des katholischen *Brompton Oratory*, der in einer Abhandlung 1854 mehr Begeisterung von den Katholiken Englands gefordert hatte, statt eines lauwarmen Christentums, das den *progress of spiritual life* behindere. Newman lag hier ganz nahe an der Position anglikanisch gebliebener Tractarianer, die trotz ihrer Vorliebe für Symbole und Rituale »Nüchternheit« als eines der wesentlichen Kennzeichen der rechten Gottesverehrung betonten.[265] Hinter solchen Vokabeln stand eine Auseinandersetzung um das Verhältnis zwischen individueller Gotteserfahrung und öffentlicher, liturgisch gestalteter Gottesverehrung, die das europäische Christentum in allen seinen konfessionellen Derivaten seit der Frühen Neuzeit begleitete und in der das Verhältnis von Gottesdienst und religiösen Gefühlen noch einmal auf einer anderen Ebene durchdekliniert wurde. In der Anglikanischen Kirche hatten sich im *Prayers Book* von 1639 diejenigen durchgesetzt, die der Meinung waren, Aufgabe des Gottesdienstes sei es, die spontanen inneren Empfindungen der Gläubigen zu kanalisieren und unter Kontrolle zu bringen. Die individuelle Seele sei überfordert mit der Aufgabe, gut und fromm zu sein, schrieben die Verteidiger des *Prayers Book*. Deswegen verbannte das *Prayers Book* auch das individuelle Gebet ausdrücklich und ließ nur noch die vorgeschriebenen und vorformulierten zu. Die Dissidenz der Puritaner in diesem Punkt ist bekannt, aber erst der Erfolg des Methodismus baute genügend Druck auf, um die Anglikanische Kirche 1844 zu veranlassen, sich von der Verbindlichkeit des *Prayers Book* zu verabschieden und das freie Beten zuzulassen.[266]

Das Jenseits wahrnehmen

Von der grundsätzlichen Position, wonach religiöse Erregtheit und Schwärmerei gefährliche Bedrohungen des christlichen Glaubens darstellten und das religiöse Gefühl oder die Gottesbegegnung allenfalls in kirchlich veranstalteten Feiern sich ereignen sollten, hatte man sich gleichwohl nicht verabschiedet, weil sie eine gemeinsame Position aller institutionellen christlichen Kirchlichkeit darstellte. In der katholischen Kirche hatte dies bereits das Vorgehen Kardinal Bossuets gegen die Quietisten bestimmt. Gerbert, der die personale Anwesenheit Gottes im Gottesdienst unterstrich, betonte gleichzeitig, dass es eine individuelle innere Vereinigung mit Gott nicht gebe. Dafür habe der Katholik die Kommunion. Das war keine Einzelposition. Bis weit über die Jahrhundertmitte bestimmten antispiritualistische Reflexionen über die rechte Frömmigkeit den Diskurs der Gebetbücher in Frankreich. Frömmigkeit dürfe nicht dazu führen, dass man die Standespflichten vernachlässige, hieß es. Die protestantische landeskirchliche Perhorreszierung der pietistischen Schwärmerei, der trancehaften Erweckungserlebnisse und der Praxis des freien Gebets lagen auf der gleichen Linie. Der Erlanger Theologe H. R. von Frank bemühte sich in seinem »System der christlichen Gewissheit« noch 1884 um den Nachweis, dass das mystische Erlebnis einer Erweckung nicht Ergebnis der Einwirkung Gottes sei, sondern Aktivierung dessen, was vorher durch Gemeinschaftshandeln in das gläubige Individuum gelegt worden sei.[267]

Hier führten die Wege von außen nach innen. Christenseelen, die selbst für ihre Gestimmtheiten sorgten, wurden als Gefahr für die kirchlichen Institutionen angesehen. Das soziale System beanspruchte, mit dem psychischen System nur in ganz bestimmter Weise zu kommunizieren: indem es über einen durch Rituale und Texte bestimmten Rahmen auf dessen Zustände und dessen Erleben einwirkte. Die Institutionen des europäischen Christentums wollten sich nicht als Resultat individueller psychischer Erlebnisse begreifen. Die Psyche sollte eben gerade nicht zum dominierenden Medium der sozialen Form von Religion werden. Entsprechend sollte die Beziehung der Gläubigen zur Transzendenz sich auf »Adoration« oder auch das »Erschauern« vor dem

Unendlichen beschränken. Das war mehr Beobachtung als Kommunikation.

Diese institutionell errichteten Barrieren schufen Bedarf für Formen der Religiosität, in denen die Chance bestand, Religion umgekehrt als Medium psychischer Prozesse zu nutzen und in direkten Kontakt mit dem Transzendenten zu treten. Den Rahmen dafür bot eine Konstellation, in der sich Elemente des nur in Teilen verchristlichten Volksglaubens mit Entwicklungen des theologischen Diskurses und mit der wissenschaftlich betriebenen Suche nach der Verbindung zwischen sinnlichem Wahrnehmungsapparat mit der Seele, wie sie im Mesmerismus und seit der Jahrhundertmitte im Spiritismus vonstatten ging, überlagerten und sich dadurch wechselseitig stabilisierten und verstärkten.

Es machte keinen entscheidenden Unterschied, welche der christlichen Konfessionen eine Gesellschaft in der ersten Hälfte des 19. Jahrhunderts prägte: Überall mussten die Geistlichen sich mit dem lebendigen Glauben der Bevölkerung an Geister und Hexen auseinandersetzen. Weise Männer mit ihren besonderen medizinischen Kenntnissen und Heilkünsten und der Fähigkeit, in die Zukunft zu schauen, machten den Geistlichen vor Ort ebenso zu schaffen wie den kirchlichen und staatlichen Instanzen das Auftreten von Propheten, die ihren millenaristischen Botschaften charismatische Glaubwürdigkeit verliehen, indem sie sie direkt von den Mächten des Jenseits bezogen. Die Anhänger solcher Charismatiker blieben eine Minderheit, aber dass ungetaufte oder unerlöste Seelen der Verstorbenen in der diesseitigen Welt sich als Geister bemerkbar machten, gehörte bis in die Mitte des 19. Jahrhunderts zum Allgemeingut eines Alltagschristentums, das Religion in die Bewältigung der *conditio humana* sehr konkret einbezog und für das die Transzendenz deswegen in die diesseitige Welt in vielfältiger Weise hineinreichte. Protestanten unterschieden sich in dieser Frage von Katholiken scheinbar nur darin, dass ihnen der Glaube an die Kraft der geistlichen und der kirchlichen Sakramentalien ausgetrieben worden war, während die Katholiken in die bannende Wirkung von Benediktionen, Exorzismen und Gebeten nach wie vor festes Vertrauen setzten. Die einen hingen Bullenherzen in den Kamin, um sich vor dem Einflug missgünstiger Geister zu schützen, die anderen suchten ihre Pfarrer bei hartnäckigen Krankheiten zum Exorzismus zu überreden oder drängten auf Mithilfe bei der Kontaktaufnahme mit den Geistern von Verstorbenen, um vergrabene Schätze aufzufinden.[268]

Theologisch war die Sache komplizierter. Katholischerseits beharrte man auch nach dem bayerischen Hexenkrieg in den 1780er Jahren auf dem Wirken eines leibhaftigen Teufels und seiner Dämonen und darauf, dass die Armen Seelen, solange sie nicht endgültig in den Himmel aufgenommen oder in die Hölle verbannt waren, im Fegefeuer einen Aufenthaltsort hatten, von dem aus sie die Welt der Lebenden noch erreichen konnten. Die protestantischen Theologen zweifelten seit der Aufklärung mehr noch an der Leibhaftigkeit des Teufels als an der Personalität Gottes, und sie hatten Schwierigkeiten mit einer topologischen Imagination der Transzendenz, aber gerade das scheint sie empfänglich gemacht zu haben für einen neuplatonisch-gnostischen Diskurs über das Jenseits, der von Svedenborg seit der Mitte des Jahrhunderts wortreich popularisiert worden war und von einer grundsätzlichen Erfahrbarkeit der jenseitigen Welt für den Menschen im Diesseits ausging. Die höheren philosophischen Weihen erhielten diese Phantasmen, als Kant in den »Träumereien eines Geistersehers« unterschiedliche Welten proklamierte, die dem Menschen in unterschiedlichen Erfahrungs- und Wahrnehmungsmodi zugänglich seien. Schon im Diesseits war der Mensch also Teil eines jenseitigen Geisterreiches. In seiner »Naturgeschichte des Himmels« von 1755 schrieb Kant über die Seelenwanderung und verwissenschaftlichte die Topographie der jenseitigen Geisterwelt, indem er den Seelen auf ihrer Wanderung die Planeten des Universums als die bequemen Stationen ihres Aufenthaltes zuwies. Damit war ein ausbaufähiges Imaginativ des Jenseits gefunden, das viel wissenschaftliche und theologische Phantasie auf sich zog, bekannte erweckte Protestanten wie Lavater und Heinrich Jung-Stilling ausgiebig beschäftigte und um 1800 so weit ausgearbeitet und popularisiert war, dass es nicht nur in der Traktat- und Kolportageliteratur verfügbar wurde, sondern auch in protestantischen Predigtsammlungen.[269]

Die Entstehung des Mesmerismus war schon deswegen mit diesen Verschiebungen im theologisch Imaginären verbunden, weil Mesmer seine Ideen und seine Praxis in der Auseinandersetzung mit dem Exorzisten Gassner entwickelte, der dem Teufel mit den bekannten Instrumentarien der katholischen Kirche buchstäblich zu Leibe rückte. Als die Gebrüder Puységur 1784 die somnambulische Hypnose erfanden, stand eine Praxis zur Verfügung, um Menschen, die über gesteigerte Erkenntnisleistungen verfügten, zu Medien zu machen und durch sie jene Welt zu erreichen, von der Kant so eindrücklich gesprochen hatte. Der Trend zur Physiologisierung der Seele durch die Mediziner, der auch zur Erfindung der Geschlechtscharaktere führen sollte, beförderte in diesem Fall die Entdeckung eines physiologischen Substrats: Dietrich Georg Kieser beschrieb 1822 die Nerven als die Grundlage der sinnlichen Wahrnehmung und identifizierte entsprechend ein Ganglion, das für den »Allsinn« zuständig sei und das somnambule Hellsehen ermögliche.

Während die Ärzte auf diese Weise das somnambule Hellsehen enttheologisierten, obwohl man freilich gleichwohl Visionen und Erscheinungen gerne als Bestätigung der eigenen Theoriebildung zitierte, nutzten die Theologen aller Konfessionen den Mesmerismus umgekehrt zur wissenschaftlichen Rechtfertigung des Wunders, der Privatoffenbarung und der mystischen Gotteserfahrung. Rom sah sich seit 1854 veranlasst, in mehreren Lehrschriften die Grenze zum Mesmerismus zu ziehen. Man ließ die mesmerische Hypnose zur wissenschaftlichen Erkenntnis zu, verwarf die Feinstofflichkeit der Geister und artikulierte Vorbehalte gegen die »technologische« Seite des Mesmerismus, weil nur Gott die jenseitigen Geister in Bewegung setzen könne. Außerdem verwies man auf die moralisch bedenkliche Konstellation, wenn Frauen von Männern in einen Zustand der Wahrnehmungs- und Erinnerungslosigkeit versetzt wurden. Von Geistlichen, die als Beichtväter und Seelenführer der vielen visionären Frauen in der ersten Hälfte des 19. Jahrhunderts tätig wurden, weiß man, dass sie weniger zurückhaltend waren. Sie waren häufig im Mesmerismus umfänglich bewandert, und sie sahen sich auch in der Lage, die Visionen ihrer Schutzbefohlenen termingerecht – man bevorzugte häufig den Freitag – hervorzurufen.[270] Nicht nur die Praktiken vermischten sich, auch das mediale Diskurspositiv, das die Phänomene zugleich rahmte und hervorbrachte, wies strukturelle Analogien auf. Der Körper wurde in den vielen Stigmatisierungen, die sich ab den 1830ern von Italien bis nach Frankreich ereigneten, zum ersten Authentizitätsgaranten des Jenseitskontakts. Als Authentizitätsgarant war er wichtiger denn als Kommunikationsmedium. Der Trancekörper der somnambulen Medien fungierte in seiner Sinnenstarre nicht anders. Darüber hinaus kann man in beiden Fällen eine Technisierung des Verkehrs mit dem Jenseits beobachten, die auf die Verortung der Phänomene in einer Phase beschleunigter Transformation der gesellschaftlich relevanten Medien verweist. Vom Exorzismus über die arrangierte Vision bis hin zur somnambulen Hypnose und zum spiritistischen Tischerücken, das nach der Jahrhundertmitte sich in den bürgerlichen Schichten aller Konfessionen ausbreitete, handelte es sich um Verfahren, mit denen der Kontakt zum Jenseits über Medien aktiv und gezielt aufgenommen werden konnte. Die Übertragung ihrerseits geschah mehr und mehr technisch vermittelt. Nicht nur erfand man Psychographen, die aufzeichneten, was die somnambulen Medien in der anderen Welt wahrnahmen und von dort mitgeteilt bekamen. Das spiritistische Tischerücken nutzte die Materialität eines Möbelstücks, um sich mit dem Jenseits zu verständigen. Und die »Höhere Führung«, der sich oberbayerische Redemptoristen und andere hohe Männer der Kirche seit 1848 angeblich unterstellten, kommunizierte ebenfalls in einem materiell greifbaren Medium. Die seit 1847 stigmatisierte und mehrfach exorzierte Seherin Louise Beck, die dann zum wichtigsten Medium dieses Männerbundes wurde, ließ ihren Seelenführern die Mitteilungen des jeweiligen seligen Geistes, dem man sich zur Führung unterstellt hatte, auf schriftlichem Wege zukommen. Wer Weisungen erhalten wollte, schrieb an Louise Beck einen Brief, der an die »Mutter« gerichtet war. Die Antwort kam zustande, indem Louise sie des Nachts ohne Licht in ekstatischem Zustand auf die Weisung der Gottesmutter Maria hin niederschrieb. Fragebrief und Antwort wurden dann versiegelt zurückgeschickt.[271]

So technisch und funktional das mediale Dispositiv dieser spiritualisierten Jenseitsbeziehungen war, so emotionalisiert schien das soziale Dispositiv, das sie ebenfalls rahmte. Es war bestimmt durch Geschlechterbeziehungen, Familienkonstellationen und die Dynamik von Verwandtschaftsverhältnissen. Begehren, Emotionen und Interessen überlagerten sich hier vielfach und durchmischten sich zu psychisch explosiven Gemengelagen. Das galt für die Soziobiographien der Medien wie für die Konstellationen, in denen man sie in Anspruch nahm. Für die katholischen Seherinnen mit und ohne Stigmata ist eine spannungsreiche familiäre Konstellation, eine problematische Ehe oder eine gescheiterte Liebesbeziehung in den meisten Fällen nachgezeichnet worden. Die Beispiele reichen von der Südtirolerin Mörl über die württembergische Karoline Becker bis hin zu Louise Beck. Die wiederholte Erscheinung des Geistes eines verstorbenen Pfarrers in Krenzingen im Schwarzwald drehte sich um eine komplizierte Erbstreitigkeit in einem Dorf, in die sich die Geister der Verstorbenen nach Kräften einmischten. Für den Mesmerismus ist wiederum kennzeichnend, dass die Kontaktaufnahme zur jenseitigen Welt häufig durch den Wunsch bestimmt war, mit den engsten Verwandten, vor allem aber mit geliebten verstorbenen Ehegatten in Kontakt zu treten. Christoph Martin Wieland berichtete, wie er nach dem Tod seiner Ehefrau lange Monate deren unmittelbare Präsenz erlebt habe und dadurch an seiner rationalistischen Ablehnung des Geisterglaubens beinahe irre geworden wäre. Die Berichte aus spiritistischen Sitzungen, zu denen sich häufig Familienmitglieder und Verwandte zusammenfanden, zeigen ebenfalls, dass sexuelle Tabus und emotionale Spannungen das unausgesprochene und vielfach dann auch das ausgesprochene Thema solcher Seancen im Familienkreis waren.

Frömmigkeit ist eine Sinnprovinz eigenen Rechts, aber damit sie soziale Gestalt gewinnt, braucht sie Medien, in denen sich diese Formbildung vollziehen kann. Deswegen blieb das Verhältnis zwischen Innen und Außen bei veranstalteter Ekstase und Trance, die in methodistischen Feldpredigten, in den Gebetshäusern und bei den Bußpredigten der katholischen Volksmissionare sich ereigneten, durchaus ungeklärt. Eindeutig aber scheint es in diesem Feld der visionären Religion. Hier wurde Religion als Medium brauchbar, um die Erfahrung in der Kommunikation mit dem Jenseits für die Figuration der Psyche in den emotionalen und sozialen Bezügen einer bürgerlichen Gesellschaft zu nutzen.

4.
Frauen in der Religion der Männer

Das Christentum war männlich. Seine Geistlichen und Prediger waren von wenigen Ausnahmen in den Denominationen abgesehen Männer, auch in den protestantischen Kirchen. Weibliche Spiritualität verbarg sich in pietistischen Zirkeln oder war hinter Klostermauern gesperrt worden. Zum Garanten für die Umsetzung kirchlicher Normen in der Gesellschaft war der Hausvater mit seiner Herrschaftsbefugnis über Ehefrau, Kinder und die sonstigen Angehörigen des »Ganzen Hauses« eingesetzt. Das stand nicht nur in Kirchenordnungen, sondern auch in den Polizeigesetzen staatlicher Instanzen bis ans Ende des 18. Jahrhunderts so zu lesen. Luthers Standeslehre, die der Frau mit der Rolle der Mutter und Erzieherin eine wichtige Aufgabe in der religiösen und der sonstigen Sozialisation zuwies, und die pietistischen Gebetszirkel, in denen auch Frauen ihre Spiritualität erleben und mitteilen konnten, änderten insgesamt wenig daran, dass die paulinische Anweisung, das Weib habe in der Gemeinde zu schweigen, in allen Konfessionen und Denominationen fast gleichermaßen ernst genommen wurde. Die Mobilisierungs- und Differenzierungsvorgänge, die von der Durchsetzung einer kapitalfundierten und marktgesteuerten Industrialisierung begleitet wurden, stellten eine Herausforderung dar, weil sie neue Felder und Möglichkeiten sozialer Beteiligung für Frauen öffneten und die Varianten der Lebensgestaltung in fast allen Schichten vervielfachten. Die Rolle der Frau musste neu geschrieben und das Verhältnis der Geschlechter neu bestimmt und ausgehandelt werden.

Die Ordnung der Geschlechter

Das betraf die Grundkonfiguration sozialer Codes, nach denen sich die Strukturen der europäischen Gesellschaften seit dem Ende des 18. Jahrhunderts reproduzierten. Die Familie als der exklusive Ort legitimer Geschlechterbeziehungen galt als Kern der gesellschaftlichen Ordnung, weshalb selbst Utopisten wie Charles Fourier ihre gesellschaftlichen Zukunftsmodelle von der Neugestaltung der Geschlechterbeziehungen aus dachten. Sie galt aber auch als Modell für politische und soziale Ordnungsmuster überall dort, wo politische Macht autokratisch begründet war und in patriarchalischer Fürsorge handeln sollte, wo mithin das Soziale als emotionale, hierarchisch geordnete Vergemeinschaftung begriffen wurde. Die Liberalen waren hier in ihren Begrifflichkeiten in der ersten Hälfte des 19. Jahrhunderts oft noch nicht sehr weit von katholisch-konservativen Beschreibungen der Gesellschaft entfernt. Hegel, der in seiner Philosophie des Rechts von 1820 die vom Staat getrennte Gesellschaft als ein »System der Bedürfnisse« identifizierte, schrieb einen Abschnitt über die Familie, weil er in ihr die Grundform sozialer Inklusion überhaupt erkannte. In ihr erscheine das Individuum nicht als Person, sondern als Mitglied. Gegenüber der Allgemeinheit der Gesellschaft als sittlicher Ordnung, in der sich die Freiheit des Individuums verwirkliche, erschienen die Familien in ihrer Vielheit zwar als partikular und als das »Besondere«. Aber weil sich Sittlichkeit als Bindung zuerst in der Familie realisiere, stelle die Mitgliedschaft in der Familie nicht nur kein Hindernis für den Eintritt der Person als ein »Ganzes von Bedürfnissen und eine Vermischung von Naturnotwendigkeiten und Willkür« in die Allgemeinheit der bürgerlichen Gesellschaft dar, sondern war sogar deren Voraussetzung.[272]

Man merkt den dialektischen Schleifen dieser Argumentation an, wie viele Spannungen an dieser Stelle auszugleichen waren und welchen Druck die bürgerliche Gesellschaft auf die Familie als primäre Instanz der Vergesellschaftung ausübte, weil sie ihr Modell und ihr anderes gleichzeitig sein sollte. Die Männer gaben diesen Druck an die Frauen weiter, und Religion war entscheidend daran beteiligt. Sie spielte in Hegels Argumentation keine Rolle, weil er sie nur noch als Prinzip der »subjektiven

Freiheit« thematisierte. Im politischen Liberalismus war das dann anders. Karl Theodor Welcker beschrieb die christliche Familie als Grundelement der Gesellschaft und eines »würdigen Staatslebens«. Voraussetzung dafür sei, dass die Frau sich ihrer besonderen Religiosität bewusst bleibe, weil dies ihre von Gott durch die natürlichen Unterschiede festgesetzte Unterordnung sicherstelle. Wer sich auf einen katholisch-kirchlichen Standpunkt stellte, konnte noch etwas deutlicher werden: Die christliche Ehefrau und das Weib überhaupt sei, wenngleich es dem Manne an Menschenwürde nicht nachstehe, diesem doch durch die Schöpfungsordnung und die Bestimmung der Natur untergeordnet. Deswegen dringe die Heilige Schrift im Besonderen auf »Züchtigkeit, Demuth, Bescheidenheit und Frömmigkeit der Weiber«. Diese Frömmigkeit der Weiber war aus kirchlicher Sicht auch deswegen wichtig geworden, weil sie als eine entscheidende Voraussetzung für die religiöse Prägung und Erziehung der Kinder erkannt worden war.[273]

Religiosität wurde zu einem alles überwuchernden Element des weiblichen Geschlechtscharakters, der in einem breiten Spektrum von Diskursen von der Medizin über Sozialtheorien und Literatur bis hin zur Theologie und religiösen Gebrauchstexten seit den 1780er Jahren herauspräpariert wurde. Die Beobachtungen der Geistlichen schienen diese »Feminisierung der Religion« zu bestätigen. Das Weib habe für alles Heilige ein empfängliches Herz, hieß es in einer 1843 gedruckten Predigt. Deswegen seien es die Frauen, die den geistlichen Belehrungen am aufmerksamsten lauschten; deswegen suchten Frauen und Jungfrauen die Beichtstühle am häufigsten und »ganz freiwillig« auf, und deswegen kniet »das Geschlecht der Weiber« auch am andächtigsten vor den Altären.

Wenn die Frauen in der Religion der Männer scheinbar einen anderen Platz gefunden hatten, dann ist zu fragen, wo sich die institutionellen Freiräume dafür auftaten; von Interesse ist dann zweitens die diskursive Rahmung, mit der diese Verschiebungen in den Inklusionsmodi für die Hälfte der christlichen Menschheit Europas begleitet und auch gestaltet wurden; drittens dürfte schon deutlich geworden sein, dass dies alles Folgen für die soziale und christliche Konstruktion von Weiblichkeit selbst hatte. Wir beobachten diese Veränderungen aus der Perspektive von Religion.

Caritas, Philanthropie und Mission

Weil es der weiblichen Natur nicht entspreche, habe die katholische Kirche die Frauen trotz ihrer besonderen Frömmigkeit von den geistlichen Ämtern und insbesondere vom Lehramt ferngehalten, hieß es 1852 in der von Heinrich J. Wetzer und Benedikt Welte herausgegebenen Enzyklopädie der katholischen Theologie unter dem Lemma »Familie«.[274] Das war eine katholische Stimme, aber im Grundsatz rückte keine der europäischen Konfessionen und Kirchen von dieser Position ab. Deswegen vollzog sich die Feminisierung von Religion in einer ganz spezifischen Weise, die nicht so sehr durch konfessionelle und theologische Unterschiede bestimmt war, sondern durch die Dynamik sozialer Differenzierungsprozesse. Das galt für das soziale Feld von Religion selbst, in dem neue Betätigungsfelder für Frauen entstanden. Es galt aber auch für die gesellschaftliche Umwelt von Religion, in der Folgeprobleme von Modernisierungsprozessen als funktionale Bezugsfelder auftraten, auf die man mit Religion reagieren konnte. Ein Engagement in solchen sozialen Problemzonen ließ sich in einer Weise als gottgefälliges Tun ausflaggen, das gleichzeitig die gesellschaftliche Funktion von Religion überhaupt vor Augen stellte. Die kapitalistische Industrialisierung und die damit verbundenen Migrations- und Freisetzungsprozesse ließen Inklusionsprobleme dringlich werden, die in der alteuropäischen Gesellschaft in dieser Form und Dramatik nicht aufgetreten waren, und wo sie vorkamen, hatten familiäre und kommunale Strukturen ausgereicht, um die Folgen so weit abzumildern, dass sie nicht zu Massenproblemen wurden. Jetzt aber sammelte sich in den Städten und in den wenigstens in England bereits sehr schnell wachsenden neuen Industriesiedlungen eine proletarisierte, eigentumslose Bevölkerung mit unsicheren Erwerbschancen, deren Lebensrisiken wie Krankheit und Einkommensausfall längst noch nicht durch die Netze eines Versicherungssystems abgefedert wurden. Hinzu rechnen kann man die vom ökonomischen Strukturwandel ebenfalls einschneidend betroffenen Handwerker und zum Teil auch die durch neue Techniken wie mechanische Webstühle bedrohte Bevölkerung in den protoindustriellen Gewerben.[275] Auf sie konnten sich jetzt religiöse Caritas und philanthropische Anstrengungen richten, nicht nur um sie zu unterstützen und etwa im Krankheitsfall zu helfen, sondern auch, um sie zu »erziehen« und ihr die für die Inklusion in eine bürgerlich-kapitalistische Gesellschaft notwendigen Kenntnisse, Tugenden und Verhaltensweisen zu vermitteln. Die Beherrschung elementarer Kulturtechniken wie Lesen, Schreiben und Rechnen erwies sich überhaupt immer mehr als eine der Minimalvoraussetzungen für das Leben in einer sich industriell, urban und massenmedial reproduzierenden Gesellschaft, so dass die politischen und sozialen Eliten den Ausbau elementarer Beschulung auch dann betrieben und beförderten, wenn sie die sozial destabilisierende Wirkung von Bildung für Unterschichten fürchteten.[276]

Bis weit über die Jahrhundertmitte hinaus erwiesen sich staatliche Instanzen in Europa nicht in der Lage, diesen strukturellen und katastrophisch verlaufenden Umbau der europäischen Gesellschaften institutionell auch nur annähernd angemessen zu gestalten. Der Liberalismus und das *laissez faire* des politischen Diskurses rechtfertigten deswegen nur die strukturelle Überforderung eines Sozialsystems, das, weil es immer noch mit der Herrschaftssicherung der Besitzenden befasst war und nicht über die notwendigen Ressourcen verfügte, den strukturellen Umbau der Gesellschaft nur defensiv begleitete. Schutzzölle und die zähen Auseinandersetzungen um eine die Arbeiterschaft berücksichtigende Wahlrechts- und Parlamentsreform in England illustrieren den einen Aspekt, das Gesetz Guizots von 1832, mit dem in Frankreich allen Kommunen die Einrichtung von Elementarschulen vorgeschrieben wurde, deren Kosten sie selbst zu tragen hatten, den anderen.

Im Sozialsystem Religion wurde die institutionelle Dynamik von anderen, internen Gegebenheiten bestimmt, die zunächst ebenfalls konfessionsübergreifenden Charakter hatten. Das hatte sich in der Entkirchlichung bereits gezeigt. Das europäische Christentum wurde allein deswegen femininer, weil die Männer in allen Schichten die kirchlich gebundene Gottesverehrung und Frömmigkeit mehr und mehr mieden. Das unterstreichen die vorliegenden Daten für protestantische und katholische Kirchentümer gleichermaßen. Überall zeigt sich auch, dass die mit der christlichen Heilsökonomie vermittelten Vorstellungen von

Sündhaftigkeit und Gnadenbindung mit den männlichen Identitätsidealen der moralischen Autonomie und der Selbstverantwortung immer weniger in Einklang zu bringen waren.[277]

Neue Orte für Frauen entstanden dort, wo die religiösen Institutionen auf die gewandelten Differenzierungs- und Kommunikationsmuster reagierten. Sie formten sich zuerst dort, wo die soziale Form von Religion in einer Gesellschaft der freien und gleichen Bürger Organisation und soziale Bewegung akzentuierte und damit religiöse Kommunikation mit Motivlagen wie Freiwilligkeit und Engagement verband, um Mitgliedschaft zu dokumentieren. Ein zweites Movens war der Umstand, dass Religion sich in einer säkularen, atheisierten Welt wahrnahm, die es verlangte, sich ihr im Modus der Katechese und der Mission zuzuwenden. Drittens taten sich dort neue Möglichkeiten für Frauen auf, wo angestaute religiöse Energien medial und kommunikativ aufblühten und man es mit somnambulen, spiritistischen Medien und stigmatisierten Visionärinnen zu tun bekam, die jenseits kirchlich-institutioneller Vermittlung mit der Transzendenz in Kontakt traten.

Die theologischen und symbolischen Traditionen, die in der Ausgestaltung dieser Möglichkeitsräume wirksam wurden, waren dann schon konfessionsspezifischer. Der Protestantismus hatte das Verständnis für zölibatäre Lebensformen und die Werkheiligkeit so weit verloren, dass die Feminisierung sich dort als Engagement von im Regelfall verheirateten Frauen in den vereinsmäßig organisierten Wohltätigkeits-, Missions- und Besserungsinitiativen und in der Sonntagsschulbewegung vollzog. Unter dem von aufgeklärten Traditionen durchtränkten Titel der »Philanthropie« prägten sie das religiöse Leben der britischen Gesellschaft jenseits der Anglikanischen Kirche. Die Lebensform der caritativ und in der Elementarbildung tätigen Diakonisse wurde im europäischen Protestantismus erst in der zweiten Jahrhunderthälfte in größerem Umfang möglich. Außerdem eröffnete die spirituelle Gleichberechtigung und Gleichbefähigung der Geschlechter, die in täuferischen Traditionen und pietistischer Praxis begründet war, den Frauen im »Bewegungsprotestantismus« neue Möglichkeiten der religiösen und organisatorischen Betätigung. Im katholischen Raum waren Katechese und Mission bis zum Ende des 18. Jahrhunderts Angelegenheit der Orden gewesen. Die Orden der franziskanischen Provenienz waren stark auf dem Feld der Armen- und Krankenpflege engagiert, Jesuiten und Dominikaner hatten sich die Mission und die Erziehung der Jugend der Mittel- und Oberschichten geteilt. Die Mädchenbildung für die Oberschichten übernahmen seit dem 17. Jahrhundert verstärkt Kongregationen und Drittordensgemeinschaften von Frauen, wie die *Congregation de Notre-Dame*, die Englischen Fräulein und die Ursulinen. Weil ihnen die männliche Hierarchie die Verbindung von Ordensgelübde und weltlichem Leben nicht gestatten wollte, die den Jesuiten zugestanden worden war, waren die Ursulinen und die *Congregation de Notre-Dame* noch in der zweiten Hälfte des 18. Jahrhunderts den Weg in die Ordensorganisation gegangen, während man die Kongregation der Englischen Fräulein aufgehoben hatte.[278]

In welchem Umfang sich die Orte der Feminisierung von Religion entwickelten und in welchem Umfang sie genutzt wurden, war dann offenkundig nicht konfessionell, sondern durch den Stand und die Dynamik der sozialen Umgestaltungsprozesse bestimmt. Die Gesellschaft hielt in sehr unterschiedlichem Maße Bedingungen bereit, die im System als Gelegenheit, religiös zu handeln und sein Leben zu gestalten, wahrgenommen werden konnten. Das zeigt ein vergleichender Blick auf Frankreich, England und den deutschen Raum sehr deutlich.

In Frankreich entstanden bereits in den zwei Jahrzehnten bis 1820 rund 70 Kongregationen für Frauen.[279] In den darauf folgenden Jahren bis 1870 waren es dann allein 60 pro Jahrzehnt. Im Vergleich dazu nahm sich das Interesse der Männer an dieser Form der religiös imprägnierten und normierten Lebensgestaltung bescheiden aus. Nur 74 Männerkongregationen wurden bis 1860 gegründet. Die Gemeinschaften waren meist nicht groß, aber weil sie in der Zahl stark wuchsen, lebten und arbeiteten Ende der 1870er Jahre mehr als 130 000 Frauen in solchen Gruppen zusammen, während nur rund 30 000 Männer ihr Leben hinter Klostermauern und als Zölibatäre in Kongregationen verbrachten. Nicht nur der Eintritt in eine Kongregation war für Frauen attraktiv, auch in ihrer Gründung engagierten sie sich stark. Etwa die Hälfte der Kongregationen gehen auf weibliche Initiative zurück, bei einem weiteren Fünftel engagierten sich Männer und Frauen gemeinsam, und nur in drei von zehn Fällen hatte ein Mann allein die Einrichtung einer Kongregation betrieben. Es waren hauptsächlich Damen aus der Bourgeoisie und dem Adel, die ihre religiöse Gesinnung und Caritas durch eine derartige Initiative zum Ausdruck brachten, wobei das Interesse im Adel dafür im Verlauf des Jahrhunderts merklich nachließ, während das Engagement der Wirtschaftsbürger zunahm. In jedem sechsten Fall wurzelte die Gründung im handwerklichen Milieu. Die institutionelle Proliferation von Kongregationen war im Vergleich zur Eigeninitiative gering. Jede fünfte von ihnen entstand durch Abspaltung oder institutionell betriebene Filiation. Mit den Gründungsinitiativen war stets ein erhebliches finanzielles Engagement verbunden, das in der Bevölkerung als gutes und nachahmungswertes Beispiel aufgenommen wurde. Die Arbeit der wohltätigen Frauenvereinigungen wurde von einem breiten Strom von Stiftungen und Legaten getragen, der sich bis zur Jahrhundertmitte stetig verbreiterte. Bis 1830 gingen den Religiosen rund 1,4 Millionen Franc zu, im ersten Jahrzehnt nach der Jahrhundertmitte belief sich das Spenden- und Stiftungsaufkommen auf 4,3 Millionen Franc jährlich. Um die Mitte des Jahrhunderts verfügten die Religiosen über einen Vermögensbestand, der dem der Pfarrfabriken im ganzen Land gleichkam. In ihrer Mehrzahl waren die Kongregationen in Städten angesiedelt. Nur ein Drittel arbeitete in kleineren Orten und auf dem Land, vier von zehn der Gemeinschaften aber in Orten mit über 5000 Einwohnern.

Dies machte wohl bereits einen Teil der Attraktivität der Gemeinschaften für Frauen aus, die sich entschlossen, in eine solche Kongregation einzutreten und nach einem Noviziat auch das Gelübde abzulegen. Nur ein Drittel der Novizinnen kam aus der Stadt, die anderen in ihrer Mehrzahl aus Bauern-, Handwerker- und Kleinhändlerfamilien der ländlichen Gegenden Frankreichs und seiner Dörfer. Töchter von Arbeitern und Taglöhnern taten sich schwerer mit dieser Lebensform, für junge Frauen aus adeligem Haus war sie fast gänzlich unattraktiv. Für die Töchter aus den ländlichen und dörflichen Mittel- und Oberschichten stellte der Eintritt in eine Kongregation aber eine Chance dar, einen Lebensweg jenseits von Heirat und Familie einzuschlagen, der aus den Zusammenhängen, in denen man aufgewachsen war, und damit auch aus dem Umfeld der Familie dauerhaft herausführte. Es war die Regel in den Kongregationen, dass die Schwestern nie in den Orten eingesetzt wurden, aus denen sie kamen.

Kongregationen eröffneten den jungen Frauen einen Weg in eine Berufsbiographie. Nur eine von zehn der Gemeinschaften verpflichtete ihre Mitglieder auf ein kontemplatives Leben. In den anderen religiösen Gemeinschaften arbeiteten die Frauen als Krankenschwester und in der Altenpflege oder als Schulschwester in den kommunalen Elementarschulen. Die Zahl der Schulschwestern überwog bei weitem. Das führte dazu, dass das Elementarschulwesen Frankreichs bis in die Dritte Republik zu großen Teilen in den Händen der Kongregationen lag. 1850 betrieben sie über 10 000 Schulen, in denen 680 000 Schüler im Katechismus unterrichtet wurden und darüber hinaus lesen, schreiben und rechnen lernen sollten. In der Diözese Lyon bedeutete dies, dass zwei Drittel der Schüler von den Fräulein der Kongregationen unterrichtet wurden. Die Kongregationen engagierten sich in besonderem Maße in der Katechese und der Alphabetisierung von Mädchen. Schon 1850 lag der Anteil der Mädchen in ihren Schulen bei rund 45 Prozent, und er stieg in den nachfolgenden zwei Jahrzehnten noch weiter an. Im Departement Loire wurden neun von zehn Mädchen, die eine Schule besuchten, von Lehrschwestern unterrichtet. Die Schwestern vom heiligen Josef nahmen sich vor, »starke christliche Frauen« zu erziehen, tatkräftig, fromm und bereit zu einem aktiven Christentum. Damit verwirklichten die Schwestern in den Kongregationen nach Meinung von Laien wie auch Männern der Kirche einen Missionsauftrag, weil sie Frauen darauf vorbereiteten, als Mütter und Ehefrauen an der Wiederverchristlichung des von der Revolution in die Sünde gestürzten Landes mitzuwirken. Und man würdigte immer wieder auch ihren Beitrag, den sie in den Elementarschulen zur Zivilisierung der proletarisierten unteren Schichten leisteten.

Die Frauen in den Kongregationen übernahmen damit eine wichtige Aufgabe in der Umgestaltung und Modernisierung der französischen Gesellschaft. Das erfüllte sie mit Stolz und Selbstbewusstsein, was durch ihre Ausbildung in den Gemeinschaften gezielt gefördert und gestärkt wurde und was sie auch weitergaben. Mit dem Eintritt verpflichtete man sich zwar auf unbedingten Gehorsam und die Einordnung in die Hierarchie einer meist straff geführten, zentralisierten Organisation, aber da die Schwestern in kleinen Gemeinschaften von bis zu zehn Frauen in eigenen Häusern zusammenlebten, bot der Alltag auch Freiräume. Wie umfänglich sie waren, ist schwer zu ermessen, da das gesamte Ausbildungs- und Verhaltensprogramm in den Kongregationen auf eine Verinnerlichung von Disziplin, Pflichterfüllung und einen stetigen Kampf gegen die eigenen »schädlichen Neigungen« ausgerichtet war. Deswegen war die berufliche Tätigkeit im Tagesablauf gerahmt von Gebet, Gottesdienst und skrupulöser Selbstprüfung. Die Marienverehrung spielte in den Kongregationen eine große Rolle, in vielen Fällen war dies schon an der Namensgebung kenntlich. Kongregationen eröffneten Frauen kein Leben in freier und unabhängiger Selbstbestimmung, aber sie boten durch den Beruf einen selbständigen Weg in den öffentlichen Raum. Nicht nach der allgemeinen Form wolle man selig werden, bemerkte noch 1870 ein altkatholischer Mann über die Motive von Frauen, Kongregationen zu gründen und in sie einzutreten, sondern man wolle »partout« etwas Apartes haben: »ein eigenes Kleid, eigene Regeln, eigene Beschäftigung«. Deswegen vermutete er an individuellen Motiven neben Neigung und wahrer Berufung, Mode und Nachahmung, dann religiöse Überspanntheit und Hochmut, generell aber »Subjektivismus«. Religion wurde hier offenbar zu einem Feld der Individualisierung und zu einem Inklusionsmedium für Frauen jenseits von Ehe, Haushalt und Kindern. Die meisten Frauen empfanden es deswegen nicht als Zwang, wenn sie sich durch ein Gelübde festgelegt hatten. Nur eine von fünf Frauen verließ ihre Gemeinschaft wieder. In Männerkongregationen war dies anders. Einige von ihnen befristeten die Geltung der Antrittsgelübde auf zehn Jahre, weil die Austrittsquoten bei 50 Prozent und darüber lagen.[280]

Kirchliche Instanzen konnten in der Attraktivität, die diese Verbindung von *vita activa* und *vita contemplativa* für Frauen entfaltete, im öffentlichen Diskurs als einen Beleg für das Wiedererstarken von Religion verbuchen. Genau besehen blieb die Feminisierung von Religion aber ein gesellschaftliches Phänomen. Das zeigt ein Blick auf andere katholische Regionen Europas. Umfang und Intensität des Kongregationslebens hingen erkennbar vom Stand der gesellschaftlichen Dynamisierung ab und nicht von der »Katholizität« einer Region. Zieht man allein die Marianischen Kongregationen in Betracht, so entstanden im

Verlauf des 19. Jahrhunderts in Frankreich 269 solcher Schwesternvereinigungen, in Italien samt der habsburgischen Gebiete 58 und Spanien nur 46. In Deutschland wurden 20 solcher Gemeinschaften gegründet. Bezieht man die nichtmarianischen Kongregationen mit ein, verändert sich das Bild kaum. In Preußen mit seinen katholischen und sich schnell industrialisierenden Rheinlanden kam es von 1803 bis zu Beginn des Kaiserreiches zu 23 Gründungen mit 281 Niederlassungen, in denen rund 2500 Schwestern lebten. Das entsprach um 1850 einem Anteil von knapp fünf Schwestern pro 1000 Einwohner. In Frankreich war diese Quote schon 1830 erreicht gewesen, 1861 lag sie wie in Belgien bei elf, während in Italien noch um 1880 nur vier Kongregationsschwestern auf 1000 Einwohner kamen. In Bayern stießen sich solche Aktivitäten in der Öffentlichkeit um die Mitte des Jahrhunderts noch so sehr mit den überkommenen weiblichen Rollenbildern, dass die Damen der Münchener Oberschicht ihre öffentliche Caritas von der Zustimmung ihrer Männer abhängig machten und sie dann doch lieber im Verborgenen betrieben, statt auf der Plattform eines Vereins.[281]

Im europäischen Protestantismus hatte die von caritativem, missionarischem und zivilisatorischem Engagement getragene Verweiblichung der Religion ein anderes Gesicht. Die heilsmäßige Auszeichnung der Jungfräulichkeit und das monastische Modell hatte bereits die Reformation abgeschafft. Ein funktionales Äquivalent stand allerdings in den Missions-, Bibel-, Besserungs- und Wohltätigkeitsgesellschaften bereit, die seit dem Ende des 18. Jahrhunderts in großer Zahl entstanden waren. Sie wurden zu einem Betätigungsfeld für Frauen. Zwischen 15 und 30 Prozent der Mitglieder in diesen Gesellschaften waren schon in den ersten fünf Jahrzehnten des Jahrhunderts weiblich. Danach stellten Frauen vielfach einen doppelt so hohen Anteil. Vereine und Gesellschaften, die sich speziell an eine weibliche Klientel wandten oder spezifische Anliegen von Frauen verfolgten, wie z. B. die *Institution for the Employment of Needle Women*, brachten es auf noch höhere weibliche Mitgliedsanteile. Dies galt im Regelfall auch für Gesellschaften, in denen Frauen in den Vorständen vertreten waren oder die überhaupt von Frauen gegründet und geführt wurden. Das waren nur gut zwei Handvoll Vereine bis in die 1840er Jahre, und sie konzentrierten sich wie die 1840 ins Leben gerufene *Institution for Nursing Sisters* auf die besondere Lebenslage von Frauen. Frauen engagierten sich nicht nur in diesen Freiwilligkeitsorganisationen, sie unterstützten sie auch regelmäßig mit Spenden und Stiftungen. Die Summen waren häufig etwas kleiner als die der Männer, aber der Anteil der Frauen unter den Gebern entsprach etwa dem unter den Mitgliedern.[282]

Das *English Woman's Journal* hielt 1859 fest, dass die Wohltätigkeit ein kongenialer Bereich sei, auf dem die *unemployed energies of women* fruchtbar gemacht werden konnten, und selbst engagierte Frauen wie Hannah More oder Milicent Fawcett waren überzeugt davon, dass die englische Gesellschaft die typisch weiblichen Eigenschaften wie Moralität, Selbstverleugnung und Mitleidsfähigkeit brauche und nur an ihnen genesen werde. Frauen sollten Frauen bleiben, wenn sie sich in dieser Weise betätigten.

Trotzdem veränderten sich die Rollenbilder auch hier durch neue Tätigkeiten und Aufgaben. Frauen erwiesen sich als einfallsreich und organisationsstark, wenn sie selbständig Wohltätigkeitsfeste ausrichteten. In Vorständen wurde ihre Sorgfalt bei der Verwaltung von Finanzen geschätzt, und in vielen Vereinen machte man die Erfahrung, dass Frauen ein besonderes Geschick bei der Einwerbung von Spenden und beim Verkauf von Bibeln und religiösen Traktaten hatten. Als besonders tatkräftig und erfolgreich erwiesen sich Frauen bei Hausbesuchen in den Wohnungen der Armen. Die Methodisten hatten diese Verbindung von Mission und interaktiver Zivilisierung entwickelt, und viele der Wohltätigkeitsgesellschaften entstanden mit dem Ziel, den Armen und Kranken im direkten Kontakt nicht nur zu helfen, sondern sie auch direkt zu einem besseren Leben zu führen und zur Selbsthilfe zu befähigen. Man scheute hierfür keine Mühen. Allein die *London City Mission* organisierte im Jahr 1870 zwei Millionen solcher Besuche und verfügte dafür über einen Etat von mindestens 20 000 Pfund. In vielen *Societys* war zu sehen, dass Frauen eher bereit waren als Männer, solche Hausbesuche zu übernehmen. Sie taten dies in der Absicht, die Haushalte der Armen in Ordnung zu bringen. Die Erfahrungen aus solchen Hausbesuchen wurden seit der Jahrhundertmitte in Handbüchern und Manualen zusammengetragen, die man als *Ladies Companions* bezeichnete und in denen eine tief zerklüftete Klassengesellschaft aus der Perspektive des liberalen Individualismus beschrieben wurde. In Memoiren ist aber auch festgehalten, dass die Frauen diese Konfrontation mit Leid und Elend als zutiefst religiöse Erfahrung erlebten. Mrs Gibson, eine Methodistin aus Newcastle, schrieb 1837 nieder, in der Wohltätigkeit liege für sie eine *imitatio Christi*, der ebenfalls stellvertretend für die Menschen gelitten habe. Andere Frauen hatten bei solchen Anlässen Erweckungserlebnisse, die sie aus ihren religiösen Ängsten und ihrer Sündenfurcht befreiten.[283]

Oben (III.3) war zu sehen gewesen, dass ein vergleichbar ausgerichtetes Vereinsleben auch im deutschen Protestantismus entstand, wenngleich mit zeitlicher Verzögerung und geringerer Intensität. Frauen scheinen in ihm keine bedeutende Rolle gespielt zu haben. Initiativen wie der von Prinzessin Marianne von Preußen 1830 initiierte Frauen-Verein zum Wohle des Vaterlandes, der sich die Linderung der von den Kriegen gegen Frankreich hervorgerufenen Notlagen auf die Fahne geschrieben hatte, blieben die Ausnahme. Zaghafte Ansätze zur Institutionalisierung einer kirchlichen Diakonie mit missionarischen und caritativen Aufgaben zeigten sich in den Landeskirchen erst seit der zweiten Hälfte der 1830er Jahre und gingen im Regelfall von Männern aus.[284] Es bestätigte sich im Protestantismus fast noch deutlicher, als es in katholischen Regionen schon greifbar war: Die Feminisierung von Religion, die über Mission, Caritas und Zivilisierung religiöse Motivlagen mit neuen Berufsrollen und Lebensmustern verbinden konnte, blieb abhängig von der Dynamik sozialer Modernisierungsprozesse.

Enteignete Spiritualität

Deswegen konnten sich die Traditionen der spirituellen Gleichwertigkeit und Gleichberechtigung, die in den protestantischen Denominationen und in den Versammlungen der Pietisten gepflegt worden waren, in England schon im 18. Jahrhundert zu neuen sozialen Räumen ausfalten, in denen Religion für Frauen zum Medium öffentlichen Wirkens und der Selbstdarstellung wurde. Die ekstatische Frömmigkeit der Methodisten war von Anfang an für Frauen offenbar besonders anziehend, und Wesley sorgte dafür, dass dies in den Gottesdiensten und in der Organisation der Zirkel durch Übertragung von Aufgaben auch Berücksichtigung fand. Wesley ließ eigene Zirkel für Frauen einrichten. Insgesamt dürften sich mehr Frauen als Männer in den Gemeindehäusern zu Gebet, Predigt und spirituellem Austausch versammelt haben. Am Beginn des 19. Jahrhunderts änderte sich dies, je mehr aus der methodistischen Bewegung eine Organisation wurde. 1802 untersagten die Methodisten die Predigt von Frauen, und an die Ordination war jetzt erst recht nicht mehr zu denken. So weit waren im Dissent nur die Quäker gegangen. Auch im deutschen Protestantismus war dieses Tabu so stark internalisiert, dass weder in den Zirkeln der Erweckungsbewegung noch bei den Lichtfreunden und im Deutschkatholizismus Frauen zu Pfarrern gemacht wurden, obwohl die Dynamik dieser Reformbewegungen wesentlich vom Engagement von Frauen aus den mittleren bürgerlichen Schichten getragen war. Frauen konnten dort predigen, sie ergriffen das Wort beim »freien Gebet« in den erweckten Zirkeln, und sie beriefen Versammlungen ein, auf denen Pfarrer Ronge auftrat und seine Predigten hielt. Nur dort, wo der Protestantismus in dieser Weise als Freiwilligkeitsorganisation oder als soziale Bewegung in Erscheinung trat, bot er Plattformen für weibliches Engagement, aus dem heraus sich neue Frauenrollen formten, in denen Frömmigkeit zu einem Medium der Inklusion in ganz anderen sozialen Bereichen werden konnte. In den staatlich legitimierten Kirchen waren solche Räume bis zur Mitte des Jahrhunderts kaum sichtbar. Im theologischen Nachdenken über *worship* und Frömmigkeit spielten Frauen deswegen auch keine besondere Rolle.[285] Überall im Protestantismus blieb das Frauenbild eindeutig mit der traditionellen Vorstellung der Frau als Ehefrau verbunden. Zu stark wirkten im Protestantismus die Abwertung der Jungfernschaft und die Konstruktion der Pfarrersfrau als die ihrem Mann untergeordnete Helferin.

Gerade weil die Männer im europäischen Christentum sich hartnäckig die Gestaltung der sakramentalen Kommunikation mit der Transzendenz vorbehalten hatten, mussten sie mit einem Strom von mystischer Religiosität leben, in der überwiegend Frauen in spontanen und intensiven Kontakt mit den höheren Mächten traten. Das hatte sich tief in die europäische Kultur eingegraben. Auch die misogynen Panikreaktionen in der europäischen Hexenverfolgung hatten daran nichts geändert, so dass die magischen Praktiken der Volksreligiosität immer noch eine Domäne von Frauen waren. Es scheint einen Bedarf nach Intensivierung solcher in den Alltag eingelagerten Spiritualität gegeben zu haben, der durch die politischen und sozialen Umbrüche einen starken Antrieb erhielt. Die millenaristische Prophetie in Frankreich und England ebenso wie die Visionen vom Herzen Jesu, der Heiligen Jungfrau Maria oder anderer Heiliger, die seit dem Beginn des 19. Jahrhunderts gehäuft auftraten, waren eine Angelegenheit überwiegend von Frauen. Auch an den Rändern des religiösen Kommunikationsraumes, wo er sich mit spekulativer Naturwissenschaft und medizinischer Praxis überschnitt, fiel die Rolle als Medium, das Kontakt zum Jenseits und seinen Geistern aufnahm, in erster Linie den Frauen zu. So entwickelte es sich faktisch im Mesmerismus, obwohl die Theoretiker des Thierischen Magnetismus es in ihren Schriften nicht so vorgesehen hatten. Ganz ähnlich verhielt es sich dann im Spiritismus, wo in den Sitzungen ebenfalls zumeist Frauen den Kontakt zur Geisterwelt aufnahmen.[286]

Frauen, die das Heilige in einer Vision schauten und denen sich die jenseitige Welt mit ihren die diesseitigen Horizonte übersteigenden Wissensbeständen mitteilte, erlangten eine Redeposition, die Frauen ansonsten nicht nur in der Religion der Männer, sondern in der sozialen Ordnung des europäischen 19. Jahrhunderts überhaupt verwehrt war. Diese Redeposition konnte vielfach genutzt werden: um sich aus marginalisierten sozialen Lagen zu befreien, um familiäre Spannungen zu bearbeiten oder sich gegen die Unterdrückung durch einen Ehemann zur Wehr zu setzen – all dies konnte sich mit Visionen, mit hypnotischen und spiritistischen Trancezuständen und vor allem mit dem Reden über sie verbinden. So prekär sich damit der soziale Hintergrund der spirituellen Außeralltäglichkeit darstellte, so prekär war die weibliche Spiritualität selbst. Sie blieb eine von Männern umstellte, kontrollierte, kritisierte, verdächtigte und wo es ging institutionell eingehegte, häufig auch manipulierte Spiritualität. Die Frauen blieben gebunden an Männer, die sich ihre Rede aneigneten. Um die stigmatisierten Visionärinnen kümmerten sich Beichtväter als Seelenführer oder romantische Literaten wie Clemens Brentano um seine Katharina Emerick. Somnambule Frauen lieferten sich einem hypnotisierenden Magnetiseur aus, und spiritistische Medien sprachen in Séancen hinein, zu denen sich überwiegend Männer zusammenfanden. Alle Varianten dieser Spiritualität sahen sich zudem einem Betrugsverdacht ausgesetzt. Gegen Wunderheilerinnen und Prophetinnen gingen die Obrigkeiten vor. Die somnambulen Frauen mussten den Verdacht tragen, sie würden von ihren Magnetiseuren manipuliert und in ihren Trancezuständen sexuell missbraucht. Die katholische Hierarchie unterzog die Privatoffenbarung seit dem 18. Jahrhundert normierten Prüfverfahren, um Betrug und das Wirken des Teufels auszuschließen. Die von der Hierarchie mit großem Nachdruck und Erfolg geförderte Herz-Jesu-Frömmigkeit und die ebenfalls direkt von Rom aus ins Werk gesetzte Förderung der marianischen Frömmigkeit wiederum zähmten die besondere weibliche Spiritualität durch ihre Verkirchlichung und indem sie sie veralltäglichten.

Phantasmen der Ordnung und der Sünde

Der aufrechte Rationalist und ehemalige Bistumverweser von Konstanz, Wessenberg, ließ 1835 eine Abhandlung drucken, in der er sich mit der Schwärmerei als allgemeines soziales und philosophisches Phänomen beschäftigte. Ihre Ursachen erkannte er generell in der Idee von der teuflischen Natur des Materiellen und in dem Streben, jeden Einsatz für eine Idee davon abhängig zu machen, dass »uns daraus ein Genuss zufließt«. Er identifizierte die Schwärmerei als ein um sich greifendes Phänomen des Zeitgeistes, an allen Orten der Gesellschaft, in der Philosophie ebenso wie in Politik und Dichtung. Häufig sei dabei der »Geschlechtstrieb« ganz unvermerkt im Spiel. Besonders die »Weiber-Mystik« enthalte eine »geheime Kapitulation zwischen sinnlicher und geistiger Verliebtheit«. Ihre Lebhaftigkeit und das Feuer der Empfindungen mache ohnehin »die Weiber noch entzündbarer von der Glut der Schwärmerei« als die Männer, die auch leichter durch Grundwahrheiten der Wissenschaften, tätiges Leben und Erfahrung davon geheilt werden könnten.[287] Wessenberg trug hier zu einem Diskurs bei, der den Umbruch der Geschlechtsrollen begleitete und ihn als Bedrohung der männlichen Position identifizierte, die die gesamte gesellschaftliche Ordnung ins Wanken bringen konnte.

Das beflügelte die angstbesetzten Phantasmen, mit denen die Feminisierung des europäischen Christentums seit Beginn des 19. Jahrhunderts gerahmt und als ein Reservoir der sprachlichen Codes und Motive auch hervorgebracht wurde.

Katholisch-restaurative Positionen und die evangelikaler Geistlicher der *Church of England* unterschieden sich dabei kaum, und man kann sich an die schon zur Sprache gebrachten Schriften Friedrich Wilhelms IV. und seiner konservativ-romantischen Berater erinnern, um sich davon zu überzeugen, dass man es mit einem europäischen Diskursphänomen zu tun hat, das davon Kenntnis gibt, wie man auf die politischen und sozialen Umbrüche durch die Suche nach einem vorgesellschaftlichen Ordnungsmodell reagierte. Man fand es in der Familie und in der in ihr begründeten Autorität, die eine gottgewollte Ordnung widerspiegele und die deswegen auch der Ort sei, an dem diese gesellschaftliche Ordnung reproduziert und einsozialisiert werden müsse. Es waren fundamentalistische Entwürfe, die dabei zustande kamen, weil sie die Bibel zur undiskutierbaren Norm der sozialen und politischen Ordnung machten. Sie waren aus den tiefen Ängsten heraus geboren, von denen die geistlichen und weltlichen Eliten Europas seit der Französischen Revolution befallen waren.

Die Grundelemente dieses Denkens lagen schon lange bereit und brauchten dann im 19. Jahrhundert nur noch einmal aktiviert zu werden. Der Naturzustand sei nicht durch Gleichheit, sondern durch Subordination gekennzeichnet, stellte John Filmer in seinen Auseinandersetzungen mit John Locke unter Verweis auf die Geschlechterordnung fest, als er die weibliche Thronfolge zu einer Notlösung erklärte, zu der man nur greifen könne, um die Gesellschaft vor Desintegration und Bürgerkrieg zu bewahren. William Wake, der Erzbischof von Canterbury, nahm in seinem Katechismuskommentar 1708 das Fünfte Gebot zum Ausgangspunkt, um die von der Herrschaft des Hausvaters geordnete Familie als Basis der Gesellschaft zu identifizieren, die dann das Vorbild für den wohlgeordneten Staat sein müsse. Sehr beliebt in den vielen Traktaten und Predigten der sozial- und politiktheoretisierenden Geistlichen war der Hinweis auf das zweite und dritte Kapitel des ersten Petrusbriefes, in dem dieser die Christen zu Untertänigkeit und Gehorsam gegenüber dem König und allen Oberen anhielt und gleichzeitig feststelllte: »Desgleichen sollen die Weiber ihren Männern untertan sein, auf dass auch die, so nicht Glauben an das Wort, durch der Weiber Wandel ohne Wort gewonnen werden.« Es ging nicht nur um die Rechtfertigung monarchischer Herrschaft, sondern um die Begründung sozialer und politischer Macht überhaupt. Reverend Henry Venn stellte in seiner Abhandlung über *The complete Duty of Men* (1763) fest, die Frau habe sich dem Willen des Ehemannes unterzuordnen, auch wenn sie klüger und tüchtiger als er sei. Sie dürfe ihm allenfalls Ratschläge geben. Andernfalls müsse man folgern, dass Autorität auf intellektueller Überlegenheit gründe – *a notion big with confusion and ruin to society*. Ganz so einfach stellte sich dieses Konstrukt für eine vom Gedanken des Naturzustandes infizierte Theologie offenkundig nicht dar. William Payley, der Erzdiakon von Carlisle, schrieb in seine *Principals of Moral* 1799, dass die Natur Männer und Frauen nach ihren Fähigkeiten und Anlagen weitgehend gleich gemacht habe; auch nach ihren Rechten seien sie gleich, aber man müsse dem klaren Hinweis der Schrift folgen, dass die Frau dem Manne untertan zu sein habe. Im 19. Jahrhundert wurden solche Feststellungen dann ergänzt um den Hinweis, dass der Mann umgekehrt verpflichtet sei, seine Frau nicht wie eine Sklavin zu behandeln.[288]

Es war deswegen eine dringende und überfällige Nachbesserung, als Albrecht von Haller nach der Revolution die Elemente dieser Argumentation noch einmal neu zusammenfügte und sie auf ein anderes soziales Fundament als den Naturzustand stellte. Er verwies auf den Schöpfungsakt Gottes und die daraus sich ergebende Gehorsamspflicht des Menschen ihm gegenüber. Daraus ließ sich dann alles Weitere ableiten: Die patriarchalische Herrschaft des Mannes über die Frau und den gesamten Hausstand, die monarchische Ordnung des Staates und auch die Herrschaft des Papstes über seine Kirche, die von Haller ebenfalls in Analogie zur Familie beschrieb. Die Meisterdenker der Restauration wie de Bonald griffen dies auf und entwarfen daraus das Imaginäre einer Sozialordnung samt politischer Verfassung, die nicht nur auf multiplen patriarchalen Hierarchien basierte, sondern in der Sozial- und Machtbeziehungen als emotionale Verhältnisse gedeutet werden konnten. Der väterlichen Liebe des Machthabers entsprachen Gehorsamsbereitschaft,

Vertrauen und kindliche Zuwendung auf der anderen Seite. An der Familie konnte daher nicht gerüttelt werden. Auch Anglikaner deuteten sie als heilige Institution, deren Kern, die Ehe, man keineswegs als bloßen Vertrag, der auch kündbar sei, verstehen dürfe. Das von der Revolution verfügte Scheidungsrecht war entsprechend das Anathema der Restaurationstheologie. De Bonald wurde konkreter: Das Ziel der Ehe sei nicht die Lust von Mann und Frau, sondern *la production des enfants*.[289]

Frauen rückten damit als gehorsamspflichtige Gattin des Mannes und als Mutter der Kinder ins Zentrum der katholisch-konservativen wie der protestantisch-evangelikalen Sozialtheorien. Auch sie konnten freilich nicht übersehen, dass die Welt sich änderte, dass mit der liberalen Demokratie eine Alternative zur Monarchie bereitstand, die Gesellschaft sich nicht mehr nach Ständen ordnete, die Familie nicht mehr als exklusive Reproduktions-, Sozialisations- und Inklusionsagentur der Gesellschaft taugte, weil etwa die Vermittlung elementarer Kenntnisse und Kulturtechniken bereits in die Elementarschulen ausgewandert war. Auf individueller Ebene wurden die Folgen dieses Dissoziationsprozesses von den Romantikern als Zerrissenheit des Lebens zwischen gegensätzlichen Rationalitätssphären diagnostiziert, das sich zu keiner Einheit mehr fügen wollte und erst recht als ein »christliches« nicht mehr zu führen war.

Diese Diskrepanzen führten dazu, dass sich die politische und soziale Theologie zu einer negativen Utopie ausgestaltete, in der von der Familie und dann insbesondere von der Frau die Rettung vor den katastrophisch empfundenen Folgen der Moderne erwartet wurde. Das galt für das Geschlechterverhältnis wie für die Gesellschaft als ganze. Das Heim und die treue Ehefrau wurden zum Rückzugsort für den Mann, der den Stürmen des Lebens und den Berufspflichten ausgesetzt war. Hier, im Paradies, war Identität noch möglich. *[...] that is what a comfort to know that those at home were safe on the top of the mountain, withdrawn from above the storm, [...] interceding for me who I'm scuffling in the vale below,* schrieb William Wilberforce während der parlamentarischen Auseinandersetzungen um die Sklaverei an seine zu Hause weilende Frau. 1797 hatte er diese Kompensationstheorie bereits in aller Breite ausformuliert und daraus den Schluss gezogen, dass die Wärme und Zuwendung der Frau dem von *worldly airs* zerzausten und gequälten Mann überhaupt erst wieder religiöse Empfindungen und Gefühle ins Gemüt senken können. Was die Frauen als Ehefrauen bei ihren Männern leisten sollten, das sollten sie als christliche Mütter und in ihrem Engagement für Mission, Caritas und die Elementarbeschulung für die Gesellschaft leisten. In Frankreich lautete das Thema Rechristianisierung einer von der Revolution atheisierten Gesellschaft und Zivilisierung der Arbeiterschaft. Das Erste war Gegenstand der Missionspredigten ebenso wie der Initiative von Sophie Barat für den Herz-Jesu-Kult. Mit dem zweiten Argument machte man nach dem Ende der Restauration katholische Politik. Man brauche den Eifer der Kongregationistinnen, weil man die Moral der *classe industrielle* brauche, die von den gläubigen Frauen in die junge Arbeiterschaft bei deren Unterweisung hineingetragen werde, schrieb de Bonald 1846 an das Pariser Parlament. Britische Evangelikale argumentierten nicht anders. Die von der Industrialisierung in ihren christlichen Fundamenten erschütterte Gesellschaft brauche, um nicht in Anomie zu fallen, eine Erneuerung ihrer christlichen Moral, und dies zu bewirken, seien die Frauen aufgerufen. Hier wie dort war das, wie man am Engagement der Frauen in den Kongregationen, den Sonntagsschulen, den caritativen und missionarischen Sozietäten sehen konnte, nicht aus der Luft gegriffen. Die evangelikale *salvation industry* gab sich um die Jahrhundertmitte erfolgsbewusst. Man habe die Trunkenheit erfolgreich bekämpft, hieß es 1867 im *Wesleyan Christian Miscellany*, Mäßigung und Zurückhaltung seien in allen Klassen jetzt zur Gewohnheit geworden; es gebe weniger Blasphemie und Unglauben, und noch nie habe man so viel wahre Frömmigkeit bei Reich und Arm gleichermaßen beobachten können.[290]

Wenn man die fundamentalistische Verchristlichung der Gesellschaft auf diese Weise in die Rolle der Frauen einschrieb, dann musste man die Folgen bedenken. Auf welche Weise man die Frauen am nützlichsten in der Kirche beschäftigen könne, ohne dabei mit der apostolischen Vorgabe von 1 Tim. II,12 in Konflikt zu geraten, wurde 1844 im *Free Church Magazine* der *Baptist New Connection* überlegt. Im ersten Brief an Timoteus stand zu lesen, dem Weibe gestatte man nicht, dass es lehre, auch nicht, dass es des Mannes Herrin sei. Die Antwort im *Free Church Magazine* lautete, Frauen könnten Kinder in den Sonntagsschulen unterrichten, sie könnten – allerdings nur im Notfall – auch Kranke besuchen. Frauen könnten sich zum Gebet treffen, um ihre Seelen gemeinsam vor Gott auszubreiten. Man müsse aber in diesen Zirkeln darauf achten, dass dies die Frauen nicht zu stolz und selbstbewusst mache. Wie überhaupt immer dann, wenn man ihnen Aufgaben außer Haus übertrage, man jene Frauen auswählen solle, die solche Tätigkeiten nicht wegen ihrer Gier nach Öffentlichkeit und Selbstdarstellung übernehmen, sondern im Bewusstsein des Gehorsams und des Dienens vor ihrem Gott. Man hatte die Büchse der Pandora geöffnet und bekam es mit der Angst vor dem zu tun, was daraus hervorquoll. Der Sozialist Michelet schrieb 1854 ein Pamphlet gegen den Einfluss der Priester auf die Frauen, die sie zum Einfallstor der Kirche in die Ehe mache. Der Text stellt Priester wie Frauen gleichermaßen unter Generalverdacht der fleischlichen Gier und Verführbarkeit, nennt aber unter den strukturellen Ursachen für diese Tatsache, dass Frauen durch ihre Erziehungsaufgaben an das Haus gefesselt seien und niemand diese Aufgabe anerkenne. Das Christentum habe die Familie in den Himmel gehoben, aber nicht die Mutter. Das müsse der moderne, einer besseren Zukunft zugewandte Mann tun, um die Frauen der Kirche zu entreißen.[291] Die angstbesetzten Imaginationen des Geschlechterverhältnisses und das Frauenbild waren auch für einen Sozialisten untrennbar mit der Religiosität der Frau verknüpft.

Die bildende Kunst hat dies sehr früh registriert. Mit dem zu Ende gehenden 18. Jahrhundert wurden die Engel weiblich. Die Boten Gottes und Beschützer der Menschen erhielten ein weibliches Antlitz und den Körper schöner Frauen. Das wurde möglich, weil Religiosität als Wesenskern der Frau und ihrer Weiblichkeit entdeckt wurde. Scheinbar verschwanden die Versucherin und die für die Sünde und den Teufel anfällige Frau aus dem Symbolarchiv der Diskurse.[292]

So einfach verhielt es sich nicht. Wesentlich zwei Konstellationen sorgten dafür, dass trotz der engen Verbindung von weiblicher Identität und Frömmigkeit diese Eigenschaft der Frauen verdächtig blieb und auch weiterhin als Projektionsfläche männlicher Ängste und Unterstellungen taugte. Die eine dieser diskursiven Konstellationen betraf die von den sich professionalisierenden medizinischen und psychologischen Wissenschaften kontrovers vorangetriebene Konstruktion des weiblichen (wie des männlichen) Geschlechtscharakters als eine wesentlich physiologische Realität.[293] Diese Entwicklung wird hier nur insofern von Interesse sein können, als davon auch die Religiosität der Frau erfasst wurde. Damit verband sich eine zweite, theologisch geerdete Diskurskonstellation, die sich mit der Verbindung von Erotik und Frömmigkeit befasste, wo man also über die »geheime Kapitulation zwischen sinnlicher und geistiger Verliebtheit« nachdachte, wie Wessenberg es formuliert hatte.

Selbstzeugnisse und andere Quellen aus allen konfessionellen Lagern zeigen uns, dass die religiöse Konstruktion der Geschlechtscharaktere kein bloßes Diskursphänomen geblieben war, sondern die Identitätskonstruktionen auch in den Tiefenstrukturen modellierten. In den Todesanzeigen englischer Männer spielte Religion in der Beschreibung des Lebens eine nachgeordnete Rolle. Sie trat hinter Beruf und Ämterwürden weit zurück. Bekehrungserlebnisse stellten sich spät ein, meist erst auf dem Totenbett. In den Todesanzeigen von Frauen war Religion für die Konstruktion der sozialen und persönlichen Identität hingegen entscheidend. Auf den Totenzetteln aus katholischen Städten im ersten Drittel des 19. Jahrhunderts verhielt es sich ebenso. Männer, wie der Protestant Wilhelm von Kügelgen, berichteten in ihren Briefen von den Widersprüchen, die sich bei ihnen zwischen Vernunft und Glauben auftaten, und von der Unmöglichkeit, die Einsprüche der Vernunft gegen die Anforderungen des Glaubens zu übergehen. Frauen schrieben Briefe und Tagebücher, in denen sie über ihre Unfähigkeit zur wahren Gottesliebe in Zerknirschung verfielen und an den Anfechtungen ihres Glaubens verzweifelten. Männer verweigerten auch im Beichtstuhl weitgehend die zerknirschte und reuige Selbstanklage, sie bekannten sich offen zu ihren Sünden, schildern sie als Bestandteil des gelebten Alltags, während die Beichte der Frauen von Sündenscham gekennzeichnet war, die häufig sogar das Bekenntnis selbst verhinderte. Ihre Beichte war kurz, jedenfalls schildern Beispiele in den von erfahrenen Beichtvätern verfassten Beichtmanualen dies so. Aus den Akten der Wiener Irrenanstalt wissen wir, dass Frauen in der ersten Hälfte des 19. Jahrhunderts den Druck der Beichte und die Verzweiflung am Glauben stärker empfanden als Männer und dass dies bei ihnen eher in die Depression führte, während im anderen Fall häufiger manische Zustände von den Ärzten diagnostiziert wurden.[294]

Die protestantische wie katholische Sozialtheologie hatte zu Genüge dargetan, dass die »Vergesellschaftung« des weiblichen Geschlechts als Hausfrau erfolgte. Der Ort der sozialen Inklusion für die Frau war die Ehe. Der Protestantismus hatte wenig Probleme damit. Er konnte die Pfarrfrau als Vorbild mobilisieren, und tatsächlich erschienen seit den 1820er Jahren in England in großer Zahl biographische und autobiographische Schriften, in denen Pfarrersgattinnen als liebende Eheweiber, engagierte Christinnen und Mütter, die ihre Kinder zu Christentum und Kirchlichkeit erzogen, lebhafte Gestalt gewannen. Die gesamte geistliche Presse Englands war vom Ideal der erziehenden Hausfrau durchdrungen, und seit den 1830er Jahren wurden diese Rollenmuster auch von *improving magazines*, die in ständig größerer Zahl gedruckt wurden und sich häufig direkt an Frauen wandten, in immer feiner akzentuierten Nuancen ausgemalt. In der Literatur schlug sich dies ebenfalls nieder. Die *novels*, die zum beliebten Lesestoff der Mittel- und Oberschichtenfrau wurden, waren charakteristischerweise getragen von einem stereotypen Plot, in dem junge Frauen nach vielerlei Anfechtungen zu einem Bekehrungserlebnis fanden und anschließend in einer Ehe die Kinder christlich erzogen, vor allem aber harte Zivilisierungs- und Missionsarbeit am Ehemann zu leisten hatten. Das arbeitete dem Argument der Theologen entgegen, die Frau brauche die Religion, damit sie ihren von der Schrift vorgegebenen Aufgaben als Ehefrau und Mutter, vor allem aber der Unterordnung unter den Mann nachkommen könne.[295]

Es ist auffallend, dass in diesen Codierungen des Frauenbildes und der Frauenrolle von Körperlichkeit und Sexualität wenig die Rede war. Dieses Thema war im anglikanischen Diskurs ausgelagert und damit für den weiblichen Geschlechtscharakter und die Religion neutralisiert worden. Zum Gegenmodell der Frau als Ehefrau wurden die Prostituierten. In den großen Städten nahm ihre Zahl seit den 1830er Jahren stark zu, und schon im Jahrzehnt darauf wurden sie zunehmend Gegenstand der evangelikalen Zivilisierungsmission und der Freiwilligkeitsreligion. Ein großer Teil der *salvation industry* befasste sich mit ihnen, weil man in ihnen das Menetekel einer Moderne identifizierte, von der man die Ordnung einer christlichen Gesellschaft auch sonst bedroht sah. Prostituierte hatten keine Religion, ihr Inklusionsmedium in die Gesellschaft waren das monetarisierte Begehren der Männer sowie ihr eigener Körper, und sie veranschaulichten in ihrem Erwerb rein marktförmig gestaltete Geschlechter- und Sozialverhältnisse.[296] Der phantasmatische und hysterische Diskurs über die Zerstörung der englischen Gesellschaft durch die Prostitution entwarf die Negativfolie zur christlichen Ehe- und Hausfrau und enthob der Notwendigkeit, über deren Körper sprechen zu müssen.

Für die Katholiken stellte sich dies komplizierter dar. Sie hatten mit Zölibat und Jungfräulichkeit dem Ideal des zum Heil führenden Lebens einen starken leibfeindlichen Zug eingeschrieben und tradiert, der auch die Ehemoral infizierte, und sie verfügten über kein positives Modell für die bürgerliche Haus- und Ehefrau. Zwar hatten sich die Auswüchse einer negativen Anthropologie der Frau, die dem Zweifel an ihrem Menschsein immer auch wieder theologische Argumente zuführten, bis ins 18. Jahrhundert weitgehend verflüchtigt, aber den Gebetbüchern dieser Zeit ist immer noch zu entnehmen, dass die Leibfeindlichkeit des jansenistischen Rigorismus tief genug eingedrungen war, um auch die eheliche Gemeinschaft unter Sündenverdacht zu stellen. Der Eintritt ins Kloster sei in jedem Fall der Ehe vorzuziehen. In Beicht- und Bußbüchern wurde den Frauen klargemacht, dass ihr »Geschlecht [...] von dem höllischen Seelen-Feind absonderlich angefochten wird«. Der »höllische Seelenmörder« strebe besonders danach, die Frauen zu »Sklavinnen« in seinem Reich zu machen. Im 19. Jahrhundert hatte sich diese Bedrohung dann auch für katholische Moraltheologen physiologisiert. Aus sich heraus könne eine Frau die Würde ihres Geschlechts niemals wahren. Seine »Weiblichkeit selbst wird es verderben«. Frauen brauchten daher die Religion, riet ein Gebetbuch aus dem Jahr 1835. Die Frau blieb Sünderin, sofern sie sich nicht von der Welt gänzlich abwandte.[297]

Eine wichtige Voraussetzung für ein positives Rollenmodell der Frau war die mühsame Entfaltung einer positiven Berufs- und Standesethik gewesen, mit der der berufliche Alltag des männlichen Christenmenschen verchristlicht wurde und er somit mit seinem innerweltlichen, nichtreligiösen Tun einen Beitrag zur Gewinnung des Heils leisten konnte.

Man musste es nur in der richtigen Gesinnung verrichten. Damit war es auch möglich geworden, die Pflichten der Frau als sich unterordnende, opferbereite Ehefrau und christliche Mutter als innerweltliche Askese zu interpretieren. Die Gebetbücher und moraltheologischen Traktate der ersten Hälfte des 19. Jahrhunderts entfalteten diesen Pflichtenkatalog im Detail und mit großer Beredsamkeit. Einen wichtigen Rahmen, um diese Elemente dann zu einem positiven und auch plastischen Rollenmodell zusammenzufügen, stellte die von der Hierarchie inszenierte Marienverehrung her. Schon zu Beginn des neuen Jahrhunderts machten engagierte Seelsorger darauf aufmerksam, dass die Mutter-Gottes-Feste eine ebenso häufige wie passende Gelegenheit bilden, den Müttern ihre Verantwortung für die christliche Erziehung der Kinder einzuschärfen. Maria selbst war freilich zu dieser Zeit noch nicht in erster Linie als »Mutter« kenntlich. Die Andachtsliteratur präsentierte sie als mildtätige, mächtige Fürbitterin, als Himmelskönigin und als Schmerzensmadonna, die am stellvertretenden Leiden ihres Sohnes auf diese Weise unmittelbar beteiligt war. Auch wenn sie »Gottes Mutter« war, erschien sie nicht als Frau und erst recht nicht als Hausfrau. Auch die zahlreich verbreiteten Legenden präsentierten sie in erster Linie als wundertätig und nicht in lebensweltlicher Plastizität. Erst in den 1820er Jahren wurden dann Gebetbücher geschrieben, in denen zunächst einmal die Demut Mariens, ihre Liebe und Gottesfurcht als »Ideal wahrer Weiblichkeit« gepriesen wurden, um dann alle Stereotypen abzuschreiten, die der weibliche Geschlechtscharakter inzwischen beinhaltete. Maria sollte Frauen helfen, diesen Normen nachzukommen. Die Gebete zur Gottesmutter machten aus der Sünderin jetzt keine weltabgewandte Heilige mehr, sondern eine tugendhafte, keusche Haus- und Ehefrau. Diese Umwertungen wurden unterstrichen durch die Mariologie der Theologen, in der man Maria zur »zweiten Eva« erklärte, von der die Kette der Erbsünde durchbrochen worden sei und die damit den Makel vom weiblichen Geschlecht genommen habe, den Eva ihm angeheftet hatte.[298] Die marianische Frömmigkeit wurde auf diese Weise zu einem sozialen Raum, der Frauen anzog und ihnen ein Archiv von Identitäten und Verhaltensmustern bereitstellte, in denen sich Frömmigkeit, Individualität und soziale Inklusion miteinander verbinden ließen.

Gerade durch diesen Verweis auf die Erbsünde transportierte aber die marianische Frömmigkeit auch den Generalverdacht weiter, dem die Frau in der Religion der Männer gerade wegen ihrer besonderen Frömmigkeit ausgesetzt war.

Für die Entwicklung im 19. Jahrhundert wurde dabei wichtig, dass man sich bereits in der ersten Hälfte des 18. Jahrhunderts bemüht hatte, das Heiligsprechungsverfahren zu normieren. Dabei stand die Frage im Zentrum, wie man eingebildete Besessenheit von tatsächlicher Präsenz des Heiligen, insbesondere bei den der dämonischen Einflüsterung bevorzugt ausgelieferten Frauen, unterscheiden könne. Die damals hauptsächlich von Eusebius Amort und Benedikt XIV. (1740–58) formulierten Argumente trafen im 19. Jahrhundert auf einen medizinischen Diskurs, der sich zum einen mit dem religiösen Wahn beschäftigte und zum anderen nach einer wissenschaftlichen Begründung für die Phänomene des Thierischen Magnetismus suchte. In beiden Fällen richtete sich das wissenschaftliche Interesse zunächst nicht auf die einschlägigen Unterschiede zwischen den Geschlechtern. Aber der somnambulen Hypnose unterzogen sich in der Mehrzahl Frauen. Überdies verliefen im Theoriekorpus des Thierischen Magnetismus unterirdische Gänge zur Besessenheit und ihrer exorzistischen Behandlung, da Mesmer seine Theorie in Auseinandersetzung mit dem bayerischen Hexensucher Gassner entwickelt hatte.[299] Im Fall der Theorie des religiösen Wahns, die Wilhelm Ideler 1847 in einer empirischen Erörterung von Krankengeschichten auf einen vorläufigen Punkt brachte, wurde die religiöse Melancholie in einen engen Zusammenhang mit religiösem Sünden- und Schuldbewusstsein gebracht. Ebenso präparierten die Ärzte und Seelenkundler in ihrer systematischen Erkundung des »religiösen Wahnsinns« die Ähnlichkeiten zwischen krankmachender Gottesliebe und irdischem Liebeswahn heraus, so dass auch hier die erotische Imprägnierung der religiösen Schwärmerei und der mystischen Gottesliebe in ihrer psychischen Dimension sichtbar wurde. Beide Geschlechter konnten davon befallen sein, aber in der Auswahl der Fälle machte auch Ideler klar, dass von Melancholie und Schwärmerei vorwiegend die weibliche Psyche bedroht war.[300]

Der Austausch zwischen Moraltheologie und medizinischer Seelenkunde war eng an dieser Stelle. In Gebetbüchern für Frauen beschrieb man die Skrupel als das ärgste Gift der weiblichen Frömmigkeit. Umgekehrt nutzten Moraltheologen ausführlich das sich schnell anhäufende medizinische Wissen, um in den Handbüchern für Beichtväter einerseits die Kasuistik der möglichen Verfehlungen gegen die Gebote Gottes und die Ordnung der Natur zu verfeinern und andererseits die Grenzen zwischen den Verfehlungen, die auf unverfügbare körperliche Defekte oder Körperreaktionen zurückzuführen waren, und den anderen, die man dem menschlichen Willen oder dem Einwirken transzendenter Kräfte – seien es Gott und die Heiligen, die Geister der Verstorbenen oder der Teufel selbst –, zugeschrieben werden mussten, genauer zu ziehen. Ein besonders produktiver Geist auf diesem Feld war der Trapist und Arzt Pierre Debruyne. Er veröffentlichte eine Reihe von moraltheologischen Traktaten, unter anderem 1846 eine Moechealogie, die sich mit den Verfehlungen gegen das Sechste Gebot beschäftigte. 1842 erschien erstmals sein *Essai sur la Theologie Morale,* der dann mehrfach wieder aufgelegt wurde.[301] Debruyne war in den Schriften der Kirchenväter wie den Werken der zeitgenössischen Seelenkundler und Ärzte gleichermaßen bewandert. In seinem *Essai* plädierte er eindringlich für eine intensive Beschäftigung des geistlichen Standes mit den neuesten naturwissenschaftlichen und insbesondere medizinischen Erkenntnissen. Er schlug dafür die Gründung einer eigenen *Société* vor.

Der *Essai* war für Seelsorger bestimmt. In einem ersten Teil machte er seine Leser sehr ausführlich mit der Temperamentenlehre bekannt und widmete dann den zweiten Abschnitt den sexuellen Verfehlungen. Der dritte Teil war den moraltheologischen Dimensionen des Gebärens vorbehalten. Der vierte beschäftigte sich mit allen übersinnlichen Phänomenen, angefangen vom Thierischen Magnetismus bis hin zu Halluzinationen und den Mitteln der Buße, mit denen die Sünder von ihren Verfehlungen abgebracht werden sollten.

Die Beichtlehre von Debruyne reproduzierte alle Elemente des physiologischen Geschlechtscharakters und verband sie an den entscheidenden Stellen mit der Welt der Sünde. Das betraf Männer und Frauen gleichermaßen. Dem Abschnitt über den Onanismus der Männer folgte einer, in dem die klitorale, vaginale und uterile Masturbation und schließlich auch die conjugale von Eheleuten detailliert beschrieben und in ihrer Sündhaftigkeit bewertet wurden. Debruyne hielt die Frauen für nervöse und leicht erregbare Wesen, die deswegen in ihrer Sexualität durch falsche Erziehung oder auch durch Romane besonders leicht zu verführen seien. Schamlose Frauen, junge und alte, seien besonders disponiert für die Heimsuchungen des Teufels als Inkubus oder als Succubus. Auch Stigmatisierungen diskutierte Debruyne anhand bekannter und unbekannter Fälle als Problem der Frauen, um dann seinen Lesern noch einmal einzuschärfen, der betrügerische Mystizismus sei eine der besonders schweren Todsünden. In seinen moralischen Bewertungen der Verfehlungen berücksichtigte Debruyne stets die jüngsten medizinischen Erkenntnisse, schrieb im Abschnitt über die Onanie der Frauen ein Kapitel zum krankhaften Juckreiz der weiblichen Scham und an anderer Stelle darüber, dass es im Verlauf von Schwangerschaften zu Halluzinationen kommen könne. Umgekehrt wusste Debruyne um die gesundheitsschädlichen Wirkungen von Flagellationen als Bußübung, wobei Schmerz immer auch mit verbotener Lust verbunden sein könne und die Prügelstrafe in manchen Fällen die Hitze des Fleisches erst entfache.[302]

Aus der Kasuistik der Sünde wurde auf diese Weise eine keinen Winkel der Seele und des Körpers mehr unbeobachtet lassende Lehre von der Ökonomie der Hygiene und der körperlichen Regungen. Debruyne gab den Beichtvätern das Wissen und die Instrumente an die Hand, diese Landschaften der Begierden und Neigungen genauestens auszuforschen und zu kartographieren. Die Beichte wurde auf diese Weise von einer Gelegenheit zum Bekenntnis der Sünden zu einem investigativen Akt, der zwar in der Form der immer häufiger propagierten Generalbeichte als »Biographiengenerator« genutzt werden konnte, aber doch gerade als Eingriff in die Familie, dem imaginären Kern der bürgerlichen Vergesellschaftung, verstanden werden musste. Michelet hat dieses Phantasma, das auch deutschen Liberalen nicht fremd war, mit viel Einfallsreichtum ausformuliert.[303] Der Pfarrer sei als Katechet und als Beichtvater eine Bedrohung für die familiäre Intimität und damit für Stellung und Autorität des Haushaltsvorstandes und Ehemannes. Bereits im Alter von zwölf Jahren müssten die Töchter dem Geistlichen ihre geheimsten Geheimnisse anvertrauen, und wenn er es dann recht anstelle, würde er

Objekt für die erste Verliebtheit der jungen Menschen. Ehefrauen binde der im widernatürlichen Zölibat lebende Pfarrer an sich, indem er sie in der Beichte nach Details des Ehelebens befrage, die keine Frau gestehen könne, ohne von dauerhafter Scham erfüllt zu werden, die sie immer wieder nur noch stärker an ihren Beichtvater binde, so dass schließlich ein Riss durch die Familie gehe, der die Ehe als Gemeinschaft zerstöre.[304]

Was man über die Beichtpraxis in Erfahrung bringen kann, weist dieses Konstrukt als Phantasma aus. Die normale Beichte war kurz und ein knapper Gang durch den Dekalog des Beichtspiegels. Aber es gibt auch Hinweise darauf, dass die wachsende Verbreitung gerade dieser Beichtspiegel und der Gebetbücher eine *culpabilisation* der Frauen in der ersten Hälfte des 19. Jahrhunderts vorantrieb, die sie mitunter in besonderer Weise an ihren Beichtvater binden konnte. Michelets Phantasma nährte sich durch Skandale, wie sie der Fall der Marie Zoe darstellte. Diese Frau beschrieb in ihrer schriftlichen Generalbeichte an den berühmten Pfarrer von Ars im Jahr 1858, wie sie in der Verzweiflung über eine zweimalige Vergewaltigung sich einer Kongregation anschloss und es dort mit ihrem Beichtvater zu einem sexuellen Verhältnis kam. Sie beobachtete sich und ihr Leben in der Sprache der Buß- und Beichtmanuale und wusste sich an allen diesen sexuellen Verfehlungen samt der Gewalt, die ihr angetan worden war, selbst schuldig, weil sie sich den jeweiligen »Gelegenheiten« ausgeliefert habe. Auf diese Weise sei sie zu einer dauerhaften gewohnheitsmäßigen Sünderin geworden, was vor allem auch daran zu erkennen war, dass sie stets unvollständige Beichten abgelegt habe, in denen sie über ihre größten Vergehen geschwiegen habe, obwohl sie bekennen müsse, es bereite ihr Vergnügen, über ihr schlechtes Tun zu reden.[305] Wer sich von den Frauen zu Herzen nahm, was in den von Männern verfassten Gebetbüchern und Beichtspiegeln zu lesen war, für den lauerten der Teufel und die Sünde an jeder Stelle: im Alltag der Körperlichkeit, in der Frömmigkeit, der Gottesschau und auch in der Buße. Joseph Görres, der in seiner Christlichen Mystik 1834 eine bewusst populär gehaltene mehrbändige Zusammenfassung des Mystischen und des aktuellen Wissens über die Zugänge zur jenseitigen Welt verfasste, schloss daher in Bezug auf die besondere Gefährdung der Frau bündig: »Unbeschadet aller moralischen Freiheit der Geschlechter, an die sich daher auch die völlig gleiche Zurechnung knüpft, disponiert doch die Natur.«[306]

Und bei den Protestanten? Auch ihre Moraltheologie war von solchen Ideen nicht frei. In einer deutschen Übersetzung von Ludovico Muratoris Abhandlung über die Einbildungskraft, die sich mit den Untiefen der mystischen Privatoffenbarung beschäftigte, hatte der protestantische Pfarrer Georg Hermann Richartz festgehalten, dass die Frauen über eine beweglichere Einbildungskraft als die Männer verfügten. Das habe seine Ursache in reizbareren Nerven, aber auch in einer Erziehung, die sich weniger auf die »Vervollkommnung des Verstandes als ihrer Phantasie richte«, weil man sie doch zu angenehm unterhaltenden Gefährtinnen des Mannes formen wolle. Frauen verfügten deswegen über keine »Gegengewichte gegen die Ausschweifungen der Phantasie«. Ein Beweis dafür war ihm, dass Frauen für die religiöse Schwärmerei überaus anfällig seien, allerdings im Anhang solcher Bewegungen, nicht an der Spitze, weil das weibliche Gemüt eben »mehr leidend reizbar als selbstthätig würksam« sei.[307] Evangelikale Moralisten warnten ebenfalls vor den erotischen Implikationen der ekstatischen Frömmigkeit im Methodismus und den Denominationen. Auch in ihren Traktaten wurde die besondere Befleckung der Frau durch die Erbsünde besprochen. Besonderes Augenmerk habe eine christliche Erziehung auf die Töchter zu richten, um sie vor Verführung und dem Teufel zu beschützen. Die Methodisten verbanden ihre spirituelle Anerkennung der Frauen mit einem besonders rigiden Moral- und Verhaltenskodex, der sich maßgeblich auf die vor- und außereheliche Sexualität richtete. Vom direkten Wirken des Teufels war hier kaum mehr die Rede, sondern von Neigungen und Begierden.[308] Kant hatte bereits die Konsequenz daraus gezogen, dass die Neologie dem Teufel ein Wirken allenfalls noch in Gestalt von katastrophischen Naturereignissen zubilligen wollte, indem er das Böse im Menschen selbst verortete. Der Mensch sei weder aus Neigungen noch aus Sinnlichkeit böse, sondern aus freier Willkür.[309]

Von diesem Punkt aus erscheint die unausweichliche Sündhaftigkeit der Frau in den katholischen Imaginationen als Resultat von Fremdbeobachtung durch den Teufel und durch die Männer, dem man mit der Mechanik des Bußrituals begegnen konnte. Das protestantische Konstrukt war nicht harmloser, weil es auf Selbstbeobachtung setzte. Unverheiratete Protestantinnen hatten keine Sexualität, wie wir aus Briefen an den Erfinder der Homöopathie Hahnemann wissen. Verheiratete nur insofern, als es um die Zeugung von Kindern ging. Diese Verwerfungen artikulierten sich in der Literatur. Die Geschichten von der bürgerlichen Ehe, die dort erzählt und auf der Bühne in Szene gesetzt wurden, schildern Ehefrauen, deren Begehren und Sexualität im besseren Fall Aufopferung für den Mann war und im schlimmeren von einer Ohnmacht zugedeckt wurden. Wilhelm Traugott Krug hat den ersten Fall durchdacht, Kleist in seiner Marquise von O.... den anderen. Das Begehren der Frau hatte außerhalb der Ehe keinen Platz und in ihr erst recht nicht. Daraus entsprang die Faszination, die von der Jungfrau Maria auch für Protestanten ausging. Frauen mussten einen hohen Preis dafür bezahlen, dass Religion als ein Medium ihrer Emanzipation für sie brauchbar wurde.[310]

IV

Das Christentum als Kultur

1.
Ideen und Strukturen

Soziale Ordnungsmuster müssen sich selbst garantieren. In der fortgesetzten Reproduktion von Sinnfigurationen muss dafür gesorgt werden, dass vielfältiges menschliches Erleben und Handeln zu unterscheidbaren Strömen von Kommunikationen zusammenfließt, so dass sie nicht nur im operativen Vollzug, sondern auch in der Außenansicht als Sphären sinnhafter Kohärenz und eigener Rationalität identifizierbar werden. Das gilt auch für Religion. Voraussetzung ihrer institutionellen Formung, ihrer Ausdifferenzierung ist, dass religiöse Kommunikation von anderen Handlungs- und Kommunikationsweisen unterschieden und jeweils zugerechnet werden kann. Man wird am Ende dieses Kapitels sehen, dass dies kein von Historikern an den Gegenstand herangetragenes Problem, sondern ein Problem des Gegenstandes selbst ist.

Die vorausgehenden Kapitel haben sich mit der institutionellen Umformung von Religion im Prozess einer grundlegenden Veränderung der europäischen Gesellschaften beschäftigt, in deren Verlauf nicht nur einzelne ihrer Großinstitutionen umgebaut oder neu erfunden wurden, sondern die Bauprinzipien selbst sich wandelten. Die Gesellschaft der europäischen Moderne ordnete sich nach funktionalen Imperativen, die nicht mehr in eine hierarchische Ordnung zu bringen waren. Dieser im Wortsinn katastrophische Prozess betraf nicht allein die operative Reproduktion von Kommunikationszusammenhängen und Institutionen, sondern auch deren beobachtende Beschreibung. Darum wird es in diesem Kapitel gehen: Wie wird Religion in diesem strukturellen Transformationsprozess beobachtet, wie verändern sich die Beschreibungen von Religion und wie lassen sich diese Beschreibungen auf Veränderungen in der operativen Reproduktion von Religion beziehen?

Damit ist etwas anderes gemeint als eine Begriffsgeschichte, die der

Verwendung eines begrifflichen Konzeptes in einer zeitlichen Serie von unterschiedlichen Texten oder möglicherweise auch speziellen Textsorten nachspürt. Es ist damit auch keine Archäologie der Diskurse beabsichtigt, die auf die Rekonstruktion von Wissensordnungen zielt und das Unsagbare im Gesagten aufzufinden sucht. Auch die Kernfrage der (politischen) Ideengeschichte nach den »Ursachen« für die Formulierung von »Ideen« soll hier nicht verfolgt werden. Diese Frage führt dazu, Konzepte (Begriffe) sozialen und diskursiven Konstellationen zuzuordnen und sie auf diese Weise mit Interessen zu verbinden, so dass sie im extremen Fall als »Ideologien« identifiziert werden können. Wir werden im letzten Abschnitt dieses Kapitels im Blick auf die »Deutsche Ideologie« sehen, wie diese Art der Beobachtung von Ideen aus der Beobachtung von Religion heraus erwuchs, weil nach einem Standpunkt der Beobachtung und nach Unterscheidungen gesucht wurde, bei denen ausgeschlossen werden konnte, dass sie in irgendeiner Weise mit Religion zu identifizieren waren. Die Wissenssoziologie ist diesem Konzept bis Karl Mannheim gefolgt, um dann aber die Frage zu verschieben von der Entstehung von Ideen hin zu ihrem Beitrag zu Aufbau, Reproduktion und Transformation sozialer Strukturmuster.[311]

Diese Verschiebung der Frage wird hier in einer spezifischen Zurichtung aufgegriffen. Die systemische Beschreibung von Kommunikations- und Handlungszusammenhängen vollzieht sich im Modus der Differenzbildung, und sie achtet auf Differenzbildung. Sie interessiert sich dafür, wie in sozialen Figurationen der Unterschied zu einer Umwelt und entsprechend die eigene Identität jeweils hergestellt wird. Damit ist zweierlei vorausgesetzt: der Unterschied zwischen der operativen Reproduktion von Strukturen in Kommunikationen und Handlungen einerseits und die Beobachtung solcher Ordnungsmuster andererseits. Dies macht es dann zusätzlich notwendig, auf die »Referenz« solcher Beobachtungen zu achten. Fremdbeobachtungen nehmen einen Strukturzusammenhang von außen wahr und positionieren ihn damit in einer Welt anderer Strukturen, häufig im Horizont einer »Gesellschaft«. Der Standpunkt von Selbstbeobachtungen liegt hingegen im beobachteten Ordnungsgefüge selbst und bezieht sich in erster Linie auf die operative Reproduktion dort.[312]

Systemische Selbstbeobachtung unterliegt deswegen der widersprüchlichen Anforderung, Teil eines kommunikativen Gefüges zu sein und sich gleichzeitig davon zu unterscheiden. Das läuft über die Differenz zwischen kommunikativer Operation und Beobachtung und führt vor die auch in modernen Funktionssystemen nicht immer leicht zu beantwortende Frage nach dem Verhältnis von System und zugehöriger Wissenschaft. Als analytischer Gewinn ist dann zu verbuchen, dass man z. B. die Abkehr von der Ansicht, Theologie müsse Religion im Sinne von religiöser Kommunikation sein, schon als Indikator mindestens für die erreichte innere Differenzierung eines Systems nehmen und gleichzeitig verstehen kann, um welchen Preis nur die Theologie zu einer Wissenschaft werden könnte, die aus der Fremdperspektive beobachtet. Die Unterscheidung der Beobachtungsreferenzen macht damit begründete Hypothesen zum funktionalen Verhältnis von operativ reproduzierten Strukturen und den in Ideen oder Begriffskonzepten kondensierten Beobachtungen oder Beschreibungen möglich. Man untersucht dann nicht mehr einfach Texte auf ihre Begriffsstrategien und Ideen hin oder analysiert Diskurse, sondern man sucht den Begriff sozialer Konfigurationen in Abhängigkeit von der Beobachterreferenz in seiner historischen Entwicklung zu erfassen. Niklas Luhmann hat diese besondere Beobachtungsweise markiert, indem er von »Semantiken« sprach.[313]

In Selbstbeschreibungen kann man all jene Sinn- und Wissensbestände erfassen, die für die operative Reproduktion von Systemgefügen funktional sind. Das lässt sich in zweifacher Hinsicht spezifizieren: im Hinblick auf die Identität eines Systems und sein Weltverhältnis sowie hinsichtlich seiner Veränderung und Evolution. Die zeitlich stabile und räumlich übergreifende Identität von kommunikativen Konfigurationen verläuft nach einer Leitunterscheidung, aus der heraus die zentralen Sinnfigurationen des Systems sich entwickeln lassen, so dass die Anschlussfähigkeit von Kommunikationen konditioniert und damit selektiert wird. Solche Sinnfigurationen ermöglichen dann gleichzeitig ein auf das System bezogenes sinnhaftes Erleben, strukturieren Erwartungen und Erwartungen von Erwartungen. Leitunterscheidungen sind wegen der Emergenz von Systemen selten paradoxiefrei, so dass an dieser Stelle dann etwa auch die Frage zu verhandeln ist, ob es sich beispielsweise bei der Unterscheidung von Immanenz und Transzendenz um eine immanente, das könnte heißen vernünftige, Unterscheidung handelt oder um eine geoffenbarte. Bei Hegel und Schelling wird später zu sehen sein, dass sich zwischen Gott und Welt eine in gleicher Weise paradoxe Spannung auftut. Aus der Leitunterscheidung heraus müssen sich schließlich die Grenzen eines Systems gegenüber einer Umwelt sowohl thematisch als auch strukturell bestimmen lassen. In Selbstbeschreibungen finden sich deswegen Aussagen zur inneren Komplexität und Strukturierung eines Systems, so dass es möglich wird, die Welt außerhalb als andere wahrzunehmen, gleichzeitig aber so, dass sie wenigstens in Ausschnitten im System (in unserem Fall als religiöses Problem) vorkommen kann. Diese Vermittlung zwischen System und Welt schließt – mindestens seit systemische Selbstbeschreibungssemantiken gedruckt aufbewahrt und variiert werden – Beobachtungen mit Fremdreferenzen ein. Selbstbeschreibungen setzen sich mit ihnen auseinander, weil sie Informationen über die Welt enthalten, und sei es nur die, dass diese das System anders sieht als es sich selbst. Nur unter bestimmten Bedingungen institutioneller Differenzierung und medialer Konstellationen verteilen sich Selbst- und Fremdbeschreibungen daher auf unterschiedliche Sprecherpositionen und Texte. Häufig sind sie in Texten vermischt zu finden.

Aus der doppelten Kontingenz, der Kommunikation unterliegt, und dem Umstand, dass Bewusstsein zur Umwelt von sozialen Systemen gehört, also nicht ihren Funktions- und Reproduktionsimperativen folgt, ergibt sich in kommunikativen Ordnungsfigurationen fortlaufend die Notwendigkeit, aus einer Vielzahl von Kommunikationen die passfähigen auszuwählen. Daraus erwachsen langsame oder auch abrupte Veränderungen von Strukturmustern und Komplexitätsverhältnissen, die – sobald es Selbstbeschreibungen gibt – auf ihre Identitätsverträglichkeit geprüft werden müssen. Selbstbeschreibungen sind daher notwendigerweise auch mit den Modi und Grenzen systemischer Veränderung befasst. In ihnen wird die Evolution sozialer Konfigurationen verhandelt.

Unter dieser Perspektive werden in diesem Kapitel Texte mit einem Schwerpunkt zwischen dem ersten Drittel des 18. und der Mitte des

19. Jahrhunderts, die sich mit Religion als einem sozialen Phänomen beschäftigen, analysiert. Nach dem Gesagten beschränkt die Untersuchung sich dabei weder auf theologische noch auf philosophische, sozialtheoretische oder »historische« Texte, sondern ist entsprechend der Frage nach den Beobachterstandpunkten daran interessiert, ob und wie diese unterschiedlichen Perspektiven sich aufeinander beziehen lassen. Die Hypothese lautet dabei, dass sowohl Selbst- als auch Fremdbeschreibungen der sozialen Kommunikationskonfiguration »Religion« wenigstens drei fundamentale Verschiebungen und Umbrüche reflektierten und in ihrer Semantik zu bearbeiten hatten.

Die Enthierarchisierung der sozialen Ordnungsmuster und ihre funktionale Rekonfiguration hatte eine vielperspektivische Welt zur Folge, in der das Ganze einer Gesellschaft sich nur noch um den Preis von Informationsverlusten von einem privilegierten Beobachterstandpunkt aus erfassen ließ. Man kann daher erwarten, dass die Frage des Beobachtens von Beobachtungen in den relevanten Texten eine Rolle spielt. Sie verdichtet sich vor allem dort, wo berichtende und analysierende Beschreibungen der sozialen Phänomene einer die gesamte Menschheitsgeschichte umfassenden kolonial erschlossenen Welt der europäischen Selbstwahrnehmung eine unüberschaubare Vielzahl von Alternativen und Varianten gegenüberstellte, auf die die Selbstbilder von Systemen und Gesellschaften sich zu beziehen hatten. Die dabei zu leistende vergleichende Ordnungsarbeit, in der sich Relativieren und Hierarchisieren miteinander verbanden, kondensierte in den Konzepten von Kultur und Zivilisation, die seit dem ersten Drittel des 18. Jahrhunderts zu Zentralkategorien des sozialtheoretischen Denkens wurden. Daher wird hier von Religion als Kultur die Rede sein.

Die mit dieser Umstellung verbundene wachsende Bedeutung von Organisation und sozialer Bewegung als Form der Institutionalisierung sozialer Konfigurationen führte mutmaßlich (zweitens) zu Neubewertungen nicht nur der Stabilitätsvoraussetzungen von Sozialsystemen, sondern überhaupt zu einer Umstellung der Beschreibungsperspektive sozialer Ordnungsmuster – von Stabilität hin zu Dynamik und Veränderung. Schließlich (drittens) ist zu vermuten, dass die wachsende Bedeutung von Massenmedien und massenmedial getragenen Erfolgsmedien für Prozesse sozialer Integration und die Inklusion in soziale Handlungszusammenhänge Veränderungen in den Zeitverhältnissen der Gesellschaft zur Folge hatten. Reinhart Koselleck sprach hier vom Auseinanderfallen von Erfahrungs- und Erwartungsräumen, aber dieses Heraustreten von Vergangenheit und Zukunft aus der handlungsrelevanten Gegenwart ließ die beiden Zeitdimensionen nur noch umso präsenter werden. Hegel hat dem mit dem Konzept des »Aufhebens« Rechnung getragen.[314]

Selbstbeschreibungen werden nicht in Auftrag gegeben, außer wenn in modernen Gesellschaften Sozialsysteme sich als Organisation formieren. Ansonsten kommen sie einfach vor: als Sozialtheorien, als öffentliche Polemik, als Theologie. Man erkennt sie an der beschriebenen Perspektive auf den Gegenstand. Das führt in den nachfolgenden Abschnitten dazu, dass eine hermeneutische und philologische Exegese von Texten in ihrer jeweiligen semantischen und argumentativen Totalität nicht angestrebt werden kann. Hier ist von Interesse, was als Selbst- oder als Fremdbeschreibung gelesen werden konnte.

2.
Das Problem des Deismus

Es war schon an den Biographien und den politischen Optionen derjenigen zu sehen, die in der Diskussion um eine *natural religion* im Vereinigten Königreich einen neuen und die künftigen Beschreibungen von Religion maßgeblich prägenden Begriff des Phänomens auf den Weg brachten, dass dabei in der Hauptsache von außen auf das Christentum, seine Kirchen und Denominationen geblickt wurde. Es waren Juristen darunter wie Matthew Tindal (1657–1733), international tätige Militärunternehmer wie Herbert of Cherbury (1583–1648) oder Mediziner wie John Locke (1632–1704). Sie kannten das Gesetz der Macht und die gesellschaftsbedrohende Dynamik religiöser Gegensätze aus nächster Nähe, weil sie der Oberschicht entstammten wie Charles Blount (1654–1693) oder *Members of Parliament* waren, wie Herbert of Cherbury. Konversionserfahrungen scheinen eine wichtige Rolle gespielt zu haben. Matthew Tindal und John Toland (1670–1722) wurden beide als irische Katholiken erzogen und konvertierten dann zur *Church of England.*[315] Gemeinsam war ihren Schriften zur Religion das Anliegen, dem Christentum eine Form zu geben, die sich mit den Erfordernissen einer trotz religiöser Gegensätze befriedungsfähigen *civil society* vertrug und die darüber hinaus dem Selbstbild eines im Weltzugang auf seine Sinne vertrauenden und die alleinige Wahrheitsfähigkeit empirischer Erkenntnis voraussetzenden Individuums entsprach. Dabei ging es um weit mehr als um religiöse Toleranz. John Locke hatte sie 1690 mit dem Argument gefordert, dass transzendente Wahrheiten von diesseitigen Obrigkeiten nur um den Preis gewalttätiger Auseinandersetzungen zu entscheiden seien.[316] Das war die Begründung einer pragmatischen Grenzziehung zwischen den sozialen Sphären Religion und Politik aus der in einem blutigen Bürgerkrieg gewonnenen Erfahrung heraus, dass verstaatlichte

Macht ihr gewalttätiges Fundament sichtbar hervorkehren muss, sobald sie transzendent begründete Wahrheitsfragen zum Gegenstand ihrer Entscheidungen macht. Für Politik war wegen der inneren Differenzierung des Christentums Religion zu einer nicht mehr steuerbaren Umwelt geworden. Das konfessionell differenzierte Christentum in seiner kirchlichen Verfasstheit war geeignet, die *civil society* zu sprengen, so dass es nahelag, nach einer neuen Form der Religion der Gesellschaft zu suchen.

Die Religion der *Societas civilis*

Einen wichtigen Rahmen dafür hatte zu Beginn des 17. Jahrhunderts schon Herbert of Cherbury in seiner 1624 in Paris gedruckten Schrift *De Veritate* gesetzt.[317] Seit Thomas von Aquin war die Möglichkeit religiöser Erkenntnis aus der Vernunft ein integraler Bestandteil christlicher Theologie. Cherbury rückte das Problem in den Horizont einer nicht nur auf Vernunft, sondern auf sensualistische Empirie begründeten Welterkenntnis. Er bestimmte die Erkenntnis der Dinge als Voraussetzung für die Entscheidung von Wahrheitsfragen und die Erkenntnisgründe in der Fähigkeit, die Unterschiede zwischen den Dingen zu erkennen. Dabei verwies Cherbury auf die eingeborenen Fähigkeiten des Menschen und nicht auf eingeborene Ideen. Es müsse daher eine generelle Passfähigkeit zwischen den Dingen und den erkennenden Fähigkeiten geben. Wahrheitsfähige Objekte definierten sich daher durch die richtige Größe, unterscheidbare Eigenschaften, passende Position und eine den wahrnehmenden Sinnen angemessene Entfernung. Diese durften ihrerseits weder in ihrer Funktion noch in ihrer Aufmerksamkeit beeinträchtigt sein. Für die Verarbeitung der Wahrnehmungen verfüge der Mensch über vier Fähigkeiten: den natürlichen Instinkt, die innere und äußere Vorstellungskraft sowie das abwägende Denken *(discursive thought)*. Damit sah Cherbury den Menschen gerüstet, auch die Wahrheit von religiösen Offenbarungen zu prüfen. Man könne nicht fordern, die Vernunft zu suspendieren, um dem Glauben Raum zu geben. Daran schloss Cherbury ohne weitere Argumentation seine fünf Punkte an, die eine wahre Religion auszeichneten: Sie war monotheistisch, weil sie einen

Gott als höchstes Wesen annahm, der nach Anbetung verlangte; sie war eine Religion der Moral, weil die Verbindung von Tugend und Frömmigkeit der wichtigste Teil der Gottesverehrung sein sollte und weil sie Vergehen mit Bußen ahndete; schließlich gab es eine ausgleichende Gerechtigkeit in einem Leben nach dem Tod. Am Schluss verwarf Cherbury dann den Wahrheitsanspruch schriftlich überlieferter Offenbarung, weil man nicht wissen könne, wie genau die Schreiber die berichteten Ereignisse untersucht hatten. Behauptungen ließen sich nicht auf Autorität gründen, sondern nur auf Vernunft und Erfahrung. Das gelte auch für den Glauben, der nicht auf das Zeugnis bloß von Geschichtsschreibern seine Gewissheit gründen könne.[318]

Cherbury hatte mit seiner Abhandlung über die Wahrheit mehrere fundamentale Verschiebungen im Konzept von Religion vorgenommen, die überall dort aufgegriffen wurden, wo man Religion im Horizont der Gesellschaft beobachtete. Damit suchten die Deisten eine Antwort auf strukturelle und systemische Umbrüche, die man offenbar auch dann nicht ignorieren konnte, wenn man wie William Warburton (1698–1779), ordinierter Geistlicher der Anglikanischen Kirche, der es bis zum Bischofsitz von Gloucester brachte, aus der Innenperspektive schrieb und Gesellschaft im Horizont von Religion thematisierte. Die Verschiebungen betrafen zunächst den Gegenstand von Religion, zweitens die darauf bezogene Erkenntnisweise und drittens ihre soziale und institutionelle Form, also die Ausübung von Religion. Mit der vorfindlichen Pluralität von Religionen hatte sich Cherbury nur vermittelt auseinandergesetzt. Das wurde dann zu einem Feld der Polemik, die dazu beitrug, die Beschreibung von Religion in einer Weise zu historisieren, wie man es bei Cherbury noch nicht greifen kann.

Als Gegenstand von Religion identifizierte Cherbury Gott als das Eine höchste Wesen. Damit war der semantische Kern von Religion insofern als eine Differenzkategorie bestimmt, als dieser Eine Gott vom Menschen als seinem Geschöpf Anbetung verlangte. Die Verschiebung bestand an dieser Stelle darin, dass dieser Eine Gott dem Menschen nur noch in seiner Schöpfung gegenübertrat und die Offenbarung durch direktes Einwirken in den Gang der menschlichen und natürlichen Dinge sich als bloße Erzählung mit ungeprüftem Wahrheitsgehalt darstellte. Diese neue generative Grunddifferenz, auf der das Sozialphänomen Religion gegründet werden sollte, veränderte auch das, was in diesem Handlungs- und Kommunikationsraum möglich wurde, nachhaltig. Sie machte aus den Naturforschungen der Physikotheologen gottgefällige, theologische und fromme Handlungen. Deisten, die wie Matthew Tindal im ersten Drittel des 18. Jahrhunderts dann von einer »natürlichen Religion« sprachen, die sich aus der Vernunfterkenntnis des Menschen in Ansehung der Natur Gottes und seiner eigenen sowie der Beziehung zu diesem Gott und der Menschen untereinander ableiten lasse, beharrten darauf, dass eine wie auch immer gestaltete Offenbarung diesen Wahrheiten der natürlichen Religion nichts mehr hinzufügen könne. Charles Blount kam Ende des 17. Jahrhunderts zu ähnlichen Schlussfolgerungen. Blount hatte die Aufzählung dessen, was eine wahre Religion ausmache, mit nur geringen Änderungen von Cherbury übernommen.[319] Für Tindal ergab sich aus solchen Festlegungen die Forderung, die Offenbarung gegenüber der natürlichen Religion zurückzustellen, weil es die Religion überhaupt schwächt, wenn es zwei Quellen der Anleitung für das menschliche Handeln gibt.[320]

Aus dieser Neufassung der Ausgangsunterscheidung oder des Gegenstandes von Religion ergab sich dann fast zwangsläufig eine andere Konzeption der wahrheitsbegründenden Gewissheitsgaranten. An die Stelle von Glaubensakten, die von der Autorität einer Schrift oder Institution geleitet wurden, trat die von der Vernunft geführte Erkenntnis, die sich aus der Verarbeitung von Sinnesinformationen ergab. Es war eine Vernunft, deren Reichweite und Orientierungsvermögen nicht mehr durch den Sündenfall eingeschränkt war. Damit wurde das religiöse Erleben wie das Handeln in einen gänzlich veränderten Sinnhorizont gerückt. Gleichzeitig insistierten die Deisten darauf, dass innerhalb von Religion Beobachtungsverhältnisse ernst zu nehmen und die Informationen vornehmlich aus der Beobachtung von Beobachtern zu gewinnen waren, nicht so sehr aus deren Mitteilungen. Das war in einer Welt, in der das Gutenberguniversum sich ständig ausdehnte, eine naheliegende Schlussfolgerung.

Die dritte Verschiebung bezog sich auf das, was Religion in der alltäglichen Welt des Sozialen ausmachen sollte. Die Frömmigkeit der *natural religion* bestand nicht mehr in separaten, als Gottesverehrung ausgewiesenen kultischen Handlungen, sondern in der Verfolgung der *human happiness*, wie Tindal schrieb. Sie ergab sich aus der Beachtung seiner Pflichten in Ansehung der Natur des Menschen. Cherbury hatte an dieser Stelle von Tugenden geschrieben. Blount nannte es *moral virtue*.[321] Das war ein Vorschlag, Religion eine neue soziale Form zu geben, um auf diese Weise die Grenzen des Handlungsgefüges und seine innere Strukturierung an Veränderungen anzupassen, die sich in den Differenzierungsmustern der Gesellschaft ankündigten.

Deswegen ließ sich dieses Nachdenken darüber, wie Religion in der Gesellschaft und Gesellschaft in der Religion vorkommen konnte, auch dann nicht umgehen, wenn man, wie William Warburton, Religion selbst als Referenz gewählt hatte. Warburton zog in der Dedikation seines Buches über die *Divine Legation of Moses Demonstrated on the Principles of a Religious Deist* gleich eine Grenze, mit der die Kirche aus der sie umgebenden Gesellschaft herausgehoben wurde.[322] Er schreibe gegen den Autor des *Discourse of Free-Thinking*, der die Kirche in einen anarchischen Zustand stürzen wolle, indem er den Geistlichen einrede, hier könne der gleiche Geist der *literary liberty* herrschen wie in der *civil society*. Das sei ein Missbrauch der *liberty of the press*. Der eigentliche Gegenstand seiner Abhandlung bestand dann in dem Nachweis, dass eine Religion nur dann auf die *doctrine of a future state of rewards and punishments* verzichten könne, wenn Gott das unmittelbar so wolle. Dieses Thema sei hier so gewählt, weil man gegen die Kritik der Deisten die Notwendigkeit des göttlichen Eingreifens an dieser Stelle direkt zeigen könne. Warburton wollte damit nachweisen, dass Religion *absolutely necessary to Civil Government* sei.

Darauf wird zurückzukommen sein. Vorerst interessiert die Frage, warum Warburton an dieser Stelle Argumentationsbedarf sah. Er nannte seine beiden Hauptgegner schnell: Pierre Bayle und Bernard Mandeville. Pierre Bayle schreibe unter Berufung auf Pomponatus, dass die Lehre vom Fortleben der Seele die Menschheit nicht vor Bosheit und dem Bösen bewahrt habe, und führe sogar Beispiele von Menschen an, die das Fortleben der Seele offen geleugnet und trotzdem ihren Nächsten geliebt hätten. Und unter Berufung auf Cardano schreibe Bayle, Religion sei zwar von Vorteil für eine Gesellschaft, aber nicht zwingend notwendig. Dem schließt sich dann eine ausführliche Auseinandersetzung mit der Behauptung Bayles an, der moderne Atheismus sei der Gesellschaft weniger schädlich als der religiöse Aberglaube. Warburton kam es dabei auf den Nachweis an, dass der Mensch aus Selbstliebe heraus zur Tugend nicht fähig sei. Auch wenn der Atheist das Gute vom Bösen unterscheiden könne, sei er noch lange nicht in der Lage, das Gute aus lauteren Motiven heraus zu tun. Ein anderer wichtiger Aspekt für Warburton war die Frage der Ordnung des Universums wie der Gesellschaft. Nur ein *intelligent superior* könne durch die notwendige Anordnung der Dinge und Geschehnisse Handlungen moralisch machen. In einem Universum, das der Zufall regiert, gebe es keine Moral. Diesen Zusammenhang übertrug Warburton dann auch auf die Gesellschaft. Selbst wenn man die dem Atheisten zugestandene Fähigkeit, das Gute zu erkennen, voraussetze, könnten diese von Selbstliebe getriebenen Menschen zu einer gesellschaftlichen Ordnung nicht finden. *Self-interest,* der zu Handlungen führte, die von Furcht und Hoffnung gelenkt wurden, *caused all these disorders amongst Men, which reguired the remedy of civil society. And Self-interest, again, operating by Hopes and Fears in Society, afforded means to redress of those first disorders.* Warburton setzte das Modell einer Interaktionsgemeinschaft intrinsisch tugendhafter Menschen gegen eine Vergesellschaftung von interessegeleiteten Individuen, aus deren Verkehr allein der Zufall – Adam Smith würde dann schon drei Jahrzehnte später von der *invisible hand* sprechen – Ordnung und Strukturen hervortreiben könnte. Deswegen erschien ihm Mandevilles Überzeugung, dass man den *public benefit* der *private vices* durchaus zeigen könne, als eine ungeheure Frevelei und teuflische Boshaftigkeit. Damit würde die christliche Tugend zu einer Angelegenheit von Narren gemacht.

Warburton reagierte wie die Deisten auf eine gesellschaftliche Konstellation, in der an immer mehr Stellen greifbar wurde, dass sich Prozesse gesellschaftlicher Ordnungsbildung ohne Religion vollzogen und umgekehrt religiöses Tun weder für die Individuen noch für Inklusions- und Integrationsprozesse Effekte zeitigte, die über das Handlungsfeld Religion hinausreichten. Die Deisten schlugen deswegen vor, Religion als Moral- und Tugendlehre zu formieren, und ein Mann der Kirche, wie Warburton, folgte ihnen darin, weil beide ein Vergesellschaftungsmodell teilten, das Ordnung als Resultat von handlungsbeschränkenden Normen ansah und deswegen dem Spiel der Interessen mit seinen zufälligen Resultaten zutiefst misstrauten. Auch wenn Warburton daraus die unbedingte Notwendigkeit einer Religion für die Aufrechterhaltung einer politisch geordneten Gesellschaft ableitete, widersprach er nicht Kritikern des anglikanischen Christentums, wie Lord Bolingbroke, der Religion zu einer Angelegenheit der politischen Herrschaft erklärte und für eine nationale Religion plädierte, die alle anderen Bekenntnisse majorisiere.[323]

Noch in einem weiteren Punkt unterschied sich Warburton in seinen Ansichten nicht von denen der Deisten. Moralität gründe allein im freien Willen des Menschen, der sich nur in einem Universum realisieren könne, das der Wille Gottes in Bewegung halte, in dem die Ereignisse aber den Gesetzen der Natur folgten. Tindal hatte ebenfalls betont, dass Gott in den Lauf der Welt nicht eingreife, sondern die Dinge geschehen lasse, zum Besten der Menschen, damit er sie zu den Einsichten über ihre Pflichten führe. Dahinter stand ein Menschen- und Gottesbild, das mit der reformierten Prädestinationslehre kaum mehr vereinbar war.[324] Hier fand die vierte wichtige Verschiebung durch den deistischen Diskurs statt. Sie bezog sich wie die Verbindung von Religion und Gesellschaft durch die Moral auf die Umwelt von Religion, nur eben jetzt auf die Individuen. Die *natural religion* setzte kein den bereits gefallenen Heilsentscheidungen ausgeliefertes Individuum mehr voraus, sondern Christen, die im Bewusstsein einer ausgleichenden, d. h. strafenden wie belohnenden Gerechtigkeit im Jenseits in der Lage waren, Gut und Böse zu unterscheiden und sich mit freiem Willen für die Tugend zu entscheiden. Deswegen hielten Cherbury, Blount und Warburton die Lehre vom Fortleben der Seele nach dem Tod für unabdingbar und gleichermaßen die Doktrin von einem Jenseits, das Lohn und Strafe für das Leben im Diesseits bereithielt. Nur eine solche Religion sei daher eine wirkliche Stütze für die politische Befriedung einer *civil society*, schloss Warburton. Aber sie setzte voraus, dass man die Ungewissheit der Prädestination und das gläubige Vertrauen auf die Errettung zugunsten individueller Entscheidungsfreiheit aufgab und ein Individuum phantasierte, das angesichts der jenseitigen Gerechtigkeit in der individuellen Selbstbestimmung zur Tugend fand. Die Religion der Moral brauchte eine moralfähige Gesellschaft und ein moralfähiges Individuum gleichermaßen. Im blinden Fleck kam dann zu liegen, dass hier auch Interessen walteten.

Theodizee

Aus dieser Konstruktion ließ sich auch noch in anderer Hinsicht Gewinn ziehen. Der Pfarrerssohn und Pastor Johann Joachim Spalding (1714–1804) ließ 1748 eine Schrift über die Bestimmung des Menschen drucken, die ihm zwar viel Kritik eintrug, die aber nach der Vielzahl der Auflagen zu schließen zu den einflussreichsten Texten des lutherischen Protestantismus im 18. Jahrhundert gehörte. Einer seiner Hauptwidersacher, der Pastor Johann Melchior Goeze, identifizierte Spalding als Deisten und warf ihm Undankbarkeit gegen die göttliche Offenbarung vor, weil er versucht habe, die eschatologischen Gewissheiten aus der Vernunft zu ziehen. Spalding war in der Form eines Selbstgespräches der Frage nachgegangen, »warum ich da bin, und was ich vernünftigerweise seyn soll?«. Die verschiedenen Stationen seiner Reflexion führten ihn dann zur Unterscheidung von leiblichen und höheren Interessen am Guten, Wahren und Schönen, durch deren Befriedigung in der Seele erst »eine Heiterkeit und Ruhe zu Wege gebracht werde, die über die Anfälle äußerlicher Widerwertigkeiten weit hinaus ist«. Auch dieser mit sich selbst im Einklang atmenden Seele konnte freilich der Zustand der Welt nicht entgehen. Ihre Ruhe wurde empfindlich gestört durch Unglück und Ungerechtigkeit auf dieser Welt. Da half es dieser Seele, wenn sie die Ewigkeit und das gegenwärtige Leben beständig als Ganzes betrachten konnte, in dem die Ungerechtigkeiten durch einen weisen Regierer der Welten ihren Ausgleich fanden. Die jenseitige *Justitia distributiva* der Deisten gab auf das Theodizeeproblem eine anscheinend so plausible Antwort, dass sie auch in der Neologie des lutherischen Protestantismus anschlussfähig wurde.[325]

Samuel Reimarus (1694–1768) sah sich wenige Jahre später schon veranlasst, die »vornehmsten Wahrheiten« der »natürlichen Religion« gegen eine Vielzahl von Gegenschriften zu retten. Ihm war zwar am Nachweis gelegen, dass das Christentum die Wahrheiten der »natürlichen Religion« einschließe und sie um die Geheimnisse der Offenbarung anreichere, aber dieses geoffenbarte Christentum ging gewissermaßen bereits am Krückstock der »natürlichen Religion«, und er betonte, alle Gläubigen seien aufgerufen, ihre Vernunft zu gebrauchen. Das Element der Vernunftreligion, auf das es ihm ankam, war die Annahme eines in seiner Schöpfung präsenten Gottes, der mit seiner Vorsehung ein nicht deterministisch verfasstes Universum gestaltete. Die Unsterblichkeit der Seele war ihm wie auch schon bei Spalding nicht bloßes Postulat, sondern ein Wissen, das die Seele aus der Selbstreflexion gewann. Reimarus verzichtete darauf, sie explizit mit einem Jenseits der Strafe und Belohnung zu konfrontieren, hielt aber Religion als Grundlage aller Sittlichkeit ebenfalls für eine unverzichtbare Voraussetzung der Vergesellschaftung. Er wandte sich an dieser Stelle ebenfalls gegen Mandeville und setzte den Schöpfer mit seiner geschehen-lassenden Vorsehung an die Stelle der künftigen unsichtbaren Hand. Wenn Laster der menschlichen Gesellschaft zuweilen Vorteile brächten, so geschehe dies nicht, »soferne sie Laster sind, sondern vielmehr nur zufälliger Weise, oder vielmehr durch die Vorsehung des Schöpfers, welche so fest geschlungen, dass auch diejenigen, welche sich und andere zu schaden bemüht sind, dennoch ohne und wider ihren Willen, was zum allgemeinen Besten beytragen müssen«.[326] Reimarus hatte damit einen Schritt über Spalding hinaus getan, indem er eine innerweltliche Antwort auf die Theodizeefrage formuliert hatte. Das wurde unterstrichen durch den Zusatz, dass ein lasterhafter Mensch sich selbst und auch anderen stets mehr schade als nütze. Das protestantische Christentum begann in seinen Selbstbeobachtungen mit einer sich selbst über Neigungen und Interessen steuernden Gesellschaft zu rechnen, und es beschrieb sich daher als tugendbegründendes Sinngefüge der Vernunft, in dem die Transzendenz hauptsächlich innerweltlich vorkam.

Bei der Suche der Deisten nach einer Religion, die in einer *civil society* noch nicht interessengeleiteter, aber willensfreier, tugendhafter Bürger einen Platz haben konnte, lag die primäre Motivation darin, die aus der Pluralität der christlichen Kirchen, Denominationen und Konfessionen erwachsenden Probleme zu überwinden. Herbert of Cherbury und die anderen Deisten sahen das Heilmittel in der universellen Intersubjektivität des vernunftbegründenden Wissens, die sie den idiosynkratischen Wahrheitsansprüchen von Offenbarungen entgegensetzten. Lord Bolingbroke hatte zusätzlich noch gefordert, die Sphären des Religiösen und des Politischen dadurch zu trennen, dass man diejenigen per Gesetz von politischer Herrschaft ausschloss, die sich in politischen Dingen auf ihr Gewissen beriefen.[327] Ihm stand als Politiker deutlich vor Augen, dass die faktische Konkurrenz der Bekenntnisse nicht aufgehoben war, wenn man die Vernunft vor die Offenbarung schob und durch eine Tugendfrömmigkeit die öffentliche Gottesverehrung in den Bereich der nicht streitfähigen Adiaphora rückte. Denn gerade dadurch mussten sich die existierenden Konfessionen und Bekenntnisse herausgefordert fühlen. Das gab der Auseinandersetzung um die natürliche Religion eine insgesamt stark polemische Note und führte dazu, dass der implizit oder explizit vorgeführte Vergleich zum wichtigsten methodischen und rhetorischen Rüstzeug in der Bestimmung der *natural religion* wurde. Damit verband sich von Anfang an eine Historisierung des Phänomens. Schon Cherbury hatte seiner Wahrheitsschrift eine Übersicht folgen lassen, in der er die Religionen der Völker aller Zeiten und Weltteile nebeneinanderstellte.[328] Eine englische Übersetzung der Schrift erschien 1705 und lieferte Material für die jetzt schon intensive Diskussion.

Deisten behandelten Religion als ein gesellschaftliches Phänomen. In ihrer Suche nach der natürlichen Religion der *Societas civilis* schrieben sie unabhängig von ihrer gewählten Beobachtungsreferenz im Grunde als Theologen. Diese Argumentationsmaschine kam um die Mitte des 18. Jahrhunderts langsam zum Stillstand, weil ihr die Differenz zwischen Immanenz und Transzendenz abhandenkam und sie in der Folge die eigene Grenze zur gesellschaftlichen Umwelt nur noch schwer bezeichnen konnte. Damit mag zusammenhängen, dass Reimarus sich ausführlicher mit der Seele des Menschen beschäftigte. Er schrieb ihr eine eigenständige Substanzhaftigkeit zu und das »Vermögen des Bewusstseins von ihrem verschiedenen Zustande«. Zu ihr gehörte weiterhin eine selbsttätige Vorstellungskraft, die ihre Bilder nicht als sensualistische Reaktion auf Eindrücke oder Körperzustände, sondern selbständig hervorbringe.

An die Stelle der informationsverarbeitenden Vernunft trat die Introspektion als Modus der Erkenntnis des Religiösen. Die Transzendenz tauchte damit im Inneren des Menschen wieder auf.[329]

Religion als Kultur

David Hume (1711–76) gab dann gar nicht mehr vor, am Gebäude der vernünftigen und natürlichen Religion weiterzubauen. Er stellte ein neues daneben, das das alte als ephemere Illusion auf schwachem Fundament kenntlich machen sollte, indem er Religion zum Gegenstand einer anderen Wissensordnung machte. Er formulierte im Grunde die erste Fremdreferenz auf Religion. Das machte er schon in der Einleitung zu seiner *Natural History of Religion* klar, als er nicht die Frage nach der Erkennbarkeit der religiösen Wahrheit stellte, sondern warum der Mensch überhaupt Religion habe. Er tat die Möglichkeit, dass sie der Vernunft entspringe, angesichts der vielen Zeugnisse des intelligenten Schöpfers als gegeben ab, um sich dann seinem eigentlichen Vorhaben zuzuwenden. Da Religion zwar in der Menschheit ein weitverbreitetes Phänomen sei, es aber durchaus Nationen gebe, *who entertained no sentiment of religion*, könne man nicht von einem religiösen Instinkt des Menschen sprechen. Das erste religiöse Prinzip – also die Fundierung der Religion in der Vernunft – sei also ein sekundäres.

Die primäre Unterscheidung, mit der Hume beobachtete, war nicht die zwischen Gesellschaft und Religion, sondern in der Umwelt der Gesellschaft befand sich der Mensch als kreatürliches, bedürftiges, mit Trieben und Leidenschaften ausgestattetes Wesen, das zu seiner Vernünftigkeit erst in einer nicht zielgerichtet ablaufenden zivilisatorischen Evolution gelangen könne. Adam habe Gott in dessen Größe gewiss erkannt, als er auf das Universum blickte, aber anschließend sei der Mensch als ein barbarisches, bedürftiges Tier – wie der Mensch eben am Ursprung der Gesellschaft erscheine – durch das Leben gegangen, getrieben von so vielen Bedürfnissen und Leidenschaften, dass er weder die Muße hatte, das Regelwerk der Natur zu bewundern, noch nach den Ursachen all jener Erscheinungen zu forschen, an die er nicht gewohnt war. Vor allem Veränderungen und das Neue ängstigten diesen unwissenden Menschen. Er habe begonnen, nach den unsichtbaren Kräften zu fragen, die die Wechselfälle des menschlichen Lebens, von Krankheiten angefangen bis hin zur Gewalt der Natur, verursachten, und daraus dann die Vorstellung von widerstreitenden Geistern und Kräften entwickelt, die sich ihm gegenüber allerdings als überaus unberechenbar und wankelmütig erwiesen. Die ersten religiösen Vorstellungen entsprangen daher nicht vernünftiger Naturbetrachtung, sondern der Unsicherheit des Lebens und den Hoffnungen und Ängsten, die daraus im menschlichen Geist erwuchsen. Die Religion der menschlichen Gesellschaft entstand so notwendigerweise als Polytheismus, und sie gründete nicht in einer ursprünglichen Offenbarung, sondern war durch und durch eine Hervorbringung des menschlichen Geistes, der mit Unwissen geschlagen war und mit einem triebhaften, bedürftigen Körper in einer unberechenbaren natürlichen und gesellschaftlichen Umwelt zurechtzukommen hatte. Die so von ihm selbst geschaffene Welt der Geister reduzierte Komplexität auf ein erträgliches Maß. Aus diesem Modus der Weltbetrachtung hatten die Polytheismen im weiteren Verlauf nicht von selbst herausgefunden. Die Erfahrungen und das Unwissen des ungebildeten Volkes hatten nach Humes Ansicht zu allen Zeiten verhindert, dass der Polytheismus sich zum Theismus als der Erkenntnis eines einzigen Schöpfergottes, wie sie aus der vernünftigen Betrachtung der Natur immer zu gewinnen sei, fortentwickelt habe. Das war allein Verdienst von Vernunft und Philosophie, die allerdings nicht immer völlig erfolgreich waren, wie für Hume ein Blick in den Himmel der Katholiken zeigte. Hume nahm dies als einen Beleg dafür, dass es in der Geschichte der Menschheit ein stetes Schwanken zwischen Theismen und Polytheismen gegeben habe.[330]

Religion war damit aus der zivilisatorischen Fortschrittsgeschichte sowohl der Gesellschaft wie des menschlichen Geistes ausgeklammert. Gesellschaft hat mit Religion zu rechnen, und der menschliche Geist bemüht sich in Gestalt der Philosophie mit mäßigem Erfolg um die Zivilisierung von Religion, weil sie nicht verhindern kann, dass, wie immer feinsinnig die Gottheiten in einzelnen Religionen geschildert werden, sich die Menschen ihnen nicht mit Tugend und Moral, wie es einem perfekten Wesen zukomme, zuwendeten, sondern deren Wohlwollen *by frivolous observances, by intemperate zeal, by rapturous extasies, or by the belief of mysterious and absurd opinions* zu gewinnen suchten.[331]

Vor diesem Hintergrund ging Hume daran, Polytheismen und Monotheismus – er sprach durchweg von Theismus – in ihren Konsequenzen für die Gesellschaft zu vergleichen. Weil er die strukturellen Eigen- und Gegebenheiten des sozialen Lebens im Grunde ohne Religion dachte und deswegen in dem geschichtlichen Hin und Her zwischen den beiden Grundformen von Religion nur die Anpassung von Denkgewohnheiten oder Weltsichten an Lebensumstände sah, identifizierte er dabei in erster Linie Deutungsphänomene. Hinsichtlich der Wahrheitsansprüche von Religion sah Hume bei den Polytheismen, wenn sie aufeinandertrafen, eine Tendenz zu einer Art föderaler Zuständigkeitsteilung und Subsidiarität, die kaum zur offenen Konkurrenz der Kulte führte, während Theismen zur wechselseitigen Unduldsamkeit und Verfolgung der jeweils Andersgläubigen neigten. Auch in Hinsicht auf die Lebenshaltung der Menschen sah er Unterschiede. Ein absolut überlegenes Wesen mache die Menschen zögerlich, während die vielen Gottheiten dem Menschen durch ihre Unterstützung Mut zur Lebensbewältigung machten. Ausführlich befasste sich Hume dann mit dem ambivalenten Verhältnis von vernunftgeleiteter Philosophie und Religion. Während die Polytheismen nur Mythen und Erzählungen hervorbrächten, seien die theologischen Konstruktionen von Theismen mit der Vernunft meist so weit kompatibel, dass die Philosophie sich mit solchen Theologien ins Benehmen setzen könne. Allerdings lauerten darin Gefahren. Spätestens wenn Theismen zu Buchreligionen geworden seien, laufe die Philosophie bei zu großer Nähe Gefahr, sich zu korrumpieren und sich zu einer Dienerin des Aberglaubens zu machen. Weil in der Theologie eine inhärente Neigung zu Widersprüchlichkeiten und Kontroversen liege, sei die Philosophie dann mit der Ausgrenzung von Häresien konfrontiert. Hume kommt zu dem Schluss, dass Politheismen häufig besser nachzuvollziehen seien für den Verstand, *as consisting only of a multitude of stories, which, however groundless, imply no express absurdity and demonstrative contradiction*. Gerade weil sie dem gemeinen Verstand so eingängig seien, *it happily makes not such deep impression on the affections and understanding*.[332]

Spätestens an diesem Punkt war klar, dass Hume nur noch scheinbar an eine Epistemologie von Religion anschloss, wie sie die Deisten samt ihren Gegnern in polemischer Auseinandersetzung entwickelt hatten. Die Religion in Humes *Natural History* erschien nicht mehr als vorgegebener Bestandteil einer immer noch von Gott geschaffenen Welt, die der Mensch sich durch Vernunft als eine Region seines Wissens aneignen konnte. Für Hume war Religion eine Hervorbringung des Menschen. Er beschrieb sie im Horizont der menschlichen Natur, der Bedürfnisstruktur des Menschen und seiner Verstandeskräfte. Der Referenzhorizont, in dem Hume beobachtete, hatte sich von der zu befriedenden *civil society* auf die Weltwahrnehmung des Menschen verschoben. Die durch theistische oder polytheistische Religionen in Gesellschaften verursachten Konfliktlagen wurden zwar noch erwähnt, aber sie schienen Hume längst nicht mehr als die einzige diskussionswürdige Folge von Religion in sozialen Ordnungszusammenhängen. Als soziales Phänomen gründete Religion jetzt nicht mehr in Vernunfterkenntnis, sondern in der Imaginationskraft des menschlichen Verstandes. Die Gottheit in ihrer Ein- oder Vielzahl blieb auch hier die zentrale Unterscheidung, aus der heraus sich Religion als Sinnfiguration entfaltete. Sie stand aber jetzt für die Differenz zwischen unverstandener und verstandener Kausalität. Die Philosophie siedelte Hume auf der Seite der verstandenen Kausalität an. Sie war in der Lage, die Unterscheidung der Götter auch auf diese selbst anzuwenden. Darin erschienen sie als Hervorbringungen der menschlichen Einbildungskraft und Phantasie, die sich zu in sich widersprüchlichen Abstraktionen in den Monotheismen oder zu eingängigen mythologischen Erzählungen in den Polytheismen ausgestalten konnten. In der Umwelt von Gesellschaft als sozialem Ordnungszusammenhang wurde Religion nicht in erster Linie als ein weiterer Struktur-, sondern als Deutungszusammenhang greifbar. Religion war eingerückt in die Sphäre der Kultur. Sie stellte der Reproduktion gesellschaftlicher Ordnung nicht tugendbegründende Motivlagen, sondern Sinnfigurationen, Weltsichten und Geisteshaltungen zur Verfügung.

Hume zog damit die Konsequenz aus Beobachtungen, die im Diskurs der Deisten noch perhorresziert worden waren. Soziale Ordnungsbildung vollzog sich auch ohne den Beitrag von Religion. Sinnhaftes Erleben und die Gestaltung von kausalorientiertem Handeln oder die kommunikative Koordination von Erwartungen setzten in einer Welt der zufälligen Ereignisse in Natur und Gesellschaft ein geteiltes Weltverständnis voraus. Hume machte gleich auch kenntlich, wo der Preis für Religion lag, wenn sie für eine derartig begriffene soziale Wirklichkeit gedacht wurde. Sie musste sich die Funktion der sozialrelevanten Sinn- und Wirklichkeitsproduktion mit der Philosophie im weitesten Sinn teilen. Damit waren Religionen aber auch hineingestellt in die Entwicklungsgeschichte des menschlichen Geistes. Weder die Gottheit(en) noch deren Erkenntnis waren überzeitliche Phänomene, wie es die Vernunfterkenntnis der Deisten unterstellt hatte. Diese Dekonstruktion und Relativierung von Religionen als historischen Phänomenen verband Humes *Natural History* mit einem Strom von zivilisationsgeschichtlichen Texten, der sich seit Beginn des 18. Jahrhunderts ständig verbreiterte.

3.
Religionen und die Religion in der Menschheitsgeschichte

Der Deismus hatte die natürliche oder wahre Religion als eine vernünftige Abstraktion des Christentums konstruiert und von ihr immer wieder behauptet, sie sei universell, weil die zentralen Elemente dieser *natural religion* in allen bekannten Religionen der Welt zu finden sind. Die nichtchristlichen Religionen wurden auf diese Weise einem normativen Begriff des Christentums untergeordnet. Diese europazentrierte Perspektive blieb dem Reden über Religion auch weiterhin konstitutiv eingeschrieben, aber das im Verlauf der gewaltsamen und ökonomischen Aneignung der Welt durch die Europäer nach Europa zurückströmende und sich dort anhäufende Wissen machte zunehmend neue Argumentationsstrategien erforderlich, um ein konsistentes Bild der europäischen Identität inmitten einer Welt voller verschiedenartigster Gesellschaftsformen zu zeichnen.[333]

Die vergleichend operierende Zivilisationsgeschichte übernahm dabei eine wichtige argumentative Funktion, weil sie im Vergleich Ähnlichkeit und Differenz von Phänomenen herauszuarbeiten in der Lage war, so dass man gerade über die Pluralität der Erscheinungen zu Allgemeinbegriffen gelangen konnte. Dass man die auf diese Weise entstehenden Tableaus von ähnlichen und differenten Phänomenen wie Buffon seine Pflanzen und Tiere auf dem Zeitstrahl zu ordnen begann, so dass die Gegenwart zu einer Welt der Gleichzeitigkeit des Ungleichzeitigen wurde, hatte mit dem Bedürfnis zu tun, die »Familienähnlichkeit« von Phänomenen erklären zu können, die dem Betrachter an den verschiedensten Orten der Welt und zu verschiedensten Zeiten begegneten, wie umgekehrt die Verschiedenheit bei zeitlicher und räumlicher Nähe.[334] Hinzu kam, dass eine Geschichte als Heilsgeschichte, wie sie zuletzt noch Bossuet geschrieben hatte, schon allein dann gesprengt wurde, wenn man ihr die Vielzahl nichtchristlicher Geschichten einschreiben wollte. Die Geschichten fügten sich nur noch dann zu einer Geschichte, die als ein auf ein identifizierbares Subjekt bezogener Sinnzusammenhang »erzählt« werden konnte, wenn man an die Stelle der Christenheit die Menschheit als Ganzes setzte. Anstelle der Providenz mussten kausal operierende Modelle der Veränderung treten, wie Entwicklung oder Verfall, möglicherweise ergänzt durch den Fortschritt als säkulare Variante der älteren Vorstellung von Vervollkommnung.[335] Um diese Geschichte mit Konstruktionen einer europäischen Identität in einer Weise verbinden zu können, die erlaubte, dem europäischen So-sein inmitten der Vielfalt einen historischen Ort zu geben, war es vorteilhaft, wenn Positionen auf dem Zeitstrahl als qualitativ bewertbare Orte identifizierbar wurden, so dass man variabel perspektivierte Hierarchien bilden konnte. Das leistete die Zivilisationsgeschichte, wie sie von Giambattista Vico (1668–1744) in seiner 1744 gedruckten »Neuen Wissenschaft über die gemeinschaftliche Natur der Völker« und von Voltaire (1694–1778) im *Essai sur les mœrs et l'esprit des nations* 1756 zum Paradigma verdichtet worden war.[336] Sie gab den Phänomenen und Ereignissen der Menschheitsgeschichte nicht nur einen zweifachen Index, indem sie sie im Raum und in der historischen Zeit einfach aufeinander bezog. Indem neben die historische Zeit des Zufalls noch eine normierte Zeit der Notwendigkeit gelegt wurde, erhielten Geschehnisse und Zustände einen dritten Index. Sie konnten sich jetzt in der Gegenwart und in der Vergangenheit gleichzeitig befinden. In der Kombination dieser drei Indizierungen, mit denen die Zivilisationsgeschichte arbeitete, waren zwei Probleme gelöst. Es war möglich, die ins Unüberschaubare wachsende Vielfalt des Verschiedenen und des Ähnlichen zu bändigen, weil man systematische und perspektivisch hierarchische Ordnungen miteinander kombinieren konnte. Das erlaubte es gleichzeitig, die nach Europa drängende Vielfalt des Wissens so zu ordnen, dass die europäische Identität sich nicht sofort in der Relativität der möglichen Perspektiven auflöste.

Anfänge der Historisierung

Religion war dabei neben der politischen und sozialen Verfasstheit der Gesellschaften ein zentraler Gegenstand des Interesses und der Aufmerksamkeit. Das veränderte zwangsläufig den Begriff von ihr. Die Einheit des Phänomens ließ sich nicht mehr einfach als Abstraktion der Vernunft darstellen, sondern musste auch im Blick auf das Christentum im vergleichenden Modus über formale und funktionale Ähnlichkeiten und genetisch über Entstehungszusammenhänge herausgearbeitet werden. Darüber verschob sich der Referenzhorizont, in dem das Phänomen beobachtet werden konnte. Es war nicht länger die *civil society* eines christlichen Europas, sondern eine aus Zivilisationen zusammengesetzte Menschheit, so dass der natürliche Zusammenhang zwischen Vergesellschaftung und Christentum nicht mehr fraglos gegeben und dessen Ort in einer Geschichte der Menschheit erst noch zu finden war. Zudem stürzte das Christentum in seinen verschiedenen institutionellen und theologischen Ausprägungen als Religion unter Religionen durch den in seinen Ergebnissen unberechenbaren Vergleich in den Abgrund der Gleichzeitigkeit des Ungleichzeitigen. Wie sich dort für das Christentum als Religion in seiner eigenen Geschichtlichkeit eine zukunftsfähige Identität formulieren ließ, war ebenfalls noch nicht abzusehen.

Die historisierende Pluralisierung des Religionsbegriffes kam entsprechend nur langsam in Bewegung. Herbert of Cherbury hatte seiner Untersuchung über die Wahrheit in der Mitte des 17. Jahrhunderts das Werk *De Religione Gentilium* folgen lassen, in dem er aus den antiken Autoren und aus Reiseberichten ein Tableau der Religionen der Völker zusammensetzte, das einen ursprünglichen Monotheismus unterstellte, der aber durch Verführung korrumpiert und in heidnische Polytheismen verschiedenster Arten umgeformt worden war – allerdings so, dass man die ursprüngliche Wurzel im Regelfall noch erkennen konnte. Das Tableau hatte noch wenig historische Tiefenschärfe, weil es als *natural history of religion* eine Illustration von Cherburys Vorstellung einer *natural religion* sein sollte.[337] Als Tableau waren auch noch zwei Veröffentlichungen aus den 1720er Jahren angelegt. 1723 ließ der Jesuit Joseph-François Lafitau (1681–1746) seine *Mœurs des Sauvages Amériquains Comparées aux Mœurs des Premiers Temps* drucken, und seit 1724 erschienen in Amsterdam die *Ceremonies et Coutumes Religieuses de Tous les Peuples du Monde* des hugenottischen Kupferstechers Bernard Picart (1673–1733). Dessen Verleger sah das Publikumsinteresse hauptsächlich auf die illustrierenden Kupferstiche gerichtet, so dass hier ebenfalls eine Kombination des Bekannten entstand, die sich an bestimmten Stellen auch auf Lafitau stützte.[338] Picart sah die wesentliche Übereinstimmung der vielen Religionen in der Verehrung von höheren Wesen, führte dies ebenfalls auf eine ursprüngliche Vernunftreligion zurück, die später durch eine Vielfalt der Kulte überwuchert worden sei. Als Hugenotte lag ihm daran, die ursprüngliche Reinheit der Gottesvorstellung wiederzugewinnen, um auch die Gottesverehrung auf die anfängliche Einfachheit zurückzuführen. Lafitau argumentierte differenzierter. Der Religion war in seinem Werk nur ein – allerdings der bei weitem umfänglichste – Abschnitt unter anderen gewidmet, die sich mit Kultur und materialer Zivilisation der amerikanischen »Wilden« beschäftigten. Zu seinem Ausgangspunkt machte er die Beobachtung, dass in der ganzen bekannten Welt und in der Geschichte trotz der großen Verschiedenheit der Sitten und Gebräuche kein noch so barbarisches Volk ohne Religion zu finden sei. Wo man dies behaupte, geschehe es, um den Atheismus zu stützen oder aus Unkenntnis der Lebensverhältnisse fremder Völker, da diejenigen, die berichteten, häufig nur flüchtigen Kontakt hatten und oft auch der Sprache der anderen Seite nicht mächtig waren. Lafitau schloss daraus unter Berufung auf Laktanz, dass der Schöpfer als Urheber und Gegenstand der Religion die Neigung zu ihr in die Menschenherzen eingeschaffen habe. Die Ersten Eltern genossen bis zur Sünde noch einen klaren Begriff von ihrem Schöpfergott. Erst anschließend verdunkelte sich der menschliche Geist so weit, dass die abstrakten Begriffe mit sinnlichen Vorstellungen vermengt werden mussten, so dass das Höchste Wesen dem Menschen zum Gegenstand seiner Unbeständigkeit und Schwachheit werden konnte, die dann zur großen Verschiedenheit der Religionen führte. Wichtig war Lafitau der Hinweis, dass dabei »der wesentliche Artikel« nicht verlorenging: zu wissen, was eine Religion sei und der Begriff von einem Höchsten Wesen. Auf dieser Grundlage entfaltete Lafitau ein Tableau der Formen religiöser Symbolisierungen, der damit verbundenen

Gottesverehrung sowie der religiösen Institutionen, das die Verhältnisse in Amerika neben diejenigen in der antiken Welt einschließlich des alttestamentarischen Judentums stellte. Lafitau betonte vor allem die Ähnlichkeiten. So schrieb er, nachdem er die Sonne als universelles Symbol der Gottheit vorgestellt hatte, dass auch die Patriarchen des Alten Testaments sich Gott noch nicht in seiner menschlichen Gestalt vorgestellt, sondern Denkmäler und Orte zu seinen Symbolen gemacht hatten.[339]

Lafitaus Interesse lag nicht auf einem Vergleich, um einen allgemeinen Begriff von Religion zu konturieren. Diesen Begriff setzte er voraus. Er stellte die Religion der wilden Amerikaner neben die der Völker der Antike, um darzutun, dass man den Indianern in Religionsangelegenheiten nicht mehr Barbarei vorzuwerfen habe als den Ägyptern, Griechen und Römern des Altertums. Überall finden sich infolge der Korruptionsprozesse, denen die ursprüngliche, wahre Religion ausgesetzt gewesen sei, ähnliche Formen der Symbolisierung und der Gottesverehrung. So suchte Lafitau dann in den letzten Paragraphen seines Kapitels nach Zeugnissen für jüdische und christliche Formen in Amerika und fand sie in Beschneidung, Formen der Taufe und auch der Beichte. Besonders wunderbar erschien ihm ein Fest in Peru, das man als »Sakrament des Altars« deuten konnte. Einen ganzen Paragraphen widmete er schließlich der Verehrung des Kreuzes bei den alten Völkern in Amerika. Er verwarf die Ansicht, der Apostel Thomas habe in Brasilien, Paraguay und Peru gepredigt, und stellte auch Überlegungen, Schiffe der Portugiesen mit Geistlichen seien schon vor der spanischen Entdeckung des Kontinents dort gelandet, ins Reich der unbewiesenen Vermutungen. Es kam ihm auf den Nachweis des einheitlichen Ursprungs der Religion an und dass damit auch eine bestimmte »Erscheinungsform« gegeben war: Religion war ihrem Ursprung nach rein und heilig, in der Ausübung streng und zu einem Zweck geoffenbart, der ein »über alles erhabenes Wesen [...] zum Voraus gesetzet«. Für Lafitau lag der Kern von Religion in einem strengen, ritualisierten Kult für einen personalen Gott, der sich um seine Schöpfung und Geschöpfe »bekümmerte«. Zu diesem Zweck hatte er ein buntes historisches Tafelbild arrangiert, das seinen Gegenstand gerade in der historischen »Vergleichung« einer Historisierung entzog.[340]

Eineinhalb Jahrzehnte später hatte die Diskussion um die natürliche Religion eine Konstellation hervorgebracht, in der eine Historisierung der Kernideen des Christentums notwendig schien, um es in seine Eigenart gegenüber allen anderen Religionen und vor allem gegenüber philosophisch-neuplatonischen Interpretationen der Gottesidee zu verteidigen. William Warburton schrieb gegen den Platonisten Ralph Cudworth und dessen *True Intellectual System of the Universe* an, in dem als *philosophia perennis* ein Gottesbegriff entwickelt wurde, der mit dem antiken Atomismus vereinbar war, um diesen vor dem Atheismus-Vorwurf zu retten. Warburton wollte zeigen, dass die philosophische Konstruktion Gottes in die Irre führte, und nahm dazu als Ausgangspunkt den funktionalistischen Religionsbegriff der Deisten. Beinahe der gesamte zweite Band seiner *Devine Legation of Moses* war dem Nachweis gewidmet, dass Religionen, die für eine *civil society* geeignet sind, auf die Lehre vom Fortleben der Seele nach dem Tod und der ausgleichenden Gerechtigkeit im Jenseits nicht verzichten konnten. Er musterte dafür alles, was aus den antiken Philosophen zu zitieren und über die antiken Gesetzgeber bekannt war. Es sei ihm bewusst, dass er damit dem Argument Vorschub leiste, Religion sei im Grunde stets eine Schöpfung der Politik gewesen *(creature of politics)*. Er ging sogar so weit zu zeigen, dass die Religionen, die nach dem Verlust der ursprünglichen Offenbarung von den Menschen aus Furcht, Hass und Liebe geschaffen worden waren, in ihren Gottesvorstellungen, ihrer Gottesverehrung und in ihrer Funktionalität mit den Formen der politischen Ordnung vom Stamm bis zur politischen Nation variierten.[341]

Mit dieser funktionalen Entwicklung war für Warburton ein Prozess fortschreitender Abstraktion der Gottesvorstellungen verbunden, der in den ägyptischen Hieroglyphen seinen vorläufigen Höhepunkt erreichte. Während man vorher noch Dinge und Gestirne angebetet hatte, schufen die Ägypter in ihren Hieroglyphen, die Tiere und andere Dinge vorstellten, heilige Zeichen, die man zunächst anbetete und sie auf diese Weise wie Götter behandelte. Hieroglyphen waren als Symbole Gegenstand allgemeiner Idolatrie. Erst in einem zweiten Schritt wurden aus diesen Symbolen dann Zeichen, in denen Signifikant und Bezeichnetes auseinandertraten. Das geschah, weil die Priester versuchten, die Absurdität der Anbetung von Gestirnen, Tieren und Dingen zum Verschwinden zu bringen. Es entstanden auf diese Weise in dieser *pagan church* zwei Gruppen von *symbolizers*. Die einen pflegten öffentlich (exoterisch) weiterhin die Idolatrie, die anderen entwickelten im Geheimen – esoterisch – die Lehre von der Unsterblichkeit der Seele und einen abstrakten Begriff des Einen Gottes, der sich in die Welt entleert, der in allen Dingen ist und dem die Seele als Teil des Menschen ebenfalls angehört. In den dem Hermes Trismegistos zugeschriebenen, aber tatsächlich von ägyptischen Priestern verfassten Büchern sei diese Lehre zusammengefasst.[342]

Weil diese Lehre in den Spinozismus führe, wollte Warburton nachweisen, dass Moses als Gesetzgeber auf die Lehre von der Unsterblichkeit der Seele und der jenseitigen Gerechtigkeit verzichtet habe – unter direkter Hilfestellung durch den geoffenbarten Gott. Damit sollte das andere Fundament der christlichen, ebenfalls abstrakten Gottesvorstellung in der Offenbarung freigelegt werden. Ganz nebenbei war es Warburton aber auch gelungen, dem Judentum, das nur eine diesseitige Gerechtigkeit kannte, unter »normalen Umständen«, d. h. ohne Gottes Hilfe, die Fähigkeit zur Einrichtung einer bürgerlichen Gesellschaft *(Societas civilis)* abzusprechen.[343]

Warburton ist mit seinem komplizierten Argument vielfach missverstanden worden. In unserem Zusammenhang sind zwei Aspekte wichtig. Warburton hatte ein Gespür dafür, dass die geoffenbarte Wahrheit des Christentums nur dann von Bestand war, wenn man sie der Historisierung entzog. Während Lafitau dies einfach noch voraussetzen konnte, machte Warburton es bereits zum Gegenstand einer komplizierten, weit in der Geschichte ausgreifenden Argumentation. Das hing damit zusammen, dass er sich vorstellen konnte, wie sich religiöse Begriffe entwickelten, wenn man sie den abstrahierenden Anstrengungen des menschlichen Geistes und den Gesetzen der Funktionalität sozialer Ordnungsbildung überließ. In einer so entstandenen Welt der vielen Religionen konnte das Christentum eine Sonderrolle nur noch behaupten, wenn man die Konkurrenten mit dem Gift des ägyptischen Pantheismus infiziert sah.

Der lange Weg zum Kollektivsingular

Die Befürchtungen Warburtons waren nicht unbegründet. Das zeigte sich, als die ersten Menschheitsgeschichten als Zivilisationsgeschichten geschrieben waren. Giambattista Vico verwandte den Begriff Geschichtswissenschaft an keiner Stelle in seinem Text, aber er machte an unterschiedlichen Stellen klar, dass es ihm darum ging, die Wissenschaft von der gemeinschaftlichen Natur der Völker als eine Wissenschaft von der Geschichte zu begründen. Er fasste die Geschichte als einen besonderen Gegenstand, der nach einer eigenen Methode verlangte, die sich von Philologie und Philosophie unterscheiden sollte. Sie könne keine Philologie sein, weil man als Philologe nicht in erster Linie Quellenkritik betreibe; und sie könne keine Philosophie sein, weil man sich dort nur mit abstrakten, immer schon gegebenen Begriffen beschäftigte, statt sie aus der Empirie zu gewinnen. An anderer Stelle berief Vico sich auf Bacons *cogita et visa*. Die Welt der Völker »sehen, wie sie ist«, hieß für ihn, das »Übereinstimmende« beobachten. Auf diese Weise sollte es möglich sein, die Vorsehung Gottes in der Welt des menschlichen Willens zu erkennen, so dass diese neue Wissenschaft zu einer »vernünftigen Theologie der göttlichen Vorsehung in der Geschichte« werde.[344]

Vicos Wissenschaft nahm sich vor, eine Vernunftbegründung der göttlichen Vorsehung hervorzubringen, die demjenigen, der sie betreibe, ein »göttliches Vergnügen« bereite. Dabei kam es ganz auf die Bestimmung der göttlichen Vorsehung an. In ihr manifestierte sich kein uranfänglicher Schöpferwille, sondern Vico fasste sie im Entstehen der Ordnungen, die im Laufe der Geschichte hervorgebracht wurden, »ohne dass die Menschen es bemerkten oder daran mitwirkten, ja oft ihren Plänen ganz entgegengesetzt«. Der historische Geist entdeckt diese Ordnungen und die ihnen zugrundeliegenden Ursachen durch Kombinieren und Nachdenken und befreit auf diese Weise die Geschichte sowohl aus den Fängen des epikureischen Zufalls wie auch von der Kette der Ursachen, mit der die Stoiker sie »an den Willen des besten und höchsten Gottes« gefesselt hatten.[345]

Vicos Historiker empfand bei seiner Tätigkeit ein göttliches Vergnügen, weil er sich selbst als den absoluten Beobachter installierte, der aus der

Schau des Übereinstimmenden die Notwendigkeit des Geschehens der Dinge erweist und deswegen eine »ewige und ideale Geschichte« hervorbringt. Der Historiker habe Anteil am »allgemeinen Sinn des menschlichen Geschlechts«, wenn er die von Menschen gemachte Welt mit größter Gewissheit erfassen könne. Diese Wissenschaft verfahre daher ebenso wie die Geometrie, »die die Welt der Größen, während sie sie ihren Grundsätzen entsprechend aufbaut und betrachtet, selbst schafft«. Allerdings hatten für Vico die menschlichen Angelegenheiten mehr Realität »als Punkte, Linien, Flächen und Figuren«.[346]

Diese konstruktivistischen Gewissheiten bezog Vico aus einem seiner Methode angemessenen Gegenstandsverständnis. Die Geschichte wurde gemacht von willensfreien Menschen, die im unzivilisierten Zustand nur zur Eigenliebe fähig waren und diese in diesem Stadium hauptsächlich in ungezügelter Gewalttätigkeit zum Ausdruck brachten. Sein »allgemeiner Sinn« ergebe sich für den Menschen nur aus dem, was ihm nützlich sei. Aus dieser funktionalen Grundorientierung des Menschen konnte Vico dann ableiten, dass bei den verschiedensten Völkern vergleichbare Ideen entstanden, auch wenn sie sich nicht gegenseitig beeinflussten. Das natürliche Recht entstand gesondert bei den einzelnen Völkern, ohne dass man von dem jeweils anderen wusste. Recht kam nicht in die Welt durch das Wirken großer Gesetzgeber, sondern es entstand, indem die barbarischen Giganten in der Zeit nach Noah sich in die Wälder zurückzogen, Familien gründeten, Gewalt ausübten und sie für Recht erklärten. Die Ordnung des Sozialen entstand bei Vico aus dem Prozess der Vergesellschaftung selbst heraus. Allein Emergenz schafft das Notwendige, deswegen wiederholen sich solche Entstehungsprozesse auch zu unterschiedlichen Zeiten und an unterschiedlichen Orten.[347]

Aus diesen Grundannahmen baute Vico dann ein im Dreierschema gegliedertes Gesellschaftsmodell auf, das die Sprache als Emanation des menschlichen Geistes umfasste, die Herrschaftsformen und die Rechtsordnungen. Jede dieser Sphären entwickelte sich menschheitsgeschichtlich wiederum in einem Dreischritt – z. B. das Recht vom mythischen Recht der Götter über das der Heroen, bis hin zum Recht der natürlichen Billigkeit in den freien Republiken. Einzelne Staaten, Verfassungen oder

Zivilisationen folgten den Zyklen von Entstehung (die sich aus der Notwendigkeit ergab), Aufbau, Blüte und Verfall.[348]

Religion weist Vico einen Platz unter den primären sozialen Institutionen zu, die sich in der postdiluvianischen Welt der Giganten aus dem von Gewalt, Furcht und Unwissen geprägten Leben dieser Familien- und Verwandtschaftsverbände heraus entwickeln. Es sind dies neben der Religion die Ehe, mit der die Menschen sich untereinander verbinden, und die Begräbnisse, in denen die Lebendigen ein Band zu den Toten schaffen, indem sie sie zu Ahnen machen. Die primäre unter diesen menschlichen Einrichtungen ist Religion. Auch sie ist den Menschen nicht durch Offenbarung gegeben, sondern entsteht in einem emergenten Prozess, der durch die als »Vorsehung« bezeichnete Naturnotwendigkeit getrieben wird. Einzig durch die dem Menschen eingeschaffene Veranlagung, die ihn, wenn er an allen Hilfen der Natur verzweifelt, dazu bringt, das Höhere zu suchen, ist die Entstehung von Religion noch mit einem Schöpfergott verbunden. Wenn im Menschen dann diese »verworrene Vorstellung der Gottheit« erweckt ist, schreibt er sie in seiner Unwissenheit Wesen zu, »denen sie nicht zukam«. Auf diese Weise und »aus Furcht vor solcher eingebildeten Gottheit, begannen sie sich in eine gewisse Ordnung zu fügen«. Der Mensch tritt als Naturwesen durch die zunächst unverstandene Bindung an eine höhere Nichtnatur in die Sphäre der Zivilisation ein. Er schafft eine von der Natur verschiedene Sphäre der Transzendenz aus seiner Verzweiflung heraus, dass er dem Walten dieser Natur und dem Leben ausgeliefert ist. Die Transzendenz ist eine Hervorbringung des Menschen, die in seinen geistigen Fähigkeiten gründet. Als Gottheit tritt sie ihm gegenüber, weil der Mensch nicht versteht, was er tut, und in überschießender Einbildungskraft und aus Furcht handelt.

Die Religion ist dann in der Lage, den verwilderten Menschen nach der Sintflut wieder zu bändigen. Vico verwendet einige Phantasie auf diesen Moment. Lange Jahrhunderte nach der Sintflut war die Erde so feucht, dass keine »Feuerstoffe« in der Luft entstehen konnten, so dass es keine Blitze gab. Als dann nach langer Trockenheit der erste Blitz auf die verwilderten Giganten herniederfuhr, begann die Zähmung aus Furcht vor den selbstgeschaffenen Gottheiten heraus, die ihnen eine

»göttliche Gerechtigkeit« gab. Erst jetzt wurde auch ein Recht jenseits der Gewalt möglich.[349]

Religion nimmt dann eine zweifache soziale Form an: Sie ist Opfer aus der Bindung an die Gottheit heraus und sie ist Weissagung, um die Kontingenz des Unbekannten zu bewältigen. In der Sphäre der Sprache ist sie als Mythos präsent. Theologie beginnt als Mythologie und wird für Vico zuerst greifbar bei Homer, der in der *Ilias* vom Zeitalter dieser postdiluvianischen Giganten berichtet. Auch das Alte Testament zeigt für Vico in seinen Berichten über die Patriarchen den Naturzustand der Menschheitsgeschichte, wenn es von der gewalttätigen Ordnung in Familien- und Stammesverbänden erzählt. Vico stellte die Bibel den nichtchristlichen Mythen der Antike nicht nur in dieser Hinsicht gleich. Er negierte auch ausdrücklich, dass sich in den biblischen und antiken Überlieferungen eine *prisca sapientia* finden lasse – auch in den ägyptischen nicht –, die hinter die Sintflut zurückreiche. Damit zerschnitt Vico den Strang einer bis ins Paradies zurückreichenden jüdisch-christlichen *philosophia perennis*, nach der viele seiner Zeitgenossen so intensiv suchten.[350]

Die hebräische Religion entstand aus dem Verbot der Weissagung heraus. Vico kommentierte diese Defizienz weiter nicht, aber sie machte das Judentum zu einer Sonderform im Feld der Religionen. Das Christentum kennzeichnete Vico als die »geoffenbarte Religion«, aber schon seine Entstehung und Verbreitung wies er dann als einen Gewaltprozess aus, in dem sich diese Religion »durch die Tugend der Märtyrer« gegen die römische Macht durchsetzt. Nachfolgend ist das Christentum wesentlich daran beteiligt, ein zweites barbarisches Zeitalter zu gestalten. Überall gründen die katholischen Könige »bewaffnete Religionen«, um das Christentum zu verteidigen – »gegen Arianer, Sarazenen und andere Ungläubige«. Damit kehrten im Zeitalter der Kreuzzüge die »frommen Kriege der heroischen Völker« wieder. Aber auch andere Erscheinungen des heroischen Altertums wurden vom Christentum in neuer Gestalt möglich gemacht: das Gottesgericht in Gestalt der kanonischen Reinigung, Asyle in Gestalt der geistlichen Herrschaften.[351]

Die »gegenwärtige Völkerwelt« sah Vico charakterisiert durch Monarchien, die entweder als »barbarische« auf der »vulgären Wahrheit phantastischer und wilder Religion« gründeten, oder wie in Europa auf der christlichen, in der »ganz humane Sitten« herrschten. Damit ist ein Urteil über die Religionen in der Zivilisationsgeschichte aber noch nicht gesprochen. Im letzten Abschnitt seiner Neuen Wissenschaft betont Vico noch einmal die Bedeutung von Religion in der Geschichte der menschlichen Vergesellschaftung. Sie führt die Menschen in die heroische Familienverfassung und stützt die aristokratischen Gemeindeordnungen. Sie dient den Völkern als Mittel, um zu Volksregierungen zu gelangen, und sie ist der Schild der Fürsten in den später entstehenden Monarchien. Wenn daher die Religion den Völkern verlorengeht, »haben sie nichts mehr, um in Gesellschaft zu leben«.[352]

Mit dieser Formulierung greift Vico das Kernproblem des Deismus auf, aber seine Antwort fällt dann im Widerspruch zur expliziten Aussage ganz anders aus. Wer seiner Schilderung gefolgt ist, der erkennt, dass Religion nur am Beginn der zivilisatorischen Bändigung des Menschen eine katalytische Funktion übernimmt. Fortan bändigen die Menschen sich selbst durch das Recht und die politischen Ordnungen. Religion dient nur noch dazu, politische Macht zu stützen. Von Religion geht direkt keine zivilisatorische Energie mehr aus. Vico unterstreicht dieses Argument noch einmal, wenn er mit Verweis auf Polybios die Frage diskutiert, ob die Philosophie die Religion im Prozess der Vergesellschaftung ersetzen könne. Nur der Religion sei zu verdanken, dass die Menschen gute Taten aus sinnlichen Trieben heraus ausführten. Philosophie könne hingegen Tugend nur anfeuern. Im Abschnitt davor hatte Vico noch einmal das Wirken der Vorsehung beschrieben, die dafür sorge, dass die Menschen, indem sie ihren Trieben folgen, gegen ihren Willen Ordnung hervorbringen. »Die Menschen wollen tierische Wohllust üben und ihre Geburten verderben«, und zustande bringen sie die Keuschheit der Ehen, auf denen die Familien sich aufbauen. Genau diese Funktion schreibt er auch der Religion zu, allerdings mit einer wichtigen Einschränkung. Die falschen Religionen bringen tugendhafte Handlungen hervor, weil in ihnen die Sinne den Geist mitreißen. Im Christentum als der »wahren« Religion hingegen müsse der Geist die Sinne mitreißen, um zur Tugend zu kommen, weil hier »die falsche Gnade das tugendhafte Handeln bewirkt für ein unendliches und ewiges Gut, welches nicht mehr unter die Sinne fällt«.[353]

Vico hatte sich, anders als die Deisten, auf eine Mandeville'sche Welt eingelassen. In dieser konnte das Christentum keine tragende Rolle für die Ordnungsbildung der *Societas civilis* mehr übernehmen, weil es ein Menschenbild voraussetzte, das, wie die ganze Neue Wissenschaft zeigte, der Wirklichkeit nicht entsprach.

Hatte Vico auf diese Weise Religion vor der Folie der sinnlichen menschlichen Natur und der Notwendigkeit ihrer Zivilisierung als Voraussetzung der Vergesellschaftung des Menschen betrachtet, so brachte Voltaire ein gutes Jahrzehnt später die Religion vor den Richterstuhl der Vernunft. Der *Essai sur les mœrs* sollte nicht einfach Taten der Herrscher und Ereignisse der Menschheitsgeschichte auflisten, sondern sie nur dann berichten, wenn die Menschheit durch sie glücklicher geworden war. Zivilisation gebrauchte Voltaire als indexikalischen Begriff, der es ihm erlaubte, diesen Ereignissen und kulturellen Zuständen in der Menschheitsgeschichte einen relativen Ort in der Geschichte der Vernunft zuzuweisen. Die Geschichte entfaltete sich als fortschreitende Wissensakkumulation einer rationalen (philosophischen) Welterklärung der Künste und Wissenschaften und der menschlichen Freiheit. Auf diese Weise traten in der Gleichzeitigkeit einer weltumspannenden Gegenwart zivilisatorische Ungleichzeitigkeiten auseinander, die bei den »Wilden« Amerikas einen Stand der Zivilisation wahrnehmbar machten, der den Bauern Europas in der Mitte des 18. Jahrhunderts fehlte.[354]

Das Subjekt dieser Zivilisationsgeschichte war der Mensch, der sich in seiner Ausstattung mit Instinkten, seiner Selbstliebe und seinem grundsätzlichen Streben nach Sozialität – Voltaire beschrieb sie als Liebe zu einer weiblichen Begleitung und zu den eigenen Kindern – über die Zeiten hinweg gleich blieb. Er war von Gott mit Vernunft begabt worden und zeichnete sich durch seine Lernfähigkeit aus, weil er der Natur etwas abschauen konnte. Die Sprache, die sich aus einsilbigen Worten entwickelte und erst mit Fortschreiten der Zivilisation nach und nach zu mehrsilbigen kam, war Voraussetzung für die Entwicklung größerer »nationaler« Gesellschaften. Voltaire schloss sich der gängigen Theorie an, im Chinesischen die Ursprache der Menschheit zu sehen, weil es auch in der Gegenwart noch größtenteils aus einsilbigen Worten bestehe.

Einen ersten Höhepunkt und damit auch eine Plattform für den weiteren beschleunigten Fortschritt erreichte die Geschichte der Zivilisation bei den Griechen. Sie erfanden das Alphabet und schenkten der Menschheit damit die Möglichkeit, den öffentlichen Gebrauch der Vernunft in Wissensbeständen zu akkumulieren und sie über Räume und Zeiten hinweg weiterzugeben. Deswegen waren die Griechen auch die Nation, in der der bei den anderen antiken Völkern in Geheimlehren betriebene Vernunftgebrauch an die Öffentlichkeit treten konnte. Trotz dieses jetzt möglichen Wachstumsprozesses der Künste und Wissenschaften durchdrang die Zivilisation die europäischen Gesellschaften bis in die Gegenwart Voltaires nur in Ausschnitten. Auch die Gegenwart Europas war durch die Gleichzeitigkeit des Ungleichzeitigen geprägt.[355] Der Vernunft zum völligen Sieg zu verhelfen, war einer Zukunft vorbehalten, für welche die *philosophes* arbeiteten.

Über Religion schrieb Voltaire, dass sie neben dem Klima und den Regierungsformen der dritte Faktor sei, der den Geist der Menschen beeinflusse und der damit die Rätsel der Welt erklären könne. Bevor er sich mit Religion und ihrer Entstehung beschäftigte, klärte Voltaire die Entwicklung des Begriffs der Seele beim Menschen. Er verglich die ursprünglichen Vorstellungen von der Seele mit denen, die man jetzt noch bei der bäuerlichen Bevölkerung finde: Eine mehr als konfuse Idee, die nicht durchdacht sei, sondern in der sich die überhistorische Natur des Menschen – vor allem Metaphysik – Ausdruck verschaffe. In den Sprachen der antiken Kulturen, bei den Syrern, Chaldäern wie bei den Griechen, stehe das Wort für Seele immer auch für »Leben«. Die Menschen sind zunächst mit ihrer Bedürftigkeit beschäftigt und so in ihr gefangen, dass sie Existenzen jenseits der physischen nicht denken können und auch nicht zu denken brauchen. Nur Träume wiesen die Menschen über die Welt des laufenden Lebensvollzuges hinaus. Erst als die Gesellschaften geordneter wurden und eine Anzahl von Menschen die Freiheit gewann nachzudenken, konnte es geschehen, dass sich aus Träumen, in denen Verstorbene – der Vater, die Mutter oder auch Kinder – erschienen, die Vorstellung von der Seele entwickelte. Man nahm die flüchtigen Erscheinungen der Verstorbenen für ihre Seelen, weil man sich völlig immaterielle Wesen noch nicht vorstellen konnte. Noch für Homer war die

Seele daher nichts anderes als ein »Luftbild« des Körpers. Die späteren Griechen übernahmen dann aus Ägypten die Idee der Unterwelt und die Apotheose der Toten, so dass daraus schließlich die Vorstellung von einem anderen, »jenseitigen« Leben entstehen konnte, allerdings immer noch nicht als einer spirituellen, sondern weiterhin körperlichen Existenz. Platon sei dann der Erste gewesen, der von spirituellen Wesen gesprochen habe. Voltaire bezeichnet dies als eine der größten Errungenschaften des menschlichen Geistes, die allerdings noch oft herausgefordert wurde. Sogar die Kirchenväter sprachen noch von einer körperlichen Seele, wie Voltaire betonte.[356]

Wie Vico, der die Unterscheidung einer Natur und des von ihr verschiedenen Höheren als eine Leistung des menschlichen Geistes ausgewiesen hatte, verankerte auch Voltaire den Begriff des Spirituellen in doppelter Hinsicht innerhalb der Welt. Er war der Menschheit nicht durch Offenbarung, sondern durch den Philosophen gegeben, und er ging auf eine Verdoppelung der Wirklichkeit durch eine Täuschung zurück, die man nicht als Fehlwahrnehmung erkannt habe. Der Differenz von Wirklichkeit und Traum entsprachen im menschlichen Verstand die Fähigkeit zur sinnlichen Wahrnehmung und das Vorstellungsvermögen. Der Mensch machte sich mit der Seele ein immaterielles Bild von sich selbst. Religion war damit der Erscheinung und dem Begriff nach säkularisiert: In ihr entfalteten sich innerweltliche Unterscheidungen, die der sich selbst überlassene menschliche Geist in der Konfrontation mit einer unverstandenen und bedrohlichen Natur hervorgebracht hatte. Die Menschen entwickelten Vorstellungen von geheimen Kräften; man kam auf die Idee, sie gnädig zu stimmen, und die ersten Kulte für eine Vielzahl von Gottheiten und Kräften entstanden. Die weitere Entwicklung war dann eng mit der gesellschaftlichen Ordnung verbunden. Volkreichere Nationen gaben sich Gottheiten, die sie als »Herren« anerkannten, wie die Phönizier Adonai oder die Syrer ihren Baal. Obwohl diese Schutzgottheiten mit einzelnen Staaten eng verbunden waren und bei Feindschaft und Kampf auch die Götter gegeneinander antraten, fehlte dem kultischen Polytheismus der religiös begründete Fanatismus. Man konnte sich auch an die Götter der Nachbarn wenden oder sie in den eigenen Götterhimmel aufnehmen. Die Kenntnis eines einzigen Schöpfergottes ist dann wiederum Frucht der *raison cultivé*. Sie wird, wie schon die Vorstellung der Seele und die spirituelle Verdoppelung der Welt, nicht von Religion selbst hervorgebracht. Cicero habe sie in der Antike zuerst formuliert. Weil man dann noch Antworten auf die Frage nach dem Übel in der Welt finden musste, sei die Theologie entstanden, und wegen des menschlichen Wissens um seine Verfehlungen gegen die sozialen Normen die Bußrituale. Voltaire hielt die Geschichte der religiösen Vorstellungen und Institutionen für nicht »vernunftfähig«. Man könne in der *folie* keine Vernunft finden.[357]

Dieses Urteil bestätigte sich, als er in einem Durchgang durch die antiken Kulturen die institutionellen Bestandteile von Religion aufzeigte: Idolatrie als Verehrung von Gegenständen, Vorhersagen und Orakel, die Behauptung von Wundern, Magie, Menschenopfer, die er bei den Juden wie bei den Galliern belegt fand, und schließlich Mysterienkulte, die sich selbst ad absurdum führten. In jedem dieser Fälle konnte die Vernunft ihre Kritik entfalten. Wunder sind Erfindungen irregeleiteter Philosophen, weil sie der Mechanik des Universums widersprechen; die mit der Magie verbundene Astrologie ermöglicht zwar Kausalerklärungen, mündet aber in den europäischen Hexenverfolgungen.[358]

Religion, in welcher Form auch immer, konnte keine wichtige Rolle inmitten sich aufhäufender Hervorbringungen der Vernunft spielen. Der Krieg war ihr darin überlegen. Religion profitierte allenfalls davon. Daher nahm Voltaire den Monotheismus und die Abkehr von theokratischen Herrschaftsformen als Indikator für den zivilisatorischen Stand einer Kultur. Diesen Vorzug teilte das Christentum mit den Religionen der Brahmanen in Indien ebenso wie mit dem Islam. Im Regelfall blieb Religion aber Hort des Aberglaubens, der sich in der Geschichte der Völker durch Fanatismus, Religionskriege und die Beförderung von menschlicher Unfreiheit niederschlug. Das europäische Christentum machte hier keine Ausnahme. Es hatte zu viel vom Judentum übernommen – unter anderem die Lehre vom Teufel und die Exorzismen zu seiner Austreibung. Voltaire verglich es immer wieder mit den anderen großen Religionen der Welt. Auch wenn es von Asien hieß, dass die dortigen Religionen den bizarren Gebrauch einer guten Lehre darstellten, blieb das Christentum in Europa ein Hindernis des Fortschritts, das vom Islam darin kaum übertroffen wurde. Voltaire betonte das »Genie« der Araber, die, von Mohammed angeführt, im Erfolg ihrer Expansionen und Eroberungen mit den Römern sich durchaus messen konnten. Den Koran betrachtete Voltaire als eine Verbindung von religiösem Dogma und Gesetzen, in denen sich neben vielen Irrtümern auch sublime Sätze finden ließen. Die Beförderung der menschlichen Wollust durch den Islam sei ein Vorurteil. Der alttestamentarische König David nannte achtzig Frauen sein eigen, Mohammed setzte eine Obergrenze bei vieren. Für alle positiven Vorschriften im Koran gebe es Vorbilder in der Antike: das Verbot des Alkoholgenusses, die Verpflichtung auf das Almosengeben wie auch die Lehre von der absoluten Vorsehung Gottes, die verlange, sich seinem Willen völlig auszuliefern und dem Islam eine starke mobilisierende Kraft gebe. Doch auch der Islam blieb von theologischen Streitigkeiten und Schismen nicht verschont.[359]

Nicht anders als bei Vico hatte auch bei Voltaire die zivilisationsgeschichtliche Rahmung von Religion als Begriff und sozialem Phänomen dazu geführt, den positiven Beitrag von Religionen allgemein und des Christentums im Speziellen zur Vergesellschaftung des Menschen in Zweifel zu ziehen. Es machte in dieser Hinsicht zunächst keinen Unterschied, dass Voltaire die Gesellschaftsfähigkeit des Menschen voraussetzte und die Bildung von Strukturen nur für ein Problem der Wissensakkumulation hielt, während Vico die Vergesellschaftungsfähigkeit des Menschen als das eigentliche Zivilisationsproblem identifiziert hatte. Deswegen konnte Vico Religion auch einen positiven Beitrag zum Zivilisationsprozess zusprechen, aber nur solange Religion auf die Sinnlichkeit des Menschen zielte und so an der Verwirklichung der »Vorsehung« mitarbeitete. Religion erschien in beiden Fällen als eine Hervorbringung des Menschen, mit deren Hilfe Unkenntnis und Unwissenheit sowie Furcht vor Kontingenz und Bedrohungen kompensiert werden sollte. Die Entäußerung des menschlichen Geistes, die sich dann zu einer Welt der geheimen Kräfte, Geister und schließlich der Götter verdichtete, war dem Menschen nicht allein Hilfe, sondern trat ihm als eine Macht gegenüber, die Gewalt über ihn gewann. Vico wie Voltaire nutzten die Vielfalt der religiösen Formen, die sie zu Ähnlichkeiten gruppierten, um die Universalität der Menschennatur, in der sie alle gründeten, darzutun.

In Umrissen wurde damit an dieser Stelle in den Selbstbeschreibungen bereits ein »Weltsystem« greifbar, das die Integrationsprozesse der kolonialen Aneignung widerspiegelte. Das war eine entscheidende Weichenstellung in der Evolution der Selbstthematisierungen europäischer Gesellschaften, die sich sonst nur im Bereich von Staatlichkeit und Politik wahrnehmen ließ.[360] In der vergleichenden Phänomenologie der Religionen kristallisierte sich ein universales – darum auch enthistorisiertes – Menschenbild aus, das als Subjekt einer Zivilisationsgeschichte taugte, in der die Frage nach den Grundlagen und den Mechanismen einer Vergesellschaftung gestellt wurde, die funktionalen Imperativen folgte. Religion als Sozialsystem erschien dabei mehr und mehr als Störfaktor. Deswegen ließ sich dieser Phänomenologie der Religion der bestimmte Hinweis entnehmen, in welcher Form sie sich noch in Beziehung zur Welt setzen konnte: als monotheistische Tugendlehre.

Von Lafitau, Vico und Voltaire war die Geschichtlichkeit der menschlichen Existenz in drei aufeinander bezogene Horizonte eingespannt worden: Die Formen der menschlichen Vergesellschaftung, die Natur des Menschen und schließlich – angesichts der in Vergangenheit und Gegenwart beobachtbaren Varietät beider Phänomene – die Frage nach der Einheit in der Vielfalt. Die Besonderheit des zivilisationsgeschichtlichen Diskurses bestand darin, diese letzte Frage einerseits als Problem der Gleichzeitigkeit des Ungleichzeitigen zu formulieren und damit das Wesen der Geschichte als eines Prozesses, der mehr ist als die zusammenhangslose Abfolge von Ereignissen und Zuständen, zum Thema zu machen. Andererseits ließ die Zivilisationsgeschichte immer schon erkennen, dass auch ein eurozentrischer Blick die relativierende Kraft der »Vergleichung« nicht völlig zum Verschwinden bringen konnte. Autoren, die sich seit der Mitte des 18. Jahrhunderts auf das zivilisationsgeschichtliche Paradigma bezogen, haben diese drei Problemhorizonte in unterschiedlicher Weise akzentuiert, sie auch zum Teil ganz verschieden aufeinander bezogen, aber sie nie völlig ignoriert. Religion spielte dabei stets eine zentrale Rolle – als wichtiges Faktum menschlicher Vergesellschaftung, als Element des Menschseins und in ihrer eigenen Geschichtlichkeit. Das führte dann auch zu unterschiedlichen Ansichten, was sie sei und wie sie auszusehen habe. Das soll in Schlaglichtern bis in die ersten Jahrzehnte des 19. Jahrhunderts noch nachgezeichnet werden.

Rousseau (1712–78) hatte ein gutes Gespür für den erreichten Grad der Ausdifferenzierung der zeitgenössischen europäischen Gesellschaften. Er zog daraus nicht nur die bekannten zivilisationskritischen Schlussfolgerungen, sondern nutzte es auch, um das Sozialphänomen Religion auf verschiedene Umwelten hin zu perspektivieren. Weil Religion dabei jeweils so unterschiedliche Gestalten annahm, die man kaum miteinander in Einklang bringen konnte, verteilte er dies auf unterschiedliche Texte.

Im *Contract social* hatte Rousseau sich vorgenommen, das Kernproblem der *Societas civilis* anders zu lösen als Thomas Hobbes. Auch Rousseau ging davon aus, dass der Mensch im Grunde nicht gesellschaftsfähig sei, weswegen er den Schritt vom Naturzustand zur Gesellschaft zwischen dem Ende eines Kapitels und dem Anfang eines neuen verschwinden ließ und sich dazu in einem kryptischen Satz erklärte, der die ganze Widersprüchlichkeit des Vorganges in eine nicht auflösbare Sinnschleife zusammenführte: »Ich nehme an, die Menschen seien an der Stufe angelangt, wo die Hindernisse, die ihrem Verharren im Naturzustande entgegenstehen, durch ihren Widerstand den Sieg über die Kräfte davontrugen, die jeder einzelne aufbieten kann, um in diesem Zustand zu verbleiben«, hieß es am Beginn des sechsten Kapitels des *Contract social*. Seine Schlussfolgerung war aber nicht, die politisch geordnete Gesellschaft als die Lösung des Problems anzusehen, sondern als dessen unvermeidliche Perpetuierung, die dem Individuum als ein Zwangsverhältnis gegenübertrat, in dem sich Freiheit und Individualität nur dann realisieren ließen, wenn die bei Hobbes von außen an die *Societas civilis* herangetragene ordnende politische Macht aus der Gesellschaft selbst heraus entstand. Die Religion dieser bürgerlichen Gesellschaft sollte eine Staatsreligion sein, weil es, wie Rousseau unter Verweis auf Hobbes festhielt, in einer bürgerlichen Gesellschaft nicht zwei Souveräne – einen weltlichen und einen religiösen – geben könne. Alle staatliche Verfassung von Völkern in der Geschichte sei daher als Theokratie entstanden, in der man Politik nicht von Religion habe trennen können. Für die

Gegenwart zog Rousseau daraus den Schluss, die Theokratie nach der säkularen Seite hin aufzulösen und dem Staat eine Zivilreligion zu empfehlen, deren Dogmen er festlegt. Diese beziehen sich auf die Pflichten des Bürgers und flößen ihm Liebe zu diesen Pflichten und eine staatsbürgerliche Moralität ein. Das werde in einem rein bürgerlichen Glaubensbekenntnis festgehalten. Wer »öffentlich« daran nicht glaube, werde mit dem Tode bestraft. Diese Zivilreligion hatte sich von Religion die Sakralität der Normsetzung und die unnachsichtige Verfolgung der Häresie ausgeliehen, um staatliche Macht und öffentliche Ordnung zu stabilisieren. Sie war insofern eine für die Zwecke der sich selbst beherrschenden bürgerlichen Gesellschaft »gemachte« Religion, die mit der vorfindlichen geschichtlichen Religion wenig oder nichts gemein hatte. Rousseau hatte damit die deistische Idee der *natural religion* ins Politische gewendet.[361]

Mit dem Christentum sei keine bürgerliche Gesellschaft zu machen, stellte Rousseau fest, weil Christen zwar sich wechselseitig als Brüder und Kinder des einen Gottes anerkannten, aber das Christentum nicht in einer besonderen Beziehung zum politischen Körper stehe. Das Vaterland der Christen sei eben nicht von dieser Welt, so dass sich aus einer Vereinigung von wahren Christen keine gute und stabile Gemeinschaft ergeben würde. Wahre Christen eigneten sich als Sklaven, gaben aber keine guten Soldaten ab. An dieser Stelle wird die zweite Funktion der Zivilreligion greifbar. Sie war als ein Band der Vergemeinschaftung gedacht, das die vergesellschafteten Individuen davon abhielt, sich aus der bürgerlichen Gesellschaft wieder zurück in den Naturzustand zu ziehen. Die Priesterreligionen – Rousseau nannte in einem Satz den Hinduismus, den Buddismus und das römische Christentum – spalteten hingegen die gesellschaftliche Einheit. Auch wo sie als nationale Religion auftreten, würden sie den Menschen betrügen.[362]

Von der Priesterreligion unterschied Rousseau als dritte Form die »Religion des Menschen« oder das »Christentum des Evangeliums«. Im *Contract social* ist von ihr nur vermerkt, dass sie die Gesellschaftstauglichkeit des Menschen nicht beeinträchtige. Rousseau war aber davon überzeugt, dass – weil die Zivilreligion den Menschen nur als Bürger erfasste – er auch eine Religion des Menschen brauche. Wie sie aussehen sollte, hat

Rousseau im Glaubensbekenntnis des savojardischen Vikars dargelegt, das er in den *Emile* einrückte. Dort bezog er Stellung gegen das materialistische Weltbild Holbachs und formulierte als eine Glaubensüberzeugung, dass die bewegte Materie einen intelligenten Beweger brauche. Eine zweckhafte, d. h. bedeutungsfähige Ordnung entstehe für den Menschen nur, wenn an dieser Stelle nicht einfach vom Zufall die Rede sei, sondern von einem »mächtigen und weisen Willen«, der die Welt regiert. Glaubensüberzeugung blieb dieses aus der Weltwahrnehmung gewonnene Wissen für den sensualistisch gedachten Menschen, weil Gott der menschlichen Vernunft nicht zugänglich war. Trotzdem hielt Rousseau die Begründung religiöser Gewissheit aus dem Verweis auf eine Offenbarung für eine »Herabsetzung« des Menschen. Weder Wunder noch Bücher noch die Autorität einer Kirche taugten zur Begründung des Glaubens an einen von der Welt verschiedenen Gott. Dieser Glaube ermöglicht die Anbetung eines Urhebers, durch die die Seelenkräfte des Menschen mit dessen göttlichen Wesen erfüllt wurden. Diese Selbstvergöttlichung des Menschen durch den Gottesglauben war eine der Grundlagen, die es ihm ermöglichten, in Gesellschaft seine Natur zu verwirklichen und gegen seine Leidenschaften zur Erkenntnis des Schönen und Wahren zu gelangen, da in der Freiheit des Menschen seine Chance zur Sittlichkeit liege. Einzige Stütze, die die »Religion des Menschen« neben der Vernunft brauchte, um den Menschen bei der Verwirklichung seiner Natur zu unterstützen, war ein verbindlicher Kult, der aber nicht als Gottesverehrung einzurichten sei, weil Gott sich dafür nicht interessiere.[363] Damit erwies sich die »Religion des Menschen« als ein Pendant zur Zivilreligion. Die Religion des Staates wurde gebraucht, um die normative Stabilisierung einer Gesellschaft, die sich selbst regierte, abzusichern und um den Widerstand der Menschen gegen ihre Vergesellschaftung durch ein Band der Vergemeinschaftung zu überwinden. In der »Religion des Menschen« entdeckte der vergesellschaftete Mensch in der Hinwendung zu einem geglaubten Gott sein eigenes göttliches Wesen. Dies ermöglichte dem Menschen die Verwirklichung seiner Natur trotz seiner Vergesellschaftung.

In den beiden Religionen, die Rousseau erfunden hatte, lag die Lösung des Hiatus zwischen Menschennatur und Vergesellschaftung, den Rousseau ins Zentrum seiner Sozialtheorie gestellt hatte. In beiden Fällen war Religion gedacht als eine bewusste Hervorbringung des Menschen, um ein klar umrissenes Problem zu lösen. Mit den historisch vorfindlichen Religionen hatten diese beiden Kunstreligionen nichts zu tun. Auf Transzendenz im gebräuchlichen Wortsinn konnten beide Religionen verzichten. Sie war im Fall der »Religion des Menschen« eine bloß geglaubte Realität, die erfahrbar nur in der göttlichen Subjektivität des Menschen wurde. In der Zivilreligion war von Transzendenz ebenfalls nicht die Rede. Man kann sie allenfalls in der Gesellschaft identifizieren. Rousseau hatte mit seiner Konstruktion eine der Grundfragen formuliert, die alle Sozialtheorien weiterhin beschäftigen sollte: Wie man die Vergesellschaftung freier idiosynkratischer Individuen denken sollte, wenn man Gesellschaft als Gemeinschaft voraussetzte. Konservative wie sozialistisch-utopische Entwürfe setzten dabei auch künftig auf Religion, wie oben (II.4) schon zu sehen war.

In seiner Abhandlung über den »Ursprung und die Grundlagen der Ungleichheit« hatte Rousseau den Naturzustand als ein Gedankenexperiment charakterisiert, das man anstellen müsse, weil man den ursprünglichen Zustand des Menschen nicht kenne. Entsprechend wenig interessierten ihn die physiologische Entwicklungsgeschichte des Menschen und auch die Zivilisationsgeschichte im Detail.[364] Obwohl dort viel mehr historisches und zivilisationsgeschichtliches Material aus allen Kontinenten ausgebreitet wurde, lässt sich dies auch für Johann Gottfried Herders »Ideen zur Philosophie der Geschichte der Menschheit«, die zwischen 1784 und 1791 erschienen, feststellen. Herder (1744–1803) brachte wie Rousseau das Problem der Vergesellschaftung des Menschen mit seiner »Menschwerdung« – er sprach von Humanität – zusammen und bezog es auf die Geschichte. Während es für Rousseau um eine Wiederentdeckung von Anlagen und Bestimmungen des Menschen ging, setzte Herder tatsächlich auf eine Entwicklungsgeschichte im Sinne einer Entfaltung und Vervollkommnung ursprünglicher Anlagen des Menschen. Die Ideen zur Menschheitsgeschichte wurden so zu einer Philosophie vom Menschen. Auf diese Weise verschwand der zivilisationsgeschichtliche dritte Index der Phänomene der menschlichen Vergesellschaftung, die Herder dann deswegen im dritten Teil seines Werkes zu einem flächigen, nach Kontinenten gegliederten Tableau anordnen konnte.[365] Die »eigentliche« Geschichte der Menschheit fand als individuelle Humanisierung des Menschen statt, die ohne Religion nicht möglich gewesen wäre. Deswegen sind es neben seiner Vernunft und Lernfähigkeit, der Verfeinerung seiner Sinne, die ihm Kunst und Sprache ermöglichen, seine Willensfreiheit und Reflexivität sowie seine Bildung zu Humanität und Religion, die ihn in seiner Organisiertheit als Geschöpf und damit in seiner Entwicklung bestimmen.[366]

Mit Humanität bezeichnete Herder die Bestimmung des Menschen, seine Anlagen zu verwirklichen, sich also als soziales Wesen zu realisieren und dieser Sozialität aus sich heraus eine Ordnung zu geben.

Anders als Rousseau beschäftigte sich Herder auch mit der Entstehung von Religion. Sie war die höchste Humanität des Menschen. Sie fiel ihm zu durch die Suche des Verstandes nach Ursachen und Wirkungen. Herder folgte hier dem, was seit Hume Gemeingut geworden war. Hauptsächlich die bedrohliche Seite der Natur drängte sich dabei in den Vordergrund, so dass Furcht die Erfindung der Götter bestimmte. Weil wir weder uns noch die Welt wirklich kennen, bleibt dies alles »Vermutung und Name«, aus dem ein wahrer Traum wird, wenn sich Ursachen und Wirkungen wiederholen. Herder wollte der Verwurzelung der Religion in Traumgeschichten, über die Voltaire geschrieben hatte, ihre denunziatorische Konnotation wieder nehmen, indem er sie nicht als Verirrung, sondern als notwendige Konsequenz der eingeschränkten menschlichen Wahrnehmungs- und Erkenntnisfähigkeit darstellte.[367]

Der Mensch findet in seiner Suche nach Ursache und Wirkung die erste Ursache, die ihm in ihrer Gestaltlosigkeit aber unverfügbar bleibt. Das ist – als Verstandestätigkeit – höchste Humanität, die in einem weiteren Schritt zu einer Übung des menschlichen Herzens wird, wenn der Mensch sich entschließt, in Freiheit das Gesetz des Gottes anzunehmen. In diesen zwei Hinsichten veredelt Religion in ihrer Hervorbringung durch den Menschen »Gestalt und Natur«. Sie macht ihn tauglich für die Vergesellschaftung. Herder brauchte dafür weder die Uroffenbarung noch die Genesis – die er als »älteste Philosophie« von der Menschengeschichte bezeichnete. Religion wird daher nicht erfunden, sie emergiert schon am Beginn des menschlichen Weges zu sich selbst. Und sie bleibt dann wesenhaft auch Tradition, nicht Invention. Nur Priester können trügen und falsche Geheimnisse erfinden. Wie Religion dann Selbstsymbolisierung braucht, um soziale Gestalt zu gewinnen, so macht Religion umgekehrt Gesellschaft sichtbar und gibt ihr Zusammenhalt.[368]

Das Göttliche am Menschen ist seine Symbolisierungsfähigkeit, die ihm in der Verbindung von Sprache und Vernunft – die eine bezeichnet, die andere »rechnet« mit Bezeichnungen – befähigt, eigene Gedanken zu erzeugen. Der größte Teil der Bildung des Menschen erwächst allerdings nicht aus neuen Gedanken, sondern aus »Nachahmung«. Wissenschaften wie auch die Sprache selbst entwickeln sich aus der Nachahmung heraus. Dies ist die Voraussetzung dafür, dass es eine Geschichte der Menschheit gibt und nicht bloß eine des Menschen. Herder bestimmte Menschheit nicht als eine Wissensgemeinschaft, wie Voltaire das getan hatte, sondern als eine Lern- und Erziehungsgemeinschaft, die sich aus der Kette der Individuen bildet. Nur in dieser Kette hat der Mensch die Möglichkeit, zum Menschen zu werden. Dabei ist Erziehung und Lernen nicht einfach »Kopie«, sondern organische Aneignung, so dass Kultur und Zivilisation durch Differenz und Veränderung bestimmt sind.[369]

Wie Herder den Menschen in die Geschichte stellt, so stellt er ihn auch in die Schöpfung hinein. Der Mensch ist Teil der Schöpfung, nicht ihre Krönung, noch nicht einmal ihr Zentrum. Er ist nur ein Mittelwesen in der Mitte der Tierarten. Indem der Mensch die Herrschaft über die Tiere gewann, lernte er das meiste von den Tieren selbst. Die vergleichende Anatomie unterrichtet über Ähnlichkeiten, aus denen man dann die Nähe einer Tiergattung zum Menschen ermessen kann. Aber als der »erste Freigelassene der Schöpfung«, der mit seinem aufrechten Gang und seiner Freiheit zu wählen sich selbst zum Objekt seines Handelns und seiner Entscheidungen machen kann, hat er etwas mit Gott gemein. Er ist daher auch in dieser Hinsicht ein Mittelwesen: Zwischen die sichtbare Schöpfung und den anderen Teil gestellt, der über das hinausgeht, was er selbst mit seinen fünf Sinnen zu erfassen vermag.[370]

Herder besteht auf einer jenseits dieser Welt liegenden Transzendenz als einer Voraussetzung für die Existenz dieser Welt und das Wesen des Menschen. Deswegen ist Religion, obgleich von ihm hervorgebracht, nicht seine Erfindung oder Einbildung, sondern ein Teil seiner Anlagen, deren Entfaltung ihn gesellschaftsfähig macht. Für die Beurteilung des Christentums hatte diese Reontologisierung des Schöpfergottes, der sich von der Welt unterschied, sich aber ihr in der Vernunft zu erkennen gab, keine wirklich positiven Folgen. Herder beschrieb es in seiner Entstehung aus dem Judentum heraus und wie es sich anschließend als das Geheimwissen einer vom Bekenntnis zusammengehaltenen Gemeinschaft stabilisierte. An anderer Stelle schrieb Herder von der Schrift als einer »Gottes Anstalt«, weil sie helfe, Traditionen zu bilden, aber im Christentum führte die Heilige Schrift zu Streit und Häresien, zu Priesterherrschaft und der durch sie betriebenen Verfälschung durch einen Kult.[371]

Die Umwelt von Herders Religion war der (einzelne) Mensch, nicht die Gesellschaft. Seine Religion brauchte keinen Kult, sie realisierte sich als Verhältnis jedes einzelnen Menschen zu seinem Gott, zu seiner Welt und sich selbst. Damit war eine wichtige Abzweigung im Diskurs – stärker noch als bei Rousseau – markiert: Wenn Religion nicht mehr als ein zentraler Faktor in der Vergesellschaftung des Menschen sowie der Bildung und Aufrechterhaltung gesellschaftlicher Ordnungsmuster identifiziert werden konnte, dann ließ sie sich – wollte man sie nicht als bloße Verirrung des Menschen, der Menschennatur oder als Resultat fortgesetzten Betrugs identifizieren – als sozial relevantes Phänomen nur noch dann kennzeichnen, wenn man sie mit – ebenfalls jetzt sozial relevant werdenden – Individuierungsprozessen in Verbindung brachte und ihr dort einen Ursprung und einen Ort gab. Das war angesichts der Geschwindigkeit, mit der die Umstellung der gesellschaftlichen Differenzierungsmuster das »Individuum« frei- und voraussetzte, zukunftsträchtig. Nicht nur Schleiermacher entwickelte seinen Religionsbegriff aus dem Gefühl der schlechthinnigen Abhängigkeit heraus. Auch Benjamin Constant machte das dem Menschen eingeborene *sentiment religieux* zum Ausgangspunkt seiner religionsgeschichtlichen Untersuchungen.[372]

Diese Verschiebung ließ aber ein anderes Feld ungeordnet zurück: die Pluralität der Erscheinungsformen von Religion in Geschichte und Gegenwart. Bis jetzt hatte man sich damit beholfen, an die Stelle einer

Weltgeschichte der Religionen eine Geschichte des ins Christentum mündenden Monotheismus zu schreiben und andere Religionen ins Lager der polytheistischen Vorformen abzuschieben, wenn sich in ihnen die Vorstellung eines Schöpfergottes beim besten Willen nicht identifizieren ließ. Angesichts der dynamischen Bewegung, in die das Verhältnis zwischen Religion und Gesellschaft seit den 1780er Jahren geraten war, verloren solche Argumentationen aber zunehmend an Plausibilität. Sie mussten ersetzt werden durch Szenarien, in denen die Pluralität religiöser Optionen samt den Folgen für das europäische Christentum reflektiert werden konnten.

Wie schwierig dieser Umbau zu bewältigen war, zeigt der zwei Jahre vor Herders zivilisationsgeschichtlichem Tableau 1782 in Druck gegangene »Versuch einer Geschichte der Cultur des menschlichen Geschlechts«[373] von Johann Christoph Adelung (1732–1806), der zu dieser Zeit als sachsen-gothaischer Rat amtete. Adelung breitete in seiner Kulturgeschichte die Früchte seines theologischen Studiums aus und entwarf ein Tableau von den Anfängen der Menschheit und der Entstehung von Religion, das die Elemente des in der Zivilisationsgeschichte verfügbaren Wissens über die Abfolge der menschlichen Kulturstufen mit der Genesis und den übrigen Büchern des Alten Testaments zu verbinden suchte, auch wenn er sich aus den Zwängen der biblischen Zeitrechnung ansonsten befreite. Er schrieb nichts von einer Uroffenbarung und einem ursprünglichen Wissen Adams, setzte aber einen anfänglichen Monotheismus voraus, der sich zur Sintflut hin nach und nach verdunkelte. Von den Söhnen Noahs trug nur einer das Wissen um den Einen Gott weiter, in den Stämmen der anderen griffen Götzendienst und Vielgötterei um sich. Die weiteren für Adelung wichtigen Stationen waren dann der durch Moses gereinigte Gottesbegriff, die anschließende moralische Verbesserung der Religion durch die griechische Philosophie, die schließlich den neuen »schöpfungstheologischen« Gottesbegriff des Christentums möglich machte. Jetzt hatte die Welt einen Gott der Fürsorge und der Liebe. Im weiteren Verlauf ging Adelung noch auf die Entstehung des Islam ein, den er als ein Derivat der abrahamitischen Religion darstellte, aber es kam ihm hauptsächlich darauf an, zu zeigen, wie das Christentum durch Priesterherrschaft und Sittenverfall nach und nach entstellt wurde. Erst die »Tätigkeit des gesunden Menschenverstandes« in der Reformation schaffte hier wieder Abhilfe. Adelung hatte seine europäische Geschichte als Christentumsgeschichte entworfen, die er über das Neue Testament in die Zeit vor Christus hinein verlängerte.[374] Religion bekam, auch wenn sie aus einer eurozentrischen Perspektive betrachtet wurde, auf diese Weise eine Geschichte, die sie in ihren Gestaltungen mit den Stadien und Zuständen der menschlichen Kultur verband. Deswegen konnte Adelung am Ende seines Werkes eine Historisierung des evangelischen Lehrbegriffes fordern: Man müsse überlegen, ob der des 16. Jahrhunderts dem des doch davon so verschiedenen 18. Jahrhunderts noch angemessen sei.[375]

Der nach seiner Jakobinerzeit in Moskau als Professor tätige Philipp Christian Reinhard (1764–1812) machte 1794 in seinem »Abriss der Geschichte der Entstehung und Ausbildung der religiösen Ideen« die Verschiedenheit der Religionen des Menschen bereits zum Hauptgegenstand seiner Studie. Warum man überall in der Menschheitsgeschichte Religion finde, aber in so unterschiedlicher Gestalt, formulierte er in der Vorrede als sein hauptsächliches Anliegen. In den 69 Paragraphen des Buches suchte er eine Antwort zu geben, die das Gleiche der Menschheitsgeschichte auf das Wesen des Menschen zurückführte und die Verschiedenheiten auf die äußeren Umstände. Gleich sind die Menschen im Vorhandensein religiöser Ideen, die deswegen in den menschlichen Trieben und Seelenkräften gründen mussten. Deswegen entwickelten sie sich auch von den Anfängen, in denen der »grob-sinnliche« Trieb die religiösen Vorstellungen dominierte, anschließend zu immer abstrakteren Vorstellungen. Reinhard verfolgte diese Entwicklung bis zu den Griechen in drei Stufen: von einem anfänglichen Fetischismus – einen ursprünglichen Monotheismus gab es hier nicht –, der sich auf Dinge und Gestirne richtete, über einen von vergöttlichten Menschen bewohnten polytheistischen Götterhimmel bis hin zur Verehrung von Ursachen auffälliger Naturwirkungen. Die Entwicklung der religiösen Ideen schien ihm nur bedingt einer inneren Logik von Religion zu folgen. Er sprach von »Zufällen«, hob auf der zweiten Stufe das Wirken der Priester und auf der dritten das der Dichter hervor. Sicher schien ihm allerdings, weil es schon bei den Griechen zu fassen sei, dass jede anthropomorphe, personifizierte Gottesvorstellung zerfallen muss, »sobald die Vernunft erwacht«.[376]

Reinhard hat die Geschichte religiöser Ideen mit der Entwicklung des Menschen von einem sinnlichen zu einem Vernunftwesen parallelisiert und auf diese Weise Religion zu einem Epiphänomen in der Kultivierung des Menschen gemacht. Das verhinderte, dass er eine Antwort auf seine Ausgangsfrage formulieren konnte. Die innere Differenzierung von Religion zum Ausgangspunkt der Formulierung eines Religionsbegriffes und einer Geschichte der Erscheinungsformen von Religion gleichzeitig zu machen, gelang erst dem Göttinger Professor für Weltweisheit Christoph Meiners (1747–1810) in seiner 1806 veröffentlichten »Allgemeinen kritischen Geschichte der Religionen«.[377]

Meiners ging wie Reinhard von der Beobachtung aus, dass es viele unterschiedliche Religionen gebe, zwischen denen aber auch sehr viele Ähnlichkeiten zu finden seien. Er nahm sich daher vor, die Religionen in Elemente aufzulösen, um dann darauf achtzugeben, wie diese Bestandteile im Einzelnen beschaffen seien. Zwei Hauptelemente hob er heraus: die religiösen Vorstellungen – das »Erkennen der höheren Naturen« – und die »ihnen gewidmeten Dienste«. Dies führte ihn zu einem allgemeinen Religionsbegriff, von dem er schrieb, dass er sich nicht am Monotheismus orientieren dürfe, sondern auf »vielgöttische« wie »eingöttische« Religionen anwendbar sein müsse. Er fügte der anfänglichen Grundunterscheidung dann noch hinzu, dass es Annahmen über das Verhältnis der höheren Naturen zu den Menschen geben müsse, so dass man deren Verehrung verstehen könne. Daraus ergaben sich dann Vorstellungen von Rechtgläubigkeit, die geforderte Frömmigkeit sowie auch Unglaube als Bezweiflung der göttlichen Naturen und Aberglaube. Meiners trug mit dieser Definition dem Umstand Rechnung, dass Religion als Sinnsystem wie als soziale Institution in einer gesellschaftlichen Umwelt nur über mehrfache Grenzziehungen zu stabilisieren war. Vor allem sein Verweis auf den Unglauben stellte Religion in eine Gesellschaft hinein, die auch säkularisiert sein konnte. Diese Religion wurde von innen wie von außen beobachtet. Damit machte Meiners die definitorischen Folgen eines Kollektivsingulars sichtbar.[378]

Was Meiners dann über die Entwicklung der Vorstellungen von den höheren Naturen – von der anfänglichen Vielgötterei bis hin zum wahren christlichen Begriff des gnädigen Gottes in einer jenseitigen Welt – aufschrieb, war im Detail nicht originell, auch nicht, dass er die Geschichte des christlichen Lehrbegriffes als eine Abfolge von Ungereimtheiten charakterisierte. Er fand dabei aber zu einem Begriff von der inneren Differenzierungsdynamik religiöser Vorstellungen. Er zeigte sich zwar unentschieden, ob es einen Ursprung von Religion gegeben habe oder eine Polygenese, war sich aber sicher, dass man sie jeweils wie die Sprachen in Urreligionen, davon abgeleitete und schließlich vermischte Religionen einteilen könne. Urreligionen veränderten sich unter dem Einfluss von Klima, Bodenbeschaffenheit und dem Genie der Völker, so dass ähnliche Konstellationen auch ähnliche Religionen – wie zum Beispiel die der Ägypter und der Hindus – hervorbrachten. Diese Differenzierung von Urreligionen brachte dann über Mission, Wanderungen und sonstige Kontakte gemischte Religionen hervor, wie zum Beispiel die der Griechen. In dieser Weise beschrieb Meiners dann auch die Folgen der kolonisatorischen Verbreitung des Christentums und des Islam. Es werde eine einzige Religion auch in der künftigen Geschichte der Menschheit nicht geben können, weil Religionen in den Gebieten, in denen sie sich ausbreiteten, »Veränderungen erleiden«, die wiederum zu neuen Mischungen führten. Meiners hatte damit ein Entwicklungsmodell des menschheitsgeschichtlichen Phänomens Religion formuliert, das diese Entwicklung unabhängig vom »menschlichen Geist« und einer umgebenden Zivilisation dachte, sondern auf innere Differenzierung, Entstehung von Neuem aus sich heraus, Neuarrangement und Mischungen setzte. Das war ein sprachgeschichtliches Modell und entsprach dem, was man von der Evolution eines Sozialsystems unter Bedingungen funktionaler gesellschaftlicher Differenzierung annehmen konnte.[379]

Benjamin Constant (1767–1830) reformulierte dieses Konzept zwei Jahrzehnte später noch einmal aus einer anderen Perspektive. Seine aus dem *sentiment religieux* heraus entstandene Religion, die zur positiven Religion wurde, weil der Mensch das Bedürfnis habe, seinen Verkehr mit den höheren Mächten mit anderen zu teilen, bekam eine Geschichte durch den Zweifel und die Kritik an Religion, vor allem aber aus dem Umstand heraus, ob sie sich zu einer Priesterreligion entwickelte oder nicht. Diese Alternative sah Constant schon in der Antike verwirklicht. Nur die Griechen fanden zu einem freien Polytheismus ohne Priesterherrschaft, der dem *sentiment religieux* die freie Entfaltung ermöglichte. Das Christentum seiner Gegenwart sah Constant entsprechend eingeklemmt zwischen Vernunftkritik und Priesterherrschaft. Der freien und entwicklungsfähigen Individualität der bürgerlichen Gesellschaft entspreche aber nur eine Religion, die auf dem ungelenkten, individuellen *sentiment religieux* gründe. Constant plädierte dafür, an die Stelle der verwalteten Priesterreligionen die sozialen Bewegungen der Sekten zu setzen, aus deren Konkurrenz sich dann die weitere Entwicklung von Religion zu ihrem eigenen Besten ergeben könne. So ließ sich die Evolution eines autonomen Handlungsfeldes Religion beschreiben, wenn man es von den Individualitätserfordernissen der Vergesellschaftung der Moderne her dachte.[380]

Die Zivilisationsgeschichte brachte keinen wirklich konsistenten Begriff von Religion hervor, aber sie führte zu einer Reihe von Verschiebungen in der Art und Weise, wie Religion beobachtet wurde.

Gemeinsam war allen Zivilisationsgeschichten, dass sie einen in der Natur erkennbaren Schöpfergott weiterhin voraussetzten. Dieser normative Monotheismus findet sich selbst bei Voltaire, der die Religion und das Christentum für ein zivilisationsgeschichtliches Hindernis hielt. In den meisten Fällen verband sich dieser Monotheismus aber mit der Ansicht, dass Religion eine der Voraussetzungen für die Vergesellschaftung des Menschen sei und auch zu den zivilisatorischen Fortschritten beitragen könne. Das führte freilich, bezogen auf die Gegenwart des 18. Jahrhunderts, zu der Forderung, Religion als Tugend- und Sittenlehre eine Form zu geben, in der sie dazu in der Lage sei. Und es bedeutete, dass Religion dabei eingereiht wurde in den Kreis anderer wichtiger zivilisatorischer Institutionen wie Recht, staatliche Macht oder die Wissenschaften und sich damit auch die Beurteilung ihrer »Funktionalität« aus diesen Rationalitätssphären heraus gefallen lassen musste.[381]

Der normative Monotheismus verhinderte auch nicht, dass Transzendenz zum Beginn des 19. Jahrhunderts insofern zu einer innerweltlichen Angelegenheit geworden war, als man sie und die Gottheiten für eine Hervorbringung des Menschen hielt. Nur Rousseau und Herder hatten an der Vorstellung von einem personalen Gott noch festgehalten, der in seiner außer- oder überweltlichen Existenz die Voraussetzung für die sinnlich erfahrbare Schöpfung darstellte. Beide rückten diese Behauptung allerdings gleichzeitig in die Sphäre der uneigentlichen Rede. Rousseau, indem er diese Annahme zu einem Postulat des menschlichen Selbstbewusstseins und der Freiheit machte. Herder, indem er offenließ, ob der existierende Gott nicht doch im Grunde mit der Göttlichkeit des Menschen identisch war. Auf diese Weise wurde das »Jenseits« Teil eines kosmischen Kontinuums, das auch das Diesseits einschloss und sich allenfalls nur noch in seiner Zugänglichkeit für die menschlichen Sinne von diesem unterschied.[382] Das bedeutete natürlich auch, dass dieses Jenseits und seine es bewohnenden Mächte es ertragen mussten, nach diesseitigen Vernunft- und Rationalitätskriterien beurteilt zu werden. Der größte Teil der religiösen Inhalte und auch Praktiken verfiel damit der Kritik des Lächerlichen, Abgeschmackten, Unvernünftigen. Religion stellte sich damit als Wissen und vernunftbegründete Einsicht in das Wesen Gottes dar, die einer Offenbarung im Grunde nicht mehr bedurften. Wer noch an ihrer historischen Faktizität festhielt, beeilte sich hinzuzufügen, dass sie den Erkenntnissen der Vernunft nichts hinzutun könne oder machte umgekehrt die Vernunft zur Voraussetzung für das richtige Verständnis geoffenbarter Inhalte.

Wenn Religion das Resultat einer Unterscheidung von Diesseits und Jenseits geworden war, die nicht mehr Gott, sondern der Mensch getroffen hatte – und diese Unterscheidung auch gar nicht auf seine Vernunft zurückging, sondern auf seine Unwissenheit und seine Furcht –, dann wurden eine Uroffenbarung und ein ursprünglicher Monotheismus – auch eine in Adams anfängliche Erleuchtung gründende *philosophia perennis* – immer unwahrscheinlicher. Sie verschwanden bis zum Beginn des 19. Jahrhunderts aus den zivilisationsgeschichtlichen Entwürfen nahezu völlig. Damit löste sich auch die Genesis als herausgehobener Erzählhorizont der menschheitsgeschichtlichen Anfänge im Nebel des Nichtwissens auf. Die Bücher des Alten Testaments konnten jetzt in die Mythen der antiken Welt eingereiht und in gleicher Weise historisiert und erforscht werden.

Neben die zivilisationsgeschichtliche Funktionalität war durch das anthropologische Interesse der historiographischen Imaginationen und durch die Verschiebungen der Transzendenzen des Diesseits eine weitere Dimension getreten. Religion wurde mehr und mehr als ein jeweils individuelles Gottesverhältnis begriffen. Religiosität wurde zum Ausdruck moderner, idiosynkratischer Individualität, die sich so weit steigern ließ, dass man von der Göttlichkeit des Menschen, wenigstens aber von seiner Gottähnlichkeit schreiben konnte.

Für die Beurteilung des Christentums hatten diese Umcodierungen weitreichende Konsequenzen. Man betonte die Gewalttätigkeit, die von seinem exklusiven Monotheismus ausging, sah, wie die Priesterherrschaft das Wirken der Vernunft strangulierte, und entdeckte in seinen Formen der Gottesverehrung all das, was man auch an heidnischen und polytheistischen Religionen beschreiben konnte. Das Christentum passe in seinen überkommenen kirchlichen Formen nicht mehr in eine moderne Welt, lautete die Schlussfolgerung, weil es zur gesellschaftlichen Ordnungsbildung keinen sinnvollen Beitrag mehr leistete. Es taugte nicht mehr als Medium sozialer Inklusion, wie es auch zur Begründung einer den modernen Verhältnissen angemessenen sozialen *persona* allenfalls nur noch irritierende Beiträge lieferte. Deswegen wurde es der Konkurrenz »erfundener« Religionen ausgesetzt, die als Zivilreligion und als individuelle Gottesbeziehung daherkamen.

Die Geschichtlichkeit und damit die Veränderbarkeit sickerten nur langsam in die Beobachtung von Religion ein. In den Anfängen der Zivilisationsgeschichte war ein starker Reflex der Enthistorisierung des Phänomens greifbar, der dazu führte, dass trotz der Verwendung des Begriffs im Singular Religion nur im Plural vorkam. Am Beginn des 19. Jahrhunderts war dann greifbar, dass die Historisierung zusammen mit einem Verständnis der inneren Differenzierungsdynamik von Religion, das die Pluralität zu einer Einheit zusammenführen konnte, die Voraussetzung für einen Kollektivsingular darstellte. Erst jetzt konnte eine polyzentrisch gewordene Welt im Begriff »Religion« eine Abbildung der Religion in der Pluralität und Historizität ihrer Erscheinungsformen finden.

Ortloses Christentum

Aus der Perspektive des europäischen Christentums nahm sich dies alles als zersetzende Religionskritik aus, der ein religiös deutbares Verhältnis von Religion und Welt nicht entnommen werden konnte. Dies zu formulieren blieb den Theologen überlassen. Die Wissenschaft des Christentums reagierte allerdings mit unentschiedenen Ausweichbewegungen. Man schaffte den Teufel ab und zog die Erbsünde in Zweifel, um den Gläubigen als moralisch verantwortliches Individuum identifizieren zu können.[383] Die katholische Aufklärung ging gegen eine Gottesverehrung vor, die statt auf Moralität und Innerlichkeit immer noch auf die von Geld angetriebene Zirkulation der Gnadenmittel setzte, so dass der Verdacht der Idolatrie nicht endgültig auszuräumen war.[384] Man kann die Moralisierung von Religion schon als Antwort auf den Umbau von Differenzierungsformen lesen, aber sie war eigentlich nicht auf die Gesellschaft des ausgehenden 18. Jahrhunderts bezogen, sondern reflektierte das Integrations- und Inklusionsmodell der alteuropäischen *Societas civilis*. Die Welt der Gegenwart kam in Religion nur noch verzerrt oder gar nicht mehr vor. Die Bibliotheken der katholischen Pfarrer lieferten hier einen zuverlässigen Eindruck.[385] Religion und Kirchen fanden sich in einer »gottlosen« Welt wieder, die zu respiritualisieren vielen aussichtslos scheinen musste. Das führte in eine selbstreferentielle Variante des Säkularisierungsdiskurses, den Geistliche aller Konfessionen seit den 1780er Jahren pflegten.[386] Sie ließ sich mit den Fragen nach Welthaltigkeit und Funktionalität des Christentums, wie sie in den fremdreferentiellen Blicken auf Religion formuliert wurden, zunächst nur bedingt zur Deckung bringen.

Auch die unmittelbaren Auseinandersetzungen der Theologie mit den Argumenten der Zivilisationsgeschichte hatten defensiven Charakter und trugen wenig dazu bei, das Christentum in einer Welt der Religionen und der säkularen Ordnung neu zu positionieren. Sie waren auch nicht als Vorschläge für eine dieser Konstellation angemessene Form des Christentums zu lesen. Charles Robert Gosselin hatte unter dem Titel *L'Antiquité devoilée* eine »Rettung der Bibel« veröffentlicht, die 1808 in der zweiten Auflage und bis 1817 in zwei weiteren gedruckt wurde.[387]

Sein erklärtes Ziel war es, gegen Buffon und die Geologen die Chronologie der Bibel zu verteidigen und vor allen Dingen die Idee zurückzuweisen, der Bericht der Genesis von den sechs Schöpfungstagen sei als eine Allegorie zu verstehen. Er interpretierte sie als einen Zeitraum, in dem ein allmächtiger Schöpfergott die »Regeneration« seiner Schöpfung bewerkstelligte. Die griechische Mythologie sei daher nichts anderes als eine personifizierte Geschichte der Genesis. Gosselins allgemeiner Schluss war, dass die menschliche Vernunft unfähig sei herauszufinden, wie die Erde entstanden ist. Deswegen müsse man hier der Genesis vertrauen.[388] Eine Religion dieser Beschreibung wurde ortlos. Sie kam in der Welt, so wie sie war, nicht mehr vor. Reverend George Stanley Faber (1753–1854) unternahm zur gleichen Zeit ähnliche Versuche, das von der Zivilisationsgeschichte ausgebreitete Wissen neu zu ordnen, so dass die herausgehobene Position des Christentums als der einzigen Offenbarungsreligion gesichert blieb. Er fertigte zu diesem Zweck in seinem 1816 gedruckten Werk über den Ursprung der heidnischen Idolatrie eine umfängliche vergleichende Typologie religiöser Mythen aller Kontinente an, wobei er sie im Wesentlichen als Phantasmen von Familien- und Geschlechterverhältnissen deutete. Die Gruppierung, die er dann vornahm, diente ihm als Beweis für die Entstehung aller dieser Religionen aus einer postdiluvianischen Urgemeinde heraus, die sich wegen innerer Streitigkeiten und Kriege schließlich über die Erde zerstreute. Faber verwandte dann viel Mühe darauf, die biblische Chronologie mit der Profangeschichte zu homogenisieren. Das war ihm vor allem deswegen wichtig, um in der Religion der alttestamentarischen Patriarchen den Ursprung von Judaismus, Christentum und Heidentum gleichzeitig zu identifizieren. Erst im Christentum hatte sich die Vorstellung von der Trinität formen können, weswegen es auch falsch sei, in den Mythologien der Heiden Vorstellungen vom wahren Gott zu suchen.[389]

Dynamischer erwiesen sich die Selbstbeschreibungen des Christentums im Hinblick auf die Gottesverehrung. Sie wurde in mehrfacher Weise umgedeutet. An die Stelle des strafenden und in seiner Prädestination das Heil verweigernden Gottes trat der liebende Vater, dem seine Kinder sich vertrauensvoll zuwenden sollten. Diese Zuwendung wurde als individuelle Beziehung gedeutet, die eine performativ-rituelle Darstellung nicht ausschloss, aber nicht auf ihr beruhte.[390] Sie hatte ihren Sitz in den Gefühlen des Gläubigen, die neben Verstand und Vernunft als einer dritten Religion des menschlichen Bewusstseins immer mehr in Erscheinung traten. Damit war eine wichtige Möglichkeit gefunden, Religion jenseits der Vernunft einen Sitz im Menschen zu geben und sie von Ritualität und Orthopraxis zu entkoppeln. Wie es sich mit dem rechten Glauben – den Inhalten – verhielt, konnte offenbleiben. Das hätte ein Tor auch in eine andere Richtung öffnen können, das aber in den Selbstthematisierungen im Regelfall fest verschlossen blieb: Man zog nur einen negativen Nutzen aus den Möglichkeiten, das Christentum und die vielen anderen Religionen dieser Welt einander in Beziehung zu setzen. Diese anderen kamen für das europäische Christentum, seine Konfessionen und Denominationen weiterhin nicht als Religion, sondern nur als Irrtum vor.

4.
Religion und die Grundlagen der Kultur

Die Zivilisationsgeschichte hatte Religion in ihrer Phänomenologie und in Ansätzen auch in ihrer Pluralität und historischen Dynamik beschrieben. Es gab in diesem Strom des Geschriebenen aber auch Texte, die andere Akzente setzten. In ihnen wurde Religion in ihren Erscheinungsformen und ihrer Geschichte zu einem Reflexionsmedium, in dem die Grundlagen der menschlichen Kultur thematisiert wurden. Drei Aspekte traten dabei hervor: Die Frage nach den Trägern, die nach den Grundlagen und Formen des Kulturellen in der menschlichen Zivilisation und die nach den Voraussetzungen dieser Kulturproduktion in der Natur des Menschen.

Selbstoffenbarung

John Hutchinson (1674–1737) war einer der Autoren, der die Idee der Londoner Neuplatoniker von einer auf eine göttliche Uroffenbarung zurückgehende *prisca sapientia* in das 18. Jahrhundert trug.[391] In seinem Buch *Moses's sine principio*, das er 1730 in Druck gab, ging er von der Frage aus, warum die Heiden über manche Dinge mehr wüssten als die Christen, obwohl diese doch auf die Wahrheiten der Bibel zurückgreifen könnten. Seine Antwort war, dass die Heiden es verstünden, »die Dinge zu lesen« und auf diese Weise *the Light of the Nature* zu nutzen. Diese Annahme gab ihm die Möglichkeit, die Uroffenbarung in die Welt hineinzuverlegen, indem er Adam die Fähigkeit zuschrieb, aus der Naturbetrachtung bereits diejenigen Kenntnisse über Gott erlangt zu haben, die erst viel später in der Bibel als direkte Offenbarung Gottes festgehalten wurden. Wie üblich, unterstellte das, dass diese Kenntnisse nach der Vertreibung aus dem Paradies bis hinauf zu Noah wieder verlorengegangen waren, so dass dann das Zeitalter der Vielgötterei anbrach. Wichtiger sind in unserem Zusammenhang die Reflexionen über die Modalitäten dieser ursprünglichen Offenbarung. Der erste Mensch war nicht fähig, die Wahrheiten Gottes in direkter Verkündigung zu empfangen. Deswegen musste Gott dafür sorgen, dass er in die Lage kam, Worte und Dinge zu verbinden. Daher gab Gott dem Menschen die Sprache und später dann auch die Schrift. Er verhalf Adam dazu, Laute in eine Beziehung zu Handlungen und Dingen in seiner Umgebung zu setzen. Adam erwarb nach und nach die Fähigkeit, die anfänglichen Ideen und Worte weiter zu zerteilen und neu zu kombinieren. Auf diese Weise entstand die Sprache. Indem Gott dann die Aufmerksamkeit des Menschen auf emblematische Erscheinungen in der Natur lenkte, entstanden bei ihm nach und nach Vorstellungen von Ordnung und Größe der Welt, so dass der Mensch seine Entfernung von Gott ermessen konnte. Eine wichtige Voraussetzung dafür sah Hutchinson in Techniken des Erinnerns und in der menschlichen Fähigkeit zur Abstraktion.[392] Das war noch keine elaborierte Theorie des Kulturellen. Immerhin wurde die Arbitrarität der Zeichen reflektiert, die Sprachfähigkeit des Menschen sowie die Kulturbedeutung der Schrift. Hutchinson wurde für das 18. Jahrhundert bedeutsam, weil er eine zeitgemäße Reformulierung der Uroffenbarung und eine Vorstellung von der *prisca sapientia* bot.[393]

Was man daraus für die institutionelle Seite der kulturellen Sphäre machen konnte, zeigte dreieinhalb Jahrzehnte später Christoph Meiners in seiner Abhandlung »Über die Mysterien der Alten«.[394] Sein Gegenstand war schon nicht mehr der Ursprung einer *prisca sapientia* in einer Uroffenbarung, sondern das höhere Wissen, das in den antiken Religionen entstanden war, sobald sie einer höheren Zivilisationsstufe angehörten. Jäger- und Sammlerkulturen kannten noch keine Priesterreligionen, nur Wahrsager und Zauberer gab es da. Weil aber Zauberei und Magie schwer erlernbares Wissen voraussetzten, forderte dies die Ausbildung von dafür zuständigen Kasten, aus denen auf der nächsten Zivilisationsstufe die Priesterschaften der Tempelreligionen, wie man sie in Ägypten und in anderen Kulturen des Vorderen Orients vorfand, entstanden. Diese Priesterkasten entwickelten Mysterienkulte, um dort diejenigen Einsichten für Eingeweihte zu vermitteln, die für den Pöbel, der weiterhin den öffentlichen Tempelreligionen folgte, nicht geeignet waren. Diese Geheimnisse waren dreifacher Natur: Sie bezogen sich auf die historischen Grundlagen der Religion, weil sie darlegten, wie aus den Heroen Götter geworden waren; zum anderen enthielten sie tiefere Einsichten in die Beschaffenheit der Welt und des Kosmos, als der Pöbel sie verstehen konnte; und schließlich wurden dort Wahrheiten über das Wesen der Gottheit formuliert, die sich mit der Vielgötterei der Tempelreligion ebenfalls nicht vertrugen.[395]

Meiners schilderte die antiken Mysterien als einen wenigen Eingeweihten vorbehaltenen Wissensbestand über »Gott und die Welt«, der darauf beruhte, dass in nächtlichen Ritualen die vom Volk verehrten Götter »entgöttlicht« wurden, indem man in sinnentäuschenden Theatern die Geschichte von den Heroen aus alter Zeit und deren anschließender Vergöttlichung aufführte. Auf diese Weise konnten die öffentlich verehrten Götter von ihren Thronen gestürzt werden, um an ihre Stelle den philosophischen Begriff von dem Einem Gott zu setzen. Diese aufgeklärte Praxis des Priestertrugs sah Meiners nicht nur in Ägypten, sondern auch bei den Phöniziern, den Chaldäern, bei den Brahmanen Indiens und in den Priesterreligionen Japans und Chinas am Werk.

Die nachfolgend intensive Rezeption seines Textes insbesondere in der Hochgradmaurerei der 1780er Jahre zeigt aber, dass Meiners damit auch eine semantische Ikone für das Selbstverständnis aufgeklärter Denker geschaffen hatte. Kultur wurde von einer Elite hervorgebracht und eignete sich nur bedingt für den Pöbel, wenn die öffentliche Ordnung Bestand haben sollte.[396] Für diesen Strang der Aufklärung bildeten Geheimbünde, wie sie sich in der Strikten Observanz, bei den Rosenkreuzern und den Illuminaten organisierten, die angemessene soziale Form.[397] Überall strebte man nach einer Religion jenseits der praktizierten christlichen und vertraute darauf, dass dabei Rituale, in die alle Sinne einbezogen wurden, eine ebenso wichtige Rolle spielten wie Texte. Die Performanz eines erinnernden Theaters entzauberte die Götter, um dem philosophischen Gottesbegriff Platz zu machen. Der Text dementierte sich an dieser Stelle selbst und wies voraus auf die Idee des Idealismus, dass die Philosophie der Vernunft Religion werden müsse, wenn sie Wirksamkeit entfalten wolle.

Das war ein Teil der »Pathogenese« der bürgerlichen Welt, die hier in einem generellen Misstrauen gegen die Schrift zum Ausdruck gebracht wurde.[398] Sie ergab sich, wenn man Vergesellschaftung in Kategorien der Anwesenheitskommunikation dachte. In der konservativen Sozialtheorie bekam sie nach der Wende zum 19. Jahrhundert einen festen Platz (siehe II.4). Andererseits spielte die Entstehung von Sprache und Schrift eine zentrale Rolle, wenn es um den Menschen als kulturfähiges Wesen und um die Frage ging, ob er dies aus sich selbst heraus habe werden können.

Mitteilungen: Gott und die Sprache

Hutchinson war nicht der Letzte gewesen, der darauf beharrte, dass sich beide Kommunikationsmedien – Sprache und Schrift – auf direkte Belehrung durch Gott zurückführen ließen. Aber seit dem Essay des Comte de Condillac (1715–80) über die Ursprünge des menschlichen Wissens von 1746 war die Diskussion darüber auf eine neue Grundlage gestellt.[399] Condillac suchte zunächst die ältere Vorstellung von den eingeborenen Ideen mit dem lockeschen Sensualismus zu verbinden. Er sprach von eingeborenen Ideen, die eine Grundlage für den menschlichen Weltbezug darstellten und den Menschen in die Lage versetzten, weitere sinnliche Eindrücke in Reflexionen zu verarbeiten, um auf diese Weise neue Ideen hervorzubringen. Diese *liaison des idées* treibe die Entwicklung des Menschen an. Die Sprachentstehung führte Condillac dann auf den Umstand zurück, dass der Mensch schon im vorgesellschaftlichen Zustand ein soziales Wesen gewesen sei. Adam und Eva war noch die Fähigkeit gegeben, einander direkt ohne Sprache mitzuteilen, was sie in der Seele bewegte. Erst der postdiluvianische Mensch hatte mit der doppelten Kontingenz der füreinander nicht mehr zugänglichen Bewusstseine zu kämpfen. Die Seelentätigkeit der der Natur ausgesetzten Menschen war auf Perzeption beschränkt, aus der erinnerbares Wissen entstand, weil die Eindrücke auf eingeborene Ideen trafen. Das setzte die Fokussierung von Aufmerksamkeit voraus, aber auch die Fähigkeit der Imagination. Kommunikation entstand, als Menschenkinder verschiedenen Geschlechts aufeinander trafen und mit Schreien und Gebärden ihre Emotionen füreinander ausdrückten. Wenn sich das dann auf das gleiche Objekt richtete, entstand eine »Wir-Situation«, die Schreie und Gesten zu schließlich wiederholbaren Zeichen machte. Condillac betonte, dass es sich nicht um eine Erfindung handelte – man weiß nicht, was man tut –, sondern um einen emergenten Prozess, der aus der mehrmaligen Wiederholung solcher Situationen heraus in die Stabilisierung von Zeichen führte, die erinnert und deswegen absichtsvoll zur Mitteilung gebraucht werden konnten.[400] Erinnerung zusammen mit der Fähigkeit, das Ähnliche zu identifizieren, schaffte Erwartbarkeiten, die einen Möglichkeitshorizont aufspannten, der dem, was geschah, einen Sinn gab, weil es auch anders hätte kommen können. Noch aber bildeten die menschlichen Triebe die hauptsächlichen Grundlagen für diesen Prozess und nicht die Reflexion. Daher war der Weg zur *parole* der arbiträren Sprachzeichen noch weit. Bis dahin verhalf der Mensch seinen Emotionen im Schrei zum Ausdruck und verständigte sich durch eine körpergebundene Gestik über die Welt. Auch die Sprachwerkzeuge mussten sich erst nach und nach vervollkommnen. Im epischen Gesang der Griechen hatte diese performative Grundlage menschlicher Kommunikation überlebt. Erst viel später suchte man nach Zeichen, mit denen auch Abwesende erreicht werden konnten. Eine erste Form waren die Hieroglyphen, von Condillac als Bildzeichen interpretiert, die nach und nach durch ihren Gebrauch in der Religion mit einer zweiten, geheimen Bedeutungsschicht überlagert wurden. Außerhalb des religiösen Gebrauchs konnte aus den Hieroglyphen durch nachlässigen Gebrauch die Buchstabenschrift entstehen.[401]

Rousseau hat Condillacs Geschichte der Sprachentstehung ein knappes Jahrzehnt später in seiner Abhandlung über die Ursachen der Ungleichheit zurückgewiesen, weil er den »vorgesellschaftlichen« Zustand des zufälligen und flüchtigen Kontakts der Geschlechter für zu instabil hielt, um arbiträre Sprachzeichen auf Dauer zu stellen. Erst in Gesellschaft gebe es daher Sprache. Rousseau folgte aber Condillac darin, dass der Anfang sprachlicher Kommunikation im Bedürfnis des Menschen lag, seinen Gefühlen Ausdruck zu geben. Wenn die wiederholbare Zeichenhaftigkeit von Lauten und Gebärden erreicht war, konnten allgemeine Begriffe folgen, die der Verstand prägte, schließlich abstraktere Bezeichnungen für Gattungen und Gruppen sowie die Syntax der Sprache. Er sprach dann von der »fast erwiesenen Unmöglichkeit«, dass die Sprache eine Erfindung des Menschen sei.[402] Spätere Befürworter des göttlichen Ursprungs der Sprache wie der Pfarrer Johann Peter Süßmilch zitierten Rousseau als einen Kronzeugen.[403] Wer verstanden hatte, wie Rousseau die Sprache an die Gesellschaft als den Ort des Kulturellen band, der realisierte auch, dass Rousseau damit etwas anderes sagen wollte: Die Sprache war so unwahrscheinlich wie die Gesellschaft selbst.

Herder argumentierte 1770 in seiner Abhandlung zum Ursprung der Sprache offensiver.[404] Er verband sie fest mit seiner positiven Anthropologie und setzte sich damit von Condillacs Sozialmodel wie auch von Rousseaus Idee der Entäußerung der menschlichen Natur ab. Herder beschrieb ein Kontinuum, das der Mensch vom Tier zum Menschentum durchschritt. Die Instinkte und Kunsttriebe verloren dabei die Herrschaft über ihn. Er gewann Freiheitsfähigkeit und Vernunft. Zur Sprache befähigte den Menschen seine »Besonnenheit«. Damit bezeichnete Herder das Verhältnis des Menschen zu seinen Sinnen. Er könne seine Aufmerksamkeit konzentrieren, Sinneseindrücke selektieren – und sich dabei beobachten. Diese Herrschaft über die Sinne ermögliche es dem Menschen zusammen mit seiner Reflexivität, Erscheinungen seiner Beobachtung zu benennen. Die Sprachfähigkeit des Menschen als Bezeichnungsfähigkeit war demnach im reflexiven Weltverhältnis des Einzelnen verortet. Einzelne Sprachen aber gehörten den Gruppen. In ihrer Realisierung als System von Sprachen war die Sprachfertigkeit des Menschen gesellschaftlich. Der Mensch brauchte die Sprache nicht mehr, damit Gott ihn unterrichte, wie noch Süßmilch und andere Autoren meinten, die sich an der Preisschrift der Berliner Akademie zum Ursprung der Sprache beteiligt hatten.[405] Die Sprache wurde von einem Medium des Gottesverhältnisses zu einem Medium des Selbst- und Fremdverhältnisses, das der Mensch mit seinem Verstand zu sich selbst als Sinnenwesen aufbauen konnte. Kultur wurde auf diese Weise Ausdruck einer (religionsfreien) Reflexivität des Menschen, mit der er sich in eine von ihm selbst mit Bedeutung überzogene Welt stellte.

Das war kurz nach Rousseaus Abhandlung über die Ursachen der Ungleichheit von dem Juristen und Parlamentsadvokaten Charles de Brosses

(1709–77) in seiner Untersuchung *Du Culte des Dieux Fétiches* noch akzentuierter dargestellt worden.[406] De Brosses folgte in seiner Abhandlung zu den Religionen der negriten Völker Afrikas, die 1785 ins Deutsche übersetzt wurde und der Religionswissenschaft den Begriff des Fetischismus bescherte, den Pfaden der voltaireschen Zivilisationsgeschichte, indem er das Gleichzeitige nutzte, um das Vergangene zu verstehen und es damit auch zu entzaubern. Die ägyptische Anbetung von Dingen und Tieren entsprach der religiösen Praxis bei den Stämmen Afrikas, die man um die Mitte des 18. Jahrhunderts beobachten konnte. Auch in Indien oder bei den Kelten war diese Art der Religion zu finden. De Brosses interessierte sich für sie, weil sie Denkformen zeigten, die dem Menschen im Zustand der Wildheit allgemein zukamen. Es war für de Brosses ausgemacht, dass Religion aus Furcht und Unwissenheit heraus entstanden war. Sie nahm die Form der fetischistischen Verehrung von Dingen an, weil die Weltzuwendung des Menschen noch von der Einbildungskraft regiert wurde, nicht vom Verstand. Die Einbildungskraft nahm auch den Traum für die Wirklichkeit. Sie schuf die Welt, anstatt sie zu erfassen. Die Einbildungskraft lieferte den Menschen dem Trug seiner Sinne aus. Erst wenn der Verstand des Menschen seinen Wirklichkeitsbezug bestimmte und die Vernunft in der »Kritik« der Sinne ihr Werk verrichten konnte, lösten sich die »eingebildeten« Bedeutungen von den Phänomenen ab. Sie wurden vom Traum zur Wirklichkeit, auf die der Mensch sich mit von ihm gewählten Zeichen beziehen konnte. Diesem neuen Weltbezug fielen die Fetischgötter dann zwangsläufig zum Opfer. Sie wurden von Gottheiten, die eine zeichenhafte Repräsentation brauchten, ersetzt, weil die menschliche Abstraktionsfähigkeit zugenommen hatte. Vernünftige Gottesvorstellungen mussten daher nicht auf eine Offenbarung zurückgeführt werden. Der Monotheismus hatte deswegen viele verschiedene Anfänge in der Menschheitsgeschichte. Eine Offenbarung fügte dem nur noch ein Mehr an Gewissheit hinzu.[407]

Reflexivität: Symbole und Mythen

Religion war hier zu einem Teil der epistemischen Konstellation geworden, die zivilisatorisch distinkte Wissensordnungen hervorbrachte. Bis zum Beginn des 19. Jahrhunderts veränderten sich die Voraussetzungen, unter denen sich solche Fragen diskutieren ließen, in mehrfacher Hinsicht grundlegend. Bis in die 1780er Jahre beruhten die Kenntnisse über die nichtchristlichen Religionen auf unpräzisen Reiseberichten, interessierten Darstellungen von Missionaren und den Nachrichten antiker Schriftsteller, die man immer wieder ausschrieb. Hinduismus und Buddhismus waren für den europäischen Blick kaum unterscheidbar, weil die notwendigen Sprachkenntnisse nicht vorhanden waren, um die Texte zu rezipieren und sie der europäischen Gelehrtenwelt in Übersetzungen allgemein zugänglich zu machen.[408] Das änderte sich in den letzten beiden Jahrzehnten des 18. Jahrhunderts nicht nur für Indien, China und Japan, sondern auch für Ägypten. Zwar ließ die Entzifferung der Hieroglyphen noch auf sich warten, aber Napoleons Expedition rückte diese Kultur in ein neues Licht. Das Interesse an den nichteuropäischen Zivilisationen, insbesondere denen Asiens und des indischen Subkontinents, das mit der Umformung des englischen Händlerkolonialismus in militarisierte Beherrschungskolonien spürbar anstieg, ließ die Sprachen der Welt in ihrer Beschaffenheit und ihrer Verwandtschaft zu einem Text werden, der mit großer Genauigkeit von der Geschichte der Menschheit erzählte und mit dem man Lücken füllen konnte, die bis dahin weiße Flecken auf den Karten des Wissens in Europa geblieben waren. Herder hatte die Sprache nicht als ein Instrument des Denkens aufgefasst, sondern als dessen bestimmendes Dispositiv. Solange Religion als eine der entscheidenden kulturellen Hervorbringungen des Menschen begriffen wurde, ließen sich daher auch religiöse Texte lesen, um von ihnen Auskunft über die Modalitäten der menschlichen Kulturproduktion als eine Hervorbringung von unterschiedlichen Formen des Bezeichnens, von Bedeutungsfigurationen und von Narrationen zu erlangen.

1812 veröffentlichte der theologisch studierte Heidelberger Altphilologe Georg Friedrich Creuzer (1771–1858) seine »Symbolik und Mythologie der alten Völker, besonders der Griechen«.[409] Sein erklärtes Ziel war es, eine »Physik« des Symbols und des Mythos zu liefern. Er nahm dafür die Religion, insbesondere die der Griechen, um an den überlieferten Texten die kulturellen »Sprechweisen« in ihren unterschiedlichen Ausprägungen zu erforschen. Religion wurde auf diese Weise zu dem sozialen Raum, in dem sich die menschliche Symbolisierungspraxis bevorzugt entwickelte. Creuzer unterschied dabei zwei grundsätzlich verschiedene Episteme. Die griechische Religion identifizierte er als eine symbolische Form, die ägyptische als eine mythische, und er beschrieb die erste als eine offene, diskursive, zum wissenschaftlichen Durchdenken tendierende Rede- und Zeichenpraxis, die zweite aber als »verhülltes Reden«, das auf einer holistischen Bildlichkeit der Darstellungen beruhte, in denen die Totalität des Gemeinten nicht sequentiell, sondern jeweils auf einmal und gleichzeitig repräsentiert wurde. Dagegen hob sich ab die zergliedernde und daher umgekehrt auch aus Begriffen zusammengesetzte Denkweise der Griechen, für die der den Gott Hermes versinnbildlichende Steinhaufen und die Buchstabenschrift standen. Mit diesen Ausgangsunterscheidungen verband Creuzer dann einerseits eine Theorie der Zeichenpraxis und der Semiose sowie andererseits eine streng ethnographisch vorgehende Erforschung von religiösen Mythen und Symbolen, die von Ägypten und Griechenland bis nach Indien und in der zweiten Auflage des Buches auch noch nach Persien reichte. Im Mitraskult identifizierte Creuzer auf diese Weise die Idee des »Mittlers«, die auf den kommenden Christus vorauswies. Die Physik des Symbols andererseits enthielt eine Abbildtheorie der Schrift – Hieroglyphen waren Abbilder von Begriffen, Buchstaben die von Lauten – sowie Analysen der Semiose in Allegorien, Metaphern und Symbolen, die Creuzer in den untersuchten Mythen der Religionen fand.[410]

Creuzer beschrieb den Imaginations- und Symbolisierungsvorgang, der die Menschen in die Lage versetzte, über eine nicht greifbare Wirklichkeit zu reden, und wie sie dazu die greifbare Wirklichkeit nahmen und sie zu Narrativen und Symbolen formten. Dadurch wurde zum Beispiel die christliche Vorstellung vom Sakrament in ihrer Verwurzelung im griechischen Zeichenbegriff und in der Praxis der Mysterien greifbar: nicht als etwas Heiliges, sondern als bloßes Erkenntniszeichen der Bekenner und Eingeweihten.[411]

Bei Creuzer war an verschiedenen Stellen zu spüren, dass es in seiner Symbolik auch um eine disziplinäre Grenzziehung ging. Sie sollte der Rahmen für eine philologische Beschäftigung mit Religion sein, die er von einer »Indienstnahme« der antiken Religionen durch die Philosophie seit der Renaissance abgegrenzt wissen wollte. Dieser Impuls folgte der allgemeinen Differenzierungsdynamik des universitär organisierten Wissenschaftssystems um die Wende zum 19. Jahrhundert. In dieser Zurichtung seines sozialen Gegenstandsfeldes für eine Disziplin, die sich der Entschlüsselung der Bedeutungsproduktion verschrieben hatte, wurde Religion in den Horizont von Kultur gestellt. Creuzer identifizierte sie als den primären Raum der menschlichen Symbolisierungspraxis und führte auf diese Weise den Diskurs des 18. Jahrhunderts über den Ursprung der Religion und die soziale wie kulturelle Bedeutung von Sprache und Schrift zusammen. Sie gehörten zur Natur des Menschen, der in seiner Einbildungskraft und seiner Vernunft sich der Wirklichkeit gegenüberstellte, sie erkannte und diese mit einer Bedeutung überziehen konnte, indem er sie nicht nur in selbst geschaffenen Zeichen repräsentierte, sondern sie selbst als Bedeutungsträger beobachtete. Das setzte Reflexivität im Menschen – Herder nannte es »Besinnen« – und in der Gesellschaft voraus, die dies in Bezug auf sich selbst und auf den Menschen in Kultur tat. Gesellschaft verfügte mit Kultur über eine innere Umwelt, die einen absoluten Beobachterstandpunkt ersetzte. Religion war dabei zu einem bloßen Teil dieser Reflexionssphäre geworden, aber sie taugte offenbar dazu, dieses Beobachten des Beobachtens selbst noch einmal anzuschauen. Auch wenn die Transzendenz eine vom Menschen hervorgebrachte geworden war, behielt sie ihre operative wie ihre semantische Funktionalität: Der Mensch wie die Gesellschaft konnten sich in ihr von sich selbst distanzieren, aus sich heraus sich gegenübertreten – und sich dabei aus ganz verschiedenen Perspektiven zusehen.

5. Die Religion der Philosophen und der Theologen

Das Sozialphänomen Religion blieb auch dann Teil der Reflexionssphäre, in der Gesellschaften über sich selbst nachdachten, wenn Philosophen sie zum Gegenstand machten. Sie bot auch ihnen eine Perspektive an, von der aus Gesellschaft sich als Kultur, das heißt als historisch wie global variable Abfolge und ungleichzeitiges Nebeneinander von Sinngefügen und Strukturen beobachten konnte. Die Außenansichten, die Philosophen auf Religion seit dem ausgehenden 18. Jahrhundert formulierten, waren allerdings nicht nur deswegen verschieden von den bisherigen Fremd- und Selbstbeschreibungen, weil sie das Phänomen selbst wandelten, sondern auch, weil sie als Philosophen in einem emphatischen Sinn auf Religion schauten. Mit dem Wandel der gesellschaftlichen Differenzierungsmuster zerfiel die Weltweisheit, die von der Naturphilosophie über die Metaphysik und Theologie bis zur Geschichte alles umfassen konnte, was an universitär zu beforschenden Wissensfeldern denkbar war, nach und nach in Einzeldisziplinen, die jetzt mit dem Anspruch auftraten, Wissenschaften zu sein. Das verlangte ihnen ab, einen separaten Gegenstand zu definieren und eine ihm angemessene Methode, mit der man ihn erforschen konnte. Kant (1724–1804) setzte diesem Dissoziationsvorgang im »Streit der Fakultäten« 1798 ein Denkmal, das erkennen ließ, dass die Philosophie zwar die Verschiedenheit der Rationalitätssphären und Wissensfelder anerkannte, aber auf eine Hierarchisierung noch nicht verzichten wollte.[412] Die Philosophie als Sachwalterin der Vernunft beanspruchte für sich – obgleich der unteren Fakultät angehörig – in den Streitigkeiten mit den Ordnungswissenschaften wie der Medizin, der Jurisprudenz und der Theologie eine eigene, überlegene Position und degradierte die anderen Wissenschaften gewissermaßen zu Feldern der rein handwerklichen Tätigkeit des menschlichen Geistes, weil sie auf der Auslegung von Texten gründeten, die ihre Geltungsansprüche aus der Autorisierung durch eine Regierung zogen. Deswegen seien die Theologen auf die Philosophen angewiesen, um die Notwendigkeit der Existenz Gottes zu beweisen. Allein schon in der Frage des göttlichen Ursprungs der Offenbarung müssten Theologen die historische Abteilung der niederen Fakultät konsultieren, weil es sich hierbei um eine »Geschichtstatsache« handele.[413]

Kant zog seinen Optimismus, was die privilegierte Beobachterposition der Philosophie anbelangte, vermutlich aus der Übernahme des naturwissenschaftlichen, konstruktivistischen Wirklichkeitsverhältnisses, das er der Metaphysik in seiner Einleitung zur zweiten Auflage der »Kritik der reinen Vernunft« 1787 zum Programm verordnet hatte.[414] Spätere Philosophen taten sich damit schwerer, weil sie anstelle der Vernunft das Ich ins Zentrum rückten. Im »Ältesten Systemprogramm des deutschen Idealismus«, das Hegel (1770–1831) zugeschrieben wird, lässt sich bereits greifen, wohin das führte. Der Philosoph bedürfe einer sinnlichen Religion, heißt es dort, wie der »große Haufen« auch. Es brauche einen »Monotheismus der Vernunft«. Der Philosoph müsse seine Ideen »ästhetisch, d. h. mythologisch machen«, damit sie für das Volk interessant seien. »Ein höherer Geist, vom Himmel gesandt, muss diese neue Religion unter uns stiften, sie wird das letzte größere Werk der Menschheit sein.«[415] Um die Position an der Spitze der Geistestätigkeiten zu behaupten, musste die Philosophie als eine vernünftige Mythologie selbst Religion werden, mindestens aber sich der Gottesfrage annehmen.

Das absolut freie Wesen

Religion wurde von der Philosophie nicht mehr kritisiert, die einstige Magd der Theologie verleibte sie sich fortan ein. Das wurde möglich, indem man das Phänomen neu fasste und auf andere Weise als bisher im sozialen Raum verortete. Wenn dann in romantischer Manier geschrieben wurde, Religion gehe nicht nur nicht auf in Moral, sondern habe, als solche gefasst, nur »Dünne und Dürre« zur Folge gehabt, dann war Religion nicht mehr in ihrer Funktionalität für den Prozess der Vergesellschaftung und die Garantie gesellschaftlicher Ordnungsmuster gedacht. Die Philosophie des deutschen Idealismus und auch diejenige, die sich aus ihr bis zur Mitte des Jahrhunderts entwickelte, beobachtete Religion als ein Phänomen, das mit den Selbstverhältnissen des menschlichen Geistes und den damit verbundenen Konstellationen sozialer Individuierung verbunden war. Damit wurden strukturelle Verschiebungen bearbeitet, die, wie in anderen Abschnitten schon von unterschiedlichen Perspektiven aus zu sehen war, dazu geführt hatten, dass das Christentum in seiner kirchlichen Verfasstheit allenfalls noch soziale Teilinklusion gewährleisten konnte. Damit war Religion aber freigesetzt, um ein anderes Problem zu lösen, das die funktionale Differenzierung vorlegte: die Formierung der inklusionsfähigen sozialen *persona* als dem »absolut freien Wesen«.

Mit dem »freien, selbstbewussten Wesen«, das die Welt aus dem Nichts hervortreten lasse, hatte das Systemprogramm des deutschen Idealismus begonnen, um dann bei einer mythologischen Philosophie als einer Religion zu enden.[416] Auch wenn Hegel sich 1822 in seiner Vorrede zu Hinrichs Religionsphilosophie explizit von Kant und seiner Weise, Religion philosophisch zu fassen, distanzierte, so hatte doch Kant bereits eine Neujustierung des Religionsbegriffes vorgenommen, die dann Konzepte wie das schleiermachersche und das hegelsche ermöglichte. Der Ausgangspunkt war freilich, dass Kant die Frage des religiösen Erlebens wie die der Existenz Gottes seinem an den Naturwissenschaften orientierten Programm der Weltdeutung unterwarf. Schon 1766 in seinen Träumen eines Geistersehers thematisierte Kant die Möglichkeit der Existenz von Geistern und des menschlichen Umgangs mit ihnen als eine Frage der Beobachtung von Beobachtungen, die auf »Erfahrungsbegriffen« beruhe und zu dem Schluss führe, dass man von dieser pneumatischen Geisterwelt nichts wissen könne, weil es ja auch so sei, dass man als Mensch nicht erinnere, was man als Geist denke und erfahre.[417]

In seinen drei Kritiken stellte Kant die Frage nach der Existenz Gottes jedes Mal aufs Neue und gab drei vergleichbare Antworten. Im Hinblick auf das Ding an sich, auf das höchste Gut und die oberste Natur wie auch in Bezug auf die moralischen Gesetze deklarierte die jeweils zuständige Abteilung der Vernunft die Existenz Gottes zu einer vernünftigen und daher auch notwendigen Annahme, die aber nichts über seine Existenz aussage. Das höchste Wesen sei für die Vernunft nur ein »fehlerfreies Ideal«, hieß die Formel für die reine Vernunft. Von der praktischen Vernunft war festgehalten, dass ein höchstes Gut nur denkbar sei, wenn man eine oberste Natur statuiere, der man kausale Wirkungen in einer Weise zuschreiben könne, die der moralischen Gesinnung des Individuums entspreche. Erst mit der Annahme der Existenz Gottes sei dem Menschen Gelegenheit zur Sittlichkeit gegeben. In gleicher Weise formulierte die Urteilskraft, man müsse eine moralische Weltursache annehmen, damit es moralische Gesetze gebe. Darüber hinaus aber gebe es keine Möglichkeiten, zugunsten Gottes einzugreifen und den Menschen beim »für wahr halten« seiner Existenz zu unterstützen.[418]

Damit war die »Gottesfrage« zu einer Frage der Theorietechnik uminterpretiert worden, und Kant hatte sich dafür entschieden, Gott die Position des Traufsteins im Deckengewölbe seiner dreischiffigen Kathedrale der Vernunft zuzuweisen, was dann zur Folge hatte, dass er im Rest des Gebäudes nicht mehr vorkam. 1793 formulierte Kant die Folgen dieser theorietechnischen Grundentscheidungen für eine philosophische Religion »innerhalb der Grenzen der bloßen Vernunft«.[419] In der Vorrede zur ersten Auflage dieser Schrift bestimmte er die Idee der Moral als zweckfreies Handeln. Ihr Zweck ist die Zwecklosigkeit. Um dieses Paradox seiner zwecklosen Zweckhaftigkeit zu entfalten – der Wille muss stets auf einen Zweck gerichtet sein –, braucht es die Idee eines höchsten Gutes, »zu dessen Möglichkeiten wir ein höheres, moralisches, heiligstes und allvermögendes Wesen annehmen müssen«. Auf diese Weise ist es möglich, unser Tun mit einem Endzweck zu versehen und es so vor der Vernunft zu rechtfertigen.[420]

Damit war eine kopernikanische Wende vollzogen. Nicht mehr Religion begründete die Moral, sondern Religion als eine soziale Tatsache ergab sich aus der Paradoxie der Moral. Die philosophische Religion fiel daher auch nicht mehr allein in die Zuständigkeit der Philosophen, sondern war Angelegenheit der gesamten Fakultät. Sozial nahm sie die Form einer »allgemeinen Kirche« an, in der diejenigen als eine Familie und »freiwillige Herzensgemeinschaft« zusammenfinden sollten, die ihre Moralität als eine philosophische Religion ernst nahmen und lebten. Sie wäre nicht sehr sichtbar geworden, diese »Herzensgemeinschaft«, weil sie selbstredend auf alles Gottesdienstliche verzichten konnte und auch musste. Die Religion des Kirchenglaubens galt Kant als ein historisches Phänomen, das nur noch zu rechtfertigen war, wenn es auf den Religionsglauben hinziele. Deswegen habe auch nur der Kirchenglaube eine Universalhistorie. Von Religion (als gelebter Moralität) könne man hingegen keine Geschichte schreiben. Sie sei kein öffentlicher Zustand. Jeder könne sie sich nur bei sich selbst bewusst machen. Die Philosophenreligion der Moral war zu einer Angelegenheit des sich fortlaufend reflexiv auf die Gesinnungsgrundlagen seiner Handlungen beziehenden (freien) Individuums geworden.[421]

Der sich selbst anschauende Geist

Hegel, der in seinen frühen Schriften dem Religionskonzept Kants noch weitgehend gefolgt war, hatte schon in seiner »Phänomenologie des Geistes« von 1807 zum Ausdruck gebracht, dass er künftig über Religion nicht mehr als Objekt einer vernunftbasierten Philosophie reden wollte, sondern Religion als einen Ort identifizierte, an dem der Geist sich in seinem Dasein vom Selbstbewusstsein unterscheide. Der Gottesbegriff wurde zu einer Reflexionsfigur des Geistes. In ihm kann das Bewusstsein sich selbst als das eines anderen anschauen. Ansonsten bleibe ihm nur, sich selbst als ein anderes anzuschauen.[422] Das führte dann in das Programm der Religionsphilosophie, die Hegel seit 1824 in unterschiedlichen Zyklen las.[423] Warum er nach einem anderen Weg für eine Philosophie der Religion suchte, hatte er 1822 in der schon erwähnten Vorrede zu Hinrichs Religionsphilosophie ausführlich unter Verweis auf die kantische Position begründet. Die »endliche Vernunft« könne man nur um den Preis der Zerstörung des Gegenstandes zum »Fürwahrhalten« der Geschichten bringen, von denen die »ewige Wahrheit umgeben« ist. Weil dem Geist aber ein Sehnen nach einem unbestimmten Jenseits bleibe und aus dem »ausgehöhlten Gotte nichts zu holen, noch zu erholen« sei, finde der Geist einen Anhalt nur noch in Gefühlen. »Das Gefühl ist noch die einzige Weise, in welcher die Religion vorhanden sein kann.« Das war gegen die Theologie Schleiermachers gerichtet, dessen zu dieser Zeit angekündigte Dogmatik Hegel als Konkurrenz empfand. Entsprechend bissig brachte er seine Kritik an der Auffassung vor, dass »das Gefühl die wahrhafte und sogar einzige Form sei«, in welcher Religiosität noch authentisch sein könne. Hegel opponierte an dieser Stelle, weil die wesentliche Bestimmung des Geistes seine Freiheit sei. Eine Religion des Gefühls aber verwirklichte sich nur als »Gefühl der Abhängigkeit«, so dass dann der »Hund der beste Christ« genannt werden müsse, da er doch vornehmlich in diesem Gefühl lebe. Wer das Gefühl zum Prinzip der Religion mache, der müsse auch die Gefühlsinhalte »dem Subjekte« überlassen. Religion könne zwar als Gefühl ins Herz einkehren, aber umgekehrt könne man allgemeine Inhalte wie Gott, Wahrheit oder Freiheit nicht auf die idiosynkratische Subjektivität individueller Gefühlswelten aufbauen. Anteil an der Welt des Geistes kann Religion für Hegel nur dann haben, wenn der Geist ihr den Inhalt vorgibt.[424] Hegel akzeptierte damit die subjektive Verankerung von Religion, die sie als Gefühl bekommen hatte, aber er bestand darauf, dass sie ein gesellschaftliches Phänomen nicht aus der bloßen Addition solcher Gefühle der subjektiven Bewusstseine wurde, sondern es dazu der Allgemeinheit des Geistes bedurfte, indem Geschichtliches und Vernünftiges zusammenkomme und aufgehoben sei. Das Bewusstsein konnte sich selbst nur aus dem Gegenüber des Geistes wissen, umgekehrt galt das auch für den Geist.

In der »Phänomenologie des Geistes« hatte Hegel schon vorgeführt, wie er sich das vorstellte. Das Wort Gott sei »für sich ein sinnloser Laut, ein bloßer Name«, hieß es in der Vorrede. Bedeutung könne ihm nur beigelegt werden, wenn es nicht ontologisch als Sein oder Wesen, sondern als »ein in sich reflektierendes, ein Subjekt gedacht sei«. Da das Bewusstsein nur von dem etwas weiß, wovon es Erfahrung hat, wird ihm auch der Geist (wie es sich selbst ebenfalls) nur als Gegenstand der Erfahrung zugänglich. Der Geist muss daher ein anderes werden, sich zum Gegenstand seiner selbst machen. Dieses in einer Setzung vollzogene Aufbrechen des Unmittelbaren, das sich selbst Entfremden und das Zurückgehen des von sich selbst Geschiedenen zu sich selbst, war die aktive Bewegung, die dem Bewusstsein den Geist zugänglich machte.

Aus dieser dialektischen Grundoperation des Unterscheidens von sich selbst und der Rückkehr des Unterschiedenen in das Ungeschiedene, Unmittelbare, baute Hegel dann eine Geistphilosophie, in der das Subjekt nicht einfach eine Welt sich zum Objekt machte, sondern zum Subjekt erst wurde, indem es die Welt, aus der es sich herausgelöst hatte, anschaute, wie die Welt erst Wirklichkeit wurde und Gestalt gewann, indem sie angeschaut wurde. Religion bestimmte Hegel als die Sphäre, in der der »sich selbst wissende Geist« unmittelbar als sein eigenes »reines Selbstbewusstseyn« auftrete. Diese Bewusstheit habe allerdings noch nicht die Form des »freien Andersseyns«, so dass Dasein und Selbstbewusstsein zunächst noch auseinanderfielen. Erst wenn der sich selbst bewusste Geist und der Geist der Religion zur Deckung kämen, sei Religion vollendet. Dann würde der sich selbst bewusste Geist für sich selbst wirklich und damit gleichzeitig Gegenstand des Bewusstseins. Er hat dann sein An-und-für-sich-Sein. Entsprechend unterschied Hegel drei »Wirklichkeiten« von Religion: ihr Begriff als eine natürliche Religion, ihre aufgehobene Natürlichkeit als »künstliche Religion« und die Vereinigung beider, die er in der geoffenbarten Religion identifizierte. Auch in ihr bleibt der sich selbst wissende Geist aber immer noch gebunden.[425] Ihn zu befreien, ihm die Anschauung seiner selbst aus einem »freien Andersseyn« heraus zu ermöglichen, war dann ersichtlich die Aufgabe einer Religionsphilosophie, die sich als spekulative Theologie entwarf, obwohl sie als Philosophie darauf bestehen musste, keine Religion zu sein.

Die Vorlesungen zur Religionsphilosophie befassten sich demnach auch nicht mit dem Verhältnis zwischen Gott und Mensch, sondern sie sollten darlegen, was man über den Geist in Erfahrung bringen konnte, wenn man ihn vom Begriff Gottes her dachte. Religion bestimmte Hegel 1827 entsprechend als den Begriff Gottes, der die absolute Wahrheit, »die Wahrheit von allem« sei. Als Gegenstand des Bewusstseins wurden dann beide füreinander das andere. Das Bewusstsein erfahre Gott als einen sich zeigenden, sich offenbarenden Gott. Diese Erfahrung manifestiert sich im Subjekt als eine in Glauben und Gefühl gegründete Gewissheit, die in ihren Formen des Vorstellens und Denkens aber durch die objektive Form von Religion bestimmt wird. Hegel dachte die objektive Form von Religion als eine geschichtliche Abfolge solcher Selbstverhältnisse des Geistes – auf der subjektiven wie auf der objektiven Ebene –, so dass ihm als die vollendete Religion schließlich diejenige erschien, in der das ungeschieden-geschiedene Gott-Mensch-Verhältnis dem Bewusstsein zur Erfahrung gebracht werde. Im Christentum hatte demnach Religion die bestimmte Form ihres Begriffes gefunden. Zur Begründung verwies Hegel nicht nur auf das Gott-Mensch-Verhältnis, sondern auf den trinitarischen Gottesbegriff, mit dem das Christentum den Geist in seiner religiösen Form realisiert hatte. Das Wesen des Geistes werde hier sein eigener Gegenstand.[426]

Zu einer Religionsgeschichte haben diese dialektischen Bestimmungen Hegel nicht geführt. Sein wiederholter Durchgang durch die »bestimmten« Religionen, mit denen dem »Zufälligen«, »Bizarren« und »Abgeschmackten«, das in den verschiedenen Religionen zu finden war, eine Notwendigkeit gegeben werden sollte, wurde eine flächige, überwiegend geographisch und typologisch gegliederte Zusammenschau dessen, was man über die Religionen Asiens in Europa seit dem Beginn des 19. Jahrhunderts wissen konnte.[427] Was Hegel den Fremdbeobachtungen von Religion hinzufügte, war systematischer Natur. Er suchte sie in ihrer geschichtlichen Gestalt vor der Vernunftkritik zu retten, indem er sie als eine Form beschrieb, in der das Bewusstsein sich als unendlicher Geist gegenübertreten und erfahren konnte, damit es ihm möglich wurde, sich als Geist selbst anzuschauen. Diese Bewegung vollzog sich auf objektiver und damit gesellschaftlicher Seite ebenso wie korrespondierend auf der subjektiven – endlichen. In Religion konnte das Bewusstsein sich als Geist erleben, in der Philosophie beobachtete es sich nur. In der differenztheoretischen Bestimmung der Religion aus einem Gottesbegriff, der von Hegel als Hervorbringung des Bewusstseins expliziert wurde, war das Gespür dafür aufgehoben, dass soziale Zusammenhänge aus in sich selbst zurückkehrenden Unterscheidungen emergierten. Damit löste sich die Ontologie des Seins in Differentsetzungen und Beobachtungsverhältnisse auf.

Die *potentia existendi*

Die Herausforderung, die darin für die Zeitgenossen lag, wird in der Reaktion Schellings sichtbar. In seiner »Philosophie der Mythologie« von 1828 und der »Philosophie der Offenbarung« von 1842 legte er dar, dass die Theogonie sich unabhängig vom Bewusstsein vollziehe und Gott daher nicht bloßes Sein, sondern eine dem Sein und dem Bewusstsein davon vorgängige Existenz zugeschrieben werden müsse.[428] Während bei Hegel – auf dessen Konzept Schelling sich als einer »negative[n] Philosophie« bezog – Gott aus einer Unterscheidung des Bewusstseins von sich selbst hervorging, suchte Schelling Gott wieder in der absoluten Transzendenz zu verorten, indem er ihn mit einer *potentia existendi* identifizierte.[429] Gott ist Gott, weil nichts außer ihm ist, er allein ist die Macht zu existieren. Er ist reines Wollen. Als Potenz kann er sich im Akt der Schöpfung zum Sein erheben. Die Welt wird hier existent, indem Gott sich von sich selbst unterscheidet. Er findet deswegen seine Bestimmung nicht als Einer, sondern als ein »Mehrerer«: Er ist sich selbst Subjekt und Objekt gleichzeitig, so wie das Sein in dieser Dreiheit bestimmt ist: als Subjekt, als Objekt und als die Identität dieser Differenz. Weil Gott das von ihm Verschiedene – die Welt – hervorbringt, hat das Bewusstsein dann, insofern es ein Produkt der Natur ist, Anteil an Gott. Deswegen erschienen Schelling die Gottesvorstellungen der Mythologen Europas und Asiens zwar als »reine innere Ausgeburten des menschlichen Bewusstseins«, die aber »notwendige Vorstellungen« und nicht phantasmatische Erfindungen sind. Er zeichnet sie in der »Philosophie der Mythologie« vom »relativen Monotheismus« des Anfangs zum Polytheismus der klassischen Antike nach.[430] Die Philosophie der Offenbarung ist dann dem Nachweis gewidmet, dass die ursprüngliche monotheistische Gottesidee ihre Verwirklichung im Christentum gefunden habe.[431]

Schelling beharrte darauf, mit diesem theorietechnisch von der hegelschen Konstruktion nicht grundsätzlich verschiedenen Verfahren Religion nicht in die Vernunftwissenschaft gezogen, sondern sich als Philosoph in ein Verhältnis zu einem existierenden Gott gesetzt zu haben. Er hielt die »negative Philosophie« Hegels für abgeschlossen, während der positiven die Zukunft gehöre.[432] Sie hat diese Wirkung nicht entfaltet, weil sie sich dem Subjektivierungsprogramm, das bei Kant in seinem Religionsbegriff zuerst greifbar und dann von Hegel entfaltet worden war, verweigerte und die Differentsetzung so positionierte, dass sie dem Bewusstsein gegenübertrat und es zum Objekt einer Offenbarung in einer »außergöttlichen Welt« machte. Das nahm dem Geist seine Freiheit, wie

Hegel richtig bemerkt hatte. In der Mythologie entfaltete sich daher keine Selbstbeobachtung des Bewusstseins, sondern die Gottesidee.[433] Schelling beschrieb die Welt, den Menschen und die Religion als göttliches Selbstverhältnis. Damit war für die Vergesellschaftung des Menschen und die Gestaltung seines eigenen Selbstverhältnisses anscheinend nur noch wenig anzufangen.

Selbstverhältnisse

Er habe, schrieb Karl Rosenkranz (1805–79) 1831, an Schlegel, Schelling und Görres, nie den Eintritt des Widerspruchs in die Geschichte begriffen. Erst Hegel habe ihm verständlich gemacht, dass das Bewusstsein Gegenstand der Entwicklung sei und in der Entwicklung des Erkennens das Bewusstsein sich selbst erfahre. Widerspruch hieß: Bewusstsein und eine Identität gewinnen, indem etwas sich von sich selbst unterschied. Rosenkranz beschrieb die Entwicklung der Naturreligion dann als die Entfaltung des ursprünglichen »Außersichseins«, das dem Menschen möglich wurde, indem er sich einen Gott setzte, von dem er sich – wie von der Natur – unterscheiden konnte. Selbstverhältnisse wurden als fortschreitende Trennung von sich selbst möglich. Der Mensch schafft innere Umwelten, aus denen heraus er sich selbst gegenübertreten kann. Er muss sich nur selbst zum Zweck haben.[434]

Mit besonderer Radikalität und Klarheit hat ein ganzes Jahrzehnt nach Rosenkranz Ludwig Feuerbach (1804–72) dieses Programm seiner Untersuchung der »positiven Religion der Offenbarung« entfaltet.[435] Er wollte eine »kritische Philosophie« des Christentums vorlegen, keine spekulative Religionsphilosophie, auch keine »kindische Mythologie«. Voraussetzung dafür war, den Beobachtungsstandpunkt der Philosophie in der Differenz zur Religion zu markieren. Insofern es sich bei Religion wie bei Philosophie um »Denkweisen« handele, seien beide dasselbe. Aber die Philosophie denke in Begriffen, die Religion hingegen in Bildern. Sie ist »dramatisch«, und man kann hinzufügen: in ihrer liturgischen Praxis performativ. Nicht nur der Bezug auf die unterschiedlichen psychischen Fakultäten des menschlichen Geistes – das sinnliche Vorstellungsvermögen einerseits und die begriffsorientierte Vernunft andererseits –, erlaubt es aber der Philosophie, sich als Nichtreligion zu behaupten. Weil die moderne Welt sich des Christentums »bemeistert« hat, es von einer Gestalt von Fleisch und Blut zu einem »Gespenst« gemacht habe, muss auch nicht die Religion sich selbst »expekturieren«, sondern dies wird Aufgabe der Philosophie.

Säkularisierung macht Religionsphilosophie möglich und notwendig, hieß dies. Weil Feuerbach die beiden Fakultäten des menschlichen Geistes eindeutig in der »Psyche« des Menschen verortete, konnte er seine sich mit dem Phänomen Religion befassende Philosophie von »mythischer Pneumatologie« oder Ontologie abgrenzen. Indem sie die Bilder des christlichen Symbol- und Gedankengebäudes mit den Methoden der analytischen Chemie »als Bilder« betrachtet, wird sie zur »psychischen Pathologie«. Wie sich dann zeigt, ist das im doppelten Wortsinn zu verstehen: Der Pathologe legt die inneren »Organe« der Psyche frei, und er kann damit auch deren krankhafte Beschaffenheit ans Licht bringen, wobei allein davon schon therapeutische Wirkung erwartet wird. Religion könne man nicht deswegen in Schutz nehmen, weil sie schön und nützlich sei. Man muss ihr mit »dem Wasser der Vernunft« begegnen. Der Theologe bleibt demgegenüber bloßer »Anthropologe«, der das Äußere betrachtet, muss man ergänzen, und dem deswegen die Pathologie und Psychologie des Beobachteten verborgen bleiben. Das System bleibt sich selbst in der eigenen Wissenschaft und Selbstbeobachtung undurchsichtig, lautet der Befund.[436] Wirkliche Aufklärung über sich selbst kann nur aus der Umwelt und deren Fremdbeschreibungen erwartet werden.

Ausgangspunkt für die Bestimmung von Religion ist dann das »Bewusstsein«, das den Unterschied zwischen Mensch und Tier festsetzt. Dieses Bewusstsein hat von Anbeginn an eine zweifache Dimension: Es ist Bewusstsein des Menschen von sich als Gattungswesen und von sich selbst als Individuum. Zwei Leben hat der Mensch, das innere und das äußere, gattungsbezogene. Religion ist im inneren Leben angesiedelt: Sie ist das Bewusstsein des Menschen von seinem unendlichen Wesen als einem unendlichen Bewusstsein. »Soweit dein unbeschränktes Selbstgefühl reicht, soweit bist du Gott.« Jedes Wesen hat seinen Gott, »sein höchstes Wesen in sich selbst«. Gott ist, insofern und weil der Mensch im

Bewusstsein ein Selbstverhältnis zur psychischen Dimension seines Lebens gewinnt.

Religion ist damit aus der sozialen, gattungsbezogenen Dimension des menschlichen Lebens in die psychische gerückt. Der Mensch bringt Religion als »Vergöttlichungen« der Aspekte seines Wesens hervor. Diese »Entäußerungen« werden ihm Religion, und er wird zum religiösen Menschen, weil er davon nichts weiß. Die *differentia specifica* von Religion ist daher »ein Mangel«: Sie ist unverstandene und unbewusste Selbsterkenntnis des Menschen. Der Mensch verhält sich in ihr nicht zu sich selbst, sondern »als zu einem anderen Wesen«. Religion wird auf diese Weise Selbstentfremdung im Selbstverhältnis. Je göttlicher ein Gott wird, desto negativer wird der Mensch sich als Mensch, desto mehr negiert er seine eigene Sinnlichkeit.[437]

Dies schließt ein positives wie ein negatives Selbstverhältnis des Menschen ein, das sich als Gott-Mensch-Verhältnis modelliert. Im ersten großen Durchgang durch den Bildersaal des Christentums stellt Feuerbach diejenigen Symbolisierungen vor, in denen es mit dem Wesen des Menschen Übereinstimmungen gibt. Dazu gehören der sich um das Schicksal des Menschen bekümmernde Gott, der Mensch gewordene und für den Menschen leidende Gott und auch der trinitarische Gott samt der Mutter Gottes, weil sie im Verhältnis von Vater und Sohn für das Prinzip der Liebe steht. Auch die Theologie des Pantheismus und die Mystik bringen den Menschen in ein positives Verhältnis zu sich selbst. Im ersten Fall zu sich selbst als einem anderen, im zweiten zu sich als einem auch körperlichen Wesen. Auch dem Zölibat gewinnt Feuerbach auf diese Weise einen menschlichen Zug ab. Der Christ, der sich ihm unterwirft, hat kein Bedürfnis nach geschlechtlicher Liebe, weil Gott sie ihm ersetzt. Er erfasst sich dann in seiner Subjektivität als ein vollkommenes Wesen, dem nichts fehlt, auch das andere Geschlecht nicht.[438]

In Widerspruch mit dem Wesen des Menschen gerät Religion, wie Feuerbach dann im zweiten Teil darlegt, überall dort, wo das Gott-Mensch-Verhältnis mediatisiert wird und auf diese Weise der Mensch sich selbst als einen anderen ausliefert. Das ist der Fall in der Willkür des göttlichen Heilsplanes und auch, wenn Gott die Welt zwar geschaffen hat, sie aber dann dem Naturgesetzt folgt. Religion wird zerstört, wenn sich Mittelsachen »einschleichen«. »Der Maschinist scheut den unmittelbaren Kontakt mit der Gottheit.« In Gottesbeweisen zieht der Mensch seine »Selbstheit« ebenfalls in Zweifel. Die Offenbarung ist eine Kränkung des Menschen, weil sie das Bestimmungsverhältnis zwischen Mensch und Gott verkehrt, und führt den Menschen zu einer Moralität ohne moralische Gesinnungen. Auch die spekulative Philosophie Hegels ist noch am negativen Selbstverhältnis des Menschen beteiligt. Sie macht das Bewusstsein des Menschen von Gott zum Selbstbewusstsein und gibt ihm daher Gott als sein »eigenes Wesen« zurück. »Es wird hier also eingestanden, was Religion verschweigt, durch die Phantasie umgeht, aber so, dass dieses Eingeständnis der Spekulation noch ein indirektes, unklares, unvollkommenes ist [...].« Die spekulative Philosophie beteiligt sich noch am Geschäft von Religion – sie ist in dem Sinn Religion, weil sie »Gott als ein objektives, von uns verschiedenes Wesen setzt«. Hegel habe keine Sprache für die Identität des menschlichen Wesens mit sich selbst gefunden und sei daher in den Vorstellungen der »Duplizität« und des Mystizismus verhaftet geblieben.[439]

Man wird hier Zeuge einer in zweifacher Hinsicht paradoxen semantischen und theorietechnischen Operation. Feuerbach behauptet die Identität der Philosophie und die Bedingung der Möglichkeit des Philosophierens als ein unhintergehbares »Nicht-Religion-Sein«, das sich aber nur »erfährt« und von sich weiß, wenn es sich Religion zum Objekt macht. Indem sie aber dann gleichzeitig Religion zum unverstandenen Teil des auf sich selbst gerichteten Selbstbewusstseins des Menschen erklärt, bringt sie diese zum Verschwinden. Der Philosophie fehlt damit der Gegenstand und das andere der eigenen Identität. Will sie nicht selbst Religion werden, muss sie die Differenz erneut verschieben. Feuerbach schrieb deswegen nach seiner Kritik der hegelschen Rechtsphilosophie, mit der seine Argumentation bereits einen ruhenden Punkt gefunden hatte, noch einen Abschnitt über die Kränkung des Menschen durch die Sakramente. Sie entäußern die Handlungsfähigkeit des Menschen in die Natur an Brot und Wein und negieren sich gleichzeitig noch, weil ihre Wirkungen sinnlich nicht erfahrbar sind. Man muss die Performanz dieser Bilder ihrer theologischen Interpretation entkleiden, schrieb Feuerbach, dann werde es möglich, im alltäglichen Essen und Trinken sich selbst in der Einheit von Geist und Natur zu erfahren. Essen und Trinken »sind in der Tat an und für sich selbst religiöse Akte«. Das neue andere der Philosophie war jetzt das »Leben«: »So braucht man nur den gewöhnlichen gemeinen Lauf der Dinge zu unterbrechen, um dem Gemeinen ungemeine Bedeutung, dem Leben als solchem überhaupt religiöse Bedeutung zu geben.«[440] Noch aber musste der Mensch es sakralisieren. Eine Religion brauchte er dafür nicht mehr. Für ein im Inneren des Menschen begründetes authentisches Selbstverhältnis war fortan die Psychologie zuständig. Die Philosophie musste sich jetzt als Lebensphilosophie neu entwerfen. Religion war sozial und psychisch »freigestellt«, und der Theorie nach auch psychisch schon funktionslos geworden, aber noch der Ecce homo Nietzsches brauchte sie, um dem Leben und dem Leib die Aura des Absoluten zu geben. Gottheiten traten hier gegeneinander an: »Dionysos gegen den Gekreuzigten [...]«.[441]

Die semantische Alternativkonstellation wurde von Karl Marx (1818–83) und Friedrich Engels (1820–95) formuliert. Schon in den Feuerbachthesen wird der menschlichen Praxis der Vorzug vor dem Beobachten gegeben. In der »Deutschen Ideologie« ist dann dargelegt, dass der Mensch sich und der Natur zuerst nicht im Bewusstsein, sondern in der Produktion seiner Lebensmittel gegenübertritt. Die soziale Gestalt dieser Reproduktion des Lebens gibt die Orte vor, von denen aus die Welt beobachtet werden kann, und die Unterscheidungen, die dafür verfügbar sind. Religion wie alle anderen Formen der durch Arbeitsteilung möglich gewordenen Beschreibungen der Welt sind daher an die Bedingungen der materiellen Reproduktion gebunden. Einen unabhängigen Beobachterstandpunkt gewinnt man daher nicht durch den Widerspruch, der etwas durch die Unterscheidung von sich selbst hervorbringt. An die Stelle des Widerspruchs muss die Negation der »herrschenden« Verhältnisse treten. Das ist dann weder Philosophie noch Religion, sondern Kommunismus.[442]

Die Philosophie machte in ihrem Blick auf Religion die Folgen struktureller Differenzierungsprozesse greifbar, die die Funktion von Religion veränderten, weil sich offenkundig ihre Systemrelevanz verschob. Der Ort, an dem sie bis zu Feuerbach noch mit sozialer Inklusion in Verbindung stand, war das Innere einer inklusionsfähigen *persona* als reflexives

Individuum. Mit Feuerbachs »Pathologie« der Religion wurde auch das in Frage gestellt und die Schnittstelle zwischen Kommunikation und Bewusstsein einer neuen Wissenschaft von der Psyche überantwortet.

Religion »setzen«

Die Frage, die sich anschließt, richtet sich zwangsläufig auf die Theologie. Sie musste sich, da die strukturellen Verschiebungen auch für sie nicht von der Hand zu weisen waren, entsprechend an der Form von Religion abarbeiten. Was ließ sich von Religion in einer Umwelt ohne Religion noch sagen, wenn man die »Welthaltigkeit« von Religion gleichzeitig weiter für gegeben und notwendig hielt?

Die katholische Antwort war ihrer ganzen Art nach performativ. Auch den Texten, die geschrieben wurden, wie beispielsweise dem »Athanasius« von Josef Görres (1776–1848) oder der »Symbolik« Johann Adam Möhlers (1796–1838) eignete etwas Performatives. Sie beschrieben nicht nur etwas, sie waren als Setzungen gedacht, die etwas hervorbrachten und zeigten.[443] Görres' Text manifestierte die Eigenständigkeit des kirchlichen Rahmens gegenüber staatlicher Hoheit und bekräftigte den Universalanspruch der christlichen Weltordnung, der auch der Staat unterliege. Religion erschien hier als eine von Feinden umstellte Kirche in der Vollgestalt ihrer Hierarchie. Möhler steuerte dazu die konfessionelle Differenz bei. Seine »Symbolik« war der Darstellung der dogmatischen Gegensätze der Katholiken und Protestanten nach ihren Bekenntnisschriften gewidmet. Möhler erschien die Reformation als ein notwendiges christentumsgeschichtliches Ereignis, weil erst in der dogmatischen Differenz die Wahrheit sichtbar wurde. Es ging nicht darum, eine Wahrheit zu finden, schon gar keine gemeinsame, sondern sie zu zeigen und zu behaupten. Deutlicher konnte man sich einem Kollektivsingular von Religion, der die Pluralität einschloss, nicht verweigern.[444] Dazu passten geschichtsphilosophische Entwürfe wie der Friedrich Schlegels (1772–1829) von 1829, der von der Wiederentdeckung der Gottebenbildlichkeit des Menschen ausging, auf einer Uroffenbarung und dem göttlichen Ursprung der Sprache beharrte und schließlich dem Fortschrittsmodell der Geschichte eine Kreislaufkonzeption entgegensetzte, in der es um Wiederkehr und Wiederherstellung ging.[445]

Die zu dieser als Kirche in Erscheinung tretenden Religion gehörende Theologie überschrieb ihre Bücher jetzt auch gelegentlich mit »Religionswissenschaft«. Im Inhalt waren es aber dann neoscholastische Dogmatiken und Lehrbücher, die in traditioneller Weise empfahlen, das »Innen« des Menschen über sinnliche Eindrücke und Übungen zu erreichen, damit dort religiöse Gestimmtheit entstehen konnte. So hatte man in der Vormoderne über das Verhältnis von Innen und Außen gedacht.[446] Die Transzendenz der Katholiken blieb jenseits dieser Welt, aber sie trat in ihr durch Medien in Erscheinung. Das Interesse für den Mesmerismus und seine Medien und die Vielzahl der Privatoffenbarungen konnten eine Transzendenz zur Existenz und zur Anschauung bringen, die in der Selbstbezüglichkeit eines Bewusstseins längst nicht aufging. Man kann dies alles zusammen als eine konsequente Weigerung nehmen, die Umgestaltung der Gesellschaft in Religion nachzuvollziehen. Aber sie ermöglichte eine Position der Kritik an der modernen Welt, die nicht Kritik blieb, sondern ihr eine andere entgegensetzte und damit ebenfalls deren performative Negation wurde. Auch diese Negation war Praxis.

Die protestantische Theologie verstand sich als eine Wissenschaft, die die Verbindung zu den anderen Wissenschaften nicht reißen lassen wollte und daher deren Kritik der Religion auch ernst nahm. Das setzte voraus, die Aufgliederung der Wissensfelder anzuerkennen. Als Vorteil war dann zu verbuchen, dass man strittige oder aporetische Fragen auslagern konnte. Theologie und Weltweisheit hatten sich getrennt, stellte Schleiermacher (1768–1838) in seiner Dogmatik 1822 fest. Seitdem sei die Frage der Schöpfung an die Weltweisheit und die »höheren Naturwissenschaften« abgetreten. Auch die Vorstellung von geistigen Wesen, die wenigstens einen »scheinbaren Leib« bilden können und auf unserem Weltkörper nur vorübergehend erscheinen, »schließt keine nachweisbare Unmöglichkeit in sich«. Man wisse zu wenig über andere Welten und was sich zwischen ihnen ereigne.[447]

Aus Bequemlichkeiten solcher Art folgte dann freilich die Notwendigkeit, den eigenen Gegenstandsbereich wie auch die Stellung der Theologie in Religion selbst bestimmen zu müssen. In seinen »Reden« hatte Schleiermacher den Bruch mit den »aufgeklärten« Bestimmungen der Religion als Moral vollzogen und sie auch gleich von Metaphysik abgegrenzt. Stattdessen müsse Religion gerade aus dem Gegensatz zu Metaphysik und Moral bestimmt werden. Sie statuiere keine Pflichten und begründe auch keine rechtlichen Verhältnisse. Die Metaphysik bestimmt die Bedeutung des Unendlichen für den Menschen, die Moral wolle die Freiheit ins Unendliche erweitern. Wesen der Religion sei dem gegenüber weder Denken noch Handeln, sondern Anschauung und Gefühl. Sie will das Universum anschauen und sich von seinen Einflüssen »in kindlicher Passivität ergreifen und erfüllen lassen«. Sie stellt den Menschen in das Universum, betrachtet ihn als dessen Darstellung und will in allem Einzelnen das Unendliche sehen. Das führte dann zur Formel: »Religion ist Sinn und Geschmack fürs Unendliche.« Sinn und Geschmack fürs Unendliche ermöglichten es, sich »alle Begebenheiten in der Welt als Handlungen eines Gottes« vorzustellen. Das Grübeln über das Sein dieses Gottes vor der Welt wollte Schleiermacher dann ebenfalls der Metaphysik überlassen, wiewohl er in der Vorrede nicht darauf verzichtet hatte, die Schöpfung als einen Akt der »Selbstnötigung« der Gottheit vorzustellen, der dazu geführt habe, dass in jedem Dasein zwei sich widerstreitende Kräfte wirkten.[448]

Mit diesen Formulierungen durchbrach Schleiermacher die Versuche, den Begriff von Religion an die Entwicklungen nichttheologischer Wissensbestände und Argumentationsrationalitäten zu akkomodieren, indem man die Transzendenz verschob. Schleiermacher löste den Begriff der Transzendenz auf und setzte an seine Stelle die Frage, wie die Welt in einem religiösen Sinn erlebt werden könne. Religion wurde für das Individuum als ein semiotisches Projekt entworfen. Gott wurde auf diese Weise zu einem der »Möglichkeitsgeneratoren«, die den Menschen in einer kontingenten und unendlichen Welt sinnhaftes Handeln und Erleben gestatteten, das sich als Religion ausweisen ließ. Ausdrücklich bezeichnete Schleiermacher Religion als nur eine »der möglichen Formen der Anschauung« und zog die naheliegende zweite Konsequenz: Diese Anschauungen sind in ihrer Perspektivität auch individuell und partikular. Wunder konnten somit als Ereignisse bestimmt werden, die geeignet waren, hauptsächlich religiös betrachtet zu werden. Schleiermacher hatte den Begriff der Religion somit von Rechtgläubigkeit, Gottesverehrung oder Unsterblichkeit gelöst und auf ein auf Gott bezogenes Beobachten der Welt umgestellt, aus dem sich dann eine religiös gestimmte Semiose ergab, die sich in religiösen Gefühlslagen niederschlug. Die subjektivistische Pluralität der Weltbeobachtung und des Welterlebens war damit zwangsläufig unterstellt.[449]

Diese individuellen, idiosynkratischen religiösen Gefühle finden dann zusammen, weil es Menschen drängte, sich über dieses Erleben anderen mitzuteilen, schon um sich zu vergewissern, dass einem »nichts als Menschliches« begegnet sei, und weil die Pluralität und Endlichkeit des eigenen Erlebens angesichts der Unendlichkeit des Universums den Menschen dazu anhalte, es doch auch »durch ein fremdes Medium« wahrzunehmen. Auf diese Weise setzt sich das religiöse Gefühl zu einem Bekenntnis um, das sich nicht gesprächsweise in beliebiger geselliger Zusammenkunft vollzieht, sondern in besonderen Gesellschaften, die allein diesem Zweck gewidmet sind. In ihnen tritt der Ergriffene dann vor die Versammlung hin, »um seine eigene Anschauung hinzustellen«, den Übrigen als Objekt, aber auch, um sie in seine Gefilde der Religion zu führen. Religion lasse sich nicht lehren, man könne nur zur Nachahmung »aufregen«. Auf diese Weise wird die eingeborene Anlage des Menschen zur Religion wieder freigesetzt, die vorher durch die »Wut des Verstehens« behindert war. Schleiermacher sprach hier von einer pietistisch inspirierten Bewegungskirche der Anwesenden als der wahren Kirche derjenigen, die Religion bereits hatten. Die bestehende Anstalt brauche man allerdings noch solange, als es Menschen gebe, die Religion suchten. Schleiermacher vertraute darauf, dass diese individuellen Religionen, die immer auch auf die anderen verwiesen waren, sich zu einer Gemeinschaft aggregierten, die man nicht als Sekte bezeichnen müsse, weil in ihnen »die religiöse Welt als unteilbares Ganzes« erscheine.[450] Die Religion Schleiermachers entsprach dem am Ende des 18. Jahrhunderts gerade greifbaren Kollektivsingular und ignorierte dabei den Umstand, dass Vergesellschaftung sich nicht mehr auf Kommunikation unter Anwesenden gründete. Hegel hat den Defekt des schleiermacherschen Konzeptes sehr präzise identifiziert.

Gleichwohl hielt Schleiermacher dann an der Erhabenheit des Christentums über alle anderen Religionen fest. Er sah in ihm allerdings eine Geschichtlichkeit und Entwicklungsdynamik angelegt, die sich aus der polemischen gegen sich selbst gerichteten Kraft speiste und möglicherweise über es hinausführte. Einzelelemente protestantischer Glaubenslehren wurden auf diese Weise zu bloßen »Denkmöglichkeiten«, die man auf ihre Überzeugungskraft hin überprüfen konnte.[451]

Schleiermacher hatte dem Religionsbegriff eine Form gegeben, die religiöses Erleben inmitten einer säkularen Welt nicht nur noch möglich machen sollte, sondern diese als das andere in der Religion immer voraussetzte, weil sie den »Mangel und das Ziel« verdeutlichte. Er meinte damit nicht eine »verstandene«, sondern eine gefühlte, sinnliche Wahrnehmung des Universums an sich selbst, die gegebenenfalls auch ohne »Gottheit« auskommen konnte.[452] Die besondere Herausforderung für spätere protestantische Theologen bestand darin, diesen Begriff der Religion in Bezug zur Bewusstseinsphilosophie Hegels und seiner Schüler zu setzen.

Ludwig Noack (1819–1885) veröffentlichte 1847 eine »Spekulative Religionswissenschaft«, um, wie er schrieb, der in den Deutschen Jahrbüchern geäußerten Ansicht entgegenzutreten, man könne die Theologie aus der Enzyklopädie der Wissenschaften streichen und ihren Gegenstand – die Religion – teils der Philosophie, teils der Geschichte zuteilen.[453] Noack suchte mit Hegel über Schleiermacher hinauszukommen und gleichzeitig die hegelsche Zumutung der Religionsphilosophie zurückzuweisen. An Schleiermacher kritisierte er, dass dessen Bestimmung der Religion als Gefühl sich nicht zum »objektiven Standpunkte« des »wahrhaften Denkens« erhebe. Auf diese Weise sei eine genetische Bestimmung von Religion nicht möglich. Diesen Defekt teile Schleiermacher mit Creuzer und Görres. Erst Friedrich Christian Bauer durchdringe seinen Gegenstand als einen historischen auch begrifflich. Hegel wird von Noack dann als Vollender dessen eingeführt, was Schleiermacher begonnen hatte. Indem er das Absolute als den gemeinsamen Gegenstand von Religion und Philosophie bestimmte, sei ihm eine »genetische Religionsgeschichte« möglich geworden, in der man verfolge, wie sich der Begriff der Religion im äußeren Kultus realisiert, und damit den Entwicklungsgang des religiösen Bewusstseins der Menschen reproduzieren könne. Gleichzeitig habe Hegel die Religion aber auch vernichtet, weil seine Religionsphilosophie darlege, wie die Philosophie an die Stelle der Religion trete. Daraus folgt für Noack die Notwendigkeit einer ideellen Wiedergeburt der Religionswissenschaft. Er bestimmt sie als die »denkende Erkenntnis des religiösen Ich im denkenden Prozess seiner Selbstverwirklichung«.

Diese Religionswissenschaft begriff sich selbst als religiösen Akt. Sie war keine »Fremdbeschreibung«, sollte im strengen Sinn auch keine Selbstbeschreibung sein, sondern ein performativer Vorgang, der gleichzeitig hervorbrachte und beobachtete.[454] Noack bestimmte Religion daher in einer Mensch-Gott-Beziehung, die dem Menschen erst ein Selbstbewusstsein in der »synthetischen Einheit« mit etwas, »was es selbst nicht ist«, ermöglicht. Das Selbstbewusstsein kann seine Einheit nicht selbst garantieren, sondern ist darin von der Kraft des Absoluten und seiner Tätigkeit im Selbstbewusstsein abhängig. Hegel habe Religion als reines Verhältnis von Geist zu Geist bestimmt, Schleiermacher dagegen das Gemüt als den Boden des Selbstbewusstseins und damit auch der Religion identifiziert. Dem schließt sich Noack an, um das Bewusstsein als einer vom Ich unabhängigen Instanz, die man als »Lebenspotenz« erfährt, und als die »Offenbarung Gottes im Ich« zu bestimmen. Religion ist eben nicht wie bei Hegel als eine Erscheinungsform des menschlichen Geistes unter anderen zu sehen, sondern hat ihren Sitz in einer besonderen Sphäre darin.[455] Im Weiteren entfaltete Noack dann diesen Religionsbegriff als dialektischen Bezug des Selbstbewusstseins auf einen ihm äußerlichen und vorausgesetzten Gott, immer in der Zurückweisung hegelscher und feuerbachscher Positionen und mit positivem Bezug auf Schelling und Görres. Die »philosophische Religionsgeschichte«, die daran anschließt, entwirft Noack als eine »Ethnographie des religiösen Geistes«, wieder ganz im hegelschen Sinn als eine »Geschichte der religiösen Entwicklung der Menschheit« bis hin zum weltlichen historischen Ausgang der Idee der Religion. Auch hier wird die hegelsche Vorstellung von der Religionsgeschichte als gerichtetem Prozess fortschreitender Vollendung umgedreht und auf diese Weise gewissermaßen

»entsäkularisiert« oder resakralisiert: Die Wahrheit des Begriffs der Religion war von Anfang an gegeben. Die Geschichte ist dann der Prozess der Reinigung von dem, was ihm fremd ist. Die Stufen der Freilegung, die Noack dabei vom Fetischismus bis zu den Religionen der personalisierten Gottheiten (einschließlich des Judentums) identifiziert, benennt er mit »unmittelbarer«, »reflektierter« und »freier Naturreligion«. Aus diesem Reinigungsprozess, in dem das Göttliche vom Endlichen nach und nach geschieden wurde, geht dann das Christentum hervor, als die »Vollendung der Religion«, die im »ursprünglichen Keim des religiösen Geistes« bereits »vorgebildet« war.[456]

Die religiöse Phänomenologie wird auf diese Weise zu einer Signaturenlehre im Sinne Auerbachs, die die Ethnographie der Mythologie als »fortgesetzte Weissagung Christi« expliziert. Wie schon bei Friedrich Schlegel, der die Geschichte in Kreisläufen dachte, sieht man im figurativen Konzept Noacks, dass die herausgehobene Position des Christentums mit einer Historisierung des Religionsbegriffes nur dann vereinbar schien, wenn auf eine völlige Entkoppelung von Vergangenheit, Gegenwart und Zukunft verzichtet wurde. Die begriffliche Konstellation der einschlägigen Semantik stellte an diesem Punkt nicht nur Probleme, die jede Konfession gleichermaßen betrafen, sondern sie ließ auch nur Lösungen zu, die man konfessionell kaum mehr spezifizieren konnte. Um seine Identität und Überlegenheit im historischen Wandel der Religionen zu behaupten, musste das Christentum auf einem transhistorischen Wesenskern bestehen, den man nur noch setzen und zeigen konnte.[457]

Die Konsequenzen eines historistischen Geschichtsbegriffs für die Identität des Christentums und für die Bedeutung von Selbstbeschreibungen in diesem Kommunikations- und Beobachtungsgefüge legte der Tübinger Theologie Eduard Zeller (1814–1908) in zwei Abhandlungen zum Wesen von Religion und zur Perfektibilität des Christentums in den Jahren 1842 bis 1845 dar.[458]

Seine Untersuchung zum Wesen der Religion legte Zeller zunächst als Begriffsgeschichte an, die sich zuerst auf die Bestimmung der *Theologia naturalis* seit dem Mittelalter konzentrierte, um dann die protestantische Theologie zu referieren, die Religion als einen *habitus practicus*, den Glauben als *fiducia* und seine Grundlage als gottgegebene Stimmung des Gemüts herauszustellen habe. Zeller nahm dies zum Ausgangspunkt, um den Glauben vom Tun und vom Wissen abzugrenzen – Letzteres könne auch der Teufel – und dann Schleiermacher zu bestätigen, der dafür die richtige Formulierung gefunden habe. Allerdings habe Schleiermacher damit die eigentlich miteinander verbundenen Fakultäten des menschlichen Lebens getrennt, so dass Zeller zu Hegel fortschreitet. Dieser habe Religion als ein Denken bestimmt, das sich in der Form und der Vorstellung vollziehe. Auch diese Definition kritisierte Zeller, weil sie Religion letztlich als defizitäre Erkenntnisform vorstelle. Feuerbach wird dann ebenfalls referiert, bevor Zeller seinen eigenen Vorschlag ausbreitet, der Religion weder auf Wissen und Tun noch auf Gefühle reduzieren will. Sie ist eine alle Seiten des Geisteslebens umfassende Form desselben, die allerdings im Hinblick auf den Gottesbezug, den sie dem Subjekt zuschreibt, zu denken ist. Religion bestimmt das Subjekt in seinem Tun, Fühlen und Denken durch dessen Beziehung auf Gott. In dieser subjektiven Welterfahrung gründet dann die objektive Form der Religion, die sie in Kirchlichkeit und Kultus annimmt.

Wenn Religion in ihrer objektiven Form in der alle Sphären imprägnierenden Ausgestaltung der das individuelle Leben durchdringenden Gottesbeziehung gründet, muss man mit ihrer Veränderbarkeit rechnen.[459] Dem widmet sich Zeller in seiner zweiten Schrift zur »Perfektibilität des Christentums«. Seinen Ausgangspunkt findet der Tübinger Theologe in der protestantischen Eschatologie: Wenn die »Geburtsstunde des Neuen herannaht«, vermehren sich die Zeichen und Vorboten dessen, was zu erwarten ist, ohne dass ein freier Ausblick auf die Zukunft möglich sei und man wissen könne, ob es zu einem Bruch mit der Gegenwart kommt oder zu ihrer Fortentwicklung. Auch das Christentum ist nicht vollendet gestiftet, wobei allerdings die treibenden Kräfte der Veränderung nicht von prophetischen Privatoffenbarungen ausgingen, sondern von der »natürlichen Entwicklung eines der Menschheit immanenten Offenbarungsprinzips«. Im Mittelalter hatte die Theologie diese Vollendungsperspektive des Christentums im Gedanken der Perfektibilität gefasst, von dem die Reformation aber dann zeigte, dass er in der Vorstellungsform einer stufenweisen Offenbarung historisch obsolet geworden war. Allerdings täuschte sich auch die Reformation über sich selbst, wenn sie sich als Wiederherstellung des »ursprünglichen Tempels« verstand. Erst nach und nach wird sich die protestantische Theologie in ihrer Differenz zum Neuen Testament ihrer selbst bewusst. Die verschiedenen Varianten dieses Vorganges der Selbsthistorisierung führte Zeller dann anhand der Theologie des 18. Jahrhunderts vor, um daraus zu schließen, dass alle Offenbarung notwendig an den jeweiligen Wissensstand des Menschen geknüpft ist. Die Dogmatik kann daher zu keinem Zeitpunkt davon ausgehen, im Besitz »vollendeter Wahrheiten« zu sein. Die daraus gezogenen Konsequenzen waren aber unterschiedlich: Schleiermacher hielt es für möglich, über das Christentum hinauszukommen, Schelling für eine notwendige Folgerung des transzendenten Idealismus, die christliche Lehre hinter sich zu lassen. Feuerbach bekräftigte dies, weil er das Christentum für eine der schädlichen Religionen hielt. Zeller zog aus diesem Referat der bisherigen Positionen die Schlussfolgerung, dass die Entwicklungsfähigkeit des Christentums künftig nicht mehr als Erweiterung, sondern auch als »Berichtigung« – und dies nicht nur hinsichtlich der Lehrart, sondern auch in Bezug auf den Gehalt der Lehre – neu bedacht werden müsse, so dass es möglich werde, Perfektibilität und Offenbarung gemeinsam zu denken. Er kam dann gegen die Supranaturalisten zu dem Schluss, dass man die Perfektibilität des Christentums nicht bloß als Vervollkommnung begreifen könne, sondern seine »wirkliche Umbildung« und »mithin auch teilweise Aufhebung des im Bewusstsein ihrer Stifter Gesetzten, nicht bloß der Form, sondern auch dem Inhalt nach zugestehen« müsse.[460]

Zeller hatte damit in seiner Beschreibung des Christentums als eines historischen Phänomens einen entscheidenden Schritt getan. Er stellte es als einen Sozialzusammenhang vor, dessen Veränderung nicht mehr als schrittweise Entfaltung eines in der ursprünglichen Offenbarung angelegten »Wesens« gedeutet, sondern als eigendynamische und kontingente Evolution, die für die Vergangenheit zu beschreiben war, für die Zukunft aber in ihrer Richtung und in ihren Ergebnissen nicht prognostiziert werden konnte. Damit ließ sich aber auch die Frage nach der Einheit dieses Prozesses nicht mehr »ontologisch« beantworten. Zeller formulierte sie konsequenterweise um zu einem Problem der Identität eines Sozialphänomens, das an Beobachterperspektiven hing: Wenn eine solche »Flüssigkeit des religiösen Bewusstseins« angenommen werde, müsse man fragen, wie das Christentum »längere Zeit hindurch mehr als dem Namen nach es hätte selbst bleiben können?«. Deswegen müsse die »Identität eines Prinzips« auch »im Flusse der Erscheinungen« zu erkennen sein, wie ja auch der leibliche Organismus sich erneuere und doch als identischer Leib »erkannt« werde. Deswegen muss das religiöse Leben einer Zeit »aus dem christlichen Prinzip« erklärt werden können. Dann habe man das Recht, es christlich zu nennen. Die Identität des Christentums im Prozess seiner Evolution als Religion war zu einem Problem der Beobachtung geworden. Das zwang den Beobachter in der Zukunft einer unendlich fortschreitenden Umgestaltung einen Punkt zu antizipieren, an dem der »Faden der Menschheit zur christlichen Idee reißt« und sich ihr religiöses Bewusstsein eine neue Gestalt gibt. Dass dagegen die endliche Religionsgeschichte der Menschheit sich im christlichen Prinzip erfüllt, lässt sich dann nur noch in der Religionsphilosophie und der Philosophie der Geschichte zeigen.[461] Das Christentum bedurfte alsdann des säkularen Denkens der Philosophen, um seine Identität zu sichern.

Zeller legte mit dieser Feststellung die Aporien offen, in die es hineinführte, wenn Theologie reflexiv wurde und sich als systembezogene Selbstbeschreibung thematisierte. Als Religion in einer Welt der Religionen konnte das Christentum seine menschheitsgeschichtliche Sonderstellung nur noch behaupten, wenn von Unendlichkeit auf Endlichkeit umgestellt wurde. Damit operierte der Text im Modus des performativen Widerspruchs. Der offene und ungerichtete Prozess der Evolution von Religion musste mit einer Teleologie versehen werden. Das schien aber die Theologie nicht selbst bewerkstelligen zu können. Für die Teleologie und damit auch für die Einheit und Identität des Christentums im Prozess der Evolution des religiösen Bewusstseins sind Religions- und Geschichtsphilosophen zuständig. Das Christentum kann seine Identität in der Evolution der Religion nicht mehr aus den partikularen Selbstbeschreibungen garantieren, die seine Theologen anfertigen. Sie braucht die teleologisch gerichtete Fremdbeschreibung im globalen Horizont der säkularisierten Gesellschaft.

Das rührte an den Grundfesten der Theologie. Damit sie Wissenschaft von der Religion bleiben konnte, durfte sie nicht bloße Dogmatik bleiben, sondern musste selbst zur Religionswissenschaft werden. Dann konnte sie im System eine Außenperspektive auf das Christentum im Horizont einer Welt der religiösen Pluralität und des Nichtreligiösen einnehmen. Damit aber wurde der Theologe mit dem Widerspruch von Selbstbeschreibungen konfrontiert. Sie sind Teil des Systems und seiner operativen Reproduktion und müssen sich gleichzeitig davon unterscheiden. Zeller stellte deswegen die Frage, wie ein »Philosoph« sich als »Kirchendiener« verhalten solle. Dem Volk und überhaupt sei Religion eine »Herzenssache«, die sich mit der Sprache der Begriffe nicht vertrage. Und weil diese Differenz auch dem Volk bekannt sei, ist der Theologe als Geistlicher stets mit dem »Vorwurf der Heuchelei« konfrontiert. In dieser Authentizitätsfalle werden die Worte des gelehrten Geistlichen nicht in ihrer »unmittelbar religiösen Bedeutung« verstanden, sondern im dogmatischen Sinn. Als Ausweg empfahl Zeller eine Paradoxie: Weil die Wissenschaft sich nicht nach der sinnlichen, lebensnahen Vorstellung, sondern nach der Wahrheit zu richten habe, bedarf die »Wahrheit« einer Metamorphose. Um sie als »Vorstellung« zu vermitteln, der der Geistliche etwas für sein persönliches Leben abgewonnen habe, muss sie zum »Vorurteil« eines Gebildeten werden. Wenn man Religion als Angelegenheit des Gefühls definierte, konnte der auf Wahrheit verpflichtete Theologe seinen Kirchendienst nur noch dann als authentisch gelebte Religion praktizieren, wenn er sie als Überzeugung präsentierte, die man hat, ohne sich ihrer wissenschaftlichen Begründung bewusst zu werden.[462] Diese »gelernte« oder vorsätzliche Naivität gab die gleiche Antwort, wie man sie schon in den katholischen Setzungen beobachten konnte. Wer das Christentum in der modernen Welt vor der reflektierten Konventionalität und ihrer »Beliebigkeit« retten und die Unmittelbarkeit des Gefühls, das in einem anderen seine Ursache hatte, bewahren wollte, stand offenbar vor zwei Problemen. Er musste entweder den Akt des Glaubens (als Akt) unsichtbar machen oder die Historizität der Religion. Am sichersten war es, beides zu tun, aber es scheint, dass das Christentum das aus sich heraus nicht mehr leisten konnte. Es war auf Fremdbeobachtung aus der säkularisierten Welt heraus angewiesen.

Mit solchen Texten war das europäische Christentum auch in der Semantik seiner Selbstthematisierungen in der Moderne einer polyzentrischen Gesellschaft angekommen. Bemerkenswert ist, mit welcher Klarheit das allgemeine Problem sozialer Einheiten in einer funktional differenzierten Welt, Identität und Wandel im Prozess ihrer evolutionären Veränderung miteinander zu verbinden, in Religion formuliert wurde. Sie wurde damit noch einmal zum Reflexionsmedium der Gesellschaft, das in seiner Reflexivität weiterging als zeitgenössische Philosophie und Sozialtheorie, weil diese Probleme des Systemerhalts hier manifester zu-Tage traten als an anderen Stellen der Gesellschaft: Wie konnte eine Religion aussehen – und sich als christlich identifizieren –, die sich auf das idiosynkratische Gemüt von Individuen einstellte und ihnen ein Erleben der (säkularisierten) Welt als religiöses Erleben und ein Handeln in der säkularisierten Welt als religiöses Handeln ermöglichen musste? Die besondere Herausforderung für Religion dabei war: der reflektierten Identität wieder Authentizität und Notwendigkeit zu geben, die nicht allein in ihr selbst lagen.

6.
Verschiebungen

Die Semantik der Religion zwischen 1720 und 1850 dokumentiert tiefgreifende Verschiebungen in den Argumentationsstrukturen zwischen den symbolischen und imaginären Feldern, aus denen sich die Selbst- und Fremdbeschreibungen von Religion zusammensetzten. Die hauptsächlichen Themenfelder betrafen die Frage, warum Religion ein Phänomen der Menschheitsgeschichte sei, dann zweitens die nach ihrem Wesen und drittens die nach ihrer Funktion.

Bis zu Hume wurden keine Zweifel daran formuliert, dass Religion ein konstitutives und damit universales Phänomen menschlicher Vergesellschaftung ist. Das gesamte Studium der geschichtlichen Zeugnisse und alle Völker, mit denen die europäischen Eroberer und Kolonisatoren in Kontakt gekommen waren, schienen dies zu bestätigen. Als Begründung für diese Universalität war eine Uroffenbarung akzeptiert, die dem ersten Menschenpaar und seinen Nachfahren einen ursprünglichen Monotheismus beschert hatte, der dann aber mit der Sintflut in Vergessenheit geraten war, so dass, als die Nachfahren Noahs anschließend die Erdteile besiedelten, Ab- und Vielgötterei möglich wurden, bis eine neue Offenbarungsgeschichte im Volk Israel den Monotheismus wieder ans Licht treten ließ. Mit seinen kritischen Bemerkungen zur Verlässlichkeit von Reiseberichten nahm Hume den Zweifel an der Universalität von Religion in den menschlichen Gesellschaften zu einem der Ausgangspunkte für seine »Naturgeschichte« der Religion. Zudem radikalisierte er das bereits diskutierte Alternativkonzept zur Uroffenbarung, das in der Ansicht der Deisten bestand, der Mensch habe aus der Anschauung der Natur seine Vorstellung von der Größe eines Schöpfergottes gewonnen. Hume drehte dieses Konzept, indem er den Menschen die Natur nicht in ihrer göttlich eingerichteten Gesetzmäßigkeit erkennen ließ, sondern ihn als unwissendes und hilfloses Wesen in sie hineinstellte, so dass Religion zu einer Selbstentäußerung des Menschen wurde, die aus Unkenntnis zustande kam. Diese Vorstellung, dass Religion als eine Projektion und Hervorbringung des Menschen zu begreifen sei, mit der dieser seine Natur und seinen Geist in die Welt projiziere, bestimmte die künftige Semantik von Religion an dieser Stelle. Sie ließ sich unterschiedlich füllen. Herder und Rousseau verstanden sie als Ausdruck der Symbolisierungsfähigkeit des Menschen und verbanden dies mit der Vorstellung, dass der Mensch in Religion seine eigene Göttlichkeit zum Vorschein bringe. Das hätte auch Hegel nicht bestritten, der Religion und Gott aus der Selbstentäußerung des menschlichen bzw. des absoluten Geistes hervortreten ließ. Um die Mitte des 19. Jahrhunderts war dann die Frage erneut in einem humeschen Sinn gedreht: in Religion bringe der Mensch ein pathologisches Bild von sich selbst und seiner Göttlichkeit zum Vorschein. Sehr zugespitzt ließe sich formulieren: Am Beginn des 18. Jahrhunderts hatte die Menschheit Religion, weil sie einen Gott hatte; in der Mitte des 19. Jahrhunderts dann hatte sie Religion, weil (und soweit) der Mensch sich selbst ein Gott war.

In komplementärer Weise vollzog sich die Veränderung des Konzepts von Religion als Semiose sinnhafter Figurationen. Sie war am Anfang gedacht als Ergebnis von Wahrnehmungs- und Rezeptionsvorgängen, in denen sich das Erkennen und Vorstellen einer Uroffenbarung oder die vernünftige Erkenntnis der *natural religion* als vernunftbegründetes Wissen vollzog. Nach Hume wurde Religion in vielfältigen Erscheinungsformen als Ergebnis und Paradigma der menschlichen Symbolisierungsfähigkeit angesehen. Um als Objekt der Vernunftkritik zu taugen, konnte sie nicht länger Ausfluss vernünftiger Erkenntnis sein. Sie wurde seit Hegel mit einem eigenen Stil des Denkens identifiziert, der wahlweise als sinnlich und damit der Vernunft entgegengesetzt, oder als performatives, dramatisches und bildhaftes Denken und damit vom Denken in abstrakten Begriffen abgegrenzt vorgestellt wurde. Religion konnte damit auch ein Gefühl werden, oder man identifizierte in ihr ein dem Menschen eingeborenes *sentiment religieux*.

Im Nachdenken über die Funktion von Religion spielte schon am

Beginn des 18. Jahrhunderts die Frage des individuellen Heils eine nur noch untergeordnete Rolle. Deisten sahen sie in erster Linie als eine unhintergehbare Voraussetzung für die *Societas civilis.* Durch den Glauben an ein ausgleichendes Jenseits sollte Religion den Menschen für die geordnete Gesellschaft tauglich machen. Sogar Vico sah in Religion die erste zivilisatorische Ordnungsmacht, die der Mensch selbst hervorgebracht habe. Um die Mitte des 18. Jahrhunderts kündigte die Bedeutung, die man einer in individueller Sittlichkeit begründeten Moral für die gesellschaftliche Ordnung zumaß, bereits an, dass sich die *Societas civilis* in eine bürgerliche Gesellschaft wandeln würde. Kant nahm Gott entsprechend als Garanten, um Vernunft, Moral und das absolute Urteil für das Individuum möglich zu machen. In dieser Funktion von Religion als einer regulativen Idee verband sich die in der semiotischen Figuration von Religion beobachtete Verschiebung von Erkennen auf Sinnbildung mit der Aufgabe, eine Gesellschaft zu ordnen, die immer stärker als eine mandevillsche oder smitheanische gedacht wurde. Diese beiden Elemente spalteten sich nachfolgend wieder voneinander ab. Religion in ihrer Funktion der Sinnbildung wurde mit Schleiermacher und Hegel zu einem Reflexionsmedium des Geistes, in dem Selbst- und Fremdverhältnisse moderner Individualität bis hin zur Pathologie formuliert werden konnten. So weit war Religion von der Funktion, die Vergesellschaftung der Moderne zu ermöglichen, freigesetzt. Sie hatte jetzt die Folgen dieser Vergesellschaftung für das Individuum zu bearbeiten. Aber die Vergesellschaftung der Moderne blieb eben auch Mysterium. Die Gesellschaft idiosynkratischer Individuen, die sich selbst ordnen und gestalten sollte, brauchte ein Band – keines der Jenseitsfurcht oder der Moral mehr, sondern ein emotionales. Und sie ordnete sich ersichtlich nicht mehr durch Herrschaft, sondern durch Übertragungsverhältnisse. Deswegen eignete sich Religion weiterhin als Reflexionsmedium der modernen Gesellschaft, in dem Vorstellungen von ihren Grundlagen und Gestaltungsprinzipien artikuliert und laufend auch aktualisiert wurden. Und sie eignete sich auch als das andere der übrigen Kulturwissenschaften, um diesen eine Identität zu geben, wie sie selbst diese brauchte, um die »Setzung« des Christentums möglich zu machen.

Schluss: Säkularisierung?

So sehr Einigkeit darüber herrscht, dass die großen Säkularisationen am Ende des 18. und am Beginn des 19. Jahrhunderts einen tiefen Einschnitt in der Geschichte des europäischen Christentums darstellten, so weit gehen die Ansichten auseinander in der Frage, ob sie Teil und Symptom eines langen Prozesses der Säkularisierung waren, in dessen Verlauf sich die Bedeutung von Religion in der Gesellschaft nach und nach ausdünnte. Schon in der Semantik von Religion, die im letzten Kapitel nachgezeichnet wurde, war zu greifen, dass das Ausmaß der Prägung der europäischen Gesellschaften durch das Christentum von Anfang an zur Selbstverständigung über ihre Modernität gehörte. Das wurde in Konzepten der Säkularisierung seit dem 19. Jahrhundert auch weiterhin in der einen oder der anderen Richtung beantwortet. Man konnte die für die Moderne konstitutive Geschichtsphilosophie wie Löwith als Verweltlichung des heilsgeschichtlichen Modells präsentieren oder wie Blumenberg die Neuzeit als Projekt eigener Legitimität jenseits aller religiösen Begründungszusammenhänge darstellen.[463]

Der Gang dieser Kontroversen ist hier nicht im Detail nachzuzeichnen, auch nicht die Versuche vor allem der Historiker, den Aporien der Diskussion dadurch zu entkommen, dass man Säkularisierung durch Dechristianisierung ersetzt, in der Hoffnung, durch den Blick auf Konjunkturen des Verlaufs der Teleologie zu entkommen.[464]

Säkularisierung als Konzept

Weiterführend dürfte es stattdessen sein, sich die verschiedenen Epistemologien des Begriffes vor Augen zu führen. Man kann in der laufenden Diskussion drei Varianten unterscheiden. Er wird als normatives Konzept verstanden (und kritisiert), als ein empirisch gehaltvolles und schließlich als eine konstruktivistische Beobachtungsfigur.

Wenn man das normative Fundament des Begriffes betont, wird das Säkularisierungskonzept als eine der großen Meistererzählungen der Moderne identifiziert. Manuel Borutta hat jüngst die Entstehung des Konzeptes aus der Auseinandersetzung des europäischen Liberalismus mit dem ultramontanen Katholizismus nachgezeichnet und dabei freigelegt, wie es sich als Grundlage einer originär politischen Programmatik ausformte, die Religion als einen Fremdkörper in einem liberal geprägten Staat und seiner Gesellschaft identifizierte. Dieser ursprünglich politische Kampfbegriff wanderte dann über die Religionswissenschaft in die entstehende Soziologie ein und wurde auf diese Weise zu einem tragenden Element in der soziologischen Deutung der Moderne. Seitdem schreibt die Sozialtheorie mit an dieser Meistererzählung, ohne ihre polemische und politische Entstehungsgeschichte noch zu reflektieren. An diese Diagnose schließt Albrecht Koschorke in mehrfacher Hinsicht an, wenn er das Säkularisierungskonzept als hegemoniales Narrativ analysiert, dessen Erfolg und Attraktivität vor allem darin bestehen, dass es Religion nicht aus der modernen Gesellschaft herausdefiniert, sondern sie an ihre Ränder verweist oder sie als atavistischen Rest der Vormoderne identifiziert, der Verwerfungen der Moderne selbst kompensiert. Als teleologisches Konzept universalen Anspruchs produziert es in der globalisierten Gegenwart radikale, fundamentalistische Gegennarrative, die einer gegen den Westen gerichteten Identitätsbildung sich formierender Nationalgesellschaften hauptsächlich der islamischen Welt dienen. Fundamentalismus wie auch die »Rückkehr der Religionen« erscheinen auf diese Weise als Folgen einer erfolgreichen Säkularisierungserzählung, die Kritik und der wachsende Zweifel daran als Resultat und Nachvollzug des Machtverlustes Europas und seiner zunehmenden Exzentrizität in einer polyzentrischen Welt der *multiple modernities* oder auch der Postmoderne.[465] An diesen Darlegungen ist nichts zu bestreiten, aber offen bleibt dabei, ob die politische Genese und Funktion eines Konzeptes verhindern, es wissenschaftlich zu nutzen, bzw. was gegebenenfalls an die Stelle des Säkularisierungskonzeptes treten könnte. Man wird allererst festhalten müssen, dass die normative, politische Aufladung des Begriffes ihn gegen empirische Befunde nicht nur immunisiert, sondern diese in ihrer Widersprüchlichkeit geradezu anzieht. Es werden für die Gegenwartsgesellschaften einerseits Daten über schwindende religiöse Orientierung und rückläufige religiöse Praxis präsentiert und anderseits die Rückkehr der Religionen in den europäischen Gesellschaften und in globalen Konstellationen vielfach beschworen.[466]

José Casanova und Talal Asad stellten deswegen die normativen Implikationen des Konzeptes in Rechnung, begreifen es aber als ein vorrangig heuristisches Modell, dessen Brauchbarkeit sich aus seiner Tauglichkeit ergibt, empirische Befunde zu ordnen und sie in Erklärungszusammenhänge zu bringen. Casanova hat die drei Elemente des Begriffes prägnant zusammengefasst: Die fortschreitende Differenzierung der Lebens- und Wertsphären, von der die europäischen Gesellschaften auf dem Weg in die Moderne und in ihr gekennzeichnet sind, führt zu einer Ausgrenzung von Religion aus den meisten gesellschaftlichen Institutionen und Lebensbereichen. Damit verbunden ist dann zweitens ein Rückzug von Religion aus dem öffentlichen und politischen Raum moderner Gesellschaften. Sie wird zur Privatsache. Drittens ist der Weg in die Moderne gekennzeichnet durch eine grundlegende Entzauberung der Welt, wodurch religiöse Sinngehalte aus gesellschaftlichen Wissensbeständen und Deutungszusammenhängen mehr und mehr verschwinden.[467] Max Weber war der Hinweis wichtig, dass das Christentum selbst diese Entzauberung der Welt seit dem Mittelalter mit Nachdruck vorangetrieben hat.

Den wenigsten empirischen Zweifel zieht das Differenzierungsargument auf sich, während Asad insbesondere die öffentliche Bedeutsamkeit von Religion in vielen modernen Gesellschaften als Argument gegen das Konzept hervorhebt. Casanova gibt der Empirie ihr Recht, indem er die drei Elemente des Konzepts voneinander entkoppelt, um jeweils unterschiedliche, länderspezifische historische Verläufe und Konstellationen berücksichtigen zu können. Auf diese Weise wird es möglich, für Einzelgesellschaften und ihre Religionen jeweils verschiedene Varianten und Verläufe des Säkularisierungsprozesses zu beschreiben.

Ein auf diese Weise ausgemünzter Begriff der Säkularisierung ermöglicht eine empirisch informierte Religionssoziologie, aber man übersieht dabei leicht, dass der Säkularisierungsbegriff bereits in zweifacher Hinsicht in ihr vorkommt. Nicht nur die wissenschaftliche Analyse setzt ihn voraus, auch in die Empirie (die er ordnen soll) ist er bereits vorgängig eingeschlossen, weil die Fakten, die diese Empirie ausmachen, ohne die Unterscheidung von Religion und Nichtreligion überhaupt nicht sichtbar werden. Dazu kann man einen liberalen Kritiker des Katholizismus wie Johann Caspar Bluntschli zitieren, der das Verhältnis von Staat und Kirche 1844 psychologisierte und damit die phantasmatische Orchestrierung des Sonderbundskrieges in der Schweiz lieferte.[468] Auch für Schleiermacher stellte das »Nichtreligiöse« eine konstitutive Voraussetzung dar, um Sinn und Geschmack fürs Unendliche ausbilden zu können. Erst im Angesicht ihres Mangels werde Religion möglich – und umgekehrt war vom Mangel nur zu sprechen, wenn man Religion voraussetzte. Wer somit außerhalb der Vorstellung einer universalen christlichen Weltordnung unter Bedingungen neuzeitlicher Vergesellschaftung – also nach Luthers Reinterpretation der augustinischen Gegenüberstellung von *civitas dei* und *civitas terrena* als Unterscheidung von geistlichem und weltlichem Regiment – über Religion als Teil von Gesellschaft sprechen wollte, der setzte die Unterscheidung von Religion und ihrem säkularen anderen in jedem Fall voraus, ob er nun eine Selbstbeschreibung aus der Binnenperspektive von Religion anfertigte oder eine sozialtheoretische Fremdbeschreibung.

Niklas Luhmann hat aus solchen differenztheoretischen Überlegungen die generelle Konsequenz gezogen, die wissenschaftliche wie die alltägliche Weltkonstitution als Resultat von Beobachtungen zu fassen. Begriffe der Wissenschaft sind dann Unterscheidungen, mit denen Beobachter (erster Ordnung) beobachtet werden, die in ihren kommunikativen Operationen und Beobachtungen eine strukturierte, sinnhafte soziale Welt hervorbringen, in der es beispielsweise neben Wirtschaft auch Religion gibt und beides gemeinsam in einer Gesellschaft verortet wird.

Säkularisierung wird auf diese Weise zu einem Konzept, das zunächst darauf verweist, dass das Christentum in Europa sich schon in der Frühen Neuzeit in einer Gesellschaft als Umwelt platziert wusste, die sich nach anderen Prinzipien ordnete und in anderen Rationalitäten Sinn hervorbrachte als Religion selbst. Das war eine Voraussetzung dafür, dass das europäische Christentum sich semantisch schließlich in einem Kollektivsingular Religion verorten konnte, der historisch universal und in der Morphologie plural angelegt war. Der Zusammenhang manifestierte sich darin, dass mit der Formulierung des Kollektivsingulars seit dem Ende des 18. Jahrhunderts eine Welle von religiösen Selbstbeschreibungen zum Druck kam, in denen man die Lage des Christentums inmitten einer ungläubigen Welt beklagte.[469] Darüber hinaus hatte auch der nichtreligiöse – philosophische, politische oder auch sozialtheoretische – Blick auf Religion immer schon zur Voraussetzung, sich selbst jeweils als ein anderes von Religion zu wissen. Die Semantik von Religion liefert dafür ausreichend Belege.

Säkularisierung kann mithin – vor aller Teleologie oder normativen Festlegungen – als eine Beobachtungskategorie verstanden werden, die den Sozialzusammenhang Religion in Differenz zu anderen setzt. Da sie dies im Horizont einer Gesellschaft tut, richtet sie die Aufmerksamkeit dann darauf, wie diese Differenz sinnhaft ausgestaltet, aufrechterhalten und sozial reproduziert wird, wie also Religion jeweils soziale Gestalt gewinnt. Wie Adam Smith im letzten Drittel des 18. Jahrhunderts mit seiner Abgrenzung der Ökonomie von der Staatswirtschaft vorführte und für sie den Begriff des Merkantilismus prägte, ist diese Operation in analoger Weise Voraussetzung für eine von Politik unabhängig operierende Wirtschaft wie auch für eine angemessene Theorie dieser Ökonomie. Entsprechend ist Säkularisierung dann als ein Effekt zu begreifen, der von einer bestimmten Art und Weise hervorgebracht wird, Religion als Differenz des Sinns eine soziale Form zu geben.

Eine Wissenschaft, die sich auf Säkularisierung als Beobachtungskategorie einlässt, bekommt daher auch eine bestimmte – perspektivierte – Empirie in den Blick. Man will dann wissen, wie in einer bestimmten historischen Konstellation die Differenz zwischen Religion und anderen Sozialbereichen operativ hergestellt und beobachtet wurde. Damit verbinden sich in keiner Weise teleologische Vorannahmen, sondern allenfalls die Aufforderung, in solchen Konstellationen die Bedingungen zu identifizieren, die laufende Selektionen, aus denen Künftiges entsteht, möglicherweise steuern.

Drei Felder lassen sich im Bezug zwischen Religion und Gesellschaft benennen, auf denen dann empirische Daten von theoretischer Relevanz anfallen. Am nächstliegenden ist der Zusammenhang zwischen gesellschaftlicher Differenzierung und der institutionellen Formung von Religion. Weil an der Universalität von Religion Zweifel eher auf individueller wie auf gesellschaftlicher Ebene möglich sind, wie der Atheismusdiskurs seit Beginn der Neuzeit zeigt, sind die Formen der Inklusion in Religion und ihre Medien samt der damit verbundenen Konstitutionsbedingungen der sozialen und psychischen *persona* ein zweites wichtiges Feld. Als Drittes lassen sich die in Selbst- und Fremdbeschreibungen fassbaren Sinnbildungen von Religion und des Religiösen identifizieren, weil sie umreißen, wie religiöses Handeln sich gestalten konnte, vor allem aber, wie Ereignisse als religiöse Ereignisse erlebt werden konnten. In diesen drei Feldern sollen die Befunde der zurückliegenden Untersuchungen noch einmal knapp im Zusammenhang dargestellt werden.

Differenzierung

Bis zum Ende des 19. Jahrhunderts war das europäische Christentum in seinen sozialen Erscheinungsformen eng und auf vielen Ebenen mit der Reproduktion der sozialen und politischen Ordnung verbunden. Kirchen waren als Herrschaftsinstitutionen gestaltet oder direkt an die verstaatlichte Herrschaft des frühmodernen Staates angekoppelt. In klerikalen Hierarchien, dem Pfründen- und Patronatswesen reproduzierte sich eine Gesellschaft in ihrer Privilegienordnung, ihren Herrschafts- und Besitzverhältnissen. Die vom konfessionellen Territorialstaat nach 1648 angestrebte und häufig auch erzwungene konfessionelle Homogenität der Bevölkerung war Ausdruck dieser symbiotischen Konkurrenz. Der Bruch ereignete sich ein erstes Mal in der Eruption der Französischen Revolution, die als Menetekel sichtbar machte, was sich anschließend bis zur Mitte des 19. Jahrhunderts an Umbrüchen und Verschiebungen im Verhältnis von Religion und Gesellschaft in Mittel- und Westeuropa abspielen sollte. Die Gesellschaft der französischen Monarchie verwandelte sich in wenigen Jahren aus einer beherrschten Untertanenschaft in eine emphatisch verbundene Gemeinschaft, die ihre politische Ordnung selbst hervorbrachte. Die wirkmächtige Chiffre dafür wurde die Nation. Mit großer Gewalt vertrieb sie das kirchlich verfasste Christentum aus dem Zentrum der Gesellschaft, schloss es von den zentralen Prozessen politischer und sozialer Ordnungsbildung aus und suchte es als Medium sozialer Inklusion zu vernichten. Gleichwohl war auch die Nation der Meinung, dass die stabile Vergesellschaftung von Patrioten ohne Religion nicht zu bewerkstelligen sei, und sie erfand die Kulte der Vernunft und des Höchsten Wesens.

Mit den großen Säkularisationen und der rechtlichen Neufassung des Konfessions- und Kirchenwesens, die nachher in Konkordaten, Organischen Artikeln, Verfassungen oder Gesetzen vorgenommen wurden, passten die europäischen Staaten bis zur Mitte des 19. Jahrhunderts das Christentum in Gesellschaften rechtsgleicher Bürger und Eigentümer ein, indem sie seine Kirchen und Bekenntnisse von privilegierten Korporationen mit Herrschaftsrechten nach und nach zu Vereinen machten, in denen sich private Interessen organisierten. Der von der Gesellschaft verschiedene Staat hatte die Konkurrenz zu seinen Gunsten entschieden und die Symbiose einseitig aufgelöst. Das Ende von Kirchlichkeit als Herrschaftsverband machte den Weg frei für neue Formen der Institutionalisierung des Christentums. Im Katholizismus ermöglichte das Ende der Adelskirche, Amtsrollen zu professionalisieren und die im hierarchischen Herrschaftsverband schon angelegten Organisationselemente zielstrebig auszubauen, so dass in kurzer Zeit eine Weltkirche entstand, die in Rom Lenkungsbefugnisse, den Gnadenschatz und schließlich auch die dogmatische Souveränität auf sich vereinigte. Im Protestantismus sorgten soziale Bewegungen in Gestalt von Freikirchen und einem Netzwerk von Vereinen aller Art für die Anpassung der weiterhin stark staatsverbundenen Kirchen an eine bürgerliche Gesellschaft und ihre Vergesellschaftungsprozesse. In beiden Fällen erwuchsen aus der Beteiligung an der imperialistischen Zivilisierungsmission Europas globale Konfessionen. Die Weltreligionen entstanden nicht in der Achsenzeit, sondern in der imperialistischen Globalisierung des 19. Jahrhunderts.

Diese Ausdifferenzierung von Religion gegenüber anderen sozialen

Feldern, die auf diese Weise durch politische Entscheidungen und das Recht vollzogen wurde, schloss nicht aus, dass einzelne Konfessionen als Staatskirchen weiterhin privilegiert und bevorzugt wurden, und sie vertrug sich auch mit starker staatlicher Kontrolle und politischer Indienstnahme von Religion, wie sie in Konkordaten und Organischen Artikeln niedergelegt wurden.

Obwohl Religion durch das konfessionelle Staatskirchenrecht bis zur Mitte des 19. Jahrhunderts immer mehr zur Privatsache gemacht wurde, bedeutete diese Differenzierung auch nicht, dass das Christentum aus dem öffentlichen und politischen Raum verschwand. Das hatte wesentlich damit zu tun, dass die Umgestaltung der Untertanengesellschaften zu Nationen sich als schwieriges Unterfangen erwies, genauso wie die Anpassung der alteuropäischen, autokratisch-monarchischen Herrschaften an diese partizipative Ordnung ohne Adelsherrschaft. In beiden Fällen taten sich für ein institutionell verfasstes Christentum Handlungs- und Diskursräume auf, die seine Präsenz auf der politischen Bühne sicherten, allerdings ohne ihm umfangreiche politische Macht zuwachsen zu lassen. Das Christentum half dabei, die einstige Heiligkeit des Monarchen noch als persönliche Frömmigkeit zu inszenieren. Es wurde eingesetzt, um die Liebe der Untertanenbürger zu ihren Bürgerkönigen zu motivieren und zur Anschauung zu bringen, und es ließ sich benutzen, um die einstigen Dynastien als königliche Familien in der politischen Öffentlichkeit darzustellen. Die Legitimation monarchischer Macht ließ sich aber auf Religion schon nicht mehr bauen, weswegen Regierungsjubiläen und Selbstkrönungen die sakralen Krönungsakte nach und nach verdrängten. Das verkirchlichte Christentum half auch dabei, den homogenen Handlungs- und Erfahrungsraum aufzuspannen und ihn in Festen wie kirchlichen Ritualen erfahrbar zu machen, den die neue politische Ordnung voraussetzte. Es lieh Symbole und Rituale, damit die Nationen sich vor Altären des Vaterlandes und in Staatsbegräbnissen ihrer Helden und Märtyrer als Erinnerungsgemeinschaften opferbereiter Patrioten entwerfen konnten. Fast noch wichtiger erscheint allerdings im Hinblick auf die weitere parlamentarische Demokratisierung, dass Religion diesen öffentlichen politischen Raum mit einem streitwürdigen Thema versorgte und ihn gleichzeitig strukturierte, weil die fundamentalistischen Ansprüche, Politik und Welt ausschließlich nach Maßgabe christlicher Normen zu gestalten, die nicht nur im Ultramontanismus, sondern in allen Konfessionen und Kirchen formuliert wurden, als politische Optionen und Alternativen mit hohem Mobilisierungspotential ausgemünzt werden konnten.

In Entwürfen politisch-sozialer Theorien wurde diese Konstellation in phantasievollen Narrativen und Imaginationen bearbeitet, die sich zwar in ihren Zielen nach politischen Richtungen sortieren ließen, aber in ihren topologischen Grundmustern sehr ähnlich blieben. Überall war man mit der Erzählung einer heilen, integral christlich geordneten alteuropäischen Welt befasst, weil sie eine Referenz für die Kritik der laufenden Differenzierungs- und Umgestaltungsprozesse bot. Soziale Integration wurde in diesen Entwürfen nicht als medien- und institutionenvermittelt gedacht, sondern immer noch in Kategorien einer Vergesellschaftung unter Anwesenden. Seit Rousseau kursierte die Befürchtung, dass man sich einer Gesellschaft, die ihre politische Ordnung selbst hervorbrachte und legitimierte, durch Dissens auch verweigern konnte, als ob ein Austritt aus der Gesellschaft möglich wäre. Deswegen imaginierte man die Nation als emphatische Vergemeinschaftung, die durch ein Band von Emotionen zusammengehalten wurde. Es war nicht die Zivilreligion Rousseaus, die hier Abhilfe schaffen konnte. Sie war noch ganz im Sinne der *Societas civilis* und des Deismus als eine Einrichtung gedacht, die den Menschen auf Gesetzes- und Obrigkeitsgehorsam verpflichtete. Es waren die neuen Amalgame des Christentums und der Vernunft, von Konservativen und romantischen Utopisten ausgedacht, mit denen in den Nationen Kohäsion und Solidarität zwischen freien Individuen erzeugt werden sollten. Die neuen Zivilreligionen waren daher keine Säkularisate, sondern Erfindungen. Zu gleicher Zeit dachte der Tübinger Theologe Zeller Säkularisierung als historischen und sozialen Prozess. Der Fortbestand des Christentums hänge davon ab, wie lange die Welt noch als vom Christentum geprägt erlebt und beobachtet werden könne.

Sowohl die konstitutionelle Monarchie wie auch die Nation blieben bei alldem durch und durch säkulare Projekte. Friedrich Wilhelm IV. scheiterte religiös, hauptsächlich aber politisch, als er versuchte, Union und Agende als Substitute für die verweigerte politische Modernisierung Preußens einzusetzen. In allen Ländern Mittel- und Westeuropas häuften sich schon in diesen Jahrzehnten die Anzeichen dafür, dass diese Inanspruchnahme des Christentums für die symbolische Ausgestaltung modernisierter Prozesse politischer Integration mit einem Verfallsdatum versehen war. Vor allem in den nationalen Armeen der allgemeinen Wehrpflicht erwuchs ein Konkurrent, der für die Nation der Männer künftig den entscheidenden Symbolhorizont und Erfahrungsraum abgeben konnte. Aus dieser Konstellation heraus ist die liberale Säkularisierungsthese als politisches Programm formuliert. Sie war eine Reaktion auf den Umstand, dass sich in der katastrophischen Umgestaltung gesellschaftlicher Strukturbildungsprozesse von Hierarchie auf Funktion Probleme und Anforderungen ergaben, die zwar nicht mehr in Religion, aber zunächst mit ihr gelöst werden konnten. Dem wollte der Liberalismus ein Ende setzen.

Inklusion

Die vormoderne Frömmigkeit hatte in allen Konfessionen öffentliche Gottesverehrung mit der Reproduktion der lokalen und familialen Sozialordnung auf enge Weise verflochten. Mess- und Abendmahlsfeiern, Kirchenzucht, Kirchenstuhlwesen, Prozessionen und Bruderschaften standen für diese Verbindung von sozialer Inklusion, sozialer Stratifikation und pfarrgemeindlich gestalteter Frömmigkeit. Die auch von den Kirchen seit den 1830er Jahren nicht mehr zu ignorierenden Erosionserscheinungen der Kirchlichkeit christlicher Gläubiger war Resultat eines Bruchs dieser Verbindung. Die Pfarrgemeinde wurde zu einem Problem der Kirchenorganisation. Das hatte mit Verstädterung, Arbeits- und Armutsmigration zu tun, aber auch damit, dass Prozesse sozialer Strukturbildung und damit auch der Inklusion sich von der lokalen auf die regionale, translokale und nach und nach auch globale Ebene verlagerten.[470] Frömmigkeit und Bekenntnis veränderten damit zwangsläufig ihre Bedeutung als Medien sozialer Inklusion und Exklusion. Weil die entstehenden Nationen sich durch Migration und im Gefolge der kriegerischen Umgestaltung der Herrschaftslandschaft Europas am Beginn des

19. Jahrhunderts zu plurikonfessionellen Gesellschaften ausbildeten, ließ sich die Verbindung von Toleranz und räumlicher Segregation, mit der der konfessionelle Territorialstaat konfessionelle Durchmischung noch hatte handhaben können, nicht mehr fortsetzen. Konfessionelle Pluralität verlangte in einer partizipativ gedachten Nation rechtsgleicher Individuen die Pluralität der Konfessionen im Sinne einer negativen Gleichheit. Aus konfessioneller Zugehörigkeit durften keine besonderen Vorteile der Inklusion erwachsen, sie durfte aber auch keine Exklusionsfolgen haben – insbesondere auf dem politischen Feld nicht. Das war bis zur Jahrhundertmitte nicht völlig verwirklicht, aber die Emanzipation der Katholiken im Vereinigten Königreich, die Auseinandersetzungen um Mischehen, um die Zivilehe, um ein konfessionelles Bildungswesen und schließlich die rechtliche Fassung des Bekenntnisses als Privatsache waren Stationen auf diesem Weg der europäischen Bürgergesellschaften, aus der Spaltung des Christentums in Konfessionen mit konkurrierenden, absoluten Wahrheitsansprüchen die Konsequenz zu ziehen. Man mutete den Konfessionen Pluralität zu, die das Bekenntnis als Medium sozialer Inklusion entwertete.

Die gewandelten sozialen Institutionalisierungen des Christentums hatten Folgen, die in die gleiche Richtung wiesen. Organisation wie soziale Bewegung verlassen sich bei ihren Mitgliedern und Anhängern nicht mehr auf ein Hineingeborenwerden, mit dem eine Korporation zufrieden sein kann. Sie müssen Mitgliedschaft als Entscheidung und fortgesetztes Engagement autonomer und verantwortlicher Individuen immer wieder inszenieren. Deswegen wurden kirchliche Aktivitäten und öffentliche Gottesverehrung jetzt mit Blick auf Beteiligungszahlen und die individuelle Frequenz solcher Akte der Gottesverehrung beobachtet. Deswegen wurde Frömmigkeit in Heiligen Jahren, Volksmissionen und spektakulären überregionalen Wallfahrten jetzt als Massenereignis inszeniert und in Medien dann noch einmal in dieser Massenhaftigkeit vorgestellt und multipliziert. Der Gläubige einer organisierten Glaubensgemeinschaft in der plurizentrischen Gesellschaft braucht Anlässe für Glaubensakte und Entscheidungen. Die Breven und Enzykliken gegen die Irrtümer der modernen Welt lieferten sie ebenso wie das Dogma von der Unbefleckten Empfängnis Mariens und das der päpstlichen Unfehlbarkeit. Dramatisierung von Mitgliedschaft und Engagement drängt zur Zuspitzung und zu fundamentalistischer Radikalität.

Der Privatisierung des Bekenntnisses entsprach die Individualisierung der öffentlichen wie der privaten Gottesverehrung im Sinne eines neuen Bezugs auf das Individuum. Die kirchliche Gottesverehrung gewann neue Attraktivität dort, wo sie dazu beitrug, die Spannungen und Probleme der Individualitätsbildung in der polykontextuellen Ordnung der funktional differenzierten Gesellschaft zu bearbeiten. Weil die Familiarisierung von Religion zunächst als Kompensation für verlorene Sicherheit, Einheit und Orientierung gedacht und so auch praktiziert wurde, äußerte sie sich in einer Aufwertung der Familie, die Hegel als das Modell der Gesellschaft und gleichzeitig als ihr Gegenteil beschrieb. Frömmigkeit wurde familienbezogen, wie an der Aufwertung der Kasualien und der neuen Begräbniskultur zu sehen war. Religion und Familie nahmen komplementäre argumentative Orte im Verlust- und Defiziensnarrativ ein, das die Moderne seit Rousseau und den Romantikern von sich erzählte. Beide Einrichtungen kamen aus einer älteren, versinkenden Welt und konnten daher als Reservate einer vormaligen Ordnung und damit als Refugien identifiziert werden: die Religion für die sinnliche Frau, die Familie für das in der Öffentlichkeit tätige männliche Individuum. Für den Mann bildete der bürgerliche Beruf das erste Medium sozialer Inklusion, die Familie wurde dann zum Gegenteil der Gesellschaft. Für die Frau, der es oblag, diesen Gegenort als ein Naturverhältnis zu gestalten, damit er auf der anderen Seite aus der Gesellschaft gestellt war, war Religion das Medium der Vergesellschaftung, die ihr aber allenfalls eine abhängige, mindere, randständige Position in der Sozialordnung sicherte. Bluntschli, einer der ersten Theoretiker des liberalen Säkularisierungsprogramms, machte in seinen »Psychologischen Studien« von 1844 den Staat zum Mann und die Kirche zum Weib. Das war eine angstbesetzte Reaktion auf den Umstand, dass die mit Urbanisierung und einsetzender Industrialisierung verbundenen tektonischen Verschiebungen im sozialen Gefüge Probleme entstehen ließen, mit deren Bearbeitung der liberale Staat samt seiner Gesellschaft sich überfordert wusste. Sie überließen sie den christlichen Kirchen und Gruppen, wo sie aus einem alteuropäischen Rollenverständnis heraus als Aufgaben der

Frau interpretiert wurden. Auf diese Weise entstand in den erziehenden, armenpflegenden und missionierenden Kongregationen und Vereinen in allen Konfessionen eine neue öffentliche Frömmigkeit, die Lebensentwürfe jenseits der bloßen Existenz als treusorgende Ehefrau möglich machten oder auch nur neue, öffentliche Räume erschlossen, die über die Häuslichkeit der Familie hinausführten. Der soziale Wandel hatte für Religion eine soziale Konstellation entstehen lassen, in der sie dazu beitrug, dass in der Welt des Patriarchats Risse auftraten. Deswegen war die Feminisierung des Christentums, die in erster Linie eine der Frömmigkeit und der Frömmigkeitsformen war und keine der kirchlichen Institutionen, von einem misogynen Diskurs der sexualisierten Verdächtigung der weiblichen Frömmigkeit und der zielgerichteten *culpabilisation* des weiblichen Gewissens begleitet. Michelets Pamphlet über den Priester und die Frau bildete das Gegenstück zu Bluntschlis Psychologie, und in der Mitte standen Männer der Kirche wie Bischof Wessenberg, der die Frömmigkeit der Frauen als Schwärmerei und heimliche Verliebtheit denunzierte. Der Beitrag des Christentums zur Ausformulierung des weiblichen Geschlechtscharakters, mit dem die Männerwelt auf eine nivellierende Anthropologie und soziale Veränderungen antwortete, war vergiftet.

Kommunikation und Sinnbildung

Das Christentum wurde im Verlauf der ersten Hälfte des 19. Jahrhunderts zu einem massenmedialen Phänomen. Zeitungen, Zeitschriften, Vereinsorgane, Andachts- und Gebetsbücher trugen dazu bei, dass religiöses Handeln und Erleben sich in massenmedialer Vermittlung vollzog. Medien multiplizierten religiöse Ereignisse, prägten und popularisierten Frömmigkeitspraktiken ebenso wie fromme Gefühlslagen und stellten Paradigmen religiösen Erlebens bis hin zu Visionen und Stigmatisierungen bereit. Es entstand auf diese Weise eine neue Sphäre öffentlicher Gottesverehrung jenseits des Kirchenbesuchs, die sich als eine von Massenmedien getragene soziale Wirklichkeit der Religion entfaltete. Religion vollzog sich gesellschaftlich in Medienereignissen. Damit wuchs die Wahrnehmbarkeit der Gottesverehrung in jeder Form, und auch die privateste Kommunikation mit der Transzendenz konnte noch zu einer Kommunikation im gesellschaftlichen Raum werden. Es hatte daher nichts Überraschendes, dass diese private Kommunikation mit der Transzendenz zu einem diskursiven Reflexionsraum und einem Archiv der Imaginationen wurde, in und mit dem über Kommunikation als einem Übertragungsphänomen in ganz allgemeiner Weise nachgedacht und mit ihr experimentiert wurde. Der Thierische Magnetismus setzte eine jenseitige Welt voraus, die die diesseitige der Körper wie ein imponderabiles Fluidum durchdrang, in ihr präsent und dem besonderen Sensorium von menschlichen Medien zugänglich war. Religiosität verwandelte sich daher seit dem ersten Drittel des 19. Jahrhunderts in Spiritualität.[471] Die Suche nach einem Organ, das diesen Sinn für die Transzendenz beherbergte, die Ärzte, Chirurgen und Psychologen, Philosophen und Theologen gemeinsam betrieben, muss aber auch als Reflex gelesen werden, den das Fehlen einer Theorie von Vergesellschaftungsprozessen ausgelöst hatte, die in der Lage gewesen wäre, die mediale Vermittlung des Sozialen und seine emergente Strukturierung jenseits der Kommunikation unter Anwesenden systematisch auszubuchstabieren. Was vorlag, war die Kombination von Arbeitsteilung und »unsichtbarer Hand« und die Dialektik des Absoluten Geistes, der die Welt den Imponderabilien gleich durchdrang. Wie wenig solche Theorieinstrumente taugten, um eine von Erfolgs- und Verbreitungsmedien gestaltete Welt verständlich zu machen, zeigte sich an der Unfähigkeit Hegels, sich die Ausbreitung absoluter Armut und die Existenz des Eigentum und Recht sichernden Staates gleichzeitig zu erklären.[472] Die Antwort von Karl Marx auf Adam Smith, der das Fluidum der »unsichtbaren Hand« durch die Imponderabilie des Mehrwerts ersetzte, führte theoretisch kaum weiter. Erst Gabriele Tarde ging am Ende des Jahrhunderts daran, eine Theorie der sich selbst hervorbringenden sozialen Ordnung zu entwerfen, die mit Medien rechnete und das Soziale und seine Strukturen im Kern aus der »Nachahmung« entstehen ließ. An welcher Theoriestelle hier genau gearbeitet wurde, zeigte sich, als Tarde die Wirkungsweise der Nachahmung unter Rückgriff auf Theorien der Hypnose als sozialen Somnambulismus charakterisierte.[473]

Dieser Konstellation verdankten sich aber nicht nur neue Sinnfigurationen des religiösen Handelns und Erlebens wie etwa die medienvermittelte Kontaktaufnahme mit der jenseitigen Welt der Verstorbenen. Sie veränderte die Semantik von Religion und den Begriff der Transzendenz gleicherweise. Mit der durch Hume und Kant verursachten Implosion des deistischen Ideenuniversums war Religion aus der Funktion entlassen, gesellschaftliche Ordnung und die Befolgung der Gesetze über Jenseitsfurcht sicherzustellen. Damit war die Religion der *Societas civilis* bereits vor deren rechtlicher Liquidation zu einem Ende gekommen. In Fremd- wie Selbstbeschreibungen wurden Religionen stattdessen zu Einrichtungen, in denen der Mensch als symbolisierungsfähiges Wesen sich und die Welt erschafft und es auf diese Weise dem Geist möglich wird, Selbst- und Fremdverhältnisse zu entwickeln. Hegel brachte das auf die Formel, dass die Reflexivität des Geistes sich in Religion auf sinnliche Weise vollzog, während er in der Philosophie den abstrakten Begriff dafür gebrauchte. Sein Opponent Schleiermacher schlug entsprechend vor, als Grund von Religion unter den Fähigkeiten des Menschen das Gefühl und nicht die Vernunft zu identifizieren. Nachfolgende Theologen realisierten, dass damit die Anschlussfähigkeit zwischen religiöser Sinnbildung und anderen Lebenssphären untergraben wurde, und plädierten dafür, dass alle Fakultäten des Menschen an der Hervorbringung von Religion beteiligt seien.

Die Semantik der Philosophen, aber zum Teil auch der Theologen, entwarf eine Religion, in der der Mensch sich selbst zu Gott machte und Gott aus der Unterscheidung des Geistes von sich selbst hervorging. Ihre Funktion war es jetzt, die Formierung von Individualität in der sozialen wie der psychischen *persona* auszugestalten und zu stabilisieren, die für die polykontextuelle Gesellschaft eines Vico, Mandeville oder auch Adam Smith tauglich war.

Die Transzendenz war nicht nur ins Diesseits gerückt, sie war in den Menschen selbst eingewandert.[474] Religion konnte jetzt als individuelle religiöse Sinnbildung ausbuchstabiert werden, die dann kommuniziert werden wollte, um sich dieses Erlebens zu vergewissern, wie Schleiermacher schrieb. In seiner Formulierung vom Sinn und Geschmack für das Unendliche war religiöse Sinnbildung als Bereitschaft und Fähigkeit charakterisiert, Ereignisse im Horizont des Unendlichen zu beobachten und ihnen aus dieser Perspektive einen Sinn zu geben, statt sie dem bloßen Zufall oder irdischer Kausalität zu überantworten. Feuerbach formulierte dann die naheliegende Anschlussfrage, unter welchen Umständen denn diese Reflexivität noch als Religion, d. h. als religiöse Sinnbildung vollzogen werden sollte und bei welchen Symbolkonfigurationen von Religion dies in pathologische Welt- und Selbstbilder führte. Seine Grabungen im Bilder- und Symbolarchiv des europäischen Christentums führten ihn zu dem Schluss, dass man den Sinn und Geschmack fürs Unendliche tunlichst gegen Sinn und Geschmack fürs gelebte Leben eintauschen sollte. Der Transzendenz war damit eine ernsthafte Konkurrenz erwachsen, so dass man die Differenz zwischen dieser Welt und einer anderen nur noch rhetorisch aufrechterhalten konnte oder sie auf andere Weise – beispielsweise über dionysische Rauschzustände – erst hervorbringen musste.[475] Das war eine Antwort auf die semantische Säkularisierung von Religion, die der des Katholizismus verwandt war. Religion ließ sich nur noch in performativen Akten hervorbringen, in denen eine Differenz zur laufenden Reproduktion der Welt, wie sie war, gesetzt wurde. Das legte Schelling in seiner Philosophie der Offenbarung wie in seiner Mythologie nahe, und auch der Protestant Noack suchte die Religionswissenschaft, wie er die Theologie bezeichnete, wieder als religiösen Akt zu präsentieren, in dem Beobachten und Operieren zusammenfallen. Er entwarf die historische Phänomenologie der Religion als eine Art von Signaturenlehre, die Sicherheit über die Identität des Christentums in allen Phasen seines Wandels geben sollte. Religion konnte Transzendenz nicht mehr voraussetzen. Zu ihrer Hauptaufgabe wurde es, sie in einer säkularen Welt stets wiederherzustellen.[476]

Säkularisierung beobachten

Eine historische Untersuchung, die Religion als besondere Form der Sinnbildung und der Kommunikation auffasst, wird also einrechnen müssen, dass die Anlässe und Ereignisse, in denen Sinnbildung und Kommunikation mit Bezug auf eine als Religion identifizierbare Unterscheidung – vorzugsweise Immanenz und Transzendenz – vor sich gehen, auch seltener werden können. Anders als beispielsweise die Ökonomie, die Politik oder auch das Recht ist Religion nur sehr begrenzt in der Lage, Ereignisse solcher Art zu generieren, in denen eine stringente Modellierung von Motivationsgrundlagen und der Ausschluss von Handlungsalternativen erfolgt. Die lange erfolgreichen Konzepte verloren an der Schwelle zur Moderne an Plausibilität. Die Prädestination vertrug sich ebenso wenig wie die Erbsünde mit den Imperativen moderner Individualität. Deren Konzept war darauf gerichtet, die Unwägbarkeiten des Lebens als ökonomisches, rechtliches oder dann auch als gesellschaftliches Verhältnis zu identifizieren. In ihr versammelte sich die gesamte Widersprüchlichkeit der modernen Lebensführung. Aber der tiefgreifende Transformationsprozess brachte auch neue Bezugsprobleme hervor, wie das Verhältnis von Mann und Frau, soziale Problemlagen, die Gestaltung des politischen Raumes und die globale Vielfalt der Religionen – und eben auch die Individualität –, die sich mit der Unterscheidung von Immanenz und Transzendenz in Sinn verwandeln und zum Gegenstand von Kommunikationen machen ließen, die als Religion zu identifizieren waren. Das war im Hinblick auf die Evolution des Christentums in seiner sozialen Gestalt vielleicht die wichtigste der beobachteten Veränderungen: Säkularisierung erhielt selbst eine neue Gestalt, weil die zentrale Unterscheidung religiöser Sinnbildung so sehr in Frage gestellt war, dass um die Mitte des 19. Jahrhunderts unklar wurde, wie man sie denn aufrechterhalten sollte. Zudem war das Christentum jetzt in noch nicht gekannter Weise darauf verwiesen, dass in der weiteren Evolution von Gesellschaft (nicht von Religion!) Problemlagen entstanden, die sich religiös bearbeiten ließen. Trotz erfolgreicher Anpassungsleistungen an den gesellschaftlichen Umbruch war das Christentum als Religion der Gesellschaft in eine neue Lage geraten. Das begründete strukturellen Konservativismus ebenso, wie es die Attraktivität fundamentalistischer Optionen erhöhte.

Die Konstellation war widersprüchlich. Religion wusste sich selbst in immer größerer Distanz zur Welt und wurde von außen in der gleichen Weise wahrgenommen. Das war eine der Folgen funktionaler Differenzierung. Gleichzeitig geriet sie – der damit wachsenden Polyzentrizität der Gesellschaft entsprechend – in ihrer eigenen Entwicklung in immer größere Abhängigkeit von der Evolution der Gesellschaft im Gesamten.

Die Identifikation von systemisch integrierten Handlungssphären setzt einen substantiellen Gesellschaftsbegriff fast zwingend voraus. Nur wenn man von ihm absieht, kann aus dem Blick geraten oder ignoriert werden, dass Funktionssysteme darauf spezialisiert sind, ihre Bezugsprobleme so zu lösen, dass die Folgeprobleme der Lösungen andernorts anfallen. Die kurrente öffentliche Semantik der Umwelt steht für diesen Zusammenhang. Mit funktionaler Differenzierung wächst die Integration von Gesellschaft (als Verbindung von Verschiedenem) gleichzeitig mit ihrer Komplexität (als Selektion der Anschlussfähigkeit zwischen den Elementen).

Welche Folgen diese Konstellation in der Moderne langfristig für Religion hatte und hat, kann hier nicht abschließend beurteilt werden. Es gibt empirisch valide Hinweise darauf, dass in allen reichen Ländern dieser Welt, in denen die Sozialordnung ausreichend Sicherheit und Planbarkeit des Lebens garantiert, praktizierte Religiosität zusammen mit der Orientierung an durch die jeweilige Religion motivierten Wertordnungen seit Jahrzehnten stetig abnimmt.[477] Das würde darauf hindeuten, dass diese Gesellschaften immer weniger Anlässe zur Verfügung stellen, in denen Menschen zwingende Gründe für religiöse Sinnbildung in den jeweils überkommenen sozialen Gestaltungen sehen. Den naheliegenden Schluss, dass es sich bei Religion möglicherweise nicht um ein universales, sondern um ein historisches Phänomen menschlicher Vergesellschaftung handelt, wird der Historiker nicht ziehen wollen. Er kann nicht wissen, auf welche Problemlagen – individuelle oder gesellschaftliche – künftig mit religiöser Sinnbildung reagiert wird, und auch nicht, in welchem Umfang beispielsweise das Christentum in der Lage sein wird, dies für die eigene Systembildung zu nutzen. Er wird auch nicht darüber spekulieren, zu welchen Ergebnissen es führen würde, wenn der Islam als Religion von sich modernisierenden Gesellschaften untersucht würde. Er kann aber zunächst festhalten: Säkularisierung wie die Religion der Gesellschaft gibt es. Man kann sie beobachten.

Anhang

Anmerkungen

1 Siehe dafür z. B.: Kurt Dietrich Schmidt, Ernst Wolf (Hg.), Die Kirche in ihrer Geschichte. Ein Handbuch, Bd. 1 ff., Göttingen 1961 ff.; Gerd Händler u. a., Kirchengeschichte in Einzeldarstellungen, Berlin 1990 ff.; Hubert Jedin (Hg.), Handbuch der Kirchengeschichte, Freiburg 1962 ff.; Jean-Marie Mayeur u. a. (Hg.), Die Geschichte des Christentums. Religion, Politik, Kultur, Freiburg/Br. u. a. 1991 ff. Der Plural »Christentümer« wird nachfolgend gelegentlich verwendet, weil die hier beobachteten Phänomene weder durch die Begriffe Kirche oder Denomination vollständig einzufangen sind.

2 Ausnahmen gibt es, wie z. B. Sheridan Gilley, Brian Stanley (Hg.), The Cambridge History of Christianity, Bd. 8. World Christianities, ca. 1815–1914, Cambridge 2006.

3 Etwa Kurt Nowak, Geschichte des Christentums in Deutschland. Religion, Politik und Gesellschaft vom Ende der Aufklärung bis zur Mitte des 20. Jahrhunderts, München 1995.

4 Hans-Ulrich Wehler, Deutsche Gesellschaftsgeschichte, Bd. 1. Vom Feudalismus des Alten Reiches bis zur defensiven Modernisierung der Reformära 1700–1815, München 1987. In den folgenden Bänden ändert sich daran nichts. Es wird hier ein ziemlich erstaunliches Missverständnis greifbar: Ausgerechnet die Soziologie Max Webers, die keinen Gesellschaftsbegriff kennt, wird zum methodologischen Paradigma einer Gesellschaftsgeschichte gemacht. Vgl. auch Thomas Nipperdey, Deutsche Geschichte 1815–1866, München 1983; René Rémond, Religion und Gesellschaft in Europa. Von 1789 bis zur Gegenwart, München 2000, löst ebenfalls nicht ein, was der Titel verspricht: Die Gesellschaft kommt nicht vor.

5 Max Müller, Chips from a German Workshop, Bd. 1. Essays on the Science of Religion (1867), New York 1972; Edward Burnett Taylor, Primitive Culture, Bd. 2. Religion in Primitive Culture (1871), New York 1958. Aktuellere Varianten: Fritz Stolz, Grundzüge der Religionswissenschaft, Göttingen 1985; Johann Figl (Hg.), Handbuch der Religionswissenschaft. Religionen und ihre zentralen Themen, Innsbruck u. a. 2003. Historiographische Adaptionen bei

Peter Dinzelbacher (Hg.), Handbuch der Religionsgeschichte im deutschsprachigen Raum, Bd. 5. 1750–1900, Paderborn 2007; Burkhard Gladigow, Religionswissenschaft als Kulturwissenschaft, Stuttgart 2005. Zur Geschichte einer vergleichend operierenden Religionswissenschaft: Eric J. Sharpe, Comparative Religion. A History, Eastbourne ^{2}1986.

6 Zur ersten Orientierung auf einem weiten Feld: Niklas Luhmann, Soziale Systeme. Grundriss einer allgemeinen Theorie, Frankfurt/M. 1984; ders., Die Gesellschaft der Gesellschaft, 2 Bde., Frankfurt/M. 1987; ders., Einführung in die Systemtheorie, Heidelberg 2002.

7 Peter Fuchs, Der Sinn der Beobachtung. Begriffliche Untersuchungen, Göttingen ^{2}2004; Bruno Latour, Gebt mir ein Laboratorium und ich werde die Welt aus den Angeln heben, in: Andréa Belliger, David J. Krieger (Hg.), ANThology. Ein einführendes Handbuch zur Akteur-Netzwerk-Theorie, Bielefeld 2006, S. 103–134. Leider verzichtet ANT darauf, das Konzept des Beobachtens zu theoretisieren.

8 Niklas Luhmann, Funktion der Religion, Frankfurt/M. 1977, S. 33–45; ders., Religion der Gesellschaft, Frankfurt/M. 2000, S. 7–52.

9 Zu Schleiermacher siehe die in Kapitel IV bei Anm. 137–142 gegebenen Nachweise. Zur »Anwesenheit Gottes«: Walter Mostert, Glaube – der christliche Begriff für Religion, in: Zeitschrift für Theologie und Kirche 95. 1998, S. 217–231.

10 Émile Durkheim, Die elementaren Formen des religiösen Lebens, Frankfurt/M. 1981. An dieser Stelle weiche ich von Luhmanns Vorschlag ab. Luhmann macht m. E. nicht deutlich genug, dass individuelle Sinnbildung kommuniziert werden muss. Allein der Hinweis auf die immer schon gesellschaftliche Form aller Sinnbildung scheint mir zu schwach zu sein. Ich halte es auch nicht für überzeugend, dass allein das Kontingenzproblem von Religion ausreicht, damit religiöse Sinnbildung auf gesellschaftlicher Ebene sich stabilisiert und Ausdifferenzierung anläuft. Das ist auch das Problem des Vorschlages von Detlef Pollack, Was ist Religion? Probleme der Definition, in: Zeitschrift für Religionswissenschaft 3. 1995, S. 163–190, bes. S. 183–187. Er kann nicht deutlich machen, weswegen und wie ein individuelles Problem ein gesellschaftliches werden soll.

11 Luhmann ignoriert diesen Punkt und identifiziert als Funktion von Religion lediglich, Lösungen für das Verständnis der Autopoiesis des Sinns und von Strukturen bereitzustellen. Das würde m. E. für strukturelle Ausdifferenzierung nicht ausreichen, sondern Religion im Bereich individueller Problemlagen belassen. Vgl. Attila K. Molnár, The Construction of the Notion of Religion in Early Modern Europe, in: Method and Theory in the Study of

Religion 14. 2000, S. 47–60; Jacques Derrida, Glaube und Wissen. Die beiden Quellen der »Religion« an den Grenzen der bloßen Vernunft, in: ders., Gianni Vattimo, Die Religion, Frankfurt/M. 2001, S. 9–106, hier S. 45–50. Religion und Politik lassen sich nicht trennen. Ebenso: Giorgio Agamben, Signatura rerum. Zur Methode, Frankfurt/M. 2009, S. 94.

12 Zu den Konsequenzen dieser Beobachtung für ein ethnologisches Konzept des »Glaubens« siehe Thomas G. Kirsch, Restaging the Will to Believe. Religion, Pluralism, Anti-Syncretism and the Problem of Believe, in: American Anthropologist 106. 2004, S. 699–709.

13 Dorothea Weltecke, »Der Narr spricht: Es ist kein Gott«. Atheismus, Unglauben und Glaubenszweifel vom 12. Jahrhundert bis zur Neuzeit, Frankfurt/M. 2010.

14 Beispielhaft dargestellt bei Reinhart Koselleck, Preußen zwischen Reform und Revolution. Allgemeines Landrecht, Verwaltung und soziale Bewegung von 1791 bis 1848, Stuttgart ^{2}1975; man könnte an dieser Stelle auch den zweiten und dritten Abschnitt der Grundlinien der Philosophie des Rechts von Georg Friedrich Wilhelm Hegel zitieren.

15 Etwa Alexis de Tocqueville, Der alte Staat und die Revolution (1856), München 1978, S. 14–17; Benjamin Constant, Politische Schriften. Werke in vier Bänden, Bd. 4, Berlin 1972, S. 9–244 (Grundprinzipien der Politik, die auf alle repräsentativen Regierungssysteme und insbesondere auf die gegenwärtige Verfassung Frankreichs angewandt werden können) – ein Text, der die soziale und politische Transformation samt ihren Untiefen luzide beschreibt.

16 Jean Goy, À Reims, Le Sacre des Rois de France, Reims 1980, S. 95; Elisabeth Kovács, Kirchliches Zeremoniell am Wiener Hof des 18. Jahrhunderts im Wandel von Mentalität und Gesellschaft, in: Mitteilungen des Österreichischen Staatsarchivs 32. 1979, S. 109–142, hier S. 126–134; John McManners, Church and Society in Eighteenth Century France, Bd. 1. The Clerical Establishment and its Social Ramifications, Oxford 1998; Jeffrey W. Merrick, The Desacralisation of the French Monarchy in the Eighteenth Century, Baton Rouge 1990, S. 49–77.

17 Otto Hintze, Epochen des evangelischen Kirchenregiments in Preußen, in: ders., Gesammelte Abhandlungen, Bd. 3, hg. v. Gerhard Oestreich, Göttingen ^{2}1967, S. 74; Kovács, Zeremoniell.

18 Hugo Rahner, Kirche und Staat im frühen Christentum, München 1961, bes. S. 205–280; Wolfgang Reinhard, Die lateinische Variante von Religion und ihre Bedeutung für die politische Kultur Europas. Ein Versuch in historischer Anthropologie, in: Saeculum 43. 1992, S. 231–255, hier S. 232–240;

ders., Geschichte der Staatsgewalt. Eine vergleichende Verfassungsgeschichte Europas von den Anfängen bis zur Gegenwart, München [2]2000, S. 259–262.

19 Ludwig Buisson, Potestas und Caritas. Die päpstliche Gewalt im Spätmittelalter, Köln 1958; Otto P. Clavadetscher, Die geistlichen Richter des Bistums Chur, Basel 1964; Hans E. Feine, Kirchliche Rechtsgeschichte, Bd. 1. Die katholische Kirche, Köln [5]1972, S. 201–205, 213–221, 299–354; Paul Hinschius, System des katholischen Kirchenrechts mit besonderer Rücksicht auf Deutschland, Berlin 1869, Bd. 1, S. 511–538, Bd. 2, S. 38–49, 269–277, 285–291; Hubert Jedin (Hg.), Handbuch der Kirchengeschichte, Bd. 1. Die katholische Kirche, Köln 1972; Gabriel Le Bras, Institutions Ecclésiastiques de la Chrétienté Médiévale, Paris 1964, S. 305–333, 365–376, 553–564; Wolfgang Reinhard, Die Verwaltung der Kirche, in: Kurt Jeserich u. a. (Hg.), Deutsche Verwaltungsgeschichte, Bd. 1. Vom Spätmittelalter bis zum Ende des Reiches, Stuttgart 1983, S. 145–151, 153–157; Albert Werminghoff, Verfassungsgeschichte der deutschen Kirche im Mittelalter, Leipzig [2]1913, S. 60–88; Alison Forrestal (Hg.), Politics and Religion in Early Bourbon France, Basingstoke 2009.

20 Walter Croce, Die niederen Weihen und ihre hierarchische Wertung. Eine geschichtliche Studie, in: Zeitschrift für katholische Theologie 70. 1948, S. 257–314; Hinschius, System, Bd. 1, S. 118–163; Albert Braun, Der Klerus des Bistums Konstanz im Ausgang des Mittelalters, Münster 1938; Feine, Rechtsgeschichte, S. 391–402; Wolfgang Reinhard, Die Kirche als Mobilitätskanal der frühneuzeitlichen Gesellschaft, in: Winfried Schulze (Hg.), Ständische Gesellschaft und soziale Mobilität, München 1988, S. 333–351; Aloys Schulte, Der Adel und die deutsche Kirche im Mittelalter. Studien zur Sozial-, Rechts- und Kirchengeschichte, Darmstadt [3]1958.

21 Hans-Jörg Budischin, Der gelehrte Zivilprozeß in der Praxis geistlicher Gerichte des 13. und 14. Jahrhunderts im deutschen Raum, Bonn 1974; Helmut Coing (Hg.), Handbuch der Quellen und Literatur der neueren europäischen Privatrechtsgeschichte, Bd. 1, München 1973, S. 365–382, 835–848; Feine, Rechtsgeschichte, S. 271–294, 433–441; Paul Flade, Das römische Inquisitionsverfahren in Deutschland bis zu den Hexenprozessen, Aalen 1972; Gérard Fransen, Les Décrétales et les Collections de Décrétales, in: Léopold Genicot (Hg.), Typologie des Sources du Moyen Âge Occidental, Bd. 2, Turnhout 1972; Hinschius, System, Bd. 4, S. 691–862; Reinhard, Verwaltung, S. 149–151; Achim Steins, Der ordentliche Zivilprozeß vor dem bischöflichen Offizial. Ein Beitrag zur Geschichte des gelehrten Prozesses in Deutschland im Spätmittelalter, in: ZRG 59. 1973, S. 191–262.

22 Albert Hauck, Kirchengeschichte Deutschlands, Bd. 5.1, Leipzig 1911, S. 132–142.

23 Wilhelm Kisky, Die Domkapitel der geistlichen Kurfürsten in ihrer persönlichen Zusammensetzung im 14. und 15. Jahrhundert, Weimar 1906; Michael Kißener, Ständemacht und Kirchenreform. Bischöfliche Wahlkapitulation im Nordwesten des Alten Reiches 1265–1803, München 1993, S. 17–144; Reinhard, Verwaltung, S. 165.

24 Daniel Dory u. a., La Construction Religieuse du Territoire, Paris 1995; Reinhard, Staatsgewalt, S. 262–269.

25 Monika Neugebauer-Wölk, Esoterik in der Frühen Neuzeit. Zum Paradigma der Religionsgeschichte zwischen Mittelalter und Moderne, in: ZhF 27. 2000, S. 321–364; Wilhelm Schmidt-Biggemann, Philosphia perennis. Historische Umrisse abendländischer Spiritualität in Antike, Mittelalter und Früher Neuzeit, Frankfurt/M. 1998; Rudolf Schlögl, Von der Weisheit zur Esoterik. Themen und Paradoxien im frühen Rosenkreuzerdiskurs, in: Monika Neugebauer-Wölk (Hg.), Aufklärung und Esoterik, Hamburg 1999, S. 53–86.

26 Ronnie Po-chia Hsia, Gegenreformation. Die Welt der katholischen Erneuerung 1540–1770, Frankfurt/M. 1998, S. 54–124; Kurt-Dietrich Schmidt, Die katholische Reform und die Gegenreformation, Göttingen 1975; Hubert Jedin (Hg.), Handbuch der Kirchengeschichte, Bd. 4, Freiburg 1967.

27 Hans-Jürgen Goertz, Die Täufer. Geschichte und Deutung, München 1980.

28 Marc Venard, Das Zeitalter der Vernunft, Freiburg/Br. u. a. 1998.

29 Walter Brandmüller, Handbuch der bayerischen Kirchengeschichte, Bd. 2. Von der Glaubensspaltung bis zur Säkularisierung, St. Ottilien 1993; Wolfgang Mager, Frankreich vom Ancien Régime zur Moderne. Wirtschafts-, Gesellschafts- und politische Institutionengeschichte 1630–1830, Stuttgart 1980, S. 89 f.; Paul Gagnol, La Dîme Ecclésiastique en France au XVIIIe Siècle, Genf 1974, S. 134–155; McManners, Church and Society, Bd. 1, S. 95–140; ders., French Ecclesiastical Society Under the Ancien Régime. A Study of Angers in the Eighteenth Century, Manchester 1960; Bernard Plongeron, La Vie Quotidienne du Clergé Français au XVIIIe Siècle, Paris 1974, S. 9; Armand Rébillon, La Situation Économique du Clergé à la Veille de la Révolution dans les Districts de Rennes, de Fougères et de Vitré, in: Georges Lefebvre u. a. (Hg.), La Révolution Française, Paris 1930, S. 328–330; Michel Lagrée, L' Histoire des Curés, Paris 2005, S. 155–260; William Callahan, The Spanish Church, in: ders., David Higgs (Hg.), Church and Society in Catholic Europe of the Eighteenth Century, Cambridge 1979, S. 34–50; Juan Sàez Marin, Datos Sobre la Iglesia Espanola Contemporànea 1768–1868, Madrid 1975;

Peter Hersche, Italien im Barockzeitalter 1600–1750. Eine Sozial- und Kulturgeschichte, Wien 1999, S. 121–123; Augusto Placanica, Cassa Sacra e Beni della Chiesa Nella Calabria del Settecento, Neapel 1970; Mario Rosa, The Italian Churches, in: Callahan, Higgs (Hg.), Church and Society in Catholic Europe, S. 66–76, 70–72; Anthony Armstrong, The Church of England. The Methodists and Society 1700–1850, London 1973, S. 9–13; Alan D. Gilbert, Religion and Society in Industrial England. Church, Chapel and Social Change 1740–1914, London 1976, S. 7 f.; John H. Overton, Frederic Relton, The English Church from the Accession of George I. to the End of the Eighteenth Century 1714–1800, New York 1968, S. 267–297; Norman Sykes, Church and State in England in the XVIIIth Century, Hamden 1962; Peter Virgin, The Church in an Age of Negligence. Ecclesiastical Structure and Problems of Church Reform 1700–1840, Cambridge 1989, S. 33–43.

30 Kurt Andermann, Geistliche Staaten am Ende des Alten Reiches, in: HZ 271. 2000, S. 593–619; Günther Lottes, Die Geistlichen Staaten und die Herrschaftskonkurrenz im Reich, in: Michael Weinzierl (Hg.), Individualisierung, Rationalisierung, Säkularisierung. Neue Wege der Religionsgeschichte, Wien 1997, S. 96–111; Heinrich L. Raab, Wiederaufbau und Verfassung der Reichskirche, in: Hubert Jedin (Hg.), Handbuch der Kirchengeschichte, Bd. 5. Die Kirche im Zeitalter des Absolutismus und der Aufklärung, Freiburg 1970; Karl Otmar v. Aretin, Das Alte Reich 1648–1806, Bd. 3. Das Reich und der österreichisch-preußische Dualismus, Stuttgart 1997, S. 237–299, 516–522.

31 Pierre Goubert, Daniel Roche, Les Français et l'Ancien Régime, Bd. 2, Paris 1984, S. 23–31; Ilja Mieck, Die Entstehung des modernen Frankreich 1450–1610. Strukturen, Institutionen, Entwicklungen, Stuttgart u. a. 1982, S. 213–218.

32 McManners, Church and Society, Bd. 1, S. 24; Dale van Kley, The Church, State, and the Ideological Origins of the French Revolution. The Debate over the General Assembly of the Gallican Clergy in 1765, in: Journal of Modern History 51. 1979, S. 629–666.

33 Pierre Blet, Le Clergé de France et la Monarchie. Études sur les Assemblées Génerales du Clergé de 1615 à 1666, 2 Bde., Rom 1959; McManners, Church and Society, Bd. 1, S. 27 f., 147–173; Gabriel Lepointe, L'Organisation et la Politique Financières du Clergé de France sous le Règne de Louis XV, Paris 1923.

34 William Callahan, Church, Politics, and Society in Spain, 1750–1874, Cambridge 1984, S. 315; José A. Escudero, Perfiles Juridicos de la Inquisicion Espanola, Madrid 1992.

35 Rosa, Italian Churches, S. 67–76, 70–72; Christoph Weber, Familienkanoni-

kate und Patronatsbistümer. Ein Beitrag zur Geschichte von Adel und Klerus im neuzeitlichen Italien, Berlin 1988; Hersche, Barockzeitalter, S. 121–123; Placanica, Cassa sacra, passim; Xenio Toscani, Il Clero Lombardo dall'Ancien Regime alla Restaurazione, Bologna 1979.

36 Armstrong, Church of England, S. 9–15; Gilbert, Religion and Society, S. 7 f.; William Gibson, Church, State, and Society 1760–1850, Basingstoke 1994; Gordon Rupp, Religion in England, 1688–1791, Oxford 1986; Virgin, Age of Negligence, S. 109–191.

37 Ulrich Lampert, Kirche und Staat in der Schweiz, Bd. 2, Basel 1938, S. 6–96; Rudolf Pfister, Kirchengeschichte der Schweiz, Bd. 2, Zürich 1974, S. 638–647; Paul Wernle, Der schweizerische Protestantismus im XVIII. Jahrhundert, Bd. 1, Tübingen 1923, S. 1–90, Bd. 2, S. 479–527; Jos Gabriels, Patrizier und Regenten. Städtische Eliten in den nördlichen Niederlanden, in: Heinz Schilling, Herman Diederiks (Hg.), Bürgerliche Eliten in den Niederlanden und in Nordwestdeutschland, Köln 1985, S. 37–64; Otto Jan de Jong, Nederlandse Kerkgeschiedenis, Nijkerk 1972, S. 201–214, 246–319; Heinz Schilling, Das Calvinistische Presbyterium in der Stadt Groningen während der Frühen Neuzeit und im ersten Viertel des 19. Jahrhunderts. Verfassung und Sozialprofil, in: Schilling, Diedericks (Hg.), Bürgerliche Eliten, S. 195–273; Heinz Schilling, Religion und Gesellschaft in der calvinistischen Republik der Vereinigten Niederlande – »Öffentlichkeitskirche« und Säkularisation. Ehe und Hebammenwesen. Presbyterien und politische Partizipation, in: Franz Petri (Hg.), Kirche und gesellschaftlicher Wandel in deutschen und niederländischen Städten der werdenden Neuzeit, Köln 1980, S. 195–250.

38 Erich Foerster, Die Entstehung der Preußischen Landeskirche unter der Regierung König Friedrich Wilhelms III. Ein Beitrag zur Geschichte der Kirchenbildung im deutschen Protestantismus, Bd. 1, Tübingen 1905, S. 44–82; Ludwig Richter, Geschichte der evangelischen Kirchenverfassung in Deutschland, ND Amsterdam 1970, S. 230–247; Hintze, Evangelisches Kirchenregiment, S. 56–96.

39 Richter, Kirchenverfassung, S. 208 f.; Georg Ris, Der »kirchliche Konstitutionalismus«. Hauptlinien der Verfassungsbildung in der evangelisch-lutherischen Kirche Deutschlands im 19. Jahrhundert, Tübingen 1988, S. 6–8. Zu Nettelbladt und Pfaff: Klaus Schlaich, Kollegialtheorie. Kirche, Recht und Staat in der Aufklärung, München 1969, S. 17–22, 65–132.

40 Foerster, Entstehung der Preußischen Landeskirche, Bd. 1, S. 73 f.; Frank Konersmann, Kirchenregiment und Kirchenzucht im frühneuzeitlichen Kleinstaat. Studien zu den herrschaftlichen und gesellschaftlichen Grund-

lagen des Kirchenregiments der Herzöge von Pfalz-Zweibrücken 1410–1793, Speyer 1996, S. 620–652; Richter, Kirchenverfassung, S. 219–225.

41 Niklas Luhmann, Funktionen und Folgen formaler Organisation, Berlin ^{3}1976, S. 23–54; Niklas Luhmann, Organisation und Entscheidung, Opladen 2000, S. 23–54, 80–122, 279–302; Renate Mayntz, Soziologie der Organisation, Hamburg 1967.

42 Joseph v. Sartori, Statistische Abhandlung über die Mängel in der Regierungsverfassung der geistlichen Wahlstaaten und von den Mitteln solchen abzuhelfen, Augsburg 1787.

43 Peter Hersche, Die Deutschen Domkapitel im 17. und 18. Jahrhundert. Vergleichende sozialgeschichtliche Untersuchungen, Bd. 2, Bern 1984, S. 13–16, 89 ff., 139 ff.; Stephan Kremer, Herkunft und Werdegang geistlicher Führungsschichten in den Reichsbistümern zwischen Westfälischem Frieden und Säkularisation. Fürstbischöfe, Weihbischöfe, Generalvikare, Freiburg 1992, S. 106–115, 392, 417; Rudolf Reinhard, Die hochadeligen Dynastien in der Reichskirche, in: Römische Quartalsschrift 83. 1988, S. 213–235.

44 Kremer, Herkunft, S. 139 ff., 211 ff.; Peter Schmidt, Das Collegium Germanicum in Rom und die Germaniker. Zur Funktion eines römischen Ausländerseminars 1552–1914, Tübingen 1984, S. 106–118, 162–170.

45 Weber, Familienkanonikate, S. 49–65, 117–147, 267–298.

46 McManners, Church and Society, Bd. 1, S. 208–262; Norman Ravitch, Sword and Mitre. Government and Episcopate in France and England in the Age of Aristocracy, Den Haag u. a. 1966; Michel C. Perronnet, Les Evêques de l'Ancienne France, 2. Bde., Lille 1977; Augustin Sicard, L'Ancien Clergé de France. Les Evêques avant la Révolution, Paris ^{5}1912.

47 Schilling, Das Calvinistische Presbyterium.

48 Rainer Beck, Der Pfarrer und das Dorf, in: Richard v. Dülmen (Hg.), Armut, Liebe, Ehre, Frankfurt/M. 1988, S. 107–143; Andreas Holzem, Religion und Lebensformen. Katholische Konfessionalisierung im Sendgericht des Fürstbistums Münster 1570–1800, Paderborn 2000, S. 198–203.

49 McManners, Church and Society, Bd. 1, S. 321–346; Dominique Julia, Le Clergé Paroissial dans les Diocèse de Reims à la Fin du XVIIIe Siècle, in: Revue d'Histoire Moderne et Contemporaire 13. 1966, S. 195–216; Lagrée, Curés, S. 252 f.

50 Brandmüller (Hg.), Glaubensspaltung bis Säkularisation, Bd. 2, St. Ottilien 1993; Werner Freitag, Pfarrer, Kirche und ländliche Gemeinschaft. Das Dechanat Vechta 1400–1803, Bielefeld 1998, S. 192–220; Holzem, Religion, S. 184–198.

51 Foerster, Entstehung der Preußischen Landeskirche, S. 75–78; Martin Hassel-

horn, Der altwürttembergische Pfarrstand im 18. Jahrhundert, Stuttgart 1958, S. 2–19; David Gugerli, Zwischen Pfrund und Predigt. Die protestantische Pfarrfamilie auf der Zürcher Landschaft im ausgehenden 18. Jahrhundert, Zürich 1988, S. 76 f., 123–134; Luise Schorn-Schütte, Evangelische Geistlichkeit in der Frühen Neuzeit. Deren Anteil an der Entfaltung frühmoderner Staatlichkeit und Gesellschaft. Dargestellt am Beispiel des Fürstentums Braunschweig-Wolfenbüttel, der Landgrafschaft Hessen-Kassel und der Stadt Braunschweig, Gütersloh 1996, S. 227–287.

52 Gugerli, Zwischen Pfrund und Predigt, S. 141–206; Hasselhorn, Pfarrstand, S. 24–35; Schorn-Schütte, Evangelische Geistlichkeit, S. 84–97; dies., Zwischen Amt und Beruf. Der Prediger als Wächter, ›Seelenhirt‹ oder Volkslehrer. Evangelische Geistlichkeit im Alten Reich und in der Eidgenossenschaft im 18. Jahrhundert, in: dies., Robert v. Friedeburg (Hg.), Evangelische Pfarrer. Zur sozialen und politischen Rolle einer bürgerlichen Gruppe in der deutschen Gesellschaft des 18. bis 20. Jahrhunderts, Stuttgart u. a. 1997, S. 1–35, hier 6–15; Malgorzata Grzywacz, Familia Dei. Studien zum Erscheinungsbild der deutschen evangelischen Geistlichkeit in ihren Selbstzeugnissen und der Literatur von der Reformation bis zur Gegenwart, Poznan 2002.

53 Gugerli, Zwischen Pfrund und Predigt, S. 44, 53, 185 f.

54 Gilbert, Religion and Society, S. 7; McManners, Church and Society, Bd. 1, S. 312–330; Hasselhorn, Pfarrstand, S. 84 f.; Hersche, Barockzeitalter, S. 116–121; Rosa, Italian Churches, S. 68 f.; Rudolf Schlögl, Glaube und Religion in der Säkularisierung. Die katholische Stadt – Köln, Aachen, Münster 1700–1840, München 1995, S. 155–168; Timothy Tackett, Priest and Parish in Eighteenth-Century France. A Social and Political Study of the Curés in a Diocese of Dauphiné 1750–1791, Princeton 1977, S. 41–71.

55 Peter Hersche, »Chiesa Ricettizia«. Ein Modell kommunaler Organisation von Kirche in Unteritalien, in: Heinrich R. Schmidt u. a. (Hg.), Gemeinde, Reformation und Widerstand, Tübingen 1998, S. 293–308.

56 Freitag, Dechanat Vechta, S. 97 f., 104–119, 193–201; Hintze, Evangelisches Kirchenregiment, S. 82 f.; Holzem, Religion, S. 185 f.; Konersmann, Kirchenregiment und Kirchenzucht.

57 Foerster, Entstehung der Preußischen Landeskirche.

58 Gilbert, Religion and Society, London 1976, S. 94–97; Vivianne Barrie, Die Anglikanische Kirche, in: Bernard Plongeron (Hg.), Aufklärung, Revolution, Restauration, Freiburg/Br. u. a. 2000, S. 44–54.

59 McManners, Church and Society, Bd. 1, S. 615 f.

60 McManners, Church and Society, Bd. 1, S. 571–614 mit der weiteren Litera-

tur zu einzelnen Orden: Pierre Chevallier, Loménie de Brienne et l'Ordre Monastique 1760–1789, Paris 1959; Suzanne Lemaire, La Comission des Réguliers, Paris 1926.

61 Dale van Kley, The Jansenists and the Expulsion of the Jesuits from France 1757–1765, New Haven 1975; Richard van Dülmen, Antijesuitismus und katholische Aufklärung in Deutschland, in: Historisches Jahrbuch der Görres-Gesellschaft 89. 1969, S. 52–80.

62 Eine Zusammenstellung der neueren und älteren Literatur bei: Harm Klueting (Hg.), Der Josephinismus. Ausgewählte Quellen zur Geschichte der theresianisch-josephinischen Reformen, Darmstadt 1995, S. XXIII–XLX; Bettina Braun (Hg.), Geistliche Fürsten und geistliche Staaten in der Spätphase des Alten Reiches, Epfendorf/Neckar 2008.

63 Peter Hersche, Der Spätjansenismus in Österreich, Wien 1977.

64 Adam Wandruszka, Leopold II. Erzherzog von Österreich, Großherzog von Toskana, König von Ungarn und Böhmen, Römischer Kaiser, Bd. 1–2, Wien u. a. 1965, bes. Bd. 2, S. 111–140; Charles A. Bolton, Church Reform in 18th Century Italy. The Synod of Pistoia 1786, Den Haag 1969; Joachim Bahlcke, Ungarischer Episkopat und österreichische Monarchie. Von einer Partnerschaft zur Konfrontation 1686–1790, Stuttgart 2005.

65 Aretin, Reich, Bd. 3, Stuttgart 1987, S. 237–297.

66 Edmund Burke, Betrachtungen über die Französische Revolution, Zürich 1986, S. 187–215.

67 Reinhard, Staatsgewalt, S. 406–440.

68 Jules Michelet, Geschichte der Französischen Revolution, Bd. 2, Frankfurt/M. 1988, S. 158 f.; Wilhelm Alff, Michelets Ideen, Genf 1966.

69 Alexis de Tocqueville, L'Ancien Régime et la Révolution, Paris 1967, S. 62–72; John Elster, Alexis de Tocqueville, The First Social Scientist, Cambridge 2009.

70 François-Alphonse Aulard, Le Culte de la Raison et le Culte de l'Être Suprême 1793–1794. Essai Historique, Paris 1892; Albert Mathiez, Les Origines des Cultes Révolutionnaires 1789–1792, Paris 1904.

71 Zum Verlauf: Nigel Aston, Religion and Revolution in France 1780–1804, S. 103–139; Jean Lefton, La Crise Révolutionnaire 1789–1856, Paris 1949, S. 37–56.

72 André Latreille, L'Eglise Catholique et la Révolution Française, 2 Bde., Paris 1946 ff., Bd. 1, S. 87–104.

73 Timothy Tackett, Religion, Revolution, and Regional Culture in Eighteenth-Century France. The Ecclesiastical Oath of 1791, Princeton 1986.

74 Michel Vovelle, Religion et Révolution. La Déchristianisation de l'An II.,

Paris 1976; ders., Die andere Entchristianisierung, in: Hans Ulrich Gumbrecht u. a. (Hg.), Sozialgeschichte der Aufklärung, Teil II, München 1981, S. 201–228; Horst Gebhard, Liberté, Egalité, Brutalité. Gewaltgeschichte der Französischen Revolution, Augsburg 2011; Greame Fife, The Terror. The Scadow of the Guillotine. France 1792–1794, New York 2006.

75 François de Capitani, Schweizerische Stadtfeste als bürgerliche Selbstdarstellung, in: Bernhard Kirchgässner, Hans-Peter Becht (Hg.), Stadt und Repräsentation, Sigmaringen 1995, S. 115–126.

76 Mona Ozouf, La Fête Révolutionnaire 1789–1799, Paris 1976, S. 44–74.

77 Martin Papenheim, Erinnerung und Unsterblichkeit. Semantische Studien zum Totenkult in Frankreich 1715–1794, Stuttgart 1992, S. 213–238; das Zitat bei: Rolf Reichardt, Das Blut der Freiheit. Französische Revolution und demokratische Kultur, Frankfurt/M. 1998, S. 245 f.

78 Michael Meinzer, Der französische Revolutionskalender 1792–1805. Planung, Durchführung und Scheitern einer politischen Zeitrechnung, München 1992; Hans Maier, Über revolutionäre Feste und Zeitrechnungen, in: ders., Eberhard Schmidt (Hg.), Wie eine Revolution entsteht. Die Französische Revolution als Kommunikationsereignis, Paderborn u. a. 1988, S. 99–117.

79 Aulard, Le Culte de la Raison, S. 52–67.

80 Aulard, Le Culte de la Raison, S. 215.

81 Aulard, Le Culte de la Raison, S. 267–278, 307–322.

82 Arturo C. Jemolo, Chiesa e Stato in Italia dalla Unificazione a Giovanni XXIII., Turin 1965; Pietro Scoppola, Chiesa e Stato Nella Storia d'Italia. Storia Documentaria dall'Unità alla Republica, Bari 1967.

83 Callahan, Church, S. 73–209; zu den Anfängen der Säkularisationspolitik siehe auch: Peer Schmidt, Die Privatisierung des Besitzes der toten Hand in Spanien. Die Säkularisation unter König Karl IV. in Andalusien 1798–1808, Stuttgart 1990.

84 Aretin, Reich, Bd. 3; Heribert Raab, Der Untergang der Reichskirche in der großen Säkularisation, in: Jedin (Hg.), Handbuch der Kirchengeschichte, Bd. 5, S. 533–554; der Text bei Ernst R. Huber, Wolfgang Huber (Hg.), Staat und Kirche im 19. und 20. Jahrhundert, Bd. 1. Staat und Kirche vom Ausgang des alten Reichs bis zum Vorabend der bürgerlichen Revolution, Berlin 1973, S. 18.

85 Hans Müller, Säkularisation und Öffentlichkeit am Beispiel Westfalen, Münster 1971; Andreas Holzem, Säkularisation in Oberschwaben. Ein problemgeschichtlicher Aufriss, in: Peter Blickle, Rudolf Schlögl (Hg.), Die Säkularisation im Prozeß der Säkularisierung Europas, Epfendorf 2005, S. 261–299.

86 Owen Chadwick, The Victorian Church, Bd. 1. 1829–1859, London 1970, S. 24–33.

87 William R. Ward, The Tithe Question in England in the Early Nineteenth Century, in: Journal of Ecclesiastical History 16. 1965, S. 67–81.

88 William Ward, Religion and Society in England 1790–1850, London 1972, S. 8–15; Armstrong, Church of England, S. 167–172; Virgin, Age of Negligence, S. 160–180; Geoffrey F. Best, Temporal Pillars. Queen Anne's Bounty, the Ecclesiastical Commissionars, and the Church of England, Cambridge 1964, S. 239–345.

89 Chadwick, Victorian Church, Bd. 1, S. 101–140.

90 René Pahut, Art. »Religionsfreiheit«, in: Theologische Realenzyklopädie (TRE), Bd. 28. 1967, S. 565–574; Étienne François, Die unsichtbare Grenze. Protestanten und Katholiken in Augsburg 1648–1806, Sigmaringen 1991, S. 190–244; Jan Hunter, The Secularisation of the Confessional State. The Political Thought of Christian Thomasius, Cambridge u. a. 2007.

91 Günther Birtsch, Religions- und Gewissensfreiheit in Preußen von 1780 bis 1817, in: ZhF 11. 1984, S. 177–204; Fritz Valjavec, Das Woellnersche Religionsedikt und seine geschichtliche Bedeutung, in: ders., Ausgewählte Aufsätze, hg. v. Karl A. Fischer, Mathias Bernath, München 1963, S. 294–306; vgl. allgemein Adolf Keller, Church and State on the European Continent. The Social Service Lecture 1936, London 1936, S. 151–268.

92 Oskar Sakrausky, Historische Beschreibung was sich anlässlich des Toleranzpatents in Arriach zugetragen hat, in: Jahrbuch für die Geschichte des Protestantismus in Österreich, 102/03. 1986/87, S. 3–91.

93 Jan Assmann, Die Mosaische Unterscheidung oder der Preis des Monotheismus, München 2003, bes. S. 28–38.

94 Matthias J. Fritsch, Religiöse Toleranz im Zeitalter der Aufklärung. Naturrechtliche Begründung – konfessionelle Differenzen, Hamburg 2004, S. 233–358.

95 Jean-Jacques Rousseau, Briefe vom Berge, in: ders., Schriften, hg. v. Henning Ritter, Bd. 2, München 1978, S. 7–253, bes. S. 120 ff.; ders., Gesellschaftsvertrag oder Grundsätze des Staatsrechts, hg. v. Hans Brockard, Stuttgart 1979, S. 153 (IV, 8).

96 Joseph v. Görres, Athanasius. Gesammelte Schriften, hg. v. Wilhelm Schellenberg, Heribert Raab, Bd. 18, Paderborn 1998, S. 97.

97 Die entsprechenden Quellen bei: Ernst Walder, Staat und Kirche in Frankreich, Bd. 2. Vom Kultus der Vernunft zur napoleonischen Staatskirche, Bern 1953; Michael Erbe, Vom Konsulat zum Empire Libéral. Ausgewählte Texte zur französischen Verfassungsgeschichte 1799–1870, Darmstadt 1985.

98 Vgl. oben Anmerkung 68 und 69.

99 Eduard His, Geschichte des neueren schweizerischen Staatsrechts, Bd. 2. Die Zeit der Restauration und der Regeneration 1814 bis 1848, Basel 1929, S. 590 f.; Pfister, Kirchengeschichte der Schweiz, Bd. 3, S. 251–260. Christina M. Schmid-Tschirren, Von der Säkularisation zur Separation. Der Umgang des Staates mit den Kirchengütern in den evangelisch-reformierten und paritätischen Kantonen der Schweiz im 19. Jahrhundert, Zürich 2011.

100 Görres, Athanasius, S. 21; Alois Simon, Le Cardinal Sterckx et son Temps 1792–1867, Bde. 1–2, Wetteren 1950; Willem F. Bakker u. a., De Afscheiding van 1834 en Haar Geschiedenis, Kampen 1984.

101 Vgl. oben Anmerkung 72–75; zur Emanzipation der Katholiken: Chadwick, Victorian Church, Bd. 1, S. 7–24.

102 Die Quellen bei: Ernst R. Huber (Hg.), Deutsche Verfassungsgeschichte seit 1789, Bd. 1. Reform und Restauration 1789 bis 1830, Stuttgart 1957, S. 387–472, auch noch zum Folgenden. Zu Bayern: Heinz Gollwitzer, Ludwig I. Königtum im Vormärz. Eine politische Biographie, München 1986, S. 513–537, 668–688.

103 Heinrich Schrörs, Die Kölner Wirren 1837. Studien zu ihrer Geschichte, Berlin 1927; Rudolf Lill, Die Beilegung der Kölner Wirren 1840–1842. Vorwiegend nach Akten des Vatikanischen Geheimarchivs, Düsseldorf 1962.

104 Johann F. Goeters, Joachim Rogge (Hg.), Die Geschichte der Evangelischen Kirche der Union, Bd. 1. Die Anfänge der Union unter landesherrlichem Kirchenregiment 1817–1850, Leipzig 1992, bes. S. 134–158, 220–256, 317–330; Foerster, Entstehung der Preußischen Landeskirche, Bd. 2, Tübingen 1907, S. 93–210.

105 Friederich v. Hardenberg (Novalis), Die Christenheit oder Europa, in: Werke, hg. v. Hans J. Mähl, Richard Samuel, Bd. 2, München 1978, S. 732–750; François-René de Chateaubriand, Essais sur les Révolutions. Génie du Christianisme, Paris 1978, S. 459 f.

106 Friedrich J. Stahl, Das monarchische Prinzip. Eine staatsrechtlich-politische Abhandlung, Heidelberg 1845; Monika Wienfort, Monarchie in der bürgerlichen Gesellschaft. Deutschland und England von 1640 bis 1848, Göttingen 1993, S. 194 ff.

107 Rudolf Schlögl, Kommunikation und Vergesellschaftung unter Anwesenden. Formen des Sozialen und ihre Transformation in der Frühen Neuzeit, in: Geschichte und Gesellschaft 34. 2008, S. 155–224.

108 Ohne diesen Begriff beschrieben für esoterische Bünde und politische Verbindungen von Ernst Mannheim, Aufklärung und öffentliche Meinung.

Studien zur Soziologie der Öffentlichkeit im 18. Jahrhundert, Stuttgart 1979, S. 35–48.

109 Jörn Leonhard, Liberalismus. Zur historischen Semantik eines europäischen Deutungsmusters, München 2001.

110 William R. Gladstone, The State in its Relations with the Church, Bd. 1, London 1969, S. 93.

111 Joseph v. Radowitz, Ausgewählte politische Schriften, hg. v. Wilhelm Corvinus, Bd. 1, Regensburg o. J.; Friedrich J. Stahl, Der christliche Staat und sein Verhältnis zu Deismus und Judentum. Eine durch die Verhandlungen des Vereinigten Landtags hervorgerufene Abhandlung, Berlin 1858; Ernst Ludwig v. Gerlach, Aufzeichnungen aus seinem Leben und Wirken 1797–1877, hg. v. Jakob v. Gerlach, Bd. 1. 1795–1840, Schwerin 1903.

112 Carl L. v. Haller, Restauration der Staatswissenschaft oder Theorie des natürlich-geselligen Zustandes, der Chimäre des künstlich-bürgerlichen entgegengesetzt, Bde. 1–6, Winterthur 1820–1834 (ND 1964), hier Bd. 1, S. 90 ff.; Louis de Bonald, Législation Primitive Considerée par la Raison, Paris 1847, S. 130, 160–165, 170–173; Juan D. Cortés, Der Staat Gottes. Eine katholische Geschichtsphilosophie, hg. v. Ludwig Fischer, Darmstadt 1966, S. 43.

113 Gladstone, The State, Bd. 1, S. 74; Samuel T. Coleridge, On the Constitution of the Church and State. The Collected Works, Bd. 10, London 1976, S. 18–28; vgl. Panajotis Kondylis, Konservativismus. Geschichtlicher Gehalt und Untergang, Stuttgart 1986, S. 323–352; Ian Crowe, Patriotism and Public Spirit. Edmund Burke and the Role of the Critic in Mid-Eighteenth-Century Britain, Stanford 2012.

114 Burke, Französische Revolution, S. 345–347.

115 Haller, Restauration, Bd. 3, S. 90 ff., Bd. 4, S. 3 ff., Bd. 6, S. VII–XIII; Cortés, Staat Gottes, S. 43–47.

116 Burke, Französische Revolution, S. 336–339.

117 Adam Müller, Elemente der Staatskunst, Berlin 1948, S. 398–401; de Bonald, Législation Primitive, S. 309; Radowitz, Schriften, S. 140; vgl. Ethel Matala de Mazza, Der verfasste Körper. Zum Projekt einer organischen Gemeinschaft in der politischen Romantik, Freiburg/Br. 1999, S. 265–302.

118 Joseph de Maistre, Considérations sur la France. Suivie de: Essai sur la Principe Générateur des Constitutions Politiques et des Autres Institutions Humaines, Paris 1814, S. 211–240; Novalis, Christenheit, S. 732 f., 737; Friedrich v. Gentz, Briefe und vertraute Blätter, hg. v. Gustav Schlesier, Bd. 3, Mannheim 1838, S. 210; de Bonald, Législation Primitive, S. 185; Albrecht Koschorke, Körperströme und Schriftverkehr. Mediologie des 18. Jahrhunderts, München 1999.

119 De Bonald, Législation Primitive, S. 130; Cortés, Staat Gottes, S. 50; Chateaubriand, Génie, S. 1077–1089; Christiane Liermann, Rosminis politische Philosophie der zivilen Gesellschaft, Paderborn u. a. 2004, S. 398 f.

120 Chateaubriand, Génie, S. 1089; Haller, Restauration, Bd. 3, S. 77–99, Bd. 4, S. 370 f.

121 Görres, Athanasius, S. 72, 98.

122 Gladstone, Church and State, S. 63, 89–105.

123 Coleridge, Church and State, S. 45–75.

124 Coleridge, Church and State, S. 44–46; Gladstone, Church and State, S. 105.

125 Johann Gottfried Fichte, Reden an die deutsche Nation, hg. v. Reinhard Lanth, Hamburg 1978, S. 45 f.; Georg Friedrich Wilhelm Hegel, Grundlinien der Philosophie des Rechts. Hauptwerke in sechs Bänden, Bd. 5, Hamburg 1999, S. 220–229.

126 Stahl, Monarchisches Prinzip; ders., Christlicher Staat, S. 12; ders., Der Protestantismus als politisches Prinzip, Berlin 1853, S. 32–35.

127 Wienfort, Monarchie, S. 177; Franz v. Baader, Gesellschaftslehre, hg. v. Hans Grassl, München 1957, S. 74–85, 139.

128 Claude-Henri de Saint-Simon, Nouveau Christianisme. Dialogues entre un Conservateur et un Novateur. Œvres, Bd. 23, Paris 1825, S. 117, 175.

129 Joseph de Maistre, Du Pape. Édition Critique avec une Introduction par Jacques Lovie et Joannès Chetail, Genf 1966, S. 27–43, 129–137.

130 Carl Schmitt, Römischer Katholizismus und politische Form, Stuttgart 1984.

131 Otto Dibelius, Friedrich Wilhelms IV. und die Idee des christlichen Staates, in: Die Furche 22. 1936, S. 40–48; Gerlach, Aufzeichnungen, Bd. 1; Stahl, Monarchisches Prinzip; ders., Protestantismus; Wilhelm Füßl, Professor in der Politik: Friedrich Julius Stahl 1802–1861. Das Monarchische Prinzip und seine Umsetzung in die parlamentarische Praxis, Göttingen 1988, S. 31–50.

132 Zwei Aufsätze König Friedrich Wilhelms IV., in: Gerlach, Aufzeichnungen, Bd. 2, S. 445–510; David E. Barclay, Anarchie und guter Wille. Friedrich Wilhelm IV. und die preußische Monarchie, Berlin 1995, S. 50–60, 90–94, 128–136; Joachim Mehlhausen, Friedrich Wilhelm IV. Ein Laientheologe auf dem preußischen Königsthron, in: Henning Schroer, Gerhard Müller (Hg.), Vom Amt des Laien in Kirche und Theologie, Berlin u. a. 1983, S. 185–213; Frank-Lothar Kroll, Friedrich Wilhelm IV. und das Staatsdenken der deutschen Romantik, Berlin 1990.

133 Coleridge, Church and State, S. 102–109, 138 f.

134 Siehe Anm. 132.

135 Novalis, Christenheit, S. 750; Fichte, Reden, S. 101 ff., 177; Saint-Simon, Nouveau Christianisme, S. 182.

136 Jean-Jacques Rousseau, Gesellschaftsvertrag oder Grundsätze des Staatsrechts, in: ders., Sozialphilosophische und politische Schriften, Zürich 1989, S. 380–391, 554–556 (Entwurf einer Verfassung für Korsika).

137 Hierzu und zu den folgenden zwei Abschnitten der institutionengeschichtliche Überblick bei Martin Kirsch, Monarch und Parlament im 19. Jahrhundert. Der monarchische Konstitutionalismus als europäischer Verfassungstyp. Frankreich im Vergleich, Göttingen 1999.

138 Zur Presse und Zensur in den vorstehenden zwei Abschnitten siehe: Arthur Aspinall, Politics and the Press 1780–1850, Brighton 1973, bes. S. 198–269 und 367–384; Hugh A. Collingham, Robert S. Alexander, The July Monarchy. A Political History of France 1830–1844, London 1988, S. 169–315; Hanley Wayne, The Genesis of the Napoleonic Propaganda 1796–1799, New York 2005; Irene Collins, The Government and the Newspaper in France 1814–1881, Oxford 1959, S. 4–65; zeitgenössisch: Henry Readhead York, Paris et la France sous le Consulat. Les Homes, les Institutions, les Mœurs. Traduit de l'Anglais d'après l'Education Originale de 1804, Paris 1921, S. 315–327.

139 Georg III.: Linda Colley, The Apotheosis of George III. Loyalty, Royalty and the British Nation 1760–1820, in: Past and Present 102. 1984, S. 94–129; Grayson M. Ditchfield, George III. An Essay in Monarchy, Basingstoke u. a. 2002; Ludwig XVIII.: Sheryl Kroen, Politics and Theatre. The Crises of Legitimacy in Restoration France, 1815–1830, Berkeley u. a. 2000, bes. S. 39–75; Natalie Scholz, Die imaginierte Restauration. Repräsentationen der Monarchie im Frankreich Ludwigs XVIII., Darmstadt 2006; Natalie Scholz, Christina Schröer (Hg.), Représentation et Pouvoir. La Politique Symbolique en France 1789–1830, Rennes 2007, bes. S. 159 ff. (troisième partie); zu den Nachfolgestaaten des Reiches im Deutschen Bund der Überblick bei: Hans-Ulrich Wehler, Deutsche Gesellschaftsgeschichte. Bd. 2. Von der Reformation bis zur industriellen und politischen »Deutschen Doppelrevolution« 1815–1845/49, München ^{2}1989, S. 297–322 – mit weiterer Literatur.

140 Zur Semantik der Nation siehe: Bernd Schönemann, Art. »Volk, Nation«, in: Geschichtliche Grundbegriffe, hg. v. Otto Brunner u. a., Bd. 7, Stuttgart 1992, S. 281–335; das Konzept: Niklas Luhmann, Die Politik der Gesellschaft, Frankfurt/M. 2000, S. 210–222; Albrecht Koschorke u. a., Der fiktive Staat. Konstruktionen des politischen Körpers in der Geschichte Europas, Frankfurt/M. 2007, S. 258–267; Saskia Sassen, Territory, Authority, Rights. From Medieval to Global Assemblages, Princeton u. a. 2006, S. 96–140.

141 Claude Lefort, Fortdauer des Theologisch-Politischen, Wien 1999; Uwe Hebekus u. a. (Hg.), Das Politische. Figurenlehre des sozialen Körpers nach der Romantik, München 2003.

142 Dazu gibt es bislang kaum mehr als ungesicherte Hypothesen in der Forschung. Vgl. René Rémond, Religion und Gesellschaft in Europa. Von 1789 bis zur Gegenwart, München 2000, S. 147–168; Jörg Echterkamp, »Religiöses Nationalgefühl« oder »Frömmelei der Deutschtümler«? Religion, Nation und Politik im Frühnationalismus, in: Heinz-Gerhard Haupt, Dieter Langewiesche (Hg.), Nation und Religion in der deutschen Geschichte, Frankfurt/M. 2001, S. 142–169; George C. Mosse, Die Nationalisierung der Massen. Von den Befreiungskriegen bis zum Dritten Reich, Frankfurt/M. 1976, bes. S. 28 f.

143 Johannes Willms, Napoleon. Eine Biographie, München 2005, S. 319 f.; Catéchisme à l'Usage de Toutes les Églises de l'Empire Français, Paris 1806, S. 58.

144 José Cabanis, Le Sacre de Napoleon. 2 Décembre 1804, Paris 1970, S. 193–213; Willms, Napoleon, S. 383–398.

145 Scholz, Imaginierte Restauration, S. 58–71.

146 José Cabanis, Charles X. Roi Ultra, Paris 1972; Françoise Waquet, Les Fêtes Royals sous la Restauration ou l'Ancien Régime Retrouvé, Genf 1981, S. 109–116.

147 Bernd Sösemann, Preußische Königsjubiläen als Ritual der Kommunikation. Dignitätspolitik in höfischer und öffentlicher Inszenierung von 1701 bis 1901, in: Patrick Bahners, Gerd Roellecke (Hg.), Preußische Stile. Ein Staat als Kunststück, Stuttgart u. a. 2001, S. 114–124; Matthias Schwengelbeck, Monarchische Herrschaftsrepräsentationen zwischen Konsens und Konflikt. Zum Wandel des Huldigungs- und Inthronisationszeremoniells im 19. Jahrhundert, in: Jan Andres u. a. (Hg.), Die Sinnlichkeit der Macht. Herrschaft und Repräsentation seit der Frühen Neuzeit, Frankfurt/M. u. a. 2005, S. 123–162.

148 Werner K. Blessing, Staat und Kirche in der Gesellschaft. Institutionelle Autorität und mentaler Wandel in Bayern während des 19. Jahrhunderts, Göttingen 1982, S. 70; Hubertus Büschel, Untertanenliebe. Der Kult um deutsche Monarchen 1770–1830, Göttingen 2006, S. 50 f., 241–292; Linda Colley, Britons. Forging the Nation 1707–1837, New Haven u. a. 1992, S. 217–232; dies., George III.; David E. Barclay, Ritual, Ceremonial and the »Invention« of a Monarchical Tradition in Nineteenth-Century Prussia, in: Heinz Duchhardt u. a. (Hg.), European Monarchy. Its Evolution and Practice from Roman Antiquity to Modern Times. Stuttgart 1992, S. 207–220.

149 Waquet, Fêtes Royals, S. 55–62; Scholz, Imaginierte Restauration, S. 39–58.

150 Cabanis, Charles X., S. 261–284, 317–328.

151 Thomas Stamm-Kuhlmann, König in Preußens großer Zeit. Friedrich Wilhelm III., der Melancholiker auf dem Thron, Berlin 1992, S. 356 f., 478–486; Geheimes Staatsarchiv Preußischer Kulturbesitz, Berlin X Rep. 40–1497 und Evangelisches Zentralarchiv Berlin 7/2555.

152 Gerlach, Aufzeichnungen, Bd. 1, S. 247; Arno Schmidt, Fouqué und einige seiner Zeitgenossen, Zürich 1987, Buch V, S. 303 f., Buch VI, S. 421 ff.; Kroll, Friedrich Wilhelm IV., S. 22–28.

153 Ditchfield, George III., S. 77–104; Clarissa Campell Orr, The Hanoverian Court and the Christian Enlightenment, in: Michael Schaich (Hg.), Monarchy and Religion. The Transformation of Royal Culture in Eighteenth-Century Europe, Oxford 2007, S. 317–342.

154 Waquet, Fêtes Royals, S. 68–70.

155 Hierzu und zu den folgenden Abschnitten: Scholz, Imaginierte Restauration, S. 170–211; David Skuy, Assassination, Politics and Miracles. France and the Royalist Reaction of 1820, London u. a. 2003, S. 144–172.

156 Michael Schaich, The Funerals of the British Monarchy, in: ders. (Hg.), Monarchy and Religion, S. 421–450; John Wolffe, Great Deaths. Grieving, Religion and Nationhood in Victorian and Edwardian Britain, Oxford u. a. 2000, S. 15–22; Michael Schaich (Hg.), Monarchy and Religion.

157 Skuy, Assassination, S. 155.

158 Skuy, Assassination, S. 230–232; Bettina Frederking, Auf der Suche nach dem »wahren« Frankreich: Das Attentat auf den Duc de Berry am 13. Februar 1820, in: Michael Einfalt u. a. (Hg.), Konstrukte nationaler Identität. Deutschland, Frankreich und Großbritannien (19. und 20. Jahrhundert), Würzburg 2002, S. 35–57.

159 v. Hardenberg, Werke, Bd. 2, S. 287–304.

160 Clemens Brentano, Werke, hg. v. Wolfgang Frühwald u. a., Bd. 1, Darmstadt 1968, S. 204–217; Wulf Wülfing, Die heilige Luise von Preußen. Zur Mythisierung einer Figur der Geschichte in der deutschen Literatur des 19. Jahrhunderts, in: Jürgen Link, Wulf Wülfing (Hg.), Bewegung und Stillstand in Metaphern und Mythen. Fallstudien zum Verhältnis von elementarem Wissen und Literatur im 19. Jahrhundert, Stuttgart 1984, S. 233–258.

161 Kathrin Hoffmann-Curtius, Altäre des Vaterlandes. Kultstätten nationaler Gemeinschaft in Deutschland seit der Französischen Revolution, in: Anzeiger des Germanischen Nationalmuseums und Berichte aus dem Forschungsinstitut für Realienkunde, Nürnberg 1989, S. 283–307, hier S. 286–289.

162 Hoffmann-Curtius, Altäre des Vaterlandes, S. 290–307; Hubertus Büschel,

Vor dem Altar des Vaterlandes – Verfahren ritueller Sakralisierung von Monarch und Staat zu Beginn des 19. Jahrhunderts, in: Florian Steger (Hg.), Kultur, ein Netz von Bedeutungen. Analysen zur symbolischen Kulturanthropologie, Würzburg 2002, S. 161–183.

163 Wichmann v. Meding, Das Wartburgfest im Rahmen des Reformationsjubiläums 1817, in: Zeitschrift für Kirchengeschichte 97. 1987, S. 205–235.

164 Dieter Düding, Das deutsche Nationalfest von 1814. Matrix der deutschen Nationalfeste im 19. Jahrhundert, in: Dieter Düding u. a. (Hg.), Öffentliche Festkultur. Politische Feste in Deutschland von der Aufklärung bis zum Ersten Weltkrieg, Reinbek 1988, S. 67–88; Cornelia Förster, Das Hambacher Fest 1832. Volksfest und Nationalfest einer oppositionellen Massenbewegung, in: Düding u. a. (Hg.), Öffentliche Festkultur, S. 113–131; Colley, Britons, S. 226 ff.

165 Sudir Hazareesingh, The Saint Napoleon. Celebrations of Sovereignty in Nineteenth-Century France, Cambridge 2004, S. 3–12.

166 Blessing, Staat und Kirche, S. 78; Büschel, Altar, S. 173–175; ders., Untertanenliebe, S. 120.

167 Avner Ben-Amos, Funerals, Politics and Memory in Modern France 1789–1996, Oxford 2000, S. 61 f.; Laure Lévêque, Penser la Nation. Mémoire et Imaginaire en Révolutions, Paris 2011.

168 Ben-Amos, Funerals, S. 32–45.

169 Ben-Amos, Funerals, S. 50–70.

170 Wolffe, Great Deaths, S. 15–75.

171 Robert Hole, Pulpits, Politics and Public Order in England 1760–1832, Cambridge 1989, S. 175–247.

172 Scholz, Imaginierte Restauration, S. 62–65.

173 Jürgen Osterhammel, Sklaverei und die Zivilisation des Westens, München ^{2}2009.

174 Ernest Sevrin, Les Missions Religieuses en France sous la Restauration 1815–1830, Bd. 1, Paris 1948, S. 114–125.

175 Kroen, Politics and Theatre, S. 76–108; Michael Phayer, Politics and Popular Religion. The Cult of the Cross in France 1815–1840, in: Journal of Social History 11. 1978, S. 346–365; Martyn Lyons, Fires of Expiation. Book-Burnings and Catholic Mission in Restauration France, in: French History 10. 1996, S. 240–264.

176 Hans M. Blitz, Aus Liebe zum Vaterland. Die deutsche Nation im 18. Jahrhundert, Hamburg 2000, S. 147–169.

177 Allgemein: Peter Berghoff, Der Tod des politischen Kollektivs. Politische Religion und das Sterben und Töten für Volk, Nation und Rasse, Berlin 1997;

Gerhard Graf, Gottesbild und Politik. Eine Studie zur Frömmigkeit in Preußen während der Befreiungskriege 1813–1815, Göttingen 1993, S. 33–45; Karin Hagemann, »Männlicher Muth und Teutsche Ehre«. Nation, Militär und Geschlecht zur Zeit der antinapoleonischen Kriege Preußens, Paderborn u. a. 2002, bes. S. 272–296.

178 Z. B. die Überblicke bei: Karl Egon Lönne, Politischer Katholizismus im 19. und 20. Jahrhundert, Frankfurt/M. 1986, S. 51–84, und immer noch Franz Schnabel, Deutsche Geschichte im 19. Jahrhundert, Bd. 4. Die religiösen Kräfte, Freiburg 1937, S. 97–202.

179 Charles F. Comte de Montalembert, De Devoirs des Catholiques dans la Question de la Liberté d'Enseignement, Paris 1843, bes. S. 66–77; Gerlach, Aufzeichnungen, Bd. 1, S. 247; Collingham, Alexander, The July Monarchy, S. 303–315; Edward Berenson, Populist Religion and Left-Wing Politics in France 1830–1852, Princeton 1984, S. 36–54.

180 Ein Beispiel: Johann G. Wirth, Das Nationalfest der Deutschen zu Hambach, unter Mitwirkung eines Redaktionsausschusses beschrieben. 2 Hefte, Neustadt 1832.

181 Richard Schult, »…das Schiff der Revolution in den von ihm bestimmten Hafen zu bringen.« Jacques-Louis David und die Krönung Napoleons, in: Geschichte in Wissenschaft und Unterricht 12. 1992, S. 728–742.

182 Viele Beispiele bei Büschel, Untertanenliebe; Colley, George III.

183 Wienfort, Monarchie, bes. S. 186–203; Büschel, Untertanenliebe.

184 Kenneth E. Hendrickson II, Making Saints. Religion and the Public Image of the British Army, 1809–1855, Cranbury 1998, S. 25–56; Ute Frevert, Die kasernierte Nation. Militärdienst und Zivilgesellschaft, München 2001, S. 27–49.

185 Zu Inklusion/Exklusion vgl. Niklas Luhmann, Die Gesellschaft der Gesellschaft, Bd. 2, Frankfurt/M. 1997, S. 618–634.

186 Joachim Raschke, Soziale Bewegungen. Ein historisch-systematischer Grundriß, Frankfurt/M. 1995; Doug Mc Adam u. a. (Hg.), Comparative Perspectives on Social Movements. Political Opportunities, Mobilizing Structures and Cultural Framings, Cambridge 1996; Niklas Luhmann, Protest. Systemtheorie und soziale Bewegungen. Frankfurt/M. 1996.

187 Luhmann, Organisation und Entscheidung; Dirk Baecker, Studium zur nächsten Gesellschaft, Frankfurt/M. 1997, S. 28–55; Luhmann, Funktionen und Folgen.

188 Reinhard, Die Verwaltung der Kirchen, S. 143–176.

189 Dazu und zu folgendem Abschnitt Hubert Jedin (Hg.), Handbuch der Kirchengeschichte, Bd. 6. Die Kirche der Gegenwart, Freiburg/Br. u. a. 1978,

S. 3–310; J. Derek Holmes, The Triumph of the Holy See. A Short History of the Papacy in the Nineteenth Century, London 1978, S. 15–160.

190 Hierzu und zum nächsten Abschnitt August B. Hasler, Pius IX. (1846–1878). Päpstliche Unfehlbarkeit und 1. Vatikanisches Konzil. Dogmatisierung und Durchsetzung einer Ideologie, 2 Bde., Stuttgart 1977; Herrmann Joseph Pohlmeyer, Unfehlbarkeit und Souveränität. Die päpstliche Unfehlbarkeit im System der ultramontanen Ekklesiologie des 19. Jahrhunderts, Mainz 1975; Otto Weiss, Der Ultramontanismus. Grundlagen – Vorgeschichte – Struktur, in: Zeitschrift für bayerische Landesgeschichte 41. 1978, S. 821–877.

191 Hubert Wolf, Index. Der Vatikan und die verbotenen Bücher, München 2006, S. 84–201.

192 Art. »Konkordat«, in: Adelbert Erler, Ekkehard Kaufmann (Hg.), Handwörterbuch der Rechtsgeschichte, Bd. 2, Berlin 1978. S. 1070–1074; Ernst Rudolf Huber, Deutsche Verfassungsgeschichte seit 1789, Bd. 1, Stuttgart 1957, S. 417–450 – auch zu den folgenden Abschnitten.

193 Dominik Burkhard, Staatskirche, Papstkirche, Bischofskirche. Die »Frankfurter Konferenzen« und die Neuordnung der Kirche in Deutschland nach der Säkularisation, Rom u. a. 2000, S. 439–470, 713–725; Karl Hausberger, Reichskirche, Staatskirche, »Papstkirche«. Der Weg der deutschen Kirche im 19. Jahrhundert, Regensburg 2008.

194 Joseph Müller, Die bischöflichen Diözesanbehörden, Stuttgart 1905, S. 12–33, 113–126; Michael N. Ebertz, Die Bürokratisierung der katholischen »Priesterkirche«, in: Paul Hoffmann (Hg.), Priesterkirche, Düsseldorf 1987, S. 132–163; Benjamin Ziehmann, Säkularisierung, Konfessionalisierung, Organisationsbildung. Dimensionen der Sozialgeschichte der Religion im langen 19. Jahrhundert, in: Archiv für Sozialgeschichte 47. 2007, S. 485–508; Joseph v. Hommer, 1760–1836. Meditationes in vitam meam peractam. Eine Selbstbiographie, hg. und übersetzt v. Alois Thomas, Mainz 1976, S. 275–299 u. passim; Georg L. C. Kopp, Die katholische Kirche im 19. Jahrhundert und die zeitgemäße Umgestaltung ihrer Verfassung mit besonderer Rücksicht auf die im ehemaligen Mainzer, später Regensburger Erzstifte hierzu getroffenen Anstalten und Anordnungen, Mainz 1830.

195 Thomas Schulte-Umberg, Professionalisierung des katholischen Klerus. Forschungsstrategien und Perspektiven am Beispiel des Bistums Münster, in: Frank Michael Kuhlemann, Hans-Walter Schmuhl (Hg.), Beruf und Religion im 19. und 20. Jahrhundert, Stuttgart 2003, S. 28–50; ders., Profession und Charisma. Herkunft und Ausbildung des Klerus im Bistum Münster 1776–1940, Paderborn u. a. 1999, S. 132–225; Irmtraud Götz v. Olenhusen, Klerus

und abweichendes Verhalten. Zur Sozialgeschichte katholischer Priester im 19. Jahrhundert. Die Erzdiözese Freiburg, Göttingen 1994, S. 64–71, 90 f.; Ralph Gibson, A Social History of French Catholicism 1789–1914, London u. a. 1989, S. 56–92.

196 Überblicke für die Britischen Inseln: Gilbert, Religion and Society; Stewart J. Brown, The National Churches of England, Ireland and Scotland 1801–1846, Oxford 2001.

197 Immer noch profund: Hintze, Evangelisches Kirchenregiment, S. 57–96; Karl Kupisch, Die deutschen Landeskirchen im 19. und 20. Jahrhundert. Die Kirche in ihrer Geschichte. Ein Handbuch, Bd. 4, Göttingen ^{2}1975, S. 51–61; Goeters, Rogge (Hg.), Die Geschichte der Evangelischen Kirche der Union, Bd. 1, S. 55–62.

198 Frank Michael Kuhlemann, Bürgerlichkeit und Religion. Zur Sozial- und Mentalitätsgeschichte der evangelischen Pfarrer in Baden 1860–1914, Göttingen 2002, S. 73–79.

199 Brown, The National Churches, S. 190–246; Gilbert, Religion and Society; Armstrong, Church of England, S. 164 ff.; Virgin, Age of Negligence; Robert D. Cornwall, James E. Bradley (Hg.), Religion, Politics and Dissent, 1660–1832. Essays in Honour of James E. Bradley, Farnham u. a. 2010; Kate Cooper (Hg.), Elite and Popular Religion, Woodbridge u. a. 2006.

200 Kuhlemann, Bürgerlichkeit und Religion, S. 62–72, 84–96; Oliver Janz, Bürger besonderer Art. Evangelische Pfarrer in Preußen 1850–1915, Berlin u. a. 1994, S. 26–100.

201 Weiss, Ultramontanismus; Karl Buchheim, Ultramontanismus und Demokratie. Der Weg der deutschen Katholiken im 19. Jahrhundert, München 1863, S. 36–82.

202 P. B. Nockles, The Oxford Movement in Context. Anglican High Churchmanship 1760–1857, Cambridge 1985, S. 146–170; S. A. Skinner, Tractarians and the »Condition of England«. The Social and Political Thought of the Oxford Movement, Oxford 2004, S. 18–27.

203 Armstrong, Church of England, S. 37, 157–168.

204 Der europäische Überblick bei: Wolfgang Schmale, Nan L. Dodde (Hg.), Revolution des Wissens? Europa und seine Schulen im Zeitalter der Aufklärung 1750–1825. Ein Handbuch zur europäischen Schulgeschichte, Bochum 1971, S. 97–223, 513–579; Sarah A. Curtis, Educating the Faithful. Religion, Schooling and Society in 19th Century France, Illinois 2000; Horst F. Rupp, »Jeder Lehrer – ein Religionslehrer«. Über den Zusammenhang von Religion und Schule in Deutschland, in: Schmuhl Kuhlemann (Hg.), Beruf und Religion, S. 86–96.

205 Hierzu und für das ganze Kapitel Peter Beyer, Religion in Globalized Society, Arlington 2006, bes. S. 109–114.

206 Diese Formulierung bei Hartmann Tyrell, Weltgesellschaft, Weltmission und religiöse Organisation – Einleitung, in: Arthur Bogner u. a. (Hg.), Weltmission und religiöse Organisationen. Protestantische Missionsgesellschaften im 19. und 20. Jahrhundert, Würzburg 2004, S. 13–134, hier S. 78; ansonsten, siehe die Angaben in Anm. 186.

207 Ward, Religion and Society, S. 81–105; Martin Brecht u. a. (Hg.), Geschichte des Pietismus, Bd. 1 u. 2, Göttingen 1993 ff.

208 Armstrong, Church of England, S. 50–120; Reginald Ward, Art. »John Wesley«, in: TRE, Bd. 35, S. 657–662; David Hampton, Myrtle Hill, The Evangelical Protestantism in Ulster Society 1740–1890, London u. a. 1992, S. 8–16, 76–80; auch zu den folgenden Abschnitten.

209 John Rule, Methodism, Popular Believes and Village Culture, in: Robert D. Storch (Hg.), Popular Culture and Custom in Nineteenth Century England, London 1972, S. 48–70; Armstrong, Church of England, S. 171–175.

210 Rule, Methodism.

211 Armstrong, Church of England, S. 167–172.

212 Josef Mooser, Konventikel, Unterschichten und Pastoren. Entstehung, Träger und Leistungen der Erweckungsbewegung in Minden-Ravensberg ca. 1820–1850, in: ders. (Hg.), Frommes Volk und Patrioten. Erweckungsbewegung und soziale Frage im östlichen Westfalen 1800–1858, Bielefeld 1999, S. 16–52, hier S. 27.

213 Andreas Holzem, Konfession und Sektenbildung. Deutschkatholiken, Reformkatholiken und Ultramontane am Oberrhein 1844–1866, Paderborn u. a. 1994, S. 120–128; Friedrich Wilhelm Graf, Die Politisierung des religiösen Bewusstseins. Die bürgerlichen Religionsparteien im deutschen Vormärz. Das Beispiel des Deutschkatholizismus, Stuttgart u. a. 1978, S. 28–66; Sylvia Paletschek, Frauen und Dissens. Frauen im Deutschkatholizismus und in den freien Gemeinden 1841–1852, Göttingen 1990, S. 30–46; Paul Lieberknecht, Geschichte des Deutschkatholizismus in Kurhessen, Marburg 1915, S. 5–81; Alexander Stollenwerk, Der Deutschkatholizismus in den Preußischen Rheinlanden, Mainz 1971.

214 Stephen Neill, Geschichte der christlichen Missionen, Erlangen [2]1990, S. 165–213; Gerhard Rosenkranz, Die christliche Mission. Geschichte und Theologie, München 1977, S. 193–237; Horst Gründer, Welteroberung und Christentum. Ein Handbuch zur Geschichte der Neuzeit, Gütersloh 1992, Teil 2; Mission als Teil der Geschichte der Globalisierung im 19. Jahrhundert bei C. A. Bayly, The Birth of the Modern World 1780–1914. Global Con-

nections and Comparisons, London 2004, S. 325–366; Jürgen Osterhammel, Die Verwandlung der Welt. Eine Geschichte des 19. Jahrhunderts, München 2009, S. 1261–1266.

215 Jacques Gadille, Jean-Marie Mayeur (Hg.), Liberalismus, Industrialisierung, Expansion Europas (1830–1914). Geschichte des Christentums. Religion, Politik, Kultur, Bd. 11, Freiburg/Br. u. a. 1977, S. 131–164; Peter Hinchliff, Voluntary Absolutism. British Missionary Societies in the 19th Century, in: William J. Sheils, Diana Wood (Hg.), Voluntary Religion, London 1986, S. 363–379; Brian Stanley, The History of Baptist Missionary Societies 1792–1992, Edinburgh 1992; John Roxborough, Thomas Calmers, Enthusiast for Mission. The Christian God of Scotland and the Rise of Missionary Movement, Edinburgh 1999; Sheridan Gilley, Brian Stanley, Christianity. World Christianities 1815–1914. The Cambridge History of Christianity, Bd. 8, Cambridge 2006, S. 443–456; Wilhelm Schlatter, Geschichte der Basler Mission 1815–1915, Bd. 1, Basel 1910, S. 1–93; Bernhard Arens S. J., Die katholischen Missionsvereine. Darstellung ihres Werdens und Wirkens, ihrer Satzungen und Vorrechte, Freiburg/Br. 1922; Robert Hoffmann, Die katholische Missionsbewegung in Deutschland vom Anfang des 19. Jahrhunderts bis zum Ende der Kolonialgeschichte, in: Klaus Jürgen Bade (Hg.), Imperialismus und Kolonialismus. Kaiserliches Deutschland und koloniales Imperium, Wiesbaden 1982, S. 29–50; Eduard Kriele, Geschichte der Rheinischen Mission, Bd. 1. Die Rheinische Mission in ihrer Heimat, Barmen 1928.

216 Wilhelm Gundert, Geschichte der deutschen Bibelgesellschaften im 19. Jahrhundert, Bielefeld 1987; Johannes Altenbernd, Bibelanstalt, Bibelbund oder Bibelgesellschaft? Bibelverbreitung und Vereinsgründung in der katholischen Kirche zwischen 1805–1830, in: Bogner u. a. (Hg.), Weltmission, S. 249–284.

217 Bernd Holtwick, Licht und Schatten. Begründungen und Zielsetzungen des protestantischen missionarischen Aufbruchs im frühen 19. Jahrhundert, in: Bogner u. a. (Hg.), Weltmission, S. 225–246, hier S. 240.

218 Boris Barth, Jürgen Osterhammel (Hg.), Zivilisierungsmissionen. Imperiale Weltverbesserung seit dem 18. Jahrhundert, Konstanz 2005, wobei der Mission in den Beiträgen kein besonderes Augenmerk geschenkt wird; deutlicher Brian Stanley, Christian Missions, Antislavery and the Claims of Humanity 1813–1873, in: Stanley Gilley (Hg.), The Cambridge History of Christianity, Bd. 8, S. 443–458; Roxborough, Thomas Calmers, S. 228–239; Heidemarie Winkel, Christliche Religion und ihre Sinnformen der Selbstbeschreibung. Mission und Ökumene als Grundpfeiler des Wandels religiöser Wissensformen, in: Geschichte und Gesellschaft 36, 2. 2010, S. 285–316.

219 Überblicke bei Urban Schwegler, Von Priestermission und Laienmitarbeit. Organisation und Bau katholischer Missionsgesellschaften auf dem Hintergrund der katholischen Weltmission. Am Beispiel der Missionsgesellschaft Bethlehem, Immensee (SMB), in: Bogner u. a. (Hg.), Weltmission, S. 397–423; Bernard Arens, Die katholischen Missionsvereine. Darstellung ihres Werdens und Wirkens, ihre Satzungen und Vorrechte, Freiburg/Br. 1922, passim.

220 Zu den Chevaliers du Foi und der Kamarilla in Berlin siehe oben II, 5 bei Anm. 85–86; Nockles, Oxford Movement, S. 79–86; Armstrong, Church of England, S. 121 ff., 130–145; Hans Kapfinger, Der Eoskreis 1828 bis 1832. Ein Beitrag zur Vorgeschichte des politischen Katholizismus in Deutschland, München 1928; Christoph Weber, Aufklärung und Orthodoxie am Mittelrhein 1820–1850, Paderborn 1973, S. 26–54.

221 Zu beiden Aspekten Beyer, Religion in Globalized Society, S. 29–61, 108–114.

222 Ein kommunikationstheoretisches Modell von Frömmigkeit ist derzeit nicht verfügbar. Maren Lehmann, Inklusion. Beobachtungen einer sozialen Form am Beispiel von Religion und Kirche, Berlin 2002.

223 Vgl. die statische Behandlung der Begriffe bei Hartmut Lehmann (Hg.), Säkularisierung, Dechristianisierung, Rechristianisierung im neuzeitlichen Europa. Bilanz und Perspektiven der Forschung, Göttingen 1997.

224 Jean Wirth, La Naissance du Concept de Croyance (XIIe–XVIIIe Siècle), in: Bibliothèque d'Humanisme et Renaissance 44. 1983, S. 7–58; Jens Ivo Engels, Hillard v. Thiessen, Glauben. Begriffliche Annäherungen anhand von Beispielen aus der Frühen Neuzeit, in: ZhF 28. 2001, S. 333–357; Rudolf Schlögl, Öffentliche Gottesverehrung und privater Glaube in der Frühen Neuzeit. Beobachtungen zur Bedeutung von Kirchenzucht und Frömmigkeit für die Abgrenzung privater Sozialräume, in: Gerd Melville, Peter v. Moos (Hg.), Das Öffentliche und Private in der Vormoderne, Köln u. a. 1998, S. 165–209, hier S. 192–209; künftig: Rudolf Schlögl, Die Seele und die religiöse Persona in der Frühen Neuzeit, in: Marcus Sandl, Rudolf Schlögl (Hg.), Religion in der Differenz (2013).

225 Rudolf Schlögl, Rationalisierung als Entsinnlichung religiöser Praxis. Zur sozialen und medialen Form von Religion in der Neuzeit, in: Blickle, Schlögl (Hg.), Die Säkularisation, S. 37–64, hier S. 58 ff.

226 Jochen Hörisch, Der Sinn und die Sinne. Eine Geschichte der Medien, Frankfurt/M. 2001, S. 149 ff., 180 ff.

227 Hugh McLeod, Secularisation in Western Europe 1848–1914, New York 2000; Olaf Blaschke, Abschied von der Säkularisierungslegende, in: Zeiten-

blicke 5. 2006, [http://www.zeitenblicke.de/1/blaschke/index_htm], Zugriff 02.06.2006; 19:45]; Lucian Hölscher, Geschichte der protestantischen Frömmigkeit in Deutschland, München 2005, S. 181–207; Schlögl, Glaube und Religion, Kap. III, S. 179 ff.; Michael Pammer, Glaubensabfall und wahre Andacht. Barockreligiosität, Reformkatholizismus und Laizismus in Oberösterreich 1700–1820, München 1994; Callum G. Brown, The Death of Christian Britain. Understanding Secularisation 1800–2000, London u. a. [2]2008, S. 145–169; Chadwick, Victorian Church, Part I, S. 332 f., 454–465, 514–519; Horton Davis, Worship and Theology in England. From Watts and Wesley to Maurice, 1690–1850, Princeton 1961; James Obelkevich, Religion and Rural Society in South Lindsay 1825–1875, Oxford 1976; Gibson, French Catholizism, S. 158–192; Bernard Plongeron (Hg.), La Religion Populaire dans l'Occident Chrétien. Approches Historiques, Paris 1976, S. 149–193; Jean Delumean, La Permière Communion, Paris 1987, S. 171–252; Jonathan C. D. Clark, English Society, 1660–1832. Religion, Ideology and Politics During the Ancien Régime, Cambridge u. a. 2000.

228 Ward, Religion and Society, S. 10 f.

229 Friedrich Wilhelm Graf, »Einfache Dechristianisierung«. Zur Problemgeschichte eines kulturpolitischen Topos, in: Lehmann (Hg.), Säkularisierung, S. 32–66; Kroen, Politics and Theatre, S. 76–108.

230 Friedrich Schleiermacher, Über die Religion. Reden an die Gebildeten unter ihren Verächtern (1799), Berlin u. a. 1999; Rudolf Schlögl, Der Glaube Alteuropas und die moderne Welt. Zum Verhältnis von Säkularisation und Säkularisierung, in: Walter G. Rödel, Regina E. Schwertfeger (Hg.), Zerfall und Wiederbeginn. Vom Erzbistum zum Bistum Mainz (1792/97–1830). Ein Vergleich, Würzburg 2002, S. 63–82, hier S. 69 f.

231 Görres, Athanasius, S. 132.

232 Hölscher, Protestantische Frömmigkeit, S. 181 f. (Nachweis: 415, Anm. 2 und 8).

233 Hölscher, Protestantische Frömmigkeit, S. 182 f.; Brown, Death of Christian Britain, S. 24 ff.

234 Görres, Athanasius, S. 115–133.

235 Brown, Death of Christian Britain, S. 18–21.

236 Heinrich Richard Schmidt, »Verfall der Religion«. Epochenwende um 1700, in: Blickle, Schlögl (Hg.), Die Säkularisation, S. 245–258.

237 Schlögl, Glaube und Religion, S. 252; Obelkevich, South Lindsay, S. 138 f.

238 Chadwick, Victorian Church, S. 521.

239 Dieter Langenwiesche, Nation und Religion, in: Hans G. Kippenberg u. a. (Hg.), Europäische Religionsgeschichte. Ein mehrfacher Pluralismus, Bd. 2, Göttingen 2009, S. 525–533.

240 Albrecht Koschorke, Die Heilige Familie und ihre Folgen. Ein Versuch, Frankfurt/M. 2000, S. 187–215; Jacques Danzelot, Die Ordnung der Familie, Frankfurt/M. 1980; Rebekka Habermas, Frauen und Männer des Bürgertums, Göttingen 2000, S. 259–314.

241 Schlögl, Rationalisierung als Entsinnlichung, S. 62 ff.; mit Belegen und weiteren Literaturhinweisen Lucian Hölscher, Die Religion des Bürgers. Bürgerliche Frömmigkeit und protestantische Kirche im 19. Jahrhundert, in: HZ 250. 1990, S. 595–630.

242 Hölscher, Protestantische Frömmigkeit, S. 202–207; Joachim Hoffmann, Berlin-Friedrichsfelde. Ein deutscher Nationalfriedhof, Berlin 2001.

243 Hölscher, Protestantische Frömmigkeit, S. 201 f.; Obelkevich, South Lindsay, S. 131–135; Séan ó Suilleabhain, Irish Wake Amusements, Dublin 1967, S. 19–23.

244 Gibson, French Catholicism, S. 164–167; Thomas A. Kselman, Death and Afterlife in Modern France, Princeton 1993, S. 226–290.

245 Obelkevich, South Lindsay, S. 135–145.

246 Bernhard Schneider, Katholiken auf die Barrikaden. Europäische Revolutionen und deutsche katholische Presse 1815–1848, Paderborn 1998, S. 66; Franz Dieringer, Die katholische Journalistik in Deutschland und ihre Aufgabe, in: Der Katholik 23. 1843, S. 1–17.

247 Schneider, Katholiken, S. 44–63.

248 Gottfried Mehnert, Programme evangelischer Kirchenzeitungen im 19. Jahrhundert, Witten 1972, S. 11–25.

249 Davis, Worship and Theology, S. 144–182.

250 Blaschke, Abschied, Absätze 24–36; Claude Savart, Les Catholiques en France au XIXe Siècle. Le Témoignage du Livre Religieux, Paris 1985, S. 193–217; William St. Claire, The Reading Nation in the Romantic Period, Cambridge 2004, S. 551–569; Alexis Weedon, Victorian Publishing. The Economics of Book Production for a Mass Market 1836–1916, Aldershot 2003, S. 50–67, 91–95.

251 Hölscher, Protestantische Frömmigkeit, S. 270; Savart, Catholiques, S. 296–435; Lyons, Fires of Expiation, S. 240–264; Rudolf Schenda, Volk ohne Buch. Studien zur Sozialgeschichte der populären Lesestoffe 1770–1910, Frankfurt/M. ^{3}1988, S. 143–147, 160–173, 186–226.

252 Norbert Busch, Die Feminisierung der ultramontanen Frömmigkeit, in: Irmtraud Götz v. Olenhusen (Hg.), Wunderbare Erscheinungen. Frauen und ka-

tholische Frömmigkeit im 19. und 20. Jahrhundert, Paderborn 1995, S. 203–219, hier S. 210 f.

253 Heiliger-Rock-Album. Eine Zusammenstellung der wichtigsten Aktenstücke, Briefe, Adressen, Berichte und Zeitungsartikel über die Ausstellung des Heiligen Rockes in Trier, Leipzig 1844; Wolfgang Schieder, Kirche und Revolution. Sozialgeschichtliche Aspekte der Trierer Wallfahrt von 1844, in: Archiv für Sozialgeschichte 14. 1974, S. 419–454; Nils Freytag, Aberglauben im 19. Jahrhundert. Preußen und seine Rheinprovinz zwischen Tradition und Moderne (1815–1918), Berlin 2003, S. 90–95, 142–180, 333–344.

254 Olivia Wiebel-Fanderl, Die Wallfahrt Altötting. Kultformen und Wallfahrtsleben im 19. Jahrhundert, Passau 1982, S. 19–36; Barbara Stambolis, Religiöse Festkultur. Tradition und Neuformierung katholischer Frömmigkeit im 19. und 20. Jahrhundert, Paderborn u. a. 2000, S. 9–41, 66–70; Walter Hartinger, Religion und Brauch, Darmstadt 1992, S. 105–121; Michael R. Marrus, Pilger auf dem Weg. Wallfahrten im Frankreich des 19. Jahrhunderts, in: Geschichte und Gesellschaft 3. 1977, S. 330–351; William A. Christian Jr., Person and God in a Spanish Valley, Princeton 1989.

255 Siehe hierzu oben die Anm. unter II.4.

256 John F. C. Harrison, The Second Coming. Popular Millenarianism 1780–1850, London 1979, S. 43–53, 57–63, 223; Judith Develin, The Superstitious Mind. French Peasants and the Supernatural in the Nineteenth Century, New Haven u. a. 1987; Thomas A. Kselman, Miracles and Prophecies in Nineteenth-Century France, New Brunswick 1983, S. 65–83.

257 Martin Scharfe, Evangelische Andachtsbilder. Studien zur Intention und Funktion des Bildes in der Frömmigkeitsgeschichte vornehmlich des schwäbischen Raumes, Stuttgart 1968; Adolf Spamer, Das kleine Andachtsbild vom XVI. bis zum XX. Jahrhundert, München 1930, S. 255–276; Ludwig Andreas Veit, Ludwig Lenhart, Kirche und Volksfrömmigkeit im Zeitalter des Barock, Freiburg 1956, S. 59 ff., 142 f.

258 Clemens Brentano, Das bittere Leiden unseres Herrn Jesu Christ. Nach den Betrachtungen der gottseligen Anna Katharina Emmerich […] nebst dem Lebensumriss dieser Begnadigten, [2]1834. Sämtliche Werke und Briefe, hg. v. Jürgen Behrens, Anne Bohnenkamp-Renke, Bd. 26, Stuttgart u. a. 1980; Joseph Görres, Die christliche Mystik, hg. v. Uta Ranke-Heinemann, Bde. 1–5, Frankfurt/M. 1989 (1836–1842); Bernhard Gißibl, Frömmigkeit, Hysterie und Schwärmerei. Wunderbare Erscheinungen im bayerischen Vormärz, Frankfurt/M. 2004, S. 24–71, 155; Rudolf Muhs, Die Stigmata der Karoline Beller. Ein katholisches Frauenschicksal des Vormärz im Spannungsfeld von

Volksreligiosität, Kirche, Staat und Medizin, in: v. Olenhusen (Hg.), Wunderbare Erscheinungen, S. 83–130, bes. S. 102 f.

259 Zu diesem Abschnitt mit den Quellenbelegen Schlögl, Rationalisierung als Entsinnlichung, S. 56–60.

260 Schlögl, Glaube und Religion, S. 284–326; Brown, Death of Christian Britain, S. 39–57; Rule, Methodism, S. 48–70; Evan Cameron, Enchanted Europe. Superstition, Reason, and Religion, 1250–1750, Oxford u. a. 2011.

261 Walter von Arx, Liturgische Reflexionen im Klerus anhand des Archivs für die Pastoralkonferenzen in den Landkapiteln des Bistums Konstanz, in: Franz Kohlschein, Peter Wünsche (Hg.), Liturgiewissenschaft. Studien zur Wissenschaftsgeschichte, Paderborn 1996, S. 143–187; Hanns Kerner, Die Reform des Gottesdienstes. Von der Neubildung der Gottesdienstordnung und der Agende in der evangelisch-lutherischen Kirche in Bayern im 19. Jahrhundert bis zur erneuerten Agende, Stuttgart 1994; Josef Hacker, Die Messe in den deutschen Diözesan-Gesang- und Gebetbüchern von der Aufklärungszeit bis zur Gegenwart. Mit einem Überblick über die Geschichte dieser Bücher, München 1950, S. 140 f.; Protestantische Quellen: C. R. Ribbeck, Ueber den Werth des öffentlichen Gottesdienstes und die demselben gebührende Achtung, Magdeburg 1800; Conrad Horst, Mysteriosophie oder über die Veredelung des protestantischen Gottesdienstes [...], Frankfurt 1817; Georg Jakob Ludwig Reuß, Neue evangelische Kirchenagende. Oder was zur gründlichen Untersuchung des protestantischen Cultus in der Kirche und für die Kirche billig zu dieser Zeit geschehen sollte, Gotha 1821; Friedrich Ludwig Reinhold, Ideen über das Äußere der evangelischen Gottesverehrung, Neustrelitz 1805; Karl Gottlieb Brettschneider, Clementine oder die Frommen und Altgläubigen unserer Tage, Halle 1841; August Tholuck, Die Lehre von der Sünde und vom Versöhner oder die wahre Weihe des Zweiflers, Hamburg 1823; Franz Christian Boll, Von dem Verfalle und der Wiederherstellung der Religiosität mit besonderer Hinsicht auf das protestantische Deutschland, 2 Teile, Neustrelitz 1809; Friedrich Christian Thomasius, Ueber Veredelung des christlichen Kultus durch Hilfe der Aesthetik. Mit Hinsicht auf die kirchliche Verfassung auf die preußischen Provinzen in Franken, Nürnberg 1803; Josias Friedrich Chr. Löffler, Über den Wert und die Erhaltung des christlichen Gottesdienstes, Jena 1811; C. D. W. Hoffmann, Ein Wort über die herrschende Irreligiosität und einen zweckmäßigen Religionsunterricht als das wirksamste Mittel dagegen [...], Berlin 1804; [Anonym], Die Lauheit des Zeitalters gegen Religion und Schrift [...], Leipzig 1806; Wilhelm Traugott Krug, Die Kirchenverbesserung und die Gefahren des Protestantismus [...], Leipzig 1826; Franz Wilhelm Jung, Beitrag zu

Ideen über Kirche und Kirchengebäude, Mainz 1814; Franz Hermann von Reinhold, System der Christlichen Gewissheit, Erlangen ^{2}1884. Katholische Quellen: Olympe Philipe Gerbert, Considération sur le Dogme Générateur de la Piété Catholique, Paris 1829; Georg W. Friedrich Panzer, Gesammelte Schriften einige Verbesserungen in der römisch-katholischen Kirche betreffend, Frankfurt u. a. 1782; Josef Anton Weißenbach, Von dem Mißbrauch beim Mariendienst und was da abzuschaffen, einzuschränken, beyzubehalten sey. Ein Hausbuch wider die Glaubensfeger, o. O. 1786; Johann Heinrich von Wessenberg, Ueber Schwärmerei. Historisch-philosophische Betrachtungen mit Rücksicht auf die jetzige Zeit, Heilbronn 1835; Joseph Geishüttner, Versuch einer wissenschaftlichen und populären Dogmatik, Wien 1818; Wolfgang Menzel, Christliche Symbolik, 2 Teile, Regensburg 1854; Kopp, Die Katholische Kirche; Hommer, Meditationes, bes. S. 261 f., 265 ff.

262 Davis, Worship and Theology, S. 150–207, 215–284; James Bentley, Ritualism and Politics in Victorian Britain. The Attempt to Legislate for Belief, Oxford 1978, S. 1–33.

263 Wiebel-Fanderl, Wallfahrt Altötting; Thomas u. Helene Finkenstaedt, Die Wieswallfahrt. Ursprung und Ausstrahlung der Wallfahrt zum Gegeißelten Heiland, Regensburg 1981; Wolfgang Brückner, Die Verehrung des Heiligen Blutes in Walldürn. Volkskundliche und soziologische Untersuchungen zum Strukturwandel barocken Wallfahrens, Aschaffenburg 1958, S. 125–180; Bernhard Schneider, Entwicklungstendenzen rheinischer Frömmigkeits- und Kirchengeschichte in der ersten Hälfte des 19. Jahrhunderts. Tradition und Modernisierung, in: Archiv für rheinische Kirchengeschichte 48. 1996, S. 57–195; Joachim Schmiedl, Mariannische Religiosität in Aachen. Frömmigkeitsformen einer katholischen Industriestadt des 19. Jahrhunderts, Altenbergen 1994, S. 74–140; Alois Mitterwieser, Geschichte der Fronleichnamsprozession in Bayern, München 1949, S. 94–135; Louis Châtellier, L'Europe des Dévots, Paris 1987, S. 211–266.

264 Die Belege zum Folgenden in den Anmerkungen 260 und 261.

265 Mary Heimann, Catholic Devotion in Victorian England, Oxford 1995, S. 26 ff.

266 Ramie Targoff, Common Prayer. The Language of Public Devotion in Early Modern England, Chicago u. a. 2001, S. 5–13, 118–130.

267 Heinrich Heppe, Geschichte der quietistischen Mystik in der katholischen Kirche, Berlin 1875, S. 331–377; Gerbert, Considération, S. 83–95, 193–233; Savart, Catholiques, S. 681–697; v. Frank, System der christlichen Gewissheit, Bd. 2, S. 11–30.

268 Devlin, Superstitious Mind; Kselman, Death and Afterlife; Obelkevich, South Lindsay; Kselman, Miracles; Freytag, Aberglauben.

269 Diethart Sawicki, Leben mit den Toten, Geisterglauben und die Entstehung des Spiritismus in Deutschland, 1770–1900, Paderborn 2002, S. 41–84; Ulrich Linse, Geisterseher und Wunderwirker. Heilssuche im Industriezeitalter, Frankfurt/M. 1996, S. 27–54; Heinz-Dieter Kittsteiner, Die Abschaffung des Teufels im 18. Jahrhundert. Ein kulturhistorisches Ereignis und seine Folgen, in: Alexander Schuller, Wolfert von Rahden (Hg.), Die andere Kraft. Zur Renaissance des Bösen, Berlin 1993, S. 55–92; Karl Aner, Die Theologie der Lessingzeit, Halle 1929, S. 234–295; Helmut Zander, Höhere Erkenntnis. Die Erfindung des Fernrohrs und die Konstruktion der erweiterten Wahrnehmungsfähigkeit zwischen dem 17. und dem 20. Jahrhundert, in: Markus Hahn, Erhard Schüttpelz (Hg.), Trancemedien und Neue Medien um 1900. Ein anderer Blick auf die Moderne, Bielefeld 2009, S. 19–55; Stefan Hoffmann, Geschichte des Medienbegriffs, Hamburg 2002, S. 108–121 – auch jeweils zu den nachfolgenden Ausführungen.

270 Carl Joseph Hieronimus Windischmann, Ueber Etwas, das der Heilkunst notthut. Ein Versuch der Vereinigung dieser Philosophie mit der christlichen Philosophie, Leipzig 1824; Gißibl, Frömmigkeit, S. 53–56; Sawicki, Leben mit den Toten, S. 161 f.; Nicole Priesching, Maria von Mörl (1812–1868). Leben und Bedeutung einer »Stigmatisierten Jungfrau« aus Tirol im Kontext ultramontaner Frömmigkeit, Brixen 2004, S. 114–154.

271 Antoine Imbert-Gourbeyre, La Stigmatisation, Paris 1984, S. 436 ff.; Sawicki, Leben mit den Toten, S. 131–281; Otto Weis, Die Redemptoristen in Bayern (1790–1909). Ein Beitrag zur Geschichte des Ultramontanismus, Bd. 2, München 1997, S. 1009–1046; Priesching, Maria von Mörl, S. 102–114, 279–301 – auch zum folgenden Abschnitt.

272 Hegel, Philosophie des Rechts.

273 Nachweis der Zitate bei Rudolf Schlögl, Sünderin, Heilige oder Hausfrau? Katholische Kirche und weibliche Frömmigkeit um 1800, in: Olenhusen (Hg.), Wunderbare Erscheinungen, S. 13–50, hier S. 14 f. – auch zum nachfolgenden Abschnitt; Ruth Albrecht (Hg.), Glaube und Geschlecht. Fromme Frauen, spirituelle Erfahrungen, religiöse Traditionen, Köln 2008.

274 Laufkötter, Art. »Weib«, in: Heinrich J. Wetzer, Benedikt Welte (Hg.), Kirchen-Lexikon oder die Enzyklopädie der katholischen Theologie und ihrer Hilfswissenschaften, Bd. 11, Freiburg/Br. 1852, S. 820 f.

275 David S. Landes, The Unbound Prometheus. Technological Change in Industrial Development in Western Europe from 1750 to the Present, Cambridge 1969; Heinz Gerhard Haupt (Hg.), Das Ende der Zünfte. Ein europäi-

scher Vergleich, Göttingen 2002; Jürgen Kocka, Arbeitsverhältnisse und Arbeiterexistenzen. Grundlagen der Klassenbildung im 19. Jahrhundert, Berlin 1990; Klaus Jürgen Bade, Europa in Bewegung. Migration vom späten 18. Jahrhundert bis zur Gegenwart, München 2002.

276 Zum elementaren Schulwesen s. o. im Kapitel III.1 bei Anm. 204 u. III.2 bei Anm. 214.

277 Nachweise oben in III.3 bei Anmerkung 227–229; zusammenfassend auch Schlögl, Sünderin, S. 18–27; Hugh McLeod, Weibliche Frömmigkeit – männlicher Unglaube? Religion und Kirchen im bürgerlichen 19. Jahrhundert, in: Ute Frevert (Hg.), Bürgerinnen und bürgerliche Geschlechterverhältnisse im 19. Jahrhundert, Göttingen 1988, S. 134–156.

278 Zur Missionsbewegung s. o. unter III.2; zur Bedeutung für die Frauen: Curtis, Educating the Faithful; Claude Langlois, Le Catholicisme au Féminin. Les Congrégations Françaises à Supérieure Génerale au XIXe Siècle, Paris 1984; Brigitte Basdevant-Gaudemet, Germain Sicard: Les Communes Françaises, l'Enseignement et les Cultes de la Fin de l'Ancien Régime à nos Jours, Paris 2005; Sean Gil, Women in the Church of England. From the 18th Century to the Present, London 1994; Frank K. Prochaska, Women and Philanthrophy in 19th Century England, Oxford 1990; Reilinde Meiwes, »Arbeiterinnen des Herrn«. Katholische Frauenkongregationen im 19. Jahrhundert, Frankfurt/M. 2000; Andreas Rutz, Bildung, Konfession, Geschlecht. Religiöse Frauengemeinschaften und katholische Mädchenbildung im Rheinland (16.–18. Jahrhundert), Mainz 2006; Ute Gause, Kirchengeschichte und Genderforschung. Eine Einführung in protestantische Perspektive, Tübingen 2006, S. 163–200; Silke Köser, »Denn eine Diakonisse darf kein Alltagsmensch sein«. Kollektive Identitäten kaiserswerther Diakonissen 1836–1914, Leipzig 2006.

279 Dazu und zu den folgenden Abschnitten: Langlois, Le Catolicisme au Féminin, passim, und Curtis, Educating the Faithful, sowie Geneviève Gadbois, »Vous Êtes Presque la Seule Consolation de L'Eglise«. La Foi de Femmes Face à la Déchristianisation de 1789–1890, in: Jean Delumeau (Hg.), La Religion de ma Mère. Le Rôle des Femmes dans la Transmission de la Foi, Paris 1992, S. 301–325.

280 Curtis, Educating the Faithful, S. 65–80; Meiwes, »Arbeiterinnen des Herrn«, S. 234 ff.

281 Hubert de Manios (Hg.), Maria. Études sur la Sainte Vierge, Bde. 1–7, Paris 1949 ff., hier Bd. 3, S. 474; Meiwes, »Arbeiterinnen des Herrn«, S. 75–82, 260 f.; Langlois, Catholicisme au Féminin, S. 310 f.; Habermas, Frauen und Männer, S. 211–219.

282 Prochaska, Women and Philantrophy, Appendix S. 231–251.

283 Prochaska, Women and Philantrophy, S. 6 f., 22–45, 47–94, 118 f.; Gil, Women in the Church of England, S. 77 ff.; Tobias Brinkmann (Hg.), Religion und Philanthropie in den europäischen Zivilgesellschaften. Entwicklungen im 19. und 20. Jahrhundert, München 2009.

284 Gause, Kirchengeschichte und Genderforschung, S. 163–179; Habermas, Frauen und Männer, S. 199–214.

285 Davis, Worship and Theology; Hampton, Myrtle Hill, S. 129–141; Die Literatur zu Deutschkatholizismus, Lichtfreunden und Erweckungsbewegungen s. o. unter III.2 bei Anmerkung 212 u. 213.

286 Zusätzlich zu der oben in III.3 in den Abschnitten zur Volksreligion, Mesmerismus und Spiritismus genannten Literatur: David Blackbourn, Marpingen. Apparitions of the Virgin Mary in Nineteenth-Century Germany, New York 1994, S. 1–41; Walter Delius, Geschichte der Marienverehrung, München 1943; Robert Ernst, Maria redet mit uns. Marienerscheinungen seit 1830, Walhorn 1983; Raymond Jones, France and the Cult of the Sacred Heart. An Epic Talk of Modern Times, Berkeley u. a. 2000; Nicole Edelmann, Voyantes, Guérisseuses et Visionnaires en France 1784–1914, Paris 1995; Bettina Gruber, Die Seherin von Prevorst. Romantischer Okkultismus als Religion, Wissenschaft und Literatur, Paderborn u. a. 2000; Antoine Imbert-Goubeyre, Les Stigmatisées, Teil II, Paris 1873, S. 303 ff. (Liste der Stigmatisierten) und passim – alles auch zum folgenden Absatz.

287 Wessenberg, Ueber die Schwärmerei, S. 78 und passim.

288 Gil, Women in the Church of England, S. 12–16; Schlögl, Sünderin, S. 33.

289 Raymond Deniel, Une Image de la Famille et de la Société sous la Restauration (1815–1830). Etudes de la Presse Catholique, Paris 1965, S. 105–142; Gil, Women in the Church of England, S. 91–94.

290 Gil, Women in the Church of England, S. 29 f.; Curtis, Educating the Faithful, S. 100; Jones, Sacred Heart, S. 131–135; Brown, Death of Christian Britain, S. 53 f.

291 Brown, Death of Christian Britain, S. 67; Jules Michelet, Le Prêtre, la Femme et la Famille, Paris [2]1865 (zuerst 1845), S. 292–313.

292 Brown, Death of Christian Britain, S. 58; Gil, Women in the Church of England, S. 76 f.

293 Karin Hausen, Die Polarisierung der »Geschlechtscharaktere« – Eine Spiegelung der Dissoziation von Erwerbs- und Familienleben, in: Werner Conze (Hg.), Sozialgeschichte der Familie in der Neuzeit Europas, Stuttgart 1976, S. 363–393; Claudia Honegger, Die Ordnung der Geschlechter. Die Wissenschaft vom Menschen und das Weib 1750–1850, Frankfurt/M. 1991.

294 Brown, Death of Christian Britain, S. 65, 91; Schlögl, Glaube und Religion, S. 296–326; Gause, Kirchengeschichte und Genderforschung, S. 167–177; Schlögl, Sünderin, S. 48; Edith Saurer, Frauen und Priester. Beichtgespräche im frühen 19. Jahrhundert, in: Richard v. Dülmen (Hg.), Arbeit, Frömmigkeit und Ereignisse. Studien zur historischen Kulturforschung, Frankfurt/M. 1990, S. 141–170, hier S. 163–168; Edith Saurer, Religiöse Praxis und Sinnesverwirrung. Kommentare zur religiösen Melancholiediskussion, in: Richard v. Dülmen (Hg.), Dynamik der Tradition. Studien zur historischen Kulturforschung, Frankfurt/M. 1992, S. 213–239, 301–305, hier S. 228–234; Bettina Brockmeyer, Selbstverständnisse. Dialoge über Körper und Gemüt im frühen 19. Jahrhundert, Göttingen 2009, S. 228–252.

295 Brown, Death of Christian Britain, S. 58–84; Margaret Beetham, A Magazine of Her Own? Domesticity and Desire in the Women's Magazine 1800–1914, London u. a. 1996, S. 45–89.

296 Prochaska, Women and Philantrophy, S. 184–220; Sue Morgan, A Passion for Purity. Alice Hopkins and the Politics of Gender in the Late Victorian Church, Bristol 1999, S. 92–98.

297 Die Nachweise bei Schlögl, Sünderin, S. 27 ff.

298 Schlögl, Sünderin, S. 31–40; Schmiedl, Marianische Religiosität, S. 17–26; Wolfgang Reinert, Heinrich Petri (Hg.), Handbuch der Marienkunde, Regensburg 1984, S. 823–842.

299 Ludwig A. Muratori, Über die Einbildungskraft des Menschen. Mit vielen Zusätzen herausgegeben von Georg Herman Richartz, 2 Teile, Leipzig 1785, S. 120–127.

300 Schlögl, Sünderin, S. 41 f.; Anneliese Ego, Animalischer Magnetismus oder Aufklärung. Eine mentalitätsgeschichtliche Studie zum Konflikt um ein Heilsprinzip in Frankreich, Würzburg 1991, S. 1–33; Robert Darnton, Der Mesmerismus und das Ende der Aufklärung in Frankreich, Frankfurt/M. u. a. 1968.

301 Wilhelm Ideler, Der religiöse Wahnsinn, erläutert durch Krankengeschichten. Ein Beitrag zur Geschichte der religiösen Wirren der Gegenwart, 2 Teile, Halle 1847, Teil 2, S. 334 f., 646 f., 378 f.; zur französischen Diskurslage siehe Frank P. Bowman, French Romanticism. Intertextual and Interdisciplinary Readings, Baltimore u. a. 1990, S. 106–121 (From Historia to Hysteria).

302 Pierre Debreyne, Essai sur la Théologie Morale Considerée dans ses Rapports avec la Physiologie et la Médicine, Paris 1844.

303 Debreyne, Essai, S. 111–139, 141, 172 f., 367, 379 f.; das traditionelle Beichtmanual im Konstrast dazu: J.-B. Bouvier, Dissertatio in sexo decalogi praecep-

tum et supplementum ad tractatum de Matrimonio, Paris ^{9}1839, oder J. Gaume, Handbuch für Beichtväter, Aachen ^{2}1843.

304 Saurer, Frauen und Priester, S. 142 (zu Rotteck und Welcker); Michelet, Prêtre, passim.

305 Michelet, Prêtre, S. X f., 210–217, 250–264, 277 f.

306 Saurer, Frauen und Priester, S. 163–166; Groupe de la Boussièr, Practique de la Confession. Des Péres du Disert à Vatican II. Quinze Études d'Histoire, Paris 1983, S. 208–220, 229–238.

307 Görres, Die Christliche Mystik, Bd. 1, S. 311–314; Bd. 5, S. 81–87.

308 Gil, Women in the Church of England, S. 63 f., 77–80; Nina Auerbach, Women and the Demon. The Life of a Victorian Myth, Harvard 1982, S. 63 f.; Brown, Death of Christian Britain, S. 61–67.

309 Kittsteiner, Die Abschaffung des Teufels, S. 79.

310 Koschorke, Die Heilige Familie, S. 187–203; Brockmeyer, Selbstverständnisse, S. 267–327; Theodor Mundt, Madonna. Unterhaltungen mit einer Heiligen (1835), ND Frankfurt/M. 1973; Delius, Marienverehrung, S. 300 ff.; Auerbach, Women and the Demon; Rita Morrien, Sinn und Sinnlichkeit. Der weibliche Körper in der deutschen Literatur der Bürgerzeit, Köln u. a. 2001, S. 226–287.

311 Reinhart Koselleck, Einleitung, in: Otto Brunner u. a. (Hg.), Geschichtliche Grundbegriffe. Historisches Lexikon zur politisch-sozialen Sprache in Deutschland, Bd. 1, Stuttgart 1972, S. XIII–XVII; ders., Begriffsgeschichte, Studien zur Semantik und Pragmatik der politischen und sozialen Sprache, Frankfurt/M. 2006, S. 9–55; Achim Landwehr, Geschichte des Sagbaren. Einführung in die Historische Diskursanalyse, Tübingen ^{2}2004; Michel Foucault, Archäologie des Wissens, Frankfurt/M. 1981; Lutz Raphael, Heinz Elmar Tenorth (Hg.), Ideen als gesellschaftliche Gestaltungskraft im Europa der Neuzeit, München 2006; Martin Mulsow, Andreas Mahler (Hg.), Die Cambridge School der politischen Ideengeschichte, Berlin 2010; Karl Mannheim, Ideologie und Utopie, Frankfurt/M. ^{3}1952; Andreas Reckwitz, Die Transformation der Kulturtheorien. Zur Entwicklung eines Theorieprogramms, Weilerswist 2000, S. 147–169.

312 Luhmann, Gesellschaft der Gesellschaft, Bd. 2, S. 866–1149; ders., Ideenevolution. Beiträge zur Wissenssoziologie, Frankfurt/M. 2008, S. 234–252.

313 Niklas Luhmann, Gesellschaftsstruktur und Semantik. Studien zur Wissenssoziologie der modernen Gesellschaft, Bd. 1, Frankfurt/M. 1980, S. 9–71, auch zum Folgenden.

314 Reinhart Koselleck, Zeitschichten. Studien zur Historik, Frankfurt/M. 2000,

S. 131–176; Georg Wilhelm Friedrich Hegel, Wissenschaft der Logik. Hauptwerke in sechs Bänden, Bd. 3, Hamburg 1999, S. 57 ff.

315 Lalor Stephen, Matthew Tindal, Freethinker. An Eighteenth-Century Assault on Religion, London 2006; R. D. Bedford, The Defence of Truth. Herbert of Cherbury and the Seventeenth Century, Manchester 1979; John Dunn, Locke, Oxford 1984; David Pfanner, Charles Blount, in: Matthew Harrison, Brian Harrison (Hg.), The Oxford Dictionary of National Biography, Bd. 6, London 2004, S. 294 f.; J. I. Israel, Radical Enlightenment. Philosophy and the Making of Modernity 1650–1750, Oxford u. a. 2001; Wayne Hudson, The English Deists. Studies in Early Enlightenment, London 2009; Jeffrey Wiggelworth, Deism in Enlightenment England. Theology, Politics and Newtonian Public Science, Manchester u. a. 2009.

316 John Locke, Epistola de Tolerantia. A Letter on Toleration, Oxford 1968, S. 121–133.

317 Edward Lord Herbert of Cherbury, De Veritate. Translated with an Introduction by Merich H. Carré, Bristol 1937.

318 Die zitierten und referierten Stellen: Cherbury, De Veritate, S. 85–90, 92–108, 289 f., 298–308, 321 f.

319 Charles Blount, The Oracles of Reason, London 1995, S. 195–209.

320 Matthew Tindal, Christianity as Old as Creation, London 1995, S. 157–208.

321 Tindal, Christianity, S. 90–99; Cherbury, De Veritate, S. 289; Blount, Oracles, S. 195.

322 William Warburton, The Divine Legation of Moses Demonstrated on the Principles of a Religious Deist, from the Omission of the Doctrine of a Future State of Reward and Punishment in the Jewish Dispensation, London 1738; vgl. Jan Assmann, Religio Duplex. Ägyptische Mysterien und europäische Aufklärung, Berlin 2010, S. 98–114.

323 Die Zitate und herangezogenen Stellen: Warburton, Divine Legation, S. XXI, 5 f., 20, 24–32, 39 f., 50, 56–59, 60, 78 f., 108–110; Lord Bolingbroke, Works, Bd. 4, London 1841, S. 108 ff. In allen nachfolgenden Sammelanmerkungen werden die Seitenzahlen in der Reihenfolge der Zitate und Bezugnahmen im Text angegeben.

324 Warburton, Divine Legation, S. 51 f., 54, 100–122.

325 Johann Joachim Spalding, Die Bestimmung des Menschen. Kritische Ausgabe I/I, Berlin 2006, S. XXXIX, 1, 13, 20–23.

326 Hermann Samuel Reimarus, Die vornehmsten Wahrheiten der natürlichen Religion in zehn Abhandlungen auf eine begreifliche Art erkläret und gerettet, Hamburg ^{3}1766, Vorrede, S. 1–5, 196 ff., 450 ff., 746 ff., 749.

327 Bolingbroke, Works, Bd. 4, S. 109.

328 Edward Lord Herbert of Cherbury, De Religione Gentilium, Amsterdam 1663.

329 Reimarus, Wahrheiten, S. 450–466.

330 David Hume, The Natural History of Religion, Stanford 1957, S. 21, 24, 26 f., 40–43.

331 Hume, Natural History, S. 70.

332 Hume, Natural History, S. 42, 49–53, 53 f., 63.

333 Jürgen Osterhammel, Die Entzauberung Asiens. Europa und die asiatischen Reiche im 18. Jahrhundert, München 1998.

334 François Delaporte, Das zweite Naturreich. Über die Fragen des Vegetabilischen im 18. Jahrhundert, Frankfurt/M. u. a. 1983, S. 49–70; vgl. Ludwig Wittgenstein, Philosophische Untersuchungen. Kritisch-genetische Edition, Darmstadt 2001, S. 613, 793.

335 Eduard Fueter, Geschichte der neueren Historiographie, München u. a. 1936, S. 265 ff., 349–396; Wolf Lepenies, Das Ende der Naturgeschichte. Wandel kultureller Selbstverständlichkeiten in den Wissenschaften des 18. und 19. Jahrhunderts, Frankfurt/M. 1978, S. 9–77; Adalbert Klempt, Die Säkularisierung der universalhistorischen Auffassung. Zum Wandel des Geschichtsdenkens im 16. und 17. Jahrhundert, Göttingen 1960; zu Linné und Buffon vgl. auch John Hedley Brooke, Science and Religion. Some Historical Perspectives, Cambridge 1991, S. 226–241.

336 Giambattista Vico, Die neue Wissenschaft. Über die gemeinschaftliche Natur der Völker, Berlin ^{2}2000; Voltaire, Essai sur les Mœurs et l'Esprit des Nations et sur les Principaux Faits de l'Histoire Depuis Charlemagne Jusqu'à Louis XIII., Paris 1866.

337 David A. Pailin, Attitudes to Other Religions. Comparative Religion in Seventeenth- and Eighteenth-Century Britain, Manchester 1984, S. 2 ff.; Peter Harrison, ›Religion‹ and the Religions in the English Enlightenment, Cambridge 1990, S. 160 ff.; Guy G. Stroumsa, A New Science. The Discovery of Religion in the Age of Reason, Cambridge u. a. 2010, S. 33 f.; Peter Byrne, Natural Religion and the Nature of Religion. The Legacy of Deism, London u. a. 1989, S. 51–110. Unbrauchbar für unsere Darstellung ist Ernst Feil, Religio, Bd. 4. Die Geschichte eines neuzeitlichen Grundbegriffes im 18. und 19. Jahrhundert, Göttingen 2007. Feil fehlt ein Begriff von den Problemen, um die es geht.

338 Joseph-François Lafitau, Die Sitten der amerikanischen Wilden im Vergleich zu den Sitten der Frühzeit, Leipzig 1987; Paola von Wyss-Giacosa, Religionsbilder der frühen Aufklärung. Bernard Picards Tafeln für die »Ceremonies et Coutûmes Religieuses de Tous les Peuples du Monde«, Zürich 2006, S. 17–55, 317; Jaques Revel, The Uses of Comparison. Religions in

the Early Eighteenth Century, in: Lynn Hunt u. a. (Hg.), Bernard Picard and the First Global Vision of Religion, Los Angeles 2010, S. 331–347, hier S. 337–341; Hartmut Zedelmeyer, Der Anfang der Geschichte. Studien zur Ursprungsdebatte im 18. Jahrhundert, Hamburg 2003, S. 187–191.

339 Lafitau, Sitten, S. 53–59.

340 Lafitau, Sitten, S. 195–209.

341 Warburton, Divine Legation, Bd. 2, S. 265 f., 315, 317–321.

342 Warburton, Divine Legation, Bd. 2, S. 322–330, 401 ff.

343 Warburton, Divine Legation, Bd. 2, S. 403, 265 ff.

344 Vico, Neue Wissenschaft, S. 124, 22, 126 f., 43; siehe auch Gerhart v. Graevenitz, Mythos. Zur Geschichte einer Denkgewohnheit. Stuttgart 1987, S. 72–84.

345 Vico, Neue Wissenschaft, S. 133 f., 136, 134, 136, 138 f.

346 Vico, Neue Wissenschaft, S. 138.

347 Vico, Neue Wissenschaft, S. 132, 78 f., 52 f.

348 Vico, Neue Wissenschaft, S. 68, 101.

349 Vico, Neue Wissenschaft, S. 50 f. 131, 88, 133, 52 f.

350 Vico, Neue Wissenschaft, S. 92 f., 313–322, 86, 98.

351 Vico, Neue Wissenschaft, S. 86, 400–403.

352 Vico, Neue Wissenschaft, S. 411 f., 425 f.

353 Vico, Neue Wissenschaft, S. 426, 424, 426.

354 Voltaire, Essai, S. 120, 14 f.

355 Voltaire, Essai, S. 14–17, 53–58.

356 Voltaire, Essai, S. 178, 7.

357 Voltaire, Essai, S. 8–13.

358 Voltaire, Essai, S. 63–81.

359 Voltaire, Essai, S. 19 f., 40–45, 162, 165–169; Voltaire, Œuvres Complètes, Bd. 13, S. 176–181.

360 Osterhammel, Entzauberung, passim; vgl. auch ders., Nation und Zivilisation in der britschen Historiographie von Hume bis Maccaulay, in: ders., Geschichtswissenschaft jenseits des Nationalstaats, Göttingen 2001, S. 103–150.

361 Jean-Jaques Rousseau, Sozialphilosophische und politische Schriften, Zürich 1989, S. 279, 380–384, 388 f.

362 Rousseau, Sozialphilosophische Schriften, S. 384–387.

363 Rousseau, Sozialphilosophische Schriften, S. 385; ders., Emile oder von der Erziehung, Zürich 1989, S. 374 f., 348 f., 336, 340 f., 350 f., 378, 390, 375 f., 353, 357, 379.

364 Rousseau, Sozialphilosophische Schriften, S. 53, 74, 63.

365 Johann Gottfried Herder, Ideen zur Philosophie der Geschichte der Menschheit, Wiesbaden 1985, S. 279 ff.

366 Herder, Ideen, S. 103–106.

367 Herder, Ideen, S. 125 f., 128 f.

368 Herder, Ideen, S. 129, 263–266, 245 f.

369 Herder, Ideen, S. 230–233, 237, 230, 236, 225 f., 235 f.

370 Herder, Ideen, S. 73–76, 121, 85 f., 146 f.

371 Herder, Ideen, S. 443–447.

372 Benjamin Constant, De la Religion. Texte Intégral Présenté par Tzvetan Todorov et Étienne Hoffmann, Paris 1999, S. 39 f.

373 Johann Christoph Adelung, Versuch einer Geschichte der Cultur des menschlichen Geschlechts, Leipzig 1782.

374 Adelung, Versuch, S. 5 f., 6–10, 22–29, 59–85, 87–148, 249–254, 287–292, 318–346, 448 ff.

375 Adelung, Versuch, S. 451 f.

376 Philipp Christian Reinhard, Abriß einer Geschichte der Entstehung und Ausbildung der religiösen Ideen, Jena 1794, S. 249 u. passim.

377 Christoph Meiners, Allgemeine kritische Geschichte der Religionen, 2 Bde., Hannover 1806.

378 Meiners, Geschichte der Religionen, Bd. 1, S. 1 f., 5–8.

379 Meiners, Geschichte der Religionen, S. 114 ff., 120 f., 129 ff.

380 Constant, De la Religion, passim, bes. S. 563–577.

381 Vgl. Montesquieu, Vom Geist der Gesetze, Stuttgart 1965, S. 356 ff. (Buch 24).

382 Lucian Hölscher (Hg.), Das Jenseits. Facetten eines religiösen Begriffs in der Neuzeit, Göttingen 2007.

383 Aner, Theologie der Lessingzeit, S. 236–246, 158–176; Albrecht Beutel, Volker Leppin (Hg.), Religion und Aufklärung. Studien zur neuzeitlichen »Umformung des Christlichen«, Leipzig 2004.

384 Harm Klueting (Hg.), Katholische Aufklärung. Aufklärung im katholischen Deutschland, Hamburg 1993.

385 Schlögl, Glaube und Religion, S. 109–124.

386 Graf, »Dechristianisierung«, S. 32–66; Schlögl, Der Glaube Alteuropas, S. 63–82.

387 Charles Robert Gosselin, L'Antiquité Dévoilée au Moyen de la Genese, Paris [4]1817.

388 Gosselin, L'Antiquité Dévoilée, S. 147–159, 199, 130 f.

389 George Stanley Faber, The Origin of Pagan Idolatry Ascertained from Historical Testimony and Circumstantial Evidence, London 1816, S. 31–57, 61–74, 105–110, 54.

390 Aner, Theologie der Lessingzeit, S. 276–282.

391 Feil, Religio, Bd. 4, S. 876–879.

392 John Hutchinson, Moses's Sine Principio. Represented by Names, by Words, by Types, by Emblems. With an Introduction Shewing the Nature of Body and Soul […], Bd. 3, London ^{3}1748, S. V, XCII, XXV, XCII.

393 Assmann, Religio Duplex, S. 72–88, 108–110.

394 Christoph Meiners, Über die Mysterien der Alten, besonders über die Eleusinischen Geheimnisse, in: ders., Vermischte philosophische Schriften, Teil 3, Leipzig 1776, S. 164–342; vgl. hierzu ebenfalls Assmann, Religio Duplex, S. 115 f.

395 Meiners, Mysterium, S. 171–175, 187 ff., 206, 209.

396 Meiners, Mysterium, S. 200–206, 293; Assmann, Religio Duplex, S. 118.

397 Rudolf Schlögl, Alchemie und Avantgarde. Das Utopische bei Rosenkreuzern und Freimaurern, in: Monika Neugebauer-Wölk, Richard Saage (Hg.), Die Politisierung des Utopischen im 18. Jahrhundert, Halle 1996, S. 117–142.

398 Reinhart Koselleck, Kritik und Krise. Eine Studie zur Pathogenese der bürgerlichen Welt, Frankfurt/M. 1976, fasst sie wesentlich als Vorbehalt gegen Staat und Politik.

399 Étienne Bonnot de Condillac, Essai sur l'Origine des Connaissances Humaines, Paris 1822.

400 Condillac, Essai, S. 192–196.

401 Condillac, Essai, S. 197–208, 311–316; vgl. Jan Assmann, Hieroglyphen als mnemotechnisches System. William Warburton und die Grammatologie des 18. Jahrhunderts, in: Jörg Jochen Berns, Wolfgang Neuber (Hg.), Seelenmaschinen. Gattungstraditionen, Funktion und Leistungsgrenzen der Mnemotechniken vom späten Mittelalter bis zum Beginn der Moderne, Wien u. a. 2000, S. 711–724.

402 Rousseau, Sozialphilosophische Schriften, S. 75–80.

403 Johann Peter Süßmilch, Versuch eines Beweises, dass die erste Sprache ihren Ursprung nicht vom Menschen, sondern allein vom Schöpfer erhalten habe, in der Akademischen Versammlung vorgelesen und zum Druck gegeben, Berlin 1766.

404 Johann Gottfried Herder, Abhandlung über den Ursprung der Sprache. Texte, Materialien, Kommentar, hg. v. Wolfgang Proß, München u. a. o. J.

405 Cordula Neis, Anthropologie im Sprachdenken des 18. Jahrhunderts. Die Berliner Preisfrage nach dem Ursprung der Sprache, Berlin u. a. 2003, S. 198–229; Herder, Abhandlung, S. 31, 75, 32–36, 107–109; vgl. zu Herder auch Maurice Olender, Die Sprachen des Paradieses. Religion, Philosophie und Rassentheorie im 19. Jahrhundert, Frankfurt/M. 1989, S. 46–58.

406 Charles de Brosses, Ueber den Dienst der Fetischgötter oder Vergleichung der alten Religionen Egyptens mit der heutigen Religion Nigritiens. Mit einem Einleitungsversuch über Aberglauben, Zauberei und Abgötterei und anderen Zusätzen übersetzt von Chr. B. H. Pistorius, Berlin u. a. 1785; vgl. Hartmut Böhme, Fetischismus und Kultur. Eine andere Theorie der Moderne, Berlin 2006, S. 199–204; Karl-Heinz Kohl, Die Macht der Dinge. Geschichte und Theorie sakraler Objekte, München 2003, S. 71–76.

407 De Brosses, Fetischgötter, S. 4 f., 47, 17–43, 161–168, 141, 185 ff., 144–151.

408 Philip C. Almond, The British Discovery of Buddhism, Cambridge 1988, S. 31; P. J. Marshall (Hg.), The British Discovery of Hinduism in the Eighteenth Century, Cambridge 1970, S. 1–44; Michael Stausberg, Faszination Zarathustra. Zoroaster und die europäische Religionsgeschichte der Frühen Neuzeit, Berlin u. a. 1998, S. 790–836 (zu Anquetil Duperron); Tomoko Masuzawa, The Invention of World Religions: Or, how European Universalism was Preserved in the Language of Pluralism, Chicago u. a. 2005, S. 107–178.

409 Friedrich Creuzer, Symbolik und Mythologie der alten Völker, besonders der Griechen, Leipzig u. a. [2]1890.

410 Creuzer, Symbolik, S. 51, 38, 21–27, 150–195, 240 ff., 794–798, 70 ff., 102 ff., 56 ff., 64 ff.

411 Creuzer, Symbolik, S. 30–35, 42.

412 Immanuel Kant, Der Streit der Fakultäten. Werke, Bd. 11, Frankfurt/M. 1977.

413 Kant, Streit der Fakultäten, S. 288 f., 285, 301, 285.

414 Immanuel Kant, Kritik der reinen Vernunft, Stuttgart 1966, S. 23–26.

415 Georg Friedrich Wilhelm Hegel, Werke in 20 Bänden, Bd. 1, Frankfurt/M. 1978, S. 234–237; vgl. zur Zuschreibung Franz Rosenzweig, Das älteste Systemprogramm des deutschen Idealismus, Heidelberg 1917.

416 Hegel, Werke, Bd. 11, S. 53 f.: Vorrede zu Hinrichs Religionsphilosophie, 1822; ders., Werke, Bd. 1, S. 234.

417 Hegel, Werke, Bd. 11, S. 51; Immanuel Kant, Träume eines Geistersehers, erläutert durch Träume in der Metaphysik. Werke, Bd. 2, Frankfurt/M. 1977, S. 984, 946.

418 Kant, Kritik der reinen Vernunft, S. 612–620, 667; ders., Kritik der praktischen Vernunft. Werke, Bd. 7, S. 252–264; ders., Kritik der Urteilskraft. Werke, Bd. 10, S. 413–433.

419 Immanuel Kant, Religion innerhalb der Grenzen der bloßen Vernunft. Werke, Bd. 8, Frankfurt/M. 1968.

420 Kant, Religion, S. 650 f.

421 Kant, Religion, S. 761 f., 777 f., 788.

422 Georg Friedrich Wilhelm Hegel, Phänomenologie des Geistes. Hauptwerke in 6 Bänden, Bd. 2, Hamburg 1999; vgl. dazu und zum Folgenden: Lawrence Dickey, Hegel. Religion, Economies and the Politics of Spirit, Cambridge 1987, S. 143–179; Cyril O'Regan, The Heterodox Hegel, New York 1994, S. 63 f., 169 f.

423 Georg Friedrich Wilhelm Hegel, Vorlesungen über die Philosophie der Religion, hg. v. Walter Jaeschke, 3 Bde., Hamburg 1993.

424 Hegel, Vorrede, S. 45, 49, 56, 59, 60 f.

425 Hegel, Phänomenologie des Geistes, S. 20 f., 29, 238, 365, 368.

426 Hegel, Vorlesungen, Bd. 1, S. XXII, 266 f., 277 f., 280 f., 291, 102–108; Bd. 3, S. X ff., 99–108, 147 ff.

427 Hegel, Vorlesungen, Bd. 1, S. 107.

428 Friedrich Wilhelm Joseph von Schelling, Philosophie der Mythologie. Sämtliche Werke, Bd. 2.2, Stuttgart u. a. 1857; ders., Philosophie der Offenbarung, 1841/42, Frankfurt/M. 1977.

429 Schelling, Offenbarung, S. 109, 121 ff., 145 ff.

430 Schelling, Mythologie, S. 21, 35, 39 f., 52, 80 ff., 124, 127, 69, 79, 295, 363, 259, 264.

431 Schelling, Offenbarung, S. 259, 264.

432 Schelling, Offenbarung, S. 136 f., 161, 145 ff.

433 Schelling, Offenbarung, S. 198, 212.

434 Karl Rosenkranz, Die Naturreligion. Ein philosophisch-historischer Versuch, Iserlohn 1831, S. XVI f., 19, 28 ff.

435 Ludwig Feuerbach, Das Wesen des Christentums. Werke in sechs Bänden, Bd. 5, Frankfurt/M. 1976.

436 Feuerbach, Wesen, S. 9–12.

437 Feuerbach, Wesen, S. 17 f., 25, 30 ff., 39.

438 Feuerbach, Wesen, S. 56–85, 95–98, 103–106, 189–198.

439 Feuerbach, Wesen, S. 220–223, 228, 236, 246–249, 270 f.

440 Feuerbach, Wesen, S. 282, 325 f.

441 Friedrich Nietzsche, Ecce Homo. Nietzsches Werke. Taschen-Ausgabe, Bd. 11, Leipzig o. J., S. 387.

442 Karl Marx, Thesen über Feuerbach. Marx-Engels-Werke, Bd. 3, Berlin 1969, S. 5; Karl Marx, Friedrich Engels, Die deutsche Ideologie. Kritik der neuesten deutschen Philosophien in ihren Repräsentanten Feuerbach, B. Bauer und Stirner und des deutschen Sozialismus in seinen verschiedenen Propheten. Marx-Engels-Werke, Bd. 3, Berlin 1969.

443 Dieter Mersch, Das Ereignis der Setzung, in: Erika Fischer-Lichte (Hg.), Performativität und Ereignis, Tübingen u. a. 2003, S. 41–56.

444 Görres, Athanasius; Johann Adam Möhler, Symbolik oder Darstellung der dogmatischen Grundsätze der Katholiken und der Protestanten nach ihren öffentlichen Bekenntnisschriften, Mainz 1832.

445 Friedrich Schlegel, Philosophie der Geschichte. In 18 Vorlesungen gehalten zu Wien im Jahre 1828. Kritische Friedrich-Schlegel-Ausgabe, Bd. 9, München u. a. 1971, passim, besonders S. 416–420, 427; vgl. Matthias Klug, Rückwendung zum Mittelalter? Geschichtsbilder und historische Argumentation im politischen Katholizismus des Vormärz, Paderborn u. a. 1995; Marcus Sandl, Heilige Stagnation. Mediale Konfigurationen des Stillstandes in der Großdeutsch-katholischen Geschichtsschreibung des frühen 19. Jahrhunderts, in: HZ 285. 2007, S. 529–563.

446 Bernhard Bolzano, Lehrbuch der Religionswissenschaft. Ein Abdruck der Vorlesungshefte eines ehemaligen Religionslehrers an einer katholischen Universität, Teil 3, Bd. 2, Sulzbach 1834; J. D. Vogelsang, Lehrbuch der christlichen Sittenlehre, Bonn 1834, bes. S. 4 f.; Emerich Coreth S. J. u. a. (Hg.), Christliche Philosophie im katholischen Denken des 19. und 20. Jahrhunderts, Bd. 1. Neue Ansätze im 19. Jahrhundert, Graz u. a. 1987.

447 Friedrich Schleiermacher, Der christliche Glaube nach den Grundsätzen der evangelischen Kirche im Zusammenhang dargestellt, 2 Bde., Berlin 1821/22, Bd. 1, S. 210–213.

448 Schleiermacher, Reden, S. 70 f., 76–79.

449 Schleiermacher, Reden, S. 84 f., 108, 111–117, 86–89.

450 Schleiermacher, Reden, S. 135, 118, 140, 139.

451 Schleiermacher, Reden, S. 192, 186; ders., Christlicher Glaube, Bd. 1, S. 218 ff.

452 Schleiermacher, Reden, S. 116, 112 f.

453 Ludwig Noack, Die speculative Religionswissenschaft im encyklopädischen Organismus ihrer besonderen Disciplinen, Darmstadt 1847, S. V.

454 Noack, Religionswissenschaft, S. 17 ff., S. 27, 30–33, 57.

455 Noack, Religionswissenschaft, S. 80–83, 89.

456 Noack, Religionswissenschaft, S. 153, 148, 269, 114, 388 ff., 337, 391.

457 Volker Bohn (Hg.), Typologie, Frankfurt/M. 1988; Erich Auerbach, Figura, in: ders., Gesammelte Aufsätze zur romanischen Philologie, Bern u. a. 1967, S. 55–92.

458 Eduard Zeller, Die Annahme einer Perfektibilität des Christentums, Historisch und dogmatisch untersucht, in: Theologische Jahrbücher 1. 1842, S. 1–50; ders., Über das Wesen der Religion, in: Theologische Jahrbücher 4. 1845, S. 26–74, 393–430.

459 Zeller, Wesen, S. 32–45, 47, 55, 65–67, 393, 407, 410 f.

460 Zeller, Perfektibilität, S. 2, 11–15, 26–30, 42 f.

461 Zeller, Perfektibilität, S. 48–50.

462 Zeller, Wesen, S. 425–429.

463 Karl Löwith, Weltgeschichte als Heilsgeschehen. Sämtliche Schriften, Bd. 2, Stuttgart 1983; Hans Blumenberg, Säkularisierung und Selbstbehauptung, Frankfurt/M. 1974; Blickle, Schlögl (Hg.), Die Säkularisation.

464 Lehmann (Hg.), Säkularisierung.

465 Manuel Borutta, Genealogie der Säkularisierungstheorie. Zur Historisierung einer großen Erzählung der Moderne, in: Geschichte und Gesellschaft 36. 2010, S. 347–376; ders., Antikatholizismus. Deutschland und Italien im Zeitalter der europäischen Kulturkämpfe, Göttingen 2010; Albrecht Koschorke, »Säkularisierung« und »Wiederkehr der Religion«. Zu zwei Narrativen der europäischen Moderne, Manuskript, Konstanz 2011.

466 Eine Vielzahl von Belegen bei: Alois Hahn, Religiöser Wandel in der deutschen Gegenwartsgesellschaft – Kontroversen um seine religionssoziologische Interpretation, in: Matthias König (Hg.), Religionskontroversen in Frankreich und in Deutschland, Hamburg 2008, S. 239–271, hier S. 240–250.

467 José Casanova, Public Religions in the Modern World, Chicago u. a. 1998, S. 11–15; ders., Europas Angst vor der Religion, Berlin 2009, S. 8–16; Talal Asad, Formation of the Secular. Christianity, Islam, Modernity, Stanford 2003, S. 181 f.

468 Johann Caspar Bluntschli, Psychologische Studien über Staat und Kirche, Zürich 1844.

469 Graf, »Dechristianisierung«, S. 32–66.

470 Zum Begriff: Rudolf Schlögl, Hierarchie und Funktion. Zur Transformation der stratifikatorischen Ordnung der Frühen Neuzeit, in: Zeitsprünge 15. 2011, S. 47–63.

471 Peter van der Veer, Spirituality in Modern Society, in: Social Research 76. 2009, S. 1077–1120.

472 Frank Ruda, Hegels Pöbel. Eine Untersuchung der »Grundlinien der Philosophie des Rechts«, Konstanz 2011.

473 Gabriel Tarde, Die Gesetze der Nachahmung, Frankfurt/M. 2003, S. 100–112.

474 Das gilt auch für die Formulierung Luhmanns: »Religion scheint immer dann vorzuliegen, […] wenn man eingesehen hat, weshalb alles nicht so ist, wie man es gerne haben möchte.« (Religion der Gesellschaft, S. 122.) In den 1830er Jahren wird erstmals die Vorstellung formuliert, es gebe in der Psyche

des Menschen Vorgänge, die nicht ins Bewusstsein gelangten (Gustav Carus).

475 Siehe die Rekonstruktion der Argumente Luhmanns bei: Hahn, Religiöser Wandel, S. 266.

476 Diese Konstellation ist die Voraussetzung für den Vorschlag Latours, religiöse Rede solle Gott hervorbringen (»produzieren«): Bruno Latour, Jubilieren. Über religiöse Rede, Frankfurt/M. 2011, S. 198–202; Zur Signaturenlehre auch in ihrer Bedeutung für Religion in der Moderne, die dann Sprache als ein Agens entdeckt: Agamben, Signatura rerum, S. 84–87.

477 Pippa Norris, Ronald Inglehardt, Sacred and Secular. Religion and Politics Worldwide, Cambridge 2004.

Quellen und Literatur

[Anonym], Die Lauheit des Zeitalters gegen Religion und Schrift [...], Leipzig 1806.
Adelung, Johann Christoph, Versuch einer Geschichte der Cultur des menschlichen Geschlechts, Leipzig 1782.
Agamben, Giorgio, Signatura rerum. Zur Methode, Frankfurt/M. 2009.
Albrecht, Ruth (Hg.), Glaube und Geschlecht. Fromme Frauen, spirituelle Erfahrungen, religiöse Traditionen, Köln 2008.
Alff, Wilhelm, Michelets Ideen, Genf 1966.
Almond, Philip C., The British Discovery of Buddhism, Cambridge 1988.
Altenbernd, Johannes, Bibelanstalt, Bibelbund oder Bibelgesellschaft? Bibelverbreitung und Vereinsgründung in der katholischen Kirche zwischen 1805–1830, in: Artur Bogner u. a. (Hg.), Weltmission und religiöse Organisationen. Protestantische Missionsgesellschaften im 19. und 20. Jahrhundert, Würzburg 2004, S. 249–284.
Andermann, Kurt, Geistliche Staaten am Ende des Alten Reiches, in: HZ 271. 2000, S. 593–619.
Aner, Karl, Die Theologie der Lessingzeit, Halle 1929.
Arens S. J., Bernhard, Die katholischen Missionsvereine. Darstellung ihres Werdens und Wirkens, ihrer Satzungen und Vorrechte, Freiburg/Br. 1922.
Aretin, Karl Otmar v., Das Alte Reich 1648–1806, Bd. 3. Das Reich und der österreichisch-preußische Dualismus, Stuttgart 1997.
Armstrong, Anthony, The Church of England. The Methodists and Society 1700–1850, London 1973.
Arx, Walter v., Liturgische Reflexionen im Klerus anhand des Archivs für die Pastoralkonferenzen in den Landkapiteln des Bistums Konstanz, in: Franz Kohlschein, Peter Wünsche (Hg.), Liturgiewissenschaft. Studien zur Wissenschaftsgeschichte, Paderborn 1996, S. 143–187.
Asad, Talal, Formation of the Secular. Christianity, Islam, Modernity, Stanford 2003.
Aspinall, Arthur, Politics and the Press 1780–1850, Brighton 1973.
Assmann, Jan, Hieroglyphen als mnemotechnisches System. William Warburton und die Grammatologie des 18. Jahrhunderts, in: Jörg Jochen Berns, Wolf-

gang Neuber (Hg.), Seelenmaschinen. Gattungstraditionen, Funktion und Leistungsgrenzen der Mnemotechniken vom späten Mittelalter bis zum Beginn der Moderne, Wien u. a. 2000, S. 711–724.

Assmann, Jan, Die Mosaische Unterscheidung oder der Preis des Monotheismus, München 2003.

Assmann, Jan, Religio Duplex. Ägyptische Mysterien und europäische Aufklärung, Berlin 2010.

Aston, Nigel, Religion and Revolution in France 1780–1804, Washington D. C. 2000.

Auerbach, Erich, Figura, in: Ders., Gesammelte Aufsätze zur romanischen Philologie, Bern u. a. 1967, S. 365–369.

Auerbach, Nina, Women and the Demon. The Life of a Victorian Myth, Harvard 1982.

Aulard, François-Alphonse, Le Culte de la Raison et le Culte de l'Être Suprême 1793–1794. Essai Historique, Paris 1892.

Baader, Franz v., Gesellschaftslehre, hg. v. Hans Grassl, München 1957.

Bade, Klaus Jürgen, Europa in Bewegung. Migration vom späten 18. Jahrhundert bis zur Gegenwart, München 2002.

Baecker, Dirk, Studium zur nächsten Gesellschaft, Frankfurt/M. 1997.

Bahlcke, Joachim, Ungarischer Episkopat und österreichische Monarchie. Von einer Partnerschaft zur Konfrontation 1686–1790, Stuttgart 2005.

Bakker, Willem F. u. a., De Afscheiding van 1834 en Haar Geschiedenis, Kampen 1984.

Barclay, David E., Anarchie und guter Wille. Friedrich Wilhelm IV. und die preußische Monarchie, Berlin 1995.

Barclay, David E., Ritual, Ceremonial and the »Invention« of a Monarchical Tradition in Nineteenth-Century Prussia, in: Heinz Duchhardt u. a. (Hg.), European Monarchy. Its Evolution and Practice from Roman Antiquity to Modern Times. Stuttgart 1992, S. 207–220.

Barrie, Vivianne, Die Anglikanische Kirche, in: Bernard Plongeron (Hg.), Aufklärung, Revolution, Restauration, Freiburg/Br. u. a. 2000, S. 44–54.

Barth, Boris, Osterhammel, Jürgen (Hg.), Zivilisierungsmissionen. Imperiale Weltverbesserung seit dem 18. Jahrhundert, Konstanz 2005.

Basdevant-Gaudemet, Brigitte, Sicard, Germain, Les Communes Françaises, l'Enseignement et les Cultes de la Fin de l'Ancien Régime à nos Jours, Paris 2005.

Bayly, C. A., The Birth of the Modern World 1780–1914. Global Connections and Comparisons, London 2004.

Beck, Rainer, Der Pfarrer und das Dorf, in: Richard v. Dülmen (Hg.), Armut, Liebe, Ehre, Frankfurt/M. 1988, S. 107–143.

Bedford, R. D., The Defence of Truth. Herbert of Cherbury and the Seventeenth Century, Manchester 1979.

Beetham, Margaret, A Magazine of Her Own? Domesticity and Desire in the Women's Magazine 1800–1914, London u. a. 1996.

Ben-Amos, Avner, Funerals, Politics and Memory in Modern France 1789–1996, Oxford 2000.

Bentley, James, Ritualism and Politics in Victorian Britain. The Attempt to Legislate for Belief, Oxford 1978.

Berenson, Edward, Populist Religion and Left-Wing Politics in France 1830–1852, Princeton 1984.

Berghoff, Peter, Der Tod des politischen Kollektivs. Politische Religion und das Sterben und Töten für Volk, Nation und Rasse, Berlin 1997.

Best, Geoffrey F., Temporal Pillars. Queen Anne's Bounty, the Ecclesiastical Commissionars, and the Church of England, Cambridge 1964.

Beutel, Albrecht, Volker Leppin (Hg.), Religion und Aufklärung. Studien zur neuzeitlichen »Umformung des Christlichen«, Leipzig 2004.

Beyer, Peter, Religion in Globalized Society, Arlington 2006.

Birtsch, Günther, Religions- und Gewissensfreiheit in Preußen von 1780 bis 1817, in: ZhF 11. 1984, S. 177–204.

Blackbourn, David, Marpingen. Apparitions of the Virgin Mary in Nineteenth-Century Germany, New York 1994.

Blaschke, Olaf, Abschied von der Säkularisierungslegende, in: Zeitenblicke 5. 2006, [www.zeitenblicke.de/2006/1/blaschke/index_htm], Zugriff 2. 6. 2006; 19:45].

Blessing, Werner K., Staat und Kirche in der Gesellschaft. Institutionelle Autorität und mentaler Wandel in Bayern während des 19. Jahrhunderts, Göttingen 1982.

Blet, Pierre, Le Clergé de France et la Monarchie. Études sur les Assemblées Génerales du Clergé de 1615 à 1666, 2 Bde., Rom 1959.

Blickle, Peter, Schlögl, Rudolf (Wg.), Die Säkularisation im Prozeß der Säkularisierung Europas, Epfendorf 2005.

Blitz, Hans M., Aus Liebe zum Vaterland. Die deutsche Nation im 18. Jahrhundert, Hamburg 2000.

Blumenberg, Hans, Säkularisierung und Selbstbehauptung, Frankfurt/M. 1974.

Bluntschli, Johann Caspar, Psychologische Studien über Staat und Kirche, Zürich 1844.

Bohn, Volker (Hg.), Typologie. Internationale Beiträge zur Poetik, Frankfurt/M. 1988.

Bolingbroke, Lord, Works, Bd. 4, London 1841.

Boll, Franz Christian, Von dem Verfalle und der Wiederherstellung der Religiosität mit besonderer Hinsicht auf das protestantische Deutschland, 2 Teile, Neustrelitz 1809.

Bolton, Charles A., Church Reform in 18th Century Italy. The Synod of Pistoia 1786, Den Haag 1969.

Bolzano, Bernhard, Lehrbuch der Religionswissenschaft. Ein Abdruck der Vorlesungshefte eines ehemaligen Religionslehrers an einer katholischen Universität, Teil 3, Bd. 2, Sulzbach 1834.

Bonald, Louis de, Législation Primitive Consideré par la Raison, Paris 1847.

Borutta, Manuel, Antikatholizismus. Deutschland und Italien im Zeitalter der europäischen Kulturkämpfe, Göttingen 2010.

Borutta, Manuel, Genealogie der Säkularisierungstheorie. Zur Historisierung einer großen Erzählung der Moderne, in: Geschichte und Gesellschaft 36. 2010, S. 347–376.

Bouvier, J.-B., Dissertatio in sexo decalogi praeceptum et supplementum ad tractatum de Matrimonio, Paris [9]1839.

Bowman, Frank P., French Romanticism. Intertextual and Interdisciplinary Readings, Baltimore u. a. 1990.

Böhme, Hartmut, Fetischismus und Kultur. Eine andere Theorie der Moderne, Berlin 2006.

Brandmüller, Walter, Handbuch der bayerischen Kirchengeschichte, Bd. 2. Von der Glaubensspaltung bis zur Säkularisierung, St. Ottilien 1993.

Braun, Albert, Der Klerus des Bistums Konstanz im Ausgang des Mittelalters, Münster 1938.

Braun, Bettina (Hg.), Geistliche Fürsten und geistliche Staaten in der Spätphase des Alten Reiches, Epfendorf/Neckar 2008.

Brecht, Martin u. a. (Hg.), Geschichte des Pietismus, Bde. 1–2, Göttingen 1993 ff.

Brentano, Clemens, Das bittere Leiden unseres Herrn Jesu Christ. Nach den Betrachtungen der gottseligen Anna Katharina Emmerich […] nebst dem Lebensumriss dieser Begnadigten [2]1834. Sämtliche Werke und Briefe, hg. v. Jürgen Behrens, Anne Bohnenkamp-Renke, Bd. 26, Stuttgart u. a. 1980.

Brentano, Clemens, Werke, hg. v. Wolfgang Frühwald u. a., Bd. 1, Darmstadt 1968.

Brettschneider, Karl Gottlieb, Clementine oder die Frommen und Altgläubigen unserer Tage, Halle 1841.

Brinkmann, Tobias (Hg.), Religion und Philanthropie in den europäischen Zivilgesellschaften. Entwicklungen im 19. und 20. Jahrhundert, München 2009.

Brockmeyer, Bettina, Selbstverständnisse. Dialoge über Körper und Gemüt im frühen 19. Jahrhundert, Göttingen 2009.

Brooke, John Hedley, Science and Religion. Some Historical Perspectives, Cambridge 1991.

Brosses, Charles de, Ueber den Dienst der Fetischgötter oder Vergleichung der alten Religionen Egyptens mit der heutigen Religion Nigritiens. Mit einem Einleitungsversuch über Aberglauben, Zauberei und Abgötterei und anderen Zusätzen übersetzt von Chr. B. H. Pistorius, Berlin u. a. 1785.

Brown, Callum G., The Death of Christian Britain. Understanding Secularisation 1800–2000, London u. a. ^{2}2008.

Brown, Stewart J., The National Churches of England, Ireland and Scotland 1801–1846, Oxford 2001.

Brückner, Wolfgang, Die Verehrung des Heiligen Blutes in Walldürn. Volkskundliche und soziologische Untersuchungen zum Strukturwandel barocken Wallfahrens, Aschaffenburg 1958.

Buchheim, Karl, Ultramontanismus und Demokratie. Der Weg der deutschen Katholiken im 19. Jahrhundert, München 1863.

Budischin, Hans-Jörg, Der gelehrte Zivilprozeß in der Praxis geistlicher Gerichte des 13. und 14. Jahrhunderts im deutschen Raum, Bonn 1974.

Buisson, Ludwig, Potestas und Caritas. Die päpstliche Gewalt im Spätmittelalter, Köln 1958.

Burke, Edmund, Betrachtungen über die Französische Revolution, Zürich 1986.

Burkhard, Dominik, Staatskirche, Papstkirche, Bischofskirche. Die »Frankfurter Konferenzen« und die Neuordnung der Kirche in Deutschland nach der Säkularisation, Rom u. a. 2000.

Busch, Norbert, Die Feminisierung der ultramontanen Frömmigkeit, in: Irmtraud Götz v. Olenhusen (Hg.), Wunderbare Erscheinungen. Frauen und katholische Frömmigkeit im 19. und 20. Jahrhundert, Paderborn 1995, S. 203–219.

Büschel, Hubertus, Untertanenliebe. Der Kult um deutsche Monarchen 1770–1830, Göttingen 2006.

Büschel, Hubertus, Vor dem Altar des Vaterlandes – Verfahren ritueller Sakralisierung von Monarch und Staat zu Beginn des 19. Jahrhunderts, in: Florian Steger (Hg.), Kultur, ein Netz von Bedeutungen. Analysen zur symbolischen Kulturanthropologie, Würzburg 2002, S. 161–183.

Byrne, Peter, Natural Religion and the Nature of Religion. The Legacy of Deism, London u. a. 1989.

Cabanis, José, Le Sacre de Napoleon. 2 Décembre 1804, Paris 1970.

Cabanis , José, Charles X. Roi Ultra, Paris 1972.

Callahan, William, Church, Politics, and Society in Spain, 1750–1874, Cambridge 1984.

Callahan, William, The Spanish Church, in: ders., David Higgs (Hg.), Church and Society in Catholic Europe of the Eighteenth Century, Cambridge 1979, S. 34–50.

Cameron, Evan, Enchanted Europe. Superstition, Reason, and Religion, 1250–1750, Oxford u. a. 2011.

Capitani, François de, Schweizerische Stadtfeste als bürgerliche Selbstdarstellung, in: Bernhard Kirchgässner, Hans-Peter Becht (Hg.), Stadt und Repräsentation, Sigmaringen 1995, S. 115–126.

Casanova, José, Public Religions in the Modern World, Chicago u. a. 1998.

Casanova, José, Europas Angst vor der Religion, Berlin 2009.

Catéchisme à l'Usage de Toutes les Églises de l'Empire Français, Paris 1806.

Chadwick, Owen, The Victorian Church, Bd. 1. 1829–1859, London 1970.

Chateaubriand, François-René de, Essais sur les Révolutions. Génie du Christianisme, Paris 1978.

Châtellier, Louis, L'Europe des Dévots, Paris 1987.

Chevallier, Pierre, Loménie de Brienne et l'Ordre Monastique 1760–1789, Paris 1959.

Cherbury, Lord Herbert of, De Religione Gentilium, Amsterdam 1663.

Cherbury, Edward Lord Herbert of, De Veritate. Translated with an Introduction by Merich H. Carré, Bristol 1937.

Christian Jr., William A., Person and God in a Spanish Valley, Princeton 1989.

Clark, Jonathan C. D., English Society, 1660–1832. Religion, Ideology and Politics During the Ancien Regime, Cambridge u. a. 2000.

Clavadetscher, Otto P., Die geistlichen Richter des Bistums Chur, Basel 1964.

Coing, Helmut (Hg.), Handbuch der Quellen und Literatur der neueren europäischen Privatrechtsgeschichte, Bd. 1, München 1973.

Coleridge, Samuel T., On the Constitution of the Church and State. The Collected Works, Bd. 10, London 1976.

Colley, Linda, The Apotheosis of George III. Loyalty, Royalty and the British Nation 1760–1820, in: Past and Present 102. 1984, S. 94–129.

Colley, Linda, Britons. Forging the Nation 1707–1837, New Haven u. a. 1992.

Collingham, Hugh A., Robert S. Alexander, The July Monarchy. A Political History of France 1830–1844, London 1988.

Collins, Irene, The Government and the Newspaper in France 1814–1881, Oxford 1959.

Condillac, Étienne Bonnot de, Essai sur l'Origin des Connaissances Humaines, Paris 1822.

Constant, Benjamin, Politische Schriften. Werke in vier Bänden, Bd. 4, Berlin 1972.

Constant, Benjamin, De la Religion. Texte Intégral Présenté par Tzvetan Todorov et Étienne Hoffmann, Paris 1999.

Cooper, Kate (Hg.), Elite and Popular Religion, Woodbridge u. a. 2006.

Cornwall, Robert D., Bradley, James E. (Hg.), Religion, Politics and Dissent, 1660–1832. Essays in Honour of James E. Bradley, Farnham u. a. 2010.

Cortés, Juan D., Der Staat Gottes. Eine katholische Geschichtsphilosophie, hg. v. Ludwig Fischer, Darmstadt 1966.

Creuzer, Friedrich, Symbolik und Mythologie der alten Völker, besonders der Griechen, Leipzig u. a. ^{2}1890.

Croce, Walter, Die niederen Weihen und ihre hierarchische Wertung. Eine geschichtliche Studie, in: Zeitschrift für katholische Theologie 70. 1948, S. 257–314.

Crowe, Ian, Patriotism and Public Spirit. Edmund Burke and the Role of the Critic in Mid-Eighteenth-Century Britain, Stanford 2012.

Curtis, Sarah A., Educating the Faithful. Religion, Schooling and Society in 19th Century France, Illinois 2000.

Danzelot, Jacques, Die Ordnung der Familie, Frankfurt/M. 1980.

Darnton, Robert, Der Mesmerismus und das Ende der Aufklärung in Frankreich, Frankfurt/M. u. a. 1968.

Davis, Horton, Worship and Theology in England. From Watts and Wesley to Maurice, 1690–1850, Princeton 1961.

Debreyne, Pierre, Essai sur la Théologie Morale Considerée dans ses Rapports avec la Physiologie et la Médicine, Paris 1844.

Delaporte, François, Das zweite Naturreich. Über die Fragen des Vegetabilischen im 18. Jahrhundert, Frankfurt/M. u. a. 1983.

Delius, Walter, Geschichte der Marienverehrung, München 1943.

Delumean, Jean, La Permière Communion, Paris 1987.

Deniel, Raymond, Une Image de la Famille et de la Société sous la Restauration (1815–1830). Études de la Presse Catholique, Paris 1965.

Derrida, Jacques, Glaube und Wissen. Die beiden Quellen der »Religion« an den Grenzen der bloßen Vernunft, in: ders., Gianni Vattimo, Die Religion, Frankfurt/M. 2001, S. 9–106.

Develin, Judith, The Superstitious Mind. French Peasants and the Supernatural in the Nineteenth Century, New Haven u. a. 1987.

Dibelius, Otto, Friedrich Wilhelms IV. und die Idee des christlichen Staates, in: Die Furche 22. 1936, S. 40–48.

Dickey, Laurence, Hegel. Religion, Economics and the Politics of Spirit, Cambridge 1987.

Dieringer, Franz, Die katholische Journalistik in Deutschland und ihre Aufgabe, in: Der Katholik 23. 1843, S. 1–17.

Dinzelbacher, Peter (Hg.), Handbuch der Religionsgeschichte im deutschsprachigen Raum, Bd. 5. 1750–1900, Paderborn 2007.

Ditchfield, Grayson M., George III. An Essay in Monarchy, Basingstoke u. a. 2002.

Dory, Daniel u. a., La Construction Religieuse du Territoire, Paris 1995.

Dunn, John, Locke, Oxford 1984.

Düding, Dieter, Das deutsche Nationalfest von 1814. Matrix der deutschen Nationalfeste im 19. Jahrhundert, in: Dieter Düding u. a. (Hg.), Öffentliche Festkultur. Politische Feste in Deutschland von der Aufklärung bis zum Ersten Weltkrieg, Reinbek 1988, S. 67–88.

Dülmen, Richard van, Antijesuitismus und katholische Aufklärung in Deutschland, in: Historisches Jahrbuch der Görres-Gesellschaft 89. 1969, S. 52–80.

Durkheim, Émile, Die elementaren Formen des religiösen Lebens, Frankfurt/M. 1981.

Ebertz, Michael N., Die Bürokratisierung der katholischen »Priesterkirche«, in: Paul Hoffmann (Hg.), Priesterkirche, Düsseldorf 1987, S. 132–163.

Echterkamp, Jörg, »Religiöses Nationalgefühl« oder »Frömmelei der Deutschtümler«? Religion, Nation und Politik im Frühnationalismus, in: Heinz-Gerhard Haupt, Dieter Langewiesche (Hg.), Nation und Religion in der deutschen Geschichte, Frankfurt/M. 2001, S. 142–169.

Edelmann, Nicole, Voyantes, Guérisseuses et Visionaires en France 1784–1914, Paris 1995.

Ego, Anneliese, Animalischer Magnetismus oder Aufklärung. Eine mentalitätsgeschichtliche Studie zum Konflikt um ein Heilsprinzip in Frankreich, Würzburg 1991.

Elster, John, Alexis de Tocqueville, The First Social Scientist, Cambridge 2009.

Emerich S. J., Coreth, u. a. (Hg.), Christliche Philosophie im katholischen Denken des 19. und 20. Jahrhunderts, Bd. 1. Neue Ansätze im 19. Jahrhundert, Graz u. a. 1987.

Engels, Jens Ivo, Thiessen, Hillard v., Glauben. Begriffliche Annäherungen anhand von Beispielen aus der Frühen Neuzeit, in: ZhF 28. 2001, S. 333–357.

Erbe, Michael, Vom Konsulat zum Empire Libéral. Ausgewählte Texte zur französischen Verfassungsgeschichte 1799–1870, Darmstadt 1985.

Erler, Adelbert, Kaufmann, Ekkehard (Hg.), Handwörterbuch der Rechtsgeschichte, Bd. 2, Berlin 1978.

Ernst, Robert, Maria redet mit uns. Marienerscheinungen seit 1830, Walhorn 1983.

Escudero, José A., Perfiles Juridicos de la Inquisicion Espanola, Madrid 1992.

Faber, George Stanley, The Origin of Pagan Idolatry Ascertained from Historical Testimony and Circumstantial Evidence, London 1816.

Feine, Hans E., Kirchliche Rechtsgeschichte, Bd. 1. Die katholische Kirche, Köln [5]1972.

Feil, Ernst, Religio, Bd. 4. Die Geschichte eines neuzeitlichen Grundbegriffes im 18. und 19. Jahrhundert, Göttingen 2007.

Feuerbach, Ludwig, Das Wesen des Christentums. Werke in sechs Bänden, Bd. 5, Frankfurt/M. 1976.

Fichte, Johann Gottfried, Reden an die deutsche Nation, hg. v. Reinhard Lanth, Hamburg 1978.

Fife, Greame, The Terror. The Scadow of the Guillotine. France 1792–1794, New York 2006.

Figl, Johann (Hg.), Handbuch der Religionswissenschaft. Religionen und ihre zentralen Themen, Innsbruck u. a. 2003.

Finkenstaedt, Thomas u. Helene, Die Wieswallfahrt. Ursprung und Ausstrahlung der Wallfahrt zum Gegeißelten Heiland, Regensburg 1981.

Flade, Paul, Das römische Inquisitionsverfahren in Deutschland bis zu den Hexenprozessen, Aalen 1972.

Foerster, Erich, Die Entstehung der Preußischen Landeskirche unter der Regierung König Friedrich Wilhelms III. Ein Beitrag zur Geschichte der Kirchenbildung im deutschen Protestantismus, Bd. 1, Tübingen 1905.

Forrestal, Alison (Hg.), Politics and Religion in Early Bourbon France, Basingstoke 2009.

Foucault, Michel, Archäologie des Wissens, Frankfurt/M. 1981.

Förster, Cornelia, Das Hambacher Fest 1832. Volksfest und Nationalfest einer oppositionellen Massenbewegung, in: Dieter Düding u. a. (Hg.), Öffentliche Festkultur. Politische Feste in Deutschland von der Aufklärung bis zum Ersten Weltkrieg, Reinbek 1988, S. 113–131.

François, Étienne, Die unsichtbare Grenze. Protestanten und Katholiken in Augsburg 1648–1806, Sigmaringen 1991.

Fransen, Gérard, Les Décrétales et les Collections de Décrétales, in: Léopold Genicot (Hg.), Typologie des Sources du Moyen Âge Occidental, Bd. 2, Turnhout 1972.

Frederking, Bettina, Auf der Suche nach dem »wahren« Frankreich: Das Attentat auf den Duc de Berry am 13. Februar 1820, in: Michael Einfalt u. a. (Hg.), Konstrukte nationaler Identität. Deutschland, Frankreich und Großbritannien (19. und 20. Jahrhundert), Würzburg 2002, S. 35–57.

Freytag, Nils, Aberglauben im 19. Jahrhundert. Preußen und seine Rheinprovinz zwischen Tradition und Moderne (1815–1918), Berlin 2003.

Freitag, Werner, Pfarrer, Kirche und ländliche Gemeinschaft. Das Dechanat Vechta 1400–1803, Bielefeld 1998.

Frevert, Ute, Die kasernierte Nation. Militärdienst und Zivilgesellschaft, München 2001.

Friedrich Wilhelm IV., Zwei Aufsätze, in: Ernst Ludwig v. Gerlach, Aufzeichnungen, Bd. 2, S. 445–510.

Fritsch, Matthias J., Religiöse Toleranz im Zeitalter der Aufklärung. Naturrechtliche Begründung – konfessionelle Differenzen, Hamburg 2004.

Fuchs, Peter, Der Sinn der Beobachtung. Begriffliche Untersuchungen, Göttingen ²2004.

Fueter, Eduard, Geschichte der neueren Historiographie, München u. a. 1936.

Füßl, Wilhelm, Friedrich Julius Stahl 1802–1861. Das Monarchische Prinzip und seine Umsetzung in die parlamentarische Praxis, Göttingen 1988.

Gabriels, Jos, Patrizier und Regenten. Städtische Eliten in den nördlichen Niederlanden, in: Heinz Schilling, Herman Diederiks (Hg.), Bürgerliche Eliten in den Niederlanden und in Nordwestdeutschland, Köln 1985, S. 37–64.

Gadbois, Geneviève, »Vous Êtes Presque la Seule Consolation de L'Eglise«. Le Foi de Femmes Face à la Déchristianisation de 1789–1890, in: Jean Delumeau (Hg.), La Religion de ma Mère. Les Femmes dans la Transmission de la Fois, Paris 1992, S. 301–325.

Gadille, Jacques, Mayeur, Jean-Marie (Hg.), Liberalismus, Industrialisierung, Expansion Europas (1830–1914). Geschichte des Christentums. Religion, Politik, Kultur, Bd. 11, Freiburg/Br. u. a. 1977.

Gagnol, Paul, La Dîme Ecclésiastique en France au XVIIIe Siècle, Genf 1974.

Gaume, J., Handbuch für Beichtväter, Aachen ²1843.

Gause, Ute, Kirchengeschichte und Genderforschung. Eine Einführung in protestantische Perspektive, Tübingen 2006.

Gebhard, Horst, Liberté, Egalité, Brutalité. Gewaltgeschichte der Französischen Revolution, Augsburg 2011.

Geheimes Staatsarchiv Preußischer Kulturbesitz, Berlin X Rep. 40–1497 und Evangelisches Zentralarchiv Berlin 7/2555.

Geishüttner, Joseph, Versuch einer wissenschaftlichen und populären Dogmatik, Wien 1818.

Gentz, Friedrich v., Briefe und vertraute Blätter, hg. v. Gustav Schlesier, Bd. 3, Mannheim 1838.

Gerbert, Olympe Philipe, Considération sur le Dogme Générateur de la Piété Catholique, Paris 1829.

Gerlach, Ernst Ludwig v., Aufzeichnungen aus seinem Leben und Wirken 1797–1877, hg. v. Jakob v. Gerlach, Bd. 1. 1795–1840, Schwerin 1903.

Gibson, Ralph, A Social History of French Catholicism 1789–1914, London u. a. 1989.

Gibson, William, Church, State, and Society 1760–1850, Basingstoke 1994.

Gil, Sean, Women in the Church of England. From the 18th Century to the Present, London 1994.

Gilbert, Alan D., Religion and Society in Industrial England. Church, Chapel and Social Change 1740–1914, London 1976.

Gilley, Sheridan, Stanley, Brian, Christianity. World Christianities 1815–1914. The Cambridge History of Christianity, Bd. 8, Cambridge 2006.

Gißibl, Bernhard, Frömmigkeit, Hysterie und Schwärmerei. Wunderbare Erscheinungen im bayerischen Vormärz, Frankfurt/M. 2004.

Gladigow, Burkhard, Religionswissenschaft als Kulturwissenschaft, Stuttgart 2005.

Gladstone, William R., The State in its Relations with the Church, Bd. 1, London 1969.

Goertz, Hans-Jürgen, Die Täufer. Geschichte und Deutung, München 1980.

Goeters, Johann F., Joachim Rogge (Hg.), Die Geschichte der Evangelischen Kirche der Union, Bd. 1. Die Anfänge der Union unter landesherrlichem Kirchenregiment 1817–1850, Leipzig 1992.

Gollwitzer, Heinz, Ludwig I. Königtum im Vormärz. Eine politische Biographie, München 1986.

Gosselin, Charles Robert, L'Antiquité Dévoilée au Moyen de la Genèse, Paris ^{4}1817.

Goubert, Pierre, Daniel Roche, Les Français et l'Ancien Régime, Bd. 2, Paris 1984.

Goy, Jean, À Reims, Le Sacre des Rois de France, Reims 1980.

Görres, Joseph, Die christliche Mystik, hg. v. Uta Ranke-Heinemann, Bde. 1–5, Frankfurt/M. 1989.

Görres, Joseph v., Athanasius. Gesammelte Schriften, hg. v. Wilhelm Schellenberg, Heribert Raab, Bd. 18, Paderborn 1998.

Götz v. Olenhusen, Irmtraud, Klerus und abweichendes Verhalten. Zur Sozialgeschichte katholischer Priester im 19. Jahrhundert. Die Erzdiözese Freiburg, Göttingen 1994.

Graevenitz, Gerhart v., Mythos. Zur Geschichte einer Denkgewohnheit. Stuttgart 1987.

Graf, Friedrich Wilhelm, Die Politisierung des religiösen Bewusstseins. Die bürgerlichen Religionsparteien im deutschen Vormärz. Das Beispiel des Deutschkatholizismus, Stuttgart u. a. 1978.

Graf, Friedrich Wilhelm, »Einfache Dechristianisierung«. Zur Problemgeschichte eines kulturpolitischen Topos, in: Hartmut Lehmann (Hg.), Säkularisierung. Der europäische Sonderweg in Sachen Religion, Göttingen 2004, S. 32–66.

Graf, Gerhard, Gottesbild und Politik. Eine Studie zur Frömmigkeit in Preußen während der Befreiungskriege 1813–1815, Göttingen 1993.

Groupe de la Boussièr, Pratique de la Confession. Des Pères du Désert à Vatican II. Quinze Études d'Histoire, Paris 1983.

Gruber, Bettina, Die Seherin von Prevorst. Romantischer Okkultismus als Religion, Wissenschaft und Literatur, Paderborn u. a. 2000.

Gründer, Horst, Welteroberung und Christentum. Ein Handbuch zur Geschichte der Neuzeit, Gütersloh 1992.

Grzywacz, Malgorzata, Familia Dei. Studien zum Erscheinungsbild der deutschen evangelischen Geistlichkeit in ihren Selbstzeugnissen und der Literatur von der Reformation bis zur Gegenwart, Poznan 2002.

Gugerli, David, Zwischen Pfrund und Predigt. Die protestantische Pfarrfamilie auf der Zürcher Landschaft im ausgehenden 18. Jahrhundert, Zürich 1988.

Gundert, Wilhelm, Geschichte der deutschen Bibelgesellschaften im 19. Jahrhundert, Bielefeld 1987.

Habermas, Rebekka, Frauen und Männer des Bürgertums, Göttingen 2000.

Hacker, Josef, Die Messe in den deutschen Diözesan-Gesang- und Gebetbüchern von der Aufklärungszeit bis zur Gegenwart. Mit einem Überblick über die Geschichte dieser Bücher, München 1950.

Hagemann, Karin, »Männlicher Muth und Teutsche Ehre«. Nation, Militär und Geschlecht zur Zeit der antinapoleonischen Kriege Preußens, Paderborn u. a. 2002.

Hahn, Alois, Religiöser Wandel in der deutschen Gegenwartsgesellschaft – Kontroversen um seine religionssoziologische Interpretation, in: Matthias König (Hg.), Religionskontroversen in Frankreich und in Deutschland, Hamburg 2008, S. 239–271.

Haller, Carl L. v., Restauration der Staatswissenschaft oder Theorie des natürlich-geselligen Zustandes, der Chimäre des künstlich-bürgerlichen entgegengesetzt, Bde. 1–6, Winterthur 1820–1834 (ND 1964).

Hampton, David, Myrtle Hill, The Evangelical Protestantism in Ulster Society 1740–1890, London u. a. 1992.

Händler, Gerd u. a., Kirchengeschichte in Einzeldarstellungen, Berlin 1990 ff.

Hardenberg, Friederich v. (Novalis), Die Christenheit oder Europa, in: Werke, hg. v. Hans J. Mähl, Richard Samuel, Bd. 2, München 1978, S. 732–750.

Harrison, Peter, ›Religion‹ and the Religions in the English Enlightenment, Cambridge 1990.

Harrison, John F. C., The Second Coming. Popular Millenarianism 1780–1850, London 1979.

Hartinger, Walter, Religion und Brauch, Darmstadt 1992.

Hasler, August B., Pius IX. (1846–1878). Päpstliche Unfehlbarkeit und 1. Vatikanisches Konzil. Dogmatisierung und Durchsetzung einer Ideologie, 2 Bde., Stuttgart 1977.

Hasselhorn, Martin, Der altwürttembergische Pfarrstand im 18. Jahrhundert, Stuttgart 1958.

Hauck, Albert, Kirchengeschichte Deutschlands, Bd. 5.1, Leipzig 1911.

Haupt, Heinz Gerhard (Hg.), Das Ende der Zünfte. Ein europäischer Vergleich, Göttingen 2002.

Hausberger, Karl, Reichskirche, Staatskirche, »Papstkirche«. Der Weg der deutschen Kirche im 19. Jahrhundert, Regensburg 2008.

Hausen, Karin, Die Polarisierung der »Geschlechtscharaktere« – Eine Spiegelung der Dissoziation von Erwerbs- und Familienleben, in: Werner Conze (Hg.), Sozialgeschichte der Familie in der Neuzeit Europas, Stuttgart 1976, S. 363–393.

Hazareesingh, Sudir, The Saint Napoleon. Celebrations of Sovereignty in Nineteenth-Century France, Cambridge 2004.

Hebekus, Uwe u. a. (Hg.), Das Politische. Figurenlehre des sozialen Körpers nach der Romantik, München 2003.

Hegel, Georg Friedrich Wilhelm, Werke in 20 Bänden, Bd. 1, Frankfurt/M. 1978.

Hegel, Georg Friedrich Wilhelm, Vorlesungen über die Philosophie der Religion, hg. v. Walter Jaeschke, 3 Bde., Hamburg 1993.

Hegel, Georg Friedrich Wilhelm, Grundlinien der Philosophie des Rechts. Hauptwerke in sechs Bänden, Bd. 5, Hamburg 1999.

Hegel, Georg Friedrich Wilhelm, Phänomenologie des Geistes. Hauptwerke in sechs Bänden, Bd. 2, Hamburg 1999.

Hegel, Georg Friedrich Wilhelm, Wissenschaft der Logik. Hauptwerke in sechs Bänden, Bd. 3, Hamburg 1999.

Heimann, Mary, Catholic Devotion in Victorian England, Oxford 1995.

Hendrickson, Kenneth E. II, Making Saints. Religion and the Public Image of the British Army, 1809–1855, Cranbury 1998.

Heppe, Heinrich, Geschichte der quietistischen Mystik in der katholischen Kirche, Berlin 1875.

Herder, Johann Gottfried, Abhandlung über den Ursprung der Sprache. Texte, Materialien, Kommentar, hg. v. Wolfgang Proß, München u. a. o. J.

Herder, Johann Gottfried, Ideen zur Philosophie der Geschichte der Menschheit, Wiesbaden 1985.

Hersche, Peter, Der Spätjansenismus in Österreich, Wien 1977.

Hersche, Peter, Die Deutschen Domkapitel im 17. und 18. Jahrhundert. Vergleichende sozialgeschichtliche Untersuchungen, Bd. 2, Bern 1984.

Hersche, Peter, »Chiesa Ricettizia«. Ein Modell kommunaler Organisation von Kirche in Unteritalien, in: Heinrich R. Schmidt u. a. (Hg.), Gemeinde, Reformation und Widerstand, Tübingen 1998, S. 293–308.

Hersche, Peter, Italien im Barockzeitalter 1600–1750. Eine Sozial- und Kulturgeschichte, Wien 1999.

Hinchliff, Peter, Voluntary Absolutism. British Missionary Societies in the 19th Century, in: William J. Sheils, Diana Wood (Hg.), Voluntary Religion, London 1986, S. 363–379.

Hinschius, Paul, System des katholischen Kirchenrechts mit besonderer Rücksicht auf Deutschland, Berlin 1869.

Hintze, Otto, Epochen des evangelischen Kirchenregiments in Preußen, in: ders., Gesammelte Abhandlungen, Bd. 3, hg. v. Gerhard Oestreich, Göttingen ^{2}1967.

His, Eduard, Geschichte des neueren schweizerischen Staatsrechts, Bd. 2. Die Zeit der Restauration und der Regeneration 1814 bis 1848, Basel 1929.

Hoffmann, C. D. W., Ein Wort über die herrschenden Irreligiosität und einen zweckmäßigen Religionsunterricht als das wirksamste Mittel dagegen [...], Berlin 1804.

Hoffmann, Joachim, Berlin-Friedrichsfelde. Ein deutscher Nationalfriedhof, Berlin 2001.

Hoffmann-Curtius, Kathrin, Altäre des Vaterlandes. Kultstätten nationaler Gemeinschaft in Deutschland seit der Französischen Revolution, in: Anzeiger des Germanischen Nationalmuseums und Berichte aus dem Forschungsinstitut für Realienkunde, Nürnberg 1989, S. 283–307.

Hoffmann, Robert, Die katholische Missionsbewegung in Deutschland vom Anfang des 19. Jahrhunderts bis zum Ende der Kolonialgeschichte, in: Klaus Jürgen Bade (Hg.), Imperialismus und Kolonialismus. Kaiserliches Deutschland und koloniales Imperium, Wiesbaden 1982, S. 29–50.

Hoffmann, Stefan, Geschichte des Medienbegriffs, Hamburg 2002.

Hole, Robert, Pulpits, Politics and Public Order in England 1760–1832, Cambridge 1989.

Holmes, Derek, The Triumph of the Holy See. A Short History of the Papacy in the Nineteenth Century, London 1978.

Holtwick, Bernd, Licht und Schatten. Begründungen und Zielsetzungen des protestantischen missionarischen Aufbruchs im frühen 19. Jahrhundert, in: Bogner u. a. (Hg.), Weltmission, S. 225–246.

Holzem, Andreas, Konfession und Sektenbildung. Deutschkatholiken, Reformkatholiken und Ultramontane am Oberrhein 1844–1866, Paderborn u. a. 1994.

Holzem, Andreas, Religion und Lebensformen. Katholische Konfessionalisierung im Sendgericht des Fürstbistums Münster 1570–1800, Paderborn 2000.

Holzem, Andreas, Säkularisation in Oberschwaben. Ein problemgeschichtlicher Aufriss, in: Peter Blickle, Rudolf Schlögl (Hg.), Die Säkularisation im Prozeß der Säkularisierung Europas, Epfendorf 2005.

Hommer, Joseph v., 1760–1836. Meditationes in vitam meam peractam. Eine Selbstbiographie, hg. und übersetzt v. Alois Thomas, Mainz 1976.

Honegger, Claudia, Die Ordnung der Geschlechter. Die Wissenschaft vom Menschen und das Weib 1750–1850, Frankfurt/M. 1991.

Hörisch, Jochen, Der Sinn und die Sinne. Eine Geschichte der Medien, Frankfurt/M. 2001.

Horst, Conrad, Mysteriosophie oder über die Veredelung des protestantischen Gottesdienstes [...], Frankfurt 1817.

Hutchinson, John, Moses's Sine Principio. Represented by Names, by Words, by Types, by Emblems. With an Introduction Shewing the Nature of Body and Soul [...], London ^{3}1748.

Hölscher, Lucian, Die Religion des Bürgers. Bürgerliche Frömmigkeit und protestantische Kirche im 19. Jahrhundert, in: HZ 250. 1990, S. 595–630.

Hölscher, Lucian, Geschichte der protestantischen Frömmigkeit in Deutschland, München 2005.

Hölscher, Lucian (Hg.), Das Jenseits. Facetten eines religiösen Begriffs in der Neuzeit, Göttingen 2007.

Hsia, Po-chia, Ronnie, Gegenreformation. Die Welt der katholischen Erneuerung 1540–1770, Frankfurt/M. 1998.

Huber, Ernst R. (Hg.), Deutsche Verfassungsgeschichte seit 1789, Bd. 1. Reform und Restauration 1789 bis 1830, Stuttgart 1957.

Huber, Ernst R., Wolfgang Huber (Hg.), Staat und Kirche im 19. und 20. Jahrhundert, Bd. 1. Staat und Kirche vom Ausgang des alten Reichs bis zum Vorabend der bürgerlichen Revolution, Berlin 1973.

Hudson, Wayne, The English Deists. Studies in Early Enlightenment, London 2009.

Hunter, Jan, The Secularisation of the Confessional State. The Political Thought of Christian Thomasius, Cambridge u. a. 2007.

Hume, David, The Natural History of Religion, Stanford 1957.

Ideler, Wilhelm, Der religiöse Wahnsinn, erläutert durch Krankengeschichten. Ein Beitrag zur Geschichte der religiösen Wirren der Gegenwart, 2 Teile, Halle 1847.

Imbert-Gourbeyre, Antoine, La Stigmatisation, Paris 1984.
Imbert-Goubeyre, Antoine, Les Stigmatisées, Teil II, Paris 1873.
Israel, J. I., Radical Enlightenment. Philosophy and the Making of Modernity 1650–1750, Oxford u. a. 2001.

Janz, Oliver, Bürger besonderer Art. Evangelische Pfarrer in Preußen 1850–1915, Berlin u. a. 1994.
Jedin, Hubert (Hg.), Handbuch der Kirchengeschichte, Bd. 1–6, Köln 1962 ff.
Jemolo, Arturo C., Chiesa e Stato in Italia dalla Unificazione a Giovanni XXIII., Turin 1965.
Jones, Raymond, France and the Cult of the Sacred Heart. An Epic Talk of Modern Times, Berkeley u. a. 2000.
Jong, Otto Jan de, Nederlandse Kerkgeschiedenis, Nijkerk 1972.
Julia, Dominique, Le Clergé Paroissial dans les Diocèse de Reims à la Fin du XVIIIe Siècle, in: Revue d' Histoire Moderne et Contemporaire 13. 1966, S. 195–216.
Jung, Franz Wilhelm, Beitrag zu Ideen über Kirche und Kirchengebäude, Mainz 1814.

Kant, Immanuel, Kritik der reinen Vernunft, Stuttgart 1966.
Kant, Immanuel, Religion innerhalb der Grenzen der bloßen Vernunft. Werke, Bd. 8, Frankfurt/M. 1968.
Kant, Immanuel, Der Streit der Fakultäten. Werke, Bd. 11, Frankfurt/M. 1977.
Kant, Immanuel, Träume eines Geistersehers, erläutert durch Träume in der Metaphysik. Werke, Bd. 2, Frankfurt/M. 1977.
Kapfinger, Hans, Der Eoskreis 1828 bis 1832. Ein Beitrag zur Vorgeschichte des politischen Katholizismus in Deutschland, München 1928.
Keller, Adolf, Church and State on the European Continent. The Social Service Lecture 1936, London 1936.
Kerner, Hanns, Die Reform des Gottesdienstes. Von der Neubildung der Gottesdienstordnung und der Agende in der evangelisch-lutherischen Kirche in Bayern im 19. Jahrhundert bis zur erneuerten Agende, Stuttgart 1994.
Kirsch, Martin, Monarch und Parlament im 19. Jahrhundert. Der monarchische Konstitutionalismus als europäischer Verfassungstyp. Frankreich im Vergleich, Göttingen 1999.
Kirsch, Thomas G., Restaging the Will to Believe. Religion, Pluralism, Anti-Syncretism and the Problem of Believe, in: American Anthropologist 106. 2004, S. 699–709.
Kisky, Wilhelm, Die Domkapitel der geistlichen Kurfürsten in ihrer persönlichen Zusammensetzung im 14. und 15. Jahrhundert, Weimar 1906.

Kißener, Michael, Ständemacht und Kirchenreform. Bischöfliche Wahlkapitulation im Nordwesten des Alten Reiches 1265–1803, München 1993.

Kittsteiner, Heinz-Dieter, Die Abschaffung des Teufels im 18. Jahrhundert. Ein kulturhistorisches Ereignis und seine Folgen, in: Alexander Schuller, Wolfert von Rahden (Hg.), Die andere Kraft. Zur Renaissance des Bösen, Berlin 1993, S. 55–92.

Klempt, Adalbert, Die Säkularisierung der universalhistorischen Auffassung. Zum Wandel des Geschichtsdenkens im 16. und 17. Jahrhundert, Göttingen 1960.

Kley, Dale van, The Church, State, and the Ideological Origins of the French Revolution. The Debate over the General Assembly of the Gallican Clergy in 1765, in: Journal of Modern History 51. 1979, S. 629–666.

Kley, Dale van, The Jansenists and the Expulsion of the Jesuits from France 1757–1765, New Haven 1975.

Klueting, Harm (Hg.), Katholische Aufklärung. Aufklärung im katholischen Deutschland, Hamburg 1993.

Klueting, Harm (Hg.), Der Josephinismus. Ausgewählte Quellen zur Geschichte der theresianisch-josephinischen Reformen, Darmstadt 1995.

Klug, Matthias, Rückwendung zum Mittelalter? Geschichtsbilder und historische Argumentation im politischen Katholizismus des Vormärz, Paderborn u. a. 1995.

Kocka, Jürcken, Arbeitsverhältnisse und Arbeiterexistenzen. Grundlagen der Klassenbildung im 19. Jahrhundert, Berlin 1990.

Kohl, Karl-Heinz, Die Macht der Dinge. Geschichte und Theorie sakraler Objekte, München 2003.

Kondylis, Panajotis, Konservativismus. Geschichtlicher Gehalt und Untergang, Stuttgart 1986.

Konersmann, Frank, Kirchenregiment und Kirchenzucht im frühneuzeitlichen Kleinstaat. Studien zu den herrschaftlichen und gesellschaftlichen Grundlagen des Kirchenregiments der Herzöge von Pfalz-Zweibrücken 1410–1793, Speyer 1996.

Kopp, Georg L. C., Die katholische Kirche im 19. Jahrhundert und die zeitgemäße Umgestaltung ihrer Verfassung mit besonderer Rücksicht auf die im ehemaligen Mainzer, später Regensburger Erzstifte hierzu getroffenen Anstalten und Anordnungen, Mainz 1830.

Koschorke, Albrecht, Körperströme und Schriftverkehr. Mediologie des 18. Jahrhunderts, München 1999.

Koschorke, Albrecht, Die Heilige Familie und ihre Folgen. Ein Versuch, Frankfurt/M. 2000.

Koschorke, Albrecht u. a., Der fiktive Staat. Konstruktionen des politischen Körpers in der Geschichte Europas, Frankfurt/M. 2007.

Koschorke, Albrecht, »Säkularisierung« und »Wiederkehr der Religion«. Zu zwei Narrativen der europäischen Moderne, Manuskript, Konstanz 2011.

Koselleck, Reinhart, Einleitung, in: Otto Brunner u. a. (Hg.), Geschichtliche Grundbegriffe. Historisches Lexikon zur politisch-sozialen Sprache in Deutschland, Bd. 1, Stuttgart 1972, S. XIII–XVII.

Koselleck, Reinhart, Preußen zwischen Reform und Revolution. Allgemeines Landrecht, Verwaltung und soziale Bewegung von 1791 bis 1848, Stuttgart ^{2}1975.

Koselleck, Reinhart, Kritik und Krise. Eine Studie zur Pathogenese der bürgerlichen Welt, Frankfurt/M. 1976.

Koselleck, Reinhart, Zeitschichten. Studien zur Historik, Frankfurt/M. 2000.

Koselleck, Reinhart, Begriffsgeschichte. Studien zur Semantik und Pragmatik der politischen und sozialen Sprache, Frankfurt/M. 2006.

Kovács, Elisabeth, Kirchliches Zeremoniell am Wiener Hof des 18. Jahrhunderts im Wandel von Mentalität und Gesellschaft, in: Mitteilungen des Österreichischen Staatsarchivs 32. 1979, S. 109–142.

Köser, Silke, »Denn eine Diakonisse darf kein Alltagsmensch sein«. Kollektive Identitäten kaiserswerther Diakonissen 1836–1914, Leipzig 2006.

Kremer, Stephan, Herkunft und Werdegang geistlicher Führungsschichten in den Reichsbistümern zwischen Westfälischem Frieden und Säkularisation. Fürstbischöfe, Weihbischöfe, Generalvikare, Freiburg 1992.

Kriele, Eduard, Geschichte der Rheinischen Mission, Bd. 1. Die Rheinische Mission in ihrer Heimat, Barmen 1928.

Kroen, Sheryl, Politics and Theatre. The Crises of Legitimacy in Restoration France, 1815–1830, Berkeley u. a. 2000.

Kroll, Frank-Lothar, Friedrich Wilhelm IV. und das Staatsdenken der deutschen Romantik, Berlin 1990.

Krug, Wilhelm Traugott, Die Kirchenverbesserung und die Gefahren des Protestantismus [...], Leipzig 1826.

Kselman, Thomas A., Miracles and Prophecies in Nineteenth-Century France, New Brunswick 1983.

Kselman, Thomas A., Death and Afterlife in Modern France, Princeton 1993.

Kuhlemann, Frank Michael, Bürgerlichkeit und Religion. Zur Sozial- und Mentalitätsgeschichte der evangelischen Pfarrer in Baden 1860–1914, Göttingen 2002.

Kupisch, Karl, Die deutschen Landeskirchen im 19. und 20. Jahrhundert. Die Kirche in ihrer Geschichte. Ein Handbuch, Bd. 4, Göttingen ^{2}1975.

Lafitau, Joseph-François, Die Sitten der amerikanischen Wilden im Vergleich zu den Sitten der Frühzeit, Leipzig 1987.

Lagrée, Michel, L' Histoire des Curés, Paris 2005.

Lampert, Ulrich, Kirche und Staat in der Schweiz, Bd. 2, Basel 1938.

Landes, David S., The Unbound Prometheus. Technological Change in Industrial Development in Western Europe from 1750 to the Present, Cambridge 1969.

Landwehr, Achim, Geschichte des Sagbaren. Einführung in die Historische Diskusanalyse, Tübingen ^{2}2004.

Langenwiesche, Dieter, Nation und Religion, in: Hans G. Kippenberg u. a. (Hg.), Europäische Religionsgeschichte. Ein mehrfacher Pluralismus, Bd. 2, Göttingen 2009, S. 525–533.

Langlois, Claude, Le Catholicisme au Féminin. Les Congrégations Françaises à Supérieure Génerale au XIXe Siècle, Paris 1984.

Latour, Bruno, Gebt mir ein Laboratorium und ich werde die Welt aus den Angeln heben, in: Andréa Belliger, David J. Krieger (Hg.), Anthology. Ein einführendes Handbuch zur Akteur-Netzwerk-Theorie, Bielefeld 2006, S. 103–134.

Latour, Bruno, Jubilieren. Über religiöse Rede, Frankfurt/M. 2011.

Latreille, André, L'Eglise Catholique et la Révolution Française, 2 Bde., Paris 1946 ff.

Laufkötter, Art. »Weib«, in: Heinrich J. Wetzer, Benedikt Welte (Hg.), Kirchen-Lexikon oder die Enzyklopädie der katholischen Theologie und ihrer Hilfswissenschaften, Bd. 11, Freiburg/Br. 1852, S. 820 f.

Le Bras, Gabriel, Institutions Ecclésiastiques de la Chrétienté Médiévale, Paris 1964.

Lefort, Claude, Fortdauer des Theologisch-Politischen, Wien 1999.

Lefton, Jean, La Crise Révolutionnaire 1789–1856, Paris 1949.

Lehmann, Maren, Inklusion. Beobachtungen einer sozialen Form am Beispiel von Religion und Kirche, Berlin 2002.

Lehmann, Hartmut (Hg.), Säkularisierung, Dechristianisierung, Rechristianisierung im neuzeitlichen Europa. Bilanz und Perspektiven der Forschung, Göttingen 1997.

Lemaire, Suzanne, La Comission des Réguliers, Paris 1926.

Leonhard, Jörn, Liberalismus. Zur historischen Semantik eines europäischen Deutungsmusters, München 2001.

Lepenies, Wolf, Das Ende der Naturgeschichte. Wandel kultureller Selbstverständlichkeiten in den Wissenschaften des 18. und 19. Jahrhunderts, Frankfurt/M. 1978.

Lepointe, Gabriel, L' Organisation et la Politique Financières du Clergé de France sous le Règne de Louis XV, Paris 1923.

Lévêque, Laure, Penser la Nation. Mémoire et Imaginaire en Révolutions, Paris 2011.

Lieberknecht, Paul, Geschichte des Deutschkatholizismus in Kurhessen, Marburg 1915.
Liermann, Christiane, Rosminis politische Philosophie der zivilen Gesellschaft, Paderborn u. a. 2004.
Lill, Rudolf, Die Beilegung der Kölner Wirren 1840–1842. Vorwiegend nach Akten des Vatikanischen Geheimarchivs, Düsseldorf 1962.
Linse, Ulrich, Geisterseher und Wunderwirker. Heilssuche im Industriezeitalter, Frankfurt/M. 1996.
Locke, John, Epistola de Tolerantia. A Letter on Toleration, Oxford 1968.
Lottes, Günther, Die Geistlichen Staaten und die Herrschaftskonkurrenz im Reich, in: Michael Weinzierl (Hg.), Individualisierung, Rationalisierung, Säkularisierung. Neue Wege der Religionsgeschichte, Wien 1997, S. 96–111.
Löffler, Josias Friedrich Chr., Über den Wert und die Erhaltung des christlichen Gottesdienstes, Jena 1811.
Lönne, Karl Egon, Politischer Katholizismus im 19. und 20. Jahrhundert, Frankfurt/M. 1986.
Löwith, Karl, Weltgeschichte als Heilsgeschehen. Sämtliche Schriften, Bd. 2, Stuttgart 1983.
Luhmann, Niklas, Funktionen und Folgen formaler Organisation, Berlin ^{3}1976.
Luhmann, Niklas, Funktion der Religion, Frankfurt/M. 1977.
Luhmann, Niklas, Gesellschaftsstruktur und Semantik. Studien zur Wissenssoziologie der modernen Gesellschaft, Bd. 1, Frankfurt/M. 1980.
Luhmann, Niklas, Soziale Systeme. Grundriss einer allgemeinen Theorie, Frankfurt/M. 1984.
Luhmann, Niklas, Die Gesellschaft der Gesellschaft, 2 Bde., Frankfurt/M. 1987.
Luhmann, Niklas, Protest. Systemtheorie und soziale Bewegungen. Frankfurt/M. 1996.
Luhmann, Niklas, Die Politik der Gesellschaft, Frankfurt/M. 2000.
Luhmann, Niklas, Organisation und Entscheidung, Opladen 2000.
Luhmann, Niklas, Religion der Gesellschaft, Frankfurt/M. 2000.
Luhmann, Niklas, Einführung in die Systemtheorie, Heidelberg 2002.
Luhmann, Niklas, Ideenevolution. Beiträge zur Wissenssoziologie, Frankfurt/M. 2008.
Lyons, Martyn, Fires of Expiation. Book-Burnings and Catholic Mission in Restauration France, in: French History 10. 1996, S. 240–264.

Mager, Wolfgang, Frankreich vom Ancien Régime zur Moderne. Wirtschafts-, Gesellschafts- und politische Institutionengeschichte 1630–1830, Stuttgart 1980.

Maier, Hans, Über revolutionäre Feste und Zeitrechnungen, in: ders., Eberhard Schmidt (Hg.), Wie eine Revolution entsteht. Die Französische Revolution als Kommunikationsereignis, Paderborn u. a. 1988, S. 99–117.

Maistre, Joseph de, Considérations sur la France. Suivie de: Essai sur le Principe Générateur des Constitutions Politiques et des Autres Institutions Humaines, Paris 1814.

Maistre, Joseph de, Du Pape. Édition Critique avec une Introduction par Jacques Lovie et Joannès Chetail, Genf 1966.

Manios, Hubert de (Hg.), Maria. Études sur la Sainte Vierge, Bde. 1–7, Paris 1949 ff.

Mannheim, Ernst, Aufklärung und öffentliche Meinung. Studien zur Soziologie der Öffentlichkeit im 18. Jahrhundert, Stuttgart 1979.

Mannheim, Karl, Ideologie und Utopie, Frankfurt/M. ^{3}1952.

Marin, Juan Sàez, Datos Sobre la Iglesia Espanola Contemporànea 1768–1868, Madrid 1975.

Marrus, Michael R., Pilger auf dem Weg. Wallfahrten im Frankreich des 19. Jahrhunderts, in: Geschichte und Gesellschaft 3. 1977, S. 330–351.

Marshall, P. J. (Hg.), The British Discovery of Hinduism in the Eighteenth Century, Cambridge 1970.

Marx, Karl, Engels, Friedrich, Die deutsche Ideologie. Kritik der neuesten deutschen Philosophien in ihren Repräsentanten Feuerbach, B. Bauer und Stirner und des deutschen Sozialismus in seinen verschiedenen Propheten. Marx-Engels-Werke, Bd. 3, Berlin 1969.

Marx, Karl, Thesen über Feuerbach. Marx-Engels-Werke, Bd. 3, Berlin 1969.

Masuzawa, Tomoko, The Invention of World Religions: Or, how European Universalism was Preserved in the Language of Pluralism, Chicago u. a. 2005.

Mathiez, Albert, Les Origines des Cultes Révolutionaires 1789–1792, Paris 1904.

Mayeur, Jean-Marie u. a. (Hg.), Die Geschichte des Christentums. Religion, Politik, Kultur, Freiburg/Br. u. a. 1991 ff.

Mayntz, Renate, Soziologie der Organisation, Hamburg 1967.

Mazza, Ethel Matala de, Der verfasste Körper. Zum Projekt einer organischen Gemeinschaft in der politischen Romantik, Freiburg/Br. 1999.

McAdam, Doug u. a. (Hg.), Comparative Perspectives on Social Movements. Political Opportunities, Mobilizing Structures and Cultural Framings, Cambridge 1996.

McLeod, Hugh, Secularisation in Western Europe 1848–1914, New York 2000.

McLeod, Hugh, Weibliche Frömmigkeit – männlicher Unglaube? Religion und Kirchen im bürgerlichen 19. Jahrhundert, in: Ute Frevert (Hg.), Bürgerinnen und bürgerliche Geschlechterverhältnisse im 19. Jahrhundert, Göttingen 1988, S. 134–156.

McManners, John, French Ecclesiastical Society under the Ancien Régime. A Study of Angers in the Eighteenth Century, Manchester 1960.

McManners, John, Church and Society in Eighteenth Century France, Bd. 1. The Clerical Establishment and its Social Ramifications, Oxford 1998.

Meding, Wichmann v., Das Wartburgfest im Rahmen des Reformationsjubiläums 1817, in: Zeitschrift für Kirchengeschichte 97. 1987, S. 205–235.

Mehlhausen, Joachim, Friedrich Wilhelm IV. Ein Laientheologe auf dem preußischen Königsthron, in: Henning Schroer, Gerhard Müller (Hg.), Vom Amt des Laien in Kirche und Theologie, Berlin u. a. 1983, S. 185–214.

Mehnert, Gottfried, Programme evangelischer Kirchenzeitungen im 19. Jahrhundert, Witten 1972.

Meiners, Christoph, Über die Mysterien der Alten, besonders über die Eleusinischen Geheimnisse, in: ders., Vermischte philosophische Schriften, Teil 3, Leipzig 1776, S. 164–342.

Meiners, Christoph, Allgemeine kritische Geschichte der Religionen, 2 Bde., Hannover 1806.

Meinzer, Michael, Der französische Revolutionskalender 1792–1805. Planung, Durchführung und Scheitern einer politischen Zeitrechnung, München 1992.

Meiwes, Reilinde, »Arbeiterinnen des Herrn«. Katholische Frauenkongregationen im 19. Jahrhundert, Frankfurt/M. 2000.

Menzel, Wolfgang, Christliche Symbolik, 2 Teile, Regensburg 1854.

Merrick, Jeffrey W., The Desacralisation of the French Monarchy in the Eighteenth Century, Baton Rouge 1990.

Mersch, Dieter, Das Ereignis der Setzung, in: Erika Fischer-Lichte (Hg.), Performativität und Ereignis, Tübingen u. a. 2003, S. 41–56.

Michelet, Jules, Geschichte der Französischen Revolution, Bd. 2, Frankfurt/M. 1988.

Michelet, Jules, Le Prêtre, la Femme et la Famille, Paris ^{2}1865.

Mieck, Ilja, Die Entstehung des modernen Frankreich 1450–1610. Strukturen, Institutionen, Entwicklungen, Stuttgart u. a. 1982.

Mitterwieser, Alois, Geschichte der Fronleichnamsprozession in Bayern, München 1949.

Möhler, Johann Adam, Symbolik oder Darstellung der dogmatischen Grundsätze der Katholiken und der Protestanten nach ihren öffentlichen Bekenntnisschriften, Mainz 1832.

Molnár, Attila K., The Construction of the Notion of Religion in Early Modern Europe, in: Method and Theory in the Study of Religion 14. 2000, S. 47–60.

Montalembert, Charles F. Comte de, De Devoirs des Catholiques dans la Question de la Liberté d'Enseignement, Paris 1843.

Montesquieu, Vom Geist der Gesetze, Stuttgart 1965.

Mooser, Josef, Konventikel, Unterschichten und Pastoren. Entstehung, Träger und Leistungen der Erweckungsbewegung in Minden-Ravensberg ca. 1820–1850, in: ders. (Hg.), Frommes Volk und Patrioten. Erweckungsbewegung und soziale Frage im östlichen Westfalen 1800–1858, Bielefeld 1999, S. 16–52.

Morgan, Sue, A Passion for Purity. Alice Hopkins and the Politics of Gender in the Late Victorian Church, Bristol 1999.

Morrien, Rita, Sinn und Sinnlichkeit. Der weibliche Körper in der deutschen Literatur der Bürgerzeit, Köln u. a. 2001.

Mosse, George C., Die Nationalisierung der Massen. Von den Befreiungskriegen bis zum Dritten Reich, Frankfurt/M. 1976.

Mostert, Walter, Glaube – der christliche Begriff für Religion, in: Zeitschrift für Theologie und Kirche 95. 1998, S. 217–231.

Muhs, Rudolf, Die Stigmata der Karoline Beller. Ein katholisches Frauenschicksal des Vormärz im Spannungsfeld von Volksreligiosität, Kirche, Staat und Medizin, in: v. Olenhusen (Hg.), Wunderbare Erscheinungen, S. 83–130.

Mulsow, Martin, Andreas Mahler (Hg.), Die Cambridge School der politischen Ideengeschichte, Berlin 2010.

Mundt, Theodor, Madonna. Unterhaltungen mit einer Heiligen, ND Frankfurt/M. 1973.

Müller, Adam, Elemente der Staatskunst, Berlin 1948.

Müller, Hans, Säkularisation und Öffentlichkeit am Beispiel Westfalen, Münster 1971.

Müller, Max, Chips from a German Workshop, Bd. 1. Essays on the Science of Religion, New York 1972.

Muratori, Ludwig A., Über die Einbildungskraft des Menschen. Mit vielen Zusätzen hrsg. v. Georg Herman Richartz, 2 Teile, Leipzig 1785.

Müller, Joseph, Die bischöflichen Diözesanbehörden, Stuttgart 1905.

Neill, Stephen, Geschichte der christlichen Missionen, Erlangen ²1990.

Neis, Cordula, Anthropologie im Sprachdenken des 18. Jahrhunderts. Die Berliner Preisfrage nach dem Ursprung der Sprache, Berlin u. a. 2003.

Neugebauer-Wölk, Monika, Esoterik in der Frühen Neuzeit. Zum Paradigma der Religionsgeschichte zwischen Mittelalter und Moderne, in: ZhF 27. 2000, S. 321–364.

Nietzsche, Friedrich, Ecce Homo. Nietzsches Werke. Taschen-Ausgabe, Bd. 11, Leipzig o. J.

Nipperdey, Thomas, Deutsche Geschichte 1815–1866, München 1983.

Noack, Ludwig, Die spekulative Religionswissenschaft im enzyklopädischen Organismus ihrer besonderen Disziplinen, Darmstadt 1847.

Nockles, P. B., The Oxford Movement in Context. Anglican High Churchmanship 1760–1857, Cambridge 1985.

Norris, Pippa, Inglehardt, Ronald, Sacred and Secular. Religion and Politics Worldwide, Cambridge 2004.

Nowak, Kurt, Geschichte des Christentums in Deutschland. Religion, Politik und Gesellschaft vom Ende der Aufklärung bis zur Mitte des 20. Jahrhunderts, München 1995.

Obelkevich, James, Religion and Rural Society in South Lindsay 1825–1875, Oxford 1976.

Olender, Maurice, Die Sprachen des Paradieses. Religion, Philosophie und Rassentheorie im 19. Jahrhundert, Frankfurt/M. 1989.

O'Regan, Cyril, The Heterodox Hegel, New York 1994.

Orr, Clarissa Campell, The Hanoverian Court and the Christian Enlightenment, in: Michael Schaich (Hg.), Monarchy and Religion. The Transformation of Royal Culture in Eighteenth-Century Europe, Oxford 2007, S. 317–342.

Osterhammel, Jürgen, Die Entzauberung Asiens. Europa und die asiatischen Reiche im 18. Jahrhundert, München 1998.

Osterhammel, Jürgen, Nation und Zivilisation in der britischen Historiographie von Hume bis Maccaulay, in: ders., Geschichtswissenschaft jenseits des Nationalstaats, Göttingen 2001, S. 103–150.

Osterhammel, Jürgen, Die Verwandlung der Welt. Eine Geschichte des 19. Jahrhunderts, München 2009.

Osterhammel, Jürgen, Sklaverei und die Zivilisation des Westens, München ²2009.

Overton, John H., Frederic Relton, The English Church from the Accession of George I. to the End of the Eighteenth Century 1714–1800, New York 1968.

Ozouf, Mona, La Fête Révolutionnaire 1789–1799, Paris 1976.

Pailin, David A., Attitudes to Other Religions. Comparative Religion in Seventeenth- and Eighteenth-Century Britain, Manchester 1984.

Pahut, René, Art. »Religionsfreiheit«, in: Theologische Realenzyklopädie, Bd. 28. 1967, S. 565–574.

Paletschek, Sylvia, Frauen und Dissens. Frauen im Deutschkatholizismus und in den freien Gemeinden 1841–1852, Göttingen 1990.

Pammer, Michael, Glaubensabfall und wahre Andacht. Barockreligiosität, Reformkatholizismus und Laizismus in Oberösterreich 1700–1820, München 1994.

Panzer, Georg W. Friedrich, Gesammelte Schriften einige Verbesserungen in der römisch-katholischen Kirche betreffend, Frankfurt u. a. 1782.

Papenheim, Martin, Erinnerung und Unsterblichkeit. Semantische Studien zum Totenkult in Frankreich 1715–1794, Stuttgart 1992.

Perronnet, Michel C., Les Evêques de l'Ancienne France, 2. Bde., Lille 1977.

Pfister, Rudolf, Kirchengeschichte der Schweiz, Bd. 2, Zürich 1974.

Phayer, Michael, Politics and Popular Religion. The Cult of the Cross in France 1815–1840, in: Journal of Social History 11. 1978, S. 346–365.

Placanica, Augusto, Cassa Sacra e Beni della Chiesa Nella Calabria del Settecento, Neapel 1970.

Plongeron, Bernard (Hg.), La Religion Populaire dans l'Occident Chrétien. Approches Historiques, Paris 1976.

Plongeron, Bernard, La Vie Quotidienne du Clergé Français au XVIIIe Siècle, Paris 1974.

Pohlmeyer, Herrmann Joseph, Unfehlbarkeit und Souveränität. Die päpstliche Unfehlbarkeit im System der ultramontanen Ekklesiologie des 19. Jahrhunderts, Mainz 1975.

Pollack, Detlef, Was ist Religion? Probleme der Definition, in: Zeitschrift für Religionswissenschaft 3. 1995, S. 163–190.

Priesching, Nicole, Maria von Mörl (1812–1868). Leben und Bedeutung einer »Stigmatisierten Jungfrau« aus Tirol im Kontext ultramontaner Frömmigkeit, Brixen 2004.

Prochaska, Frank K., Women and Philanthrophy in 19th Century England, Oxford 1990.

Raab, Heinrich L., Wiederaufbau und Verfassung der Reichskirche, in: Jedin (Hg.), Handbuch der Kirchengeschichte, Bd. 5. Die Kirche im Zeitalter des Absolutismus und der Aufklärung, Freiburg 1970.

Raab, Heribert, Der Untergang der Reichskirche in der großen Säkularisation, in: Jedin (Hg.), Handbuch der Kirchengeschichte, Bd. 5, S. 533–554.

Radowitz, Joseph v., Ausgewählte politische Schriften, hg. v. Wilhelm Corvinus, Bd. 1, Regensburg o. J.

Rahner, Hugo, Kirche und Staat im frühen Christentum, München 1961.

Raphael, Lutz, Tenorth, Heinz Elmar (Hg.), Ideen als gesellschaftliche Gestaltungskraft im Europa der Neuzeit, München 2006.

Raschke, Joachim, Soziale Bewegungen. Ein historisch-systematischer Grundriß, Frankfurt/M. 1995.

Ravitch, Norman, Sword and Mitre. Government and Episcopate in France and England in the Age of Aristocracy, Den Haag u. a. 1966.

Rébillon, Armand, La Situation Économique du Clergé à la Veille de la Révolution dans les Districts de Rennes, de Fougères et de Vitré, in: Georges Lefebvre u. a. (Hg.), La Révolution Française, Paris 1930, S. 328–330.

Reckwitz, Andreas, Die Transformation der Kulturtheorien. Zur Entwicklung eines Theorieprogramms, Weilerswist 2000.

Reichardt, Rolf, Das Blut der Freiheit. Französische Revolution und demokratische Kultur, Frankfurt/M. 1998.

Reinert, Wolfgang, Heinrich Petri (Hg.), Handbuch der Marienkunde, Regensburg 1984.

Reinhard, Philipp Christian, Abriß einer Geschichte der Entstehung und Ausbildung der religiösen Ideen, Jena 1794.

Reinhard, Rudolf, Die hochadeligen Dynastien in der Reichskirche, in: Römische Quartalsschrift 83. 1988, S. 213–235.

Reinhard, Wolfgang, Die Verwaltung der Kirche, in: Kurt Jeserich u. a. (Hg.), Deutsche Verwaltungsgeschichte, Bd. 1. Vom Spätmittelalter bis zum Ende des Reiches, Stuttgart 1983, S. 143–176.

Reinhard, Wolfgang, Die Kirche als Mobilitätskanal der frühneuzeitlichen Gesellschaft, in: Winfried Schulze (Hg.), Ständische Gesellschaft und soziale Mobilität, München 1988, S. 333–351.

Reinhard, Wolfgang, Die lateinische Variante von Religion und ihre Bedeutung für die politische Kultur Europas. Ein Versuch in historischer Anthropologie, in: Saeculum 43. 1992, S. 231–255.

Reinhard, Wolfgang, Geschichte der Staatsgewalt. Eine vergleichende Verfassungsgeschichte Europas von den Anfängen bis zur Gegenwart, München ^{2}2000.

Reinhold, Franz Hermann v., System der Christlichen Gewissheit, Erlangen ^{2}1884.

Reinhold, Friedrich Ludwig, Ideen über das Äußere der evangelischen Gottesverehrung, Neustrelitz 1805.

Reimarus, Hermann Samuel, Die vornehmsten Wahrheiten der natürlichen Religion in zehn Abhandlungen auf eine begreifliche Art erkläret und gerettet, Hamburg ^{3}1766.

Rémond, René, Religion und Gesellschaft in Europa. Von 1789 bis zur Gegenwart, München 2000.

Reuß, Georg Jakob Ludwig, Neue evangelische Kirchenagende. Oder was zur gründlichen Untersuchung des protestantischen Cultus in der Kirche und für die Kirche billig zu dieser Zeit geschehen sollte, Gotha 1821.

Revel, Jaques, The Uses of Comparison. Religions in the Early Eighteenth Century, in: Lynn Hunt u. a. (Hg.), Bernard Picard and the First Global Vision of Religion, Los Angeles 2010, S. 331–347.

Ribbeck, C. R., Ueber den Werth des öffentlichen Gottesdienstes und die demselben gebührende Achtung, Magdeburg 1800.

Richter, Ludwig, Geschichte der evangelischen Kirchenverfassung in Deutschland, ND Amsterdam 1970.

Ris, Georg, Der »kirchliche Konstitutionalismus«. Hauptlinien der Verfassungsbildung in der evangelisch-lutherischen Kirche Deutschlands im 19. Jahrhundert, Tübingen 1988.

Rosa, Mario, The Italian Churches, in: Callahan, Higgs (Hg.), Church and Society in Catholic Europe, S. 66–76.

Rosenkranz, Gerhard, Die christliche Mission. Geschichte und Theologie, München 1977.

Rosenkranz, Karl, Die Naturreligion. Ein philosophisch-historischer Versuch, Iserlohn 1831.

Rousseau, Jean-Jacques, Briefe vom Berge, in: ders., Schriften, hg. v. Henning Ritter, Bd. 2, München 1978, S. 7–253.

Rousseau, Jean-Jacques, Émile oder Über die Erziehung, Zürich 1989.

Rousseau, Jean-Jacques, Gesellschaftsvertrag oder Grundsätze des Staatsrechts, hg. v. Hans Brockard, Stuttgart 1979.

Rousseau, Jean-Jaques, Sozialphilosophische und politische Schriften, Zürich 1989.

Roxborough, John, Calmers, Thomas, Enthusiast for Mission. The Christian God of Scotland and the Rise of Missionary Movement, Edinburgh 1999.

Ruda, Frank, Hegels Pöbel. Eine Untersuchung der »Grundlinien der Philosophie des Rechts«, Konstanz 2011.

Rule, John, Methodism, Popular Believes and Village Culture, in: Robert D. Storch (Hg.), Popular Culture and Custom in Nineteenth Century England, London 1972, S. 48–70.

Rupp, Gordon, Religion in England, 1688–1791, Oxford 1986.

Rupp, Horst F., »Jeder Lehrer – ein Religionslehrer«. Über den Zusammenhang von Religion und Schule in Deutschland, in: Kuhlemann, Schmuhl (Hg.), Beruf und Religion im 19. und 20. Jahrhundert, Stuttgart 2003, S. 86–96.

Rutz, Andreas, Bildung, Konfession, Geschlecht. Religiöse Frauengemeinschaften und katholische Mädchenbildung im Rheinland (16.–18. Jahrhundert), Mainz 2006.

Saint-Simon, Claude-Henri de, Nouveau Christianisme. Dialogues entre un Conservateur et un Novateur. Œvres, Bd. 23, Paris 1825.

Sandl, Marcus, Heilige Stagnation. Mediale Konfigurationen des Stillstandes in der Großdeutsch-katholischen Geschichtsschreibung des frühen 19. Jahrhunderts, in: HZ 285. 2007, S. 529–563.

Sakrausky, Oskar, Historische Beschreibung was sich anlässlich des Toleranzpatents in Arriach zugetragen hat, in: Jahrbuch für die Geschichte des Protestantismus in Österreich, 102/03. 1986/87, S. 3–91.

Sartori, Joseph v., Statistische Abhandlung über die Mängel in der Regierungsverfassung der geistlichen Wahlstaaten und von den Mitteln solchen abzuhelfen, Augsburg 1787.

Sassen, Saskia, Territory, Authority, Rights. From Medieval to Global Assemblages, Princeton u. a. 2006.

Saurer, Edith, Frauen und Priester. Beichtgespräche im frühen 19. Jahrhundert, in: Richard v. Dülmen (Hg.), Arbeit, Frömmigkeit und Ereignisse. Studien zur historischen Kulturforschung, Frankfurt/M. 1990, S. 141–170.

Saurer, Edith, Religiöse Praxis und Sinnesverwirrung. Kommentare zur religiösen Melancholiediskussion, in: Richard v. Dülmen (Hg.), Dynamik der Tradition. Studien zur historischen Kulturforschung, Frankfurt/M. 1992, S. 213–239, 301–305.

Savart, Claude, Les Catholiques en France au XIXe Siècle. Le Témoignage du Livre Religieux, Paris 1985.

Sawicki, Diethart, Leben mit den Toten, Geisterglauben und die Entstehung des Spiritismus in Deutschland, 1770–1900, Paderborn 2002.

Schaich, Michael, The Funerals of the British Monarchy, in: ders. (Hg.), Monarchy and Religion, S. 421–450.

Scharfe, Martin, Evangelische Andachtsbilder. Studien zur Intention und Funktion des Bildes in der Frömmigkeitsgeschichte vornehmlich des schwäbischen Raumes, Stuttgart 1968.

Schelling, Friedrich Wilhelm Joseph von, Philosophie der Offenbarung, 1841/42, Frankfurt/M. 1977.

Schelling, Friedrich Wilhelm Joseph von, Philosophie der Mythologie. Sämtliche Werke, Bd. 2.2, Stuttgart u. a. 1857.

Schenda, Rudolf, Volk ohne Buch. Studien zur Sozialgeschichte der populären Lesestoffe 1770–1910, Frankfurt/M. ^{3}1988.

Schieder, Wolfgang, Kirche und Revolution. Sozialgeschichtliche Aspekte der Trierer Wallfahrt von 1844, in: Archiv für Sozialgeschichte 14. 1974, S. 419–454.

Schilling, Heinz, Das Calvinistische Presbyterium in der Stadt Gronigen während der Frühen Neuzeit und im ersten Viertel des 19. Jahrhunderts. Verfassung und Sozialprofil, in: Heinz Schilling, Herman Diedericks (Hg.), Bürgerliche Eliten in den Niederlanden und in Nordwestdeutschland. Studien zur Sozialgeschichte des europäischen Bürgertums im Mittelalter und in der Neuzeit, Köln u. a. 1985, S. 195–273.

Schilling, Heinz, Religion und Gesellschaft in der calvinistischen Republik der Vereinigten Niederlande – »Öffentlichkeitskirche« und Säkularisation. Ehe und Hebammenwesen. Presbyterien und politische Partizipation, in: Franz Petri (Hg.), Kirche und gesellschaftlicher Wandel in deutschen und niederländischen Städten der werdenden Neuzeit, Köln 1980, S. 195–250.

Schlaich, Klaus, Kollegialtheorie. Kirche, Recht und Staat in der Aufklärung, München 1969.

Schlatter, Wilhelm, Geschichte der Basler Mission 1815–1915, Bd. 1, Basel 1910.

Schlegel, Friedrich, Philosophie der Geschichte. In 18 Vorlesungen gehalten zu Wien im Jahre 1828. Kritische Friedrich-Schlegel-Ausgabe, Bd. 9, München u. a. 1971.

Schleiermacher, Friedrich, Der christliche Glaube nach den Grundsätzen der evangelischen Kirche im Zusammenhang dargestellt, 2 Bde., Berlin 1821/22.

Schleiermacher, Friedrich, Über die Religion. Reden an die Gebildeten unter ihren Verächtern, Berlin u. a. 1999.

Schlögl, Rudolf, Glaube und Religion in der Säkularisierung. Die katholische Stadt – Köln, Aachen, Münster 1700–1840, München 1995.

Schlögl, Rudolf, Alchemie und Avantgarde. Das Utopische bei Rosenkreuzern und Freimaurern, in: Monika Neugebauer-Wölk, Richard Saage (Hg.), Die Politisierung des Utopischen im 18. Jahrhundert, Halle 1996, S. 117–142.

Schlögl, Rudolf, Öffentliche Gottesverehrung und privater Glaube in der Frühen Neuzeit. Beobachtungen zur Bedeutung von Kirchenzucht und Frömmigkeit für die Abgrenzung privater Sozialräume, in: Gerd Melville, Peter v. Moos (Hg.), Das Öffentliche und Private in der Vormoderne, Köln u. a. 1998, S. 165–209.

Schlögl, Rudolf, Von der Weisheit zur Esoterik. Themen und Paradoxien im frühen Rosenkreuzerdiskurs, in: Monika Neugebauer-Wölk (Hg.), Aufklärung und Esoterik, Hamburg 1999, S. 53–86.

Schlögl, Rudolf, Der Glaube Alteuropas und die moderne Welt. Zum Verhältnis von Säkularisation und Säkularisierung, in: Walter G. Rödel, Regina E. Schwertfeger (Hg.), Zerfall und Wiederbeginn. Vom Erzbistum zum Bistum Mainz (1792/97–1830). Ein Vergleich, Würzburg 2002, S. 63–82.

Schlögl, Rudolf, Rationalisierung als Entsinnlichung religiöser Praxis. Zur sozialen und medialen Form von Religion in der Neuzeit, in: Blickle, Schlögl (Hg.), Die Säkularisation, S. 37–64.

Schlögl, Rudolf, Sünderin, Heilige oder Hausfrau? Katholische Kirche und weibliche Frömmigkeit um 1800, in: v. Olenhusen (Hg.), Wunderbare Erscheinungen, S. 13–50.

Schlögl, Rudolf, Kommunikation und Vergesellschaftung unter Anwesenden. Formen des Sozialen und ihre Transformation in der Frühen Neuzeit, in: Geschichte und Gesellschaft 34. 2008, S. 155–224.

Schlögl, Rudolf, Hierarchie und Funktion. Zur Transformation der stratifikatorischen Ordnung der Frühen Neuzeit, in: Zeitsprünge 15. 2011, S. 47–63.

Schmale, Wolfgang, Dodde, Nan L. (Hg.), Revolution des Wissens? Europa und seine Schulen im Zeitalter der Aufklärung 1750–1825. Ein Handbuch zur europäischen Schulgeschichte, Bochum 1971.

Schmidt, Heinrich Richard, »Verfall der Religion«. Epochenwende um 1700, in: Blickle, Schlögl (Hg.), Die Säkularisation, S. 245–258.

Schmidt, Arno, Fouqué und einige seiner Zeitgenossen, Zürich 1987.

Schmidt, Kurt Dietrich, Ernst Wolf (Hg.), Die Kirche in ihrer Geschichte. Ein Handbuch, Bd. 1 ff., Göttingen 1961 ff.

Schmidt, Kurt-Dietrich, Die katholische Reform und die Gegenreformation, Göttingen 1975.

Schmidt, Peer, Die Privatisierung des Besitzes der toten Hand in Spanien. Die Säkularisation unter König Karl IV. in Andalusien 1798–1808, Stuttgart 1990.

Schmidt, Peter, Das Collegium Germanicum in Rom und die Germaniker. Zur Funktion eines römischen Ausländerseminars 1552–1914, Tübingen 1984.

Schmidt-Biggemann, Wilhelm, Philosphia perennis. Historische Umrisse abendländischer Spiritualität in Antike, Mittelalter und Früher Neuzeit, Frankfurt/M. 1998.

Schmid-Tschirren, Christina M., Von der Säkularisation zur Separation. Der Umgang des Staates mit den Kirchengütern in den evangelisch-reformierten und paritätischen Kantonen der Schweiz im 19. Jahrhundert, Zürich 2011.

Schmiedl, Joachim, Mariannische Religiosität in Aachen. Frömmigkeitsformen einer katholischen Industriestadt des 19. Jahrhunderts, Altenbergen 1994.

Schmitt, Carl, Römischer Katholizismus und politische Form, Stuttgart 1984.

Schnabel, Franz, Deutsche Geschichte im 19. Jahrhundert, Bd. 4. Die religiösen Kräfte, Freiburg 1937.

Schneider, Bernhard, Entwicklungstendenzen rheinischer Frömmigkeits- und Kirchengeschichte in der ersten Hälfte des 19. Jahrhunderts. Tradition und Modernisierung, in: Archiv für rheinische Kirchengeschichte 48. 1996, S. 57–195.

Schneider, Bernhard, Katholiken auf die Barrikaden. Europäische Revolutionen und deutsche katholische Presse 1815–1848, Paderborn 1998.

Scholz, Natalie, Die imaginierte Restauration. Repräsentationen der Monarchie im Frankreich Ludwigs XVIII., Darmstadt 2006.

Scholz, Natalie, Christina Schröer (Hg.), Représentation et Pouvoir. La Politique Symbolique en France 1789–1830, Rennes 2007.

Schönemann, Bernd, Art. »Volk, Nation«, in: Geschichtliche Grundbegriffe, hg. v. Otto Brunner u. a., Bd. 7, Stuttgart 1992.

Schorn-Schütte, Luise, Evangelische Geistlichkeit in der Frühen Neuzeit. Deren Anteil an der Entfaltung frühmoderner Staatlichkeit und Gesellschaft. Dargestellt am Beispiel des Fürstentums Braunschweig-Wolfenbüttel, der Landgrafschaft Hessen-Kassel und der Stadt Braunschweig, Gütersloh 1996.

Schorn-Schütte, Luise, Zwischen Amt und Beruf. Der Prediger als Wächter, ›Seelenhirt‹ oder Volkslehrer. Evangelische Geistlichkeit im Alten Reich und in der Eidgenossenschaft im 18. Jahrhundert, in: dies., Robert v. Friedeburg (Hg.), Evangelische Pfarrer. Zur sozialen und politischen Rolle einer bürgerlichen Gruppe in der deutschen Gesellschaft des 18. bis 20. Jahrhunderts, Stuttgart u. a. 1997, S. 1–35.

Schrörs, Heinrich, Die Kölner Wirren 1837. Studien zu ihrer Geschichte, Berlin 1927.

Schult, Richard, »... das Schiff der Revolution in den von ihm bestimmten Hafen zu bringen.« Jacques-Louis David und die Krönung Napoleons, in: Geschichte in Wissenschaft und Unterricht 12. 1992, S. 728–742.

Schulte, Aloys, Der Adel und die deutsche Kirche im Mittelalter. Studien zur Sozial-, Rechts- und Kirchengeschichte, Darmstadt ^{3}1958.

Schulte-Umberg, Thomas, Professionalisierung des katholischen Klerus. Forschungsstrategien und Perspektiven am Beispiel des Bistums Münster, in: Frank Michael Kuhlemann, Hans-Walter Schmuhl (Hg.), Beruf und Religion im 19. und 20. Jahrhundert, Stuttgart 2003, S. 28–50.

Schulte-Umberg, Thomas, Profession und Charisma. Herkunft und Ausbildung des Klerus im Bistum Münster 1776–1940, Paderborn u. a. 1999.

Schwegler, Urban, Von Priestermission und Laienmitarbeit. Organisation und Bau katholischer Missionsgesellschaften auf dem Hintergrund der katholischen Weltmission. Am Beispiel der Missionsgesellschaft Bethlehem, Immensee (SMB), in: Bogner u. a. (Hg.), Weltmission, S. 397–423.

Schwengelbeck, Matthias, Monarchische Herrschaftsrepräsentationen zwischen Konsens und Konflikt. Zum Wandel des Huldigungs- und Inthronisationszeremoniells im 19. Jahrhundert, in: Jan Andres u. a. (Hg.), Die Sinnlichkeit der Macht. Herrschaft und Repräsentation seit der Frühen Neuzeit, Frankfurt/M. u. a. 2005, S. 123–162.

Scoppola, Pietro, Chiesa e Stato Nella Storia d'Italia. Storia Documentaria dall'Unità alla Republica, Bari 1967.

Sevrin, Ernest, Les Missions Religieuses en France sous la Restauration 1815–1830, Bd. 1, Paris 1948.

Sharpe, Eric J., Comparative Religion. A History, Eastbourne ^{2}1986.

Sicard, Augustin, L' Ancien Clergé de France. Les Evêques avant la Révolution, Paris ^{5}1912.

Simon, Alois, Le Cardinal Sterckx et son Temps 1792–1867, Bde. 1–2, Wetteren 1950.

Skinner, S. A., Tractarians and the »Condition of England«. The Social and Political Thought of the Oxford Movement, Oxford 2004.

Skuy, David, Assassination, Politics and Miracles. France and the Royalist Reaction of 1820, London u. a. 2003.

Süßmilch, Johann Peter, Versuch eines Beweises, dass die erste Sprache ihren Ursprung nicht vom Menschen, sondern allein vom Schöpfer erhalten habe, in der Akademischen Versammlung vorgelesen und zum Druck gegeben, Berlin 1766.

Sösemann, Bernd, Preußische Königsjubiläen als Ritual der Kommunikation. Dignitätspolitik in höfischer und öffentlicher Inszenierung von 1701 bis 1901, in: Patrick Bahners, Gerd Roellecke (Hg.), Preußische Stile. Ein Staat als Kunststück, Stuttgart u. a. 2001, S. 114–124.

Spalding, Johann Joachim, Die Bestimmung des Menschen. Kritische Ausgabe I/I, Berlin 2006.

Spamer, Adolf, Das kleine Andachtsbild vom XVI. bis zum XX. Jahrhundert, München 1930.

St. Claire, William, The Reading Nation in the Romantic Period, Cambridge 2004.

Stahl, Friedrich J., Das monarchische Prinzip. Eine staatsrechtlich-politische Abhandlung, Heidelberg 1845.

Stahl, Friedrich J., Der christliche Staat und sein Verhältnis zu Deismus und Judentum. Eine durch die Verhandlungen des Vereinigten Landtags hervorgerufene Abhandlung, Berlin 1858.

Stambolis, Barbara, Religiöse Festkultur. Tradition und Neuformierung katholischer Frömmigkeit im 19. und 20. Jahrhundert, Paderborn u. a. 2000

Stamm-Kuhlman, Thomas, König in Preußens großer Zeit. Friedrich Wilhelm III., der Melancholiker auf dem Thron, Berlin 1992.

Stanley, Brian, Christian Missions, Antislavery and the Claims of Humanity 1813–1873, in: Gilley, Stanley (Hg.), The Cambridge History of Christianity, Bd. 8, S. 443–458.

Stanley, Brian, The History of Baptist Missionary Societies 1792–1992, Edinburgh 1992.

Stausberg, Michael, Faszination Zarathustra. Zoroaster und die europäische Religionsgeschichte der Frühen Neuzeit, Berlin u. a. 1998.

Steins, Achim, Der ordentliche Zivilprozeß vor dem bischöflichen Offizial. Ein

Beitrag zur Geschichte des gelehrten Prozesses in Deutschland im Spätmittelalter, in: Zeitschrift für Rechtsgeschichte 59. 1973, S. 191–262.

Stephen, Lalor, Matthew Tindal, Freethinker. An Eighteenth-Century Assault on Religion, London 2006.

Stollenwerk, Alexander, Der Deutschkatholizismus in den Preußischen Rheinlanden, Mainz 1971.

Stolz, Fritz, Grundzüge der Religionswissenschaft, Göttingen 1985.

Stroumsa, Guy G., A New Science. The Discovery of Religion in the Age of Reason, Cambridge u. a. 2010.

Suilleabhain, Séan ó, Irish Wake Amusements, Dublin 1967.

Sykes, Norman, Church and State in England in the XVIIIth Century, Hamden 1962.

Tackett, Timothy, Priest and Parish in Eighteenth-Century France. A Social and Political Study of the Curés in a Diocese of Dauphiné 1750–1791, Princeton 1977.

Tackett, Timothy, Religion, Revolution, and Regional Culture in Eighteenth-Century France. The Ecclesiastical Oath of 1791, Princeton 1986.

Tarde, Gabriel, Die Gesetze der Nachahmung, Frankfurt/M. 2003.

Targoff, Ramie, Common Prayer. The Language of Public Devotion in Early Modern England, Chicago u. a. 2001.

Taylor, Edward Burnett, Primitive Culture, Bd. 2. Religion in Primitive Culture (1871), New York 1958.

Tholuck, August, Die Lehre von der Sünde und vom Versöhner oder die wahre Weihe des Zweiflers, Hamburg 1823.

Thomasius, Friedrich Christian, Ueber Veredelung des christlichen Kultus durch Hilfe der Aesthetik. Mit Hinsicht auf die kirchliche Verfassung auf die preußischen Provinzen in Franken, Nürnberg 1803.

Tindal, Matthew, Christianity as Old as Creation, London 1995.

Tocqueville , Alexis de, L'Ancien Régime et la Révolution, Paris 1967.

Tocqueville, Alexis de, Der alte Staat und die Revolution, München 1978.

Toscani, Xenio, Il Clero Lombardo dall'Ancien Regime alla Restaurazione, Bologna 1979.

Tyrell, Hartmann, Weltgesellschaft, Weltmission und religiöse Organisation – Einleitung, in: Arthur Bogner u. a. (Hg.), Weltmission und religiöse Organisationen. Protestantische Missionsgesellschaften im 19. und 20. Jahrhundert, Würzburg 2004, S. 13–134.

Valjavec, Fritz, Das Woellnersche Religionsedikt und seine geschichtliche Bedeutung, in: ders., Ausgewählte Aufsätze, hg. v. Karl A. Fischer, Mathias Bernath, München 1963, S. 294–306.

Veer, Peter van der, Spirituality in Modern Society, in: Social Research 76. 2009, S. 1077–1120.

Veit, Ludwig Andreas, Lenhart, Ludwig, Kirche und Volksfrömmigkeit im Zeitalter des Barock, Freiburg 1956.

Venard, Marc, Das Zeitalter der Vernunft, Freiburg/Br. u. a. 1998.

Vico, Giambattista, Die neue Wissenschaft. Über die gemeinschaftliche Natur der Völker, Berlin ^{2}2000.

Virgin, Peter, The Church in an Age of Negligence. Ecclesiastical Structure and Problems of Church Reform 1700–1840, Cambridge 1989.

Vogelsang, J. D., Lehrbuch der christlichen Sittenlehre, Bonn 1834.

Voltaire, Essai sur les Mœurs et l'Esprit des Nations et sur les Principaux Faits de l'Histoire Depuis Charlemagne Jusqu' à Louis XIII., Paris 1866.

Vovelle, Michel, Religion et Révolution. La Déchristianisation de l'An II., Paris 1976.

Vovelle, Michel, Die andere Entchristianisierung, in: Hans Ulrich Gumbrecht u. a. (Hg.), Sozialgeschichte der Aufklärung, Teil II, München 1981, S. 201–228.

Walder, Ernst, Staat und Kirche in Frankreich, Bd. 2. Vom Kultus der Vernunft zur napoleonischen Staatskirche, Bern 1953.

Wandruszka, Adam, Leopold II. Erzherzog von Österreich, Großherzog von Toskana, König von Ungarn und Böhmen, Römischer Kaiser, Bd. 1–2, Wien u. a. 1965.

Waquet, Françoise, Les Fêtes Royals sous la Restauration ou l'Ancien Régime Retrouvé, Genf 1981.

Warburton, William, The Divine Legation of Moses Demonstrated on the Principles of a Religious Deist, from the Omission of the Doctrine of a Future State of Reward and Punishment in the Jewish Dispensation, London 1738.

Ward, Reginald, Art. »John Wesley«, in: Theologische Realenzyklopädie, Bd. 35, S. 657–66.

Ward, William R., The Tithe Question in England in the Early Nineteenth Century, in: Journal of Ecclesiastical History 16. 1965, S. 67–81.

Ward, William, Religion and Society in England 1790–1850, London 1972.

Wayne, Hanley, The Genesis of the Napoleonic Propaganda 1796–1799, New York 2005.

Weber, Christoph, Aufklärung und Orthodoxie am Mittelrhein 1820–1850, Paderborn 1973.

Weber, Christoph, Familienkanonikate und Patronatsbistümer. Ein Beitrag zur Geschichte von Adel und Klerus im neuzeitlichen Italien, Berlin 1988.

Weedon, Alexis, Victorian Publishing. The Economics of Book Production for a Mass Market 1836–1916, Aldershot 2003.

Wehler, Hans-Ulrich, Deutsche Gesellschaftsgeschichte, Bd. 1–2. München 1987 ff.

Weis, Otto, Die Redemptoristen in Bayern (1790–1909). Ein Beitrag zur Geschichte des Ultramontanismus, Bd. 2, München 1997.

Weiss, Otto, Der Ultramontanismus. Grundlagen – Vorgeschichte – Struktur, in: Zeitschrift für bayerische Landesgeschichte 41. 1978, S. 821–877.

Weißenbach, Josef Anton, Von dem Mißbrauch beim Mariendienst und was da abzuschaffen, einzuschränken, beyzubehalten sey. Ein Hausbuch wider die Glaubensfeger, o. O. 1786.

Weltecke, Dorothea, »Der Narr spricht: Es ist kein Gott«. Atheismus, Unglauben und Glaubenszweifel vom 12. Jahrhundert bis zur Neuzeit, Frankfurt/M. 2010.

Werminghoff, Albert, Verfassungsgeschichte der deutschen Kirche im Mittelalter, Leipzig ^{2}1913.

Wernle, Paul, Der schweizerische Protestantismus im XVIII. Jahrhundert, Bd. 1, Tübingen 1923.

Wessenberg, Johann Heinrich v., Ueber Schwärmerei. Historisch-philosophische Betrachtungen mit Rücksicht auf die jetzige Zeit, Heilbronn 1835.

Wiebel-Fanderl, Olivia, Die Wallfahrt Altötting. Kultformen und Wallfahrtsleben im 19. Jahrhundert, Passau 1982.

Wienfort, Monika, Monarchie in der bürgerlichen Gesellschaft. Deutschland und England von 1640 bis 1848, Göttingen 1993.

Wiggelworth, Jeffrey, Deism in Enlightenment England. Theology, Politics and Newtonian Public Science, Manchester u. a. 2009.

Willms, Johannes, Napoleon. Eine Biographie, München 2005.

Windischmann, Carl Joseph Hieronimus, Ueber Etwas, das der Heilkunst notthut. Ein Versuch der Vereinigung dieser Philosophie mit der christlichen Philosophie, Leipzig 1824.

Winkel, Heidemarie, Christliche Religion und ihre Sinnformen der Selbstbeschreibung. Mission und Ökumene als Grundpfeiler des Wandels religiöser Wissensformen, in: Geschichte und Gesellschaft 36, 2. 2010, S. 285–316.

Wirth, Johann G., Das Nationalfest der Deutschen zu Hambach, unter Mitwirkung eines Redaktionsausschusses beschrieben. 2 Hefte, Neustadt 1832.

Wirth, Jean, La Naissance du Concept de Croyance (XIIe–XVIIIe Siècle), in: Bibliothèque d'Humanisme et Renaissance 44. 1983, S. 7–58.

Wittgenstein, Ludwig, Philosophische Untersuchungen. Kritisch-genetische Edition, Darmstadt 2001.

Wolf, Hubert, Index. Der Vatikan und die verbotenen Bücher, München 2006, S. 84–201.

Wolffe, John, Great Deaths. Grieving, Religion and Nationhood in Victorian and Edwardian Britain, Oxford u. a. 2000.

Wülfing, Wulf, Die heilige Luise von Preußen. Zur Mythisierung einer Figur der Geschichte in der deutschen Literatur des 19. Jahrhunderts, in: Jürgen Link, Wulf Wülfing (Hg.), Bewegung und Stillstand in Metaphern und Mythen. Fallstudien zum Verhältnis von elementarem Wissen und Literatur im 19. Jahrhundert, Stuttgart 1984, S. 233–258.

Wyss-Giacosa, Paola v., Religionsbilder der frühen Aufklärung. Bernard Picards Tafeln für die »Ceremonies et Coutûmes Religieuses de Tous les Peuples du Monde«, Zürich 2006.

York, Henry Readhead, Paris et la France sous le Consulat. Les Homes, les Institutions, les Mœurs. Traduit de l'Anglais d'après l'Education Originale de 1804, Paris 1921.

Zander, Helmut, Höhere Erkenntnis. Die Erfindung des Fernrohrs und die Konstruktion der erweiterten Wahrnehmungsfähigkeit zwischen dem 17. und dem 20. Jahrhundert, in: Markus Hahn, Erhard Schüttpelz (Hg.), Trancemedien und Neue Medien um 1900. Ein anderer Blick auf die Moderne, Bielefeld 2009, S. 17–56.

Zedelmeyer, Hartmut, Der Anfang der Geschichte. Studien zur Ursprungsdebatte im 18. Jahrhundert, Hamburg 2003.

Zeller, Eduard, Die Annahme einer Perfektibilität des Christentums, Historisch und dogmatisch untersucht, in: Theologische Jahrbücher 1. 1842, S. 1–50.

Zeller, Eduard, Über das Wesen der Religion, in: Theologische Jahrbücher 4. 1845, S. 393–430.

Ziehmann, Benjamin, Säkularisierung, Konfessionalisierung, Organisationsbildung. Dimensionen der Sozialgeschichte der Religion im langen 19. Jahrhundert, in: Archiv für Sozialgeschichte 47. 2007, S. 485–508.

Danksagung

Dieses Buch hat mich länger in Anspruch genommen, als heute vielleicht üblich. Das hängt zum einen mit der für mich anfangs unüberschaubaren Weite des Themas zusammen. Der zweite Grund aber war, dass die Universität aus Gründen, die die Politik zu verantworten hat, ihren Wissenschaftlern nicht mehr nur als Alma Mater, sondern als forderndes Gehäuse gegenübertritt. So habe ich mich engagiert, um sie wieder zu einem Ort auszugestalten, der auch jenseits des Rückzugs auf die eigenen Interessen, der einzelnen Wissenschaftlern irgendwie immer möglich war, Freiräume für die Muße des Nachdenkens und Schreibens anbieten kann. Das hat viel Zeit beansprucht und dazu geführt, dass ich mich zeitweise auch einer Reihe von anderen Themen zugewandt habe. Ich will mich darüber keineswegs beklagen, weil ich von der disziplinübergreifenden Verbundforschung, die solche Freiräume wieder bereitgestellt hat, entscheidend profitiert habe. Nicht alles davon ist in dieses Buch eingegangen, vieles aber schon.

Viele Menschen haben die Entstehung dieses Buches begleitet und ermöglicht. Sie haben mit mir darüber diskutiert, Bücher beschafft, Manuskripte in den PC geschrieben und sie zur Korrektur gelesen. Ihnen allen danke ich sehr. Meine Universität und ihr Exzellenzcluster haben durch großzügige Freistellungen die Zeit verfügbar gemacht, in der der Text schließlich doch noch entstehen konnte. Gewidmet ist dieses Buch den Frauen in meinem Leben. Sie haben mir – jede auf ihre Weise – dabei geholfen, das Buch zu einem Ende zu bringen. Ich bin unendlich dankbar dafür.